松尾正人著

廃藩置県の研究

吉川弘文館

目次

序章　廃藩置県研究の現状と課題

1　研究の現状

廃藩置県が明治四年（一八七一）七月十四日に「疾風迅雷」のように断行され、それが江戸時代以来の藩を廃して三府三〇二県を置くものであったことは、よく知られている。政府の枢要に位置した嵯峨実愛が、「人心洶々頗不穏、上下所驚愕也」と記す事態で、旧来の藩主であった知藩事はすべて罷免されて東京に移るように命じられた。この廃藩置県の四か月後には三府三〇二県が三府七二県に統合され、それ以降は中央集権体制のもとで、地租改正、学制、徴兵令などの近代の統一的政策が実施されていく。

しかし、このような明治国家形成の画期となった廃藩置県の政治過程については、それを正面から総合的に取りあげた研究が少ない。昭和五十五年（一九八〇）十一月に廃藩置県研究会が結成され、明治維新史研究者の全国的な組織が形成されたが、同会も五十七年に明治維新史学会と名称を改めている(1)。会名の変更の理由は、会員の増加にともなって研究関心が廃藩置県以外に拡大したこと、廃藩置県が政治・経済・社会の全体にわたるはば広い変革で、また複雑な政治過程を含む問題であるだけに、それらを集約した議論がむずかしかったことによる。その間、後述のような廃藩置県に関する研究がすすんだが、それでも廃藩置県の政治過程を総合的に取りあげた研究は、なお残された課題となっていた。

廃藩置県に関するこれまでの研究を概観すると、まず最初に廃藩置県の主な原因が国際的契機か国内的問題かをめぐって議論がたたかわされた。明治維新の変革に国際的契機を強調した方法論は、一九二〇年代後半以降の戦前の明治維新史研究に概して共通した視点であった。戦後は、遠山茂樹「有司専制の成立」[2]が、「宇内の大勢」という外的条件から改革の起動力が生成され、廃藩への「発想」が生れたと位置づけた。丹羽邦男『明治維新の土地変革』[3]は、それらをより多面的、構造的に考察し、新政府を薩摩・長州両藩を主体とした「諸藩連合政権」とみなして、その新政府は国内的には旧幕府領を支配する一領主にとどまるが、対外的にはわが国を代表する「唯一の主権者」であり、国内の開港場と領主的な全国的商品流通網をにぎっていると論じた。全国の一部を直轄するにすぎない新政府は、その直轄地からの収奪強化によって対外的に「唯一の主権者」としての諸支出をまかなわなければならない。この矛盾した新政府の特質が、先進国との接触による外圧にともなって顕在化し、流通面の諸施策だけでなく、生産面の掌握を行おうとする新たな政策転換が求められ、「全国統一的な形での領有制廃棄」が必然化して明治四年七月の廃藩置県になったと論じたのである。

一方、廃藩置県に関する国内的な問題を重視した分野では、服部之総、井上清、原口清、升味準之輔、あるいは江口清淳[4]などの研究が指摘できる。井上清『日本現代史Ⅰ・明治維新』[5]は、「人民大衆の力」を重視し、それが官僚たちに「今日のままに瓦解せんより」はむしろ廃藩を断行すべきと決意させるようになったと述べた。丹羽の国際的契機論を批判した原口清「明治初年の国家権力」[6]は、国内的な主権と対外的なそれが密接不可分とし、新政府は対外的ばかりでなく国内的にも「唯一最高の主権者」であったと主張した。そして変革の要因を内政面、とくに戊辰戦争後の農民支配や租税徴収などの諸矛盾に求め、同『日本近代国家の形成』において、高度な相対的独自性をもった専制官僚が指導権を取って廃藩置県が推進されたと論じた。

しかし、このような廃藩置県の主因を国際的契機とするかあるいは国内的問題とみなすかの議論は、廃藩置県の全体像を考えると単純な区分けがむずかしい。それは、田中彰『明治維新』(日本の歴史24)[7]が、国際的か国内的かという二者択一的な視点の立て方を批判し、かりに外圧が主動因にみえても、それが現実に展開するときは、あくまで国内矛盾ときりむすんで進行すると指摘したことが正鵠を得ている。「先進資本主義」の影響に関する多面的な考察、および国内の諸藩や府県の動向、政府中央の政治過程についての実証的な研究が蓄積されなくては、議論は十分に進展しない。

また、廃藩置県研究の第二の論点としては、明治二年(一八六九)の版籍奉還と四年七月の廃藩置県との関係、とくに版籍奉還が形式的で廃藩置県断行によって郡県制に移行したという論説について、その是非をめぐる議論がある。この版籍奉還後も封建体制が存続したとの視点からは、西郷隆盛が明治三年冬に岩倉具視に提出した「西郷吉之助建白書」の解釈をめぐって、西郷が現状を批判して「封建ノ制ハ長ク行レカタカラン」の卓見を持っていたという意見も生れた[8]。この点に関しては、原口清「廃藩置県政治過程の一考察」[9]が、版籍奉還断行後の国家組織について、政府が不完全ながらも郡県制とみなしていることを指摘し、版籍奉還で封建体制が残ったとみなす視点を批判した。明治三年秋の「建国策」の「各藩既ニ版籍ヲ奉還シ郡県ノ体ヲ建ツ」との記述をはじめ、木戸孝允の「政令一途に関する意見書」、大隈重信の「全国一致之論議」などを事例にあげた実証的な考察である。この原口氏の指摘に対しては、それ以後に反論が出されていない。しかし、版籍奉還後を郡県制と理解しても、その内実については、今後の具体的な研究が望まれる点であることはいうまでもない。版籍奉還が郡県制への移行であったとしても、なおその郡県制の不完全な実態が、二年後の廃藩置県を必要としたからである。

廃藩置県についての第三の論点としては、廃藩置県がいつごろの段階でどのように具体化したのかということの議論がある。従来の通説的になっていたのは、新政府首脳が明治三年秋ごろから廃藩置県を考え、その実行のために岩倉勅使が鹿児島・山口に西下し、鹿児島・山口・高知三藩からの親兵取り立てを行ったとの理解である。(10)これに対し、原口清「廃藩置県政治過程の一考察」は、みずからの旧説の反省をふまえて、明治三年秋ごろの政府首脳の基本的な動向を「全般的廃藩置県」と結びつける考えを否定した。同時期の政府首脳の行動が廃藩置県断行を目的としたものではなく、藩体制を維持したままで中央集権化と領有制の解体をうながす方針であり、「薩長を支柱の中心」とする政府の樹立にあったと論じている。

この廃藩置県の具体化については、三藩兵力の親兵取り立てが「全般的廃藩置県」を目的としたものでなかったとしても、廃藩を不可避と考える動向がいつごろから形成されたかについての議論が必要であり、兵制問題あるいは財政問題などの各般の分析が課題となる。千田稔『維新政権の直属軍隊』が軍事費を確保するための財政統一の視点を論じ、同『維新政権の秩禄処分』が家禄削減の不徹底な面から廃藩置県が避けられなくなった実態を精緻に分析したことがその成果である。(11)

廃藩置県についての第四の論点としては、維新政権のもとで激化した反政府運動と廃藩置県を直結させて考えることの是非をめぐる議論である。この反政府運動を廃藩置県に結びつける視点としては、石井孝「廃藩の過程における政局の動向」(12)が士族反対派の「反政府連合」による危機の深刻化、下山三郎『近代天皇制研究序説』(13)が脱籍浮浪者の横行と反政府運動・暴動のもたらす影響を指摘し、そこから廃藩置県が不可避になったと論じた。佐藤誠朗『近代天皇制形成期の研究』(14)は、農民闘争と反政府士族の運動を区別してそれらと新政権との対決を強調した。そして宮地正人「廃藩置県の政治過程」(15)は、維新政権の構造的矛盾、政策展開のなかで生じる矛盾を指摘し、脱籍浮浪の横断的な連携、およびそれと農民一揆が合体する状況を明らかにした。この反政府運動の激化が政府を廃藩置県に追いこんだとする視点は、石井氏の研究をはじめとして、近年までの主流的見解となっている。

これらの議論に対しては、拙著『廃藩置県』(16)が、明治三年ごろから顕著になった中央集権化への歩み、とくに三年九月の「藩制」頒布やその後の岩倉勅使の西下に対する有力藩の積極的な動きを取りあげ、それらが廃藩置県に大きな影響をあたえたことを指摘した。その視点を継承した拙稿「廃藩置県の政治的潮流」(17)は、廃藩断行を求める「書生論」発生の背景として、明治四年四月以降の政府改革の混乱、その一方でたかまってきた大藩同心意見書に象徴される有力藩や諸有志の動きを論じた。この有力藩有志の政治的運動への着目については、高橋秀直「廃藩置県における権力と社会」(18)が同様な視点を重視し、同時に鹿児島藩に対する山口藩側木戸孝允らの主導権確立に主軸を置いて廃藩論を展開している。

以上のように廃藩置県研究の議論四点とこれまでの拙論をかんたんに整理したが、これらを通じて残された課題は、主に版籍奉還断行の過程の実態とその後の郡県制の内実をどのように分析・評価するか、廃藩置県がいつごろからどのような形で具体化したか、また同時期の有力諸藩の動向を明らかにし、さらに在野の反政府運動と中央の政治過程の関連を廃藩置県断行にいかに結びつけ、具体的に論証していくかということにあるように思われる。また、これまでの議論で欠落している廃藩置県後の府県設置とそのもとでの士族問題、長野暹『明治国家初期財政政策と地域社会』が取りあげた藩財政の構造的分析、吉田昌彦「廃藩置県のイデオロギー的前提」の思想史的考察などは、廃藩置県断行のあり方に大きく関係した論点であり、それらの多面的、実態的研究も残された課題と考えられる。(19)

2　本書の課題

本書では、廃藩置県研究の前述のような現状をふまえて、まず第一章の「維新政権と版籍奉還」で、維新政権のもとで版籍奉還がどのように実施され、いかなる課題を残したのかということを検討する。版籍奉還については、これまで明治二年正月の薩摩・長州・土佐・肥前四藩主の上表提出過程の歴史的研究、版籍奉還と明治国家形成の関係を追究した政治史的研究、藩側の動向を分析した藩政史的研究の三点から主に分析がすすめられてきた。そこでは伊藤博文の回顧談や木戸孝允・大久保利通らの日記・書翰が利用され、大政奉還直後の寺島宗則の建議と木戸孝允の慶応四年（一八六八）二月の建言が版籍奉還の具体的な出発点となること、同年十一月に姫路藩主酒井忠邦から版籍奉還の建議が出されたことなど、版籍奉還上表の過程が丹念に追究されてきた。また版籍奉還と明治国家の関係についての政治史的研究としては、諸藩が「与ふ可きは之を与へ、其奪ふ可きは之を奪ひ」というトリックに欺かれ、版籍をいったん返上しても改めて朝廷から再交付されると解し、奉還上表をつぎつぎと提出する結果となったこと、公議所で行われた議論や岩倉具視が「確定案」を作成したことが紹介され、その作成経緯と公卿・諸侯をあわせた華族制度の形成が明らかにされてきた。藩政史的研究では、版籍奉還と藩政改革の関係が検討され、版籍奉還を形式的措置とみなす視点、あるいは版籍奉還後の藩議会や禄制改革の進展、さらには藩政と藩主の家政の分離を取りあげた積極的な評価などが提示されている。(20)

以上のような成果をあげた版籍奉還研究だが、近年、千田稔『維新政権の秩禄処分』や丹羽邦男『地租改正法の起源』(21)など、藩力を解体させていく新政権の施策とあいまって、版籍奉還が藩体制解体の契機となったことが強調されるようになった。この点、後述のように伊藤博文の版籍奉還断行に向けた動向を詳しく検討すると、たんに姫路藩版籍奉還建白に関係した問題だけにとどまらない伊藤の精力的な活動がうかがえる。同時期、輔相の岩倉具視は「侯伯大会議」の開催を画策し、「国是ノ大基礎」の確立を企図していた。また長州藩主毛利敬親の立場も、木戸孝允の「版籍奉還建議の自叙」に記されているような単純なものではない。そのうえ諸藩の上表にも、すべてがトリックに欺かれたというだけでない各般の対応が存在する。(22) 本章では、とくに木戸・伊藤らの積極的・精力的な運動、および政府内とりわけ岩倉の「侯伯大会議」の画策など、版籍奉還のこれまで十分に考察されてこなかった分野の実態を明らかにする。版籍奉還の審議における「知州事」制を主唱した「岩倉案」の位置づけ、さらには奉還の断行にともなう諸課題をも論究したい。

また第二章の「版籍奉還後の政治課題」では、版籍奉還断行と明治二年六月以降の政治過程の関係を整理、論述する。版籍奉還直後の七月の「職員令」制定、あるいは民部・大蔵省の集権政策、三年九月の「藩制」の頒布については、ともすればこれまで版籍奉還との関係を十分に整理しないままに、個別の研究がすすめられてきた。それが先に述べた版籍奉還を形式的なものとみなす考え、奉還後も封建制が存続するとの評価につながってきた。版籍奉還断行の成果と残された課題が、二年七月の「職員令」制定、民部・大蔵省の集権政策にどのような影響をあたえたのか、三年九月の「藩制」にいかに具体化されたのかなど、その後の政治的諸動向との関係を検討したい。

さらに、第三章の「廃藩論の形成」では、明治三年以降の内外の矛盾のなかで、有力諸藩のなかに廃藩論、藩知事辞職論が形成されてきたことを明らかにし、その歴史的意義を論じる。この視点は、拙著『廃藩置県』で掲げたが、本論では盛岡藩をはじめとする中・小藩の廃藩過程、鳥取、徳島、名古屋、熊本、高知、米沢などの有力藩の動向を具体的に分析する。それらの諸藩の戊辰戦争処理、藩政改革のあり方、対外認識の違いなどをふまえ、いかなる廃藩論、藩知事辞職論が形成されたのか、それがどのような連携、運動となって政府の内外で展開されたのかを論じてみたい。

第四章の「廃藩置県の断行」では、廃藩置県断行に至る政治過程を具体的に論じる。版籍奉還後の政治的課題のなかで郡県制徹底に向けたどのような模索がなされ、岩倉具視・大久保利通らの政府首脳によっていかなる政府強化が指向され、廃藩論や藩知事辞職論を掲げた有力藩の運動が政府にどのような影響をあたえたのかを検討してみたい。そこでは、岩倉の鹿児島・山口出張とその後の大藩同心意見書の作成、諸侯会議に向けた努力を明らかにし、前章で指摘した廃藩論や藩知事辞職論、さらには改革派諸藩の運動が、岩倉や大久保・木戸らにあたえた影響を考察する。廃藩論の潮流とそのなかで兵部省関係の中堅官僚が廃藩断行を提起した経緯、廃藩置県が鹿児島・山口両藩実力者によって秘密裏に画策された実態を明らかにし、七月十四日の「疾風迅雷」のような断行が、鹿児島・山口両藩とそれに次ぐ高知・佐賀両藩出身者を主軸とするその後の維新政権に結びついた点を論じる。

第五章の「廃藩置県の衝撃」では、廃藩置県に対する内外の反応を明らかにしたい。廃藩置県に対する直接の軍事的抵抗が発生しなかった背景、一方で島津久光に代表される鹿児島の士族が強い反発を示した事実などを、その後の明治国家形成と関係づけて検討する。英国側の対応については萩原延壽『遠い崖』(23)に紹介され、また拙著『廃藩置県』(24)でも引用したが、あらためて英国の国立公文書館の外務省文書、在日英国公使館の日本語書記官であったアーネスト・サトウ文書などを用い、英国側の関心と廃藩置県直後の政治的な動向を関連づけて論じてみたい。

第六章の「府県制の成立と士族問題」では、廃藩置県断行後の三府三〇二県が四か月たらずのうちに三府七二県に改められた経緯、その後の県政の実態と問題点を明らかにしたい。府県の統廃合については、大蔵省内に新県掛が新設されたことを指摘し、「県治条例」「新県取計心得」が定められ、廃藩置県後の府県政の整備が推進されたことを追究する。また廃藩置県後の県政の具体例として、置賜県と山口県を取りあげ、その県政の変遷と課題を分析したい。県政の重要な課題に士族問題が存在し、それが廃藩置県断行後のあり方に大きくかかわり、山口県においては士族反乱に結びつくことを論じる。

なお、本書は廃藩置県の政治的分析、とくに維新政権と諸藩、維新官僚と諸藩有志、さらには府県政と士族の動向に主軸を置いた考察をかさねた。それは、本書が廃藩置県の政治過程を正面から取りあげ、その総合的な考察を主な課題としたためで、背景となる経済史あるいは思想史的な分野については、弘前藩の事例や王土王民論の分析など、部分的な検討にとどまった。それらは今後の残された課題として取り組んでいきたい。

註

(1) 『幕藩権力と明治維新』(明治維新史学会編、吉川弘文館、平成四年)の「刊行の辞」「あとがき」参照。
(2) 遠山茂樹「有司専制の成立」(『自由民権期の研究』一、有斐閣出版、一九五九年)参照。
(3) 丹羽邦男『明治維新の土地変革』(御茶の水書房、一九六二年)参照。
(4) 江口清淳「廃藩置県に於ける政治闘争―廃藩置県の契機―」(『明治文化』第一六巻第四号、昭和十八年)参照。
(5) 井上清『日本現代史Ⅰ・明治維新』(東京大学出版会、一九五一年)参照。
(6) 原口清「明治初年の国家権力―丹羽邦男氏の近業によせて―」(『法経論集』静岡大学法経短期大学部、第一六号、一九六三年)、同『日本近代国家の形成』(岩波書店、一九六八年)参照。
(7) 田中彰『明治維新』日本の歴史24(小学館、一九七六年)参照。
(8) 井上清『西郷隆盛』下(中公新書、中央公論社、昭和四十五年)参照。
(9) 原口清「廃藩置県政治過程の一考察」(『名城商学』第二九巻別冊、一九八〇年)参照。
(10) 『維新史』第五巻(文部省維新史料編纂事務局編、明治書院、昭和十六年)、前掲・遠山茂樹「有司専制の成立」参照。
(11) 千田稔『維新政権の直属軍隊』(開明書院、昭和五十三年)、同『維新政権の秩禄処分―天皇制と廃藩置県―』(開明書院、昭和五十四年）参照。

(12) 石井孝「廃藩の過程における政局の動向」（『東北大学文学部研究年報』第一九号、一九六九年）参照。

(13) 下山三郎『近代天皇制研究序説』（岩波書店、一九七六年）参照。

(14) 佐藤誠朗『近代天皇制形成期の研究』（三一書房、一九八七年）参照。

(15) 宮地正人「廃藩置県の政治過程―維新政府の崩壊と藩閥権力の成立―」（『日本近代史における転換期の研究』坂野潤治・宮地正人編、山川出版社、一九八五年）参照。

(16) 拙著『廃藩置県―近代統一国家への苦悶―』（中公新書、中央公論社、昭和六十一年）参照。

(17) 拙稿「廃藩置県の政治的潮流―廃藩論の形成と展開―」（『歴史学研究』第五九六号、一九八九年）。

(18) 高橋秀直「廃藩置県における権力と社会―開化への競合―」（山本四郎編『近代日本の政党と官僚』創元社、一九九一年）参照。

(19) 長野暹『明治国家初期財政政策と地域社会』（九州大学出版会、一九九二年）、吉田昌彦「廃藩置県のイデオロギー的前提」（長野暹編『西南諸藩と廃藩置県』九州大学出版会、一九九七年）参照。

(20) 手塚豊・山本幹三「明治初年の藩議会」（『法学研究』第二〇巻第一号、昭和三十二年）、松平秀治「分与賞典禄の研究―尾張徳川家の場合―」（『学習院史学』第一四号、一九七八年）参照。

(21) 丹羽邦男『地租改正法の起源―開明官僚の形成―』（ミネルヴァ書房、一九九五年）参照。

(22) 拙稿「版籍奉還の政治的動向と米沢藩」（『中央大学文学部紀要』第四三号、一九九八年）。

(23) 萩原延壽「遠い崖」（『朝日新聞』一九七六年十月から一九九〇年十二月まで連載）参照。

(24) 拙著『維新政権』（日本歴史叢書、吉川弘文館、平成七年）。

第一章　維新政権と版籍奉還

第一節　木戸孝允の版籍奉還建言

1　木戸の版籍奉還建言

十九世紀に入って顕著になった外圧の危機のなかで、封建的な幕藩体制の限界が指摘され、その改変あるいは郡県制移行が主張されるようになったことは、浅井清『明治維新と郡縣思想』(1)などで指摘されてきた。また、慶応三年（一八六七）十二月九日の王政復古後、徳川慶喜の辞官納地問題をめぐる小御所会議の議論で、後年の版籍奉還に結びつく見解が出されたこともよく知られている。右については、沢田章「版籍奉還始末の研究」(2)が、前土佐藩主山内豊信、前尾張藩主徳川慶勝らの公議政体派の主張を紹介した。慶喜に新政府入費の負担を求めた際、十二月十二日に豊信が諸侯もそれにならうべきと建議したこと、二十三日に慶勝が一般諸侯も領地を返上して「朝廷」から「新地」をあたえられるように建言したことがそれである。(3)

一方、討幕派有力藩については、薩摩藩の寺島宗則（陶蔵）と長州藩の木戸孝允（準一郎）が、封建的領有体制変革の端緒となる建言を行ったことが有名である。寺島は、「朝廷」からの召命に応じて藩主島津忠義（茂久）が上京することになった十一月、大政奉還に応じて薩摩藩の「封地」と「国人」を「朝廷」に奉還するように求めた意見書を提出していた。(4)寺島は、幕末に密航した西欧での見聞をもとに、奉還が公明正大な方向であり、「朝廷」に忠節を尽くすことになると主張したのであった。また、長州藩の木戸孝允は、慶応三年十二月、同藩が征長戦争で占領した豊前・石見両国をいったん「朝廷」に返上することを画策した。(5)それは、両国を「素ヨリ王土」とみなし、「朝廷へ奉差上御処分奉仰候」という藩主毛利敬親の願書となっている。(6)この十二月付の敬親の願書は、翌慶応四年正月二十一日に提出されたが、木戸は事前に両国を長州藩の一時預地とし、さらにその後も永く管理したいとの企図を三条実美にひそかに伝えていた。(7)結果として新政府は、この豊前・石見両国返上願に対して、正月二十八日にそれを当分のあいだ長州藩の預地とすることを指令している。

ついで、木戸は新政府の参与に就任した直後の二月三日、副総裁の三条実美と岩倉具視に対し、版籍奉還の必要を左のように建言した。

「謹而奉建言候、倩今日之形勢を惟るに、去歳徳川慶喜政権返上を奉請願朝廷是を許可し玉へり、続而其土地人民を還納せしめ、然して彼速に奉命せさる而已ならす、終に政権返上之請願に戻り、剰携兵押而企上京一敗塗地、以而今日之争乱を生す、固より迅速其巣窟を衝き天下之大典不可有不糺、然り而して抑一新之政たる無偏無私内は普く才能を登庸し、専ら億兆を安撫し、外は世界各国と並立し、以而邦家を在置富岳之安、就而は至正至公之心を以七百年来之積弊を一変し、三百諸侯をして挙而其土地人民を還納せしむへし、不然は一新之名義不知在何、実に天下之大勢不在元亀天正之時、謹而竊に朝廷及諸藩之情勢を察するに、只纔に兵力之強弱而已を各自相窺ひ、朝廷は自ら薩長に傾き、薩長は又其兵隊に傾き、諸藩亦概如此類、真に尾大之弊を不能免して真権之所帰着決而未可認、況大に於顧前途之大勢安撫億兆哉、思ふに東国之争乱も収、其兵卒不在久各藩之兵隊各就藩区々固其本区々施政刑ときは、其害再決而不可抜、朝廷勉而一新之名義を以不可有、不協其実、不然は国家億兆之大不幸前日之比にあらす、若大令一発諸藩忽生紛擾、於如乱大条理は実に天運之真に未回ものにして、人事之不在所能、誓而至正至公之心を以不正ときは何日得不貫徹、速に御英断被為在度不堪万願之至、誠恐誠惶頓首敬白

木戸準一郎再拝[8]

戊辰二月

木戸は、「億兆」の「安撫」と海外との並立を急務とし、七百年来の積弊を改めて、三百諸侯から「土地人民」を還納させることの必要を論じている。「至正至公」の精神にもとづき、改めて「一新之名義」を正すべきであるという。「尾大之弊」をもたらす封建割拠の弊害を説き、真の王政維新を成就させるために、諸侯の実権を奪うことが必要な旨を建言したのである。

そして、よく知られているように木戸は、長崎に出張した途中で山口に立ち寄り、藩主毛利敬親に版籍奉還の必要を言上した。閏四月十四日の木戸の日記に、「今日天下の大勢」が容易ならないことを敬親に述べ、「内外一致」のために「時機」を失うべきでない旨を言上したと書いているのがそれである。[9]木戸は大義名分を明らかにし、兵馬政刑の実権を朝廷にかえすことの意義を語ったようで、「君上御落着為遊、政府別に異論なし」であったという。同月十七日にも敬親に対して、「朝廷」のために尽くす「時機」を失わないように言上した。七月二十三日には、上京中の敬親に謁し、再度、奉還論を陳述しており、毛利家の遠祖の大江広元が「朝廷を御輔翼」した「深意」を説きおこし、それを「万世」に貫徹するように説得したのである。[10]

また、木戸は、信頼できる長州藩内の同志にも、版籍奉還の趣旨を書き、その必要を伝えた。三条・岩倉に建言書を提出した後の慶応四年三月二十八日、広沢真臣に「王政御一新」の「実事」をあげることの急務を書き送り、四月

二十八日には柏村数馬に対し、旧来のままに諸侯の領地を安堵することの不可を説いている。(11) 諸侯が藩領を「自国」と称することを批判し、「皇国を以一天地之御大本を相立」ることが、なにより急がれることを書き送っていたのである。

だが、この木戸孝允の版籍奉還建言に対する反応については、木戸が後年の手記で、「藩内の物情甚不易もの有り、況や又天下に於てをや、苟も口外すべからず(12)」であったと書いている。木戸を殺そうという動きがあり、長州藩の「同志の士」であっても、「醸危疑誹謗を聞く日としてなきはなし」であったという。(13) この木戸の回想については、浅井清『明治維新と郡縣思想』が主に『木戸孝允日記』『木戸孝允文書』を用いてそれを裏づけたが、版籍奉還建言をめぐる批判は、藩首脳部からも出される事態で、その拡大によっては奉還の実現が危ぶまれるほどの強いものであった。

すなわち、長州藩内では、木戸が敬親に言上した際の周囲は「別に異論なし」であったが、木戸に対しては、「朝廷」のことに奔走して長州藩をかえりみないとの批判や「違約の説」を生じていた。木戸は六月十八日の日記に、みずからの思いが理解されないその慨歎を記し、八月九日にも同年春から「疑惑之説」が口々にさけばれ、長州藩内が「本末」の転倒した事態にあることを書いている。野村靖らがその「原因」を明らかにしないままに「種々の疑惑」を醸成し、「不安の国情」をもたらしているとして、藩内が「只眼下の事より故障を起し、万里外の大機を誤ち、終に積年の大趣主何事たるを不知に至る」と、その苦悩を記した。この野村や御堀耕助などの諸隊幹部の反発に対しては、木戸はその実情を左のように書いている。

「内外之事不如意十に九、実に我長州の事に至り候ても感慨に不堪もの多し、今日に至り全局に着眼せさるもの多く、大政一新の何事たるを不知、只徳川氏を打撃して一大愉快となす、大政一新の其実相顕れすして、皇国を不維持ときは大政一新も幕政亦五十歩百歩也、実に感慨不可言、只々日夜切に前途の事を痛按す」[14]幕府打倒をもって事なれりという状況で、将来にわたる「全局」に目を向けるものが少なかったという。「皇国」の維持なくして大政一新の内実を達成することができないとする木戸の主張は、長州藩内でもその理解を得ることが困難で、木戸はみずからの真意が貫徹しない「苦心痛歎」の連続であったのである。

2　薩摩藩と三条実美・岩倉具視の対応

木戸は明治元年（一八六八）九月十八日、京都で薩摩藩出身の参与大久保利通と会談し、版籍奉還建言の企図を伝えた。木戸は同日、土佐藩出身の参与後藤象二郎にもそれを語ったようである。木戸によれば、十八日は「未能語奥意、只表面の条理而已にして止めり」であったが、大久保は「一諾尽力」を約したという。[15]

この点、薩摩藩主島津忠義はすでに二月十一日、諸外国と対峙するための封建制度の弊害を指摘し、朝廷に親兵創設の費用として、左のような封土一〇万石の献上願を提出していた。

「臣忠義熟惟るに、西洋各国凡開国維新之功を遂る所以之者は、先兵勢を盛大にし、不慮を鎮定する之国力を備へ、然して万里外ニ雄飛し、其威を四方ニ輝し、攻守之権を掌握いたし候儀ニ御座候、抑朝廷上之儀不被為得止事ニは候得共、兵馬不備、器械不盈御薄力之故を以、無勿体も屢蒙塵之辱を被為受、御失体を相醸候義と奉存候間、今日之急務は大ニ海陸軍を興張せられ、親兵厳列乱賊不可犯之御威力被為備度、積年奉懇禱候、然処即今之形勢皇国統一之御成業に不至、理財之道被為立兼候御儀と奉恐察候付、代々奉預候領地之内拾万石、万分一ニは候得共、為御用途返献仕度奉願候、全体封建之制ニては、其力離解分裂、各国比敵難相成候付、復古之実義ニ従ひ、

鎌倉以前之如く奉還候て、至当之儀と奉存候得共、未時勢其宜を不得次第も可有御座と奉存候、従来為皇国寸補報恩仕度、日夜至願仕候得共、不肖短才藩屛之任を汚し、毫髪之詮も無御座不堪浩歎、前件一片之赤誠御憐察被仰付、御許容被成下候様御執奏奉願候、頓首百拝

二月十一日　　薩摩少将[16]」

藩主島津忠義のこの願書は、「封建之制」で国内の力が分散していることを指摘し、強大な外国に「比敵」できない「皇国」の危機を論じている。そして、いわゆる王土王民思想にもとづいて領地を「代々奉預地」と位置づけ、「鎌倉以前」のように「奉還」して「復古之実義」をあげることを「至当」とし、封土一〇万石の返上を願い出たのであった。

この主張のさきがけとなったのは寺島や森有礼であるが、忠義の願書については、やはり薩摩藩の在京有力者の大久保が中心となって推進したようである。大久保は国元の鹿児島へ送った報告書のなかで、「領地」の「返献」について、いずれ「自ラ御投出し不被成而ハ相済不申事候」とみなし、「朝廷御一新」にならった藩側の大改革の必要を論じていた[17]。したがって、大久保は木戸の版籍奉還論に原則的に同意し、小松清廉(帯刀)、伊地知貞馨(堀仲左衛門)、岩下方平(左次右衛門)など、在京の薩摩藩有力者の合意を取りつけることに尽力したのであった。

しかし、薩摩藩の場合は、国元の鹿児島での困難な実情が存在した。大久保は十二月二十四日、木戸に「内々重役共ニおいて心痛之訳も有之」で「甚以不相済事」と書き、みずから帰藩して戊辰戦争後の「兵隊之処置」などの改革にあたることを表明している[18]。薩摩藩内では、版籍奉還問題を担当した伊地知貞馨も、諸侯がいったん「領地」を返上した上は「改而朝廷より是迄通拝領被仰付度」という認識であり、必ずしも積極的な奉還論とはいえない[19]。長州藩とのあいだの「建言一条」を委任された黒田清隆も、「甚危疑仕候次第」であったようだ[20]。

また、木戸の版籍奉還の建言に対しては、新政府内の枢要に位置した三条実美・岩倉具視らの対応も、この時期、きわめて慎重であった。岩倉の場合は、王政復古の立場からもともと封建的領有体制に批判的であったと考えられる。それは慶応三年（一八六七）三月の「済事策」で、「皇威」を「宣揚」するための施政の統一を重視し、一道ごとに観察使府を置き、諸侯を管轄指揮して「施政ノ順序」を「一定」するように提起したことにうかがわれる。[21]薩摩藩の一〇万石返上願に対しても、それを直ちに却下することなく、「折角所存」で「其儘被差置候而者如何」と、周囲の対応を見守る方針を提示していた。[22]それゆえ新政府は、薩摩藩に対して三月二十日、「遠見之献言」で「神妙之至」とし、「当今」は「軍費多端」の折であるから「不及返献候」として、「追テ御沙汰可相待候事」と達している。[23]

もっとも、岩倉や三条の書翰・諸記録類には、管見のかぎり前述の木戸の版籍奉還建言に関する記述は見当たらない。木戸は慶応四年四月に岩倉らと制度一新を評議し、十六日の日記に「岩条二卿へは曾て内密建言せし件もあり、其数件は日を刻して行れん事を思ふ」[24]と書いているが、岩倉側の諸文書や当日の木戸の記録には、それ以上の判然とした記述は残されていない。また、諸藩に府藩県三治一致の改革をうながした明治元年（慶応四）十月の「藩治職制」の制定に際しても、岩倉が版籍奉還と結びつけてとくに積極的な対応を取った形跡はない。「藩治職制」については、岩倉は天皇東幸に供奉して九月二十日に京都を出発した後、留守担当の徳大寺実則の問い合わせを受け、改めて「御布令無之候へは早々被仰出候様御取計可給候」と、徳大寺にその公布を要請していた。[25]同時期に府藩県政の統一を重視していた木戸が、「藩治職制」の早急な公布を留守担当の後藤象二郎にうながしており、それが徳大寺から岩倉に対する問い合わせになったものと思われる。[26]岩倉は、後年に版籍奉還を木戸の「足下積年誠忠之所貫」と評しているが、木戸の慶応四年二月の版籍奉還建言は、長州藩としての公式な見解ではなく、そのために少なくとも同年前半の段階では、新政府の頂点に立つ三条や岩倉の実際的な課題となっていなかったようである。[27]薩摩藩などの有力諸藩と提携して討幕を実現してきた岩倉にとって、同時期の課題は戊辰戦争の遂行と東幸の断行であり、版籍奉還はまだ具体的な施策として取りあげる段階に至っていなかったと看取できる。

註

（1）浅井清『明治維新と郡縣思想』（巌南堂書店、昭和十四年）三三一―三八頁参照。
（2）沢田章「版籍奉還始末の研究」（『史林』第六巻第一・二・三号、大正十年）参照。
（3）越前藩出身の参与・中根雪江（靭負）は、徳川氏のみの封土返上を批判したが、「如何にも一天王土には相違無之候得共、王土なれはとて王の御勝手以御私に御引上け被成候訳之物には無之」と、王土王民を前提とした上で、その不合理な措置を強調している（前掲・浅井『明治維新と郡縣思想』一〇九頁参照）。
（4）「版籍奉還の建議書」（『寺島宗則関係資料集』上巻、寺島宗則研究会、昭和六十二年、一八―一九頁）。
（5）「三条実美宛密書」慶応三年十二月二十八日（『木戸孝允文書』二、日本史籍協会、昭和四十六年覆刻、三五三―三五六頁）。本書で注記した日本史籍協会叢書は、昭和四十四年から四十九年までの発行された覆刻版である。本書の以下の注記では、同叢書の発行年の記載を省略する。
　木戸は伊藤博文に対して、「宇内之大勢を察し、我力を顧み候而、前途不朽之規則等に心を用ひ候等之人柄は尤少く段々建言仕見候得共、思ふよふにも至り兼慨歎罷居申候歟」と書き送っていた（「伊藤博文宛書翰」明治元年二月十二日〈『木戸孝允文書』三、日本史籍協会、一一一―一五頁〉）。
（6）「豊石両地返上ノ儀上申」（『公文録』諸侯之部、毛利山口一、戊辰自正月至九月）。
（7）前掲「三条実美宛密書」。
（8）「版籍奉還に関する建言書案」（『木戸孝允文書』八、日本史籍協会、二五―二六頁）。
（9）『木戸孝允日記』一、明治元年閏四月十四日、日本史籍協会、二六頁。
（10）同右、明治元年七月二十三日、七三頁。
（11）「広沢兵助宛書翰」明治元年三月二十八日、「柏村数馬宛書翰」明治元年四月二十八日（前掲『木戸孝允文書』三、二三一・三九頁）。

(12) 前掲・浅井清『明治維新と郡縣思想』は、木戸の手記を所在不明として『松菊木戸公伝』挿入の写真版から引用したが、同手記は『木戸孝允遺文集』(日本史籍協会、一七七頁) に採録された。
(13) 『木戸孝允日記』二、明治四年七月十四日、日本史籍協会、七一頁。前掲・浅井清『明治維新と郡縣思想』一三六—一四三頁参照。
(14) 前掲『木戸孝允日記』一、明治元年十一月二十四日、一四六頁。
(15) 同右『木戸孝允日記』一、明治元年九月十八日、九九—一〇〇頁。
(16) 「島津忠義請願書」『鹿児島県史料』忠義公史料、第五巻、鹿児島県維新史料編さん所、昭和五十三年、一三〇—一三一頁。伊地知正治は慶応三年十一月段階で、朝廷の俸禄の不足を指摘し、諸国の歳費から提出させる必要とその「員数等如何」を定めるように主張していた (「伊地知正治書翰」慶応三年十一月『大久保利通関係文書』一、立教大学日本史研究室、昭和四十年、六三頁)。
(17) 「蓑田伝兵衛への書翰」明治元年二月十六日 (『大久保利通文書』二、日本史籍協会、二三二頁)。
(18) 「木戸孝允への別封書翰」明治元年十二月二十四日 (同右『大久保利通文書』二、四九〇—四九一頁)。
(19) 「伊地知壮之丞意見書」明治元年 (『岩倉具視関係文書』八、日本史籍協会、一二六頁)。
(20) 「小松玄蕃頭・伊地知壮之丞・吉井幸輔への書翰」明治二年正月十日 (『大久保利通文書』三、日本史籍協会、一六頁)。
(21) 「濟時策」(『岩倉具視関係文書』一、日本史籍協会、二九七頁)。
(22) 「岩倉家蔵書類・明治元年」諸卿廻文 (国立国会図書館憲政資料室所蔵、岩倉具視文書二六三—八)。
(23) 『復古記』第三冊、東京帝国大学蔵版、昭和四年、二六頁。
(24) 前掲『木戸孝允日記』一、明治元年四月十六日、七頁。
(25) 「岩倉具視書翰」明治元年十月十日 (『岩倉具視関係文書』四、日本史籍協会、一五四頁)。
(26) 「後藤象二郎宛書翰」明治元年九月二十九日 (前掲『木戸孝允文書』三、一四九頁)。
(27) 「岩倉具視書翰」明治二年二月三日 (前掲『岩倉具視関係文書』四、二一九頁)。

第二節　伊藤博文の版籍奉還論

1　伊藤の版籍奉還断行建白

木戸孝允の建言を端緒とした版籍奉還問題は、明治元年（一八六八）十一月初旬に姫路藩主酒井忠邦が版籍奉還願を提出し、兵庫県知事伊藤博文がその実現を建白したことから、それが新政府首脳にとって放置できない課題となった。周知のように姫路藩の版籍奉還建言は、「皇国御一体」にて「朝廷列藩気脈相通」じることを目的とし、「藩」の名称を改めて「府県」とすれば、「自然御情意皇国中へ貫徹」できるという建言であった。(1) 藩を府県と同一の名称とすることで、天皇と「列藩」の君臣関係を強固にすることは、先に「朝敵藩」とされた同藩にとっても、その再建に結びつく方途であったといえる。

この姫路藩の版籍奉還建言に対して、伊藤は明治元年十一月、左のように建白した。

「臣頃日竊ニ道路ノ説ヲ伝聞スルニ、姫路侯書ヲ天朝ニ奉リ、自家ノ政権領地挙テ是ヲ奉還センコトヲ請フト、臣未タ其事実ヲ詳ニスル能ハスト雖モ、之ヲ聞テ欣躍ニ堪ヘス、若シ其事ヲシテ果シテ実ナラシメハ、皇国ノ幸曷ソ之ニ如ン、（中略）方今ノ如ク各藩各自ニ兵権ヲ擁シ、互ニ相抗衡スル之弊ヲ除イテ、其権ヲ悉ク朝廷ニ帰セシメ、政令法度一切朝廷ヨリ出テ、更ニ是ヲ犯ス者ナキニ至ラザレハ、海内ノ人民ヲシテ偏頗ノ政令ヲ免カレシメ、一様ノ徳化ニ服セシムル能ハサル也、且外国ノ侮ヲ禦キ、皇威ヲ海外ニ輝カサント欲スルモ、兵制区々ニ別レ、指令侔シカラサレハ、決シテ是ヲ行コト能ハサル也、夫天地之間物力合スレハ強、離ルレハ弱、則自然ノ理然ラシムル所ナリ、故ニ我全国ノ諸侯宇内ノ大勢ヲ察シ、終ニ其政治兵馬ノ権ヲ以テ天朝ニ奉還スルニ至ラサレハ、百年ノ後我皇国之威武ヲ海外ニ輝スコト難シ、（中略）然後直チニ其領地ハ府県ノ制ニ倣ヒ是ヲ処置セシメ、其藩士ハ強壮ナル者ハ選テ朝廷ノ兵トナシ、吏才アル者ハ吏ト為シ、其余ハ悉土着ニ帰シ、老若自ラ給スル能ハサル者ハ是ヲ養育スルノ法ヲ立ツベシ、於是速ニ天下列藩ニ布告シテ一大会議ヲ興シ、天下ノ公論ヲ取リ、皇国ノ基本ヲ建テ、内ハ神武天皇ノ神霊ヲ慰シ奉リ、外ハ万国ヲシテ威懾セシムル、是今日在朝大臣之職タルベシ、

頓首再拝白

臣　伊　藤　五　位

草案」(2)

伊藤は、「朝廷」に権限を集中する必要を説き、全国の諸侯が「宇内ノ大勢」を知って、政治・軍事権を「朝廷」に奉還するようにならなければ、「皇国之威武」を海外に輝かすことができないと論じている。藩を府県の制にならって改めるようにすべきという主張である。諸侯に爵位と俸禄をあたえて貴族とし、藩士は選抜して「朝廷ノ兵」とするように説いた。そして伊藤は、姫路藩の版籍奉還建言を「皇国ノ幸」とし、それを全国的に実施するように建白したのである。そこでは、「一大会議」を開き、「皇国ノ基本」を定めることも主張している。

この点、伊藤はすでに同年十月、戊辰戦争後の凱旋兵士を再編して新政府の常備兵とする意見書を作成し、参与後藤象二郎に託し、後藤から小松清廉を通じて輔相の岩倉具視に提出していた。(3) 凱旋した「北伐ノ兵」に土地を賞与することを不可とし、それを「朝廷」の常備兵として、総督・軍監などに爵位をあたえ、「朝廷親ク是ヲ統御」するよ

うに求めている。「諸侯ニ置ク所ノ兵、皆天子ノ兵」という原則を強調して、「皇威拡張」を論じた意見である。伊藤は文久三年（一八六三）にイギリスに密航して西欧社会を実見したことから、郡県制度の実施を急務とし、イギリス公使館日本語書記官のアーネスト・サトウに対して、慶応四年（一八六八）正月二十四日にみずからの思いを左のように語っていた。

「Choshiu has given up to the Mikado his conquered territories in Kokula and Sekishiu. Katsura and Ito want to propose that he should resign all his lands, retainers and other possessions, except so much as may be required to support his household, to the Mikado. If all the daimios would do this a powerful central government might be formed, which is impossible under the present system Japan can't be strong when every daimios can withdrow his assistance at pleasure and when each prince drills his men after a different fashion. Its the North of the German confederation over again: they must all be swallowed up in something bigger.」(4)

伊藤はアーネスト・サトウに対し、長州藩が豊前・石見両国を「朝廷」に「献納」したことを述べ、「彼（木戸）と自分は長州がさらに一歩を進め、長州一門の扶養に必要なだけを残して、土地も家来も財産もすべてを天皇に返上することを希望している」と語っている。さらに、「もし大名全部がこれにならうならば、現在の制度では望み得ない有力な中央政府ができ上がるだろう。大名がみな勝手に助力の手を差し控えたり、各藩の大名がまちまちの流儀で軍隊の教練をやったりするのを放任するかぎり、日本は強国にはなり得ない。北ドイツ連邦でその実例が繰りかえされた。弱小な諸侯は、より強大な者に併合されるほかはないのだ」と語ったという。このような伊藤は、長州藩の豊前・石見両国の返上願や薩摩藩の一〇万石返上願に際しても、その不徹底な点に不満を示し、「名分」だけでなく、実態のともなった郡県制を確立すべきとの意見であったようだ。(5) そして、意気さかんな伊藤は、明治二年正月にも、郡県制による国体の基本を記した六か条の「国是綱目」を新政府に提出している。(6) 天皇中心の一君万民体制を作ること、諸侯の政治・兵権を政府にかえすこと、世界万国と積極的に交流すること、万民に自由自在の権をあたえること、西洋の学風を入れて大学校・小学校を設けること、外国交際の信義を重んじることの六か条である。この伊藤の建白は、その後におおやけとなっていわゆる「兵庫論」と称され、新政府内外に大きな衝撃をあたえたのであった。

2 岩倉具視の「侯伯大会議」構想

新政府では慶応四年（一八六八）七月、江戸を東京と改めて、天皇の「親臨」と「万機ヲ親裁」「億兆綏撫」の実施を強調した「詔書」を発し、八月には改めて「東西同視」のもとに、天皇の「出輦」を予告した。(7) 明治元年（一八六八）九月二十日に京都を出発した天皇には、岩倉具視、中山忠能、木戸孝允らが供奉し、輔相三条実美や参与大久保利通らも東京にあって、新政府首脳の多くは京都を離れている。十一月に出された姫路藩の版籍奉還建言については、それを受けた新政府側の対応が判然としないが、新政府は同藩にその詳細を示すように命じていた。姫路藩は十二月、「一旦土地御引上」した後に「改テ御預ケ」となることを求めた再度の建議を提出したが、新政府はそれに対する指令をあたえていない。(8) 姫路藩が翌二年正月二十八日に提出した伺書に対しては、「其方献言ノ趣意、頃日諸藩ヨリ献白之意味ト致相違候間、御沙汰無之候事」と答えていた。(9) 沢田章「版籍奉還始末の研究」(10) の指摘のように、新政府は姫路藩の建言を、藩の名称を改めて府県と同一にすることを求めた抽象的意見にすぎないと断じたのである。それを、政権・領土を返上して新政府の判断にゆだねるという姿勢に欠けた建言とみなし、後述のような薩摩・長州両藩が推進役となって全国諸藩におよぼすことを最優先した新政府は、同藩の建言に回答をあたえなかったと思われる。

しかし、同藩の版籍奉還建言を指摘した伊藤の元年十一月の意見書については、その後の取扱いは、岩倉が担当したようだ。それは伊藤の建白書が岩倉の手元に残されていることにうかがわれる。[11]『岩倉公実記』には「議定参与皆之ヲ善トス」[12]と記されているが、伊藤の建白書がどの時期に岩倉のもとで検討されたかは不明である。この伊藤の意見書に対しては、参与福岡孝弟の意見が附されている点が注目できる。[13]福岡の見解は、前述の伊藤の建白書に附された付箋から判明するが、福岡も伊藤の奉還実施論に対して、とくに否定的な姿勢を示していない。

この伊藤の建白と同じ十一月十四日、薩摩藩の伊地知貞馨が岩倉に対し、「大小名上中下大夫之領地一往朝廷江返献改而朝廷ゟ是迄之通支配被仰付事」[14]という建言を寄せていた。伊地知は、参与三岡公正の金札発行政策で紛擾を生じていた政府財政の建て直しを求められ、その建言のなかで版籍奉還に言及したのである。そこでは、「朝廷」が諸藩に「改而御預」を行い、その上で「領地十分之一」を「召上」げ、土地はそれぞれの藩の支配にまかせ、「貢税」のみを上納させるという方策を提示している。財政再建の立場から「領地」の「返献」を提起した建言で、版籍奉還の視点が一般化してきたといえる。そして、議事体裁取調にたずさわっていた福岡は、伊藤の「一大会議」を開いて天下の公論を集め、「皇国ノ基本」を決めるという建白に対し、「此機会来春諸侯東京へ召集ノ時失フベカラズ」[15]と提言した。この時期の新政府内では、天皇の京都還幸問題が議論の的となっており、いったん還幸して翌二年春に再幸を実施し、その上で国家の基本を確定すべきとする岩倉の主張が具体化されることになっていた。「一大会議」を開催して版籍奉還問題を審議することは、伊藤と福岡に共通する見解であり、再幸とその後の一新を主張していた岩倉も同意できる方向であったと思われる。

この点、岩倉自身は「一大会議」の開催について、十一月二十二日に「還幸」などの時勢に関する意見書を作成し、「諸侯伯以下参会」とそこで「天下之公論」を定めることを提言していた。(16)「公議」「公論」の尊重は、五箇条の誓文の第一条の「広ク会議ヲ興シ万機公論ニ決スヘシ」で、幕末以来の政治的基調とみなされるようになっており、岩倉は「諸侯伯会同」さらには「侯伯大会議」を推進していく。岩倉の見解は、同日に三条に宛て、十二月に還幸する天皇の再幸を翌年春に実施し、その後に「諸侯伯会同」を開き、公議をもって「大政之根軸被立候而は如何哉」と記したことに確認できる。(17)それは、岩倉が十一月二十七日、イギリス公使ハリー・パークスに対し、新政府の「諸侯伯会同」開催の予告を左のように内々に伝えていたことにも裏づけられる。

「Grand interview at Hamagoten with Iwakura, Kido, Higashikuze and Machida also present, many compliments to Sir Harry and assurances of the gratitude which the Mikado government feels for there cognition received from Great Britain. Then confidential conversation. It's propose that the Mikado should return to Kioto to be married and also to perform certain funeral ceremonies in honour of his late father, that when this is over he will come again to Eedo, to hold a great council of the empire, perhaps in the 1th month, perhaps to the 3rd.」(18)

イギリス公使ハリー・パークスは、列国の最初となる慶応四年（一八六八）閏四月一日に信任状を提出して、「天皇政府」の承認に尽力し、また箱館を占拠した榎本武揚問題で新政府が要求した局外中立の撤廃にも協力的であった。

岩倉は浜御殿でのパークスとの会談で、イギリスが最初に新政府承認にまわったことの協力を謝し、続いて天皇がいったん京都に還幸して、婚礼と孝明天皇三年祭をすませて東京に再幸する方針を語っている。再幸にあたっては、一月か三月に「諸侯伯会同」を開催する方針があることを内々に伝えたのであった。

そして、新政府は十二月一日、京都に還幸する天皇の東京出発を明治元年（一八六八）十二月八日と発表し、ついで再幸を翌年春に実施すること、その際に「輿論公議」をもって「国是ノ大基礎」を定めることを令した。(19) 会議の開催を「天下之大事件」とし、諸侯から上士までが、東京に二年三月十日までに参着するように命じている。ついで正月十八日には、諸侯以下の東京参着を四月中旬までと達している。(20)

また、岩倉は京都へ出発する前日の十二月十四日、木戸を招いてその意見を徴した。「諸侯伯会同」開催とそこで「国是ノ大基礎」の確立が両者の懸案となっていたことはいうまでもない。木戸は、「一新之際」を強調し、「一旦東て朝廷」に奉還して、その後に「天意の有る処を以再ひ一定の規則相立」れば、大いに「名分判然」となるだろうと言上している。(21) 薩摩・長州両藩をさきがけとした版籍奉還の必要を語り、「此事をして正月・二月の間に挙しめ」と、その時機に遅れることの不可を論じた。

このような動向に対し、大久保は天皇に供奉して十二月八日に東京を発していたが、その京都還幸途中の三島から、岩倉に対して「段々大事件も被為在」と、木戸を早急に京都に呼びもどすように依頼した。(22) 岩倉は十五日に東京を出て船で鳥羽に上陸し、京都還幸に供奉している大久保に合流した。大久保は京都に着いた直後の十二月二十四日、みずから木戸に対して、薩摩藩内の「心痛之訳も有之」とし、「順序を追ひ大事件も御運不相付候而者不相済」と京都に帰京するように要請している。二年春の「侯伯大会同」、そこで予想される版籍奉還を含めた「国是ノ大基礎」の確立への対応を急務とみなし、岩倉・木戸との調整を重視したようである。(23)

そして、木戸・伊藤の積極的な運動に対し、大久保は十二月二十七日、大阪で小松清廉、吉井友実、伊地知貞馨らと会談し、以後、明治二年正月三日までたびたび薩摩藩有力者と会合をかさねた。(24) 藩政改革問題を検討し、「土地人民御返上被成度御建言一条」の「長州江御示談」を黒田清隆へゆだねたようである。もっとも、黒田の対応が遅れ、それを「危疑」した大久保は、正月十日の書状で小松・伊地知や吉井に版籍奉還への尽力をうながしている。(25) そこでは、「御国論之御趣意」の確保と長州藩への「信誼」貫徹が強調された。大久保は前日の九日に岩倉との懇談をかさねており、その際に長州側の動向を知ったのかもしれない。(26) これに対して、小松は正月十一日、「伊地知専曳受ニ相成居、右様之不都合ニ而は甚不相済事」と「不行届」を謝し、急ぎ伊地知を上京させた。(27) 小松は十三日、伊地知の上京を大久保に伝えるとともに、「何分早急ニ相運候様御尽力可被下候」と答えている。(28) 長州側の積極的な動向に対し、薩摩藩有力者のなかで、長州の動きに呼応した同藩の準備が急がれ、大久保みずから奔走するようになったことが知られるのである。

すなわち、明治元年十一月の姫路藩の版籍奉還建言とその実現を求めた伊藤の建白は、木戸がひそかに建言した版籍奉還問題をもおおやけにし、それを新政府が放置できない課題とするものであった。新政府は岩倉が中心となって二年春の天皇再幸を画策し、「侯伯会議」と「国是ノ大基礎」の確立を企図していたが、伊藤がその「一大会議」で版籍奉還の実現を建白し、木戸も岩倉に対して、そこでの版籍奉還問題の前進を強く求めるようになっている。岩倉の「諸侯伯会議」構想と長州藩側の積極的な姿勢の前に、薩摩藩の大久保もまたそれに呼応した藩論の確定を急務とする事態が生れたことが知られる。

註

(1) 「姫路藩版籍奉還率先建議之顚末」(桜井精一編『史談会速記録』一五九輯、明治三十九年)。

（2）「建白書(伊藤博文)」(『岩倉具視関係文書・岩倉公旧蹟保存会対岳文庫所蔵』一七―七―二八、北泉社マイクロフィルム版)。『岩倉公実記』には、同文の建白書が収録されているが、同書では建白書の末尾の「草案」の書込みがない。伊藤の建白書が政府会議で審議されたことは、明治二年正月二十日の「覚」から判明する（下巻、皇后宮職蔵板、明治三十九年、六七四頁。「岩倉具視覚書」明治二年〈『岩倉具視関係文書』七、日本史籍協会、二〇〇頁〉)。

（3）『伊藤博文伝』上巻（春畝公追頌会、昭和十五年）四一〇―四一三頁。田中光顕関係文書（法政大学図書館蔵）の「田中光顕宛伊藤博文書翰」(『春畝公建白書艸稿・亥之巻』には、伊藤の意見書草案が残されており、「兵庫県属吏小菅揆一起草スル所ナリ」という田中の注記がある。

（4）P. R. O. 30/33, 15/2（イギリス国立公文書館）Satow Papers:diaries. 2 Feb. 1868.
伊藤の発言は、『一外交官の見た明治維新』（アーネスト・サトウ著、坂田精一訳、岩波書店、昭和三十五年）。近年は萩原延壽「遠い崖」(『朝日新聞』）に紹介された。これまでの研究では、薩摩藩一〇万石の返献に対して、伊藤が「十万石、二十万石何ぞ朝廷の基礎を立つるにたらんやと言って、版籍奉還論を主張した」ということが、伊藤の回顧談をもとに推測されてきたが、このサトウの日記は、正月二十四日以前における木戸と伊藤の合議、伊藤の積極的な姿勢を裏づける証左となる。

（5）「岩倉家蔵書類・明治二年版籍奉還処置ノ件」(国立国会図書館憲政資料室所蔵、岩倉具視文書二六六)。

（6）前掲『伊藤博文伝』上巻、四二〇―四二五頁。

（7）『太政官日誌』明治元年、第四六・四九号。

（8）前掲「姫路藩版籍奉還率先建議之顚末」。

（9）同右。

（10）沢田章「版籍奉還始末の研究」下（『史林』第六巻第三号、大正十年）参照。

（11）前掲「建白書（伊藤博文）」。建白書には、「伊藤博文建白書、福岡付箋」との加筆がある。

（12）前掲『岩倉公実記』下巻、六七四頁。

（13）同年正月二十日の政府会議の「覚」には、「藩政帰朝之論一紙、但し福岡見込」「伊藤五位建白一冊、福岡押紙あり」「同人ゟ後藤へ書状一通」などの記述がある（前掲「岩倉具視覚書」明治二年）。

（14）「伊地知貞馨書翰」明治元年十一月十四日(『岩倉具視関係文書』四、日本史籍協会、一八三―一八四頁)。

(15) 前掲「建白書（伊藤博文）」。
(16)「岩倉具視意見書」明治元年十一月二十二日（前掲『岩倉具視関係文書』四、日本史籍協会、一九二一頁）。拙稿「藩体制の解体と岩倉具視」（田中彰編『幕末維新の社会と思想』吉川弘文館、一九九九年）参照。
(17)「岩倉具視書翰」明治元年十一月二十二日（前掲『岩倉具視関係文書』四、一八八頁）。
(18) P. R. O. 30/33, 15/3（イギリス国立公文書館）Satow Papers:diaries. 9 Jun. 1869.
(19)『法令全書』明治元年、第一〇一五・一一六五。
(20)『法令全書』明治二年、第五三。
(21)『木戸孝允日記』一、明治元年十二月十四日、日本史籍協会、一六〇―一六一頁。
(22)「岩倉公への書翰」明治元年十二月十日（『大久保利通文書』二、日本史籍協会、四八一頁）。
(23)「木戸孝允への書翰」明治元年十二月二十四日（前掲『大久保利通文書』二、四八八頁）。
(24)『大久保利通日記』二、明治元年十二月二十七日・二十九日、日本史籍協会、九―一〇頁。
(25)「小松玄蕃頭・伊地知壮之丞・吉井幸輔への書翰」明治二年正月十日（『大久保利通文書』三、日本史籍協会、一六頁）。
(26) 前掲『大久保利通日記』二、明治二年正月九日、一三頁。
(27)「小松帯刀書翰」明治二年一月十一日（『大久保利通関係文書』三、立教大学日本史研究会、昭和四十三年、二五四頁）。
(28)「小松玄蕃頭より大久保への書翰」（前掲『大久保利通文書』三、二二頁）。

第三節　薩摩・長州・土佐・肥前藩主の上表

1　四藩の版籍奉還上表文提出

明治二年（一八六九）春に天皇の東京再幸と「諸侯伯会同」が予定され、正月十四日には、京都の円山端寮に薩摩藩の大久保利通、長州藩の広沢真臣、土佐藩の板垣退助らが集まり、三藩による「土地人民返上一条」の会議が開催された。会議は広沢が中心になったようで、広沢は前年十一月に山口での藩政改革に従事した後、十二月二十八日に兵庫で伊藤博文に会い、二年正月一日に京都に入った。(1) 広沢は京都に着いたその日に世子の毛利元徳（広封）に会い、藩政改革の進捗を言上している。同日には、元徳から「当地之事件段々御咄被為在種々御下問被仰聞」とあり、版籍奉還に関する相談があったのかもしれない。(2) 正月十一日には大久保利通と福岡孝弟が広沢を訪ねて「段々及示談」で、(3) 広沢は十四日の朝、当日の会議の企図を大久保に宛て、左のように書いていた。

「陳者、今夕円山端ノ寮ニ於て、御旧藩土州弊藩等三藩集会相成候由、近来尤御親睦仕、実ニ陰然朝廷御政令を御賛成仕度との旨趣ニ而、実ニ不耐感銘、素より党派を立私ニ懇親致し候筋ニは毛頭無之、諸藩同一ニ気脈相通し候様仕度は勿論ニ候得共、当時ニ而ハ容易其旨趣ニ難立到、依テ先三藩同心戮力御輔翼仕候得ハ、漸次右同一ニも可立至哉、為皇国欽慕此事ニ奉存候、就而は御都合次第、官代より御下掛ケ福岡共御同道御貴臨被下候得者、

一統難有奉存候、此段弟より申上試呉候様同藩之者依頼ニ付、得貴意申候」(4)

会議の企図は、薩摩・長州・土佐三藩の「親睦」を前提に、まず三藩が同心・戮力して「朝廷」を「輔翼」し、しだいに諸藩にその範囲をひろげていくこととされている。土佐藩については、それまでも三藩の「熟議」が一般であったことから、広沢が在京の藩主山内豊範に呼びかけたところ、実力者の容堂は東京滞在中であったが、豊範が「此好機会失し候而者折角上言之御所詮茂無御座」(5)と同意し、加わることになったようだ。

十四日の会議については、大久保が岩倉に宛て、「今日者円山端寮ニ於ひて長ノ広沢初メ土ノ乾等長土薩取会仕、吉井紙面ニ相見得候土地人民返上一条合議仕候、三藩ニ於テハ弥相疑ハス、土州殊之外憤発ニ御座候間、御安堵奉願上候」(6)と書き送っている。薩摩藩側は大久保が出席し、建白書の「紙面」は吉井が用意したようで、同日に薩摩・長州・土佐三藩の合意がなっている。土佐藩は福岡孝弟が予定されていたが、辞職を願い出ていたことから代わりに板垣退助が出席し、「奮発」であったという。もっとも板垣については、版籍奉還を「迚モ事実被行間敷」とみなし、「今日ノ形勢ニテハ、天下割拠トナルベシ、依ッテ武器等ハ用意肝要トノコト也云々」という姿勢であったようだ。(7)

この三藩の合意は、その後に肥前藩が加わり、十七日には章句の表現も定まり、十八日には「薩土肥長御連名御建白一件」が「弥治定」となった。(8)肥前藩の参加は、上表直前の判断だったようで、広沢は十九日に山口藩の重役に対し、肥前藩の加入と四藩の上表提出の状況を左のように書き送っている。

「肥前ニ茂、昨年関東奥羽北越等戦争中より万事薩長同志と申筋ニ而、殊更閑叟公も御有名なるヲ以テ、又諸藩を圧倒するに足る故、大久保一蔵申談、参与ニて彼藩副島次郎、近日参与被命兼外国副知官事大隈八太郎得斗謀し合候処、更ニ無異論、早速老公江申上候処、一夜御熟考ニ而速ニ御同意被為在、御当主此節御在国ニ候得共、其段い曲可申越ニ付御加名いたし呉候様ニと、大久保・弟両人江御懇ニ被仰聞候故、終ニ四藩御連名ニ而、明二十日重臣一同参朝差上候筈ニ相決申候、右形行丈ヶ申上置、御書面者追而飛脚便ヲ以右仲より差送可申候、此御実行御運方種々議論茂可有之締り公論ニ帰着可致候、実ニ朝令之天下ニ貫徹する者只藩政ニあり、形者封建ニシテ茂其実郡県之御体裁相立不申而者、皇国之御基本者決而不相立事ニ奉存候」(9)

広沢が、肥前藩の戊辰戦争での活躍と前藩主鍋島閑叟の影響力を考慮し、大久保と相談して同藩の副島種臣と大隈重信に呼びかけている。同藩にはすでに木戸や伊藤を通じて「版籍論」が示され、その協力が見込まれていたようである。肥前藩の両者は直ちに同意し、鍋島閑叟も「一夜御熟考」にて合意、参加の申し出になったという(10)。

かくして、正月二十日には、毛利敬親、島津忠義、鍋島直大、山内豊範の四藩主名による上表が行われた。上表文はよく知られているが、骨子となる部分は、左のようである。

「臣某等、頓首再拝、謹テ按スルニ、朝廷一日モ失フ可ラサル者ハ大体也、一日モ仮ス可ラサル者ハ大権ナリ、天祖肇テ国ヲ開キ、基ヲ建玉ヒシヨリ、皇統一系、万世無窮、普天率土其有ニ非サルハナク、其臣ニ非サルハナシ、是大体トス、且与ヘ且奪ヒ、爵禄以テ下ヲ維持シ、尺土モ私ニ有スル事能ハス、一民モ私ニ攘ム事能ハス、是大権トス、在昔朝廷海内ヲ統馭スル一ニコレニヨリ、聖躬之ヲ親ラス、故ニ名実並立テ天下無事ナリ、中葉以降綱維一タヒ弛ヒ、柄ヲ弄シ柄ヲ争フ者踵ヲ朝廷ニ接シ、其民ヲ私シ其土ヲ攘ムモノ天下ニ半シ、遂ニ博噬攘奪ノ勢成リ、朝廷守ル所ノ体ナク秉ル所ノ権ナクシテ、是ヲ制馭スルコト能ハス、姦雄迭ニ乗シ弱ノ肉ハ強ノ食トナリ、其大ナル者ハ十数州ヲ並セ、其小ナル者猶士ヲ養フ数千、所謂幕府ナル者ノ如キハ土地人民ヲ擅ニ其私スル所ニ頒チ、以テ其勢権ヲ扶植ス、是ニ於テカ朝廷徒ニ虚器ヲ擁シ、其視息ヲ窺テ喜戚ヲナスニ至ル、横流ノ極滔天回ラサルモノ茲ニ六百余年、然レ共、其間往々天子ノ名爵ヲ仮テ其土地人民ヲ私スルノ跡ヲ蔽フ、是固ヨリ君臣ノ大義上下ノ名分万古不抜ノモノ、有ニ由ナリ、方今大政新ニ復シ万機之ヲ親ラス、実ニ千歳ノ一規其名アッテ其実ナカル可カラス、其実ヲ挙ルハ大義ヲ明ニシ、名分ヲ正スヨリ先ナルハナシ、（中略）抑臣等居ル所ハ、即チ天子ノ土、臣等牧スル所ハ、即チ天子ノ民ナリ、安ソ私ニ有スヘケンヤ、今謹テ其版籍ヲ収メテ之ヲ上ル、願クハ、朝廷其宜ニ所シ、其与フヘキハ之ヲ与へ、其奪フ可キハコレヲ奪ヒ、凡列藩ノ封土、更ニ宜シク勅命ヲ下シ、コレヲ改メ定ムヘシ、而シテ制度・典型・軍旅ノ政ヨリ、戎服・器械ノ制ニ至ルマテ、悉ク朝廷ヨリ出テ、天下ノ事、大小トナク皆一ニ帰セシムヘシ、然后ニ名実相得、始テ海外各国ト並立ヘシ、是朝廷今日ノ急務ニシテ、又臣子ノ責ナリ、故ニ臣某等、不肖謭劣ヲ顧ミス、敢テ鄙衷ヲ献ス、天日ノ明、幸ニ照臨ヲ賜へ、臣某等誠恐誠惶頓首再拝以表」(11)

この四藩主の版籍奉還の上表は、王土王民思想を掲げ、すべてが「天子」の土地と民であることを強調している。そして、大政一新の実を挙げるために、大義を明らかにし、名分を正すことが急務であると論じた。「朝廷」が、「大体」を確立して「大権」を掌握し、制度・典型・軍旅の制度などを「名実」ともに統轄することで、はじめて海外各国と「並立」が可能になるという主張である。また、諸侯の版籍については、その私有を批判して奉還を求めながらも、そのよろしきに処して、あたうべきはこれをあたえ、奪うべきはこれを奪うというあいまいな表現をとった。旧幕府時代に、将軍の代替わりごとに朱印状を再交付し、君臣関係を再確認していた慣行を活用して、諸藩から奉還願いが続くことを企図したものといえる。

このあいまいな文面については、諸藩は版籍をいったん返上しても、改めて政府から再交付されると解し、多くはそれを期待したという。大隈重信が後日、その間の実情を、「彼幕府より封ぜられたる藩土を更めて、直ちに皇室より封ぜられるゝの儀式と為し、単に『本領安堵』なる『判物の書換』に止ると思ひしもの多かりしは亦た偶然にあらざるなり」(12)と語っているのがそれをうかがわせる。

なお、この四藩主の上表は『太政官日誌』の正月二十三日の項に掲載されたが、二十三日以前に提出されたであろうことは、浅井清『明治維新と郡縣思想』[13]が指摘している。同書は、「議政官日記」の正月二十二日の条にすでに「四藩建言一紙御返答之上日誌書候之事」と記載されていること、および肥後藩が書き写した肥前藩の上表の日付が二十日で、報告文中にも「右今日ヨリ明二十一日両日ノ間ニ御願出ル」と附記されていることから、上表が二十日付で作成され、二十二日までに提出されたと論じた。この『明治維新と郡縣思想』の記述は妥当であり、それは同書が取りあげていない長州藩側の記録の分析からも裏づけられる。前述の広沢が国元に送った報告には、「明二十日重臣一同参朝差上候筈ニ相決申候」と、その提出予定日を記していた。[14]また広沢は、二十六日付で国元の重役に送った報告書で、四藩が打ち合わせて「御連名ニ而過ル二十日、御四藩重臣一同相揃、弁事於非蔵人口輔相三条公江差出、御受方相成候」と書き、長州藩の重役の根来上総（行熙）が二十日に持参したことを報じている。[15]さらに、長州藩主の上表を記録した「御建言一件」が、「今茲己巳正月二十日四藩御打合之上、御連名ニ而御差出ニ相成候[16]」と記していることも、二十日の上表提出をうかがわせるのである。

2　王土王民論の強調

版籍奉還の上表中に記された王土王民論が、幕末政治に大きな力を発揮した王政復古思想に関係したことはよく知られている。しかし、王政復古論者がすべて王土王民を強調した郡県制度を企図していたわけではない。大義名分の考えにもとづく尊王論者、あるいは朝廷を中心とした王政復古論者の間でも、王政のもとで封建制度を残した政治体制が論じられている。王政復古論者の真木和泉が著した「経緯愚説」、久坂玄瑞の「廻瀾條議」、平野国臣の「回天三策」など、いずれも王政復古を断行した後も封建制度の存続を予定していた(17)。極論すれば、王土王民にもとづく郡県制度を企図した王政復古論、そして封建制度を再編させた形を企図した王政復古論の両様の考えが存在したといえる。

このような王政復古についての認識の幅は、慶応三年（一八六七）十月十四日の大政奉還後の朝廷の混迷を引き起こす。議奏の嵯峨実愛の日記によれば、十一月二日に摂政二条齊敬のもとに左大臣近衛忠房、右大臣一条実良、尹宮らが集まり、「王政復古ニ付朝廷御基本之儀」を議し、「王政復古、封建郡県のこと」、「周制鷹司説のこと」などが提示されたが、会議は具体的な方針を決定できなかった(18)。そのため十二日には、近衛忠房・一条実良らの六人から、太政官八省再興が建議され、封建・郡県いずれの制を取るかを徳川慶喜や諸藩に諮問すべきとするいわゆる「六公建白」が出されている(19)。そして朝廷は十一月十五日、徳川慶喜や松平慶永らに対し、王政復古のもとで「諸事班々曖昧ノ儀」では「綱紀」が立たないとしながらも、「諸藩封建ノ儀」は「迚モ往古郡県ノ儀ニモ難相成哉ニモ被思召候」として、その見込みを言上するように命じた(20)。十七日には、改めて慶喜と諸藩に対して、政務に関する事項とあわせて、「封建之儘」で「名分」を明らかにする方途について、その見込みの言上を指示していたのである。

その後、十二月九日には王政復古が断行され、いわゆる王政復古の大号令が発せられた。しかし、そこでは「諸事神武創業之始」にもとづくことが宣言されただけで、郡県あるいは封建に関する具体的な方向は打ち出されていない。よく知られている小御所会議も、前将軍徳川慶喜の辞官納地に焦点が絞られていた。そして二十二日には、「徳川祖先ノ制度美事良法ハ其儘被差置御変更無之候」とし、朝廷は諸藩に対して、「此聖意ヲ体シ」て「救縄補正ニ力ヲ尽シ」、「勤王之実効」をあげるように命じている(21)。大政返上の基本が「土地人民返上ノ実効」にあることを明示しながらも、それは徳川慶喜の対応に限定され、さらに「是迄徳川支配イタシ候地所ヲ天領ト称シ居候ハ言語同断」と否定されたが、諸藩のあり方については別段の指令が出されていない(22)。戊辰戦争の遂行に際しては、諸藩の軍事的な協力が不可欠であり、封建制度の改廃を議論できる状況になく、新政権をささえる藩体制の存続が自明のこととみなされている。

そして、新政権は慶応四年（一八六八）閏四月二十一日の政体書において、前述のような地方に府・藩・県を設置した。この地方制度については、新政府は明治元年（一八六八）十月二十八日の「藩治職制」において、府・藩・県の「三治一致ニシテ御国体可相立」とし、諸藩に対して、執政・参政・公議人を置く職制の統一、人材登用の推進、藩政と藩主家政の分離、公議制度の具体化を命じている。府・藩・県の三治一致の推進を指示したのであったが、諸侯とその家臣団を存続させた藩制度のもとでは、なお「藩治職制」の趣旨が十分に徹底できず、真の郡県制度の達成には困難がともなった。

この点、王土王民論の強調は、諸藩の領有制を否定し、郡県制度に転換する前提として重要な意義を持った。この王土王民論については、『詩経』の小雅の「普天之下莫非王土、率土之浜莫非王臣」という詩句がしばしば引用される。天の下にひろがる土地はすべて天の命を受けた王の領土であり、その土地に住む人民はことごとく王の支配を受くべきものとする思想である。それは、中国における中央集権的な国家形成の過程で、四海・天下の観念と結びつき、王の一元的・排他的な支配を正当化する考えとして説かれたという。

新政権は、この王土王民論を、その国内統一あるいは集権体制強化の過程でより前面に打ち出していく。二月二十八日の大坂親征の詔書において、「朕夙ニ天位ヲ紹キ、今日天下一新ノ運ニ膺リ、文武一途公議ヲ親裁ス」とし、「国威」の確立と「蒼生」の安堵が「朕カ天職ヲ尽不尽ニ在」るとして、「列藩万姓ヲ撫安」する天皇の支配についての決意を明示したことがそのさきがけとなる。(23) 三月十四日の五箇条の誓文とともに出された宸翰では、「天下億兆一人モ其処ヲ得サル時ハ皆朕カ罪」として、人民の父母としての天職を強調している。そして、戊辰戦争の拡大に苦しんだ同年八月四日には、左のような「奥羽士民ニ諭告ノ詔書」を発していた。

「朝綱一度弛ミシヨリ政権久シク武門ニ委ス、今朕祖宗之威霊ニ頼リ新ニ皇統ヲ紹キ大政古ニ復ス、是全ク大義名分之存スル所ニシテ、天下人心之帰向スル所以ナリ、嚮ニ徳川慶喜政権ヲ還ス、亦自然ノ勢況ヤ近時宇内之形勢日ニ開ケ月ニ盛ナリ、此際ニ方テ政権一途人心一定スルニ非レハ、何ヲ以テ国体ヲ持シ綱紀ヲ振ハンヤ、茲ニ於テ大ニ政法ヲ一新シ、公卿列藩及四方之士ト与ニ広ク会議ヲ興シ万機公論ニ決スルハ、素ヨリ天下之事一人之私スル所ニ非サレハナリ、然ルニ奥羽一隅イマタ皇化ニ服セス妄ニ陸梁シ禍ヲ地方ニ延ク、朕甚コレヲ患フ、夫四海ノ内孰カ朕ノ赤子ニアラサル率土之浜亦朕ノ一家ナリ、朕庶民ニ於テ何ソ四隅ノ別ヲナシ敢テ外視スルコトアランヤ、惟朕ノ政体ヲ妨ケ朕ノ生民ヲ害ス、故ニ已ヲ得ス五畿七道之兵ヲ降シテ以テ其不廷ヲ正ス、顧フニ奥羽一隅ノ衆豈悉ク乖乱昏迷センヤ、其間必ス大義ヲ明ニシ国体ヲ弁スル者アラン、或ハ其力及ハス、或ハ勢支フル能ハス、或ハ情実通セス、或ハ事体齟齬シ以テ今日ニ至ル、カクノ如キモノ宜ク此機ヲ失ハス、速ニ其方向ヲ定メ以テ其素心ヲ表セハ、朕親シク撰フ所アラン、縦令其党類ト雖トモ其罪ヲ悔悟シ改心服帰セハ、朕豈コレヲ隔視センヤ、必ス処スルニ至当ノ典ヲ以テセン、玉石相混シ薫蕕共ニ同フスルハ忍ヒサル所ナリ、汝衆庶宜シク此意ヲ体認シ、一時ノ誤ニ因テ千載ノ辱ヲ遺スコトナカレ」(24)

王政復古によって大義名分が整ったことをわかりやすく説明し、国内のすべての士民を「朕ノ赤子」と位置づけ、「率土之浜亦朕ノ一家ナリ」とするいわゆる王土王民論を展開している。「政体」をさまたげて「生民」を害する者には征討を加えるが、その罪を悔悟して改心服帰すれば、奥羽の士民を「隔視」しない旨を諭したのであった。この王土王民論は諸藩の側でも、政府の公布した「藩治職制」の実施などに際して用いられた。豊後府内藩を一例にすると、明治元年(一八六八)十一月に藩主大給左衛門尉は、「国ハ天子ノ国、兵ハ天子ノ兵、民ハ天子ノ民也」とし、「君臣

共ニ朝廷ノ国土ヲ撫綏シ候心得」のもとで、「朝意ヲ奉行」して因循をすてるように藩士へ「直達」していた。(25)

このような王土王民論の展開について、新政府の参与大久保利通は、慶応四年正月の大坂遷都論のなかで、天皇が「玉簾ノ内ニ在」することを否定し、「民ノ父母タル天賦ノ君道ヲ履行」することの重要性を論じていた。(26) 木戸孝允もまた、慶応三年五月に兵庫開港を強行した幕府を「皇国之土地いか様とも相計らひ」と批判し、豊前・石見両国の占領地問題でも、輔相三条実美に宛て「徳川御預り之土田返上」をもって「王政復古之御名実相挙り候」としたい旨を書き送っていた。(27) いずれも天皇が土地・人民に関する大権を所持し、王土王民を前提とする議論である。この木戸が、慶応四年二月に三条と岩倉具視に版籍奉還を建言し、そのなかで諸侯から「挙而其土地人民を還納せしむへし」と論じ、長州藩主毛利敬親に対して、版籍奉還を「朝廷並列藩の情実大義名分の帰する処」と繰りかえし説得していたことが、結果として明治二年正月の四藩主による版籍奉還上表に結びついたのである。

そして、この王土王民論は、封建制度を否定する有力な論拠とされ、その後の郡県制度のあり方をめぐる議論のなかでもさまざまな視点から論じられていく。高鍋藩世子の秋月種樹は明治二年二月に「檄文」を作成し、「諸侯未タ土地人民ヲ私シ」にしている現状を批判して、大義名分の実事をあげるために、「封土ヲ奉還シテ郡県ノ制度ニ復スル事」の必要を強調している。(28) そこでは、「諸侯ノ名号ヲ廃シテ貴族ト称シ採邑幾許ヲ賜フ事」、「藩臣ノ名目ヲ止テ都而朝臣ト唱ヘ俸禄旧ニ仍賜フ事」などが掲げられていた。大和国の柳本藩は、明治二年正月十三日の「藩治職制」に、「普天ノ下率土ノ浜王土王臣ニアラサル無ケレハ、藩事モ亦天下ノ事、藩臣モ亦朝臣ニ等シ」と記し、「藩事」に至っては藩主も専断できないこととして、藩士が「宜シク此意ヲ体」して職掌に力を尽くし、「公正廉潔」に庶政をすすめるように命じている。(29) 豊後国の岡藩もまた二年三月に、「皇土皇民私有ニ無御座候」ことを改めて確認して版籍奉還を上表し、二年四月の「藩治職制」の布達に際して、知事みずから「王土王民居城ニ至ル迄決シテ私有ニアラサルコトハ申迄モ無之」とし、公明正大を専らにした門閥に拘わらない人材選挙、下情通暢などの実施を達した。(30)王土王民の貫徹が、版籍奉還の具体化となり、さらにその後の郡県制論につながっていくのである。

3 諸藩の版籍奉還上表

政府は、薩摩・長州・土佐・肥前四藩の版籍奉還の上表に対して、明治二年(一八六九)正月二十四日にそれを「忠誠之志、深叡感被思食候」とし、天皇の東京再幸後に会議を開き、公論を集めた上でその処置を決定すると沙汰した。(31)政府はすでに同月十八日、再幸を行って「輿論・公議ヲ以テ国是之大基礎可被為建思食ニ付」とし、「天下之大小侯伯及中下大夫・上士」に対して、四月中旬までに上京するように命じており、それが再幸後の会議に合致することとなる。(32)その後、版籍奉還については、正月二十四日に因州藩、二十七日に佐土原藩、二十八日に越前・肥後・大垣藩など、同様な奉還願いが相いついだ。木戸や大久保が期待した以上の成果であったといえる。その間の諸藩の動向は、肥後(熊本)藩の左の報告書翰がよく知られている。

「以手紙申達候、別紙写通之御文面を以版籍御差上候、右者根元住江甚兵衛儀三条公江致伺候節、長薩肥前土之四藩連署を以、別紙写之通建言版籍差上之願出有之由ニ而、内々奏議被成御見せ、至極公議と相見候間、御同意ニ被為在候ハヽ、御連署ニ被成候方御都合茂可宜、乍然此儀条公より相洩候と申候而ハ被成御心痛候間、四藩之内江御懸合御連署ニ被成候方可然との御沙汰有之候段、同人より申出候付、尊慮奉伺藤右衛門儀早速肥前邸江罷越、内分借受致密議候処、建言之趣者勿論公論ニ而迚茂其筋ニ相運ひ候方可然と致評議候内、最早四藩者廷奏相済候由ニ付、如何かいたし候方可然哉内々尚三条公江相伺候処、因州侯より同意追加之願書差出ニ相成候間、其振合ニ而可然との御事ニ候得共、俄ニ手ニ入兼候付、何様御同意之段被仰立迄之儀ニ急決いたし、去ル二十七日之夜別紙写之通起草いたし奉窺御内聴候処、至極可宜との御沙汰被為在候付、直様精書、翌二十八日御参内弁官江廷奏被為済候、其後甚兵衛儀条公江致伺候候砌、速ニ相運ヒ御続柄別而御太慶ニ被思召候段度々御沙汰被為在候由、右四藩之外因芸より之願書別紙写之通ニ而、越前宇和島等ゟ茂同様之所置ニ相成、近日ニ至り候而者諸藩先を争イ被差出候由、既ニ筑前邸ゟも野田半之助江縣合来、大ニ喘キ此方様御書付写を借受候由、委細之様子ハ半之助より御聞取可被下候、尤此儀者重キ御事柄ニ付、御指図之上者何れ御同席中之内致持参、若殿様江言上いたし可申候得共、此節左京亮様御召之儀差起其儀申達候間不取敢得御意申候、世上ニ者右一件者策略之詐術ニ出候抔之浮説も有之由ニ候得共、諸藩之内間ニ者判物差上不申ケ所も段々有之、御一新之御主意貫キ兼候儀ニ奮発いたし候而、長州主ニ成四藩中合せ版籍差上之運ニ相成候様子ニ相聞、何様公平之議論ニ付、断然と急決いたし候様御沙汰被為在、前件之御運ニ相成候事ニ御座候事、右之次第得斗御酌量若殿様江被申上候様存候、不悉

二月二日　　三宅藤右衛門

藪　図書

長岡　帯刀(33)」

御家老衆中

御中老衆中

肥後（熊本）藩の場合、京都藩邸の重役が輔相三条実美から四藩の版籍奉還を知らされ、四藩の上表へ連署することをすすめられた。同藩は、肥前藩から内々に借用して密議したが、すでに四藩は提出ずみとのことで、改めて三条に相談したところ、因州藩が続いて上表を準備していることを教えられ、因州藩にならって案文を起草している。そ

して、在京中の藩主細川韶邦の同意を得て、慌ただしく提出した。同藩の上表文は、薩摩・長州など四藩の建言に「至極同意」とし、「諸侯ノ富者素ヨリ天子ノ有ニシテ、私スル所ニアラスト中儀者先哲ノ語ニ茂有之儀ニ而、兼而其心得ニ罷在候」というあたりさわりのない文面である。提出にあたって、長州藩の「策略之詐術」という「浮説」があったが、京都藩邸の重役は国元に対して、諸藩が先を争って上表している事態を伝え、在京中の藩主と一部の重役で独断をよぎなくされた状況を書き送っている。上表を「公平之議論」と判断し、周囲の状況から国元の重臣に相談することなく、専決したのであった。

しかし、このような版籍奉還の上表は、すべての藩が木戸や大隈が回想するような「策略」に欺かれ、国元の審議も不十分なままに上表文を提出したわけではない。上表文のなかには、越前藩松平茂昭や高鍋藩秋月種殷、菊間藩水野忠敬のように、郡県制度の必要を認識し、その実現を求めるようになっていた藩が存在する。松平茂昭の上表は、これまでの「版籍」のすべてを「朝廷」に収公し、「土地人民悉ク朝廷之御管轄」となるように求め、「遍ク王化ニ浴スルヲ得」て、はじめて「四海一家ノ御実効相顕」と論じていた。(34) 和歌山藩主の徳川茂承も、版籍奉還の上表文にあわせて別表を上呈して、「皇威」を張って万国と並立するには郡県制に復する以外にないとし、当面は兵備を充実させて「朝廷」の基本を固めることを必要として、「諸侯」の領地の一、二割を献上させるように言上している。(35)

また、米沢藩の場合、藩主上杉茂憲みずからが米沢に帰藩し、国元での審議をかさねていた。米沢藩の上表提出の経緯を検討すると、「天機伺」と「家督之御礼」のために上京していた茂憲が、東京藩邸で薩摩・長州・土佐など四藩の上表提出を知り、提学の片山仁一郎（一貫）と外交方の宮島誠一郎（吉久）を呼び、藩の方向を諮問している。(36) 宮島は、すでに「献国事情書」を作成していたが、茂憲に対しても、四藩の版籍奉還を正しく評価し、列強の外圧に対抗することの急務を説き、同藩が新政府に全力で協力する必要を片山とともに言上した。(37) 宮島は、その後も諸藩の上表提出の情報を収集し、さらに「藩籍封還（マヽ）之建議」を作成して、「封土」と「兵馬之権」を「朝廷」に集めることの意義、および「勤王之御実蹟」をあげるためにも米沢藩の提出が急務なことを論じていた。茂憲は、同月三十日に帰藩願を提出し、翌二月八日に東京を出発した。米沢に帰着した上杉茂憲のもとには、宮島の建議や諸藩の動向が東京から到達し、茂憲は、二十八日に侍組、宰配頭、参謀などを政事所に集め、「郡県ト封建トノ二途」についての見込みをたずねている。[38] 三月六日には、奉行、中老、御中之間年寄の藩首脳が「土地人民御返上御申立之儀」の評議を行った。[39] 結果は、西南諸藩に続いて奥羽のなかにも出願におよんでいる藩があるとし、「洵ニ不得止場合」と理解されている。そして、因循に過していては、時機を失して上杉家の「御瑕瑾」になるとし、御中之間年寄の木滑要人が「御諭達」の草案を作成することになった。

　ついで翌七日、茂憲の親族にも版籍奉還の趣旨が伝えられ、さらに高家衆、侍頭、宰配頭などに登城が命じられた。奉行、家老、中老が詰め、奉行の本庄大和（昌長）が、版籍奉還を「正義」として、「重ク評議之上、於当家も土地人民差上候様太政官へ申立候含ニ候」という「上意」を披露している。天下の大勢を考慮して、「朝廷」への「忠勤」をかさねるのが、「我等勤王之素志貫徹」につながるという配慮が存在したことはいうまでもない。宰配頭以下に対しては、左のような「上意之大旨」が本庄から手渡され、上杉家中への徹底がはかられた。

「時勢変換大勢御一新ニ付、諸藩郡県復古之論深々被遊御翫味、御勇断を以今般被仰出候上意之趣、誠以恐入候御事ニ候、抑郡県之論相起り候者、西南二三之大藩其唱首ニ候処、大義名分凛然相立、万国ゟ被為並立候者此大正義ニ止り候より諸藩風靡最早奥羽ニ而も追々被申立候藩々も有之候哉ニ相聞候、此条古習ニ被為泥御因循被為在候事ニ而者、御勤王之御素志も不相立儀と重く御評議之上、土地人民御差上被仰立度被思召候、尤御先祖様御伝来之御封土御譜代之御家臣共被献候儀不被為忍御情実ニ被為在候得共、皇国江之御誠忠深く被思召込候より、断

然と私愛を割き公義ニ被為安候御儀、臣子ニおゐて者不堪悲痛至情ニ候得共、御趣意之程深く奉体任、御家中一統一際憤発朝廷江之忠勤相励、御勤王之御素志被為貫候様聊無間違相心得、組中支配下江も懇ニ可被相達候事」[40]

この「上意之大旨」からは、同藩が版籍奉還を土地と人民の差し出しであると正しく認識していることが知られる。家中に対して、先祖伝来の「封土」と「家臣」の提出を忍びがたい「情実」とし、「悲痛」に堪えないとしながらも、「私愛」をすてることの必要を説いている。

そして、同藩では、東北諸藩の動向を確認の上で版籍奉還の願書を提出することを決し、三月八日に奉行中条豊前（明資）と木滑が米沢を出発した。[41] 宮島らが「献国之草案」の準備を担当し、中条と木滑が十二日に東京藩邸に到着した後、同藩の公議人が三月十四日付で願書を提出している。[42] そこでは、「大政御復古」の現状において、「封土返上」を「至当之公論」とし、奉還願書の執奏を願い出ていた。返上を「感激之至」として、みずからの所領と「末家駿河守へ分知」をあわせて奉還したのである。[43]

換言すれば、同藩は、版籍奉還の「土地人民御差上」を現実のものと理解し、藩主茂憲みずからが帰藩して審議をかさねていた。そして、郡県論を「至当之公論」とみなし、戊辰戦争の際の汚名返上を願う立場からも、「朝廷」への「忠勤」にはげむという「勤王之御素志」の実行を第一として、「奉還」の願書を提出している。この点、米沢藩の版籍奉還に対する理解は、徳川将軍の朱印状再交付にならった「策略之詐術」に欺かれたといった評価とは相違している。版籍奉還の真意を把握した上で郡県論を積極的に受け入れようとする動向、あるいは版籍奉還を通じて「朝廷」との連携を強めようとする企図など、木戸や大隈の回想にもとづく通説的理解だけではない藩側の各般の対応がうかがわれるのである。

註

(1)『広沢真臣日記』明治元年十二月二十八日、日本史籍協会、一四九頁。
(2)同右、明治二年正月一日、一五一頁。
(3)『大久保利通日記』二、明治二年正月十一日、日本史籍協会、一三頁。
(4)「広沢兵助より大久保への書翰」明治二年正月十四日(『大久保利通文書』三、日本史籍協会、二七―二八頁)。
(5)「議政局日載」(山口県文書館所蔵、毛利家文庫一九、日記四六)。「尺牘広沢真臣」明治二年正月二十四日(宮内庁書陵部所蔵、木戸家文書、人ノ一五二)。
(6)「岩倉公への書翰」明治二年正月十四日(前掲『大久保利通文書』三、二五頁)。
(7)『保古飛呂比』佐々木高行日記〈四〉東京大学史料編纂所、一九七三年、一二頁。
(8)前掲『広沢真臣日記』明治二年正月十八日、一六〇頁。
(9)前掲「議政局日載」。同史料は、沢田章「版籍奉還始末の研究」(『史林』第六巻第二号、大正十年)でも紹介されている。
(10)「伊藤博文書翰」明治二年正月五日(『大隈重信関係文書』一、日本史籍協会、一四頁)。杉谷昭『鍋島閑叟』(中央公論社、一九九二年)参照。薩摩藩では、島津主殿が建白書持参について「御建白之事件ハ何れ諸侯一同江も及ほし度事ニて候、然処佐土原江ハ未何たる事も引合ニ不相成、三藩御連名可差出程之一大事件、天下公論も相係事候ニ、未藩江如此之事件御通し無之而ハ不相済事ニてハ有之間敷や」という姿勢で、当日は「風邪」の主殿に代わって新納嘉藤二が建白書を持参したようである(「島津主殿書翰」十九日〈『大久保利通関係文書』四、立教大学日本史研究会、昭和四十五年、一七五頁〉)。土佐藩でも公議人山川久太夫が病気で、御用役の大谷小伝次が代わって持参したという(前掲『保古飛呂比』〈四〉六頁)。
(11)「毛利宰相中将廣封・島津少将忠義・鍋島少将直大・山内少将豊範連署願」(『公文録』版籍奉還之部、一)。大木喬任の手元に「版籍奉還之建言書案」という文書が残されているが、四藩主の上表文と字句の違いがある程度で、案文というよりは写しと考えた方が適切と思われる(国立国会図書館憲政資料室所蔵、大木喬任関係文書七一―七)。
(12)円城寺清『大隈伯昔日譚』(新潮社、大正三年)三二七頁。
大久保利謙「版籍奉還の実施過程と華士族の生成」(『国史学』第一〇二号、昭和五十二年)は、版籍奉還の上表文が「巧妙なトリックを用い」て肥後藩が「追従の態度」を取ったと強調し、拙著『廃藩置県』(中央公論社、一九八六年)も同説を踏襲したが、後に紹介する米沢藩のように郡県制の真意を把握した上で版籍奉還を願い出た藩もあり、本書ではその事実を重視した。

(13) 浅井清『明治維新と郡縣思想』（巌南堂書店、昭和十四年）一五三―一五四頁参照。

(14) 前掲「議政局日載」。

(15) 同右。

(16) 「御建言一件」（山口県文書館所蔵、毛利家文庫一、雲上七二）。

(17) 浅井清『明治維新と郡縣思想』（巌南堂書店、昭和十四年）六一―六四頁参照。

(18) 『嵯峨実愛日記』二、慶応四年十一月二日、日本史籍協会、一八〇頁。

(19) 『復古記』第一冊、東京帝国大学蔵版、昭和五年、一一四―一二一頁

(20) 『法令全書』慶応三年、第六・七。

(21) 同右、第二七。

(22) 『法令全書』明治元年、第二一。

(23) 同右、第一一九。

(24) 同右、第六〇三。

(25) 『旧府内藩事蹟』全（国立公文書館、内閣文庫、一五一―一三〇）

(26) 「大坂遷都の建白書」明治元年正月二十三日（『大久保利通文書』二、日本史籍協会、一九二―一九四頁）。

(27) 「品川弥二郎宛書翰」慶応三年五月十六日（『木戸孝允文書』二、日本史籍協会、三〇〇頁）。「三条実美宛密書」慶応三年十二月二十八日（同前『木戸孝允文書』二、三五五―三五六頁）。

(28) 「探索書控」（熊本大学附属図書館、永青文庫、一三―三―六、〈『改訂肥後藩国事史料』第九巻、細川家編纂所、国書刊行会昭和四十九年、六三九頁所収〉）。
同時期の「一君万民論」の実体化については、吉田昌彦「廃藩置県のイデオロギー的前提」（長野暹編『西南諸藩と廃藩置県』〈九州大学出版会、一九九七年〉）参照。

(29) 「柳本県史」（『奈良県史料』十四）。

(30)『岡藩之事蹟』(国立公文書館、内閣文庫、一五一―一三七)。
(31)『太政官日誌』明治二年、第八号。
(32)同右。
(33)「一新録・自筆状」由明治二年至三年(熊本大学附属図書館、永青文庫、一三―三―一六)。前掲『改訂肥後藩国事史料』(第九巻、六一〇―六一一頁)に収録されている同史料には、「同月十一日熊本着」の加筆がある。
(34)「松平越前守茂昭」(『公文録』版籍奉還之部一)。
(35)「徳川中納言茂承」(『公文録』版籍奉還之部一)。「南紀徳川史」巻三八(『南紀徳川史』第四巻、名著出版、昭和四十五年)。
(36)「養浩堂日記、己巳二月在東京」明治二年二月四日(国立国会図書館憲政資料室、宮島誠一郎文書、マイクロフィルム版No. 1 同文書は現在、早稲田大学総合学術情報センター・中央図書館が所蔵)。
(37)同右、明治二年二月一日・四日・十九日。
(38)「茂憲公御年譜」巻十八、明治二年二月二十八日の条(『上杉家御年譜』十九、米沢温故会、昭和五十九年)。
(39)「茂憲公御年譜」巻十九、明治二年三月六日の条(前掲『上杉家御年譜』十九)。
(40)同右、明治二年三月七日の条。
(41)同右、明治二年三月八日・十四日の条。
(42)「日記」(明治二年一月八日ヨリ五月二十一日ニ到ル)三月十日・十二日・十四日(前掲、宮島誠一郎文書)。
(43)「上杉式部大輔茂憲」(『公文録』版籍奉還之部、一)。

第四節　「侯伯大会議」構想と権力集中

1 「侯伯大会議」への期待

薩摩・長州・土佐・肥前四藩の上表提出後、政府はそれにどのように対応しようとしたのであろうか。輔相の三条実美、岩倉具視の対応の詳細は判然としないが、天皇の再幸後に予定された「侯伯会同」と、その会同で「大政之根軸」を確定するということが、前年末以来の岩倉らの見解に合致する方向であったことはすでに述べた。

右について、東京で四藩の版籍奉還上表を知った木戸孝允は、それを「千歳之基」となる美事と喜び、さらに「其実の日を逐ふて挙る」の「一策」をめぐらしたいと、その抱負を明治二年（一八六九）正月二十九日の日記に書いている。(1) 具体的には、再幸にあわせて数十の諸藩が相応じて奉還上表を提出し、政府がそれを断行できるような状況とすることを企図していた。この木戸は二月一日、三条・岩倉に宛て、「昨春来之微志聊相達し雀躍之至」と述べ、諸侯の会同で「名分を相正し皇基之相定り候」ために、「万世不朽之御規則」を確定するように求めている。(2) そして再幸後に「大小諸藩同意同論を以数十藩も建言相成」るようになれば、「大好機」が見い出せるであろうとし、土佐藩の実力者の山内容堂が協力的な姿勢を示していることを伝えた。東京の木戸は正月十八日、東久世通禧や大原重徳らと高鍋藩主の秋月種殷邸を訪ね、容堂と「将来之大勢を論し皇基を定め、名分を明するの説相合し」、その同意を得ることに成功していた。(3) 容堂は、前橋藩主松平直克や高鍋藩世子秋月種樹らとの会合でも、版籍奉還の積極論を述べている。木戸は、直克や参与兼東京府知事の大木喬任（民平）らとも会合をかさね、諸侯の土地人民返上についての協力を要請し、その同意を得ていた。(4) 直克に対しては、「今日大に前途の勢を論し、万世不朽之皇基速に確定せん事」をはかり、「大垣等の有志藩をして合一事を論せしめん」として、両藩の交流に尽力したようである。(5) そして、二月九日には岩倉に宛て、大義名分にそった「皇基」の確立が急務であることを書き送り、再幸後の「処置」を「興廃」にかかわる重大事として、岩倉の「御賢慮」を要請したのであった。[6]

もっとも、このような木戸の尽力に対し、急進論の視点を強めた伊藤博文は、四藩の上表の直前、岩倉の英断を左のように求めていた。

「謹而奉申上候、今日ハ縷々之御懇命奉拝承感佩之至ニ奉存候、且鄙臣野芹之誠心貫徹可仕と不堪雀躍、此上ハ偏ニ閣下之御英断を以機ニ不後様御処置を奉拝観候迄と奉存候、竊ニ承候得ハ薩長土肥不日藩政帰朝之建白可有之趣ニ就而者、時機実ニ今日ニ有之可申事と奉存候、恐ながら此御処置、御東幸之上関東ニ而天下之公議を被聞召候上ならでは、御決極難相成様ニ而者、大権之朝廷ニ帰候機会ハ有之間布と奉存候、今日朝廷之御依頼被為在候藩者此四藩之外ニ不出、左スレハ此他ヲ顧ルニ不及事ト奉存候、是非御東幸前速ニ御決極、夫々御処置之上御発輦相成候様閣下断然御果決有之候様為天朝泣血歎願之至ニ堪不申、依之尚奉一書置退京仕候、誠惶頓首再拝

正月十八日　伊藤五位

岩倉公閣下

下執事」[7]

伊藤は前述の十一月の建議で、再幸後の諸藩を集めた「一大会議」での版籍奉還処理を要請していたが、薩摩・長州などの四藩の上表提出を聞き、中核となるのがその四藩に限られるとして、岩倉に対して再幸前に速やかな「決極」を求めるようになっている。

一方、岩倉はやはり明治二年二月三日、東京の木戸に宛て、「藩政論」の先行きが将来の「朝権維持之大関係」と述べ、この上は「朝廷真実公明之御所置」の実現を急務と、その真意を書き送った。「侯伯大会議」において、「各藩

一般之方向も相立候」との期待である。[8] 岩倉は、すでにこの「侯伯大会議」に向けて、政府内で薩摩・長州両藩への勅使派遣を提起していた。[9] 薩摩藩内では、大久保みずからが帰藩して版籍奉還に向けた藩政改革を推進することが必要とされる事情が存在し、大久保の帰藩と軌を一にして勅使派遣が企図されたのである。[10] 岩倉と大久保は、大久保の帰藩と勅使派遣に向けて内々の検討をかさねている。[11] 勅使の目的は、薩摩・長州両藩の「積年勤王」を賞し、島津久光と毛利敬親を「皇国之股肱」として再幸前に上京させ、東京での「侯伯大会議」に向けた「見込」を求めることとされた。[12] そして岩倉は二月十日、大久保に対して、三月上旬に政府内の「大綱」を定めた上で天皇の再幸を断行し、四月中旬に諸侯へ「御下問」を行って「治定」する方針を伝えている。[13]「薩長之議論ヲ本にし、百官と議せられ、一定之処を以諸侯江御下問之御手順」である。岩倉は二月七日付の書状を大久保に託し、三条もまた久光の「積年誠忠」を嘉賞する勅旨を伝える書状を久光に送ったのであった。[14]

かくして、政府は二月十八日、天皇の京都発輦を三月七日と公布し、二月二十四日には東京駐輦中に太政官を東京に移すことを布告した。政府の東京移転とそれを契機とした新政の断行が目的で、その一つに版籍奉還があったことはいうまでもない。岩倉自身も版籍奉還に合わせて、宮・公卿の俸禄についても、三等に分けた「蔵米」支給を論じるようになっている。「今列藩諸侯猶能ク版籍ヲ奉還スル時ニ当リ、朝廷ノ親臣依然其田禄ヲ擁シ候テハ不相済」という見解である。[15] 岩倉は、輔相職を三条と並立する制度的な問題もあって二年正月に辞意を表明していたが、その後も、再幸を機とした「侯伯大会議」の開催、そこでの版籍奉還問題の審議に全力を傾注するようになっている。[16] 岩倉は二月二十六日に大久保に宛て、「今度御会議ハ実ニ皇国ノ御大事」とし、「薩長二藩益以永世不抜ノ忠ヲ致サルル所、偏ニ御依頼中入候」として、大久保が三月中、遅くとも四、五月までに必ず上京するように依頼したのである。[17]

2　長州藩内の消極論

明治二年（一八六九）正月の薩摩・長州・土佐・肥前四藩の上表提出後、政府内では天皇の再幸と「侯伯大会議」が推進されたが、版籍奉還の断行には、なお困難な課題が山積している。この点、長州藩においても、木戸の回想と異なって、藩首脳に慎重論の強かったことが指摘できる。

長州藩では戊辰戦争後、討幕運動の中心となった奇兵隊や遊撃隊などの諸隊の力が強く、藩当局がそれを統御できなくなっていた。藩政の刷新は容易でなく、明治元年十月には、参与広沢真臣が藩主毛利敬親とともに帰藩し、藩政改革を指導している[18]。十月十九日にはそれまでの家老に代えて執政に毛利元雄（筑前）、改正掛に毛利元潔（出雲）・宍戸備前、参政に杉孫七郎（重華）・中村誠一（雪樹）を任じていた。政府の「藩治職制」については、十一月三日に「防長藩治職制」を定め、新政府の五箇条の誓文の趣旨を目的とし、長州藩が富国強兵のための「藩屏ノ任」に尽くすことを標榜していた[19]。政事堂を議政局、施政局などの一一局に分け、冗官を無くし、諸役が二年で交代することを原則としている。しかし、長州藩では、新政府に出仕した木戸・広沢や藩当局に対して、御堀耕助や野村靖らが批判的であり、十月の人事でもなお藩中枢を毛利元雄や元潔などの門閥層が占めていた。木戸が「尾大之弊」[20]と慨嘆する状況が強く、新政府と一体になった改革には困難が山積していたといえる。

木戸は明治二年二月二十七日に東京を発って三月三日に京都に入ったが、藩邸内で各般の議論が続出し、「従来の陋習益盛、実に前途の為め可歎事不少」で、「我藩の事を想像し痛苦の情も亦不尽語」であったようだ[21]。姫路藩建言の実行を主張した伊藤に対しては、長州藩内から「様々議論有之」で、伊藤は三月十八日には東下を命じられ、四月十二日には兵庫県知事から判事への降格をよぎなくされていた[22]。このような藩内事情を背景に、長州藩主毛利敬親は四月十一日、輔相三条実美に対して、左のような版籍奉還断行の慎重論を寄せていた。

「一　遷都之事

右ハ第一人心之嚮背時機之得失可有之候ニ付、寛急先後篤と御考察被為在候而、徐々御論議被為在度奉存候

一　郡県之制

右ハ至重大之事柄ニ而、容易御論決難被為在候儀ニ奉存候、古郡県封建之相移ニモ数十百年を経候勢ニ有之候得ハ、亦漸を以てすべく、一朝一夕には難被行候時勢之間篤と御考察被為在度、眼前之勇断を快とし候者長策ニ非さル歟と奉存候

右両件素ゟ公平之御廟議御疎も無之儀ニハ候得共、至大之儀ニ付管見之概略條陳仕候、偏ニ謀始善後之御処置所仰ニ候已上

四月十一日　　敬親[23]

右府公閣下」

敬親は、みずから版籍奉還の上表を呈したにもかかわらず、郡県制の断行についての漸進論を表明している。郡県制への移行に困難が多いとし、十分に検討すべきとして、「眼前之勇断」にはやることを「長策」でないとする意見である。この敬親の漸進論が当初からか、あるいは周囲の困難な状況をうけてしだいに慎重になったのかは判然としないが、少なくとも木戸が回想するような、版籍奉還に対する敬親の全面的な同意が一貫してあったわけではない。木戸の建議を敬親が「是を善し」として、「密に薩藩に説を許」し、「忠正（敬親）公なくんは実に以て難しとす」[24]といった木戸の感慨は、必ずしもその通りでないことが明らかとなる。

そしてこのような敬親の対応は、同藩の参政の中村誠一が、左のような意見書を提出していたことにもうかがわれる。

「抑御一新ノ今日ニ方リ、王政ヲ一途ニ布クノ便路ヲ取ルハ、実ニ封建ノ制ヲ変シテ郡県ノ治ヲ布クニ若クハ無ルヘシト雖トモ、然レトモ凡ソ政法ノ布設制度ノ改正等、最モ注意ヲ要スヘキ者緩急順序ニコレ有リ、故ニ其事タル至美ナリト雖トモ、苟モ時ヲ察シ序ニ随ヒ之ヲ措置スルニ非レハ、成功ノ美得テ収ムヘカラサルハ古今ニ徴シテ其先蹤尠少ナラサル儀ニコレアリ、洵ニ顧フ、今ヤ維新ノ御大業僅ニ其緒ニ就キ、諸藩ノ紛擾人心ノ動揺未タ多ク静定セサルニ際シ、且ツ急ニ天下ヲ変シテ郡県ト為スカ如キ、恐クハ時機尚早クシテ、其功ヲ収ムル或ハ頗ル艱難ナル者アラン欤、果シテ然レハ之ヲ如何シテカ乃チ可ナルヤ、曰朝廷已テニ土地人民ノ権ヲ収メラレ候上ハ、府ナリ藩ナリ県ナリ必シモ其名ノ異ナルヲ嫌ハス、其管内区域ノ広狭等ニ拘ハラスシテ、一ト先ツ郡県ノ精神ニ基キ、可成タケノ錯雑ヲ起サス、此ニ一途ノ新政ヲ布クコト、譬ヘハ人ヲ殺ス者ハ死ストノ刑ヲ設クレハ、均シク之ヲ府藩県ニ施シ、四公六民ノ税法ヲ定ムレハ、同シク之ヲ府藩県ニ行ハシメ、兵制其他凡百ノ政法禁令、施設宜キニ適シテ普ク之ヲ天下ニ行フ、其名府藩県ノ異アリト雖トモ其実ハ同一ナル訳ニ付、是ヨリシテ諸藩各々ノ旧襲モ漸次ニ相改マリ可申、其間多少ノ不叶アルハ免レ難キ事ニ可有之候ヘトモ、是ヲ他日郡県ヲ布クノ基緒ト為シ、府藩県均シク守介掾目等ノ官ヲ設ケ、就中藩ノ如キハ其藩主ヲ以テ之ニ任シ、旧誼ノ存スル所ニ因リテ以テ目下ノ人心ヲ鎮撫シ、施治ノ方針ヲシテ逐次他日ノ郡県ニ向ハシメ、時機ノ至ルヲ待チテ、然ル後純然タル郡県ノ制ニ変スルモ亦未タ晩シトナサヽルヘシト奉存候、之ヲ要スルニ、唯其事ノ急遽ニ発スルハ国家ノ御為メ御得策ニ非サルヲ恐ルレハナリ、伏テ願クハ其辺御垂照アランコトヲ、誠一拝首謹白

明治二年四月（25）」

中村は、諸藩に紛擾や動揺が残存する現状を指摘し、封建の形態を一変することを時期尚早と主張している。版籍奉還で土地人民を「朝廷」の所有とすることができるのであれば、郡県の精神のもとで外形はしばらく旧態を残させ、藩主を長官に任じ、後日の時機を待って純然たる郡県制に変えるように論じたのである。この中村の見解は、後述のような広沢とも共通する視点があり、木戸の「名分」を改めようとする急進論に対しては、長州藩要路においても十分な同意が得られていなかったように思われる。

さらに、長州藩出身の長崎府判事井上馨（聞多）も、兵庫県知事伊藤博文に宛てた二年二月十二日の書状で、伊藤の前述のような「土地・人民献上ノ論」を美事と評しながらも、「時機」の早過ぎる点に危惧を示していた。(26) 後に急進論に転じる井上も、この段階では新政府内の改革に向けた人材の不足を指摘し、「臨機之策」の必要を述べている。財政負担の大きい兵制については、諸藩に兵士と経費を支出させるように提起し、基本を確立した後に「土地・人民」を収公することが「上策」と論じたのである。

すなわち、木戸の版籍奉還の建言は、長州藩主毛利敬親や薩摩藩の大久保利通らの原則的な同意を得て推進され、伊藤の積極的な建白運動も存在したが、藩内では十分な合意が形成されていたとはいえない。長州藩内では、木戸が慨嘆した諸隊の幹部らの批判ばかりでなく、明治二年正月の上表提出後に顕在化する藩主敬親や参政中村誠一らの慎重論も存在したのであった。

3 「官吏公選」と「大一決」

「侯伯大会議」の開催によって、版籍奉還問題を前進させようとする岩倉らの企図は、前年十二月の天皇の京都還幸で三条・岩倉らが東京を離れ、さらに大久保が薩摩へ帰藩するなかで、政府自体が各般の困難に直面し、その具体化が危惧されるようになった。明治二年（一八六九）正月五日には京都で参与横井小楠の暗殺事件が発生し、攘夷派の反政府運動が激化した。不換紙幣の金札の流通が経済を混乱させ、その乱発に対する諸外国の批判が、政府を窮地に追い込む事態になっている。また、同時期の政府内では、諸侯・公卿を含めた公議政体派が大きな勢力を占めるようになり、三条・岩倉や大久保・木戸らの主導権も危機に瀕していた。

この政府内の主導権をめぐる問題は、すでに述べる機会があったが、岩倉・大久保・木戸らが東京を離れた後、議定東久世通禧、参与後藤象二郎が行政官機務取扱となり、東京での専権をふるったことによる。(27)三月七日に再幸が断行され、二十八日に天皇と供奉の三条実美らが東京に到着したが、東京政府の主導権は後藤・東久世らにあった。後藤は議事制度を重視し、四月十二日に議政官の復活をはかり、政体書の原則に立ちもどった行政と議政の分離を実施している。その上で二十日に、諸侯を集める「朝会」に向けて、「施設スルノ方ヲ諮詢」する「詔書」を下していた。(28)「侯伯大会議」構想を利用した公議路線の拡大策であったといえる。しかし、同時期は政府が京都と東京に二分されていたこともあって、議定へ公家・諸侯が増員され、それが「情合ヲ以是を用ひ」であったようで、大久保が「愕然たる次第」と批判する事態であった。(29)四月段階の議定は一六名、参与は一四名にのぼり、制度的にも「朝廷之根軸」の混乱が危ぶまれたのである。

このため明治二年（一八六九）正月の輔相辞職後、湯治を願い出て関西にもどっていた岩倉具視は、三月に入って輔相三条実美から大久保・木戸をともなって東京に復帰することを懇請された。(30)議定専務となっていた岩倉は、前述の「侯伯大会議」の開催を前提として、明治二年正月に政体の確立と君徳培養の必要、議事院設置、遷都論の件などを建議していたが、(31)「朝廷之根軸」の確立については大久保と同意見であった。それゆえ、岩倉は大久保に対し、再

表1　明治2年5月の公選後の官員一覧

公選後の職名		姓名（出身）	票数	公選前の職名
行政官	輔　相	三条実美（公）	49	輔相・議定
	議　定	岩倉具視（公）	48	議定
		徳大寺実則（公）	36	議定・内廷知事
		鍋島直正（肥前・侯）	39	議定
	参　与	東久世通禧（公）	26	議定
		大久保利通（薩摩・士）	49	参与
		木戸孝允（長州・士）	42	参与
		副島種臣（肥前・士）	31	参与
		後藤象二郎（土佐・士）	23	参与・大阪府知事
		板垣退助（土佐・士）	21	参与
神祇官	知　事	中山忠能（公）	11	議定
	副知事	福羽美静（津和野・士）	19	神祇官判事
会計官	知　事	万里小路博房（公）	14	参与・会計官知事
	副知事	大隈重信（肥前・士）	36	参与・会計官副知事
軍務官	知　事	仁和寺宮嘉彰（皇）	17	軍務官知事
	副知事	大村益次郎（長州・士）	43	軍務官副知事
外国官	知　事	伊達宗城（宇和島・侯）	23	議定・外国官知事
	副知事	寺島宗則（薩摩・士）	16	議定・外国官副知事
刑法官	知　事	正親町三条実愛（公）	7	議定
	副知事	佐々木高行（土佐・士）	11	刑法官判事
民部官	知　事	松平慶永（越前・侯）	8	議定
	副知事	広沢真臣（長州・士）	39	参与・民部官副知事
学　校	知　事	山内豊信（土佐・侯）		議定・上局議長
内廷職	知　事	中御門経之（公）	3	議定
留守官	長　官	鷹司輔熙（公）		議定
上　局	議　長	大原重徳（公）		議定

(註)　公は公卿、侯は諸侯、士は士族である。それまで議定であった蜂須賀茂韶(阿波・侯)、池田慶徳(因州・侯)、浅野長勲(芸州・侯)、徳川慶勝(尾張・侯)、毛利元徳(長州・侯)、議定心得の池田章政(備前・侯)、参与の鍋島直大(肥前・侯)、細川護久(熊本・侯)は麝香間祇候。『百官履歴』・『維新史』（附録）・田中惣五郎『近代日本官僚史』（東洋経済新報社、昭和16年)より作成。拙著『維新政権』(吉川弘文館、平成7年)参照。

幸の断行と「薩長を根本」とした政府強化の決意を示している。そして、三条の要請を受けた岩倉は、大久保・木戸と連携した政府改革を企図した。岩倉は四月六日、木戸に宛て、東京政府の問題が「皇国存亡」に関係するとし、「存スルモ亡スルモ只々在職一心同力ニ可有之候」として、「断然ト在職ノ徒御取替可然存候」と書き送っている。(32) 七日には大久保に対しても、同様の決意を伝えていた。(33) 十三日には三条に対して、「大小侯伯」を召した「御下問」の「御沙汰振専ら御大事」とし、木戸・大久保らによる「見込言上」の方針を伝え、その上で開催する一大会議が「皇国之安危」を決するとして、いっそうの「御尽力」を要請している。(34)

岩倉は四月二十四日に参与大久保利通とともに東京にもどったが、帰着後の岩倉は、人事の精選に「死力」を尽くした。大久保の進言をうけて公選入札を建議し、行政官の弁事と各官の判事および府の判府事、一等県の知事までの三等官以上によって、いわゆる「官吏公選」を断行している。五月十三日には、議政官を廃して上・下二議局を開き、改めて行政官に輔相・議定・参与・弁事を置き、「治乱安危ノ本ハ任用其人ヲ得ト不得トニアリ」とする公選法を設ける詔書が発せられた。結果は、表1のように輔相に三条実美が選ばれ、十五日には新たな議定に岩倉具視、徳大寺実則、鍋島直正が任じられた。参与には東久世通禧と薩摩藩から大久保、長州藩から木戸、肥前藩から副島、土佐藩から後藤・板垣が選出されている。人員を削減して「百事一途ニ出る事」が企図され、また版籍奉還後の藩政のあり方が課題とされていたこともあって、諸侯の任官の多くは見送られた。(35) 版籍奉還の決議の結果次第で「知事と申か又は改て被封かに可相成」として、その後は「帰国」して「廟堂之御旨趣」にそった藩政改革が急務になるとし、「藩政」と「国政」の両全の不可が主張され、「押なめ被免候ニ相成」ったという。議定三名、参与六名となり、三条・岩倉および大久保・木戸らが公家・諸侯を排除し、政府内の主導権を改めて確保したのである。(36)

また、版籍奉還問題については、前述のような政府内の混乱もあって、大久保は四月二十六日、「大小牧伯各孤疑を抱き、天下人心洶々然」としている事態に、危機感をあらわにしていた。「只々版図返上ヲ大急務とする所以如何ヲ不知」という慎重論になっている。[37]大久保は、勅使の右少弁柳原前光をともなって二月十三日に鹿児島に帰藩していたが、藩内では川村純義、伊集院兼寛らの諸隊長の力が強く、藩政改革も思うにまかせていない。人材登用などに公平・寛大を説いて「諸士之論を挫候」であったが、結局、伊地知貞馨や奈良原繁らの退役をよぎなくされ、「内輪瓦解」を危惧するようになっていた。[38]このような薩摩藩側の動向は、島津久光が三月六日に毛利敬親と連名で、前述の勅使派遣に答え、衆議、公論をつくした「新奇」でない決定と人材の精選を求め、「緩急順序」を得た諸事施行を建言していたことにもうかがえる。[39]それゆえ大久保は、三月十五日に帰京し、四月二十四日に東京に到着したが、藩主忠義の上京も困難で、政府内の混乱とあいまって、前述のような慎重論を主張していたのである。

一方、木戸は東京への到着が遅れたが、京都を出発する直前の岩倉・大久保らと密議をかさね、さらに岩倉に対して四月十九日、左のように書き送っていた。

「版籍論、薩より手を入るゝ云々実に今日之至急至密之肝要なる事許に而、片刻も迅速に此事大決定仕居不申而は、千載一時之機会忽ちに相去り、却而名目も難相立姿と相成、皇国一般之気脈は于此断絶半身大不随之ものと可相成、此事極々至急至密に御手を被為下度奉祈上候、薩州国論一定之処を以訖度根を固め、大一決にいたし置申候得は重畳に候得共、無左而は前途之不成就不熟鏡に如照に奉存候、呉々も機会を不被為失候様只々為皇国奉千禱万祈候、（中略）薩州よりも加州其外へ誠心懇切を以相説き、肥前土州なども同様に而、可成丈諸藩一致に出候様尽力有之度ものと奉存候、なにも自分より至正至公にいたし見せ候ときは、必長州と申事にかぎらず加州其外に而も感動一致可仕、万世に渉り候事は実に此一条に大関係仕候間、幾応にも々々乍此上機々密々を御洞察被為遊御尽誠奉仰候、長州之事は薩州重臣一統相任し呉候様に乍陰奉祈候内、大久保と吉井は得と相呑込、其内に而も

先吉井引受けに而不絶相尽し相説き、速に一致一体之処に大一決仕居候様、偏に御料理奉願上候」(40)

木戸は、版籍奉還を「至急至密」の重大事とし、まず「薩州国論」を一定させることで、「訖度根を固め大一決」するように岩倉に要請している。薩摩藩を第一として加賀・肥前・土佐藩などを追随させることを最良とし、「千載一時之機会」を失わないようにかさねて督促した。

同時期、伊藤も岩倉に対し、版籍奉還断行に向けた六か条の意見書を提出していた(41)。それは、「天朝ノ叡旨、天下ノ利権ヲ専執スルニ非スシテ、万民ヲ統御シ一般ノ政令ヲ施シ国力ヲ合一シテ、外侮ヲ禦クヲ主要トス可シ」、「古ノ所謂封建郡県ノ制ノミニ拘泥セスシテ、方今時勢ニ応シ事理適当ノ政体ヲ建ツ可シ」、「諸侯大夫皆東西両京ニ於テ弟宅ヲ営シ、居住セシム可シ」、「藩士有禄之者兵籍ニ入ル事ヲ欲セサル者ハ、其禄高ニ応シ兵備ノ費ヲ償シムヘシ」、「諸侯領地歳入ノ租税現納ノ高ヲ算計シ、是ヲ三等ニ分割スヘシ」、「先ツ執政ヲ以知府県事ト為シ、参政ヲ以判事ト為スヘシ」である。この「岩倉家蔵書類」の意見書には署名が欠落し、「岩倉公自筆ニテ伊藤俊介ト書シアリ、同氏ノ建言カ或ハ他人ノ建言ニテ同氏ニ示サル、覚ノ為ニ認メラレタルカ」と付記されているが、同時期には、伊藤が岩倉にたびたび意見書を送っており、その一つと思われる。四月六日に伊藤が岩倉に宛て、「過日於浪華奉尊命罷帰候書面三通相認候」とし、「版籍論ハ閣下之御趣意と少々齟齬仕候義も有之乎」としながらも、意見書の一覧と添削を求めていたことがそれを示す(42)。六か条の意見書の最後に、「諸侯ハ総テ公卿ト為シ、其位階ヲ以順序ヲ定ムヘシ、版籍返上スル上ハ政府ノ外兵員ヲ養フコトヲ禁シ、兵器モ政府ノ有ト為スヘシ」と記され、それが従来の伊藤の主張に合致する点も、六か条が伊藤の意見であることをうかがわせる。

このような伊藤に対して、木戸は「加州其外長州と申合すと云論段々有之候」であるが、「薩より一定の処を以速に一決」しなければ成功がおぼつかないとし、あくまで薩摩藩を中心として、その後に薩長土肥の四藩から加賀藩などの諸藩を説諭することの必要を述べていた。[43] 長州藩内の紛擾も危ぶまれることから、急進論を提起するだけでなく、慎重な配慮とその上での断行に向けた手順の必要を示し、伊藤の協力を求めたものといえる。

さらに木戸は四月二十九日、岩倉に宛て、「今一応朝廷より被遊仰出候而、諸侯より尚又重而建言仕、然る上に而断然御採用之御運に被為至候而は如何哉」[44]とその方策を提示した。四藩の上表に対し、「朝廷」から「今一応」の下問を行い、さらに諸藩からかさねて建言を出させ、それらの結果として「御採用」に至るという方法を、「上策」として示している。四藩の上表後に政府自体の結束が危ぶまれる事態が存在し、そのような状況のもとで上表の趣旨をいかに断行するかが課題となり、「侯伯大会議」を目前にして、木戸から薩摩藩を中核に据え、再度の形式的な下問を経て版籍奉還を断行する方策が提示されるに至ったのである。

註

（1）『木戸孝允日記』一、明治二年正月二十九日、日本史籍協会、一八三—一八四頁。

（2）「三条実美・岩倉具視宛書翰」明治二年二月一日（『木戸孝允文書』三、日本史籍協会、二三八—二三九頁）。

（3）前掲『木戸孝允日記』一、明治二年正月十八日、一七八頁。

（4）同右、明治二年二月九日、一九〇頁。
木戸は大木に対して、「土地人民返上之論逐々相応建言仕候ものも有之歟」とし、「此上御所致之次第実以御興廃に相係り」として「御高按」を求めている（「大木喬任宛書翰」明治二年二月十二日〈前掲『木戸孝允文書』三、二五七—二五八頁〉）。

（5）前掲『木戸孝允日記』一、明治二年二月二日、一八六頁。
木戸は二月四日、大垣藩の小原忠寛（鉄心）の「土地人民朝廷へ返上の建言草按申越せり」について、「稍余の昨春所尽世間に及ひ聊不得不喜也」と記している。

（6）「岩倉具視宛書翰」明治二年二月九日（前掲『木戸孝允文書』三、二五三頁）。

（7）「岩倉家蔵書類・明治二年版籍奉還処置ノ件」（国立国会図書館憲政資料室所蔵、岩倉具視文書、二六八）。

(8)「岩倉具視書翰」明治二年二月三日（『岩倉具視関係文書』四、日本史籍協会、二一九頁）。
(9)『大久保利通日記』二、明治二年正月二十九日、日本史籍協会、一七頁。
(10)大久保に対しては、正月十六日に蓑田伝兵衛らから帰藩を求める書状が届き、二十日には鹿児島から木藤角太夫が到着し、「朝廷御暇申上帰国候様」との藩命が伝えられた（前掲『大久保利通日記』二、明治二年正月十六日・二十日、一四―一五頁）。
(11)「岩倉公への書翰」明治二年正月十九日（『大久保利通文書』三、日本史籍協会、三一―三三頁）。
(12)「勅使差遣に関する覚書」明治二年正月（前掲『大久保利通文書』三、八七―九〇頁）。
(13)前掲『大久保利通日記』二、明治二年二月十日、二〇頁。
(14)『鹿児島県史料』忠義公史料、第六巻、鹿児島県維新史料編さん所、昭和五十四年、一三七―一三八頁。
(15)「会計外交等ノ條々意見」明治二年二月（『岩倉具視関係文書』一、日本史籍協会、三一九―三二〇頁）。
(16)拙稿「明治初年の宮廷勢力と維新政権」（『幕藩権力と明治維新』明治維新史学会、一九九二年）参照。
(17)「岩倉具視書翰」明治二年二月二十六日（『大久保利通関係文書』一、立教大学日本史研究室、昭和四十年、二二六頁）。
(18)『広沢真臣日記』明治元年九月十七日、十月七日・二十一日、日本史籍協会、一三三・一三七・一四〇頁。
(19)「防長藩治職制」明治元年（山口県文書館所蔵、毛利家文庫、一〇、諸役四六）。
(20)「大木喬任宛書翰」明治二年三月九日（前掲『木戸孝允文書』三、二七七頁）。
木戸は同時期、「徴士一切御断之事」「若殿様御帰国御願」「御警衛之義蛤御門大坂御固メ之事」とし、木戸・広沢の辞職、広封（元徳）の帰国、国貞直人・佐藤寛作・槇村正直の交代などに関する草案を作成し、政府に願い出ていた（「建言請願及布令案」宮内庁書陵部所蔵、木戸家文書、地ノ二〇）。
(21)前掲『木戸孝允日記』一、明治二年三月五日、二〇〇頁。
長州藩の「藩臣」層と改革を急ぐ「朝臣」との対立、およびそれにともなう改革の遅れについては、池田宏「明治初期の山口藩藩政改革について―『朝臣』層の動向と関連して―」（『論究』第一〇巻・第一号、中央大学大学院、昭和五十三年）が明らかにしている。
(22)木戸は、伊藤に対する周囲の評判について、「頻に罵詈いたし候由」、「兄之御建白と欤何と欤申候而様々議論も有之候由」とし、山県有朋も版籍奉還に「大不同意」で「総而一藩大不同意欤に被相察申候」と伝え、伊藤に「一歩退之論も実に妙欤と相考」として、「岩卿へ左様可申上置とは奉存候」と書き送っていた（「木戸孝允書翰」三月十一日〈『伊藤博文関係文書』四、伊藤博文関係文書研究会、一九七六年、一八一頁〉）。

(23)「毛利敬親書翰」明治元年四月十一日（国立国会図書館憲政資料室所蔵、三条家文書、書翰の部、二四九―一）。敬親の意見書は、『防長回天史』『三条実美公年譜』に収録され、前掲池田論文は、山口県文書館の『年度別史料』（十八）にそれが所蔵されていることを紹介している。

(24)「版籍奉還建議の自叙」（『木戸孝允文書』八、日本史籍協会、二二一頁）。

(25)「木戸参議ニ差出シタル意見」『諸臣事蹟概略』六（山口県文書館所蔵、毛利家文庫、七三、藩臣履歴五）。

(26)「井上馨書翰」明治二年三月三日（『伊藤博文関係文書』一、伊藤博文関係文書研究会、昭和四十八年、一二三頁）。

(27)「松平慶永書翰」明治二年四月二十七日（『中御門家文書』上巻、早稲田大学社会科学研究所、昭和三十九年、二六〇―二六一頁）。

(28)『太政官日誌』明治二年、第四五号。

(29)「岩倉公への書翰」明治二年三月二十九日（前掲『大久保利通文書』三、一三五頁）。

(30)「岩倉具視書翰」明治二年三月十九日（前掲『岩倉具視関係文書』四、二三四頁）。

(31)『岩倉公実記』下巻、皇后宮職蔵板、明治三十九年、六八二―六八六頁。

(32)「尺牘岩倉具視」明治二年四月六日（宮内庁書陵部所蔵、木戸家文書、人ノ二）。

(33)「岩倉公より大久保への書翰」明治二年四月七日（前掲『大久保利通文書』三、一四七頁）。

(34)「岩倉具視書翰」明治二年四月十三日（前掲『岩倉具視関係文書』四、二四七―二四九頁）。

(35)「因州侯池田慶徳演説筆記」（『中御門家文書』下巻、早稲田大学社会科学研究所、昭和四十年、一二八頁）。

(36)前掲・拙稿「明治初年の宮廷勢力と維新政権」参照。

(37)「岩倉公に呈せし意見書」明治二年四月二十六日（前掲『大久保利通文書』三、一六二―一六四頁）。

(38)前掲『大久保利通日記』二、明治二年二月十六日、一二一―一二三頁。

(39)「島津久光・毛利敬親連署建言」（『鹿児島県史料』忠義公史料、第六巻、鹿児島県維新史料編さん所、昭和五十四年、一六九―一七〇頁）。

(40)「岩倉具視宛書翰」明治二年四月十九日（前掲『木戸孝允文書』三、三二三―三二四頁）。
(41)前掲「岩倉家蔵書類・明治二年版籍奉還処置ノ件」。
(42)同右。
(43)「伊藤博文宛書翰」明治二年四月十九日（前掲『木戸孝允文書』三、三一九―三二〇頁）。
(44)「岩倉具視に贈れる書翰」明治二年四月二十九日（前掲『木戸孝允文書』三、三三六頁）。
木戸はこの時期、諸藩建白書に対して政府側の「建言之趣被為聞召」とする文案を作成している（「建言請願及布令案」〈宮内庁書陵部所蔵、木戸家文書、地ノ四〉）。

第五節　版籍奉還の審議

1　版籍奉還断行策の検討

「侯伯大会議」の開催が目前の課題となった明治二年（一八六九）五月初旬、政府は版籍奉還問題に対する具体的な準備に着手した。五月四日には輔相三条実美が、薩摩・長州・土佐・肥前四藩の公議人を招き、版籍奉還に関する「機務」を下問して、郡県制の是非についての意見を徴している。その間の事情と四藩側の対応は、吉井友実に宛てた五月五日の大久保利通書状に、左のように示されている。

「御安康奉賀候、然者昨日薩長土肥重臣御呼出ニて輔相卿ゟ御演達之趣、先般版図返上之建言ニ付、何分不容易大

事件ニ候間、朝廷ニおひても未御確定相成兼候、自然御相当之御処置可被為在候得共、其藩々ニおひて見込之処、打合之上無伏臓言上可致と之御事ニ候由、昨日内田被参、何れ御国許へ懸合可致と之事ニ候へ共、何れ三藩打合ノ上同意なれハ、臨時之計にて可然、遠国往復と申ても大ニ手間取可申候間、何れ三藩江引会之上程合可相分と申置候、先夜岩卿江出候節、長州へ一条引合之事如何ニ候哉ト御尋有之候ニ付、何とか朝廷ゟ御沙汰無之而者突然打出し候も都合如何と相考候、御当り有之候ハ、兼而吉井江御沙汰も有之候付、広沢辺江遂示談可申と相考候段申上置候、仍而乍御面働御引合可然御願申上候、此旨早々如此候也

五月五日　　大久保一蔵

吉井幸輔様

要詞

尚々広沢へ篤ト御打合被下候ハ、凡見込も相分可申候、土板垣肥大隈ナトハ別段異論も有御座ましく、何分可然御願申上候」[1]

大久保は三条からの下問に対し、在京有志による薩摩藩の答申作成を企図した。薩摩藩公議人の内田政風がすすめようとしている「御国許へ懸合」が、同藩側の遅延につながることを指摘し、長州藩との連携を重視して「臨時の計」を選んだのである。この動向については、木戸は伊藤に宛て五月六日、「版籍論少しも切迫、後藤・大久等へも御論し、十に四部は昨日之論に候へ共、未六つヶ敷処有之、迅速を貴ひ申候」と書き送っている。[2]答申は五月十七日に行われたようで、長州藩の杉孫七郎の日記に、「薩州・肥前・土州重臣と同ク参朝、版籍一条下問之御答輔相三条公へ申上」[3]とあるのが証左となる。答申の内容は判然としないが、薩摩藩では、大久保が「三藩江引合」による在京有志での取りまとめをはかり、また「突然打出」に否定的であったことから、四藩の側から版籍奉還断行を希望する

形式的な意見を答申したものと思われる。

政府内では岩倉が主に「諸侯版籍返上」を担当したようで、岩倉は「版籍返上ノ義断然被聞候而ハ如何」という積極的な姿勢を示していた。(4) それは大久保が、岩倉を「断然変革」に「御憤発」と評し、同藩の吉井に伝えていたことにうかがわれる。(5) このような政府内の動向に対しては、その機先を制するように後述の公議所などの議論をふまえた郡県論が、地方官から寄せられるようになった。神奈川県が提出した左の五月三日付建議がそれである。

「当春長薩肥土ノ四藩其版籍ヲ収メテ之ヲ奉還シ以テ天裁ヲ仰ク、闔国其論ヲ是トシ各其版籍ヲ奉還ス、実ニ是大体大権並ヒ立テ与奪一ニ帰スルノ盛事、宜ク国是ニ従ヒ古ノ王制ニ泝リ、速ニ郡県ニ復シ其措置左ノ如クセハ、方今ノ人情時制ニ適当スヘシ

一、領主ハ旧領略十分ノ一ヲ標的トシ、所謂虚封ニシテ廩米ヲ以テ御渡ニ相成、住所ハ東西何レノ地ニテモ其望ム所ニ従ヒテ之ヲ許シ、其地ニ応シテ税ヲ納メシム、其余永禄ノ諸士大小ヲ斟酌シテ右ニ準ス

一、各藩奉還スル土地人民ハ、其藩主及ヒ藩士ヲ撰テ知事トシ、以テ之ヲ管轄シ、万事ヲ総裁セシム、其他臣士モ尽ク朝士トナリ、属吏及ヒ兵士トナシ、各其ニ応シテ之ヲ扶持スヘシ

一、監察ハ互ニ他方ノ士ニ命スヘシ、其人物国是ニ従テ御撰挙可有之事」(6)

同県は、四藩に続く諸藩の版籍奉還上表を歓迎し、旧領主に旧領の一〇分一を廩米で与えて居住地を自由とし、諸士もそれに準ずる措置を取るように建言している。土地人民を管轄する知事は旧藩主あるいは藩士から人選し、旧臣を「朝士」に改めて属吏、兵士に任じ、監察を派遣する方策と知られる。開港場をかかえた同県では、外国官判事の井関盛良が知県事を兼ね、開明的な県官が結集しており、郡県制を取りながらも「人情時制」を配慮した現実的な方策を提起したことが看取できる。

すなわち、同時期の公議所では「御国制改正ノ議」が出され、郡県制への移行が議論されていた。公議所は、政体書で設けられた上下二局の下局の流れを汲んで明治元年十二月に設置され、諸藩から出された公議人などを議員としたことがよく知られている。公議所の第一回会議は二年三月七日に東京で開催され、輔相三条実美、議定正親町三条実愛らが列席した。(7) 議長は秋月種樹で、「博ク衆議ヲ諮詢」する詔書を読み上げ、諸藩公議人に御下問五条の議案を配布し、異議ある者は次回に提出させることとしている。この「御国制改正ノ議」は、三月十二日に軍務官判事議事取調兼勤の森有礼が「御国体之儀ニ付問題四条」を提出し、それを「衆議員」連名で議案として、五月四日に提出したものであった。(8)「御国制改正ノ議」は二一か条からなり、第一条は「皇国一円私有ノ地ヲ公収シ、政令一ニ出ルヲ要ス」であった。第二条「大国ハ一府ヲ設ケ、小国ハ近傍ノ国府ニテ管轄スベシ、毎府知府事一人ヲ置クベキ事」、第三条「大凡十万石ノ土地毎ニ一県ヲ設ケ、知県事一人ヲ置キ、其国府ニ属スベキ事」、第四条「親王ヲ皇族トシ、公卿諸侯ヲ貴族トシ、輦下ニ居住セシムル事、但シ万石以上ノ藩臣モ、貴族ト称スベキ事」、第五条「中大夫以下諸藩士迄ヲ、上士下士ト二等ニ定ムベキ事」、第六条「府県ノ知事ハ、当分ヲ限リ、旧藩主並執政参政中ヨリ、任ゼシムベキ事」などが主な箇条である。

この「御国制改正ノ議」に先き立つ明治二年正月二十五日、森有礼は大久保に対し、版籍奉還を貫徹して「是迄御勤王之御真意相貫候様有之度」と書き送っていた。(9)「皇国」を強化するために、郡県制度に改めて「藩々之政権速ニ一途ニ帰シ、全国之権力を一手ニ握リ海外ニ応」ずる目的が必要とし、「近日両公共侯列を辞シ、朝臣願之御中立之処ニ御決意と被察候、何卒此儀ハ上手ニ運」ぶようにと、積極論を展開している。それゆえ、「御国制改正ノ議」は、「私有地」の「公有」と「政令一途」を目的とした府県制案で、大国に府を置き、府のもとに一〇万石単位の県を設置することを提起していた。公卿・諸侯を貴族とし、府県の知事は、当分に限って旧藩主、執政、参政から任じる方針とされている。貴族や上士・下士の存在、あるいは俸禄の支給を明記していたが、郡県制論を強く打ち出した議案であったことはいうまでもない。

この「御国制改正ノ議」の府県制案に対しては、公議所での四〇藩と昌平学校が賛成した。[10]そして、公議所ではその後、大藩を府、小藩を県とし、藩主を知事の世襲、藩臣を朝臣、旧領地を従来通りとする旧来の領有制により近い「郡県議」が出されている。府藩県三治制のもとで封建的領有制の存続をはかった「封建議」なども出され、両論相半ばした状況となっている。公議所は、六月に至って議員一同の定論を起草することとなり、肥後藩の鎌田平十郎が中心となった九七名は、「封建郡県参錯シテ互ニ相維持スルノ実利」を求めた折衷案の建白を作成した。[11]浅井清『明治維新と郡懸思想』は、鎌田らの奉答書が折衷案の形式をとりながらも、より郡県制批判を強めている点を指摘している。[12]議長からは、この建白が議員の属するそれぞれの藩論と異なっていることが指摘されており、公議所では藩論として郡県制を掲げながらも、急激な改変に批判的な議員が多かったことがうかがわれる。

一方、政府内では侯伯大会議を目前にし、版籍奉還問題に対する制度面の検討を制度寮に命じていたようで、同寮が具体案を作成していた。「岩倉家蔵書類」に残されている左記の案文がそれを示す。

「一、諸侯ノ称ヲ被止某藩知事ト相称シ候事
一、各藩倍臣《マヽ》ノ名義ヲ廃シ、藩士悉ク朝臣被仰付、夫々藩職ニ被充候事
但分限ニ応シ其内ヨリ家事取扱候儀ハ被差許候事
一、執政ヲ執事、参政ヲ参事ト被改候事
一、公用人ヲ廃シ執参ノ内ゟ一両人兼テ在府藩事ヲ伝奏セシメ候事
一、其余改革向ハ都テ其藩ェ御委任為成、見込ノ筋無忌憚可申出事

五月　　制度寮」[13]

同時期の制度寮は、総裁が議定の山内豊信（容堂）であったが、その中心は公議所にも関係して四月十九日に副総裁心得となった森有礼、および制度寮准撰修の神田孝平、津田真道、加藤弘之らであった。制度寮は五月十八日に廃止となっているから、右の案文は五月中旬までに作成されたものと思われる。三条が大久保に対して、五月十二日の政府会議への出席を求め、「右職制制度寮より窺出ニ付、急速御決定ニ相成度」と依頼しており、制度寮案は同日に評議されたようである。[14]同案では、諸侯を「藩知事」とし、陪臣の名義を廃して藩士を「朝臣」とすることなど、「名義」の変更を重視していた。それは版籍奉還実施の際の制度面について、実現可能な範囲での改革案であったと看取できる。

2 「岩倉案」の審議

東京での「侯伯大会議」開催が具体化したことで、政府内の「諸侯版籍返上」を担当した岩倉は、みずからも版籍奉還断行の政府の原案作成を試みた。その原案は、大久保利謙「版籍奉還の実施過程と華士族の生成」に紹介されているが、「岩倉家蔵書類」の「版籍返上之事」がそれで、各藩主を「知州事」として「世々其山河ヲ保有」させ、別に「抜群ノ才アル者」を「判州事」に任じ、「郡県ノ意ヲ封建ノ中ニ寓」すべしというものであった。[15]改革項目は、「各州」の歳入の一〇分一を「朝貢」すること、陪臣の称を廃して「知州事」の附属とすることなど、七か条におよぶ。末尾に「山本復一執筆、宇田淵加朱、右岩倉公意見歟」という貼紙があり、岩倉とその腹心の山本・宇田らが参画した案文と推測される。

そして、岩倉はこの原案を、「列藩版籍奉還ノ処分ニ付具視意見ヲ奏上スル事」という「岩倉案」に改め、政府の「大綱」作成を目的とした輔相・議定・参与の政府会議に提出した。この「岩倉案」は、左のような一二項目からなっている。

「聖業中興百度維新ノ秋ニ方リ、列藩上書以テ其版籍ヲ奉還シ天裁ヲ是レ仰ク、勅シテ宜ク其忠誠ノ心ヲ嘉賞シ以テ其請ヲ聴スヘシ、謹テ其処置ヲ左ニ條陳セン

一、列藩主ニ任スルニ知州事ヲ以テスヘシ

十万石以下ノ小藩ヲ以テ州ト称スルハ不可ナルカ如シト雖、将来一州ニ一政府ヲ置キ一知州事ト為スノ目的ナリ、今姑ク一州ニ数人ノ知事ヲ置キ、領地ノ大小ヲ以テ正副ヲ区別シ、大ナルヲ以テ知州事トシ、小ナルヲ以テ副知州事トス

一、当分ノ内ハ従前ノ領地ヲ守護セシメ、封建ノ姿ニ郡県ノ意ヲ寓スヘシ

土地人民ハ知州事ノ私有ニ非ラサルノ旨意ヲ明カニセンコトヲ要ス

一、列藩主ノ一門及家老以下ノ才能学識アル者ヲ撰ンテ判州事ニ任シ、知州事ヲ輔佐シテ政事ヲ参判セシムヘシ

一、各州ノ政庁ハ知州事ノ在ル所ヲ以テ本庁トシ、副知州事ノ在ル所ヲ以テ支庁トス、施政ノ順序モ亦一轍ニ帰スルコトヲ要ス

一、知州事判州事等ノ職制ヲ規定スヘシ

但、知州事ノ家政ト州事ハ判然ト其区分ヲ立テ、公私混同セサルヲ要ス

一、各州ノ歳入ハ其高ノ十分一ヲ以テ朝貢ニ充テ、残リ九分ヲ三分シテ、一分ハ知州事ノ家禄ニ充テ、一分ハ士卒ノ家禄ニ充テ、一分ハ政庁ノ経費ニ充ツヘシ

朝貢ハ天下ノ公儲ト為シ、以テ国家不虞ノ用ニ供シ、朝廷私ニ之ヲ消費スルコト無シ、乍去列藩何レモ疲弊ノ余ヲ承クルヲ以テ、今ヨリ五箇年間ハ朝貢ヲ免シ、其額ヲ以テ藩ノ旧債ヲ償還セシムヘシ、五箇年ヲ経テ猶ホ旧債ヲ完償スルコト能ハサル者ハ、時ニ臨ミ特ニ詮議スルコト有ルヘシ

一、各州ノ陸軍ハ軍務官ノ命令ヲ奉シ知州事之ヲ管掌スヘシ、海軍ハ軍務官ニ専属シテ知州事軍艦ヲ指揮スルコトヲ許サス

一、毎年朝廷ヨリ各州ニ巡察使ヲ派遣シ、以テ政績ノ良否ヲ視察セシムヘシ

一、官武一途ノ旨趣ニ依リ公卿諸侯ノ名称ヲ廃停シ、一般ニ貴族ノ名称ヲ授与スヘシ

一、九等ノ爵号ヲ建テ公卿大夫士トシ、卿ハ上下ニ分チ、大夫士ハ各上中下ニ分ツ、其門地ニ依リ此爵号ヲ授与スヘシ

但、公以下大夫以上ハ位階ヲ授クヘシ

一、各州ノ士卒地方ニ名望アル者、又ハ優等ノ功労アル者、又ハ高徳碩学ノ者ハ其門地卑シト雖、各其器量ニ従ヒ中大夫以下上士以上ノ爵号ヲ授クヘシ

一、各州ノ士卒ハ陪臣ノ名称ヲ廃停シ、率浜王臣タルノ本義ヲ明カニシテ、知州事ノ附属トスヘシ

右敬テ鄙見ヲ奏シ以テ宸択ヲ仰ク

五月　　　　　　　　　　　　　　　　　　臣具視」(16)

この「岩倉案」と先に記した「版籍返上之事」の原案と比較すると、原案に収載されていた前文が、「岩倉案」の前文および第一・二・三条となり、原案の第一条が「岩倉案」の第六条、第二条が第一二条、第四条が第八条になるなど、原案の多くが「岩倉案」に組み入れられている。そして、「岩倉案」には新たに知州事や判州事の職制を規定

すること、公卿・諸侯の名称を廃停して貴族の名称を授与することなどが加えられた。総じて、奉還後の地方制度を藩制から州制に改め、小藩を統合して一〇万石単位の州を設ける方策が特色である。大藩の藩主を知州事、小藩主を副知州事とし、土地・人民を知州事の私有にしないと明記している。知州事の家政と「州事」の区分、各州歳入の一〇分一の朝貢化、あるいは海軍を軍務官の専属に一元化、巡察使の派遣など、「封建ノ姿ニ郡県ノ意ヲ寓スル」ことが強く企図されていた。一〇万石単位の行政区画や私有地の否定、公卿・諸侯を貴族とすることなどは、前述の「御国制改正ノ議」と類似しており、大久保利謙「版籍奉還の実施過程と華士族の生成」が指摘したように、「岩倉案」の作成過程で公議所のそれが参考にされたように思われる。そのことは、二年六月に森の免官が議論になった折、岩倉が「議事之始より種々苦心、今日現今制度之事ニも日々勉励御遣ひ立ながら、御暇之所公私ニとり如何ト存候」として、森を弁護していることにもうかがわれる。(17)

この「岩倉案」に対し、政府会議は大久保の日記によれば五月十六日に開催され、「版図返上之儀御評議有之候、凡草案出来相成候」(18)であったようだ。この日記の記事から考えると、大久保利謙氏が十六日の会議で「岩倉案」が「確定案」になったとみなし、それが六月の版籍奉還実施で具体化されたと論じていることに無理があるように思われる。大久保論文が、「岩倉案」を上局会議への奉答文とする諸説の誤りを指摘されたのは適切であるが、「岩倉案」が五月十六日の会議で「確定案」になったとする見解は根拠が十分でない。(19)

十六日の会議では、政府の「大綱」を作成する目的で「岩倉案」が検討されたが、それは利通が記す「凡草案出来相成候」であったにすぎない。(20)「岩倉案」は、郡県制へ向けて前進させる小藩統合の企図が含まれており、「官吏公選」直後の五月十六日の会議だけで、それが政府「確定案」となったわけではない。岩倉みずからが木戸に宛て、二日後の十八日に「版籍ノコト」が十分に進捗しない「苦心」を打ち明け、十八日中には決定させたいとの希望を伝えながらも、その「心痛」を書き送っていたことがそれを裏づける。[21]さらに岩倉は、五月二十日に広沢と「還封一件紛紜」を相談していた。[22]岩倉自身、一六日以後も「知藩事」「知州事」の両案を記し、官等表などの検討を続けている。「知州事・知藩事孰レニカ御決定」とし、小藩を「州」として「一州ニ諸人ノ知事ト見レハ強テ差支リナク、将来ハ一州一政府一知事ノ目的」とした案文、あるいは「知事ト名クレハ等官ニ入レサルヲ得ス」とした案文など、「岩倉案」にはなお多くの懸案事項が残されていたのである。

3　上局会議の開催

東京での「侯伯大会議」はいわゆる上局会議として開催され、五月二十一日に六官の五等官以上と公卿、麝香間祇候に対し、皇道興隆、知藩事選任、蝦夷地開拓の三件が下問された。当日は天皇が出御し、上局議長の大原重徳が「御下問」を読み上げ、その書付が配布されている。知藩事選任は、二十五日に諸侯に対しても下問された。下問には「版籍返上之儀追々衆議被聞食候処、全ク政令一途ニ出ルノ外無之、依テ府藩県三治ノ制ヲ以テ海内統一可被遊御旨趣ニ付、改テ知藩事ニ被任候思食ニ候間、所存無忌憚可申出候事」[23]とある。版籍返上を政令一途にもとづくものとし、改めて「知藩事」に任じるので、「所存」を申し出るように諮詢している。この「知藩事」が、「制度寮案」で出された名称であったことはいうまでもない。

そしてこの下問後、政府内や諸藩からは、知藩事選任に関する各般の答申が寄せられた。「岩倉家文書、版籍奉還之議、奉還ノ部、第一」[24]にそれらが収録されているが、諸藩の多くは、「御下問」を「時勢民情ニ適当」とし、謹んで拝承するという奉答であった。これに対して参与副島種臣の「藩制大意」は、左のようであった。

「一、従前藩主ハ知藩事ニ被仰付候間、向後諸侯大名等ノ称謂一切廃止可致事
一、従前執政ハ判藩事、参政ハ権判藩事ニ被仰付候間、其余ノ役々モ知家事ヲ除ノ外一切朝官ト相心得可申事
一、藩人ノ義向後家中家来又家中又家来等ノ称謂相廃シ、其藩士モシクハ卒等身格ニ応シテノ称号ヲ以テ相唱可申事
一、藩人ノ身格ハ四ツ物成ニシテ、高二千五百石以上ハ下大夫ニ定メ、以下ハ上中下士卒ノ四級ニ定メラレ候間、尚其藩ニ於テ夫々区別配当可申事
一、政府ノ用度ト知藩事ノ食禄トハ判然区別相立可申様取調可致事
一、右ノ体裁ニ就テハ、知藩事已下藩人ノ食禄其外官給等、一切其藩々租入ノ内ヨリ蔵米渡リト相心得可申事
一、内分ケ大名ノ義ハ本家ト連合藩ノ体裁ニテ、政治相厲ミ可申事
一、抑藩ハ地方官三治ノ一ニシテ、所謂遠ノ朝廷ニテ候間、藩々ノ見解ヲ去リ皇国一致一団ノ体裁相立候義簡要タルベシ、右ニ就テハ尚又政治ノ目的一ニ帰シ、国体恢弘国力充実国民安堵風化相行レ、公義相立チ文明相進ミ、皇国ヲ五世界中第一ノ国トナスト云フ所ニ着眼可有之義勿論ニ候、小権ヲ以テ大権ヲ犯シ、私議ヲ以テ公事ヲ妨ケ候テハ決シテ不相済候事」(25)

副島は、従前の藩主を「知藩事」に任じて「諸侯大名」の称を廃止すべしとし、執政・参政を「朝官」の判藩事・権判藩事に改めること、「知藩事」の「食禄」と政府の「用度」を区別することなどを提言している。また民部官副知事の広沢真臣が三条に提出した建言は、真の郡県とすることの困難を記し、「王政の一途」は適切な人選を行った上で、「確乎不抜の政一途」を行うことにあると論じていた。具体的な項目は、左の通りである。

「一、官武一途タル御旨趣ニ基キ、諸侯ノ称ヲ止メ一統貴族トスルカ、又ハ公卿大夫士ノ爵ニ相当ナル称ニ改ムヘ

シ

一、知藩事ノ任職アルヘシ

但、従前ノ通ニシテ更ニ名ヲ改ムヘシ、尤モ他官ニ撰擢ノトキハ、一族又ハ重臣等ヲ選ヒ准知藩事トシテ委任スヘシ

一、知藩事ノ奉職規則ヲ渡シ、可執ノ権可守ノ律ヲ定ムヘシ

一、藩事ト家事トヲ区別スル如ク其所費ヲ別チ置クヘシ、追テ其任法録ヲ出サシムヘシ

但、従前ノ内検ヲ打出シ更ニ石高ヲ定ムヘシ

一、貢献ノ制ヲ立、以テ軍費及ヒ救荒等非常ノ備トスヘシ

一、分領ヲ本地ニ集ムヘシ

但、神社寺院大夫士等ノ所領悉ク上地、最寄府県ゟ蔵米取トスル等、郡村管轄ヲ割替ルノ事ハ総テ此ノ機会ヲ失フヘカラス」(26)

「諸侯」の称を廃して「貴族」の類に改めることとし、その職を「知藩事」として、奉職規則を定め、藩事と家事を区別すること、軍費・救荒費を貢献すること、分領を本地へ集中することなどを求めている。広沢は、郡県論に対して「天下相疑惑し人心恟々」であると指摘し、郡県制を「未だ其可なる事を知らず」と漸進論を述べ、前述の中村誠一の見解と相通じる視点に立っていた。地方支配における着実な集権化を企図し、具体的な施政のなかで、版籍奉還の内実の獲得を企図したようである。同様な視点は、松方正義が版籍奉還を機会に、藩県支配地の廃止などを主張したことにも通じる。(27)

すなわち、版籍奉還の断行案については、五月に入って公議所や制度寮で審議がはじまり、五月十六日の政府会議

に「岩倉案」が提出され、それが一〇万石単位の知州事制を設けること、公卿・諸侯を廃して貴族とすることなど、画期的な施策案であったことは繰り返すまでもない。だが、それを政府案と確定するには至らず、五月二十一日の上局会議は、「知藩事撰任」にしぼった諮問となった。その後、諸藩や政府内外からの奉答が行われたが、諸藩のそれは、概して下問に形式的な賛意を表したものであり、奉還後のあり方を含めた具体的な案は、政府有力者の副島・広沢らが中心であった。両者は、いずれも知藩事に任じることを可とした漸進論であったが、家事と藩事の区分、末家や分家の整理など、実際面での封建制の克服が企図され、集権化の試みが提起されていたのである。

註

(1)「吉井幸輔への書翰」明治二年五月五日（『大久保利通文書』三、日本史籍協会、一七七―一七八頁）。
(2)「木戸孝允書翰」明治二年五月六日（『伊藤博文関係文書』四、伊藤博文関係文書研究会、一九七六年、一八四頁）。
(3) 山口県文書館所蔵『忠正公伝』第二二編第五章四九一。
(4)「覚書（岩倉具視）」（『岩倉具視関係文書・岩倉公旧蹟保存会対岳文庫所蔵』八―一―一、北泉社マイクロフィルム版）。
(5) 前掲「吉井幸輔への書翰」明治二年五月五日。
(6)「御国是御確立ニ付意見申出」（『公文録』各県之部十四、自戊辰至庚午）。
(7)「公議所日誌」第一（『明治文化全集』第四巻、日本評論社、昭和三年、一一頁）。
(8) 大久保利謙「版籍奉還の実施過程と華士族の生成」（『国史学』第一〇二号、昭和五十二年、『明治維新の政治過程』〈吉川弘文館、一九八六年〉に補訂再録）参照。
(9)「森有礼書翰」明治二年一月二十五日（『大久保利通関係文書』五、立教大学日本史研究会、昭和四十六年、三〇七―三〇八頁）。
(10) 前掲「公議所日誌」第十二、六三―六四頁。
(11)『改訂肥後藩国事史料』第九巻（細川家編纂所、国書刊行会、昭和四十九年）八九八―九〇二頁。

(12) 浅井清『明治維新と郡縣思想』(巌南堂書店、昭和十四年)一九八―一九九頁参照。
(13) 「岩倉家蔵書類・明治二年版籍奉還処置ノ件」(国立国会図書館憲政資料室所蔵、岩倉具視文書二六六)。
(14) 「三条実美書翰」明治二年五月十日(『大久保利通関係文書』四、立教大学日本史研究会、昭和四十五年、八六頁)。
(15) 前掲「岩倉家蔵書類・明治二年版籍奉還処置ノ件」。
(16) 『岩倉公実記』下巻、皇后宮職蔵板、明治三十九年、七二五―七二七頁。
(17) 「岩倉公より大久保への書翰」明治二年六月二十六日(前掲『大久保利通文書』三、二〇一―二〇二頁)。
(18) 『大久保利通日記』二、明治二年五月十六日、日本史籍協会、四〇頁。
大久保の二月十日の日記によれば、岩倉が当初に日程案を「三月上旬中ニ太政官百官之見込御下問、衆議を採り大綱御治定御発輦東下之上、四月中旬ニハ諸侯江御下問被為在御治定」と、大久保に示していたことが知られる。
(19) 前掲・大久保利謙「版籍奉還の実施過程と華士族の生成」参照。
(20) 前掲『大久保利通日記』二、明治二年五月十六日、四〇頁。
(21) 「尺牘岩倉具視」明治二年五月十八日(宮内庁書陵部所蔵、木戸家文書、人ノ二)
(22) 『広沢真臣日記』明治二年五月二十日、日本史籍協会、二二〇頁。前掲「岩倉家蔵書類・明治二年版籍奉還処置ノ件」。
(23) 『太政官日誌』明治二年、第五三号。
(24) 「岩倉家文書」版籍之議・奉還ノ部第一(早稲田大学社会科学研究所蔵、二二〇・〇八―一九三―一八)。
(25) 前掲「岩倉家蔵書類・明治二年版籍奉還処置ノ件」。
「藩制大意」の「神道典行大意」「外国交際」は省略。
(26) 同右「岩倉家蔵書類・明治二年版籍奉還処置ノ件」、前掲『広沢真臣日記』四六二―四六五頁。
(27) 「松方助左衛門意見書」明治二年(『岩倉具視関係文書』八、日本史籍協会、一四五―一五一頁)。

第六節　版籍奉還断行の混乱

1　政府内の対立・紛議

明治二年（一八六九）六月、上局会議の下問に対する諸藩や政府内外からの各般の奉答をふまえて、版籍奉還の断行をめぐる政府内の最終審議が行われた。その直前の六月二日には、戊辰戦争終結後の課題となっていた軍功賞典が発表された。軍功賞典の総額は、禄米七四万五〇〇〇石余、金二〇万三三〇〇両余にのぼった(1)。賞典禄は薩摩・長州両藩のそれぞれ一〇万石、土佐藩の四万石、佐土原・大村・鳥取・大垣・松代藩の各三万石、藩以外では西郷隆盛の二〇〇〇石、仁和寺宮嘉彰親王と大村益次郎の一五〇〇石、有栖川宮熾仁親王の一二〇〇石が主な賞典禄である。九月の復古賞典に先立った軍功賞典の発表は、薩摩・長州両藩をはじめとする諸藩の有功将士や草莽層の不満をやわらげ、版籍奉還を円滑に実施するための布石であったと考えられる。

版籍奉還をめぐる政府内の議論は、よく知られているように改革に急進的な木戸孝允・後藤象二郎と漸進的な大久保利通・副島種臣、そして東久世通禧・板垣退助の三派に分れた(2)。六月五日の評議では、「知藩事」と名目を改めただけでは意味がないとの論が出され、輔相三条実美が「知藩事」の交替をも含めた急進論を提案している(3)。十一日には大久保が三条を訪ね、ゆるやかな改革を主張して奉還後も藩主をそのまま「知藩事」に任じるように論じ、十二日の政府会議でも、大久保・副島が同様の立場を主張した。(4) 大久保の見解は、「漸次之功」を強調する点にある。「只名目之改り候迄」を無益とする「断然郡県」意見に対して、それを「空論」と批判するものであった。(5) その眼目は、鹿児島の桂久武（四郎）に宛て、「知藩事」任用と「家事之入用藩政之入用区別」が命じられる予定で、「藩政向ハ先其藩へ被任候」と伝えていたことにうかがわれる。大久保が、鹿児島の島津久光らを中心とする守旧的な動向に配慮したことはいうまでもない。公議所の「御国制改正ノ議」の中心となった森有礼をはじめ、五代友厚・中井弘ら薩摩藩出身の開明派は、鹿児島の強い要求で、免職をよぎなくされる事態となっていた。(6) 同時期の政府内については、「危胎之姿」に「懸念」が続出し、大久保が「此末之処誠ニ御大事」と判断したようである。(7)

この「知藩事」任用の漸進論に対しては、木戸や会計官権判事に登用されていた伊藤らが強く反発した。旧藩主をそのまま「知藩事」とする方策は、前述の岩倉、副島、広沢らの案でもほぼ共通しており、公議所の「郡県議」でも世襲とされていた。大阪でボードイン医師の治療を受けていた木戸は、岩倉の東京行に随伴できずに遅れて五月二十九日に東京に到着したが、六月十三日に至って参与東久世通禧から前日の政府内の議論を知らされ、「時事を想察し、前途を推考し、実に慨歎不少」(8) と書いている。木戸は、長州藩内の版籍奉還問題に対する反発や毛利敬親の慎重論があり、また薩摩藩をさきがけとした断行を画策したこともあってか、六月十二日の政府会議には出席していない。しかし十三日、木戸は「皇国」の将来に思いを寄せ、「此機に乗し皇国をして帰一せすんは忠孝の道何に立ん」と慨歎し、その思いを大村益次郎、伊藤博文に書き送った。さらに大村と会談し、後藤象二郎を訪ねている。その間の経緯と木戸の心境は、伊藤に宛てた左の書状に歴然である。

「過刻東久卿御来訪、昨日之御様子を承り候得は、知藩事を一般に被仰付候方可然との儀、大久保副島同論に而達而申立有之候由、預御相談候故、弟は最前之儀御至当に而、朝廷を奉思候ものより世間之沸騰と歟何と歟世間論に御揺被成、世間之己を思ふ候もの丶御機嫌を御とり被遊候得は如何とも難致、前途を御推考朝廷之興廃を被思召候は丶準一之論可然歟と申上、於準一始終同一と御返答仕置候得共、如此風に而一日之不勤に而も天下万世に渉り候大議論、容易に揺動仕候様に而は更に見とめ無之而已ならず、痛歎無限次第に御座候末一段に而今一入副島を破摧いたし候手段は無御座哉、且又鳥尾にも十分之力を助け、是非々々大久保・黒田へもラッパを鳴し出陣有之度、必世間之嫌疑に及ひ不申候、一御尽力可被下候　匆々頓首

十三日　　　　　　　　　　　　　　　　鉄面生

芳梅盟兄　内密御火投　　　　　　　　　」(9)

政府審議の状況を東久世から聞かされた木戸は、副島論を打ち破ることを急務とし、伊藤にその手段を問い合せている。副島は後述のように「藩屏ノ任」に不十分な者に対して、「知県事」を任用するように提案しており、必ずしも知藩事一般任用の世襲論ではなかったと思われるが、木戸は大久保と副島が同論で、その中心を副島と判断したようである。

すでに伊藤は、岩倉に対して、版籍奉還が「名分ヲ正シ名義ヲ明カニスル」だけでは不十分とする左のような六か条の建言を行っていた。

「天朝ノ叡旨、天下ノ利権ヲ専執スルニ非スシテ、万民ヲ統御シ、一般ノ政令ヲ施シ、国力ヲ合一シテ外侮ヲ禦クヲ主要トス可シ

昨春来天下ノ形勢一変シテ六百年已墮ノ王政ヲ回復シ、千載一時ノ機会ニ乗シ、因襲既久ノ宿弊ヲ洗滌ス、是レ皆諸藩忠勇ノ致ス所也、然ルニ尚今古時勢ノ異ナルヲ推考シ、今又各藩版籍ヲ還シ、海内一治ニ帰セシムルノ建言アリ、於是其是非得失如何ヲ熟察スルニ、当今ノ急務之レニ如ク者ナシ、然レトモ天朝ニ於テ之ヲ采用

スルニ、徒ニ名分ヲ正シ名義ヲ明カニスルヲ而已（ママ）ヲ以テ主要トナスニ非ス、将又我皇国全体ノ上ニ於テ得失ヲ計較シ、万世不抜ノ基礎ヲ定ムルヲ以テ主要ト為スニ於テハ、上下私心ヲ擲チ互ニ我皇朝ノ為メニ虚心平気ヲ以テ之ヲ熟考シ、百年ノ後ニ注意シ宏遠ノ廟謨ヲ確定セハ、自カラ名分モ随テ可相建ハ論ヲ待タス、必竟天朝ノ叡旨ハ士農工商ノ四民ヲシテ其処ヲ得セシメ、我皇国ヲ万世ニ保護セントノ御仁恤ノ宸慮ニ基キ、聊モ天朝ニ於テ諸侯ノ領地ヲ取上ケ、其利ヲ専恣セント欲スルノ主意ニ非サルヲ示ス可シ」[10]

六か条の各項目については前述したので省略するが、右の建言は版籍奉還断行に関して、名分だけでなく、「万世不抜ノ基礎」を確立するように求めている。その主眼は、「天朝」が「万民ヲ統御」し、全国統一の政令を施して国力を合わせ、「外侮」を防ぐことに置かれている。それゆえ伊藤は「惶慨不能禁」で、十四日には辞表を提出して抗議したのであった。[11]

このため政府内は混乱したが、岩倉は十四日、木戸のもとに出向いて説得を行った。[12] 岩倉は同日、三条、東久世、徳大寺実則らに、「遷延」が続いては「列藩向背」にかかわると書き送り、十七日に「知藩事」任用を実行するようにその決定をうながしている。[13] 上局会議に参集を命じられた諸侯への政府側の対応が急がれていたわけで、岩倉は十七日以降の日程に苦慮していた。「知藩事御暇」に向けた二十四日の政体下問、二十五日の藩政改革箇条の下付、二十八日の神祇官参集などの予定である。[14]

大久保もまた、十五日に岩倉と木戸を訪ね、岩倉には決断を求めた。[15] 十七日には後藤と徳大寺が木戸を訪ね、知藩事任用断行の件で木戸と調整をかさねている。[16] 大久保は木戸の期待と異なって「世襲」論であったが、十五日には木戸が「罵詈不平」をもって「前途の着目」を論じ、大久保も「稍相変じ候」であったようで、あるいはこの折に木戸が「千苦万難」で主張した「世襲」の撤回が示されたのかもしれない。[17]

2　版籍奉還断行とその課題

政府内での紛議をかさねた版籍奉還は、明治二年（一八六九）六月十七日、「広ク公議」を集め、「政令帰一」の「思食」にもとづく結果として勅許された。[18] 同日、公卿・諸侯の称が廃され、華族に統一された。諸侯の廃止が、いわゆる武家政治の否定であったことはいうまでもない。藩主は知藩事に任じられ、版籍奉還を奏請していなかった一部の藩に版籍の還納が命じられた。『太政官日誌』に記された知藩事任用は、二六二藩を数える。[19]

この十七日の勅許では、木戸・伊藤の意見を入れて、知藩事の世襲制が撤回され、「郡県制」の地方官という性格が強調されたが、政府内外から出された各般の企図は、その多くが先送りとされている。華族の呼称は、「名族」「貴族」をはじめ最後まで各般の提案が出されていた。岩倉は、みずから前述のような知州事制を骨子とした一二か条の案文を作成し、また新たに「末家知藩事之事」「加州・因州御内沙汰」「郡県論大名御所置」「田安・一橋・清水之事」などを懸案に掲げていた。[20] 岩倉は、三条・徳大寺・東久世に対し、「郡県論六、七藩之処は兼而御内命之儀」があったとして、それらの藩に関する「御旨意」が分かるような政治的配慮を求めたが、その要望は実現されていない。[21] 公議所の四月の審議で、領地・判物を持たない末家などの廃止が可決されていたことから、それらの末家と田安・一橋などの旧御三卿への知藩事任用を見送った点が、例外といえる。[22] また副島も、「是迄城主格以上ニ非ル者ハ藩屏ノ任ニ堪ヘ不申候条知県事ノ名目被与候テハ如何」「今般九等ノ爵位被相定天下ノ身格一般夫ニ配入被仰付候間其藩々ニ於テ是迄ノ身格取調差出可申旨被仰出候テハ如何」「政府ト家事トノ費用諸士ノ禄高且又借財高取調ヘ差出可申旨同断如何」などの提案を行っていた。[23] この「爵位」の付与や「借財高」の取調べについての審議は不明で、それらの指示も出されていない。
すなわち、六月十七日の版籍奉還の断行は、まさに「郡県制」への移行をめぐる政府内の対立が続いた結果、まず最初に「知藩事」任用と公卿・諸侯の廃止にともなう華族任命の勅許が、あわただしく遂行されたものと看取できる。旧体制の変革に向けた各般の企図は、十分な議論と調整ができないままにあり、先送りの課題とされ、後述のような諸務変革として、改めてその検討が予定されたのである。

3　諸務変革の制定

六月十七日の版籍奉還の勅許が「知藩事」任用に限定された結果、それ以前から提起されていた藩制のあり方が改めて検討され、その改革案が具体化された。岩倉具視が十七日以降の日程作成にあたって、二十五日に藩政改革箇条の下付を予定していたのがそれにあたる。(24)

右に関しては、公議所などで案文の検討が行われたようで、副島種臣は前述のように「政府ト家事トノ費用」や「諸士ノ禄高」「借財高」の調査、報告を提起し、三条や徳大寺らもまた各般の意見を提出していた。三条の意見書は、「政府入費」「常備陸兵入費」「藩士卒常禄」「知藩事家禄」「非常之備」「学校入費」「社寺寄付」「藩々是迄之借財高」「諸藩歳入租税金穀ノ実数」などの調査項目および副島の「藩制大意」の修正である。(25)「知藩事」任用にともなう諸侯・大名の呼称廃止、判藩事・権判事任用と朝官化、藩人の藩士・卒制度化、藩人の身格の四等化、政府の用度と知藩事の食禄の区別、藩内食禄の蔵米化、「内分け大名」と本家の連合などである。さらに、それらを諸務変革箇条とする過程では、麝香間祗候にも下問が行われた。麝香間祗候の蜂須賀茂韶をはじめとする五名連署や毛利元徳（広

表2　諸務変革の草案と行政官達一覧

Ⓐ大久保利通の諸務変革案	Ⓑ諸務変革 11 か条（6 月 25 日行政官達）
①地図精細取調之事	③従来支配地総高並現米総高取調可申出事（免ハ五ヶ年平均を以取調）
②人口取調之事	④諸産物及諸税数取調可申出事
③収納之実数取調之事	⑤公廨一ヶ年之費用取調可申出事
④諸産物諸税数取調之事	⑦職制職員取調可申出事（重立候職員は人選可相窺事）
⑤公廨一ヶ年ノ費用取調之事	⑧藩士兵卒員数取調可申出事（従前の禄・扶持米取調の事）
⑥執政ハ参事，参政ハ少参事可被仰付候，人選取調之事	⑨社寺領其外従前禄扶持米等遣居候人員並高取調可申出事
⑦職制職員人名取調之事	⑩現石十分一ヲ以テ家禄可被相定候事（諸雑税もこれに準拠）
⑧藩士兵卒員数取調之事	①支配地総絵図可差出事
⑨寺社等従前給禄ヲ与ヘ候人員取調之事	②支配地人口戸数取調可申出事
⑩収納ノ実数ヲ以テ左ノ割合之通其方家禄ト可被定候事（諸税銀高並取結割合可被仰付候事）	⑪一門以下平士ニ至ル迄総テ士族ト可称事（給禄は適宜改革，一門は位階下賜）
⑪重臣以下平士ニ至迄士族ト被仰付候事（家禄被相定候振合ニ基キ給禄）	⑫家禄相応家令家扶家従以下召仕候人員可窺出事（従前の知家事は家令と改称）
⑫家禄相応家令家扶家従以下召仕候人員可伺出候事（従前ノ知家事ハ家令ト唱ヘ可申事）	

（註）「岩倉公に呈せし意見書」明治２年６月（『大久保利通文書』３）と『太政官日誌』（明治２年，第 68 号）より作成。

封）らの答申がそれである。末家の処分や「従者」の人数など、政府の改革案に協調する方向を示していたことがうかがわれる。[26] だが、右の諸務変革については、結局、大久保の原案が政府内の主な検討案とされたようである。大久保の作成した項目は、表2のⒶである。この「地図精細取調之事」にはじまる大久保の案文は、六月二十五日に公布された行政官達と基本的な部分が変わらない。[27] その行政官達である「知藩事」に対して出された諸務変革一一か条は、[28] 表2のⒷにあたる。大久保の案文Ⓐに比較すると、案文の第六条にあった⑥参事・少参事の人選が削られて、Ⓑの⑦職制職員取調の但書となり、全文が一一か条となっている。そして、順番が改められ、家禄を定めたⒷの⑩が「現石十分一ヲ以テ家禄可被相定候事」となり、新たなⒷの⑦⑧に但書が追加されている点が、主な変更箇所といえる。

この六月二十五日に公布された行政官達からは、政府が諸藩の管轄地の現米総高、諸産物、年間支出、職制職員、藩士兵卒員数、支配地人口戸数などの概要、および職制、財力、兵力の実態を把握しようとしたことが知られる。政府は、諸藩に旧高と現米総高を調査し、免は五ヶ年平均をもって取調べて申告することを命じ、元治元年から明治元年までの五ヶ年平均の収入を報告するように明治二年二月に達したことを基礎として、家禄額を決定するための諸藩の「現石」の確定を企図している。そして、前述の「現石十分一」を「知藩事」の家禄と定めたことは、藩財政の整備と支出の限定を不可避とした。また「一門以下平士」までをすべて士族としたことは、それまで諸藩の複雑な身分体系を抜本的に改めるものであった。そこには、「給禄適宜改革可致候」という但書があり、「現石十分一」にならった禄制改革が指示されている。さらに「職制職員」の取調べに関しては、「重立候職員ハ人撰可相窺事」とあり、後述のような七月八日の職員令によって職制が定まった後は、大参事・少参事などの任免に政府の許可が必要となる。諸務変革一一か条は、それまでの藩体制に対して、政府が諸藩の職制、兵制や家禄などを把握し、その改革を指示して府藩県三治一致を徹底させようとしたものと理解できる。

以上のように、六月十七日の版籍奉還の断行は、それまでの諸侯・公卿を廃して華族とし、土地・人民返上の上表を受理して藩主を「知藩事」に任じていた。「知藩事」を府県と同じ地方官に位置づけ、「名分を正」し、「知藩事」の世襲を否定した点においては、「郡県制」の採用を実現したものといえる。

この「郡県制」について、岩倉や広沢の前述の案文は、藩主を「知州事」「知藩事」に改めながらも、それを「封建ノ姿ニ郡県ノ意ヲ寓ス」ものとみなしており、たんなる「知州事」「知藩事」への名称変更だけで、「郡県制」移行と考えなかったようである。(29)「岩倉案」は、「知州事」に「従前ノ領地を守護」させた場合が「封建制」とされ、それを否定したものが「郡県」とされている。(30)前述の中村誠一の意見書は、旧藩主を「知藩事」に任じて「旧誼ノ存スル所」については、それを「封建制」と認識している。(31)それゆえ、土地人民が政府の所有となって「知藩事」の世襲が否定され、諸務変革一一か条による藩政改革が強力に推進されることによって、版籍奉還断行後を「郡県制」とみなす理解が一般化する。この点、版籍奉還断行に際し、城主格未満の末家および田安・一橋などの旧御三卿に対する「知藩事」任用の否定、さらにその後の府藩県三治一致と「知藩事」の地方官的性格が強調されたことは、奉還後を「郡県制」と理解する方向への大きな前進であったといえる。

もっとも、右のような版籍奉還断行も、それまでの経緯を考察すると、すでに述べたように大久保などの漸進論が基調となり、政府内の対立もあって、岩倉の「知州事」構想の検討や「郡県制」の内実についての審議が十分に行われなかった。(32) 岩倉の「知州事」構想はもとより、財政・兵制などの統一化も課題として残されている。公卿・諸侯が華族とされ、「知藩事」の世襲が否定され、諸務変革一一か条が達せられたが、そのもとでの府藩県三治一致にそった改革と「郡県制」の徹底が、それ以後の大きな課題になったのである。

註

(1) 拙著『維新政権』(日本歴史叢書、吉川弘文館、平成七年) 一一〇頁。

賞典下賜が版籍奉還と密接な関係を持った事は、木戸が「御沙汰書草按」で、「公論を被為尽候上御決定」とし、「先般思食之旨も有之被仰出候ニ付、今度賞典之儀被行」と記したことにうかがわれる (「木戸孝允書翰」明治二年四月二十四日〈『大久保利通関係文書』二、立教大学日本史研究室、昭和四十一年、三八三頁〉)。大久保は岩倉に対し、軍功賞典下賜を急ぎ、復古賞典を遅らすように建言していた (「岩倉公に呈せし覚書」明治二年正月〈『大久保利通文書』三、日本史籍協会、九二頁〉)。

(2) 「岩倉具視書翰」明治二年六月十四日 (『岩倉具視関係文書』四、日本史籍協会、二七七頁)。

(3) 『大久保利通日記』二、明治二年六月五日、日本史籍協会、四三頁。

(4) 同右、明治二年六月十一日・十二日、四四頁。

(5) 「桂右衛門への書翰」明治二年六月四日 (前掲『大久保利通文書』三、一九六—一九七頁)。

(6) 「岩倉公への書翰」明治二年六月二十日・三十日 (前掲『大久保利通文書』三、二〇〇・二〇三頁)。

(7)「得能良介への書翰」明治二年六月四日（前掲『大久保利通文書』三、一九四頁）。
(8)『木戸孝允日記』一、明治二年六月十三日、日本史籍協会、二三四頁。
(9)「木戸孝允書翰」明治二年六月十三日（『伊藤博文関係文書』四、伊藤博文関係文書研究会、一九七六年、一八六頁）。
(10)「岩倉家蔵書類・明治二年版籍奉還処置ノ件」（国立国会図書館憲政資料室所蔵、岩倉具視文書二六六）。
(11)『伊藤博文伝』上巻（春畝公追頌会編、昭和十五年）四五四—四五五頁。

井上馨は版籍奉還の時期尚早論から断行論に転じ、侯伯大会議を木戸に対して、「東京御会議モ実ニ一大事」とし、「弟伊藤之論ゟハ甚緩に思ひ来り申候、併逐一主意承り候処、誠ニ憾服仕候て飽まて同意に候、是非とも々々藩政御請取之方至当ニ候、実行て不成バ瓦解政権ヲ失シ」と書き送っていた（「尺牘井上馨」明治二年四月一日〈宮内庁書陵部所蔵、木戸家文書、人ノ四三〉）。
(12)前掲『木戸孝允日記』一、明治二年六月十四日、二三四頁。
(13)前掲「岩倉具視書翰」明治二年六月十四日。
(14)前掲「岩倉家蔵書類・明治二年版籍奉還処置ノ件」。
(15)前掲『大久保利通日記』二、明治二年六月十五日、四五頁。
(16)前掲『木戸孝允日記』一、明治二年六月十七日、二三五頁。
(17)「伊藤博文宛書翰」明治二年六月十五日（『木戸孝允文書』三、日本史籍協会、三七七頁）。「藩知事の世襲等に関し建言せる自叙」（『木戸孝允文書』八、日本史籍協会、二一二頁）。
(18)『太政官日誌』明治二年、第六八号。
(19)同右『太政官日誌』、「大蔵省沿革志」（『明治前期財政経済史料集成』第二巻、五九頁）、『忠正公伝』などは知藩事任命を二六二藩としているが、『明治天皇紀』第二（宮内庁、吉川弘文館、昭和四十四年、一四〇頁）は二七四人と記している。
(20)前掲「岩倉家蔵書類・明治二年版籍奉還処置ノ件」。
(21)前掲「岩倉具視書翰」明治二年六月十四日。

菊間藩主水野忠敬は、府藩県三治の決定を不備として三条に郡県制断行を願い出、六月二十二日に改めて岩倉に対し、「其職ヲ辞シテ菊間ノ藩ヲ削ラセラレン」との請願書を提出していた（「建言書（水野忠敬）」〈『岩倉具視関係文書・岩倉公旧蹟保存会対岳文庫所蔵』一七―四四―二、北泉社マイクロフィルム版〉。
(22) 清水・田安・一橋家の処遇については、『海舟日誌』(明治三年正月二日)、『改訂肥後藩国事史料』第一〇巻(細川家編纂所、国書刊行会、昭和四十九年)三六二頁、「税所篤書翰」明治三年十月十六日(『大久保利通関係文書』四、立教大学日本史研究会、昭和四十五年、二七頁)に詳しい。
(23) 前掲「岩倉家蔵書類・明治二年版籍奉還処置ノ件」。
(24) 同右。
(25) 同右。
(26) 同右。
(27) 同右「岩倉家蔵書類・明治二年版籍奉還処置ノ件」。「岩倉公に呈せし意見書」明治二年六月(前掲『大久保利通文書』三、二〇六―二〇七頁)。『大久保利通文書』には、「版籍奉還善後処置に関する答申書」と表記された意見書が収載されているが、六月二十五日の行政官達以後の作成と思われる。
(28) 『太政官日誌』明治二年、第六八号。
(29) 『岩倉公実記』下巻、皇后宮職蔵板、明治三十九年、七二五―七二七頁。
(30) 同右。
(31) 「木戸参議ニ差出シタル意見」『諸臣事蹟概略』六(山口県文書館所蔵、毛利家文庫、七三、藩臣履歴五)。
(32) 三条は大久保に対し、明治二年七月三日に「亀山、北条、北野等知藩事依理ニ付御所置之義厚其志ヲ被賞、推而知藩事ニ被仰付候事」と依頼したが、木戸と大久保の対立などもあって具体化されていない(「三条実美書翰」明治二年七月三日〈前掲『大久保利通関係文書』四、八六頁〉)。

第二章　版籍奉還後の政治課題

第一節　版籍奉還後の改革論議

1　府県制の整備

版籍奉還断行後の変革については、前述の明治二年（一八六九）六月二十五日の諸務変革十一か条がその第一歩で、それは各藩に対して、同年十月中に進捗状況を報告するように命じていた。だが、版籍奉還が郡県制への移行を企図した施策であった以上、郡県制をどのように徹底させ、内実をいかに形成していくかが、その後の政府内の重大な議論となった。政府がかかえる現状の問題点が指摘され、いかなる変革を推進すべきかが、各般の立場から提示されたのである。

まず、政府側のかかえる課題としては、第一に郡県制の根幹となる府県のあり方が議論となっていた。それまでの府県制の地方支配機構の是非が問われ、現状の克服方法が議論されるようになっている。この点、すでに政府は直轄地支配にあたって、慶応四年（一八六八）閏四月二十一日の政体書で府と県を設置し、藩とあわせて府藩県三治制を定めていた。府には知府事、県には知県事を置き、知府事・知県事は人民を繁育し、生産を富殖し、教化を敦くし、租税を納め、賦役を督し、刑賞を行い、府兵あるいは県の郷兵を監する職掌とされている(1)。

もっとも政府は、鳥羽・伏見戦争後、旧幕府や反政府側に組みした諸藩領を接収し、諸藩や帰順した代官の仮管理を経て順次に鎮台、ついで行政・司法を担当した裁判所を置いていた。畿内の場合は、大和、大阪、兵庫に鎮台を置き、それらを後に大阪裁判所、兵庫裁判所と改め、さらに京都裁判所や大津裁判所を設置していた。閏四月の政体書は、このような裁判所や諸藩の仮支配地に、新たな府県を設置したのである。府県は、政体書の頒布後、閏四月二十四日に京都裁判所が京都府と改められたのを手始めに、五月には大阪裁判所が大阪府、長崎裁判所が長崎府に改められ、七月には度会府が設けられた。兵庫、三河、大津、笠松の各裁判所は、閏四月以降に順次に兵庫県、三河県、大津県、笠松県と改められ、さらに奈良県、堺県が設置されている。丹後地方では久美浜県、九州では日田県が閏四月に開設された。東征軍が進撃した関東では、三月に横浜裁判所を設置し、それを四月に神奈川裁判所、六月に神奈川府と改め、四月十一日の江戸開城後の関東各地の支配には、六月以降に知県事を任じている。また六月には岩鼻県を設置し、七月十七日に江戸を東京と改めて鎮将府を開設し、さらに同日に東京府を置いたのに続き、翌二年二月にかけて小菅、葛飾、大宮、品川、宮谷、若森、日光などの諸県をあいついで設置したのであった(2)（表3参照）。

この府県の知事は、概して古代的権威を象徴する公家を任じ、実務を担当する官員には、討幕派諸藩の有能な下級藩士、あるいは恭順した旧幕吏が任用された。知事はその後、兵庫県知事伊藤博文、神奈川県知事寺島宗則のような有能な人材が、しだいに身分を越えて登用されるようになる。民政にあたっては、天皇制イデオロギーにもとづく王土王民論が鼓吹された。世直し一揆や戊辰戦争の混乱が存在した信濃や北関東地方では、軍事力を背景とした「兵威鎮撫」(3)が推進され、三月十五日には旧幕府時代と変わらない五榜の掲示が掲げられている。

戦火が明治元年（一八六八）九月まで続いた東北地方では、新政府は占領地を諸藩の仮支配下に置き、「諸藩取締奥羽各県当分御規則」や「諸藩取締奥羽各県規則」を発し、その上で二年五月以降に九戸、江刺、胆沢、桃生、登米、白石、白河、福島、若松、酒田などの諸県を設置していた（表3参照）。その間、先に述べた「奥羽士民諭告ノ詔書」に続き、二年二月に「奥羽人民告諭」を発して、「日本ノ主」としての天皇の存在を強調している。その「赤子」である民が「道理」をわきまえて恭順する場合には、天皇の「御撫恤」がほどこされる旨をくりかえし諭して、円滑な

表3　明治2年末の府県一覧

府県名	主な国名	管轄高(石)	知事名（出身）
江刺県	陸前・陸中	120,049	小笠原長清（山口・士）
胆沢県	陸前・陸中	189,729	武田敬孝（大洲・士）
登米県	陸前	204,548	鷲津宣光（名古屋・士）
石巻県	陸前	111,660	山中　献（三河・平）
角田県	磐城・陸前	124,111	武井守正（姫路・士）
福島県	磐城・岩代	197,195	立木兼善（徳島・士）
白河県	磐城・岩代	230,587	清岡公張（高知・士）
若松県	岩代・越後	375,111	四条隆平（公）
酒田県	羽前・羽後	247,060	大原重実（公）
水原県	越後	231,148	三条西公允（公）
柏崎県	越後	336,357	新庄厚信（岡山・士）
佐渡県	佐渡	132,574	新　貞老（鳥取・士）
日光県	下野	327,695	鍋島貞幹（佐賀・士）
岩鼻県	上野・武蔵	361,082	小室　彰（徳島・士）
若森県	常陸・下総	269,893	池田種徳（広島・士）
浦和県	武蔵	271,084	間島冬道（名古屋・士）
宮谷県	上総・下総	336,441	柴山　典（久留米・士）
葛飾県	武蔵・下総	248,298	水筑　龍（佐伯・士）
小菅県	武蔵・下総	136,945	河瀬秀治（宮津・士）
東京府	武蔵	23,805	壬生基修（公）
品川県	武蔵	126,645	古賀定雄（佐賀・士）
神奈川県	相模・武蔵	285,180	井関盛艮（宇和島・士）
韮山県	伊豆・相模	150,053	江川英武（旧幕・士）
甲府県	甲斐	259,626	滋野井公寿（公）
伊那県	信濃・三河	218,516	北小路俊昌（公）
高山県	飛驒	56,815	宮原　積（鳥取・士）
笠松県	美濃・伊勢	178,108	長谷部恕連（福井・士）
度会県	伊勢	26,736	橋本実梁（公）
大津県	近江	175,674	朽木綱徳（福知山・士）
奈良県	大和	223,324	園池公静（公）
京都府	山城	91,275	長谷信篤（公）
久美浜県	丹後・丹波	118,759	伊王野坦（鳥取・士）
大阪府	河内・摂津	111,658	西四辻公業（公）
堺　県	和泉・摂津	191,230	小河一敏（岡・士）
生野県	丹波・但馬	57,517	井田　譲（大垣・士）
兵庫県	摂津・播磨	109,600	税所　篤（鹿児島・士）
倉敷県	備中・美作	96,001	伊勢氏華（山口・士）
大森県	石見・隠岐	117,819	真木益夫（柳川・士）
日田県	豊後・豊前	139,660	松方正義（鹿児島・士）
長崎県	肥前	59,713	野村盛秀（鹿児島・士）

（註）『大隈文書』A1831より作成。拙著『維新政権』（吉川弘文館，平成7年）参照。

地方支配の遂行をはかったのであった。

このような府県では、その後に施政の統一、政府が発行した金札の流通促進が課題となった。政府は当初の年貢、諸税を旧貫維持としていたが、旧旗本領や一万石以下の寺社領の管轄を府県に移し、徴税以外の取り締まりを命じている。(4)府県政の整備については、広沢真臣が二年正月に府県規則の作成を建言し、政府は二月五日、一三条の「府県施政順序」を定めていた。(5)府県事務の要領と施政の方針を示し、追加条目で収斂を禁じ、議事の法を立て、賞罰を公正にし、適正な税制にもとづく民心掌握に尽力するように命じている。さらに版籍奉還が具体的な課題となった四月八日には、民政を総括する機関として民部官を創設し、十日には「民部官規則」を定め、地方官員の「黜陟」に民部官が一定権限を持つことを明記した。(6)民部官知事は蜂須賀茂韶で、副知事には京都府御用掛を兼任した広沢が就任し、六月四日の「民部官職制」で、聴訟、庶務、駅逓、土木、物産の五司を置いている。同時期の広沢は、会計官の支配から民政を分離させること、および「牧民論」にもとづく啓蒙的な「政教」の推進を重視し、その上で府県の私権を制限することと租税確保の必要を持論としていた。(7)

それゆえ、広沢は前述のような五月二十一日の「御下問」に対して、「郡県ノ制」を急ぐことに否定的で、地方支配の安定と集権化を急務とする意見を主張していた。(8)具体的には、「府県奉職規則」などの整備、あるいは従来の地方支配の課題とされてきた飛地の解消を重視する方策であったといえる。また、府県支配のあり方と人選については、大久保利通もそれを重視し、東京の「開市」との関係で神奈川府を県に改め、東久世通禧知事の処遇と県域の確定に尽力したのであった。(9)

このような経緯をふまえて、政府は版籍奉還後の明治二年七月二十七日、「府県奉職規則」と「県官人員並常備金規則」を発令した。(10)前者は、広沢が企図した規則を具体化したもので、「万民安堵」を目的に「民心不失ヲ緊要」とすること、在職者が「懇切ニ相補助勉励」して「官長ノ指図」に従うこと、さらには「賞罰」の厳正、「生産ヲ富殖」の努力、「民患賑済ノ備」の充実、「私ニ租税ノ定額ヲ改革」の禁止、などの一二か条である。府県に対する集権的な統制を強め、地方官がみだりに租税の定額を改めることなどを厳禁していた。後者は、県官員数に制限を設け、高一〇万石の県官員の定数を知県事・参事それぞれ一人、大属から捕亡までを含めた合計で一八人に制限している。府県に置く常備金についても、石高に応じた定額を設けており、制度の統一と国家財政の確保策を優先課題とした県政の整備が企図されていた。そして府県制については、版籍奉還後の二年七月、越後府、度会府、奈良府、長崎府などを県に改め、府は東京、京都、大阪の三府に限定したのであった。

また、版籍奉還の過程で提起された飛地の整理については、公議所においても二年六月二日、「大名領分飛地無之様仕度議」として左のような議案が出されていた。

「諸大名領分、其身上ニ寄、或ハ一国一円、或ハ一郡一円、或ハ一郷一円下シ賜候様仕度奉存候、旧幕府徳川源家康公ヨリ三四代ノ間ハ、一国一郡一郷等ヲ一円ニ宛行申候処、近来此所ニ一村、彼所ニ二村、所々飛地ニ宛行候ニ就テハ、自然領分ノ取締モ不行届、地方掛リ役人往来ノ費、種々ノ弊害ヲ生シ申候、且又各藩寛仁苛酷、不同ニ御座候得バ、廉直人撰諸国エ監察使ヲ以、可否曲直御糾明、賞罰厳重ノ御沙汰被仰出候様奉存候」(11)

江戸時代以来の地方支配の課題の克服を企図した議案で、弊害を生じていた飛地支配に対して、一国一郡一郷ごとの一円支配の復活を企図し、諸藩の「不同」についても、監察使の派遣を提案している。結果は賛成が一九〇藩と昌平学校で、反対は二四藩、その他一三藩であった。賛成多数の結果は、政府の地方支配安定と藩あるいは領民双方の利害のためにも版籍奉還を契機とした飛地の克服が急務になっていたことを示す。

この飛地是正は、府県の側からも政府に対して強く要望された点で、日田県知事松方正義は二年十一月、同県内の玖珠・宇佐など四郡が対馬藩の管轄地とされたことで、同県の飛地が増加したことを指摘し、県政の危機を参議の大久保利通に訴えていた。(12) 飛地をなくして「官員並諸入費」を削減することの必要を論じている。管轄地の一円化は、政府会議でも、「万石以下之面々領地相賜リ居候分、巨細ニ詮議被仰付御蔵米ヲ以御引替有之度、府県中ニ所々数村ヲ領シ各々ニ政事ヲ立テ候テハ、百年相待候トテ天下一定ノ御政道相挙リ候事万々無覚束候」の趣意が合意されていた。(13) 諸藩の「転封換邑」は、戊辰戦争後の東北処分、そして静岡藩の形成に際しても駿河・遠江両国中小藩の転封が実施されている。

それゆえ、政府は府藩県管轄地の一円化を企図し、明治二年後半から三年にかけて、諸藩の隔絶した管轄地の「還納」あるいは「換易」に関する諸法規を整えていった。二年十二月には、租税寮が中心となって隔絶した管轄地の「還納」方法を検討し、「還納」の際には、天保年間編製の郷帳を基本として、それ以降の新田等については後日に「整定」することに決している。また「隔絶セル村里ハ便近府県之ヲ管轄シ、租税ノ賦額ハ毎歳ニ開申セシメ、民部省検覈シテ府県ヨリ之ヲ各藩ニ公布セシメン」(14) と定めていた。ついで明治三年四月には、諸藩の管轄地の「換易」についての方法を議定し、自藩内に他藩の管轄地が錯綜している場合には、「換易」を申請していない場合であっても「還納セシメ」ることを定めた。その際には「治城若クハ陣屋」の「附隷地」を「代地」に交付するとして、飛地の積極的な「換易」をはかったのである。(15)

この飛地の解消策は、「換易」地所給付の問題や実高把握の困難から三年十月に中断されたが、(16) 政府は三年以降についても、諸藩の寄託地や寺社領の上地をすすめた。それらは、後述のような諸藩の権益の排除、あるいは政府の財政収入安定などを企図した施策であったといえる。諸藩の寄託地や寺社領の上地は、いずれも版籍奉還断行後、その「封土の還納」にならうことを根拠として、順次に具体化されることとなったのである。(17)

2 「朝臣」任用問題

版籍奉還に関連してその処理が急がれた懸案には、諸藩から政府に出仕している徴士の身分、および任用に関する政府の主体性確保の問題があった。この点について、政府はすでに慶応四年（一八六八）正月十七日、いわゆる三職七科の制で徴士制度を設け、徴士に「都鄙有才の者」を選抜して参与に任じていた。徴士参与を「下の議事所」の議事官とするとともに、掛としてその分課を担当させている。さらに大藩・中藩・小藩の石高に応じて三名から一名の貢士を選出させ、藩の立場からの「輿論公議」を「下の議事所」に反映させていた。徴士には定員がなく、諸藩の有能な人材を政府に抜擢して行政事務を遂行するという、いわゆる維新官僚創出の出発点となっている。(18)

ついで、政府は二月三日、三職七科を三職八局に改め、事務科を事務局とし、総裁に直結する総裁局を制度化している。この八局制では、各局の長官である「督」を一名に限定し、七科の複数の総督にかえて「督」を補佐する「輔」「権輔」を置き、実務担当者を判事としていた。徴士については、「下の議事所」の議事官である参与に限らず、必要に応じて各局の判事に登用できるようにしている。各局の長官の責任を明確にし、参与・判事を容易に登用できるように徴士制度を改正して、維新官僚制の整備を推進したのである。そして政府は二月十一日、この徴士について、「奉命即日」より「朝臣」とし、「旧藩ニ全ク関係混合無之御趣意ニ候」と達していた。(19)

だが、この徴士が「朝臣」とされたといえ、旧藩との関係が簡単に解消できなかったことは自明である。土佐（高知）藩の佐々木高行を一例にすると、政府は佐々木を徴士に登用し、長崎裁判所兼九州鎮撫使参謀に任じたが、同藩は慶応四年三月に佐々木を「諸事国法外」とし、同時に「御馬廻」の格式としていた。(20)政府が佐々木に俸禄を下付した後も、土佐藩は佐々木に「世襲格禄」分を支給している[21]。薩摩藩では、大久保利通、小松清廉らが「俸禄」返上を願い出、同藩は十一月十九日に「役禄」返上の願いを認めたが、大久保に七〇石、小松に三五〇石の家禄を引き続いて支給している。政府の実力者であった大久保も、藩当局から帰藩を求められ、明治二年正月に「誠ニ朝威ニ相係」で「慚愧」に堪えないと記しながらも、出身藩の藩政改革への尽力をよぎなくされていた[22]。

それゆえ、旧藩に関係なく「朝臣」に任用する慶応四年二月の達に対しては、藩側の不満が強かったようで、翌明治二年（一八六九）正月二十四日の政府会議では、諸藩士を徴士などに任用する際に「一応本藩江御懸合之上被仰付候[23]」とし、その布告方法が議論されていた。この問題は二十九日の政府会議でも引き続き検討され、議定の徳大寺実則が担当となり、江藤、土方らの弁官がその「規則書」の作成に関係している[24]。そして政府は二月三日、「諸藩士之輩」を「徴士」とする際には、「一応其藩ェ御沙汰之上」で任命するように命じ、「府県ニ於テモ雇士猥ニ申付間敷」で、事前に行政官にうかがい出るように布告していた[25]。さらに五月二十七日には、「今後藩士被召候節者、何等之官員ェ御登用可相成旨一応御尋之上被仰付候」とし、すでに任用されている官員についても「於其藩不都合之筋モ有之候ハヽ無遠慮可申出候事[26]」と達している。佐々木によれば、諸藩の「罪跡有之者」が「官途」に付き、藩側から異議が出されたことで、二十七日の達になったという[27]。

この点、薩摩藩の場合は、明治二年四月から同藩出身の徴士の「善悪」が問題となっていたようで、鹿児島からの問い合せが大久保のもとに寄せられていた。森有礼が大久保に宛て「今更後悔無益実ニ慨歎之至」と悔悟の情を書き送り、吉井がやはり大久保に「五代は是非国論通為引候方可然欤」と書いていたことから、森や五代友厚らの急進官僚が、国元から批判されていたことは間違いない[28]。六月八日には薩摩藩の東京藩邸で、「朝廷江被召出候人物黜陟ノ事談合」が開かれている[29]。薩摩藩からの森、五代らの免職要求に直面し、岩倉はとくに、公議所の版籍奉還問題で尽力した森の取り扱いに苦慮したが、大久保は岩倉に対して、「此節ニおひてハ断然之御処置ならてハ中々居合候丈ニ無御座候」と、森の免職についての決断を求める対応を示していた。(30)

もっとも、このような藩側からの徴士罷免の申し出が、政府にとって危機的な事態であったことはいうまでもない。岩倉の側近の宇田淵は六月十七日、徴士任用についての藩への問い合せは、藩の都合の悪い人物がさしとめられ、「藩之奸謀か或は役に不立者」が政府に出されるようになるとし、「実に朝廷之御為に不相成嘆息之至に候」と、その批判を岩倉へ書き送った。(31)「朝廷」の公明正大の姿勢が、逆に「全く朝権と申者失せ果て、却て紛乱之基と被存候」と、手厳しく批判している。それゆえ政府は、版籍奉還後の六月二十七日、今後は「徴士雇士之称被廃、就而ハ廟議ヲ以テ御撰用相成候」と、人材登用の際における藩の存在を否定し、政府からの直接の任用を達していた。(32)五月二十七日の達が、「朝政」の失墜と人材を確保できない事態をまねくという宇田の批判は適切であり、版籍奉還後の改正によって、まさにその克服がはかられたのであった。

3　版籍奉還と兵制問題

版籍奉還に前後して、諸藩の過剰兵員の処遇および政府直属軍の形成が課題となり、兵制のあり方が改めて政府内の重大な議論となった。この兵制整備については、すでに指摘したように兵庫県知事の伊藤博文が明治元年（一八六八）十月に、「北地凱旋ノ兵」を改めて「朝廷ノ常備隊」とし、「朝廷親ク是ヲ統御」するように論じていた。(33)それは、過剰な兵員に苦慮した山口（長州）藩などの切迫した事情を背景とした主張であり、その伊藤は、版籍論のなかでも「版籍返上スル上ハ、政府ノ外兵員ヲ養フコトヲ禁シ、兵器モ政府ノ有ト為スヘシ」と主張していた。(34)鹿児島（薩摩）

藩側も、同年二月の一〇万石返上願が「海陸軍」の「興張」と「親兵」の創設を目的としていたことから、版籍奉還後の直属軍隊の形成に強い関心を持っていたことはいうまでもない。

この点、版籍奉還をめぐる議論では、公議所で「御国制改正ノ議」が提起され、郡県論を強調するとともに要港に「海軍局」を設け、人材を選んで海陸軍将に任じること、両京に衛兵を置き、「府県ノ常備兵上士下士ヲシテ、之ニ充シムベキ事」が提起されていた。また「封建議」は、「文武ノ士」を諸藩から石高に応じて「貢出」させ、「朝臣トナシ、畿内ニ住セシメ、親衛兵トナス」と論じている。(35)政府側では岩倉が、前述の「州制」を基調としたいわゆる「岩倉案」のなかで、各州の陸軍は「知州事」の管掌としながらも軍務官の命令にしたがうこととし、海軍は軍務官の専属としていた。(36)とくに「知州事」が軍艦を指揮することを否定し、海軍に関する政府の一元的な掌握を掲げていたことが注目できる。広沢は、「貢献ノ制」を立て、各藩から「軍費」などを提出させる方策であった。(37)概して、石高に応じた軍資、兵員の提供が論じられ、とくに藩単位では充実できない海軍について、政府による一元的な掌握が当然とみなされるようになったといえる。

右の兵制をめぐる検討は、版籍奉還直後の明治二年六月二十一日の政府会議で、「大議論」となった。(38)当日は、岩倉の手元で用意された「薩長土一大隊宛人選指出候義」の方針が議論され、これに対して軍務官副知事の大村益次郎が、国民皆兵制の視点に立って反対論を主張したようである。大村は、十津川郷士や脱籍浮浪などを編制した「親兵」の精選、縮小をはかっていた。同時に、慶応四年（一八六八）閏四月の「陸軍編制」を否定し、諸藩から石高割で提出させた「徴兵」、および戊辰戦争時の諸藩の出征兵士についても、その帰藩をうながす方針を打ち出している。大村は、諸藩からの「徴兵」や出征兵士の賄費の支給を停止することで、その帰藩・解体をすすめ、改めて国民皆兵制の視点に立った兵制の確立をはかったのである。(39)

だが、明治二年六月二十一日に続く二十三日の政府会議は、このような兵制構想を持った大村が出席して「種々及議論」んだが、大久保らは藩兵を基本とする方策を主張し、政府会議はまず当面の鹿児島・山口・高知三藩からの兵隊「御召」を決定した。将来にわたる兵制の問題は、翌二十四日にも「大議論」となり、大久保はみずからの兵制に関する「建論」を強く主張したようである。二十五日には、軍務官側の「藩兵を外にし農兵を募親兵とする」構想に対し、大久保はそれを「不安心」と否定していた。(40)「農兵」を「親兵」とする直属軍の建設については、鹿児島藩をはじめとする諸藩の士族の反発が無視できない。前述の二年正月の大久保の帰藩は、「御国元兵隊御処置何も御手不相附云々内情も有之」を背景としており、「隊長連中大ニ議論有之」で、「承服不致終ニ不及合論引取候」になっていた。(41)また内政の安定を重視する大久保は、反政府運動や世直し一揆に対し、「農兵」を含めた「国民皆兵」の直属軍が、有効な軍事力として機能しえないとの視点に立っていたようである。

それゆえ、大久保は七月三日に岩倉から「示談」があった際には、「十分ニ御迫申上」る議論を行った。(42)七月八日の職員令制定にともなう人選では、大村の排除をはかっている。だが、この人選は、木戸の強い反発もあって、兵部大輔には大村が就任した。(43)結果として、まず三藩から兵力を上京させることが合意され、将来にわたる兵制については、大村を中心とした兵部省のもとで、さらに検討がかさねられることになったのである。

この点、大村のいわゆる「国民皆兵論」は、将来を見通した兵制として説得力を持ったが、現実にはなお困難が多かったと思われる。二年三月段階では、井上馨も「朝兵を募り又遊民」をかさねて増大させることを危惧し、伊藤に宛て、「先諸藩兵士石高に相応し割付出之、其費も従て出さしめては如何」と、「臨機之策」の必要を述べていた。(44)版籍奉還問題を契機として、ただちに「天下之力を一」にし、「全国の力」をもって国を維持する方針が議論されたが、現実には、郷士・脱籍浮浪を組織した「親兵」の解体が容易でなく、鹿児島藩などの藩兵の直属軍化の要求も無視できる状況になかったといえる。当面の治安維持も危ぶまれ、兵部省の建軍構想が具体化するまでは、暫定的な諸藩からの「徴兵」が必要であったと看取できる。

換言すれば、版籍奉還の審議過程で懸案とされた府県制の整備や「朝臣」登用問題などは、版籍奉還断行後の「王土王民」を根拠に制度面の進展がはかられたが、兵制問題については諸藩の根底に係わる政府内での深刻な対立を引き起こし、明確な方針が打ち出せないままに懸案事項として残された。それは、「朝兵十分相備へ不申而は、諸藩より政府を蔑視する事日々甚敷」という事態をまねき、(45)後述のようないわゆる「尾大の弊」の要因ともなった。それゆえ、兵部省内では人選と機構の整備、強化、および人材育成を主眼とした兵学寮の設立が急務とされている。また版籍奉還問題の際の議論で提示された海軍については、藩単位の充実が困難な点もあってその統一が企図され、諸藩からの軍艦の献納などが推進されるようになったのであった。(46)

註

（1）『法令全書』明治元年、第三三一。
（2）拙著『廃藩置県―近代統一国家への苦悶―』（中央公論社、昭和六十一年）一九―二三頁参照。
（3）「東山道戦記」（『復古記』第十一冊、東京帝国大学蔵版、昭和五年、三八三頁）。拙稿「直轄府県政と維新政権」（『歴史学研究』別冊特集・一九八二年歴史学研究会大会報告）。
（4）『法令全書』明治元年、第一七八・四一八。
（5）「三条公より岩倉公への書翰」明治二年正月二十八日（『大久保利通文書』三、日本史籍協会、八四頁）。佐々木克「維新政権の官僚と政治―広沢真臣について―」（『人文学報』第四七号、京都大学人文科学研究所、一九七九年）参照。
（6）『法令全書』明治二年、第三五二。東北処分の際、木戸は民部官の設置を建議した（『木戸孝允日記』一、明治元年十二月六日、日本史籍協会、一五四頁）。
（7）拙稿「明治初年の政情と地方支配―『民蔵分離』問題前後―」（『土地制度史学』第九一号、一九八一年）。

(8)『広沢真臣日記』日本史籍協会、四六二―四六五頁。
(9)「中井弘蔵への書翰」明治元年八月三日(前掲『大久保利通文書』二、三四一頁)。
(10)『法令全書』明治二年、第六七五・六七六。
(11)「公議所日誌」第一八上(『明治文化全集』第四巻、日本評論社、昭和三年、一一三頁)。
(12)「松方正義書翰」明治二年十一月十二日(『大久保利通関係文書』五、立教大学日本史研究会、昭和四十六年、二四八頁)。
(13)「建言請願及布令案」(宮内庁書陵部所蔵、木戸家文書、地ノ四)。
(14)「大蔵省沿革志」租税寮(『明治前期財政経済史料集成』第二巻、大内兵衛・土屋喬雄編、昭和三十七年、二五三頁)。
(15)「大蔵省沿革志」租税寮(前掲『明治前期財政経済史料集成』第二巻、二六八頁)。
(16)「大蔵省沿革志」租税寮(前掲『明治前期財政経済史料集成』第二巻、二九二頁)。
(17)「大蔵省沿革志」租税寮(前掲『明治前期財政経済史料集成』第二巻、二五六頁)。『太政官日誌』明治四年、第四号。
(18)拙稿「維新官僚の形成と太政官制」(『官僚制の形成と展開』年報近代日本研究八、山川出版社、昭和六十一年)参照。
(19)『法令全書』明治元年、第九二。
(20)『保古飛呂比』佐々木高行日記〈三〉東京大学史料編纂所、一九七二年、二一八頁。
(21)同右、二二四頁。『鹿児島県史料』忠義公史料、第六巻、鹿児島県維新史料編さん所、昭和五十四年、六九頁。
(22)「岩倉公への書翰」明治二年正月十九日(前掲『大久保利通文書』三、三三頁)。
(23)「岩倉公の議案に対する意見書」明治二年正月二十四日(前掲『大久保利通文書』三、四八頁)。
(24)「岩倉公の議案に対する意見書」明治二年正月二十九日(前掲『大久保利通文書』三、七五頁)。
(25)『太政官日誌』明治二年、第一三号。
(26)『法令全書』明治二年、第五六。
(27)『保古飛呂比』佐々木高行日記〈四〉東京大学史料編纂所、一九七三年、七六頁。
(28)「森有礼書翰」明治二年五月二日、「吉井友実書翰」明治二年五月二十九日(前掲『大久保利通関係文書』五、三〇九・三五四頁)。
(29)『大久保利通日記』二、明治二年六月八日、日本史籍協会、四四頁。

(30) 「岩倉公への書翰」明治二年六月二十日（前掲『大久保利通文書』三、二〇〇頁）。
薩摩藩では六月九日、政府に任用された町田民部・中井弘蔵・森有礼ら二九名の藩士について「数弊相生し、御失体不少御儀ニ有之」として免職を求め、二十二日に改めて政府に願い出て罷免を貫徹した（前掲『鹿児島県史料』、第六巻、二八一―二八四頁）。
(31) 「宇田淵書翰」明治二年六月十七日（『岩倉具視関係文書』四、日本史籍協会、二八〇―二八一頁）。
(32) 『太政官日誌』明治二年、第六九号。
前掲・拙稿「維新官僚の形成と太政官制」、馬場義弘「明治初期の徴士制について」（『同志社法学』第一九八号、一九八七年）参照。
(33) 『伊藤博文伝』上巻（春畝公追頌会編、昭和十五年）四一三頁。
(34) 前掲「岩倉家蔵書類・明治二年版籍奉還処置ノ件」。
(35) 前掲「公議所日誌」第一二（『明治文化全集』第四巻憲政編、六四―六五頁）。
(36) 『岩倉公実記』下巻、皇后宮職蔵板、明治三十九年、七二六頁。
(37) 前掲「岩倉家蔵書類・明治二年版籍奉還処置ノ件」。
(38) 前掲『大久保利通日記』二、明治二年六月二十一日、四六頁。
(39) 千田稔『維新政権の直属軍隊』（開明書院、昭和五十三年）五七―六八頁参照。
(40) 前掲『大久保利通日記』二、明治二年六月二十五日、四七頁。
薩摩藩は二年十月九日に銃兵一大隊・砲隊一座の七四九人とさらに予備兵一大隊の上京を届け出ていた（『改訂肥後藩国事史料』第十巻、細川家編纂所、国書刊行会、昭和四十九年、二一四頁）。
(41) 前掲『大久保利通日記』二、明治二年正月二十日・二月十六日、一五・二三頁。
(42) 同右、明治二年七月三日、四八頁。
(43) 前掲『木戸孝允日記』一、明治二年七月三日・七日・十日、二四〇―二四三頁。前掲・千田稔『維新政権の直属軍隊』七一―七四頁参照。
(44) 「井上馨書翰」明治二年三月三日（『伊藤博文関係文書』一、伊藤博文関係文書研究会、昭和四十八年、一二二頁）。

（45）「井上馨書翰」明治三年三月二十日（前掲『伊藤博文関係文書』一、一二五頁）。
（46）海軍については、薩摩藩が二年六月五日に「版図奉還も奉願置候とて固より一藩の私有する訳ニ無之候」とし、春日丸と乾行丸の献納を願い出、二年十月三日に勅許となっていた（前掲『鹿児島県史料』第六巻、二七六・三七八頁）。

第二節　太政官制の改革

1　職員令の制定

政府は版籍奉還の断行後、輔相、議定、参与以下の政府機構を定めた政体書の改革に着手した。慶応四年（一八六八）閏四月の政体書については、中山忠能らの宮廷勢力が、王政復古の趣旨を掲げて「皇国ハ皇国ニて制法相立度」と反発し、大久保利通、木戸孝允らの士族出身の参与が高位に立つことや「人心不居合」を批判していた(1)。大久保らの維新官僚側も、政体書が旧来からの「百官」を残し、「位階」を十分に活用できない不備をともなっていたことから、やはりその改正を望んでいた。また版籍奉還で藩が地方行政機関とされ、府藩県三治に則った整備が重要な課題となっていたことも、それまでの政体書の改正が避けられない状況になったといえる。

この点、岩倉具視はすでに明治二年（一八六九）正月二十五日、「政体ノ事」として、「職官ノ名ハ大宝ノ令ニ依リ古今ヲ斟酌シテ之ヲ設クヘシ」と政府機構の改革を建言していた(2)。岩倉は宮廷勢力との緩衝役の立場から、「旧ヲ重ンスルノ風」への配慮が必要であるとし、また「明天子」や「賢宰相」がいない場合でも国家を保持することの可能な制度の必要を述べ、同時に輔相、議定、知官事についても、身分に限定されない人材の抜擢の急務を論じている。岩倉の手元には二年二月の「政体未定稿」(3)が残されており、その後に祭政一致、「天皇親祭」を強調した神祇官上申などが出されたが、岩倉が復古を前面に立てながら、内実としての維新の推進を企図したことがうかがえる。

岩倉のこの企図は、六月二十三日に六官知事と上局議員、翌二十四日に知藩事などに対し、政府が官位相当表と職員令の草案を示して、二十六日までに奉答するように命じる達となって具体化された。(4)草案の作成には参与副島種臣が参画し、「旧官の名」を用いた神祇、太政の二官および式部、大蔵、兵部、外国、刑部の五省の設置が予定されている。(5)二十二日の達では、政体書が「実用」にもとづく職制であったが、旧来の有名無実な官職が残ってそれを正すことができなかったとし、新たな職員令案で「旧官の名」を用いるとともに、「斟酌潤飾」をはかることが強調されている。

この職員令案に対しては、太政官へ権力を集中するように求めた意見、民部官廃止に対する批判、古来の律令と同じ中務省、宮内省を設置すべきとする建議などが寄せられている。民部官の問題は、六月十三日に三条実美から副知官事の広沢真臣に対して、「会計民部隔絶紛紜之情実」(6)が伝えられ、十七日の政府会議で審議がかさねられた。民部官では、知事松平慶永や広沢らが二十七日に協議し、三条へ直談判におよび、広沢は「職制変革反対意見書」を政府に提出している。(7)中山、正親町三条実愛らも、職制案についての意見書を二十九日に提出したのであった。

新たな職員令はこのような審議、修正を経て、明治二年七月八日に頒布され、神祇、太政の二官と民部、大蔵、兵部、刑部、宮内、外務の六省が設置された。太政官には、「掌輔佐天皇、統理大政、総判官事」を行う左大臣、右大臣、「掌参議大政、敷奏宣旨」という大納言、参議が置かれている。太政官のもとには、民部以下の六省が置かれ、待詔院、集議院、大学校、按察使、弾正台、留守官などが設置された[8]。この職員令は、六月二十三日の草案に比較すると、民政を重視した広沢の主張が生かされて民部省が復活し、また式部省に代わって宮内省が新設されている。懸案であった藩については、版籍奉還断行後に府県とのあいだの制度的な統一と集権化がすすめられ、知事、大参事、少参事の職名は府県と藩が同一とされた。

また、この職員令にともなう改革は、有名無実となっていた多くの旧官を廃し、新たな位階と官位相当を定め、それまでの宮廷勢力に大きな打撃をあたえた。七月八日の行政官達では「是迄拝叙之位階ハ可為其儘」としたが、旧来の「百官並受領」を廃している[9]。「無官の輩」は華族より官人までのすべてが「位階ヲ以テ可称事」と定められた。その位階は正、従の一位から八位までと大初位・少初位の計一八階で、八月二十九日には正、従九位を追加し計二〇階の官位相当が整えられている。そして七月十一日には、四位以上の勅授、六位以上の奏授、七位以上の判授の制を定め、二十七日にはそれぞれを勅任と奏任、判任と改めて、勅・奏任官は太政官の評議を経て天皇が任ずることとした[10]。

この官位を根幹に置くことについては、大久保がとくに重視した点であった。大久保らの参与は、政体書の発布にともなって従四位をあたえられたが、公卿の反発が強く、返上を申し出て弁事預けとすることをよぎなくされていた。大久保は、二年正月に岩倉が輔相兼議定を辞退した際にも、「官位之論ニ及へき筋ニ無之」と、官位の辞退に極力反対している[11]。同年五月の岩倉に宛てた意見書でも、大久保は「諸官位御請不仕もの凡而宣下可相成候事」[12]と、官員に改めて官位を宣下するように求めている。そして大久保・広沢らの士族出身の参与への官位付与は、官吏公選を経た五月二十二日にようやく宣下されたのであった。大久保らの企図は、古来からの官位制度を利用し、維新官僚の正当性を強化しようとしたものと看取できる[13]。それは、二官六省の職員令と新たな位階、官位相当を定めた一方で、宮廷勢力のよりどころとなっていた「百官並受領」を廃したことに裏づけられるのである。

2　新人事と「大臣納言参議誓約書」

明治二年（一八六九）七月八日の職員令では、政府機構の改変にともなって新たな人選が断行され、右大臣に三条実美、大納言に岩倉具視・徳大寺実則、参議に佐賀（肥前）藩出身の副島種臣、山口（長州）藩出身の前原一誠が任じられた。参議と各省の大輔は、表4のように鹿児島（薩摩）・山口・高知（土佐）・佐賀四藩出身の士族が中心となっている。

この職員令にともなう人選については、岩倉が六月二十九日、上下の情意疎通や人材登用をはかることなどの七か条の建議を行っていたが[(14)]、実際には人選が容易にまとまらず、大久保・木戸の両者が太政官三職の参議をはずれて待詔院学士に任じられていた。人選の混乱の背景には、前述のような版籍奉還の知藩事任用と兵制をめぐる問題で、鹿児島・山口両藩出身者が対立し、「相互ニ猜疑アルヨリ、引取抔申立テ候模様[(15)]」が存在したようである。そして木戸は大隈重信の抜擢を主張し、大久保は七月一日に「人選一紙」を岩倉に提出して「非常之御英断」を求め、吉井友実から推薦のあった前原一誠を参議に擁立した[(16)]。その結果、大久保は木戸とともに当初は参議の地位につかず、表面的には「散官」とされた待詔院学士となったのである。

この待詔院については、大久保が明治二年正月に待詔局設置を強く建言し、六月十七日・十八日の政府会議でその規則の検討をかさね、さらに二十三日の草案段階の待詔局を待詔院に改め、権限をおおはばに強化していた[(17)]。新たな待詔院には上・下局が置かれ、建白受理機関とされていた当初の待詔局案の性格は、大きく変えられている。その待詔院の学士は、「太政御諮詢被為遊候間、献替指画可竭力旨御沙汰候事」[18]とされた。職員令では、祭政一致を掲げ、同時に左・右大臣が直接に天皇を「輔佐」「統理大政」するように定めている。大久保は、左・右大臣に天皇の「輔佐」「統理大政」の決断を求めるとともに、大久保、木戸、板垣らの実力者が待詔院学士となり、天皇および左・右大臣に影響力を行使していくことを考えたようである。このような大久保の企図は、二年正月に岩倉に対して、木戸や副島を天皇輔翼の「侍読」に任じるように求め、天皇の「輔導ノ任」の設置を建言していたことにうかがえる。[19]待詔院学士は、木戸の反発で十一日に待詔院出仕と改められたが、七月十三日に制定された太政官規則では、「宸断伺ノ儀ハ第一字ヨリ参入ノ事」とし、待詔院出仕が「預参」することを定めている。岩倉は待詔院学士の大久保と木戸を「天子の顧問」と位置づけ、三条も「爾今屢御前江伺候心附之儀奉言上賛輔仕候様」とし、「麝香之間上席」を命じていた。[20]そして大久保みずからも、待詔院出仕として、連日のように「参朝」したのであった。

だが、このような大久保の主張を背景とした待詔院出仕は、周囲の合意が不十分で、期待した成果をあげていない。木戸は、版籍奉還や兵制をめぐる対立に加え、大隈や前原の人事問題をめぐって、政府への批判を強めていた。実力者の協力による「天子の顧問」は、木戸や板垣が反発して出仕せず、まさに有名無実となっている。また職員令人事については、他にも参議に登用された前原が出仕せず、徳大寺の大納言辞退、中御門経之の留守次官辞退などの混乱を生じている。

このような職員令体制の危機は、岩倉の懇請をうけた大久保が参議に加わることで、当面の打開がはかられた。二年七月二十二日に大久保が参議に就任し、八月二十日には職員令の改正が行われている。この八月の改正では、七月八日段階で従三位とされていた参議の位階を改め、参議を各省の卿と同等の正三位に格上げし、その職掌を大納言と同じにして、「掌参与大政、献替可否、敷奏宣旨」と改正している。そのなかの「献替」は、待詔院出仕の「御沙汰」

表4　明治2年「職員令」の主要官員一覧
(明治2年7月8日〜4年6月25日)

官職			姓名(出身)	期間(年月日)
太政官	右大臣		三条実美(公)	明治2.7.8–4.7.29
	大納言		岩倉具視(公)	明治2.7.8–4.7.14
			徳大寺実則(公)	明治2.7.8–4.7.14
			鍋島直正(佐賀・侯)	明治2.8.16–3.8.14
			中御門経之(公)	明治2.11.20–3.12.12
			嵯峨実愛(公)	明治3.10.12–4.7.14
	参議		副島種臣(佐賀・士)	明治2.7.8–4.7.24
			前原一誠(山口・士)	明治2.7.8–2.12.2
			大久保利通(鹿児島・士)	明治2.7.22–4.6.25
			広沢真臣(山口・士)	明治2.7.23–4.1.9
			佐々木高行(高知・士)	明治3.2.5–4.6.25
			斎藤利行(高知・士)	明治3.5.15–4.6.25
			木戸孝允(山口・士)	明治3.6.10–4.6.25
			大隈重信(佐賀・士)	明治3.9.2–4.6.25
	民部省	卿	松平慶永(福井・侯)	明治2.7.8–2.8.24
			伊達宗城(宇和島・侯)	明治2.9.14–3.7.10
		大輔	広沢真臣(山口・士)	明治2.7.8–2.7.23
			大隈重信(佐賀・士)	明治2.7.22–3.7.10
			大木喬任(佐賀・士)	明治3.7.10–4.6.25
	大蔵省	卿	松平慶永(福井・侯)	明治2.8.12–2.8.24
			伊達宗城(宇和島・侯)	明治2.9.14–4.4.27
		大輔	大隈重信(佐賀・士)	明治2.7.8–2.7.22 2.8.11–3.9.2
	兵部省	卿	仁和寺宮嘉彰(皇)	明治2.7.8–2.12.23
			有栖川宮熾仁(皇)	明治3.4.2–4.6.25
		大輔	大村益次郎(山口・士)	明治2.7.8–2.11.5
			前原一誠(山口・士)	明治2.12.2–3.9.2
	刑部省	卿	嵯峨実愛(公)	明治2.7.8–3.10.12
		大輔	佐々木高行(高知・士)	明治2.7.8–3.2.5
			松本暢(名古屋・士)	明治2.7.10–2.8.28
			斎藤利行(高知・士)	明治3.2.7–3.5.15
	宮内省	卿	万里小路博房(公)	明治2.7.8–4.6.25
		大輔	烏丸光徳(公)	明治2.9.10–4.6.25
	外務省	卿	沢宣嘉(公)	明治2.7.8–4.7.14
		大輔	寺島宗則(鹿児島・士)	明治2.7.8–4.7.29
	工部省	卿	欠員	
		大輔	欠員	
神祇官		伯	中山忠能(公)	明治2.7.8–4.6.25
		大副	白川資訓(公)	明治2.7.8–3.12.26
			近衛忠房(公)	明治3.12.26–4.6.25

(註)『百官履歴』『明治史料顕要職務補任録』『維新史』(付録)より作成。
拙著『維新政権』(吉川弘文館、平成7年)参照。

にあった文言と合致する。大久保が重視した君主を「輔佐」する「献替」の趣旨は、大久保が待詔院から参議に移ることで、参議の職掌中に加えられたのであった(21)。

ところで、この職員令における旧来の百官の廃止と新たな官位相当の制定は、身分によるそれまでの制約を大きく取り除いた点で、諸侯や宮廷勢力の後退をよぎなくさせた。太政官三職にとどまった旧公家は、右大臣の三条、大納言の岩倉・徳大寺に限られている(表4参照)。親王・公家出身者は、神祇伯に中山忠能、兵部卿に嘉彰親王、刑部卿に正親町三条実愛（嵯峨實愛）、宮内卿に万里小路博房、外務卿に沢宣嘉が任官していたが、各省の実務は大輔以下の鹿児島・山口・高知・佐賀藩出身の士族に握られ、宮内省を除いてその実権を喪失している。諸侯も、松平慶永とその後任となった伊達宗城を除き、すべて排除された。九条尚忠、近衛忠熙、大原重徳らの旧公卿、徳川慶勝、蜂須賀茂韶、山内豊信、池田慶徳らの旧諸侯など、麝香間参入の閑職に置かれた華族は二一人を数える。かれらの多くは、九月二十六日に「復古賞典」を下賜されて功臣と位置づけられ、一方で政治の中枢から排除されている。版籍奉還の結果、諸侯と公卿はいづれも華族とされ、旧藩主は知藩事に任じられ、宮廷勢力は華族として天皇制の外面をかざる立場に限定された。版籍奉還断行と職員令制定を通じて、諸侯を天皇の「藩屛」と位置づけ、実権を有力藩出身の下級士族層が掌握するという維新政権の権力編成が進展したのである。そして、宮廷勢力の後退にともない、懸案となっていた皇后の東京行啓が断行された。皇后の行啓は、九月十九日に発表され、十月五日に京都を出発して二十四日に東京に到着している。二年三月の天皇の東京再幸に続く皇后の行啓は、天皇、皇后に関する実質的な遷都を達成したものと知られるのである。

一方、待詔院構想が不調に終わった職員令においては、政府の権力機構の要となる大臣、大納言、参議の太政官三職、とりわけ天皇に直属する右大臣の三条実美、大納言の岩倉具視らのあり方が重要な課題となる。諸侯や公家の多くを排除した政府において、三職の頂点に立つ三条・岩倉は、天皇の「藩屛」となる宮廷勢力を代表し、その存在が政府運営に不可欠であった。この点、留守次官の岩下方平は、太政官制の課題を「両三ノ高貴方異論俗説ニ御動揺無之所第一ニ候」(22)と、大久保に書き送っていた。天皇を補佐する待詔院構想が有名無実となり、各省の実務が拡大して後述のような民部・大蔵両省合併論などが顕在化するなかで、要となる三職とりわけ三条・岩倉の責任がより大きくなったといえる。

この三職の責任については、職員令の評議の折、内密にしていた「人選ノ紙面」の存在を三条が不用意に口外する事件があった。[23] その後の官制、人選の審議は、いずれも混迷をかさね、「朝権」の軽重が問われる事態となっている。それゆえ大久保は、明治二年七月二十三日の参議就任にあたって、政府の「定大目的」、「廟議一定」に毅然とした同心を求めた「政出一本」、および「機事要密」を必要とする意見書を三条・岩倉に提出した。[24] そして八月十日には、「公明正大」と全国の力を合わせることを標榜し、そのもとでの皇威宣揚、国権拡張に邁進することを約した「大臣納言参議盟約書」[25]を作成している。さらに同日には、三職内の団結の強化を求めた「大臣納言参議四ケ条誓約書」を交わし、改めて「機密」保持の厳守、大事件の熟議、三職の「確乎」とした決断と戮力同心、三職の相互交流を約していた。

すなわち、大久保は待詔院構想が破綻したなかで、三条、岩倉らの三職に対しても「心腹を吐露」を求め、「確乎」とした姿勢と同心協力を要求し、「朝権」の確立をはかっている。この太政官三職を強化しようとする企図は、七月十三日の太政官規則を八月七日に改定し、太政官に天皇が出御して、「万機宸断」することにした点に示される。すべての諸願伺書を太政官の窓口である弁官経由とし、大納言・参議が三条右大臣と同様に「議決ノ事件」を執行できるとしている。さらに「三職会議」に諸官員の立ち入りを禁じ、その独立、強化をはかっていた。版籍奉還とその後の職員令の制定が、諸侯や宮廷勢力を制度面で後退させた一方で、維新官僚の新たな対立を顕在化させ、そのために政府内の三職の強化が課題となったのである。大久保らは「朝権」の要となる三条・岩倉の「確乎」とした決断を求め、さらに天皇が出御した「万機宸断」を制度化することで、いわゆる維新官僚の政治的立場の強化、権限の確立を企図したのであった。

註

（1）『嵯峨実愛日記』二、明治元年閏四月二十六日、日本史籍協会、二六八頁。「中山忠能書翰草稿」明治元年四月十九日（『中山忠能履歴資料』九、日本史籍協会、二九八頁）。

（2）『岩倉公実記』下巻、皇后宮職蔵板、明治三十九年、六八二—六八三頁。

（3）「政体未定稿」（『岩倉具視関係文書・岩倉公旧蹟保存会対岳文庫所蔵』一七—二六—一四、北泉社マイクロフィルム版）。羽賀祥二『明治維新と宗教』（筑摩書房、一九九四年）八三—八八頁参照。

（4）『法令全書』明治二年、第五六一。岩倉の手元に残された「御用分課覚え」には「列藩被仰渡箇条書之事、東久世」「御政体之事、岩倉・副島」「御政体被改候ニ付御人選之事、木戸・大久保」「諸県大小分別並人選等之儀早々取調の事、大久保・板垣」とあり、六月二十日ごろから改革の分担が行われていたことがうかがわれる（『岩倉具視関係文書』七、日本史籍協会、三九〇—三九二頁）。

（5）「職員令」（『大日本維新史料稿本』一〇三）。『鹿児島県史料』忠義公史料、第六巻、鹿児島県維新史料編さん所、昭和五十四年、二九九—三〇三頁。

（6）『広沢真臣日記』明治二年六月十三日、日本史籍協会、二二六頁。

（7）「職制変革反対意見書」（国立国会図書館憲政資料室所蔵、宍戸璣関係文書、五二—一二三）。前掲『広沢真臣日記』明治二年六月二十七日、二二九頁。「松平慶永書翰」明治二年六月三十日（『岩倉具視関係文書』四、日本史籍協会、二八六—二八七頁）。

（8）『法令全書』明治二年、第六二二。同書に掲載された職員令が八月二十日改正分で、七月八日の職員令と相違していることについては、稲田正次『明治憲法成立史』（上巻、有斐閣、昭和三十五年、六二—六六頁）が詳しい。太政官制の形成過程は、三上昭美「天皇制統治機構の形成—太政官制度の変遷と内閣制度創設—」（『覆刻版法規分類大全』第七四巻・官職門十三、原書房、昭和五十六年）参照。

（9）『法令全書』明治二年、第六二〇。旧来からの旧官人・元諸大夫などの位階も、明治三年十一月十九日に廃されている（『法令全書』明治三年、第八四五）。

（10）『法令全書』明治二年、第六七八。

(11)「岩倉公に呈せし意見書」明治二年正月十七日(『大久保利通文書』三、日本史籍協会、二九頁)。
(12)「岩倉公に呈せし覚書」明治二年五月(前掲『大久保利通文書』三、一八九頁)。
(13) 拙稿「明治初年の宮廷勢力と維新政権」(『幕藩権力と明治維新』明治維新史学会、一九九二年)。大久保は明治二年八月にも、「服制」の区別に際して、「位階ヲ以目證シ桃燈ヲ定候事」と論じていた(「三条公に呈せし覚書」明治二年八月(前掲『大久保利通文書』三、二七〇頁)。
(14) 前掲『岩倉公実記』下巻、七五五―七五八頁。
(15)『保古飛呂比』佐々木高行日記〈四〉東京大学史料編纂所、一九七三年、九三頁。
(16)「伊藤博文宛書翰」明治二年七月七日(『木戸孝允文書』三、日本史籍協会、三八九頁)、「岩倉公への書翰」明治二年七月一日・「吉井幸輔への書翰」明治二年七月九日(前掲『大久保利通文書』三、二〇九・二一六頁)。
(17)「政府の体裁に関する建言書」明治二年正月(前掲『大久保利通文書』三、一二頁)。『大久保利通日記』二、明治二年六月十七日・十八日、日本史籍協会、四六頁。前掲・拙稿「明治初年の宮廷勢力と維新政権」。
(18)『百官履歴』一、日本史籍協会、三九頁。
(19) 前掲『大久保利通日記』二、明治二年正月七日、一二頁。前掲「政府の体裁に関する建言書」明治二年正月。
(20)「木戸孝允への書翰」明治二年七月十一日(前掲『大久保利通文書』三、二三三頁)。前掲『大久保利通日記』二、明治二年七月八日、五〇頁。
(21) 前掲・拙稿「明治初年の宮廷勢力と維新政権」。
(22)「岩下方平書翰」明治二年七月二十八日(『大久保利通関係文書』第二巻、立教大学日本史研究室、昭和四十一年、二三頁)。
(23)「岩倉公への書翰」明治二年七月一日(前掲『大久保利通文書』三、二一〇頁)。
(24)「三条・岩倉公へ呈せし意見書」明治二年七月二十三日(前掲『大久保利通文書』三、二二九―二三〇頁)。
(25)「大臣納言参議盟約書」明治二年八月十日(前掲『大久保利通文書』三、二四五―二四六頁)。

第三節　民部・大蔵省の集権政策

1　大蔵省の収奪・集権政策

明治二年（一八六九）七月の職員令では、維新官僚が諸省の実務を掌握するようになったが、一方で政権内部の官僚層の対立が新たな課題となって顕在化した。その急進的な官僚層の中心は、佐賀（肥前）藩出身で、長崎府判事や外国官判事を歴任した大隈重信である。由利公正の金札発行政策が、通貨混乱を引き起こして外交問題に発展したことから、大隈がその辣腕ぶりを評価され、元年十二月二十七日に外国官副知事に任じられ、翌二年三月に会計官副知事の兼勤を命じられていた。

由利に代わった大隈の財政政策の特色は、金札の時価通用を禁じ、その増刷を停止して、額面を大きく下まわっていた金札の信用を高める点にあった。大隈は、金札の正金同様通用を命じるとともに、金札を全国流通させるために、明治二年六月六日に府藩県の石高一万石に二五〇〇両ずつの金札を強制的に下げ渡し、替わりに同額の正金を上納させている。諸外国から抗議を受けた贋悪貨幣については、外国人が所持した分の回収に着手していた(1)。また二年二月には、外国官に貿易を管轄する通商司を設け、諸藩や府県の諸品買入れを免許制とし、大隈が会計官専任に転じた後の五月十六日には、それを会計官管轄下に移していた(2)。通商司の権限は、「物価平均流通ヲ計ルノ権」「両替屋ヲ建ルノ権」「金銀貨幣ノ流通ヲ計リ相場ヲ制スルノ権」「開港地貿易輸出入ヲ計リ諸物品売買ヲ指揮スルノ権」「諸商社ヲ建ルノ権」など、商律や実務の各般にわたる。この通商司のもとでは、開港場や商業上の要地に通商司支署が設けられ、さらに通商会社や為替会社が開設されている。両会社には、三井、小野、島田などの特権的大商人および全国要地の豪農商が組み込まれた。金札の貸し下げをうけた為替会社の資金をもとに、産業の育成がはかられ、通商会社を通じて外国貿易や業種ごとの全国的な流通網の把握がこころみられた。通商会社の貿易独占は、諸外国からの抗議をうけて緩和されたが、その設置は、政府が大商業資本と結びついて全国的な商業流通を統制し、国内産業の育成とその一元的な統轄を企図したものといえる。

このような財政・外交両分野を担当した大隈のもとには、藩の壁を越えていわゆる「西洋主義」「開明派」と称された官僚が結集した。兵庫県知事を経て会計官の通商司知事に任じられた伊藤博文、外国官判事を歴任した井上馨らがその中心で、五代友厚・山口尚芳・中井弘らも加わった。

この会計官を拠点とした「開明派」は、近代化政策の導入に積極的で、「万国並立」を目的とした対外折衝の必要から要請される内政改革を重視し、その裏づけとなる政府財政の安定化を急務の課題と意識していた[3]。そのためには、前述の金融・通商政策の推進だけでなく、同時に府県からの租税収奪を強行し、財政の不足を補塡しようとしている。この租税収奪の企図が、会計担当者による民政への積極的関与を意味し、それが府県に対する監督強化の施策となったことはいうまでもない。この会計部門が民政を掌握しようとする考えは、すでに明治元年段階から会計官の首脳のあいだで主張されていた。大隈は、二年三月に民政取調べを兼務し、会計官副知事兼勤に就任すると、五月八日には監督司を設置し、会計官の条令を定めて支出の「常額」化をすすめたのである[4]。

このような政府の会計・財政を管掌した大隈らは、二年四月八日に新設された民部官の施政を批判し、七月八日の職員令制定問題で木戸の支持をうけ、会計官に代わって設置された大蔵省の権限の拡大を求めた。大隈らは、民部官を廃して大蔵省に吸収するように主張し、職員令で民部省の設置が決まるや、大蔵省の前途の目的が困難になったとして、「不得止辞職仕候外無之」と不満を示している。(5) また七月二十三日に民部大輔の広沢が参議に昇格すると、大蔵大輔の大隈は、広沢に代わって民部大輔に転じ、さらに大蔵省と民部省の合併を強く主張した。同時期、国内の贋悪貨幣の流通をめぐって諸外国の抗議を受け、外交問題打開のための内政面の整備も急がれ、財政や通貨問題に通暁した大隈の存在が無視できなくなっている。そして八月十一日には、民部省と大蔵省の二省の「合併」が強行された。この民部・大蔵両省の「合併」では、民部省の名称が残されて民部卿松平慶永が大蔵卿を兼任し、民部大輔の大隈が大蔵大輔を兼任、伊藤博文が大蔵少輔兼民部少輔となった。大隈や伊藤らの「開明派」が民部・大蔵省の役職を兼務したことにより、財政優先策を進める大蔵省が、民部省を実質的に吸収したのである。

民部・大蔵両省の合併後、大隈や伊藤のもとで省務を担当したのは、貿易・商業問題に明るい諸藩出身者、および実務に精通した旧幕府出身者で、権大丞中村清行・玉乃世履や旧幕臣の坂本政均・郷純造などがその代表であった。(6) また民部・大蔵省は、二年八月十一日の改革で、大蔵省を造幣寮と出納、用度の二司、民部省を地理、土木、駅逓、租税、監督、通商、鉱山の七司としたが、大隈・伊藤らに近い大蔵官僚が両省の主な役職を掌握した。なかでも、監督、租税、土木司の官員数が急増し、さらに監督司には上野景範・田中光顕、租税司には渋沢栄一など、とくに奏任官以上に抜擢されたものが多い。(7)

このような広範な所轄と人材を集めた民部・大蔵省は、前述のような財政の確立を急務としたことで、府県からの貢租徴収に厳しい姿勢を取り、急進的な集権、統一政策を強く推進した。先に述べた明治二年七月二十八日の「府県奉職規則」の制定がその骨格となる。そこでは、「私ニ租税ノ定額ヲ改革シ、又蠲除スル等厳禁トス」とし、「歳入租税ハ部内費用定額ノ外ハ一切収納ノ節速ニ大蔵省ヘ納ムヘシ」と命じ、みだりに租税の定額を改めることを禁じて、租税の大蔵省への納入を厳命している。同日には、「県官人員並常備金規則」を定め、県官員の定数に制限を設け、府県に置く常備金の定額を指定した。また政府は、民部・大蔵省の稟議にもとづき、二年六月にすべての直轄地に対して旧幕府領に準じた高掛三役を課すことを指示し、三年五月には「荒作手当米」「用捨引」などの旧貫を否定して、「破免検見入」の減租措置についてもその制限を達している。(8) ついで、三年七月に府県などの田方についての石代金納を廃止して正米で収納することを命じ、十一月には安石代を廃することを指示した。(9) それまでの金納にともなう減収をなくし、改めて税収を厳格に確保しようとする方針を打ち出したのである。

一方、版籍奉還後の政府は、民部・大蔵省の集権政策をうけて、幕藩制期の所領の分散・入組み支配の矛盾をなくすことに力を入れ、前述のような飛地の整理を進めた。二年十二月にはやはり版籍奉還後に諸藩での家禄改正が推進されていることを根拠にして、旧幕臣の禄制を定めてその旧領の上地を達し、廩米支給に改めて府県の貫属としている。(10) また政府は、先に述べた通商司政策のなかで、二年二月に諸藩が無許可で外債を借り入れることを禁じ、府藩県が外国人から諸品を購入することを免許制とし、買入れ注文を制限した。六月に三府や開港場における府藩県の商会所を廃止させ、諸藩が雇った外国船が開港場以外に入ることを禁止したのもその一環である。(11) このような統制政策は諸外国の抗議をまねくが、その後も諸藩に対する為替会社の金銀貸付け規定で厳しい条件を課すなど、政府は藩財政に対する流通面からの規制を強化したのであった。

2　農民闘争の激化

民部・大蔵省の集権・統一政策とりわけ厳しい貢租徴収に対しては、明治二年（一八六九）末から三年にかけて、各地で農民一揆が激化した。戊辰戦争期における一揆は、関東・東北地方に多く、戦禍や軍事負担に対する蜂起、あるいはそれまでの領主支配の弱体化にともなって噴出したいわゆる「世直し一揆」が多かったが、維新政権の地方支配が形成された明治二、三年は、新政を批判した農民闘争が顕在化している。

すなわち政府は戊辰戦争後、戦争中に掲げた年貢半減令を撤回し、旧幕府や旗本領などで年貢を先納した分についても、元年十月二十九日にその免除を収納額の三分一以内にとどめ、残額の再納入を命じていた(12)。金札の乱発は、物価騰貴を引き起こし、下層民の生活を破綻させている。そして明治二年は大凶作で、天候不順であった東北・関東地方を中心に窮状がはなはだしく、東北では多数の餓死者を生じていた。太平洋側の陸奥、陸中、磐城の三国や岩代国の一部では、三〇パーセント以下の作柄であったという。とりわけ陸中国の胆沢県では、民部・大蔵省に宛て、凶作にともなう県内の作柄を、平均一五パーセントたらずであると報告している(13)。旧幕府時代からの収奪にともなう農村の疲弊、戦禍による荒廃や過重な軍事負担が、飢餓の窮状を拡大したのであった。そのような凶作で二年八月二十五日には節倹の「詔書」が出され、十一月に「当年諸道不実就中奥羽ノ諸国殆皆無ニ属シ、当節歳入総計ニテ百万石余ノ御不足ニ相成候次第」と発していたが、それでも府県の租税米儲蓄の要求を制限し、「収納ノ金穀一先大蔵省へ可相納候」と命じている(14)。そこでは、「大蔵は一点も救事は禁物」「成丈官倉ニ手ヲ不掛外ニ救助之道相立度」というような、日田県知事松方正義が後に指摘する大蔵省の厳しい姿勢が存在した(15)。

また、同時期は大量の贋悪貨幣が横行し、各地で経済混乱を引き起こした。贋悪貨幣は戊辰戦争中の会津藩領など各地で大量に密造されたが、悪貨は軍費の財源に苦しんだ鹿児島・高知両藩、あるいは金・銀座を接収した新政府も鋳造した。大量に使用された贋悪貨幣は、一部が新潟、箱館、横浜などの開港場に運び出されて外交問題に発展し、さらに藩県下で物価騰貴や徴税の障害を引き起こし、その交換を求めた「贋金騒動」の発生に至ったのである。[16]

それゆえ、明治二・三年段階に民部・大蔵省の増徴政策が強行されると、各地で農民一揆が激化した。戊辰戦争の戦場となった下野国では、慶応四年四月の「世直し一揆」後、日光県が設置された明治二年末、種籾・夫食の拝借や年貢米の浅草廻送令の撤回などを求めた一揆が多発している。[17] 旧仙台藩領に設置された白石（角田）県では、旧南部藩の転封が予定されたこともあって、やはり新政を批判する農民闘争が激化した。伊具郡を中心にした農民の蜂起は、戦禍と二年の凶作を原因として、加入馬継立反対、貢租の軽減などを要求している。

このような新政批判は、明治三・四年には、維新政権あるいはその地方支配機関である県と対峙する大規模な暴動に発展した。[18] 胆沢県では、大蔵省の強い指令を背景とした県側の厳しい徴税に対し、三年十一月に旧貫にもとづく減免や延納を求め、大きな騒擾が続いて発生した。十二月には登米県でも、減租を求める農民、さらに帰農にともなう諸負担に反発した元仙台藩士が蜂起している。そして四年二月、福島県の伊達郡などでも、同県の施設や県官員を攻撃した大規模な暴動が発生した。暴動は信夫・伊達両郡一九〇村余のうち半数の村々に波及し、参加者は二万人に達したという。福島県政を批判して、権知事の菱田重禧らの県官員を攻撃し、菊紋入りの「御旗」を焼き捨てた。[19]

また、同時期の農民闘争は、諸藩の管轄地でも発生した。摂津国の三田藩では、明治二年十一月に暴動が発生して「群党」が竹槍や小銃をたずさえて城下へ殺到している。一揆勢に対しては、出動した兵士が阻止できず、説諭しようとした藩知事九鬼隆義も馬を小銃で打ち倒され、陣羽織を捨てて逃げ出し、城下に入った一揆は質屋、油屋、海産物問屋などを打ちこわした。[20] 一揆は、当初は明治二年の凶作の窮状を背景として、年貢・諸役の減免、社倉米の撤回を求め、さらに後には白洲退蔵大参事らの藩内改革派の罷免、郡惣代選出の批判、火葬禁止の撤回などを掲げている。二年十二月には政府から弾正台が出張して事情聴取を行い、藩側は一揆の首謀者一名を絞罪に処していたが、一揆側の首謀者の郡惣代就任要求や藩政改革派の糾弾、あるいは弾正台の介入などは、一揆に直面するなかで、三田藩のような小藩が統治能力を喪失させていたことを明示している。

そして、これらの農民闘争は、藩県の管轄地が複雑に錯綜していたことから、藩県の両方の地域に関係したものが多くみられた。二年七・八月の信州における大農民騒動は、藩県の管轄境界を越えた贋金、物価騰貴の問題を原因とし、上田、松本、飯田藩と伊那県の広範な地域をまきこんでいる。[21] その最初は、二年七月の飯田藩領で贋金奸商の糾明と贋二分金の引き換えを求めた一揆が城下に押し出し、豪商を打ちこわした騒動であった。翌八月には上田藩領において、米価高騰や二分金不通用などを糾弾する一揆が大商人や割番大庄屋を焼き打ちし、さらに伊那県下の筑摩郡会田・麻績など四組六三か村と松本平の一部をまきこんだ大騒動に発展している。このような一揆は、贋二分金の回収が急務となり、伊那県などが中心となって信濃全国通用銭札の発行による伊那県商社、松代藩札を活用した松代商社を設立したことを背景としたが、これらの商社の贋二分金回収は政府から銭札・藩札の発行を禁じられることで破綻し、明治三年に発生する大一揆の原因となった。また、同年十月の高崎藩と岩鼻県にまたがる大規模な屯集、蜂起は、税制の違いと負担の不平等を不満としており、藩と県政のあいだの矛盾が攻撃されるようになっていたのであった。

3　民部・大蔵省の分離

農民闘争の激化は草創期の府県政を窮地に追い込み、また領主的支配の弱体化していた諸藩を動揺させ、地方官の多くは民部・大蔵省の強権的な地方政策に対して、それを批判するようになっている。地方官の民部・大蔵省批判については、日田県知事松方正義が有名で、鹿児島藩出身の松方は、明治二年（一八六九）四月段階から旧来の土地制度の混乱や不公平を是正することの急務を説き、検地の必要を建言していた。松方は明治三年四月、民部・大蔵省が抜本的な税制改革を行わないままに「旧幕ニも無キ税金」を課すことを批判し、参議大久保利通に宛て、同省が「民心」に配慮を行わないままに「収奪」を強行することに対し、「余り苛政といわんや」と訴えている。(22)三年六月にも、「知県事知府事撰任ニ関スル議」において、「旧幕吏」を任用した官員が「民ヲ見ルコト仇敵」のようであると批判していた。地方官のあり方について、「法ニ縛セラレテ政教並行ル、所置ハ迚モ六ケ敷」と評し、租税の取り立てなどは「成丈其知事へ御委任アルヘシ」と論じている。知県事が旧幕府時代の代官と同じような軽い身分ならば、知県事の官名を改めて徴税の役にみあった人物を任用すべきとまで主張したのであった。(23)

また、酒田県知事大原重実は、民部・大蔵省から派遣された監督司の強権および按察使の支配を批判した。旧貫を尊重して人心を安定させることの必要を論じ、新政が「土地人情も御察し無之按察府又は監督司より督促せられ」とし、民部・大蔵省の指令を、過酷な徴税と強権的な支配を押しつける苛政であると糾弾した。(24)さらに胆沢県大参事安場保和も、同県で県札を発行し、それを糾弾した民部・大蔵省と対立している。安場の出身の熊本（肥後）藩では、安場や嘉悦氏房、野田豁道らの府県の地方官を経験した者が藩論に影響をあたえ、民部・大蔵省の地方政策を批判するようになったのである。(25)

この地方官や一部の藩による民部・大蔵省への強い批判は、大久保らの政府首脳に大きな衝撃をあたえた。大久保は明治三年正月、鹿児島への帰藩途中の大阪において、凶作の影響と民衆の窮状をまのあたりにし、人心の離反と地方支配の破綻を実地に体験している。大久保は民部・大蔵省が地方の「信義」を得ていないとし、大阪府が民部・大蔵省の指令に従わず、同省の指示が一方的になっている実情を参議副島種臣へ書き送った。(26)また民部・大蔵省の施政に対しては、同じ参議の広沢真臣も批判的であった。民部官創設の中心となった広沢は、もともと民政と会計を合併することに反対で、一定の権限を地方官に委任し、政府はだいたいを把握して、良法を誘導すべきという「牧民論」的な主張であった。(27)それゆえ、大久保、広沢らは、地方官からの民部・大蔵省批判が強まるにつれ、民部大輔兼大蔵大輔の大隈、および同省の開化政策を支持する木戸や後藤と対立を深めるようになっている。

一方、この民部・大蔵省と府県の対立に直面し、木戸は三年五月、逆に大隈を参議に昇格させて太政官三職の一員とするように強く主張した。木戸は、政府の「固陋を御打摧き無之而は不相済」とし、大隈を参議にして「民部・大蔵之処を重々引受け」させ、「各其宜を得候」ときは、「目的も相立漸々実事も可相挙と奉存候」と論じている。(28)大隈を参議に登用することで、太政官三職と民部・大蔵省のあいだを緊密にし、同時に地方官との確執もなくそうとする考えであった。

だが、木戸から大隈の参議昇格が提案されるや、それは政府内の対立を抜き差しならないものにした。大久保、広沢、副島および佐々木高行の四参議は、大隈の急進性と辣腕ぶりに批判的で、四参議は三年六月二十二日に一斉に辞表を提出している。(29)辞意を示した大久保、広沢の意図は、民部・大蔵省における大隈・伊藤らの広大な権限の兼任を解き、民部省と大蔵省を分離することにあった。その権限を太政官三職が統轄できるようにし、府県と民部・大蔵省のあいだの確執を解消しようとしたのである。

大久保らが連袂辞表を提出したことを知った木戸は、政府内の分裂の危機に立たされ、民部・大蔵省の分離に合意することをよぎなくされた。木戸は、版籍奉還の処理や職員令の人事に反発して政府中枢を離れていたこともあり、その間に生じていた大隈に対する周囲の批判、とりわけ広沢の大隈批難の強さが予期できなかったようである。結果は、四参議が主張した民部・大蔵省の分離が三年七月十日に発令された。民部省から大隈らが排除され、代わって岩倉・大久保・広沢が民部省御用掛に任じられた。民部大輔には大木喬任、同少輔には吉井友実が就任して省務を管掌し、大隈は大蔵大輔、伊藤は大蔵少輔、井上は大蔵大丞とされた。「民蔵分離」問題は、直接的には農民闘争などに突きあげられた府県、およびそれを憂慮した諸参議の民部・大蔵省批判に起因したが、制度的には民部・大蔵省の強権を大臣、納言、参議が統轄できないという、それまでの太政官制の矛盾に原因が存在したのである。(30)

4　地方支配の転換

明治三年（一八七〇）七月の民部・大蔵省の分離後、一歩後退をよぎなくされた木戸孝允は、太政官三職と諸省が議論を尽くし、公明正大な方向を選ぶことで、「進みたる路をあともどり之不仕様」となることを強調するようになった。(31)また木戸は、「朝廷八百万石を以御独立」させ、その「府県に御着手」して「諸藩も旧習を守る不能」に至らせるという、「漸を以て大に御誘導」を主張するようになっている。(32)そして、木戸は、大久保が民部省の責任者となることを求めた。(33)大久保が民部省や大蔵省の施策に理解を示すことが、開化政策の遂行に不可欠であるとの判断である。実力者の大久保を民部卿にすえることにより、「万国対峙」下における行財政確立の重要さを、政府内の共通の課題として確認させようとしたものといえる。

もっとも、大久保・広沢らにとっても、民部・大蔵省の分離というみずからの主張が断行されたとはいえ、「万国対峙」という国際的圧力のもとで、その後の施策に大隈らとの協調が不可欠であった。大隈は、民部・大蔵省の分離後も、民部省の租税司、通商司、監督司を大蔵省に移し、財政に直結する三司を引き続いて掌握している。政府は主要な財源を府県からの貢租に依存しなければならず、大久保・広沢らの民政安定を第一とする施策も、財源確保を優先するためには妥協をよぎなくされた。

一方、民部・大蔵省も三年七月の分離後、省務に通暁した官員を府県に派遣するようになった。東北を一例にすると、民部・大蔵省のもとで地方経営にあたっていた按察使や民部省石巻出張所が廃され、それらの官員が地方官に転じている[34]。民部・大蔵省の強権をめぐる混乱は、三年七月以降、民部・大蔵省の官員が地方官となって実地の施政にたずさわる結果となり、それまでの統一、集権的な施策を、諸県の実情により近づけて具体化させる新たな地方政策になったといえる。

そしてこのような動向は、民部省や大蔵省の官員と藩県の地方官が一同に会した三陸会議の開催に例示できる。三年十一月の登米県庁で開催された三陸会議に出席した民部・大蔵省側は、元按察判官の渡辺清や民部省石巻出張所などの官員で、県側からは胆沢・登米両県の大参事や江刺・盛岡両県の県官が出席している。仙台・一関両藩からもそれぞれ大参事が参加した。会議は、東北藩県に関係した租税、流通、救恤などの懸案を議題とし、検地や検見などの租税問題について、民部省や大蔵省の提案する施策にそった調整を検討している[35]。その決議は、いずれも藩県側が若干の条件をつけながらも提案の方針に従うこととなった。そこでは、土地税制についての改革の気運が、明治三年後半には地方官の側にも生じてきたことが知られる。概して地方官は、検地の必要を痛感しながらも農民の抵抗を恐れて消極的となり、民部・大蔵省の厳格な指令を実行することにも慎重であったが、しだいに合理的な租法を取り入れることで農民の不満をおさえ、徴税の安定的な確保を企図する方向に向かっている。

この点、前述の松方正義の場合、明治四年三月に府県税目のなかの口永、延米、出目米などの少額な雑税を廃止するように建議していた。雑多な税目を整理するとともに、「歳収ノ期約ヲ厳ニシ、以テ各地方ニ慣行スル安石代ノ如キ弊習ノ租法」を改正するように論じている[36]。松方は三年閏十月に日田県知事から民部大丞に登用され、一揆の対策のために福島県に出張し、その折に雑税の廃止を建議して、さらに全国的な「租税課法」の「確一ノ施政」を求めた建議を予告していた。全国租税の均一賦課の原則については、すでに膳所藩がその必要を建白し、民部省が三年七月・九月・閏十月、また大蔵省が同年九月に賛意を表明し、太政官に裁可をうながしていた(37)。民部・大蔵省の強権を批判していた松方も、民部大丞に登用された後は、強圧的な増税策に代えて新たに合理的かつ巧妙な税制を提示し、財源確保の企図を達成しようとしている。それは、府藩県をも含めた改租の実現、およびそれにともなう農民騒擾を回避するための模索であったといえる。

5　改正掛の「全国一致」論

民部・大蔵省の統一、集権政策な新政については、同省内の改正掛がその審議、立案の中心になった。改正掛は、租税正の渋沢栄一の建議によって明治二年（一八六九）十一月に設置され、その「改正掛条規」によれば、同掛は民政のいっさいの事務を審議して利害得失をはかり、法令や府県の条令、各司の規則などの制定に関する検討およびその後の法案を作る機関とされている(38)。この条規にもとづいて三年五月には「改正掛分課規則」が改定された。渋沢みずからが同掛長を兼任し、会議には大隈や伊藤も参加した。藩の枠を越えて旧幕臣の前島密、杉浦譲などが結集し(39)、鉄道、電信の施設や度量衡の改正、戸籍編製法案の準備など、欧米模倣と先進技術の移植を念頭においた新政の審議、立案に着手している。

それらの立案事項は、民部・大蔵省の施策として具体化され、電信は二年十二月に横浜の神奈川県庁と東京の築地運上所とのあいだに開通した。三年六月には渋沢が中心となって、フランス人ポール・ブリューナを雇い入れ、洋式器械製糸工場である富岡製糸場の建設に着手している。郵便事業は、前島が近代的郵便制度の立案にあたり、杉浦がそれを受け継いで四年十二月に東海道筋での郵便を開始した。このような改正掛の欧米模倣の姿勢は、近代国家形成を指向したもので、そこではいうまでもなく現状の府藩県制度の克服が課題となっている。

この府藩県三治制下の矛盾を克服しようとする企図は、参議に就任した大隈が、政府に明治三年九月に提出したとされる「大隈参議全国一致之論議」(40)に知られる。大隈は「今ヤ内国維新渙号ノ運ニ際シ、外国権利勢圧交際ニ接ス、鋭意経営遑暇無ルベキヲ顧望」と、外圧に対抗するために、政府が内政を整え、その実をあげることの必要を論じていた。そのために諸藩の兵を兵部省の管轄に置くこと、「庶務百事」を民部省の管轄とすること、理財会計を大蔵省が一致して管掌することなどを不可欠としている。さらに「旧政ヲ改メ、弊事ヲ去リ、無用不急ノ秩禄ヲ削リ、曠土浮民ナカラシメ、用ニ節シ費ヲ省キ其会計ヲ公第シ、政府ニ供セザルヘカラス」と論じていた。そして、全国の総石高約三〇〇〇万石の内で府県の管轄地が約八〇〇万石にすぎず、残りが諸藩の管轄にまかされ、三治一致が徹底されていない現状の困難を指摘していたのであった。

また、三年十二月には、大蔵省の改正掛も、「画一ノ政体ヲ立定シテ之ヲ全国ニ施行ス可キ」という左のような建議を作成した。

「海陸警備ノ制若シ更張セサレハ則チ一国ノ独立ヲ守ルニ足ラス、教令率育ノ道若シ統制セサレハ則チ人民ノ自由ヲ全フスルニ足ラス、審理刑罰ノ法若シ整粛ナラサレハ則チ兇人ノ罪逆ヲ懲ラスニ足ラス、理財会計ノ方若シ周密ナラサレハ則チ国帑ノ度支ニ当ルニ足ラス、今ヤ政府ノ宜ク急ニスヘキ所ハ一致ノ政体ヲ定メ、列藩之ヲ承奉シ、相ヒ与ニ国家ヲ維持シ人民ヲ保護スルニ在リ、故ニ若シ此ノ四者ヲ缺ケハ豈ニ能ク其ノ事ヲ挙ケ其ノ実ヲ践ムト言フヲ得ンヤ、計ルニ全国田地ノ石額ハ三千万石ニシテ、府県ノ管轄スル所ハ僅ニ八百万石ト為ス、其ノ他ノ二千二百万石ハ悉ク列藩ノ管轄ニ属ス、此ノ大数ヲ通算シテ警備、教育、懲罰、会計ノ標準ト為シ、精思詳計シテ以テ按算画策スルニ非サレハ、則チ海陸警備ノ制何ニ由テ更張スルヲ得ン、教令率育ノ道何ニ由テ統制スルヲ得ン、審理刑罰ノ法何ニ由テ整粛ナルヲ得ン、理財会計ノ方何ニ由テ周密ナルヲ得ン、苟モ国権ヲ立テ国威ヲ張リ、独立ノ威柄ヲ持シ万邦ト並峙シテ匹敵ノ交際ヲ為スノ方策ハ唯タ此ノ四者ヲ確定スルニ在リ、然ルニ政府宜ク速カニ其ノ振正挙行ノ責ニ任スヘクシテ而モ之ヲ振正挙行セス、列藩宜ク速カニ承順賛成ノ義ニ当ルヘクシテ而モ之ヲ承順賛成セス、相ヒ倶ニ願望依違シテ斯ノ一大有為ノ機会ヲ誤ラハ、所謂ル国権ノ確立シ政体ノ一致スルハ将サニ何ノ時ヲ待チ何ノ日ヲ期セントスルカ、宜ク当サニ内治維新ノ隆運ニ際シテ外国政略ノ劫制ヲ遏絶シ、鋭意淬励シテ須臾モ遑暇スル無カルヘク、実ニ政府振正挙行ノ責ニ任シ、列藩承順賛成ノ義ニ当ル可キ時会ト為ス[41]」

この改正掛の建議は、「画一ノ政体」を求めたもので、やはり府県の管轄地が八〇〇万石に限定されていること、その他が列藩の管轄地となっていることとの問題点を指摘していた。そして国権を確立するための急務として、海陸警備の更張、「教令率育」の統制、審理・刑罰の「整粛」、理財会計の「周密」の四点をあげている。とくに政府が「振正挙行」の責をはたし、列藩が「承順賛成ノ義」を示す時期になったと論じた。それは、断固とした措置を要求したものにほかならない。改正掛は、府県貢租だけで維持しなければならない政府の限界を論じ、「一致ノ政体」を定め、列藩が「承奉」してともに国家を維持するように主張したのである。

ちなみに、明治三年十月にはじまる第四期の歳入は、前年より二割増の貢租および雑税をあわせた一九九万石と六〇万両余であったが、歳出は一〇六万石と一四九二万両余で、八七四万両余の赤字である（石あたり米価六両）[42]。歳出では、軍事費と殖産興業費の合計が三二万石と二三〇万両余となっている。収奪を強化しても財政面の安定には至ら

ず、限られた直轄地からの租税だけでは、富国強兵を推進するのがなんとも困難だったのである。(43)

政府は、このような全国一致論をうけて明治三年十二月、諸藩の預地をすべて府県に移管するように命じた。(44)　四年一月二十五日には諸藩の租法についても、その改革、増減の際に政府へ伺い出ることを達している。(45)　さらに同時期、大蔵省は、改正掛の立案をうけて、東京城内に大規模な太政官衙を建築することを企図し、左のような建言を行った。

「新タニ一大政庁ヲ建設シ、各官省局ヲ此ニ併合シテ其ノ域内ニ並置シ以テ事務ヲ分課シ、無用ノ官、不急ノ職ヲ沙汰シ、輯睦和同シテ各其ノ管理スル事務ヲ整理セシメ、而シテ太政官之レカ首領ニ位シテ万機ヲ総裁ス可シ、果シテ然ルカ庶政親ク審判スルヲ得テ百事速カニ理弁シ、政権一ニ帰シテ威柄分レス、之ヲ各職ニ任シテ分岐ノ患無ク、之ヲ宸裁ニ決シテ紛錯ノ弊無ク、且ツ垂問ノ文書ヲ下スノ煩ヲ省キ奏請ノ牒箚ヲ上ルノ労ヲ減ス、此ノ如クニシテ始メテ国体ノ確立シ庶政ノ振興スルヲ期ス可キナリ」(46)

同じような建言は、すでに三年十月、井関盛艮神奈川県権知事や長崎・兵庫両県当局からも出されていた。(47)　これらの県は、「百般ノ徒労冗費ヲ削減シテ専ラ簡易ヲ主トシ」とする視点から、開明的な視点に立って港積立金を政府の官衙造営の入費に加えたい旨を願い出ている。さらに金沢藩知事前田慶寧も、皇城内の本丸跡に太政官衙を建てるように建言し、建造費として現米二万石の献上を願い出た。(48)

この改正掛の建議は、大規模な太政官衙を設けてそのなかに各官衙を併置し、府県政に関する事務の整理や庶政の審判をより円滑にすすめようとしたものといえる。太政官衙の建設にことよせて、中央集権的な支配体制を確立しようとする企図にほかならない。すでに各県出張所は馬喰町にあった旧幕府郡代屋敷跡に開設され、日光県の首唱でその規則も作成されていた。(49)　政府の優柔不断な現状や府藩県のあり方に対しては、同時期の改正掛が太政官衙の建設や集権的政治機構の整備を提起し、その改革を強く求めるようになっていたのである。

註

（1）沢田章『明治財政の基礎的研究』（宝文館、昭和九年）三三二―三三七頁参照。
（2）『法令全書』明治二年、第一八六・四五二・五六七。
（3）丹羽邦男『明治維新の土地変革』（御茶の水書房、昭和三十七年）三―九頁参照。
（4）『法令全書』明治二年、第四二五。
（5）「岩倉公への書翰」明治二年七月十日（『大久保利通文書』三、日本史籍協会、二一八頁）。
（6）丹羽邦男『地租改正法の起源―開明官僚の形成―』（ミネルヴァ書房、一九九五年）九一―一二五頁参照。
（7）拙稿「維新官僚の形成と太政官制」（『官僚制の形成と展開』近代日本研究八、山川出版社、昭和六十一年）。
（8）『法令全書』明治二年、第五四九。同明治三年、第三二八。
（9）『法令全書』明治三年、第四八四・八〇一。
（10）『太政官日誌』明治二年、第一〇九号。
諸藩へ寄託してあった土地については、府県の管轄とするように民部省が太政官に稟議し、三年正月に「批令」をうけている（「大蔵省沿革志」本省〈『明治前期財政経済史料集成』第二巻、大内兵衛・土屋喬雄編、昭和三十七年、七八頁〉）。
（11）『法令全書』明治二年、第一五二・一八六・五五二・五九六。
（12）『法令全書』明治元年、第九一四。
（13）拙稿「明治二年の東北地方凶作と新政権」（『日本歴史』第三四五号、昭和五十二年）。
（14）『法令全書』明治二年、第八〇一・一一九八。
（15）「松方正義書翰」明治三年四月七日（『大久保利通関係文書』五、立教大学日本史研究会、昭和四十六年、二五一頁）。千田稔「維新政権の地方財行政政策」（『史学雑誌』第八五編第九号、一九七六年）参照。
（16）拙稿「明治初年の贋悪貨幣問題と新政権」（『大学院研究年報』第六号、中央大学、昭和五十二年）。
（17）「旧佐久山領（日光県管轄下）農民屯集強訴一件記録」（『栃木県史』史料編・近世七、栃木県史編さん委員会、昭和五十三年）五七二―五八四頁。
（18）拙稿「直轄府県政と維新政権」（『歴史学研究』別冊特集・一九八二年歴史学研究会大会報告）。

(19) 千田稔・松尾正人共著『明治維新研究序説—維新政権の直轄地—』(開明書院、昭和五十二年) 一二九—一三二頁、前掲・拙稿「直轄府県政と維新政権」。
(20) 『改訂肥後藩国事史料』第一〇巻（細川家編纂所、国書刊行会、昭和四十九年）二四七—二四八頁。手塚豊「明治二年・三田藩百姓一揆裁判考」（『近代日本史の新研究』Ⅶ、北樹社、一九八九年）参照。
(21) 横地穣治「伊那県における農民闘争の展開—明治二・三年の筑摩郡会田地域を中心に—」（『信濃』第二二巻第六・七号、一九七〇年）参照。『長野県史』通史編、第七巻、近代一（長野県、昭和六十三年）三九—六二頁参照。
(22) 前掲「松方正義書翰」明治三年四月七日。
(23) 「知県事知府事撰任ニ関スル議」松方伯財政論策集（『明治前期財政経済史料集成』第一巻、大内兵衛・土屋喬雄編、昭和六年、五一六—五一七頁）。
松方は明治二年五月に「聖諭ニ対フルノ議」で、版籍奉還を「皇国ノ興復、千載ノ美事」と評し、「郡県ノ実」に向けた三段階の方策を建議していた。また三年六月の「知県事知府事撰任ニ関スル議」では、藩知事について「今姑其儘閣キ、追々朝廷ノ紀律一定シ、府県其実ヲ行、兆民信服シ各藩自ラ弊習ヲ顧ミ国体ヲ弁スルノ時ニ至、断然郡県ノ治ニ帰セシメ、中古ノ令ニ傚ヒ国郡ノ制度永世不易ト確立スヘシ」と論じていた（前掲『明治前期財政経済史料集成』第一巻、五一〇・五一七頁）。
(24) 「大原重徳書翰・別紙」明治三年七月二十八日（『岩倉具視関係文書』四、日本史籍協会、四一三頁）。
(25) 前掲『改訂肥後藩国事史料』第一〇巻、七二八—七二九頁。
(26) 「副島種臣への書翰」明治三年正月六日（前掲『大久保利通文書』三、三七六頁）。
(27) 『広沢真臣日記』明治三年九月七日、日本史籍協会、四五二—四五七頁。前掲・拙稿「直轄府県政と維新政権」。
(28) 「伊藤博文宛書翰」明治三年六月十七日（『木戸孝允文書』四、日本史籍協会、六七—六八頁）。
(29) 佐々木克「『民・蔵分離問題』についての一考察」（『史苑』第二九巻三号、昭和四十四年）参照。
(30) 拙稿「明治初年の政情と地方支配—『民蔵分離』問題前後—」（『土地制度史学』第九一号、一九八一年）。
(31) 「岩倉具視宛書翰」明治三年八月十六日（前掲『木戸孝允文書』四、九九頁）。
(32) 「三条実美宛書翰」明治三年八月二十日（同右『木戸孝允文書』四、一〇四頁）。
(33) 「大木喬任宛書翰」明治三年七月八日（同右『木戸孝允文書』四、八五頁）。

(34) 前掲・千田稔・松尾正人共著『明治維新研究序説―維新政権の直轄地―』一〇三―一〇八頁。難波信雄「解体期の藩政と維新政権―仙台藩政と三陸会議を中心に―」(『歴史』第三七輯、一九六九年) 参照。
(35) このような藩県の会議は各地で開催されており、九州の豊後国七小藩が日田県と実施した藩県会議は、「小藩にては此節藩政改革事沸騰之憂有之候ニ付各藩之合議ヲ以致度趣意ニ被聞申候」という状況が見られた(「松方正義書翰」明治三年四月七日〈『大久保利通関係文書』五、立教大学日本史研究会、昭和四十六年、二五一頁〉)。
(36)「府県租税ノ項中口永延米出目米等課税廃止ノ議」(前掲『明治前期財政経済史料集成』第一巻、三五五頁)。政府はすでに四年二月、正租以外の口米・六尺給米・小物成などの徴収の改正に着手し、それを金納とする方針を打ち出していた。
(37)「大蔵省沿革志」租税寮(前掲『明治前期財政経済史料集成』第二巻、二七五・二八九・二九五頁)。
(38)「大蔵省沿革志」本省(前掲『明治前期財政経済史料集成』第二巻、九一頁)、『渋沢栄一伝記資料』第二巻(渋沢青淵記念財団竜門社編、昭和三十年)二八〇―二八九頁。
(39) 植村正治「明治初期大蔵省の近世的系譜―人脈と機構について―」(『大阪大学経済学』第二三巻第四号、一九七四年)。前掲丹羽邦男『地租改正法の起源』一〇五―一二五頁参照。
(40)「大隈参議全国一致之論議」(『大隈文書』A一、マイクロフィルム版)。
(41)「大蔵省沿革志」本省(前掲『明治前期財政経済史料集成』第二巻、一二六―一二七頁)。
(42)「歳入出及国債概算」明治三年十月(前掲『大隈文書』A一四六七)。
(43) 千田稔「維新政権の財政構造」(『土地制度史学』第八一号、一九七八年) 参照。
(44)「大蔵省沿革志」租税寮(前掲『明治前期財政経済史料集成』第二巻、三〇五頁)。
(45)『太政官日誌』明治四年、第五号。
(46)「大蔵省沿革志」本省(前掲『明治前期財政経済史料集成』第二巻、一二五―一二六頁)。
(47) 同右、一一三頁。
(48)「前田慶寧二万石献納願」(国立国会図書館憲政資料室所蔵、三条家文書、書類の部、四一―三)。
(49)『栃木県史料』七三。

第四節　「藩制」公布と中・小藩解体

1　「藩制」の公布

版籍奉還後の維新政府は、明治二年（一八六九）六月の諸務変革一一か条を通じて、諸藩の実態把握とその改革を指令したが、翌三年九月に至って新たな改革を命じる「藩制」を頒布した。その制定は、前述のような民部・大蔵省の統一、集権政策をふまえて、政府が郡県制を徹底させ、藩を府県と同質化させるための三治一致を推進した試みであった。

すなわち政府内では、集議院で二年九月に「藩制改革建議」が出されていたが、政府は諸務変革一一か条にともなう藩側の問い合わせや報告書が出されるようになった十月ごろから、待詔下院出仕者を藩制取調掛に任じ、その取りまとめを行っていた。(1)その後、藩政の統一、集権化が急務とされ、「藩制」の準備が具体化し、三年五月二日には、参議の大久保利通と副島種臣が「藩制」の原案の検討に着手している。そして同月四日の政府会議で「大要」が決せられ、二十八日開院の集議院に政府案が提出された。(2)集議院に下問された「藩制」の政府案は、表5のⒶのような一四条で、多くが版籍奉還以来の懸案となっていた事項であった。第二条の石高を実数で示すこと、および第七条の士卒の二等級以外の区別を無くすことは、諸務変革の指令で触れられていた点を具体的に明記した箇条である。また第四条の現米石高の一〇分一を知事家禄とし、残額の五分一を海陸軍費、その他を公廨費、諸士卒家禄として海陸軍費の半分の海軍費分を「朝廷」に備える案は、前述のような海軍を政府が一元的に掌握・強化しようとした方法といえる。(3)

周知のように集議院は、明治二年七月の「職員令」で公議所に代わって創設され、同年九月の規則で府藩県の正・権大参事から議員を出させた機関である。(4) 三年五月二十八日には、二一九名の藩議員が出席し、政府側からは右大臣三条実美・大納言岩倉具視や諸参議が列席した。(5) この一四条の「藩制」政府案に対する検討は、六月に一〇回、七月に三回が行われている。そこでは政府案に対して、鹿児島、山口、高知などの有力藩から強い反対が出された。その審議の概要は表5に示したが、とくに第四条の現米石高の一〇分一を知事家禄とすること、および五分一の海陸軍費の半分の海軍費分を「朝廷」に上納する案に対し、鹿児島・高知両藩などの批判が集中している（表5のⒷ参照）。佐々木高行の『保古飛呂比』に、「兵税トシテ各藩税ノ五分一ノ上納ヲ令シタリ、然ルニ薩長土大ニ不服ヲ申立テ、薩ノ伊知地正治ハ不平ニテ帰藩ス、板垣・後藤モ不平ヲ鳴ラシタリ」(6) とあるのが、その雰囲気を伝えている。鹿児島藩権大参事の伊知地は会議のほとんどをボイコットし、高知藩の大参事板垣退助は、第四条の軍資金上納について「天下乱ル」とし、第七条の「士族級一等」も困難との見解を藩内で主張していた。板垣は、陸海軍費五分一案の半高にあたる海軍費上納、および藩士を士族と卒との二階級に限定することに不満を示し、佐々木を通じて政府の変更を求めようとしている。同藩の議員である林有造（亀吉）は、陸海軍費を二〇分の一に減じ、士族・卒のそれぞれをさらに三等あるいは二等に分けるように求めた意見書を提出した。(7) それは、陸海軍費を政府に掌握されることへの反発であり、できるかぎり藩の主体的な力を残そうとした画策にほかならない。

だが、このような一部の有力藩の批判的な姿勢にもかかわらず、表5のⒷのように多くの藩は「藩制」の政府案を支持した。政府案に全面的に賛成したのは二一藩で、熊本・佐賀両大藩をはじめ柳川、松本、大泉、館林、姫路など

表5 「藩制」審議一覧

Ⓐ下問案（大要）	Ⓑ可決月日・奉答内容（カッコ内は藩の数）	Ⓒ藩制（明治3年9月10日布告）
①現米15万石以上を大，5万石以上を中，それ以下を小藩とす	6月17日，異論なし	物成15万石以上を大藩，5万石以上を中藩，5万石未満を小藩とす
②石高の実数で称す 但1石8両相場で雑税金を合す	6月19日，衆説異論なし 〈別説〉5か年平均高実数（1），8両改訂も可（3）	石高は草高を不称物成を以て可称事，但雑税金石8両立にて本石高に可結込事
③藩庁職制，知事，大参事2人以内，権大参事適宜小藩は不置，少参事5人以内，権少参事適宜小藩は不置	6月22日，衆説異論なし （権大参事は小藩不置，小藩は正権合わせて3人以内とす） 〈別説〉権大参事は必要に応じて許可（1），大属以下官員の数を定むべし（1）他	藩庁，知事，大参事不過2人，権大参事有無其便宜に従う，少参事不過5人，権少参事有無其便宜に従う，小藩は之を置かず，大属・権大属・少属・権少属・史生以上分課専務する所あるべし，会計軍事刑法学校監察の類の如し，官員の多寡適宜とす
④現米の10分の1を知事家禄とし，残額5分の1を海陸軍費，その他を公廨諸費士族卒家禄とす 海陸軍費の半分は海軍費として朝廷に備える	6月29日，全体の御趣意衆説異論なし 御下問通無異論（127），8分1論（福山など3），10分1論（佐賀・静岡・山口・鳥取など94），15分1論（久留米など7），20分1論（米沢・高知など15）その他	藩高，現米10万石内1万石知事家禄，残9万石但公廨諸費常額追て可被相定候へ共当分，内9千石海陸軍費但其半を海軍資として官に納め半を陸軍資に可充事，残8万1千石但公廨入費士卒禄に充つべし，尤精々節減し有余を以て軍用に蓄置く事
⑤官禄は藩々で適宜とす	6月22日，大略異論なし 細目は各藩委任（28）	官禄藩々の適宜に任すべき事
⑥増禄・褫禄・死罪等は朝裁を請うこと	6月24日，異論なし	増禄・褫禄・死刑等は朝裁を請べし，一時の賞並に流以下の刑は年末に可差出事
⑦士・卒の2等級以外の区別をなくす	6月24日，異論なし 7月4日，別条を議す	士族卒の外別に級あるべからざる事
⑧正権大参事1人を在京させ，集議院の議員とし，公議人の名目を廃す	6月17日，衆説異論なし 議員定住の弊をさける（1）	正権大参事の内1人在京，集議院開院の節即ち可為議員，但半年交代可致尤公議人称呼廃止の事
⑨公用人を廃し，その事務は参事・大属が用弁	6月17日，異論なし	公用人の称呼を廃し其事務の大小により参事或は属等にて用弁をなさしむべき事
⑩知事の朝集を3年に1度，滞京3か月とする，国家重大の事件は例外	6月17日，異論なし	知事朝集3年一度，年々四季に分ち滞京3か月たるべき事，但国家重大の事件により朝集は此限にあらず
⑪歳入歳出明細書を翌年5月に提出	6月17日，異論なし	歳入歳出年々10月より9月迄を限り分界を立，明細書を以て年末差出べキ事
⑫藩債は10分の1を家禄で償い，その余りは公廨諸費より支消	異論なし	藩償は一般の石高に関する事に付，其支消の法は年限の目途を立，知事家禄士卒禄其他公廨入費等より分賦して償却の事
⑬藩札は何年をもって引換と定め，一か年毎に引換高明細書を提出	7月2日，衆説異論なし 〈別説〉現行紙幣は金札引換ずみまで使用（3），当分現行（高知など8）	従来藩造の紙幣向後引換済の目的を可相立事
⑭家人職員を家令1人家扶家従などとす	6月17日，衆説異論なし 此条削除すべし（1）	〈削除〉

（註）「集議院日誌」明治3年第1～4（『明治文化全集』第4巻，日本評論社，1928年）より作成。

の有力藩がそのなかに加わっている。審議の過程では、館山、足利、膳所、淀藩の議員が、六月に集議院長官に対し、「真ノ郡県」が確立しないと「天下一定」に至りがたいとして、ただちに「郡県制」を実現するように建言したのであった。(8)

一方、政府はこの集議院の審議をうけて、八月十八日に「藩制」の検討を行った。翌十九日には岩倉が大久保に対して、「藩政之事、昨年条公足下之外一同御評議愚存も頻りニ申入、家禄之所ハ前議ニ決し申候」とし、華族の「東京住」を不満としながらも、「先御一覧之通り清書相成候」と書いている。そこでは、三条の「心附帰農云々」と、岩倉の「紙幣云々ヨリ出格御省略辺之事」が課題となっていた。(9)ついで八月二十八日には、「藩制」の最終案が政府会議に出され、大久保が「華族東京住」「家禄減少」に異論を立て、前者は削除されている。(10)そして大久保は岩倉に対して翌二十九日、「藩政ノ儀」を前日の「御評議」にそって諸省へ下問するように要請し、「必又議論も相起り可申候間、此上ハ何方ゟも論ヲ生候とも御押シ付ケ相成度」として、「空論」を排して断行するように求めていた。(11)

この結果については、九月十日に表5の©のような「藩制」が公布された。そこでは、藩を石高に応じて大中小の三等に分け、石高は「物成ヲ以テ可称事」と決まった。知事、参事以下の職員数を定め、藩高の内の海陸軍資、公廨諸費の割合を規定している。(12)一〇万石の場合、海陸軍費は九〇〇〇石で、その半分を「海軍資トシテ官ニ納メ」ることとした。「功アッテ禄ヲ増シ罪アッテ禄ヲ褫キ及ビ一切ノ死刑等ハ朝裁ヲ請可シ、一時ノ賞並ニ流以下ノ刑ハ収録シテ年末ニ可差出事」として、俸禄の与奪や死刑の断行は「朝裁」を請うことと定めている。知事の参朝を三年に一度、滞京を三か月とした。歳入の明細書を毎年十二月に録上し、藩債を「一般之石高ニ関スル事ニ付、其支消之法ハ藩債之総額ニヨリ支消年限之目途ヲ立知事家禄士卒禄其他公廨入費等ヨリ分賦シテ可償却事」と義務づけている。藩札についても、「従来藩造之紙幣向後引替済之目的ヲ可相立事」と回収の目途を立てるように命じている。

原案と比較すると、第四条の知藩事家禄を差し引いた藩高の五分一を陸海軍費とするという原案は、有力藩の異論を考慮して一〇分一に修正されている。陸海軍費は、半分を海軍資金として政府に提出し、半分を藩が陸軍資金に使用することとした。さらに公廨入費を減らして「軍用」にたくわえることが命じられている。また原案の第一二条の藩債の「償却」については、「支消年限」に目途を立て、知藩事家禄、士卒家禄、公廨入費から「分賦」して「償却」するように命じた。政府は三年四月に外国債の詳細を提出するように命じていたが[13]、内国債をも含めた藩債の「償却」を、厳しく督促するようになっている。第一三条の藩札の引換えについても、「引替済之目的」を設けるように修正決定している。この藩債や藩札を処分するために目途を設ける義務規定がもりこまれたことは、政府が統一政権として諸藩の債務を厳しく監督し、その支消を督促していく方向を打ち出したものといえる。

すなわち、「藩制」は一部の有力藩の反発を考慮して若干の修正が加えられたが、基本的には政府案の趣旨にそって決定された。政府は、この「藩制」の制定によって、早速に明治四年正月から正・権大参事を一人ずつ在京させること、判任官の人事を毎月ごとに届けること、石高の基準となる「平均之物成」の年限などを指令している[14]。政府は諸藩に対し、郡県制の基本理念に照応するような方向への改革を強く命じるようになったのである。

2　寄託地廃止と社寺領の上地

政府は、「藩制」の審議とあわせて、諸藩の寄託としていた政府所領の回収をすすめた。諸藩の寄託地廃止とそれを府県が直接管轄する点については、民部省が明治三年正月二十二日に左のように稟議し、太政官がそれを「批令」して寄託地の改正に着手している。

「客歳諸藩各其ノ封土ヲ還納セル以後ハ、原封地モ亦タ均ク之ヲ寄託シテ以テ管轄セシムル者ニ非サルハ莫シ、業已ニ府藩県ノ政治ヲ、同軌ニ帰セシメタルノ今日ニ於テ、尚ホ寄託地ノ名義ヲ遺存スルハ豈ニ失体ト言ハサル可ケンヤ、且ツ其ノ事務ヲ料理スルニモ亦常ニ紛錯ヲ生シ易シ、因テ請フ総テ寄託地ヲ収回シ之ヲ便近ノ府県ニ管轄セシメン、若シ地勢不便ナル者有ラハ其ノ邑村ヲ互換セシムルモ亦タ可ナリ[15]」

民部省は、版籍奉還をふまえて、寄託地の名義が不適切なことを指摘していた。寄託地を府藩県の「同軌」の立場に則って府県の管轄に改めること、あるいは地勢にもとづいた村替えを行うことを稟議している。そして、政府は同年十二月、金沢藩など一一藩に寄託していた「官領地」を笠松県以下に「転属」させた。「大蔵省沿革志」によれば、金沢藩の寄託地が高山県に、岡山・津山両藩の寄託地が倉敷県に、彦根藩の寄託地が大津県に、大垣藩の寄託地が笠松県に、福井藩の寄託地が本保県に、岸和田藩の寄託地が堺県に移されている。大洲藩の寄託地で摂津・伊予両国にあるものは兵庫県と倉敷県に、高槻藩の寄託地で摂津・河内両国にあるものは兵庫県と堺県に、人吉・佐伯両藩の寄託地は日田県に、高知藩の寄託地は倉敷県に「転属」となった[16]。いずれも、版籍奉還後の諸藩の「封土還納」を根拠にして、寄託地の「名義」存在を「失体」とし、漸次に府県の管轄に移したのである。

また、政府は社寺領の上地をすすめた。政府はすでに慶応四年（一八六八）五月二十四日、一万石以下の采邑および寺社領を、その近隣の府県の管轄としていた。八月にはとくに駿河国以東の一三国内の旧幕臣の采邑を各県に「委付」して管掌させ、具体的にその「区処方規」を示している[17]。大蔵省は明治元年十二月、一万石以上の社寺領をも府県の管轄とするように太政官に稟議し、その裁可を受けていた[18]。そして、版籍奉還後の三年六月、大蔵省は社寺領を還納させて、各藩の隔絶した管轄地との「換易」に使用するように太政官に稟議した[19]。この社寺領を還納させる企図は、四年正月五日に至って、さらに左のような社寺領上地の布告となる。

「諸国社寺由緒ノ有無ニ不拘、朱印地除地等従前之通被下置候処、各藩版籍奉還之末社寺ノミ土地人民私有ノ姿ニ相成不相当ノ事ニ付、今度社寺領現在ノ境内ヲ除ノ外一般上知被仰付、追テ相当禄制被相定更ニ廩米ヲ以テ可下賜事

但当午年収納ハ従前之通被下候事

一、領知ノ外ニ旧政府並旧領主等ヨリ米金寄付ノ分依旧貫当午年迄被下候向モ有之候処、来未年ヨリ被止候事

但家禄ノ内ヲ以テ寄附致候儀ハ別段ノ事

一、上知ノ田畑百姓持地ニ無之社寺ニテ直作或ハ小作ニ預ケ有之分、年貢諸役百姓並相勤ルニ於テハ従前ノ通社寺ニテ所持致シ不苦候事

但地所ニ関係ノ事務ハ村役人差図可致事

右之通被仰出候条、府藩県ニ於テ管内ノ社寺ヘ可相達事」[20]

政府は、諸藩の寄託地を否定して近隣府藩県の管轄としていたが、社寺地についても版籍奉還の断行を根拠として、境内地以外を原則的に没収し、禄制を定めて廩米支給に改めている。社寺からの還納地は、府県の管轄地に組み入れ、社寺の三代以上の「臣隷」についても府県からの報告を命じており、諸藩に先立って社寺領の解体をすすめたのであった。[21]

3　藩財政の破綻

民部・大蔵省のもとですすめられた集権政策、および明治三年（一八七〇）九月十日の「藩制」の公布は、戊辰戦

争後の財政逼迫に苦しむ諸藩に対し、さらにそれを藩体制解体まで追い込む性格を持った。

すなわち、鳥羽・伏見の戦いにはじまる戊辰戦争は、明治二年五月の箱館戦争の終結まで続き、その間の戦地への出兵、軍資金の献納、さらには京都・東京の守衛や東幸の警備などが、諸藩の重い負担となっていた。熊本（肥後）藩の場合、その「出兵費調査書」によれば、金一八万一九六〇両余と米三三〇〇石余の支出となっている。その内訳では奥州派遣部隊一〇六一人の出兵経費が五万九二九四両余を占めており、戦争の拡大が同藩の負担となったことが知られ、右の支出が隊長などの給与を除いた直接の出張経費に限った額であることを考えると、戦争が同藩の財政を大きく圧迫したことは明らかである。(22)

このような諸藩に対し、新政府は戦後も各般の負担を課した。金札の通用、軍資金の徴集、あるいは公議人をはじめとした人員の派遣などがそれである。とくに金札の流通を企図した政府は、前述のように明治二年六月、一万石に二五〇〇両ずつの金札を割り渡し、諸藩から同額の正金を上納させていた。三〇日から九四日までの期限を定めた強制的な上納で、それが諸藩の財政窮迫をさらに苦しめたことはいうまでもない。常陸国二万石の下館藩では、正金五〇〇〇両の上納を課せられたが、疲弊した下館領内の郷中、村役人などからは「調達方致尽力候得共出来方無之」で、河内国飛地領の御用達商人を通じて集金を行っていた。同藩所領の内の七〇〇〇石分が河内国石川郡にあったことから、期限に遅れながらも五〇〇〇両の正金を上納できたのであったが、扶持米三〇〇表を引当てにするなど、その調達は困難をきわめている。(23)

また軍資金の徴集は、慶応四年（一八六八）閏四月十九日の「陸軍編制」の公布にもとづき、諸藩から一万石あたり三〇〇両を上納させた。(24) しかし、この軍資金の徴収は、一万石一〇人（当分の間は三人）の兵員差し出しを同時に指令していたことから、諸藩の財政を窮地に追いやっている。徴兵は東北平定を理由として二年二月に「一先帰休」とされたが、軍資金については政府はその後も諸藩から上納させている。明治四年三月の「軍資金未納調」では、静岡藩は四万九〇〇〇両、水戸藩は二万と六一両、仙台藩は一万九六〇〇両が未納で、軍資金上納が諸藩にとって容易ならない負担であったことが知られる。(25)

一方、政府は集権政策の立場から、諸藩の藩札発行や経済活動に各般の統制を加えた。前述のように明治二年（一八六九）二月十二日に諸藩が相対で外債を借り入れることを禁じ、同月二十二日には外国官に「貿易事務一切」を管轄する通商司を設けていた。(26)諸藩や府県が外国人から諸品を買い入れることに自制を求め、購入の際には通商司の免許状が必要な旨を布達している。五月に会計官の管轄に移された通商司のもとで、開港場や商業上の要地に通商司支署が設けられ、さらに通商会社や為替会社が設立されて、外国貿易や業種ごとの全国的な流通網の把握がこころみられたことはすでに述べた。政府は、二年五月十六日に開港場で諸藩が商会所を設けて「勝手之取引」することを禁じ、六月二十二日には前述のように三府や開港場における府藩県の商会所の「勝手之商業」を廃止するように命じた。(27)さらに諸藩が雇った外国船が開港場以外に入ることを禁止している。(28)諸藩の外債導入禁止については、政府は三年三月に外国公使に対し、一藩の「私図」で外国商人から金銀を「資借」することが「大ヒニ我カ政憲ヲ阻撓」すとして、「特ニ禁令ヲ各藩ニ布」き、あわせて「各位ニ通報」すとし、「請フ此旨趣ヲ領悉シ速カニ貴国商民ニ告示スルヲ」と、その徹底を要請したのであった。(29)

さらに、これらの民部・大蔵省の統一、集権政策は、明治二年の凶作と贋悪貨幣による経済混乱の渦中においても強行され、監督司の官員は、開港場にて贋悪貨幣の摘発、回収をすすめた。政府は、二年十二月五日に諸藩の藩札の製造、増発を禁じてこれまでの製造総額を届け出るように布達し、(30)三年四月二十九日には箱館戦争が終結した二年五月以前の贋造を宥免するとともに、それ以降の私鋳を厳禁している。(31)この贋悪貨幣は、戊辰戦争中の会津藩領などの各地で大量に密造されたが、悪貨は軍費の財源に苦しんだ鹿児島・高知両藩あるいは金・銀座を接収した政府も鋳造した。大量に使用されたこれらの贋悪貨幣は、一部が新潟、箱館、横浜などの開港場に運び出されて外交問題に発展し、さらに藩県下で物価騰貴や徴税の障害を引き起こし、その交換を求めた「贋金騒動」の発生に至っている。政府は三年六月、諸藩に贋模楮幣の摘発を「密諭」し、ついで同年七月二日には厳刑に処す「偽造貨幣律」を定めて府藩県にその一掃を命じたのであった。(32)

藩営商業活動の規制とあいまって藩札発行が禁じられた藩側の打撃は大きい。陸奥国の弘前藩を一例にあげると、同藩は戊辰戦争とその後の箱館戦争に参加し、とくに後者では新政府軍の参加諸藩中の最大人数を出兵させ、両戦争の戦費の総計は明治二年四月段階で四九万四九〇〇両にのぼっていた。そのうちの政府側諸藩の箱館進撃費用に立て替えた一四万九四〇〇両も、二年六月段階で三万両が返却されただけであった。同藩自体も、英国商人ポルトルから小銃の輸入をこころみ、小銃が未着で二万五〇〇〇両を失う損害に直面していた。(33)その上、明治二年の凶作での損耗が領内の七三・九パーセントに及ぶ二〇万三一一六石となっている。それゆえ同藩は二年八月十日、財政窮迫の打開として、新政府から下げ渡される予定の金札（太政官札）を引当てとして、「預札」と称する藩札を発行していた。政府からの「御下渡金札未皆御渡無之差支候」として、「金札皆御渡ニ相成候迄、為補更ニ御用達共預札出来御渡被仰付候」と達し、同藩御用達商人の今村久左衛門、武田熊七、一戸宇三郎、野村常三郎らの信用を背景として、「正銭同様相心得通用差支無之様被仰付候」と命じたのである。(34)

もっとも、同藩が「預札」と称して発行した藩札は、財政窮迫と金札不足の補塡だけでなく、箱館戦争後の領内再開発、あるいは北海道交易を目的とした青森商社の運営資金として、その活用が企図されていた。領内の再開発については、同藩は明治二年五月から十三湖改良工事に着手し、新田開発と水害防止を企図している。また二年三月に設立された青森商社は、同藩の御用達商人伊東善五郎を頭取とし、政府の北海道開拓政策に対応して、同藩が寛文年間以降に開発してきた北海道交易の販路の確保、強化をもくろむ事業であった。三年四月には藩主の仮屋敷を青森に移して藩士の移動なども奨励し、「知事初メ役員トモ居所取建ノ上時々同所へ出張総テ物産運輸等ノ手順精々取調、往々差支無之厚指揮相加度奉存候」[35]と力を入れている。いずれも、「元手之儀相応御貸付始終之御世話可被為有候」と記されたごとく、藩当局の保護と藩札の下付が営業の基盤となった。[36]かくして、同藩御用達商人の今村久左衛門らの信用を背景に発行された藩札は、総計三〇万五五〇〇両にのぼっている。[37]内訳は表6のようで、政府の許可を得た発行額三万両を大幅に超過する規模となった。

このような弘前藩に対して、政府は前述のように明治二年十二月五日に藩札の増発を禁じ、とくに「御一新後府藩県ニ於テ楮幣製造之向ハ以来通用停止被仰出候」と、明治以降に製造した三四藩の藩札の通用を禁じていた。[38]四年四月四日には諸藩発行の蔵米切手や金・銀・米札および銭札の発行を禁じ、六月八日には「此上心得違ノ筋有之ニ於テハ官員差向御取糾可相成候」と藩札の通用停止を再度厳命している。[39]

この藩札禁止に直面した弘前藩では、明治三年四月に「俄ニ通用差止候テハ差向融通閉塞、四民共如何之挙動ニ可立至哉」もはかりがたいとして、同年秋までの猶予を願い出るとともに、藩札の流通額を一〇万両と報告していた。同藩の東京出張所では、同藩出身の民部省出仕江口純三郎の助言をうけ、対応策を「仮令厳談有之候テモ御請不致、何ト被仰出テモ迚モ一時引換出来不申旨申張候」[40]と報じている。

そして、弘前藩では明治三年八月に新たな銅版を製して藩札の増発をも企図していたが、その後、東京出張会計大属の飯田巽が帰藩することで、方針の転換がはかられた。東京出張所では、政府に差止めの猶予を願い出ながらも、藩札流通については、「商法取開ニ付テハ諸藩トモ別段之融通無之者相成間敷姿ニ付、商社中預リ紙抔融通之義ハ如

表6　弘前藩の藩札発行一覧

種類	額	明治2年8月以降製造額	廃藩以前引換焼却額 カッコ内は引換率	廃藩時残額	金札換算額（残額分）
金札　295,606両3分	一両札	105,010両	8,270両（8）	96,740両	51,594両永49文6
	二歩札	67,000両	6,865両（12）	60,135両	32,072両
	一歩札	69,000両	16,042両2分（27）	52,957両2分	28,244両
	二朱札	33,625両	8,937両1分（23）	24,687両3分	13,166両3分 永50文
	一朱札	20,971両3分	4,608両2分1朱（22）	16,363両3朱	8,727両
銭札　9,920貫28文目	三百文札	572貫28文目	0	572貫280文目	3,035両
	二百文札	420貫文	0	420貫文	2,240両
総計		305,527両永30文	44,723両1分1朱	260,803両2文3朱　永30文	139,095両1分 永30文

（註）「藩札調高帳」（国立史料館所蔵『津軽家文書』）より作成。
滝沢武雄『日本貨幣史の研究』，拙稿「明治初年の贋悪貨幣問題と新政権」（『中央大学大学院研究年報』第6号，1976年）参照。

何ナルモノカトテ詮議[41]」と、苦慮していた。飯田は「楮札ニ対シ、朝廷ノ之ガ消却ヲ督促スル頗ル厳ニシテ、其査覈甚ダ致レリ、若シ此末消却怠慢ニ渉ルニアラバ、譴責アラントスルノ色アリ[42]」と、政府側の厳しい姿勢を伝えている。明治四年正月には、民部省の小橋庶務権大丞が、藩札消却の検査のために弘前に来藩した。そして飯田は、「新版ノ楮札」を作って「窃カニ之ヲ増発[43]」しようとする会計主管の三橋左十郎権少参事らを抑え、藩札の増発計画を撤回させたのであった。

かくして、弘前藩では明治四年四月十四日に藩札製造機械が壊された。その後は廃藩置県までに、表6のごとく藩札発行総額の一四パーセントにあたる四万四七二三両余が焼却されている。藩札貸し下げなどの藩当局の保護が後退した結果、青森商社の北海道交易の独占は困難となり、経営不振が顕在化している。青森商社の「荷胆人」は明治三年二月、青森を「青森湊出入湊役銭請負方」にとどめ、商社の本部を弘前に移転することを請願している。そして三年八月には商社家屋内に藩民事局が設置され、商社は藩の出張所となり、藩経済の中心はふたたび弘前に戻った。

弘前藩内の再開発を企図した十三湖改良工事や「土地生荒調査」も中断されている。同藩では、明治三年十月九日に藩知事が親書を発して富農層の一〇町歩以上の田畑の強制買収を企図したが、田地一反歩を藩札三両で三か年償還とした当初の方針は転換をせまられた。帰農を目的とした士族、卒への田地分与は、二八七四町歩の田地の買収、献田を強行したが、買収金額七万一〇〇〇両余は、藩札禁止に直面して代米二万〇〇九一俵と津軽家の什器などの下付に代えられ、計画自体も後退をよぎなくされたのであった。(44)

前述の明治三年九月十日に公布された「藩制」は、このような藩体制の維持に苦しむ諸藩に対して、さらに厳しい対応をせまる施策であったことはいうまでもない。軍資金については、「藩制」で藩高の九パーセントとされ、その半額の海軍費分四・五パーセントの上納を命じていたが、それは従来の陸軍編制にもとづく軍資金の二倍強となる。藩債の支消については、政府は明治二年六月の諸務変革にともなう諸藩からの問い合せに対し、「公私分割致、私用之分は家禄より、公債之分は藩用より可償事」(45)と答えていた。諸藩の伺いは、諸務変革一一ケ条のなかに藩債の処理についての規定がなかったためであり、それに対して政府は藩債を旧藩主の私債と公債に分けて適切な「償却」を行うように指示している。そして政府は、新たな「藩制」において、藩債に目途を立てた「償却」を指示した。同三年十月九日に頒布した諸藩に対する「歳入歳出表」の雛形は、藩債、藩札の項目が無く、現米表示となった藩高の枠内ですべての歳出費目を支弁し、藩債を「償却」する形式となっている。(46)

概して諸藩は、「藩制」後に藩兵の整理や再度の禄制改革をよぎなくされ、緊縮財政を強いられるようになった。藩札の発行や開港場での藩営事業が禁じられ、藩財政の確保、藩債の「償却」には知藩事家禄や賞典禄からの流用が避けられなくなっている。「藩制」公布以後の藩については、八戸藩の「即今藩の儀は太政官中の一分職に御座候」、あるいは高知藩の「藩庁を視て一藩の民政司と倣し」、といった対応が生れるようになったのである。(47)

4　中・小藩の禄制改革

「藩制」が公布された時期、戊辰戦争後の藩財政の窮状が悪化し、概して藩そのものの解体が進行していた。すでに公議所の議論のなかでは、明治二年（一八六九）三月に諸藩の末家の扱いが議題となり、末家が「家名断絶」となった際は、「其秩禄公ニ収ムベキ事」という方針が合意されていた。末家であっても宗家の禄高を減じていない場合、あるいは判物を受けていないものを「名実相適セズ」と否定し、「自今判然分ツニ土地ヲ以テシ、判物ヲ受ケシメ、新田アル者ハ、新田ヲ分ケ、無キモノハ宗家ノ高ヲ減スベシ」と議決している。それゆえ、宗家からの自立が判然としない米沢新田藩などが、版籍奉還にともなって知藩事任用が見送られていた(48)。

そして、諸藩の財政面の悪化については、丹羽邦男『明治維新の土地変革』の分析によれば、明治四年段階の諸藩の合計債務は、少なめにみても一年間の貢租の全額に相当する(49)。下山三郎『近代天皇制研究序説』は、諸藩の債務額について、内国債合計が七四一三万余円、外国債合計が四〇〇万余円で、さらに藩札などを加えると広義の藩債は総計一一六二九万円余となり、概して諸藩の収入の三倍以上であったと分析している(50)。鹿児島、山口、高知などの「勤王」有力藩が相対的に低く、また小藩ほど悪化が極度とされる。

このような藩財政の悪化は、多くの藩での抜本的な藩政改革をよぎなくさせた。諸藩では、藩債を「償却」するためのさまざまな施策、および士族や卒に対するおおはばな給禄削減をもりこんだ禄制改革を実施している。とくに中・小藩では、急速な財政破綻に対し、藩知事の家禄分をさいて負債の返却、あるいは藩庁費にあてることが行われた。苗木藩知事の遠山友禄は、家禄の三分の一を窮民賑恤費と公庁費に転用することを申し出、篠山藩知事青山忠敏も家禄の半分を藩庁費にあてたいとし、さらに膳所藩知事本多康穣は、家禄中の一五〇〇石を藩債「償却」に流用したい旨を願い出ている(51)。四年七月までに知事家禄の一部を藩庁経費に転用することを願い出た中・小藩は、苗木・篠山両藩をはじめ膳所、西尾、亀山、泉など三八藩にのぼり、政府はそれらの藩に対し、概して半高に限って転用を許可していた(52)。

禄制改革については、概況を類別すると、それまでの家禄を廃止して上士から下士までほとんど均等化した藩が存在する。三年七月の集議院の禄制改革の審議において、無条件に給禄の平均化を主張した藩は二三藩を数えた(53)。なんらかの条件つきであっても、給禄の平均化を是とした藩は二三藩で、両者をあわせると四六藩にのぼっている。千田稔『維新政権の秩禄処分』によれば、静岡、盛岡、仙台、米沢などの諸藩が、その部類となる(54)。多くは戊辰戦争で敗れて領土を大幅に減らされた藩、または歳入に比して不相応なまでに負債をかかえた藩である。丹羽邦男『明治維新の土地変革』は、これらの藩が財政破綻にともなって士族や卒の給禄を、生計がかろうじて維持できる最低程度に削減したと評している(55)。さらに、宇和島、佐倉、津、岡山藩などの有力藩は、士族の上層が旧禄の表高から二〇分一程度の減禄であった。名古屋、福岡、広島、鳥取、金沢、山口、新発田、弘前などの有力な中・大藩も、旧禄の一〇分一程度の削減をよぎなくされている。

このような藩財政の悪化にともない、諸藩では城郭の補修経費が削除され、楼櫓などの撤廃が行われた(56)。膳所藩が三年四月に城の楼櫓、門牆などを撤廃したい旨を願い出て、許可を得たことがその証左となる。この城郭の破毀は、廃材等の売却費が開墾などの資金にあてられたが、概して民心一新の象徴とみなされたようで、熊本・山口両藩をはじめ、三年段階で一九藩がつぎつぎと許可を求めた。ちなみに熊本城の破毀に関する同藩の願書は、左のようである。

「臣護久謹按スルニ、兵制一変火器長ヲ専ニセシヨリ、昔時ノ金城湯池今已ニ無用ノ贅物ニ属セリ、加之今日各地ノ城郭アルハ応仁以来強族割拠織田氏安土ノ築キアルニ始リ、諸豪相倣ヒ務テ壘壁ヲ高スルニ由ル、即戦闘ノ余物也、今也王化洪流三治一致ノ際、乱世ノ遺址猶方隅ニ基峙スルハ四海一家ノ宏謨ニ障礙アルニ近シ、熊本城ハ加藤清正ノ築ク所、宏壮西陲ノ雄ト称ス、臣ガ家祖先以来倚テ以テ藩屛タリ、豈甘棠ノ念無ラン哉、然リト云トモ維新ノ秋ニ膺リ、建国ノ形跡ヲ存シ、却テ管内固陋ノ民俗ヲ養ヒ、以テ返土ノ旧習ヲ一洗ス可ラス、願クハ天下ノ大体ニ依リ、熊本城ヲ廃堕シ、以テ臣民一心ノ微ヲ致シ、且以テ無用ヲ省キ実備ヲ尽サン、伏乞速ニ明断ヲ垂レヨ、臣護久誠惶頓首敬白

庚午九月五日　熊本藩知事

弁官御中」(57)

熊本城の場合は、取り壊されないままに廃藩置県を迎え、西南戦争中に焼失する結末となったが、多くの城郭が破毀または朽ちるにまかされるようになったのである。

5　帰農・帰商の推進

明治に入ってからの祿制改革は急激であったが、千田稔『維新政権の秩祿処分』の指摘のように、膨大な累積赤字をかかえていた藩では、なお財政を立てなおすことに成功していない。(58)明治三年（一八七〇）九月の「藩制」によって藩債の「償却」が厳命され、藩札の発行が禁じられたことから、一部の藩では多数の士族・卒の切り捨て、帰農、帰商が不可避となっている。帰農は、諸藩の管轄地内の山林や原野を割りあて、開墾、土着させるものであった。弘前・母里両藩などの場合は、藩内の地主から田畑を買収する形をとり、それを士族や卒に分与した。(59)大多喜、土浦、

園部藩は、廃止または合併された寺院の跡地を利用した授産を企図している。

この帰農、帰商に際しては、概して一定の期間を限って藩から原禄や扶持米を支給する方法が取られた。家禄を辞して帰農することは、三条実美が熱心だったようで、「家禄ヲ辞シ開墾之義目録見候」こともあり、膳所藩が藩士の家禄を辞して帰農を企図していることを高く評価し、みずから率先して「家禄辞申度志願切迫ニ有之候」と大久保に書き送っている。(60) しかし、この帰農、帰商については、多くは士族のそれまでの特権が奪われるようになっている。名古屋藩の場合は、帰田を希望する場合は、七か年の間はそれまでの給禄の一石につき八両の相場で扶助金を付与し、その後の三か年は元石にかかわりなく「均禄若干」に限定している。(61) 士籍は従前の通りとされたが、農商の籍に入ることを乞う者は、それを許可するとした。刈谷・三田両藩などでは、士籍を残したままの帰農であったが、そのような場合も家禄の廃止が前提であり、士籍はやはり名目的となっている。またこの諸藩の帰農、帰商に際しては、一部の藩では商業高利貸資本が大きく喰い込み、藩や士族の解体を加速させた。三河国の刈谷藩二万三〇〇〇石は全士族の帰農、帰商を計画して、藩知事土井利教が藩の税収入を担保に資金を入手したい旨を政府に上表している。弱体な藩財政と四万五〇〇〇両余の藩債に苦しみ、「士族卒永世之産業相立」を企図し、租税収入七か年分の確保を願い出たのである。(62) 具体的には、帰田する士族、卒の家禄支給にかえて、同藩の租税七〇九〇石余の内、知事家禄、藩庁費、陸海軍資金を控除した残りの三万三八二三両余の七か年分を確保しようとしている。刈谷藩の企図は、家禄収入を担保に三井組から一六万両余の資金を借り入れる点にあり、この上表は政府の許可を受けていた。同様な歎願は三田・西大平両藩などからも提出されている。帰農、帰商した士族は、土着にともなう帰農商手当、扶助米などを受けているあいだはなお支配者的性格を残したが、それはいずれ解消されるものであったといえる。

さらにこの時期、高知藩などの一部の藩では、禄券法を導入した士族・卒の切り捨てが企図された。(63) それは士族や卒の禄券高を定めてその売買を許し、藩の財政状況に応じて漸次に買い上げて「償却」する方策である。秩禄を家産として私有財産化することで士族や卒の利益に配慮していたが、それも支給した禄券を買収することにより、いずれは士族、卒を解体していくものであった。

これらの禄制改革や帰農、帰商が、明治三年以降に諸藩で企図あるいは着手されるようになった意味は大きい。それらはなお不徹底な面を持っていたとはいえ、多くの藩ではかってない規模の禄制改革が実施され、帰農、帰商や禄券法による処分が着手されている。封建身分関係そのものの解体が一部で現実化していたことが看取できるのである。

註

(1) 明治二年六月の諸務変革の報告を取りまとめたのが「藩制一覧表」(『藩制一覧』一・二、日本史籍協会)である。
(2) 「佐々木高行への書翰」明治三年五月二日(『大久保利通文書』三、日本史籍協会、四三二頁)。『大久保利通日記』二、明治三年五月二日・四日、日本史籍協会、一〇七頁。
(3) 拙論「廃藩置県の政治的潮流—廃藩論の形成と展開—」(『歴史学研究』第五九六号、一九八九年)。
(4) 尾佐竹猛『維新前後に於ける立憲思想』後編(邦光堂、昭和四年)五二九—五三四頁参照。
(5) 「集議院日誌」第一・第二下(『明治文化全集』第四巻、日本評論社、昭和三年、一七六・二〇〇頁)。
(6) 『保古飛呂比』佐々木高行日記〈四〉東京大学史料編纂所、一九七三年、三三一—三三二頁。
(7) 同右『保古飛呂比』〈四〉三四九、三八九—三九二頁。
(8) 『改訂肥後藩国事史料』第一〇巻(細川家編纂所、国書刊行会、昭和四十九年)五三三—五三五頁。
(9) 「岩倉具視書翰」明治三年八月十九日(『大久保利通関係文書』第一巻、立教大学日本史研究室、昭和四十年、二五九頁)。
(10) 前掲『大久保利通日記』二、明治三年八月二十八日、一二三頁。
(11) 「岩倉公への書翰」明治三年八月二十九日(前掲『大久保利通文書』三、五五三頁)。
(12) 『太政官日誌』明治三年、第三八号。

(13)『法令全書』明治三年、第三〇九。
(14)『太政官日誌』明治三年、第四一号。
(15)「大蔵省沿革志」租税寮（『明治前期財政経済史料集成』第二巻、大内兵衛・土屋喬雄編、昭和三十七年、二五六頁）。
(16)同右「大蔵省沿革志」租税寮、三〇五頁。
(17)同右「大蔵省沿革志」租税寮、二一四—二一五頁。
(18)同右「大蔵省沿革志」本省、三四頁。
(19)同右「大蔵省沿革志」租税寮、二七三頁。
(20)『太政官日誌』明治四年、第一号。
(21)「大蔵省沿革志」租税寮（前掲『明治前期財政経済史料集成』第二巻、三〇六頁）。
(22)「一新録自筆状」（熊本大学附属図書館、永青文庫、一三—三—一六）、下山三郎『近代天皇制研究序説』（岩波書店、一九七六年）一三三頁参照
(23)上牧健二「太政官札をめぐる下館藩の動向」（『茨城史林』第一八号、平成六年）参照。
(24)『法令全書』明治元年、第三二一。
(25)「諸藩軍資金未納調」（大隈文書Ａ一八四四、マイクロフィルム版）。
(26)『法令全書』明治二年、第一八六。
(27)『法令全書』明治二年、第四五一、五五二。
(28)『法令全書』明治二年、第五九六。
(29)「大蔵省沿革志」本省（前掲『明治前期財政経済史料集成』第二巻、八八頁）。千田稔『維新政権の秩禄処分—天皇制と廃藩置県—』（開明書院、昭和五四年）三八三頁参照。
(30)『法令全書』明治二年、第一一一八。
(31)『法令全書』明治三年、第三一九。
(32)「大蔵省沿革志」本省（前掲『明治前期財政経済資料集成』第二巻、九七・一〇七頁）。
(33)拙稿「ロンドン大学の弘前藩史料」（『青森県史研究』第四号、平成十二年）。

(34)「津軽歴代記類」〈巻二〉(国文学研究資料館・史料館所蔵、陸奥国弘前津軽家文書)。
(35)「青森へ知事並官員居所建設ノ儀伺」(『公文録』弘前藩之部・全・自己巳六月至辛未七月)。
(36)『青森市史』第四巻・産業編(青森市史編纂室、昭和三十三年、二九一―三〇四頁)、「家内年表」(同『青森市史』第七巻、七八三―八〇〇頁)。
(37)「藩札高調帳」(前掲、陸奥国弘前津軽家文書)。肴倉弥八「旧津軽藩紙幣研究」(『むつ』第二・三・四)。
(38)『法令全書』明治二年、第一一一八。
(39)『法令全書』明治四年、第一六九・二七八。
(40)「弘前藩誌草稿」〈庚午四月五日・五月三日〉(前掲、陸奥国弘前津軽家文書)。
(41)同右。
(42)『津軽承昭公伝』(津軽承昭公伝刊行会、大正六年)二七三頁参照。
(43)同右。
(44)『弘前市史』明治大正昭和編(弘前市史編纂委員会、昭和三十七年)五四―六八頁参照。
(45)『太政類典』第一編第六七巻、五号文書、二年七月八日付庭瀬藩伺書、二年七月十七日付延岡藩伺書、二年七月十七日付小田原藩伺書。前掲・千田稔『維新政権の秩禄処分』三七〇頁参照。
(46)『法令全書』明治三年、第六五九。前掲・千田稔『維新政権の秩禄処分』三九二頁参照。
(47)『太政類典』第一編第六八巻、九号文書、三年十月八日付八戸藩伺書、三年十一月三日付高知藩伺書。
(48)『公議所日誌』第二上・第五・第七上(前掲『明治文化全集』第四巻、一二―一六・二六・三三・四三頁)。
(49)丹羽邦男『明治維新の土地変革』(御茶の水書房、一九六二年)一一―一二頁参照。
(50)下山三郎『近代天皇制研究序説』(岩波書店、一九七六年)二八一―二八七頁参照。
(51)「知事家禄半高藩費へ加入ノ儀願」(『公文録』篠山藩伺、自己巳六月至辛未七月)、「知事家禄ノ内奉還願」(『公文録』膳所藩伺、自己巳六月至辛未七月)。後藤時男『苗木藩政史研究』(太洋社、昭和四十三年)二六八―二六九頁参照。
(52)前掲・下山三郎『近代天皇制研究序説』二八六―二八九頁参照。
(53)「集議院日誌」第四(前掲『明治文化全集』第四巻、二一二頁)。

(54)前掲・千田稔『維新政権の秩禄処分』三七六—三七九頁参照。
(55)前掲・丹羽邦男『明治維新の土地変革』一六一—一六二頁参照。
(56)『太政官日誌』明治三年、第三九号・追録。
(57)同右、第三八号。
(58)前掲・千田稔『維新政権の秩禄処分』三九二—四〇八頁参照。
(59)同右、四二九—四三〇頁、四二二—四二三頁参照。
(60)「三条実美書翰」明治三年八月二十四日(『大久保利通関係文書』四、立教大学日本史研究会、昭和四十五年、九五頁)。
(61)「三世紀事略」(『名古屋叢書』第五巻、昭和三十七年)三二四頁。
(62)『太政官日誌』明治四年、第二六号。
(63)前掲・千田稔『維新政権の秩禄処分』四三一—四三三頁参照。

第五節 「尾大の弊」と士族問題

1 反政府士族の政府攻撃

新政府の統一・集権政策とりわけそのもとで推進された開国和親政策は、それまでの攘夷論を改めた政治的転換であっただけに、政府首脳に対する攘夷論者や守旧論者の反発は大きかった。かれらの多くは、脱藩して討幕運動に参加した者、さらには国学者や豪農出身のいわゆる草莽層である。かれらは新政府の開国和親政策や集権政策に失望するとともに、新政府成立後の草莽に対する処遇に不満をつのらせていた。また戊辰戦争に参加した諸藩では、凱旋兵士が藩内で大きな力を持つようになり、意気さかんなかれらが藩当局や新政府のあり方に批判的な動きを顕著にしている。

そのような反政府派とりわけ守旧的な脱籍、草莽層が政府首脳を攻撃した第一としては、明治二年（一八六九）正月五日の参与横井小楠暗殺事件がよく知られている。横井は政府からの帰宅途中、京都の丸太町で刺客に襲われ、斬殺された。刺客は、石見国郷士の上田立夫や十津川郷士の前岡力雄ら七人で、横井がキリスト教を容認する共和制論者であるとみなして殺したのである(1)。この横井暗殺に関しては、政府内でも開化政策に批判的であった守旧派が、犯人の助命を主張し、横井が著したという「廃帝論」「天壌非説」「天道覚明書」を捜し出し、横井が共和制論者であったことを証明しようとした。また宮廷内の若江薫子なども、横井を廃帝論者として糾弾した(2)。

ついで、第二の政府首脳への攻撃は、二年九月四日の兵部大輔大村永敏襲撃事件であった。大村は、京都の木屋町で、山口（長州）藩の団伸二郎や神代直人ら八名の刺客におそわれて負傷し、その傷がもとで敗血症になって十一月五日に死んだ。大村襲撃犯の斬奸状には、大村への非難が、「洋風ヲ模擬シ、神州ノ国体ヲ汚シ」とある(3)。大村は、前述のように政府の兵制部門の中心となり、国民皆兵主義にもとづく徴兵制度の導入を企図し、兵制の統一、兵学寮の設置などを推進していた。襲撃は、大村のすすめるこれらの急進的な兵制改革に対する反発であったといえる。そして政府内の守旧派は、この大村襲撃事件の犯人に対しても、その処刑に反対して混乱を引き起こした(4)。弾正台京都支台の海江田信義（武次）らが、十二月二十日の死刑執行を延期させたのであり、同時期の政府内では、弾正台、集議院、大学校などに「国威宣揚」を強く主張する対外硬論者の存在が目立った。事態の影響を危惧した政府は、これらの守旧派の関係者を処分し、二十九日に襲撃犯人の処刑を強行している。政府は高官襲撃犯人を厳しく処分したが、政府内にも存在した犯人への助命論は、政府の開国和親政策や急進的な集権化策に対する根深い批判であり、その後も維新政権の権力基盤を揺さぶり続けていく。

2　鹿児島藩の「尾大の弊」

政府のすすめる新政に対しては、守旧的な脱籍、草莽層ばかりでなく、鹿児島・山口両藩などの有力藩が批判的、割拠的な姿勢を取り、いわゆる「尾大の弊」と称される事態を生じていた。反政府士族の跳梁およびこの有力藩の割拠については、木戸孝允が政府の権威が失われていることを憂慮し、岩倉具視も後述のような「建国策」でその「尾大不掉」を危惧していた(5)。木戸の明治三年（一八七〇）九月の日記には、とくに「王政一新勲功」の諸藩について、「却て今日に不宜者多し」とし、「只名分名義を論し宇内の大勢を不知ものあり」と、それが指摘されている(6)。有力藩が維新の勲功を誇示し、「藩力」をもって「我儘に朝廷に申立」て、「四方小幕府之相集り候」という状態になっていると批判した(7)。それは、先に述べた中小藩の解体が進行しているなかで、鹿児島・山口藩などの割拠を打ちやぶることが、「真成郡県」を実現するための重要な課題となっていたことをうかがわせる。

この「尾大の弊」の象徴は、なんといっても鹿児島藩で、同藩では藩知事島津忠義の父の久光が強い力を持ち、政府の推進する急進的な改革を批判していた。また藩内の川村純義、野津鎮雄らの下級藩士層は、戊辰戦争から凱旋した勢いを背景に藩政改革を要求し、同藩内の刷新を求めていた(8)。それは門閥の打破と人材登用などの要求である。久光らの守旧派と凱旋兵士たちは、ともに維新につくした勲功を自負し、戦後の処遇や新政のあり方に不満をもっていた。久光と凱旋兵士は、鹿児島藩政の改革をめぐって対立したが、政府の集権政策に対しては、両者ともに批判的な立場をとっていたといえる。

このような鹿児島藩内の問題は、明治元年以降にとくに顕著となった。藩主忠義は、十月に公布された「藩治職制」の同藩内での実施にあたって、藩内の調整に苦しみ、明治二年一月に前述のような参与大久保利通の帰藩を求めている。(9) 大久保は、二月に勅使柳原前光をともなって鹿児島に着き、柳原は久光に「積年尽忠」を賞して、「汝等ニ問テ以テ施サント」する宸翰をあたえ、その上京と「侯伯大会議」への建言を求めていた。(10) 大久保は公平寛大を説き、藩内の守旧派と凱旋兵士との提携をはかっている。しかし、その大久保も、川村や伊集院兼寛らの「隊長連中」が「承服不致終ニ不及合論引取候」となっていた。(11) 伊地知貞馨や奈良原繁らを退役させ、凱旋兵士の指導者層をおおはばに登用することをよぎなくされている。

この明治二年春の藩政改革では、政事を管掌する藩庁の知政所と島津家政の内務局が区分されていた。執政心得に桂久武、参政に伊地知正治、橋口彦二、大迫貞清、伊集院兼寛、黒田清綱が任じられ、二月二十五日には西郷隆盛も参政に任用されている。西郷は前藩主齊彬の恩顧をうけ、齊彬の死後に実力者となった久光からうとんじられ、日当山温泉に隠棲して時勢を観望していた。戊辰戦争を指導した西郷は兵士の扶助を重視し、政府のすすめる急激な集権政策や官員の腐敗、とりわけ華族が栄職を占め、官員が高額の月給をむさぼっていることに批判的である。だが、政府に批判的な西郷は、凱旋兵士に圧倒的な人望があり、かれらを抑えることができる唯一の人物であった。西郷を藩政の中心に引き出さざる得なかったのは、久光らの守旧派および大久保らの在京有力者が、ともに凱旋兵士の要求を抑えきれなくなっていたことによる。

参政に就任した西郷は、久光らの守旧派と凱旋兵士の調和をはかりつつも、膨大な数にのぼる兵士の扶助を優先し、藩内の改革をすすめた。改革では、島津の一族または功臣の私領地を廃してすべてに地頭を置き、士分の数に応じて常備隊を組織している。地頭は常備隊を統轄し、その組織を通じて行政・司法を行った。郷邑の役場は軍務方と称され、まるで戦時状態であったという。[12]『鹿児島県史料』によれば、同藩の兵力は、明治二年の兵制改革後が城下に歩兵四大隊（三二小隊）と四砲座、三年正月が城下・諸郷を含めて常備小銃隊一三一小隊と三分隊、人員一万二〇六七人となっている。[13]

一方、この鹿児島藩に対しては、大久保が明治二年末にふたたび帰藩し、久光と西郷の上京を求めた。大久保は三年二月二十四日、久光の「御真意拝承」し、「名分を正して及言上」であったが、久光の対応は「畢竟門閥一条等且知藩事之コト迄も是ニ而治り相付候御見留無之」で、「御政度之処第一御不平云々実ニ不堪愕然」であった。[14]久光は、大久保が必死に「忠言」しても、「只々云々之御逃詞而已」であったという。久光の政府に対する不満は、大久保の弁明を受け入れる余地のない強いものであったといえる。

この鹿児島藩の政府批判の姿勢は、集議院で「藩制」を審議した際の行動にも裏づけられる。前述のように同藩から集議院に派遣された議員の伊地知正治は、政府が諸藩から海軍費を徴収する原案に対し、海軍はそれぞれの藩で独自に保持すべきであるとして、強い異議をとなえた。[15]そして、伊地知は三年七月、「財政整備・鉄道敷設の不可及集議院制度改革」を建議し、集議院の閉院をまたずに帰藩している。[16]伊地知の建議は、政府の強行する鉄道建設を批判し、特権的な官員の「淫楽」を指摘して、戊辰戦争で戦死した兵士の霊が浮かばれないとするいきどおりを記していた。また、西郷も四年春には、「上下官員一旦掃蕩黜陟清撰」して削減すること、「皇国の国体」を定めること、「制度紀綱礼節刑典」を定めて府藩県の一致をはかること、西洋各国の実態を斟酌して「本朝之兵制を定立」すること、「会計出入之大体制限」を定めることなどを建白するようになる。[17]そこでは、急激な開化政策を批判し、「忠孝仁愛教化」を重視して、政府官員みずからが職掌を「奉守」し、「朝廷より府藩県ニ至迄制令一轍ニ出て前後一貫」するように論じている。

さらに鹿児島藩の反政府的な気運は、三年七月二十七日に同藩士横山安武（正太郎）が一〇か条の時弊を書いて集議院の門前に掲げ、津藩邸前で自害する事態を引き起こしていた。横山の意見書が、輔相の無能、官員の虚飾、政治の朝令暮改などを批判し、政府の要路を厳しく糾弾するものであったことはよく知られている。[18]そして鹿児島藩は三年九月、在京していた「徴兵」（常備兵）の二大隊一〇〇〇余人の撤収を強行した。[19]兵部省のもとに差し出していた「徴兵」の交代時期となったことから、それを帰藩させたのである。帰藩直前の「徴兵」に対して、政府は九月八日に越中島で練兵を行い、天皇みずからそれを親閲した。[20]当日は途中から暴風雨になったことから、十二日にかさねて練兵を行い、病気の天皇に代わって三条実美が閲兵し、とくに国家の干城としての任を尽くすように命じている。だが、鹿児島藩は「徴兵」をあえて帰藩させ、しかもその交代の兵を出そうとせず、逆に「徴兵」を解任されるように願い出たのである。[21]

この強引な「徴兵」の引きあげと交代兵士の提出拒否の姿勢が、政府を頽廃、姑息とみなす西郷や鹿児島藩士族の批判を背景としていたことは繰りかえすまでもない。それは鹿児島藩に向けられた謀反の疑惑と風説をより大きくさせる行為であり、九月末には、大兵を率いた西郷が「政府ヲ一洗」させようとしているとの風聞が政府内を震撼とさせるなど、政府にとっても放置できない事態となったのである。[22]

3　山口藩の「脱隊騒動」

山口（長州）藩における「尾大の弊」は、戊辰戦争の主力となった奇兵隊や遊撃隊などの諸隊が大きな力を持ち、政府や藩当局に批判的な姿勢を取り、藩政改革が困難を極めた事態に象徴される。政府に追随した改革を推進する藩当局に対しては、諸隊の幹部への批判とあいまって、多数の兵士が蜂起するいわゆる「脱隊騒動」となっている。

すなわち、山口藩では幕末の征長戦争や戊辰戦争の過程で諸隊が増強され、戦後にそれら兵士の処遇が課題となり、その負担が「国計殆ント行詰、実以テ窘蹙ノ至」(23)となっていた。山口藩では、明治二年(一八六九)七月の職員令制定にともなう十月の改革で、執政を改めた大参事に毛利元雄・元潔らを任じ、とくに参政に代わる権大参事に杉孫七郎(重華)、中村誠一(雪樹)、国貞廉平(直人)、野村素介(右仲)、木梨信一(平之進)らを登用したが、版籍奉還後の郡県制に対応した改革は、その後も容易に具体化されていない。諸隊については、伊藤博文が元年十月に凱旋した兵士を政府の親兵とするように建白し、同藩では翌二年八月、奇兵・振武隊を日田・大森両県の「隷属」とするように政府に歎願していた(24)。幕末に占領した豊前・石見両国を日田・大森両県に引き渡すように命じられ、両国に駐屯する両隊の処置に困った結果である。そして二年十月、諸隊の二〇〇〇余人を政府に献じて東京常備兵とすることを願い出て、最初に一五〇〇人の編入が許され、諸隊の改変に着手したのであった(25)。

しかし、明治二年十一月に諸隊改編令がおおやけにされると、遊撃隊をはじめとする諸隊兵士は強く反発した。下級藩士の二・三男や農商出身者を集めた諸隊は、戊辰戦争で同藩兵力の中心となり、出兵の四六三六人中、死傷者が九〇二人にのぼっていた(26)。諸隊兵士の不満は、洋式兵制の導入や被髪脱刀・賞罰の不公平、さらには隊長の不正などに向けられ、改編令に対して多数の兵士が強く反発し、山口の本営を脱走して宮市、三田尻に集まった(27)。諸隊に共感を抱く藩士も多く、諸隊の脱隊兵士は三年正月二十一日に知藩事の山口公館を包囲し、藩首脳に圧力を加えたのである。

この「脱隊騒動」に対し、藩政改革のために二年十二月二十八日に帰藩した木戸は、それを「長官と兵士」が分裂して、「様々之疑惑」を生じ、「大に惣而之人心も相働き誠に以不容易体勢」とし、「実に百日之説法水泡に属し候姿に而いかにも浩歎至極」[28]と書いた。「諸隊の強盛」に愕然とし、「天下之響き不容易」と危機感を深めている。[29]木戸らは翌三年正月八日、支藩の豊浦、徳山、清末、岩国藩知事を集めた会議を実施して、「御国是飽くマテ御動揺無之」を再確認し、「長防二州政令一体皇国之御柱石」とすることを決議している。同時期、山口藩内では、大規模な百姓一揆が発生しており、それらと脱兵の合流が危惧された。それゆえ、やはり帰藩中であった井上馨は威力鎮圧を主張し、その後は東京に引き返して在京の山口藩徴兵一大隊の帰藩をすすめている。[30]山口に残った木戸も、二月八日には同藩の常備兵や支藩兵を動員して、徹底した鎮圧を強行している。鎮圧後の処分での脱隊兵士に対する斬首・切腹は、田中彰『明治維新』によれば九三人を数えるという。[31]同藩はその後も厳しい弾圧を行い、さらに九州に逃れた脱兵の捜索・追及を続けている。この「脱隊騒動」に対する危機意識は、山口藩出身の参議広沢真臣が木戸に宛て、「今日俗藩防長ノ動揺ヲ窺ヒ浮説流言多々可有之」とし、すみやかに武力平定して「世間ノ風評人々膽ヲ寒冷セシムニ至ルヘシ」[32]と書き送っていたことにうかがえる。岩倉も大久保に対して、「防長二分ノ勢ヒ終ニ再ヒ天下一乱之端ニ可立至哉も難計」と危ぶみ、政府は大納言徳大寺実則を宣撫使に任じ、大阪駐在の同藩兵とともに山口へ派遣した。[33]政府もまた、反政府運動が各地へ拡大することを危惧し、その徹底した弾圧をすすめたのである。

だが、これらの政府批判は「脱隊騒動」後もなお存続し、脱隊兵士の大楽源太郎らは、久留米・熊本藩などの攘夷派と連携して策動を続けた。そして山口藩首脳は、「脱隊騒動」の危機を体験するなかで、割拠的な鹿児島藩の動向、および反政府分子の摘発に厳しさを欠く同藩の姿勢に対し、不信の念を強めるようになった。この騒動の際には、西郷らが軍艦で三田尻に近い中関に出張し、それに対して、山口藩側は西郷らが脱兵とのあいだの調停に乗り出すことを警戒している。[34]山口藩はその後も、鹿児島藩の反政府運動に対する厳しさを欠く姿勢、割拠的な動きには批判的であった。政府内の諸問題を通じて鹿児島藩への不信が高まった場合、山口藩側も極度に反発し、それが政治の混乱を引き起こし、やはり政府にとっては両藩のとりわけ割拠的な姿勢が「尾大の弊」となったのである。

註

(1)『改訂肥後藩国事史料』第九巻(細川家編纂所、国書刊行会、昭和四十九年)五六一—五七五頁。
(2)『保古飛呂比』佐々木高行日記〈四〉東京大学史料編纂所、一九七三年、一六〇—一六一、一九八頁。前掲『改訂肥後藩国事史料』第九巻(細川家編纂所、国書刊行会、昭和四十九年)五九四—五九五頁。同、第一〇巻、二三八—二四三、三〇五—三〇六頁。
(3)同右『改訂肥後藩国事史料』第一〇巻、一四九—一五三頁。
(4)前掲『保古飛呂比』〈四〉一五九、二二七—二二八、三二〇—三二一頁。前掲『改訂肥後藩国事史料』第一〇巻、三〇八—三一〇頁。
(5)「野村素介宛書翰」明治元年十月十五日(『木戸孝允文書』三、日本史籍協会、一七四—一七五頁)。升味準之輔『日本政党史論』第一巻(東京大学出版会、一九六五年)二八—三八頁参照。
(6)『木戸孝允日記』一、明治三年九月十四日、日本史籍協会、三九四頁。
(7)「三条実美・岩倉具視宛書翰」明治二年二月一日(前掲『木戸孝允文書』三、二四〇頁)。
(8)前掲・升味準之輔『日本政党史論』第一巻、九—一〇頁参照。
(9)『大久保利通日記』二、明治二年正月十七日・二十日、日本史籍協会、一四—一五頁。「岩倉公への書翰」明治二年正月十九日(『大久保利通文書』三、日本史籍協会、三三頁)。
(10)『鹿児島県史料』忠義公史料、第六巻、鹿児島県維新史料編さん所、昭和五十三年、一三六—一三七頁。
(11)前掲『大久保利通日記』二、明治二年二月十六日、二三頁。
(12)『大西郷全集』第三巻(大西郷全集刊行会、昭和二年)六四五—六四七頁参照。
(13)前掲『鹿児島県史料』忠義公史料、第六巻、四六三—四六四頁。
(14)前掲『大久保利通日記』二、明治三年二月二十四日、八九—九〇頁。

西郷は三年正月に参政を辞していたが、七月に改めて大参事に任じられている。
(15) 前掲『保古飛呂比』〈四〉三三一―三三二、四三六頁。
(16) 『維新史料』二二―五。
(17) 「西郷吉之助建白書」（『大隈文書』A八三、マイクロフィルム版）。
(18) 前掲『鹿児島県史料』忠義公史料、第六巻、六五九―六七四頁。前掲『保古飛呂比』〈四〉四三五頁。
(19) 「川村純義書翰」明治三年八月二十四日（『大久保利通関係文書』二、立教大学日本史研究室、昭和四十一年、三五〇頁）。
(20) 「岩倉公への書翰」明治三年九月七日（『大久保利通文書』四、日本史籍協会、一二一―一四頁）。
(21) 前掲「川村純義書翰」明治三年十二月三日（前掲『大久保利通関係文書』二、三五一―三五二頁）。
(22) 前掲『保古飛呂比』〈四〉四三四頁。前掲『大久保利通日記』二、明治三年十月十日、一二八頁。
(23) 「豊石両地管轄替ニ付兵隊処分ノ儀願」（『公文録』山口藩之部一、自己巳六月至辛未七月）。
(24) 同右。
(25) 「常備隊二千人御親兵ニ差出シ度願」（前掲『公文録』山口藩之部一）。
山口藩では政府に対し、一五〇〇人の兵員の給養費を、月給六万九八二八両、衣服料四万六一九二両、フランケット代一万二〇〇〇両の合計一二万八〇二〇両と報告している。
(26) 田中彰『明治維新』（小学館『日本の歴史』、一九七六年）九五頁。
(27) 『修訂防長回天史』下巻（末松謙澄著、柏書房、一九八〇年）一六四八―一六五〇頁。
(28) 「森清蔵宛書翰」明治三年正月八日（『木戸孝允文書』四、日本史籍協会、八頁）。
(29) 「野村素介宛書翰」明治三年正月八日（前掲『木戸孝允文書』四、一〇頁）。
池田宏「明治初期の山口藩藩政改革について―『朝臣』層の動向と関連して―」（『論究』第一〇巻第一号、中央大学大学院、昭和五十三年）参照。
(30) 『世外井上公伝』第一巻（井上馨侯伝記編纂会編、原書房、一九六八年）三九三―三九七頁。
(31) 前掲・田中彰『明治維新』一〇〇頁参照。『忠愛公伝』所収の「処刑者一覧」より作成。
(32) 「尺牘広沢真臣」明治三年正月二十五日（宮内庁書陵部所蔵、木戸家文書、人ノ一五四）。

(33)「岩倉具視書翰」明治三年一月二十六日(『大久保利通関係文書』一、立教大学日本史研究室、昭和四十年)二四四頁。
(34) 前掲『木戸孝允日記』一、明治三年二月十日・十一日、三二〇—三二三頁。

第六節 「建国策」の作成

1 国家運営の苦心と「建国策」

版籍奉還断行後の政府にとって、郡県制を諸藩にどのように徹底するか、さらにはそれに見合った国家統治機構をいかに確立するかが、重要な課題であったことはすでに述べた。前者は、明治二(一八六九)年六月二十五日の諸務変革一一か条の推進であり、諸藩に報告を十月中に提出するように命じ、より郡県制の内実に近づけていくことがその方策であった。また、後者の国家統治機構に関する課題の第一は、政体書制度の改正で、それは中央集権的な七月八日の職員令の制定となった。第二は、兵制をどのように統一的な制度に改めるかで、国民徴兵制と鹿児島(薩摩)・山口(長州)・高知(土佐)藩兵の「徴兵」が、並行して着手される結果となっていた。

しかし、版籍奉還後の郡県制の徹底さらに国家統治機構の整備については、なお残された課題が少なくない。それは、諸務変革一一か条の提出に際し、諸藩の側で改革にともなう混乱を生じていたことにうかがわれる。諸藩にとって、封建制から郡県制への実際的な転換には困難が多く、そのための諸藩からの職制や禄制改革などについてのさまざまな伺いが政府に殺到した。また、職員令の制定で官職制度の統一、集権化がはかられたが、前述のように鹿児島・山口両藩出身者などの維新官僚の確執、あるいは地方官と大蔵省の対立、さらには有力藩の「尾大の弊」が顕在化し、三職の頂点に立つ右大臣三条実美や大納言岩倉具視の責任が問われるようになっていた。

このような国家運営の苦心に対し、岩倉は明治三年（一八七〇）六月ごろから「建国策」の作成に着手した。その「建国策」へ向けた具体的な作業は、まず岩倉から中弁江藤新平への働きかけであったようで、岩倉は江藤に対して、「宇内形勢」が一変した困難のなかで、「人々振而皇国ヲ起スノ旨趣ニ引導候様」にその作業を依頼している。(1)具体的には、「大禄」を費やす華士族の問題、人材教育の課題、公家、諸官人の奮起の必要などを列記するように求めていた。この岩倉の要請に対し、江藤は「建国体云々江藤胤雄議」(2)を提出している。また岩倉は別途に弁官などの協力を得て、みずからの側近に文案を作成させたようで、岩倉の手元には「郡県並世禄ノ事」が江藤の分担、「開国ノ事」が山口尚芳などと記された「覚書」がある。(3)同時期の岩倉の主な側近は、宇田淵、大橋慎三、香川敬三、原保太郎、古沢迂郎、山本復一らであった。大橋と原は民部・大蔵省の集権論を支持する姿勢で、また制度取調には後藤象二郎も参加していた。(4)そして岩倉は、これらをもとに「大政之基本経国之綱領ヲ定ムルノ議」(5)を取りまとめ、さらにそれを「国体昭明政体確立意見書」(6)とした。江藤みずから作成した「建国体云々江藤胤雄議」が、「国体」の形態や「上議院」の設置、法規則の制定などに主眼が置かれたのに対し、岩倉の「大政之基本経国之綱領ヲ定ムルノ議」は、郡県制の徹底と国家運営の基本を重視している。後者は、多分に民部・大蔵省に近い集権化の企図が強調されているのが特色といえる。

そして、この「大政之基本経国之綱領ヲ定ムルノ議」を改めた「国体昭明政体確立意見書」は、「建国之体裁ヲ弁明スヘキ事」「大ニ政府ノ費用ヲ計算シテ後来ノ目計ヲ可定事」など、二〇か条にわたる急進的な改革意見書であった。そこでは「大政之基本ヲ詳ニシ予シメ経国之綱領ヲ定ムヘキ事」において、政府の職掌が万民の「安康」の確保にあるとして、「後来ノ結局」と施行順序を「確議」し、その方向を一定とするように論じている。「建国之体裁」を、「皇統一系ノ国体」と人民が「陛下ニ奉事」する「上下ノ通義」にあると位置づけていた。政府が人民を保護するための費用は、人民が均一に「供弁」すべきとし、政府の事業の推進を急務と論じている。そして、大いに「郡県ノ体裁」を徹底することが、「億兆衆庶」の力を集めて「外冦」を防ぐ結果になると明記していた。「各藩適宜ノ施行」をやめて「政府一途ノ裁制」によることとし、石高に応じて地方を州、郡、県に改め、「兵制」「牧民之規制」「刑法」などを政府に集中するように主張している。「藩名」を廃して「州郡県」を設置することについては、左のように記していた。

「方今藩県錯雑シ治民ノ体ニアラス、且藩字方今ノ治体ニ於テ妥当ヲ不得、動モスレハ其名ニ拘泥シテ旧時ノ故習ヲ脱セサルアリ、且国ノ称呼亦甚穏ナラス、故ニ今改テ全邦ヲ国トシ、各地ニ州庁ヲ置キ、州ハ郡ヲ総ヘ、郡ハ県ヲ管シ、地方官庁ノ位置ヲ三等ニ分ツヘシ、但シ州ハ二国若シクハ三国ヲ合シ以テ州ト定メ、郡ハ現石五万石ニ不上、県ハ現石二万石ニ不上ルヘシ、但シ時宜ニ随ヒ斟酌ス、妨ケナカルヘシ

此制ヲナス時ハ従来ノ小藩皆不廃ヲ不得、是今日ニアリテ予シメ其目的ヲ可立事是ヲ第十二件トス

但シ今日ニアリテ一時行フヘカラサルアラハ、予シメ其目的ヲ立テ順次之ヲ施行スヘシ」(7)

藩を廃して二、三国をあわせた州を設置し、そのもとに五万石以下の郡、郡の管轄下に二万石以下の県を置くとしている。そして華族、士族、卒の家禄を家産に改めて家産税を課すこととし、その解体を強く打ち出したのである。

ついで、岩倉はこの「国体昭明政体確立意見書」をもとに、いわゆる「建国策」を作成した(8)。「建国策」は一五か条で、その項目は「建国ノ体ヲ明カニス可キ事」「国家経綸ノ根本ヲ定ム可キ事」「政府ノ歳入歳出ヲ明カニシ其計算

ヲ国民ニ知ラシム可キ事」「政府将来施設ノ目的ヲ立ツ可キ事」「郡県ノ体ヲ大成セン為ニ漸次其方針ヲ示ス可キ事」「列藩ノ改革ハ政府ノ裁断ヲ仰キ一途ニ帰セシムヘキ事」「華族及士卒家禄ノ制ヲ変革ス可キ事」「士族及卒ニ農工商ノ業ニ就クコトヲ勧誘スヘキ事」「藩知事朝集ノ制ヲ廃シ輦下ニ在住セシム可キ事」「藩ヲ改テ州郡ト為ス可キ事」「天下民治ノ規則ヲ一定シテ民部省ノ総轄ニ帰セシム可キ事」「天下ノ財源ヲ一定シテ大蔵省ノ総轄ニ帰セシム可キ事」「天下ノ兵制ヲ一定シテ兵部省ノ総轄ニ帰セシム可キ事」「天下ノ刑罰及人民訴訟ノ法ヲ一定シテ刑部省ノ総轄ニ帰セシム可キ事」「天下ニ中小学校ヲ設置シテ大学ニ隷属セシム可キ事」である。

「国体昭明政体確立意見書」の段階では二〇か条で、「建国策」に改める過程でその内の「大政之基本ヲ詳ニシ預シメ経国之綱領ヲ定ムヘキ事」「大ニ宣教ノ大意ヲ明ニシ兆民ヲシテ普ク惑イナカラシムヘキ事」「在職ノ官員都テ任所ノ籍ニ編入スヘキ事」「八州ヲ以テ畿内トシ直隷州トスヘキ事」「信義ヲ明ニシテ国債法ヲ可設事」が削除された。そして、「大ニ郡県ノ体裁ヲ詳ニシ順次其万目ヲ挙ン事ヲ計ルヘキ事」は、「郡県ノ体ヲ大成セン為ニ漸次其方針ヲ示ス可キ事」というおだやかな表現に改められた。とりわけ州郡を置いて「専ラ郡県ノ体裁ヲ可立事」については、「建国策」は「藩ヲ改テ州郡ト為ス可キ事」で、左のような変更である。

「方今府藩県ノ制ヲ立ツルモ、藩名アルカ為ニ各藩ノ吏員ハ其名ニ拘泥シテ旧習ヲ脱却スルコト能ハス、故ニ藩ヲ改テ州郡ト為シ、州ハ十万石以上トシ、郡ハ一万石以上トス、此ノ如ク名ヲ改ムルトキハ、大ニ旧来ノ耳目ヲ一洗スルニ至ラン」(9)

「建国策」では州は一〇万石以上、郡は一万石以上とし、大藩、小藩をそれぞれ州・郡の名称に変更するだけに限定している。岩倉は版籍奉還の際の知州事構想で小藩の統合策を提示し、「国体昭明政体確立意見書」でもそれを継承していたが、「建国策」ではその後退をよぎなくされている。「郡県ノ体裁」にもとづき「藩知事ノ如キモ世襲セシメス其人ヲ精選シテ之ヲ命セラル可キハ素ヨリ論ヲ待タス」としながらも、「今日ニ於テハ俄ニ之ヲ行フ可カラサルノ事情アリ」として、「藩知事朝集ノ制ヲ廃シ輦下ニ在住セシム可キ事」を、それにかわる措置と位置づけていた。同様な点は、「財源」や「兵制」の項目でも、急進的な表現がいずれも修正され、具体的な細目や但書きが削除されていることが知られる。岩倉の側近のもとで作成された「大政之基本経国之綱領ヲ定ムルノ議」、それを改めた「国体昭明政体確立意見書」が、「建国策」に至ってさらに改正され、より現実的なおだやかな表現に改められ、とくに州郡制についても「耳目ヲ一洗」することが重視されるようになったのである。

2 「建国策」審議とその課題

岩倉は、「国体昭明政体確立意見書」をもとに「建国策」を作成する過程で、政府内の諸参議の意見を聴取し、また各自の案文を取り集めた。「建国策」は、『岩倉公実記』に「具視建国策ヲ朝議ニ附スル事」という表題が附されているが、後述のように秘密裡に回覧され、おおやけの「朝議」に附された事実は判明しない。また『岩倉公実記』の八月の「廟堂」の議にもとづいてそれを提出したという記述の根拠も確証がない。参議広沢真臣が意見を求められたのは九月六日であり、(10)大久保へ宛てた書状で最初にそれが記されるのが九月九日であることから、「建国策」の具体的な検討は九月に入ってからのように思われる。(11)

岩倉が諸参議に提示したのが、「国体昭明政体確立意見書」か「建国策」のいずれかは判然としないが、岩倉は大久保に対して、九月十四日・十五日ごろを目途に「建国体」を決定したいと書いている。十三日には大久保に対して、かねて依頼した「建国云々」が「誠に草字用不用種々有之候」であるが、今晩または明日中に密かに「御一覧置可給候」と書き送っていた。[12] 十六日にも大久保に宛て、「建国始末実に御大事と存候」とし、「御賢考」の「心附」を内示するように求め、参議副島種臣と「談合」するように依頼していた。[13] この点、諸参議への回覧は、「国体昭明政体確立意見書」かあるいはそれを改めた草案段階の「建国策」であったと考えられる。

この岩倉の尽力は、「岩倉家蔵書類・明治三年建国策之件」[14]の中に、大久保、副島、広沢などの意見書がおさめられていることがそれを裏づける。この諸参議の意見書は、「副島建国策」が回覧されたことが知られる。参議のあいだでは、大久保が「建国始末十分見込言上仕候含」であること、副島に談話したことを、九月十六日付で岩倉に書き送り、さらに「建国体裁之論四冊」「江藤見込一冊」を副島へ送った旨を、二十一日に岩倉へ伝えている。[15] そして「建国策」については、「御下問」をどのようにするかが課題となったようで、「各見ル所ヲ悉シテ而之ヲ上セヨ」とする「勅語案」も作成された。[16]

もっとも、これらの意見、回覧に対する政府内の動向は、なお判然としない。大久保は、公明正大を目的とし、「不可奪ノ御根本」を確立して、実行をあげるべきとの考えに立っていた。それは、大久保が後述の「藩制」の審議にあたって、性急な改革を主張する「空論」への否定的な立場を取り、岩倉に対して「此上ハ何方〻も論ヲ生候とも御押シ付ケ相成度」[17]と書き送っていたことにうかがわれる。大久保の見解は、「御目的」がいかに立派でも、「政府ノ基」が立たなくては「有名無実」というものであり、それが「国体昭明政体確立意見書」に比較した「建国策」の漸進性に結びついたのかもしれない。[18]

だが、このような「建国策」であるが、『岩倉公実記』に「朝議ニ附スル」とあるにもかかわらず、先に指摘したようにそれが一般に公布あるいは政府内で公表された形跡はない。[19] もちろん、「太政官日誌」にも収載されていない。同時期、政府内では前述のように「藩制」の審議がすすめられ、集議院で紛議を生じていた。[20] 九月に公布された一三か条の「藩制」は、藩高における知事家禄、公廨諸費、陸海軍費などの割合や海軍費分の上納、さらには士族・卒以外の身分の廃止や藩債の支消などが定められたが、その審議の過程では、鹿児島、高知などの有力藩が「大ニ不服ヲ申立」て、紛糾をかさねていた。この「藩制」に比較して、「建国策」が政治体制のありかたから訴訟、教育まで、まさに「施政の基礎」を確定しようとしたより包括的な国家構想であったことは明らかである。そして、「建国策」は、「郡県ノ体」の「大成」を最大急務に掲げ、「藩名」が旧習を脱け出せない障害となるとして、州や郡に改めようとしていた。政府が「宜ク郡県ノ体ヲ大成スルノ方針ヲ示シテ、之ヲ指導シ、以テ其一新ヲ力メシムヘシ」と、その目途を明示している。諸藩の「民治ノ規制」や租税、兵制、刑罰、訴訟の権は、いずれも民部、大蔵、兵部、刑部省の総轄とすることを打ち出していた。華族、士族の「家禄」を「家産」に改め、さらに農工商の生業につくように「勧誘」している点などは、郡県制の不徹底な現状を大きく改革する方向と看取できる。

したがって、「建国策」は、政府内の大久保、副島らの現実的な見通しに配慮していたが、それでも「藩制」に比較してより積極的な改革構想であったといえる。それゆえに「建国策」は「尾大の弊」が無視できない段階においては、一般に公布あるいは政府内での公表が困難であったと考えられる。[21]とりわけ後述のような鹿児島藩への岩倉勅使派遣が問題となるなかで、同時期の「建国策」は、三職とその周辺の改革目的にとどめられたように思われる。

註

(1)「岩倉具視書簡」明治三年六月六日（佐賀県立図書館蔵、江藤家資料、〇一三一―四三）。

(2)「岩倉家蔵書類・明治三年建国策之件」（建国体云々江藤胤雄議）（国立国会図書館憲政資料室所蔵、岩倉具視文書、二六九）。右については、佐賀県立図書館蔵の「国の基本法についての岩倉侯の下問に対する答申書」（前掲・江藤家資料、九一三一―二）が、それに対応している。

(3) 「覚書」（『岩倉具視関係文書・岩倉公旧蹟保存会対岳文庫所蔵』一七―七―三一、北泉社マイクロフィルム版）。
(4) 「門下諸士ニ示ス書」明治二年四月（『岩倉具視関係文書』一、日本史籍協会、三三三頁）。「原保太郎書翰」明治三年七月十三日、「大橋慎建言書」明治三年八月八日（『岩倉具視関係文書』四、日本史籍協会、四〇四・四二六頁）。
(5) 後藤象二郎の参加については、「制度申出も有之、頻リニ江藤抔と示談取調居候へ共、未だ俄ニも運び申間敷」と伝えられている（『保古飛呂比』佐々木高行日記〈四〉東京大学史料編纂所、一九七三年、四〇二頁）。
(6) 「大政之基本経国之綱領ヲ定ムルノ議」（前掲『岩倉具視関係文書・岩倉公旧蹟保存会対岳文庫所蔵』一七―七―三一）。
(7) 「国体昭明政体確立意見書」（前掲『岩倉具視関係文書』一、三三八―三六二頁）。
(8) 同右、三五四―三五五頁。
(9) 「具視建国策ヲ朝議ニ附スル事」（『岩倉公実記』下巻、皇后宮職蔵板、明治三十九年、八二二―八三三頁）。
(10) 同右、八三〇頁。
(11) 「岩倉家蔵書類・明治三年建国策之件」広沢意見（国立国会図書館憲政資料室所蔵、岩倉具視文書、二六九）。
(12) 「岩倉具視書翰」明治三年九月九日（前掲『岩倉具視関係文書』四、四三八頁）。
(13) 「岩倉具視書翰」明治三年九月十三日（同右『岩倉具視関係文書』四、四三九頁）。
(14) 「岩倉具視書翰」明治三年九月十六日（同右『岩倉具視関係文書』四、四四〇―四四一頁）。
(15) 「岩倉家蔵書類・明治三年建国策之件」副島建国策（前掲、岩倉具視文書、二六九）。
(16) 「岩倉公への書翰」明治三年九月十六日・二十一日（『大久保利通文書』四、日本史籍協会、二八・三五頁）。
(17) 前掲「岩倉家蔵書類・明治三年建国策之件」。
(18) 「岩倉公への書翰」明治三年八月二十九日（『大久保利通文書』三、日本史籍協会、五五三頁）。
(19) 「岩倉家蔵書類・明治三年雑件」大久保書翰（前掲、岩倉具視文書、二七〇―三）、高橋秀直「廃藩置県における権力と社会」（山本四郎編『近代日本の政党と官僚』東京創元社、一九九一年）参照。
(20) 前掲「具視建国策ヲ朝議ニ附スル事」。
(21) 前掲『保古飛呂比』〈四〉三三一―三三二、三四八―三四九、三八九―三九一、四三四―四三七頁。
私の「建国策」の理解については、三年十二月の「国法会議の地方制度議案」および四年四月の「大藩同心意見書」との関係の不連続、曖昧さが、勝田政治「維新政権論の現在」（『歴史評論』第五八九号、一九九九年）によって指摘された。「建国策」は、拙著『維新政権』で、「郡県制による集権体制を目指した主張」と記したように、それが「国体昭明政体確立意見書」の急進性を漸進的に改めていたとはいえ、それでも藩知事の世襲を否定した「郡県ノ体ヲ大成スル」ことを目的に掲げ、段階的な方向性を示している。しかし、「建国策」は、本書で強調したように一般に公布あるいは政府内でおおやけにされた段階のものではない。この点、「建国策」を、大臣、納言、参議をはじめ制度局官員などが出席したおおやけの場における「国法会議」の「地方制度議案」と必ずしも同列に論じることはできない。「国法会議」は、制度局の江藤が推進し、「府藩県の統一化を前進」させることを当面の議論としている。その後、有力諸藩「廃藩」建議をふまえた新たな段階の「大藩同心意見書」の作成では、「建国策」で主張した「郡県ノ体ヲ大成スル」こと、さらには「国体昭明政体確立意見書」の急進性が復活する。「大藩同心意見書」は、有力大藩の「廃藩」建議を前提にした内々の案文であり、「国法会議」の「地方制度議案」と異なった段階で、州・郡・県の「専ラ郡県ノ体裁ヲ明ニスル」ことが掲げられている。廃藩置県はその断行の直前まで秘密裡にすすめられたのであり、主な作成者が異って限られたメンバーの段階とおおやけの会議では、藩体制に関する主張に不連続面を生じるのも避けられないと思われる。

第七節　岩倉勅使の鹿児島・山口出張

1　藩力動員への合意

「藩制」の具体化、さらには「建国策」の作成にあたっての政府の課題は、鹿児島（薩摩）・山口（長州）両藩の割拠的な姿勢の克服であった。また、政府は明治三年（一八七〇）十一月二十七日、第一回の国法会議を開き、天皇親臨のもとで、三条実美右大臣や木戸孝允・大久保利通両参議が出席し、国体や政体の検討に着手していた。(1) そこでは、中弁江藤新平が制度取調専務となり、まず日本の政体を君主政治として、天皇の独裁と君権を確立させることを前提に、そのもとでの行政・立法・司法の三権の役割や地方政治のあり方を審議している。「制法ノ権」を「主上ニアリ」とし、それを議案提出、審議、議決に三分し、それぞれに関する天皇・三職・議院の権限や分担を明らかにしていた。(2) また地方については、州、郡、村を設定し、郡を「数村ヲ合セ或ハ数市村ヲ合テ、草高二十万石未満ノ地、及ヒ物成五万石未満ノ地、並ニ人別十万人未満ノ地」とし、郡を越える規模を州として、それらの権限や管轄地の整理を提議している。(3) だが、江藤が中心となって翌四年正月まで数次にわたって実施した国法会議も、具体的な審議となると、府藩県三治の壁と「尾大の弊」が課題となったようで、「実事」に関する会議は進捗していない。

この点、大納言岩倉具視は、封建的支配体制の解体を企図しつつも、島津久光や毛利敬親、そして鹿児島藩士族に絶大な影響力を持つ西郷隆盛の政府内への取り込みを重視していた。それは、明治二年正月に勅使を両藩に派遣し、岩倉みずからが久光に宛て上京を要請していたことに示される。岩倉は、二年七月の職員令制定の際にも久光の上京を画策し、九月には大久保に対して、久光、敬親、西郷の上京を依頼して、「薩長両老卿是非々々出府有之、今暫らく輦下に在勤、猶両輪たる事、実に急務と存候」(4) と書き送っていた。

一方、大久保も「朝権確立」の前提に鹿児島藩側の協力を不可欠とし、明治三年正月の帰藩では、久光を上京させることに全力をあげていた。それは大久保が、鹿児島・山口両藩を「皇国ノ柱石」とみなし、両藩の協力のもとで「国内一定一和」が確立するとして、全国諸藩の公平を強調する「空論」に批判的であったことにうかがわれる。「朝廷」より「威力」を持っているのが鹿児島・山口両藩であるとし、両藩の力を用いることが重要とする見解で、両藩も「朝廷ヲ重ンシ進ンテ尽ス処アレハ、天下列藩慣之其勢瞭然トシテ顕ハルヘシ」[5]と論じていた。大久保は、三年七月に民部・大蔵省の分離を実現し、大隈重信らの急進派を抑えることに成功したが、その後も「藩制」の審議など、政府の改革に批判的な鹿児島藩の動向に苦慮していた。同藩の政府批判は、前述の鹿児島藩士横山安武（正太郎）が一〇か条の意見書を掲げた諫死事件に象徴される。したがって、大久保をはじめとする在京の鹿児島藩出身者は、同藩の協力を求めるために、三年八月に兵部大丞西郷従道を鹿児島へ派遣することで合意した。従道は山県有朋とともに西欧に渡って普仏戦争を実見しており、兵制の確立に熱心で、鹿児島藩側の協力についても、期すところがあったようである。そして大久保は、岩倉に対して九月三日、「一藩を以今一層朝廷ニ尽すの根本ニ尽力いたし度」[6]との提案を行った。

岩倉は、この大久保の提案に対し、それが「皇国振起」に結びつくとして、「海外各国虎狼百万の衆に敵するは御忠策の外不可有と存候」と答え、大久保の帰藩に同意した[7]。それまでも久光・敬親の上京に積極的であった岩倉は、「両国老卿西郷等同しく朝廷に立ち同心合力補助し奉り候へは何事か行れさらん」という考えであった[8]。両老卿や西郷が「今四五年は真に朝廷柱石両輪たらん」との立場であったが、「何つ迄も薩長と云なかれ」との「公論」があって、やむを得ずみずからの主張を抑えていたという。岩倉は、大久保・木戸らと提携して「朝権確立」に尽力していたが、維新官僚には鹿児島藩と山口藩出身者の反目があり、急進的な木戸・大隈らと漸進的な大久保・副島らの対立を生じていた。この点、木戸の合意が得られるのであれば、政府への久光・敬親や西郷の参加は、政府の威信を高め、同時に政府内の実情をかれらに知らせることで両者の溝を埋め、鹿児島・山口両藩の暴発を防ぐことが可能になる。両藩の「尾大の弊」が解消できないかぎり、「藩制」の徹底や「建国策」の州郡制構想も着手できない。まさにそれが「尾大の弊」を解消し、政府を強化する現実的な方策と理解されたのである。

もっとも、この大久保の提案は、諸参議の同意を得る段階で困難に直面した。藩力の動員を危惧する副島などの反発である。[9] 鹿児島藩は東京に出していた徴兵二大隊の帰藩を強行し、九月二十八日には交替兵の免除を願い出て、政府を苦境に陥らせていた。[10] 大兵をひきいた西郷が上京して「朝廷を一変する」との不穏な風聞が流れ、政府内が驚愕・狼狽する事態も生じている。[11] それゆえ大久保の提案は、岩倉から「小子には前議之通決心罷在候」という協力的姿勢をうけていたにもかかわらず、容易に進展していない。[12]「強藩」に振り回されては「朝威」が立たず、「他日の害いかん」という批判を考慮した結果であった。

したがって大久保は、十月七日に入って政府改革の具体的な方策を岩倉に提示した。それは、「朝廷之体裁確実之事」「御輔導之事」「君側非常之改革を以テ御節倹之道被為定候事」などの九項目である。[13] 節倹や減員は鹿児島藩などが求めていた点であるが、「参議一分課専任之事」「民蔵之権断然政府ニ御握リ之事」「君側ニ参議ニ人若クハ三人専務之事」は、大久保が従来から繰り返し主張していたことがらで、政府強化の視点である。

これらは、大久保の必死の尽力で、十月二十七日の政府会議で合意された。その後、参議の諸卿分担や民部省の人員削減が具体化されている。だが、大久保の企図したこの政府の権限強化策も、木戸や大隈の協力は必ずしも十分でない。「面従腹非にて中々六ケ舗」という状況で、多くは「名目」的であったようだ。[14] 閏十月十日に岩倉が大阪造幣寮の臨検に出発した後は、逆に大蔵省が主導した人事や工部省の設置がすすめられている。

しかし、藩力の動員へ向けた大久保の企図は、帰藩していた黒田清綱と西郷従道から、鹿児島藩側の政府協力の可能性を伝えた書状が届いたことで、改めて現実のものとなった。従道の閏十月二十二日付の書状は、鹿児島藩側の動向を左のように伝えている。

「篤と朝廷之情実詳ニ申述、就而当今御両公之御趣意且鹿府之動静素より以来目的如何と慨歎議論真密ニ尽し候処、三岩之両卿即今御近迎被為遊、実ニ大政府之御愛情顕然とし、時世緩急を竊ニ御洞察深謀遠慮大義軽重を御明弁、爾後紛擾を御英断創業之道可為尽至誠相貫キ候得は、尤両公より諸官小吏兵隊ニ至迄犬馬之労を不厭、恐縮して大政府之奉護可仕、実ニ時機今日ニ可有之との趣論判落涙ニ相及候次第ニ後座候(15)」

三条か岩倉が直々に出向いて「大政府之御愛情」を示し、英断をもって「創業之道」を貫徹するのであれば、藩内全体が犬馬の労をいとわず協力するであろうというのである。

大久保は、従道の書状を十一月十四日に受け取り、早速、十五日に帰藩することを三条に言上し、関西に滞在していた岩倉にみずからの西下を伝えている(16)。岩倉の鹿児島への勅使派遣は、事前に検討されていたようで、大阪からの直接の下向が予定された。三条から十五日付の書状で、大久保と京都で合流し、鹿児島藩への岩倉の出張が依頼されている(17)。大久保は、木戸の山口帰藩についても、その同意を取り付けた。木戸が大久保の西下に同意したのは、前年にやはり大久保と島津久光、毛利敬親の上京を推進したことがあり、また有力大藩の「漸を以進歩」を期待し、その協力を得て反政府運動の鎮圧を求めるようになったことによる(18)。藩力については、それを放置することができない状況にあり、「下策」としながらも、政府強化のためにその力を動員せざるを得なかった(19)。木戸が伊藤に対し、藩力の動員を「最上之策と申訳に而も無之候得ども、藩々様々之情実有之中々一様には難参」とし、「十年を待候事と則決之事と区分を成し、着手不仕而は却而於実事上及遅延候事も可有之歟に相考へ申候」と書き送っていることが、それを裏づける。

有馬温泉での静養をかねて西京に滞在していた岩倉もまた、黒田と出会し、十一月十三日に大久保に宛て、鹿児島藩が「報国の正論」に至ったことを「欣然此事に候」とし、みずから勅使となって下向する意向を表明した。十五日には、「実に天下の大事此挙と存候」と、久光・敬親を上京させることについての尽力をかさねて要請したのであっ

た。(20)

2　鹿児島・山口・高知三藩の提携

大久保利通と木戸孝允は、十一月二十九日に東京を出発して京都で岩倉と合流し、岩倉、大久保、兵部少輔山県有朋、兵部大丞川村純義らは、十二月十五日に大坂を発って鹿児島へ向かった。十八日に岩倉勅使が到着した後の鹿児島藩側の対応については、岩倉が三条に対し、「世上紛紜之説は全く虚説」にして、藩庁の動向もとくに問題がなかったと報じている。(21)西郷隆盛は「鉄車之錆付も同然」と政府に批判的であったが、岩倉の西下に対しては「朝廷之事天下之儀を憂苦罷在、是非長土等同心合力不致は百事去るとの見込」が示され、山県・川村らとのあいだで、鹿児島・山口両藩兵の上京を談じている。

山県は、かねてから西郷隆盛を上京させることに積極的だったようで、それゆえ川村とともにみずから鹿児島に出張していた。西郷は、かねてより「尾大不振」の対策として、「諸藩強大ノ国ヨリ精兵一万余人其家属トモ朝廷江献セシメ、永ク朝廷ノ名籍ニ連ネ、禁衛ノ兵トシ若不宜ノ者アルトモ、此兵ヲ本ニ立テ征伐スヘシ(22)」と論じていた。この山県が、鹿児島・山口両藩兵を「親兵」とする申入れに応じたのは、山県が「国民皆兵」主義を原則としながらも、農工商出身者を含めた「徴兵規則」にもとづく兵制の貫徹が、なお困難と判断していたことによると思われる。山県の出身である長州藩みずからが諸隊の削減に苦しみ、預地となっていた豊前・石見両国の返還に際して、諸隊の「親兵」化を歎願した経緯も存在する。そしてなによりも、藩体制の廃止と政府による財政掌握ができないうえは、なお「国民皆兵」主義の貫徹が不可能で、とくに士官の構成はおのずと士族出身者にたよらざる得ない。また攘夷派などの反政府運動の激化に対する危惧、さらには前述のような政府を震撼とさせた鹿児島藩兵上京の風聞を前に、現実的な対応が必要であったといえる。それが、山県・川村両者の現実に合わせた判断であったことは、事前の相談がなかった兵部大丞山田顕義が「献兵」の動向を知り、「万一左様相成候」ようではとても陸軍の「御発行之目的無覚束」と、その「嘆息」を木戸に書き送っていたことにうかがわれる。(23)

それゆえに山県は、鹿児島藩兵を親兵とする措置について、親兵が「藩臣」でなくなることの確認をとっている。山県は後年の実歴談のなかで、西郷に対し、親兵が「最早ヤ何レモ藩臣ニアラサルニ因リ、薩州ヨリ出テシ兵ト雖トモ、一朝事アルノ秋ニハ、薩摩守ニ向ヒテ、弓ヲ彎クノ決心アルヲ要ス」と条件をつけ、その承諾を得たと語っている。(24)西郷が鹿児島藩兵を親兵とした際の給養保証を求め、それに対して山県らは、三藩の兵力を親兵とするのであり、その見返りに鹿児島藩兵を政府の「傭兵」に切りかえることを西郷に保証させたのである。また山県は、底をついていた兵部省予算を補うために、「新ニ要スル兵員養成ノ費用ハ、藩力平均ノ配当ヲ断行」するとの案を示した。そこでは、「場合ニ依リ、血ヲ流スニ至ルカ如キノ事アルヘキ」と語り、西郷からそのことへの同意も取りつけている。(25)この点で西郷は、鹿児島藩兵の給養とひきかえに、藩体制の解体にも同意することを約束させられたといえる。

しかし、このような「同心合力」は、鹿児島藩全体におよぶ動向ではなく、久光に対する協力要請はとくに困難を極めた。岩倉勅使は十二月二十三日に鹿児島城内に入ったが、久光は風邪で藩知事忠義が名代を勤めた。「汝久光朕カ股肱羽翼ナリ、宜朕カ不逮ヲ助、左右群臣ト同心戮力皇業ヲ賛成シ、朕ヲシテ復古ノ成績ヲ遂シメヨ」という勅語は、息子の忠義に授けることをよぎなくされている。(26)岩倉は同日午後には照国神社に参向した。二十四日には、久光が岩倉の旅館を訪ね、まず西郷隆盛を上京させ、みずからは翌明治四年春を期して上京する旨を奉答したが、その対応は岩倉にとって必ずしも安心できるものではなかった。岩倉はその後に久光を訪ね、久光の対応が「少々曖昧之趣有之」と伝えられると、書状でかさねて久光の上京をうながし、三月末の鹿児島出発をせまった。[27]そこでは、「御延引」になっては「尊卿之御臣分も不相立、具視勅使之廉も不相立」とし、「曖昧虚飾」でその場をしのぐようでは「恐多も上を奉欺候様之義」になり、「天下」に申し訳けが立たないとかさねて念を押したのである。[28]

このような岩倉の厳しい対応の背景には、政府首脳が、久光・敬親の上京とそれによる国論の確定を、「皇権」にかかわる国家の大事とみなしていたことによる。三条も、「亜相之大臣」が下向して「尚貫徹之場」に至らなければ実に不安とし、「是非奉命出府」をさせるよう岩倉に尽力を依頼していた。[29]そこでは、久光が上京した際、「麝香間ニ数々出勤大政ニ参与」とし、「納言同様之心得」に任じることを伝えている。久光が「廟堂之国論」や「世間之公論」と合わずに帰国するようでは、一層の大害になるとし、虚飾でない大任を久光にあたえるとともに、「朝廷ト同体之論」に帰着するように取りはからう必要を強調していた。

この点は、岩倉も鹿児島・山口両藩の動向や「建国策」の作成に苦心してきたことから、同論であったにちがいない。岩倉はすでに十一月十三日、大久保に宛て「何分にも大事は各朝廷に立ちての上、同心戮力大になすもの有らんか」とし、久光や敬親が上京した際には、「両老公西郷顧問、尾州越前鍋島土州等麝香間国事諮詢」[30]に任じることを書き送っていた。有力者を麝香間祗候に登用して、その上で「政令出る時」は「憂ふる処なく存候」という考えである。それゆえ岩倉は、勅書をあたえた際の「演舌」で、鹿児島・山口両藩が「王室ノ羽翼」「国家ノ柱石」であることを強調していた。[31]また十二月二十四日の書状でも、久光に「同心戮力」を求めた勅書の「宸意」、および「三条始同僚中頻に御出府懇願」という政府の「廟議」を伝えている。[32]それは、岩倉がその後も、久光に後述のような書翰を送り、上京を求めたことに裏づけられる。

一方、十二月二十八日に鹿児島を発った岩倉は、西郷をともなって、明治四年正月七日に山口に入った。岩倉は山口でも、毛利敬親に勅語をさずけて上京をうながし、毛利家歴代の豊栄神社に参向している。また大久保は、山口で木戸に会い、政府改革に鹿児島・山口・高知三藩が同心戮力することについての同意を取りつけた。木戸は列強に対峙できるような政府の確立をなによりの急務とみなしていた。そのためには、朝廷の根軸を確立するための「下策」としながらも、藩力の結集による政府強化をよぎないものと妥協したといえる。

さらに、大久保・木戸両参議と西郷および山口藩権大参事杉孫七郎は、勅使と別行動をとり、高知藩に赴いた。一行は正月十七日に高知に入り、大参事板垣退助、権大参事福岡孝弟らと会談している。(33) 十九日には高知藩が鹿児島・山口両藩とともに政府改革に参画することを求め、その同意を獲得した。

高知藩では、戊辰戦争後、参政の谷干城らが中心となり、フランス人教師をまねいて大規模な兵制改革と軍備の刷新をすすめていた。明治二年四月から三年九月にかけては、後述のように四国一三藩を集めた四国会議（琴陵会議）を主催していた。それは、同藩が主に鹿児島・山口両藩の反目から、ふたたび国内が動乱の事態になるであろうと想定していたことによる。(34) また同藩では、藩知事山内豊範が三年二月に鹿児島を訪問し、鹿児島・山口・高知の三藩が盟約して、朝廷を輔翼することを画策した。そして、閏十月に板垣が大参事になると、藩政改革をより強力に推進していた。士族や農民に商業活動を許す一方で、士族の家産や官禄に対する課税、および給禄の月俸制を実施している。諸藩の注目を集めた画期的な藩政改革で、このような高知藩の存在は、鹿児島・山口両藩も政府の安定のために無視できなかったといえる。

この高知藩をあわせた同心戮力の経緯、および鹿児島・山口・高知三藩の藩力を結集した政府強化の企図については、岩倉が三条に宛て左のように書いていることに裏づけられる。

「両藩談合決極著目之所、追々承候所畢竟復古之基本を被開候は、全く薩長土三藩合力同心補助し奉り候而今日に至り候事に候へは、第一三藩益同心戮力相合し、其力を一混にして朝廷に奉献、十分之御権力相備り候様無之而は、今日迄之処朝廷空権を御握り相成候同様に而、何事も不行は必然、如何なる人傑輩出候と雖も万々六ケ敷云々底意と被存候、就而は三藩合一と申所眼目との次第より、西郷大参事・杉権大参事高知藩へ跋渉、厚く頼談致し度趣申出、其旨趣神妙と存候に付乍卒爾独断及許容候、随而大久保・木戸両人も見込之趣有之候由故、僭越之罪何共恐入存候得共、一分を以て同行可致旨相達同藩へ差越候、左御承知願入候(35)」

岩倉は三条に対し、勅使の独断で大久保、木戸の高知出張を認めたことの承認を求め、三藩の「同心戮力」があって、これまでの「朝廷空権」の弊害が打破できるであろう期待を語っている。すなわち、岩倉勅使の鹿児島・山口両藩への下向が、高知藩をまじえた三藩の提携を作り出したのである。それは西郷隆盛を政府内に引き入れること、および三藩の兵力を結集させることの合意であり、その後の政府改革に向けた有力藩の協力体制が具体化したものと看取できるのである。

註

(1) 拙稿「明治初年の国法会議」(『日本歴史』第四一二号、昭和五十七年)。
(2) 「国法」(佐賀県立図書館所蔵、江藤家資料、九一三一三)。
(3) 「土地境界区域ノ事」(前掲、江藤家資料、九五〇一三)。
(4) 「岩倉具視書翰」明治二年九月十日(『岩倉具視関係文書』四、日本史籍協会、三一三頁)。
(5) 「帰藩の際同志に頒ちし意見書」明治二年十二月十八日(『大久保利通文書』三、日本史籍協会、三五五―三五七頁)。
(6) 『大久保利通日記』二、明治三年九月三日、日本史籍協会、一二三―一二四頁。
(7) 「岩倉具視書翰」明治三年九月四日・九日(前掲『岩倉具視関係文書』四、四三一・四三八頁)。
(8) 「岩倉具視書翰」明治三年十一月十三日(前掲『岩倉具視関係文書』四、四七〇―四七一頁)。

(9)「岩倉公への書翰」明治三年九月六日(『大久保利通文書』四、日本史籍協会、九頁)。
(10)鹿児島藩兵の交代については、川村純義が三条実美に願い出たようだ。川村は大久保に対し、八月二十四日に交代を要請していた(「川村純義書翰」〈『大久保利通関係文書』二、立教大学日本史研究室、昭和四十一年、三五〇頁〉)。
(11)前掲『大久保利通日記』二、明治三年十月十日、一二八頁。
(12)「岩倉具視書翰」明治三年十月五日(前掲『岩倉具視関係文書』四、四四三頁)。
(13)前掲『大久保利通日記』二、明治三年十月十日、一二九―一三〇頁。
(14)「岩倉公への書翰」明治三年十一月四日(前掲『大久保利通文書』四、一〇三―一〇六頁)。
大久保は、明治三年十月に藩力動員が困難に直面した際、その推進を躊躇したようであるが、藩力動員そのものをも断念したわけではない。それゆえ、西郷従道から連絡が届いた折、大久保・岩倉両者は直ちに鹿児島への勅使派遣の準備に着手している。岩倉は大久保に宛て「西郷召候処江不至候ては、始終之事不可挙と存候事に候、是は面上可申入候」と記し、西郷の上京が継続的な目的となっていたことを示している(「岩倉具視書翰」明治三年十月五日・十七日〈前掲『岩倉具視関係文書』四、四四三・四四六頁〉)。
(15)「西郷従道より大久保・吉井への書翰」明治三年閏十月二十二日(前掲『大久保利通文書』四、一一三頁)。
(16)「岩倉公への書翰」明治三年十一月十五日(前掲『大久保利通文書』四、一一〇―一一一頁)。
(17)「三条公より岩倉公への書翰」明治三年十一月十五日(前掲『大久保利通文書』四、一二〇―一二一頁)。
(18)「大久保利通宛書翰」明治三年十一月十六日(『木戸孝允文書』四、日本史籍協会、一五〇―一五一頁)。
(19)「木戸孝允書翰」明治四年二月十八日(『伊藤博文関係文書』四、伊藤博文関係文書研究会、一九七六年、二〇二頁)。
豊前・石見両預地の返上に際し、山口藩が諸隊の「親兵」化を願い出ていたことも、藩力動員に反対できなかった理由の一端と思われる(『木戸孝允日記』一、明治三年八月十七日、日本史籍協会、三八四頁)。
(20)「岩倉具視書翰」明治三年十一月十三日・十五日(前掲『岩倉具視関係文書』四、四六九―四七〇・四七三頁)。
(21)「岩倉具視書翰」明治三年十二月二十一日(前掲『岩倉具視関係文書』四、四八三頁)。
(22)「西郷隆盛意見書」(『岩倉具視関係文書』八、日本史籍協会、一一八頁)。
(23)「尺牘山田顕義」明治四年正月二十三日(宮内庁書陵部所蔵、木戸家文書、人ノ一〇〇)。

(24)「徴兵制度及自治制度確立ノ沿革」(『明治憲政経済史論』国家学会、原書房、大正八年、三七九―三八一頁)。
(25) 同右、黒田清隆は二年八月、親兵一人につき年額一八〇両の出費として、一万人では年額一八〇万両の支出と計算している(「黒田清隆書翰」明治二年八月二十日〈前掲『大久保利通関係文書』三、五頁〉)。
(26)「具視勅命ヲ奉シ鹿児島藩ニ下向ノ事」(『岩倉公実記』下巻、皇后宮職蔵板、明治三十九年、八七一―八七二頁)。
(27) 前掲『大久保利通日記』二、明治三年十二月二十六日・二十七日、一四六頁。「両藩御下向日記」(『岩倉具視関係文書・岩倉公旧蹟保存会対岳文庫所蔵』一七―九―四、北泉社マイクロフィルム版)。
(28)「岩倉具視書翰」明治三年十二月二十四日(前掲『岩倉具視関係文書』四、四八七頁)。
(29)「三条公より岩倉公への書翰」明治三年十一月二十七日(前掲『大久保利通文書』四、一四〇頁)。
(30)「岩倉具視書翰」明治三年十一月十三日(前掲『岩倉具視関係文書』四、四七一―四七二頁)。
(31)「御沙汰書並諸書類」(『国立公文書館内閣文庫所蔵・岩倉具視関係文書』一―一一、北泉社マイクロフィルム版)。
(32)「岩倉具視書翰」明治三年十二月二十四日(前掲『岩倉具視関係文書』四、四八五頁)。
(33) 前掲『大久保利通日記』二、明治四年正月十九日、一五一頁。前掲『木戸孝允日記』一、明治四年正月十九日、四四四頁。
(34)『保古飛呂比』佐々木高行日記〈四〉東京大学史料編纂所、一九七三年、一六九―一七〇、四一三―四一四、四三七―四三八・四六八九頁。
(35)「岩倉具視書翰」明治四年正月十四日(『岩倉具視関係文書』五、日本史籍協会、四頁)。

第三章　廃藩論の形成

第一節　藩体制の解体

1　戊辰戦争処分と藩政改革

版籍奉還後の政府は、諸藩の封建的支配の解体をすすめ、旧態依然とした藩に対して、藩政改革の督促さらには厳しい処分を断行した。

津軽一〇万石の弘前藩を一例にすると、同藩は戊辰戦争のはじめに奥羽越列藩同盟側に属し、その後に政府側に転じて南部（盛岡）藩などと戦い、翌明治二年（一八六九）の箱館戦争に功をあげて「勤王殊功藩」と評価されていた。しかし、同藩の内情は、京都から帰藩した重臣や近衛家の説得をうけ、最終段階で奥羽越列藩同盟から新政府側へ転じたのであり、その際にも去就に苦しんだ同藩は、藩兵の一部を新政府に敵対する庄内藩側に参加させていた。(1) このような藩当局に対し、大番頭の山崎清良らは戦後に藩首脳の背信的な姿勢を糾弾していた。山崎は、藩境を封鎖して奥羽鎮撫副総督一行の通行を妨害した責任を負わされ、戊辰戦争後に処分をうけたこともあって、明治二年十月に弘前を巡回した三陸磐城両羽按察使に対し、戦時中の弘前藩当局者の反政府的な行動を訴えている。(2) 同藩の内紛では、やはり翌三年三月、山田登らの一派が弘前を巡回した民部監督権正に対して、藩当局を批判する直訴を行った。

しかし、政府はこのような弘前藩の紛議に対して、山崎や山田らの糾弾を直接に取りあげていない。政府は、五月に按察大主典の橋本重賢を弘前に派遣し、「窃ニ聞玉石混合之振合モ有之哉ニ候、右ハ全く浮説ニ候哉」(3)と藩知事津軽承昭を問いただしていた。六月にも菱田重禧按察権判官を送って、藩内の反対派から内紛の詳細を糾問していたが、藩当局に対する批判は却下したのである。橋本は六月十日、藩当局やそれを糾弾する山田一派を前にして、同藩の「方向曖昧」については、朝敵藩でも首謀者が限定されていること、まして弘前藩は「軍功賞典」を下賜された「勤王藩」であることから、「過日之事ハ一切被為問儀已無之」と演説した。(4) 政府は、弘前藩内の混乱の回避に主眼を置き、山田らの「人材登用不公平」「知事公御廃立之事」などの批判をも却下し、一方で、按察使を通じて藩当局に藩政改革を厳しく督促している。それゆえ、弘前藩では藩知事みずから三年六月十一日、左のような演説を行って、旧弊の刷新と改革の推進を表明したのであった。

「皇運隆興竟ニ万国ニ卓絶被為遊度御主意ニ付、経国之大本被為立候折柄、余不肖一方之重任ヲ蒙、事業及遷延候テハ不相済ハ勿論ニ候得共、自然僻遠之地、旧来之流弊難相除日夜苦慮致候、付テハ今般厳ニ藩政ヲ改革シ、感激奮励可致、汝等亦其意ヲ体認シ、一藩同力既往不論将来ヲ是励ミ、各尽力其職掌屹度実効相挙候様可心得事

六月十一日　　知藩事」(5)

以後、弘前藩では六月十八日に藩治職制を改定し、いっさいの政務の先規や旧例を廃止した新たな藩庁規則を設け、兵制や税制についても抜本的な改革に着手している。「勤王殊功藩」として一万石を下賜されていた弘前藩において、政府は山崎や山田らの藩当局批判を却下したが、その糾問にあたった按察使を通じて、藩当局に対する藩政改革の徹

底を督促したのであった。

2　按察使の盛岡藩糾弾

戊辰戦争後の政府は、地方支配の安定を推進したが、一方で旧態依然とした状態が残っている藩に対しては、府藩県一致の理念にそった圧力を加え、廃藩をもうながした。(6) その一例は、戊辰戦争で「朝敵」藩とされた盛岡（南部）藩の処分である。盛岡藩は、戊辰戦争で京都から帰藩した家老の楢山佐渡が反政府論を説き、弘前藩とは逆に最終段階で奥羽越列藩同盟側に立って参戦し、戦後処分でそれまでの二〇万石の所領を一三万石に削られ、磐城国白石に転封される処分をうけていた。そのような同藩も、旧庄内藩とともに旧領へ復帰することを目的とした運動を繰りかえし、明治二年（一八六九）七月には七〇万両の献金を約することで、盛岡へ復領する願いが許されている。また戊辰戦争の処分では、楢山佐渡、江幡五郎（那珂通高）、佐々木直作（政純）らが責任者とされ、藩主南部利剛、嫡子彦太郎も東京に送られて謹慎させられたが、結局、楢山一人の刎首に終わっている。(7) このため盛岡藩内では守旧派がなお隠然とした力を持ち続け、政府の支持をうけて戦後の藩政に参画した目時隆之進が、「国ヲ売リ禍心ヲ包蔵スル者」と非難され、進退きわまって自決する事態を生じた。(8) 同藩の旧態依然とした動向は、「金七十万両献納、旧領不残ト誤解シ、豈ニ計ラン盛岡城附十三万石相当ニ付、又々動揺、既ニ暴徒蜂起ノ兆有之」という事態となっている。(9) 同藩内では、新政府の支持をうけた東次郎をはじめ野田玉造、安宅正路などが抜擢されるようになっていたが、守旧派が藩内でなお隠然とした力を保持していたのである。

このような盛岡藩に対し、同時期の東北では、やはり三陸磐城両羽按察使が同藩の反政府的な姿勢を厳しく糾弾した。政府は明治二年六月に三陸磐城巡察使、七月にそれを改めた三陸磐城両羽按察使を設置し、八月十四日に按察府を白石に開設していた。[10] 東北藩県を巡察した坊城俊章按察次官、渡辺清按察判官の一行は、二年九月二十一日に盛岡に入り、二十七日まで同地にとどまっている。[11] この間、渡辺は盛岡藩の実情を、「此藩一旦降伏謝罪スルト雖、戊辰事ヲ誤ルノ奸吏依然職ニ在、陽ニ正ヲ唱ヒ、陰ニ正徒ヲ忌ミ、正徒力微ニシテ之ヲ排ク能ハス」[12] とみなしていた。渡辺は、東北藩県の懸案事項を伝えた民部省への報告のなかで、盛岡藩について「今之ヲ責メハ、正徒力微、却テ其敗ヲ取ン、之ヲ後図ニ譲リ一発大成スルニ如ス」と記し、後日に厳しい糾弾と抜本的な改革を企図している。[13] そして、急ぎ上京した渡辺は、民部省に東北藩県の実情を報じ、その改革に関する指示を求めた。盛岡藩を糾弾するために弾正台とも協議をかさね、渡辺自身もそれまでの按察判官に加えて民部大丞を兼任するようになっている。

　かくして、按察府では明治二年十二月、盛岡藩の権少参事石亀左司馬らを白石に拘留し、糾問に着手した。[14] 按察府が石亀を糾問した点は、①戊辰戦争の処分で戦争首謀者として刎首を命じられた楢山佐渡の処刑が遅れた理由、刎首の後も楢山を「将軍地蔵」として祀っているとの風聞の真偽、②目時隆之進を自殺に追いやった守旧派の実態、③佐々木直作・江帾五郎らの守旧派が力を保持していることの真偽、④盛岡へ復帰するための代償とされた七〇万両調達をめぐる問題、などであった。按察府は戊辰戦争後の盛岡藩の藩状について、「未ダ人気相揃不申、姦徒之者政権ヲ握リ候ヨシ」とみなし、疑惑を追及したものといえる。盛岡藩については、小坂銀山を管轄する江刺県の大参事国府義胤からも、同藩出身の鉱山権正大島高任の銀山における不正を批判した意見書が出され、按察府では同藩に対する疑義を強めていた。

　さらに、この盛岡藩の糾弾については、按察府の要請をうけた弾正台から、弾正大巡察の青木信義、弾正少巡察の武久昌孚ら四人が出張した。青木大巡察は、按察府で石亀を糾問した折にも立ち合い、明治三年正月二十日に橋本按察大主典らと盛岡城に入り、藩知事南部利恭に面会している。この青木の盛岡出張は、まさに「盛岡藩ヲ糾弾セシム、皆按察使ト共ニ緩急相謀ラシム」ものであった。[15] 盛岡藩の守旧派は、按察使や弾正台の糾弾をうけ、藩政から徹底的に排除されている。藩の中枢を占めていた六人の少参事が罷免され、そのなかの久慈常作、山本次郎の両少参事と戦争の責任者とされた江帾五郎、佐々木直作は福井藩預けとなったのである。[16]

3　盛岡藩の知事職奉還

按察府は明治三年（一八七〇）以降、さらに盛岡藩を廃藩に追い込む画策をすすめた。同藩は、盛岡復帰の見返りに七〇万両の献金を政府に約していたが、その献金額の大半が調達できないままにあり、それが按察府の同藩を糾弾するための願ってもない材料となっている。

この点、盛岡藩の支藩である七戸藩知事の南部信方は、弾正大巡察の青木信義が盛岡での活動を開始した直後、「当形勢ハ知事職差上候儀ハ専一之御実功相成事」として、本藩にさきがけた知事職返上を企図していた。[17] 七戸藩は宗家の盛岡藩から蔵米一万一〇〇〇石をあたえられて諸侯に列していたが、参勤交代を行わない定府扱いであり、戊辰戦争直後に新渡戸の尽力で領地が確定し、その後の二年正月に信友が七戸藩知事に任じられていた。辞職願を上表しようとした七戸藩知事信方の行動は、政府の支持を背景に擁立された盛岡藩大参事の東次郎と打ち合わせた結果であった。この信方の辞職願は、新渡戸伝大参事らの自重を求めた慎重論のためにその提出が遅れたが、その後は本藩の盛岡藩自体が廃藩に追い込まれていく。

この盛岡藩知事が免職願を上表する経緯については、新渡戸七戸藩大参事が、按察使などの政府側と折衝した東盛岡藩大参事の言行を左のように書き残している。

「同人（東大参事—引用者注）御咄ニ者、盛岡藩知事職奉還次第取計方共委細内話在之事、按察府渡辺判官建白ニ南部家被仰付候七拾万両之献金上納迚も及可申様無之事候条、拾三万石賜高之内高三万五千石程在之候間、右内高土地ニして七拾万両之献金は御免可被成候方と申上候処、岩倉殿専ら御同意之様子、先般三条公之処ニて右之儀岩倉卿御内諭も在之処、東申上候に者献金南部家被仰付候処天朝御預リ地を以て事済儀恐入候次第、且ハ本二拾万石と唱ひ候へ共三拾万石余之高ニ而割、藩士茂禄高御座候処、拾三万石減高相成込高共見込士族禄割渡減禄申達候、猶三万五千石上地候へ者夫丈之減猶改候事相成、殊に者一度ニ拾万減石ニ相成、又三万五千石内高と乍申御減ニ相成候へ者、旁恥辱を荐に重候様ニて残念至極に奉存候、元来先達郡県之建白申上候事故、知事職奉還仕候ハヾ天朝御大儀思召相建、南部従五位之本懐ニも御座候申上候所、三条公被申候ニ者献金ニ苦痛候処ゟ願ニ可有之御答、決而左様事ニ者無之、只管皇国之御為と存上候処ゟ奉還仕度候申上候(18)」

すなわち盛岡藩では、白石から盛岡に復帰するための条件とされた七〇万両の献金がとどこおり、渡辺按察判官から献金残額の代わりとして内高三万五〇〇〇石の上地を内示されていた。この上地案は、政府側の三条・岩倉の同意を得ていたようであるが、東大参事は、戊辰戦争処分で一三万石に減らされ、さらに内高三万五〇〇〇石を減石とされることに対し、その恥辱をかさねることを「残念至極」と受けとめている。そして版籍奉還で土地・人民が「朝廷」のものになった以上は、藩側が所領上地をもって七〇万両の献金の代わりとする方策を理にあわないと判断している。東は、戊辰戦争の際には奥羽越列藩同盟側の楢山佐渡に批判的な立場を取っており、郡県の建白にそった行動こそが「天朝御大儀」にかなうと論じ、同藩の「知事職奉還」を推進したのである。

盛岡藩では明治三年五月十五日、藩知事南部利剛が左のような辞表を上表した。

「恭ク古往今来ノ形勢ヲ推考シ、維新ノ隆運ヲ奉体認、天道公理ニ遵ヒ、従前ノ弊習ヲ洗除シ、皇風四疆ニ布キ、徳沢普率ニ洽ク更ニ国運ノ振興ヲ奉企望、昨年私有ノ土地人民奉還ノ建言仕候処、深キ御詮議ヲ以テ嘉納被為在、尚当藩事ニ知タラシムルノ寵命ヲ蒙リ、天恩隆渥感泣銘肝之至ニ奉存候、就テハ魯鈍ヲ督励シ、至仁ノ御盛意万一ヲ報効仕度奉存候処、亦更ニ熟慮仕候得ハ、数百年来ノ陋習モ有之、今日大義名分判然ノ際トハ乍申、所謂習慣如自然ノ理ニテ、到底当初期念ノ場合ニ立至リ兼可申哉ト深ク悸懼仕候間、何卒知藩事免職被成下置、闔藩ノ人庶親ク聖沢ニ沐浴為致度至願ニ候、右ハ全ク前書申上候通治体真成ノ郡県ニ帰シ有名無実ノ患無之、維新ノ隆盛ヲ賛翔シ弥増国運ノ振興ヲ奉企望ノ外他念無御座候、区々ノ微衷御諒察被成下願之通御採用被為在度、臣利恭不堪悃款ノ至候、此段宜御執奏可被下候誠恐誠惶頓首白

庚午五月　　盛岡藩知事[19]」

弁官御中

利剛は維新に際して、知藩事として「報効」を尽くしてきたが、数百年来の陋習で大義名分が混迷し、当初の「期念」を達成できないでいる実状を述べている。そして、「真成ノ郡県」に改めて「有名無実ノ患」を無くし、「維新ノ隆盛」と「国運ノ振興」を求める期待を述べ、知藩事の免職を願い出たのであった。

この「知事職奉還」の問題については、政府派の東大参事は、すでに「真成ノ郡県」がこれからの大勢であるとみなし、「万事御藩を県になさずは利有而実なし、姑息遅々ハ御害と被存候[20]」という見解をもっていた。三月四日付で同藩主利恭が提出した版籍奉還の願書は、「今日ノ勢ヲ以テ熟察仕候ニ、愈封建之治ヲ棄テ郡県ノ利ニ随ヒ藩屏ヲ廃シ府県ヲ増シ、事大小ト無ク是レヲ朝廷ニ総ヘ、千万世一定不抜之御基本ヲ被為建候ヨリ外、御急務ハ有之間敷ト奉存[21]」という意見を呈していた。かなりの急進的な郡県論である。それゆえ利恭は、藩知事免職願を四月中にも内願し

たようで、それは『大久保利通日記』の四月十五日の条に、「右府公納言参議会議有之、南部奉還之論有之候」と記されていることにうかがわれる。[22] そして四月二十四日には、盛岡藩と大泉藩の献納金残額免除が決定されていた。それまでの献納金額は、盛岡藩が箱館廻米上納をあわせて一三万両、大泉藩が四〇万両であったという。[23] そして、東大参事や在京の佐藤少参事に対しては、政府側から廃藩置県後に同藩役人を再登用する方針が伝えられたようである。[24]

この盛岡藩知事の辞表に対しては、民部・大蔵省が、「速ニ御聞済ニ相成候様致シ度」と即座に受理することを主張したが、参議佐々木高行などが異論をとなえた。[25] 佐々木の異議は、「藩知事ニ勝レタル民政等速ニ施行ノ事モカタシ、再応辞表出レバ不得止御聞済之御実意下民迄貫徹スレハ、跡ノ施行致シヤスシ」という点である。「辞表ニ付テハ藩中ハ議論アルベシ」と配慮し、再度の辞表提出に至ってから、改めて許可することになったという。そして政府側は、盛岡藩に対して、同藩が版籍奉還の際に郡県実施論に立った建白書を提出していた点もあり、前述のような献金が困難になったことで出願したというのではなく、あくまで「皇国の御為」に願い出たという姿勢を求めていた。[26] その廃藩に向けた指導の背景には、政府側に「郡県御所置御執行被成度」という強い姿勢が存在している。

かくして、盛岡藩では、明治三年五月に上表した南部利恭の免職願が取りあげられなかった後も、同年六月二十八日に再度にわたる願書を提出した。六月の再願書では、「土地人民ヲ奉還」の実を挙げることで、「勢宜ク海外各国ト鼎峙併立」に結びつくという見解が提示されている。[27]「方今形勢郡県ニ非されは全く之至治ニ至間敷」という意見である。[28] そして利恭は、上表文のなかで、たとえ一藩だけであってもこれまでの弊習をすて、「真成郡県」の実績をあげたいと述べ、知事職を免じられるように歎願した。[29] そこでは、「国内諸藩左顧右望、一人之進テ宏業ヲ賛翔シ聖意ニ副フ者ナキハ、蓋シ其名既ニ正シト雖モ、其実速ニ挙リ難キカ」として、知事の免職を他藩にさきがけて許されるように求めたのである。この結果、盛岡藩は、明治四年七月の廃藩置県以前に廃止された最初の一〇万石以上の藩とされ、明治三年七月十日に廃されて盛岡県が置かれた。南部利恭は東京在住を命じられ、正租雑税の一〇分の一を家禄としてあたえられている。大参事には東次郎・野田玉造、少参事には佐藤昌蔵・北田貞治・石亀左司馬が改めて任じられたのであった。

このような盛岡藩の事例は、政府内に「郡県の御所置」を強く推進する姿勢が存在し、地方政策を管掌する官員が廃藩への指向を強めていたことを明示する。東北地方についてみれば、民部少丞兼大蔵少丞の岡本建三郎が、要地に「支署」を開設し、「近傍ノ藩県ヲ控制スヘシ」[30]と論じていたこともその一環である。同地方には、明治二年八月に按察府が磐城国白石に設置され、三年三月に民部省出張所が開設されていたが、さらに「支署」設置を求めた意見は、「藩県其ノ制度ヲ異ニシ」て「整理」に苦しんでいた状態に対し、郡県制を強く浸透させることを企図した政府側の対応策にほかならない。すでに「支署」が開設された石巻では、岡本が「方今既ニ藩県一治ノ制度ヲ定メタリ」とし、「故ニ若シ各自ニ私恣ノ処置ヲ為スヲ許サハ、則チ何ノ日カ能ク全国ヲ振革スルヲ得ン」として、諸藩に対する「控制」を貫徹するなかで、郡県の実効をあげることを押しすすめていたのである。

4　松代藩への強圧

盛岡藩のような改革の遅れた藩に対する糾問、あるいは廃藩に追い込む政府の姿勢は、盛岡藩が廃された明治三年(一八七〇)七月以降も続いた。贋悪貨幣が大量に出回って混乱が続いていた前述の信濃国の場合、政府は松代藩札を含めた信濃全国通用銭札の回収、検見規則の強行などを指示し、三年九月に伊那県を分割して新たに中野県を設置して、中央集権的な増徴政策を強化するようになっていた。三八万両におよぶ藩札の処理に苦しんだ松代藩では、領内の石代納公定相場を藩札一〇両で籾三俵半、藩札と金札（太政官札）を等価通用と布達していたが、政府の意向をうけた権大参事高野広馬が東京から帰藩し、金札一〇両に籾四俵半、藩札と金札二割五分引きの通用に改めたことから、大規模な一揆となっている。(31)更級郡で十一月二十五日に発生した一揆は、二万人の規模に拡大し、翌日には松代城下に突入して、藩札関係藩士宅、商社役員などの特権的御用商人、贋金遣い商人宅を焼き打ちした。松代藩では、石代納公定相場や藩札と金札の引換えについて藩知事真田幸民みずからが譲歩を約したが、混乱は容易におさまらず、一揆は隣接の須坂藩や中野県下にも波及した。

この松代藩での大騒擾に対し、政府は十二月十七日に民部権大丞林友幸を同藩に派遣している。ついで庶務正北代正臣を派遣し、さらに民部大丞吉井友実と弾正少忠覚元忠、および兵部権少丞沢宣種と徴兵三箇中隊を送っている。(32)政府側は藩知事の譲歩した石代納相場を撤回させ、一揆の参加者を厳しく追及し、とくに県官が殺害された中野県では斬首と絞首が合計二八人という厳しい処分を断行したのであった。

そして、この吉井・林らは、大規模な騒動となった松代藩に対して、廃藩を願い出るように圧力を加えた。四年正月八日に松代に入った吉井らが、郡県制貫徹の「朝旨」を奉じて知事職を辞退するように迫った説得の趣旨は、左のようである。

「松代表之儀者吉井殿引請取扱候旨被申聞、其上ニ而被申聞候趣者、皇国御治安之道不相立候間、一両年之内ニ者孰之道ニも郡県ニ被遊候事ニ付、知事殿ニも此場ニ而憤発、朝旨を奉戴し、諸藩ニ先立チ知事職返上大ニ朝旨貫徹候様誠心を被尽候而ハ如何、左候得者当藩者信州ニ而之大藩之事ニ候得者、国中随而朝廷御趣意も速ニ被相行可申、然ル時者隣国も亦是ニ応シ朝旨貫徹可致事ニ候間、知事殿ニ者一廉之忠勤ニ相成候事ニ付断然奮励有之度、未タ若年之事ニ付、此上於東京専ら修行有之、松代一藩之知事職たらんよりハ、信州一国之知事職たらんと大ニ

志を立られ度事ト被申聞候」(33)

吉井は、いずれ一、二年のうちに真の郡県制が全国に徹底されるであろう大勢を語り、松代藩が諸藩に先き立って知事職を返上し、「朝廷」御趣意に呼応するように求めている。同藩の廃藩が隣藩さらには信州一国に波及するとし、知事が奮発して忠勤をかさねるようにうながしたのである。また、知事辞職が失政の結果とみなされることへの危惧、あるいはその後の処遇や同藩士卒の生計に関しても、左のように論じた。

「夫者不及心配、此度之事件トハ缺離レ別段之事ニ而、右ニ不拘重キ朝廷之御趣意ヲ遵奉朝旨御貫徹シ御手助ケを被致候旨ニ候間、藩士ノ憂苦者可相成筋ニ無之、且藩士之食禄等削ラレ候御趣意ニ無之、尤天下一般士族之禄制相立候事ニも有之節者、別段之事勿論一旦ニ藩士之住居移サレ候事ニも無之、尚其藩士を用ヒられ其藩ヲ治メ候事ニテ、何ニ而も藩士之難渋ニ可相成筋ニ無之、知事殿ニも家禄御賞典を以東京住居被致候得者、何ニ而も差支え筋者有之間敷而、第一藩籍返上之上者藩士熟レ朝臣ニ而内情ニ於而モ難忍候共、名分道義之上ニ於而聊も懸念之筋有之間舗、然ル上者上下共ニ朝旨奉戴皇国之御為忠貞之名実共ニ相立、今般紛擾之汚名ヲ一洗シ弥勤王之美名ヲ千歳ニ伝る事を得へき事ニ而者、其段知事殿初メ能々申述、條理失誤無之朝旨貫徹候様有之度旨被申聞候」(34)

吉井らは、藩知事辞職が郡県推進の「朝旨」に応じた勤王の具体化となり、藩内紛擾の汚名を一洗することになると説得している。知事と藩士卒の食禄や住居が保証され、政府に登用されて「其藩ヲ治メ候事」もあると諭し、朝臣とされた藩士についても、もし全国が「封建」に復する場合には、松代藩の復活が行われるであろうと伝えている。だが同藩知事は、「知事職返上朝旨遵奉」を「決心」したにもかかわらず、結局は藩士の不安と苦情がおさまらないとして、その辞職の猶予を願い出ていた。藩札処理のための二〇万両についても、同藩士卒が一五万両を醵金し、藩知事も家禄から五万両を差し出す旨を表明している。[35] 結果として、松代藩の知事辞職願いは見送られ、政府は藩知事真田幸民をはじめ大参事・権大参事などを謹慎・閉門に処したのであった。

また、政府は、禁令を無視して贋札製造を続けた筑前五二万石余の福岡藩に対し、明治四年七月に藩知事を免官に追い込んだ。[36] 寛大に処すべきとする意見もみられたが、結局、藩知事黒田長知を閉門、元大参事の立花増美・矢野安雄らを斬罪に処している。有栖川宮熾仁親王を後任の藩知事とし、大参事には民部大丞兼任の河田景与を送り込んだ。政府は、旧態依然とした藩に「控制」を加え、府藩県の一致の徹底をはかることで郡県制を貫徹させ、廃藩への過渡的体制をも創出しようとしたのである。

5　中・小藩の廃藩

政府のすすめる府藩県三治一致政策の徹底、さらには盛岡藩の廃藩にみられる政府の強圧的姿勢のなかで、明治三年（一八七〇）以降、みずから廃藩を願い出る藩が急速に増加した。これらの藩が廃藩を願い出た理由には、戊辰戦争後に顕著になった藩財政の悪化が存在する。諸藩の債務状況については、丹羽邦男『明治維新の土地変革』[37]、千田稔『維新政権の秩禄処分』[38]に詳しいが、明治四年段階の諸藩の債務額は、少なめにみても一年間の歳入の全額より多い。諸藩の貢租収納高に比較した債務額を検討すると、鹿児島・山口・高知藩などの「勤王」有力藩が相対的に低く、また小藩ほど悪化している。

小藩では、領内での農民経済の発達がさかんであった河内一万石の狭山藩、近江二万石の大溝藩など、いずれも年間歳入の約二倍またはそれ以上の債務を負っている。[39] 小藩の負債は、概してその七〇パーセント以上を戊辰戦争後に生じていた。戦争にともなう兵器の調達、出兵の経費、家臣団の膨張、および明治二年の凶作と物価騰貴が原因で、財政悪化は急速である。狭山・大溝両藩や若狭国鞠山藩一万石などは、その財政破綻ゆえに、後述のようにみずから廃藩を願い出るようになっていた。そして、その三藩と同等またはそれ以上の負債に苦しんでいた藩は、全国諸藩の三五パーセントにのぼるという(40)。一〇万石以上の中・大藩では、津・水戸・彦根・新発田・秋田・大聖寺藩などがその部類とされている。関東では、忍藩や七、八万石の川越・宇都宮藩などがそれに類した。いずれも藩内では、旧来からの農村の疲弊に加え、商業資本の浸透や戦争の被害が少なくない。このような藩財政の窮迫に加え、政府の諸務変革や「藩制」による厳しい規制が、まさに中・小藩を廃藩に追い込んでいく。

すなわち、上野国の吉井藩一万石の藩知事吉井信謹が藩財政の困難、狭山藩知事北条氏恭が「藩屏」の任をつくせない実情を訴え、ともに知事職の辞表を願い出、表7のように二年十二月二十六日に吉井藩が岩鼻県、狭山藩が堺県に併合された(41)。信謹と氏恭には、旧藩現石高の一〇分の一が家禄としてあたえられ、士族・卒はそれぞれの県の貫属とされてい

表7　廃藩置県（明治4年7月14日）以前の廃藩一覧

藩名（藩知事）	草高（石）	現石高	廃藩年月日	合併藩県
吉井藩　（吉井信謹）	10,000	2,160	明治 2.12.26	岩鼻県
狭山藩　（北条氏恭）	10,000	5,470	明治 2.12.26	堺　県
盛岡藩　（南部利恭）	130,000	69,379	明治 3.7.10	盛岡県
鞠山藩　（酒井忠経）	10,000	4,950	明治 3.9.17	小浜藩
長岡藩　（牧野忠毅）	24,000	10,500	明治 3.10.22	柏崎県
福本藩　（池田喜延）	10,573	3,204	明治 3.11.23	鳥取藩
高須藩　（松平英周）	30,000	6,630	明治 3.12.23	名古屋藩
多度津藩（京極高典）	10,000	7,400	明治 4.2.5	倉敷県
丸亀藩　（京極朗徹）	51,512	33,120	明治 4.4.10	丸亀県
竜岡藩　（大給乗謨）	16,000	5,140	明治 4.6.2	中野県 伊那県
徳山藩　（毛利元蕃）	40,010	11,410	明治 4.6.19	山口藩
大溝藩　（分部光貞）	20,000	6,730	明治 4.6.23	大津県
津和野藩（亀井茲監）	43,000	30,753	明治 4.6.25	浜田県
一　橋　（一橋茂栄）	100,000	38,050	明治 2.12.26	兵庫県
田　安　（田安慶頼）	101,720	31,480	明治 2.12.26	兵庫県
喜連川藩（足利縄氏）	5,000	1,930	明治 3.7.17	日光県

（註）『地方沿革略譜』（内務省図書局蔵版）より作成。
拙著『廃藩置県』（中央公論社，1986年）参照。「内分」の併合を除いた。
一橋・田安と喜連川藩は地所に廩米支給を加えている。

る。同日には、版籍の返上を願い出ていた従二位一橋茂栄と同田安慶頼も、これを許されて東京在住を命じられた(42)。そして、三年七月の盛岡藩の廃藩後は、同月十七日に下野の喜連川藩知事足利聡が廃藩を願い出て日光県に併合され、前述の鞠山藩が九月十七日に小浜藩に合併され、藩知事酒井忠経が小浜藩権知事に任じられている。ついで十月二十二日には、越後国の二万四〇〇〇石の長岡藩知事牧野忠毅が、藩内の窮状から米穀の貸与を申し出、さらに藩の維持が困難として知事辞職と士族・卒の生計確保を願い出て、柏崎県に併合された。政府は、長岡藩を廃して柏崎県に併合したが、とくに一〇万両を同県に貸与して旧藩の士族・卒の帰農や帰商をうながしている(43)。また十一月には播磨国の一万石余の福本藩が本藩の鳥取藩に併合され、十二月には美濃国の三万石の高須藩知事松平義生（英周）が、本藩の名古屋藩に合併されるように願い出、さらに名古屋藩知事徳川慶勝と連署して権知事に任じられることを歎願し、英周が二十四日に名古屋藩権知事に任じられた(44)。

ついで、明治四年に入ると、讃岐国の一万石の多度津藩知事京極高典が藩を廃して県を置くように願い出、二月五日に倉敷県に併合された。高典はその願書において、藩政改革の困難な実情を述べ、府藩県一致が貫徹されない現状では、「外国ノ凌辱」を排して「独立自主」を保つことが困難であるとし、盛岡・狭山両藩の事例にならうことを求めている(45)。三月二十七日には、讃岐国の五万一五一二石の丸亀藩知事京極朗徹が、藩を改めて県とし、戸籍の釐正、人材教育、常備兵の解体、銃砲の兵部省への還納などを願い出、四月十日に丸亀藩が丸亀県とされ、朗徹は同県知事に任じられた(46)。その後も、六月二日には信濃国の一万六〇〇〇石の竜岡藩が廃されて中野・伊那両県に、同月十九日には周防国の四万石の徳山藩が山口藩に合併され、同月二十三日には前述の大溝藩が大津県に併合されている。そして、二十五日には四万三〇〇〇石の津和野藩が浜田県管轄とされた。同藩知事亀井茲監は、五月二十二日に「列藩ヲ廃シ県治ヲ置キ、広ク人材ヲ撰挙シ、御邦内政治一致ニ帰シ、偏ク教道ヲ敷キ御慈恤ノ御事業ヲ先務ニ御施行在セラレ」たいと、同藩の廃藩と知事辞職を願い出ていた(47)。この津和野藩の知事辞職願書については、木戸がそれを将来の治体を見通した積極的な建言と評している。木戸は岩倉に対し、それが純真に郡県達成のさきがけを企図した行為で、「百藩御誘導之一端とも奉存」と称賛したのであった(48)。

これらの中小藩の廃藩は、表7に一覧としたが、三年七月以前が地所に廩米を加えた一橋・田安・喜連川をあわせても五藩にすぎないのに対し、同月から十二月までが六藩、翌四年一月から六月までが六藩と短期間に増加している。概して、財政破綻と改革の遅延から廃藩を願い出ていたが、その多くもまた郡県制を時の流れと認識していた。「万国並立」のための国内統一のさきがけをはたしたいという姿勢を示しており、それらの結果として、近隣の府県や藩への合併を歎願するようになったものと知られるのである。

註

(1) 拙稿「東北における維新変革の一形態―弘前藩の藩政改革を中心として―」(『地方史研究』第一三三号、一九七五年)。

(2) 「旧弘前藩情之顚末」(『陸奥国弘前津軽家文書』藩政、国文学研究資料館・史料館所蔵)、「弘前藩兼平理左衛門外三名出訴一件」(『公文録』弾正台之部全・辛未自正月至七月)。

(3) 「弘前藩記事」第三〇(弘前市立弘前図書館所蔵、GK二一六―四)、坂本寿夫編『弘前藩記事』三(北方新社、一九九〇年)に所収。

(4) 同右「弘前藩記事」第三一。

(5) 同右「弘前藩記事」第三一。

(6) 拙稿「明治新政府の東北経営―廃藩置県の基礎的考察―」(『東海大学紀要』文学部、第四二輯、一九八五年)。

(7) 『岩手県史』第六巻、近代編一(岩手県、昭和三十七年)一〇一―一三三頁。

(8) 『太政官日誌』明治三年、第二一号。

(9) 『岩手県史』第七巻、近代編二(岩手県、昭和三十七年)二四八頁。

(10) 拙稿「明治初年の按察使―三陸磐城両羽按察使を中心として―」（『大学院研究年報』中央大学、第三号、昭和四十九年）。
(11) 「御用人所雑書」明治二年（盛岡中央公民館所蔵）。
(12) 「陸羽経歴略記」明治三年五月（『公文別録』一、自明治元年至同四年、国立公文書館所蔵）。
(13) 同右「陸羽経歴略記」。
(14) 前掲『岩手県史』第六巻、五四八―五四九、五六〇―五六三頁。
(15) 前掲「陸羽経歴略記」。
(16) 前掲『岩手県史』第七巻、二四八―二五〇頁。
(17) 「新渡戸伝一生記」明治三年正月二十二日の条（十和田市立新渡戸記念館所蔵〈『三本木開拓誌』下、積雪地方農村経済調査所、昭和十九年、二七六―二七七頁に収録〉）。
(18) 同右、「新渡部伝一生記」明治三年四月十七日の条二九四頁。
盛岡藩の献金問題については、同藩を盛岡にもどす代わりに七〇万両を差し出させる大蔵省の政策に、刑部省などが異論をとなえて対立した。結局、盛岡藩からの献金はとどこおり、「強テ攻ルモ郡県ノ御躰トナリシ上ハ不条理ナリ」という事態で、「体裁ヲ失スル事甚敷」とし、大泉・盛岡両藩の献金を免除している。この献金免除の前提として、按察府が盛岡藩の内高三万五〇〇〇石の上地を求めたのであった（前掲・拙稿「明治新政府の東北経営―廃藩置県の基礎的考察―」）。
(19) 「華族家記」南部利恭（国立公文書館所蔵）。
南部利恭は、三年四月にも藩知事免職願を内願した（前掲『岩手県史』第七巻、四一四―四二〇頁参照）。
(20) 前掲『岩手県史』第七巻、三九九頁参照。
(21) 「南部彦太郎利恭」（『公文録』版籍奉還之部一）。
(22) 『大久保利通日記』二、明治三年四月十五日、日本史籍協会、一〇三頁。
(23) 『改訂肥後藩国事史料』第一〇巻（細川家編纂所、国書刊行会、昭和四十九年）四八四頁。
政府は磐城平藩を陸中国磐井郡へ転封としたが、二年八月三日に旧封に復させ、七万両の献金を命じた。ついで信勇を磐城平藩知事に任じて管轄地を三万石とし、その余を上地させ、献金を免じていた（『太政官日誌』明治二年、第八六号）。
(24) 前掲『岩手県史』第七巻、四一五頁参照。

(25)『保古飛呂比』佐々木高行日記〈四〉東京大学史料編纂所、一九七三年、三七六頁。盛岡藩側は、願書のなかに記した「府藩県三治をやめ郡県罷成度」という趣旨が、「広く天下之政道ニ関係」したことから却下されたものと解釈したようである(前掲『岩手県史』第七巻、三九九頁参照)。

(26)前掲「新渡戸伝一生記」明治三年四月十七日の条、二九四頁。七〇万両の献金は、三年四月二十八日に免除されている(『公文録』白石藩之部後盛岡・全)。本書の校正中、勝田政治『廃藩置県』(講談社、二〇〇〇年七月)が出版され、拙著『廃藩置県』(中公新書、一九八六年)で紹介した盛岡藩の廃藩問題に関する政府の意向について、疑問が示されていることを知った。紙幅の関係で多くを述べることができないが、按察判官渡辺清は上京してみずから民部省の指示を受けて緊密な行動を取ったことを、「救荒或ハ土地分割民政改革等ハ之ヲ民部省ニ謀リ」で、「件々多クハ其決ヲ受」と記している。また、渡辺自身も三年二月に民部大丞を兼任し、同時に盛岡藩の糾弾に弾正台から青木信義大巡察らが出張した事実は、「按察使の意志」に限定されない政府当局の意向が見逃せないと思う(前掲・拙稿「明治新政府の東北経営―廃藩置県の基礎的考察―」参照)。

(27)前掲「華族家記」南部利恭。

(28)「維新資料」松田道人手記、六月二十七日の条(盛岡市中央公民館所蔵)。

(29)前掲「華族家記」南部利恭。

(30)「大蔵省沿革志」検査寮(『明治前期財政経済史料集成』第二巻、大内兵衛・土屋喬雄編、昭和三十七年、三八八頁)。

(31)『長野県史』通史編、第七巻・近代一(長野県、昭和六十三年)六二―七四頁参照。

(32)前掲『改訂肥後藩国事史料』第一〇巻、七〇八―七〇九頁。『長野県史』近代史料編第一巻、政治行政、維新(長野県、昭和五十五年)一〇〇三―一〇〇七頁。

(33)同右、七五三―七五四頁。

(34)同右、七五四頁。

(35)同右、七六七頁。「真田松代藩知事他九名謹慎御達」(『公文録』松代藩之部一、自己巳六月至辛未七月)。

(36)『太政官日誌』明治四年、第四二号。

佐藤誠朗「明治四年七月二日の福岡藩処分をめぐって」(『新潟大学人文科学研究』第六五号、一九八四年〈後に佐藤誠朗著

(37)『近代天皇制形成期の研究』三一書房、一九八七年〉に収録）参照。
(38)丹羽邦男『明治維新の土地変革』（御茶の水書房、一九六二年）一〇—一四頁参照。
(39)千田稔『維新政権の秩禄処分—天皇制と廃藩置県—』（開明書院、昭和五十四年）三五四—三五五、三九二—三九六頁参照。
(40)前掲、丹羽邦男『明治維新の土地変革』一三頁参照。
(41)同右。
(42)『太政官日誌』明治二年、第一一三・一一四号。
(43)同右、明治二年、第一一四号。
(44)同右、明治三年、第四六号。
(45)「高須藩名古屋藩合併一巻綴」（名古屋市鶴舞中央図書館蔵、名古屋市史資料、市八—一三四）。
(46)『太政官日誌』明治四年、第六号。
(47)同右、明治四年、第二〇号。
(48)同右、明治四年、第四一号。
「岩倉具視宛書翰」明治四年六月二十二日（『木戸孝允文書』四、日本史籍協会、二四四頁）。

第二節　鳥取・徳島・名古屋藩の廃藩論

1　鳥取藩知事の辞職・廃藩論

明治二年（一八六九）六月の版籍奉還で郡県への制度的移行が決定され、さらに諸務変革や三年九月の「藩制」が公布されると、有力藩のなかからも、藩名の廃止や知事辞職が出されるようになり、いわゆる廃藩論が現実化した。鳥取・徳島・名古屋藩などがそれである。いずれも藩内事情や政府との微妙な関係を背景としていたが、「勤王」藩として政府内でも重視されてきた有力藩だけに、その州県構想や知事辞職論があたえた影響は無視できない。

まず、因州三二万石の鳥取藩の場合は、徳川慶喜の兄慶徳（五郎麿）が藩主であったが、鳥羽・伏見の戦争では、京都詰家老の荒尾成章（駿河）や有栖川宮熾仁親王に随従していた同藩士河田景与（左久馬）らの勤王派が新政府側に立つことを決断し、同藩はその後の東山、奥羽の戦いに藩兵を送り、戊辰戦争後の軍功賞典で永世禄三万石をあたえられていた。(1) 河田は慶応四年三月四日に東山道総督府内参謀に任じられ、後に徴士江戸府判事、甲斐府判事、大総督府下参謀などを歴任し、荒尾もまた三月四日に徴士参与に任じられ、越後口総督府軍監となって北越戦線で活躍している。微妙な立場にあった慶徳も、八月十九日に上京し、二年二月二日には議定職に任じられた。そして、二年正月の版籍奉還上表に際しては、薩摩・長州・土佐・肥前四藩に続く正月二十四日、「不図四藩及ヒ先発候儀本懐ノ至奉存候、依テハ慶徳ニ於テモ同様二州版籍奉返上度奉存候」と、上表を提出していた。(2) 京都詰公議人の沖守固（探三）が、参与広沢真臣から「薩長版籍奉還の議有るを聞き」、すみやかな上表を慶徳に進言した結果のようである。(3)

この版籍奉還後、慶徳は藩士からも知行地を返上させ、米子一万五〇〇〇石の荒尾広美（近江）と倉吉一万二〇〇〇石の荒尾光就（次郎作）などの「着座家」について、その「自分手政治」を廃止した。光就は明治二年二月十日、「御自分儀是迄倉吉自分政事御免ニ相成居申処、近来朝廷御改革之御趣意も有之ニ付、此以後右自分政事被廃旨被仰出候」(4)と申し渡されている。藩主慶徳は、版籍奉還にともなって「因伯二州之一草一木悉ク王之余沢ニ付、寸土モ私致シ候筋ハ無之」と位置づけ、「君臣名分」を正して「大義判然公明之朝裁ヲ奉待奉度」と、「朝廷御改革の御趣意」を背景にみずからの強化をはかったのである。(5)

ついで、慶徳は政府の「藩治職制」にしたがって、二年五月に新たに藩政を総管する施政局を設置し、執政、参政、弁務、公議人、公用人を置き、そのもとに神務、総学、会計、民政、兵制、刑法の六司を設け、さらに家政局を置く大規模な藩政改革を行った。「御意書」を発し、改革が「畢竟国家之事ニシテ即朝廷之事ニ候」として、「私心」をすて「一方之藩屏」となるように命じ、「勤王之実効」をあげたいとその推進をはかっている。(6) さらに慶徳は、腹臣の沖守固や政府に出仕している井田譲を帰藩させ、みずからも八月に帰藩し、国元での藩政改革を推進した。「列藩之標的」となるようにとの「別勅」をこうむったとし、「御実効ヲ以朝廷ニ被遊奏上度」として、九月に禄制改革を断行している。この禄制改革にあたっては、慶徳は有栖川宮に藩内での改革の困難を訴え、「宮の思召」を「御諭書」として「仰下」されるように依頼していた。そして九月十五日には、有栖川宮から左のような指示をうけた。

「愚意左ニ申入候、今般御改正之御趣意は、一藩之改正ニ非す、皇国中一体之御政度ニ出、兵制・民政ニ至ル迄、藩々之議論ニ相成不申、朝廷之御趣意を奉戴し、要する処、富国強兵外侮を禦之基被為開度被存候、因茲、家政藩政を分別し、大ニ冗官を省、贅禄を減し、其外御改正之儀、万々無滞徹行致候様御尽力専一ニ存候、朝廷と藩両途ニ出不申様、藩政之正は即朝廷之正ニ候間、旧弊を不去して、今度之御改政朝廷之私論と心得候様之儀有之候ては、実以不相済儀ニ付、朝意飽迄御諭告齟齬不致、知事之任相立候様呉々御勉励之程、為国家所祈候、仍此段申入候也」(7)

有栖川宮は慶徳の依頼をうけ、政府と藩が協力して「富国強兵」をはかることの必要を説き、改革を「朝廷之私論」と誤解することなく、家政と藩政の分離、冗官の省略、「贅禄」の削減などを実行して、知事の職責をはたすようにうながしている。これをうけて、慶徳は九月二十三日、同藩の禄制改革を布達した。さらに慶徳は、同月二十五日に岩倉に宛て、兵部省と藩知事が一体化した全国軍制の統一を建議し、一方で鳥取藩政についても権知事を新任す

るように求めるなど、改革の次第を述べるに至っている。(8)

しかし、このような慶徳は二年十一月、藩政改革が「各員職務之規律」の確定に至ったとし、藩知事の辞職願いを作成した。知事には「非常之賢者」を登用することが重要とし、慶徳みずからが「蒼生之頭目ニ相定候義ハ何共恐惶之至」と述べ、知事にかわる「身分相応」の「御用」につくことを願望している。(9) このような慶徳の辞職願いは池田徳澄と池田徳定の両分家に提示され、直ちに政府に提出されるには至らなかったが、慶徳は三年二月、三条・岩倉に対し、大参事沖守固を通じて左のように辞職を願い出た。

「凡臣子ノ君父ニ於ケル、誰カ膝下ニ奉仕スルヲ希望セザランヤ。慶徳、今日蒙藩知事ノ任、管轄部内之四民黜陟与奪勧善懲悪、悉ク知事ノ掌握ニアリ。然バ、当職ハ実ニ大任ナリ。知事事ヲ誤ルトキハ、衆諸忽チ失産業ノミナラス、遂ニ聖徳ヲ汚スニ至ル。何吻リニ辱知事ノ大任ヤ。畢竟従前之支配地ナルヲ以、容易雖拝命、今ニ至ッテ猶熟考スルトキハ、王政復古之始ニ当リ、諸般ノ規律立モ不立モ皆知事ニアリ。而シテ、今吻リニ拝大任、実ニ不堪恐懼、仰キ願クハ、慶徳ノ真情徹上、何卒被解大任、蒙膝下奉仕之命、非職花族之一列ニ被加候ハ、臣ノ宿願希望此他ニ不出、何卒宿志御採用有之度、且慶徳之辞官被聞食候ハ、自然列藩知事之所見朝権モ相立可申ト、不堪祈願候。是臣ガ愚衷也。宜敷御奏達希入存候」(10)

右の辞職願いで慶徳は、知藩事の任用がそれまでの領主を任じた恩恵であったとし、王政復古の大事で知事の職責が重大となった現状では、その大任に堪えられないと訴えている。そして、藩知事の大任を解いて非職華族の一員に加えられるように願い、同時にそれが列藩知事のあり方を改め、朝廷の確立に寄与することになるであろうと論じていた。

慶徳はすでに新政府成立直後、前将軍慶喜の兄であったことから謹慎待罪を申し出、前述のように有栖川宮と連携した荒尾成章の進言もあって、藩主隠退を迫られる危機に直面していた。またその後の上京は岩倉の諭旨を受けた結果であり、藩内の安定には困難が多かったようである。鳥取藩内は明治元年、二年と凶作が続き、二年十月には減禄に応じて「着座家」などの陪臣層の解体がすすめられていた。兵制司のもとに組み入れられた陪臣層は、操練における遅参あるいはまぎらわしい服装などで大量の処分者を出すようになっている。(11)「朝廷」を背景とした藩政改革の推進には、藩内の反発も強く、慶徳はそのようななかで、みずから辞職して「非職華族」となることを希望したものといえる。そして慶徳は、九月十日に鳥取を発して東京へ向かった。その後の藩内でも、十一月に藩内士族の抗争を背景として、大参事伊丹与惣三が失脚する陰謀事件が発生している。慶徳は、政府内で各藩知事などの東京居住の「内議」があるや、十二月十四日にみずからの東京居住を藩内に布達した。(12)海外の大勢を知って皇国の維持をはかるためには、慶徳などが「追々東京ニ移住」し、「御支配地ェは更番出張致シ候様可相成候、是亦時勢之宜ニ随也」と述べたのである。

ついで、慶徳は三年十二月、みずからの辞職を前提として、左のような建言を行った。

「今哉三治一途之実行ヲ挙ケンニハ、先各藩ノ兵権ヲシテ帰兵部省、察地勢古典ニ随ヒ、鎮守府・大宰府ノ如キ兵団ヲ居へ、戍兵ヲ置テ七道ヲ守ラシメ、以テ兵権ヲ一ニシ、従来知事之家禄ヲ以、大蔵省ニ収納セシメ、其家禄ハ従府充行之ハ、府之貫属タル明諒ニシテ、府藩県一途ノ体裁於是備リ、各藩闔居鎖国之風破レ、陋習頑固之情改マルヘシ。(中略)窃ニ聞ク、廟堂小藩合併之議アリト。願クハ、是ヲ行フニ於テ有緩急、其大藩トイヘトモ政令之不挙モノアリ、小藩トイヘトモ制度ノ能ク整モノ有リ、故ニ、大藩ヲ存シテ小藩ヲ廃スルトキハ、物議ヲ醸シ、狐疑ヲ生セン。故大小藩ヲ廃シ、大国ハ或ハ一庁ヲ置、小国ニ二三ケ国ヲ合シ一庁ヲ立、土地ノ広狭ヲ以テ其宜シキニ所シ、更ニ新庁ヲ立、其管下旧藩県ヲ併合シテ人材ヲ選挙シ、仍旧貫守介掾ヲ置、其大郡ノ如キハ、正権介依便官庁ヲ置テ出張シ、小事件ハ裁之、大事件ハ本庁ニ至リ、守ノ裁断ヲ仰ク、如此被改トキハ、小藩ノ合併モ亦容易ナラン。且知事朝集ノ如キ、四年ニ三ケ月朝観シ、三年ノ久シキ其管内ニアル。自ラ固陋ニシテ益時勢ニ疎ク、遂ニ威権ハ参事ニ帰シ、一藩毎ニ小天下ヲナシ、固着甚シキニ至ラン。故ニ知事ハ、都下ニ当住シテ時勢ヲ知リ、年々期限ヲ立テ、或ハ三ケ月或ハ五ケ月支配地ニ赴キ、親シク朝令ヲ施行シ、藩務ノ遅滞スルモノヲ裁断セハ、一挙両全ヲ得ン。其家禄ノ如キ、多キモノハ六七万石、少ナキモノハ二三百石ニ不足、大小之不同アル最甚シ、従前旧諸侯之万石以上ナルモノハ、各藩兵ヲ撫育シテ非常ニ備ヘ、今ノ花族万石以上ナルモノハ、令扶及従僕ノ数輩ヲ扶持シテ、僅ニ一家之用度ニ足ル。而シテ花族ノ家禄百万余石ニ及、故ニ其禄制ヲ立テ、以テ多キヲ減シ、其宜シキニ所シ、海陸之軍費ニ充、士卒ノ禄モ亦禄券ヲ立テ、前途ノ目的ヲ立テ施行シ、勉メテ冗費ヲ省キ、花士族ノ弊習ヲ改シメハ、海外非常不慮之備自挙ラン」(13)

慶徳は、府藩県がそれぞれ異なっている現状を批判し、門閥を廃して人材登用をすすめ、「郡県ノ実行」を達成することを急務と建言している。そして三策を提示し、第一に各藩の兵権を兵部省に移して兵団を置き、藩知事の家禄を大蔵省の「収納」とするように論じた。第二は、大小藩を一挙に廃し、大国は一国に一庁を置き、小国は数国をあわせて一庁を置き、旧藩県をあわせて人材を選挙するように主張した。第三には、藩知事を東京に常駐させて時勢を知るようにさせ、一年に三か月から五か月の間で帰藩し、「朝令ヲ指向」させるように建言している。その他、「花族」の禄制については、多額の分を減じて「海陸之軍費」にあて、「士族ノ禄」も「禄券」を発行して前途の目的を立てるなど、冗費の省略と弊習の改正を求めた。式部省の設置や服制の統一なども建議している。

慶徳の建言は、自身の藩内での微妙な立場と藩政改革の困難を背景としていたが、それでも大藩の知事が「郡県の実行」を主張し、みずから辞職を建議した意義は少なくない。大・小藩を廃して「大国」を中心とした統合、あるいは藩知事の東京常住、「非職華族」への出願は、いずれも新政府の企図と合致する方向であったといえる。

2　徳島藩知事の廃藩建議

また、阿波国二五万七〇〇〇石の徳島藩は、明治二年（一八六九）六月の版籍奉還断行の際に政府の督促をうけて願書を提出していたが、その後に藩知事蜂須賀茂韶が独自の廃藩論を建議し、明治四年以降の有力大藩の廃藩論議の一翼をになった。

すなわち、藩主茂韶が議定などに任じられていた徳島藩では、諸藩からの版籍奉還上表があいついだ際、津和野・川越両藩などと同様、それ以前から版籍が王土王民であるとの認識に立っていたようで、改めてその提出は行っていなかった。[14] それゆえ版籍奉還断行直後の二年六月十八日、茂韶は同じ麝香間祗候の山口・佐賀・岡山・鳥取・津和野藩知事に呼びかけ、左のような建議を行っている。

「今般知藩事被仰付候儀は、元来府藩県三治一致之御政体被為建候御儀ニ御座候処、是迄之藩政銘々各々ニ行ひ来候ニ付、三治一致は闇キ、容易ニ藩政一致ニ難改儀と奉存候、就ては、巨細鎖末之事件は銘々帰藩之上、地勢人情を斟酌し取行候事ニ候得共、職制改革・職員公費之多寡、従前家頼之者所置振等、大体之儀は当地ニて取極メ、経公裁候上、孰れも帰藩仕候様之手運ニ相成候得は、却て速ニ改革も出来、一致之藩政被相行可申と奉存候、随て大中藩華族一同え、右取調被仰付、可成丈ケ速ニ申談し伺出候様被仰付候ハは、可然御儀と愚考仕候、臣未奉命以前僭越多罪奉存候得共、御内問を蒙候ニ付、不顧恐奉建言候[15]」

蜂須賀茂韶は、「知藩事」の任免が府藩県三治一致を徹底することにあるとみなし、すみやかな藩政改革の断行のために、政府のもとで職制や職員、公費の多寡などの「大体」を決定するように求めていた。大・中藩の華族がその取調役となって、「一致の藩政」となる「大体」を定め、それを各藩で具体化すべきと論じたのである。そして、同藩では七月七日、東京藩邸において、版籍奉還にもとづいてそれまでの「給禄」をすべて返上するように命じ、「従前ヨリノ家格掛放シ」て、一門以下を士族と称するように定めた改革を公布した。(16)

このような徳島藩では、同藩士が明治三年五月十三日、家老で淡路の洲本城主稲田邦植（九郎兵衛）の家臣を襲撃して、三〇余人を殺害する紛擾を引き起こしていた。討幕運動や奥羽出兵に活躍した稲田家にとって、版籍奉還にともなってそれまでの家格と表高一万五〇〇〇石の所領を否定され、現米一〇〇〇石のたんなる士族に位置づけられることは、稲田家の家臣団の解体につながる。それゆえ、「華族之列ニ被加、須本藩知事ニも被仰付度内望ニ而段々内願之趣も有之候哉」(17)とのことで、徳島本藩との反目が顕著となり、いわゆる「庚午事変」となったのである。

政府側では、岩倉具視が上京した茂韶と会談中に、徳島から「本藩兵隊暴発」の事態が報じられ、騒然となった。岩倉からの連絡をうけた大久保は、「因循藩等江大ニ関係も有之候間、速ニ鎮定候処肝要ニ奉存候」との判断を示している。(18)政府からは、弾正少弼の黒田清綱と中弁の田中不二麿らが徳島に派遣された。結果は、八月十二日に至って徳島本藩側の一〇人の斬罪、一一六人の配流・禁固・謹慎処分が出され、茂韶はじめ大参事・少参事にも謹慎が命じられている。(19)十月に稲田家は旧禄が給せられて北海道移住とされ、同家支配地は兵庫県編入となった。

この「庚午事変」後、茂韶は六月十二日より開催された集議院の「藩制」の審議に関して、左のように建言した。

「臣謹言頃聞輦下大ニ集議有テ藩制ヲ定メ士卒ノ家禄ハ藩々ノ適宜ニ依ルト、臣窃ニ謂フ、如是ナレハ各藩禄制一ニ皈スルノ期ナク、畢竟紛紜ヲ生ルノ基トナランヲ之恐ル、且禄制ノ会計ニ於ル係ル所甚タ大ナリ、自今於大蔵省モ量入為出ノ法ヲ立ルニ難キ、或ハ此ニ在ル歟、方今天下華士卒三族ノ制既ニ立ツ、而シテ其禄制未タ定ラス、厚薄大ニ均シカラス、公平ノ道ヲ失ヘリ、且知藩事ノ禄ノ如キ天恩優渥ニ過キ、華族中ニ於テ殊ニ厚重ヲ極、是公平ヲ得サルノ甚シキナリ、宜ク三族各均禄ノ制ヲ定メハ、則天下一同禄制公平ヲ得ル而已ナラス会計モ亦従テ立ン、伏冀クハ断然朝裁セラレンコトヲ、臣誠恐誠惶頓首謹言」[20]

茂韶は、士族、卒の禄制が定まっていない事態を指摘し、「厚薄」の不公平を是正するように論じている。「藩制」の審議の状況が、「家禄ハ藩々ノ適宜ニ依ル」との方針となっていることに対して、各藩での統一的な禄制の実施が困難であるとみなし、その成果が財政確立に重要であるとして、政府のもとで「均禄ノ制」を定めるように主張したのである。徳島藩では、大身の家臣に対する家格・所領の否定が「庚午騒動」の一因となったのであり、それは前述の鳥取藩の「自分手政治」の廃止にともなう反発、あるいは福井藩における本藩と武生二万石であった家老本多副元との対立・紛争と共通している。[21] 徳島藩は「朝裁」を掲げることで徳島藩内での困難な禄制改革の推進を企図し、同時に「均禄」を主張することで、政府の禄制改革のさきがけ、同藩の復権を期待したものと思われる。この禄制については、茂韶は翌明治四年、華士族の「定職」を解いて「世禄」を廃し、国内・国外から「新債」を募って三年から五年分を一時にあたえ、それを産業資金にして各自に家産を営ませ、廃した「世禄」の半分をもって「新債」を償却する資本とし、残りの半分を「軍資」とするように建言していた。[22]「世禄」を「皇国ノ国債」とみなし、「速ニ償却ノ法立スンハアルベカラス」と諭している。その上で、海陸両軍を「速ニ厳整」することができ、「郡県ノ実挙リ会計ノ本立チ全国一致ノ体ヲ大成シ海外万国ニ抗衡スルヲ得ン」と、その推進を建言したのであった。

そして、茂韶は明治四年正月、「藩屏ノ名」を廃して、「知藩事」を「知州事」と改めるように求めた左の建議を行った。

「臣茂韶謹案スルニ、今也乾運新闢皇威振興大ニ数百年来弊習ヲ洗除シ、天下ノ制度ヲ改定シ万世不抜ノ基ヲ立ツ、其名アッテ其実ナカル可カラス、然ルニ典型軍旅ノ政ヨリ財度庶務ニ至ルマテ、現今未タ之ヲ統一スルニ至ラス、頗ル遺憾アルカ如シ、夫レ藩屛ノ名タル封建ニハ用ユヘケレトモ、今日ニ於テ此名一日モ存ス可ラス、臣窃ニ惟フ、断然藩ノ名ヲ廃シ知藩事ヲ改メテ知州事トシ、廟堂上ニ立ツテ事ヲ執ルノ官ト定メ、各藩管轄ノ広狭ニ応シ、二三県或ハ四五県ニ区分シ、即今ノ正権大参事ヲ以テ其知県事ニ任シ、知州事ハ親シク聖意ヲ奉シテ号令ヲ下シ、知県事ハ民間ニ接シテ事ヲ施サシメ、且藩兵ノ儀ハ一切兵部省ニテ総括シ、天下普ク一致ノ体ニ帰セシメンコトヲ、臣悃願ニ堪エス、敢テ愚衷ヲ布ク、臣茂韶誠恐誠惶稽首再拝

辛未正月

徳島藩知事　蜂須賀茂韶」[23]

茂韶は、「藩屛ノ名」を現状で用いることの不可を主張し、断然「藩ノ名」を廃して「知藩事」を「知州事」と改め、「廟堂」で「事ヲ執ルノ官」とし、それまでの藩域を広狭に応じて二、三県あるいは四、五県に区分すべきと論じている。大参事を「知県事」に任じ、「知州事」が「聖意」を奉じて号令を下し、「知県事」が民に接して民政にあたることとした。そして、全国の施政の不統一な現状を批判し、その打開を急務と論じ、一切の藩兵を兵部省が総括して、「天下普ク一致ノ体」にすべきと上表している。そこでは、統一的な藩政改革が進展しない困難が指摘され、「藩ノ名」を廃することでその打開をはかり、同時に大藩の知事が「知州事」となって、「朝廷」と一体になった支配を行うことが企図されていたのであった。

そして、茂韶はまた、明治三年後半から参議広沢真臣と頻繁に接触し、政府側の郡県制の徹底に向けた動きに呼応する姿勢を示していた。茂韶は十二月十七日に広沢を訪ね、翌十八日には広沢が茂韶の屋敷を訪問し、さらに翌年正月二日・三日・四日には、広沢や鳥取・徳島両藩および秋月種樹らを交えた会議をかさねている[24]。広沢が木戸に宛てた十二月二十一日の書翰によれば、茂韶の考えは「皇国前途之事勘考仕候而は、兎角真成郡県之外無之」とし、「薩

長土及ひ徳島藩等有志之大藩七、八藩合力同心断然相運候得は、必す各藩随而相挙リ真に一致之体裁相立、富国強兵之基礎相定可申」という点にあったようだ。(25)「真成郡県」にして、「海外強大国」と対等になることを「皇国」の急務とみなし、藩名を廃して知藩事を「知州事」と改める方策など、郡県制の改革を徹底させようとする見解である。それは、三年九月の「藩制」公布以後の改革の動向、および岩倉勅使西下にみられる政府の鹿児島・山口両藩への働きかけに対し、みずから廃藩論を提示することで、版籍奉還後に既定の方向となった郡県制貫徹のさきがけとなり、政府内における同藩の復権、鹿児島・山口・高知藩などの大藩に伍していくことを企図した見解と看取できるのである。

3　名古屋藩の「一州一知事」論

鳥取・徳島両藩と類似する視点に立って廃藩建白を行った有力藩として、尾張国六一万九〇〇〇石余の名古屋（尾張）藩があげられる。

名古屋藩は、鳥羽・伏見戦争の直後、藩主徳川徳成の父親の議定慶勝が京都から帰藩し、藩内の佐幕派の粛清を断行していた。成瀬正肥や田宮如雲らの藩内勤王派が藩情を岩倉具視に訴え、岩倉から断固とした姿勢を求められた慶勝が帰藩して藩内の転換をはかったのである。藩内の粛正では、年寄列の渡辺新左衛門や城代格の榊原勘解由、大番格石川内蔵充ら一四人が斬罪に処されていた。(26)その後の名古屋藩は、三河、遠江、甲斐、美濃などに藩士を送って諸藩に対する勤王誘引を行い、東海道をはじめ奥羽、北陸に大兵を派遣している。慶応四年（一八六八）八月には、これまでの世禄支給を不都合とした賢才登用の方針および「知行切米共半減」を藩内に達していた。(27)版籍奉還については、明治二年（一八六九）二月十四日に「弊藩儀、兼テ藩屛ノ標的ト相成候様乍奉蒙聖諭、是迄所領ノ土地人民依然私有仕候テハ恐縮ノ至ニ候間、何卒薩長肥土始同様版籍返上仕度」と願い出ている。(28)二年十月には職制を為政、神祇、会計、軍務、刑法の五局とし、二〇〇〇石以上の藩士の家禄を世禄の一〇分の一とした。(29)三年九月の政府の「藩制」公布に対しては、藩知事徳成が閏十月に「天下之藩皆朝廷之御役所ニシテ、其職員亦皆朝廷之御役人ナリ」とし、府県の体裁にならって実効をあげるように諭達している。(30)また閏十月八日には、「庶政一新」にて、「八十四州之四民同一心ニ皇威復古之盛業を賛」する世になったことを説き、王土王民を論じ、藩知事徳成を「国主之如く視て、曠職之罪を増さしむるなかれ」とし、ともに奮励して「報効之志を失ふことなからむ」と達した。(31)三年十一月には藩士の帰田が奨励され、十二月に徳成にかわって父親の実力者慶勝が藩知事に復職すると、名古屋城の金鴟尾の貢納などが行われている。十二月二十三日には支藩の高須藩が、「同心戮力朝意を奉体し、愈以御宗家之御鴻恩奉感佩度志願ニ御座候」として、名古屋藩に合併を願い出ていた。(32)

このような名古屋藩では、明治四年五月、藩知事慶勝が「治途一轍」にして「偏重ノ害」をなくすための「君民一様遵守之標的」を立てるべきとして、五条にわたる建議を行った。(33)その第一は地方学校を統一すべきとの意見で、第二は「天下ノ人才」の「収攬」をはかって、「偏党」の弊害をなくすことの建議であった。第三は各藩兵を兵部省管理のもとに要地に配置することを求めている。第四は「一州一知事ノ制ヲ定ム」として、具体的に「藩ニ大小アリ、一藩ニテ数州ヲ管轄シ、或ハ一州ニ数藩ヲ碁布ス自ラ治民ノ術多途ニ別ル、今一州ニ一知事トナストキハ民政画一ニ帰シ、人心ノ向フ所ヲ知ラシメ官職世襲ノ弊ヲ革除スヘシ」とされた。第五は華族の給禄平均のために適宜の方法を設け、将来的には禄位をなくし、世襲を絶つように建議している。この五か条の大綱は、各藩兵を兵部省管理として、要地に配すること、一州に一知事とすることなど、大藩の優位性を残しながら、郡県制にそった集権的な改革を急務と論じた建議であったと看取できる。

そして、この慶勝はさらに左のような建白を行った。

「天下之勢其趨ク所ヲ視テ之ヲ制理スルニ非ハ、其極リ収拾スヘカラサルニ至ルヘシ、丁卯以降人心日ニ開化ニ進歩シ、今日ニ在テハ各藩士卒禄ヲ国債ヲ以テ論シ、支消法ヲ議スル者アリ、帰田禄券等ニ及フマテ施設方法一ニシテ足ラス、此ノ時ニ当テ朝廷早ク護国ノ大体ヲ議定シ、天下ヲシテ向フ所ヲ知ラシムルニ非ンハ、恐クハ百綱弛廃人心渙散シテ不測ノ変ヲ生セン、今夫土地ノ縣隔スルニシタカッテ、人情不同ニヨリ控御ノ術マタ一様ニナスヘカラス、然レトモ前途ノ目的先確定シテ率由スル処ヲ知ラシムルニ非ンハ、人皆疑懼惶惑進歩ノ勢潰決シテ退歩ニトヽマラサラントス、果シテ何ノ時ニカ護国ノ要領ヲ得ン、ヨツテ今断然八十四州八十四政府トナシ、太政官之ヲ総制シテ内地ニ彼我ノ別ヲ生セサラシメ、天下ノ人民天下ノ兵権尽ク之ヲ一ニシ、然シテ後、天下ノ勢其宜シキヲ制スルヲ得ヘシ、其細目ノ如キハ、名ヲ先ニシテ、其実ヲ責ルモノアリ、其実ヲ先ニシテ其名ヲ正スモノアリ、如此而始テ各国ト並立スヘク、各国ト抗スヘキ而已

臣　慶勝[34]」

右の建白は、各藩での禄制改革や帰田法などの諸改革が進行しているなかで、「朝廷」が「護国ノ大体」を議定して、人心が乱れて不測の事態が生じないように取りはからうことを求めている。同藩では三年正月、藩士の知行地返還や禄制改革、帰田奨励に際して「心得違」のないように、さらに「万一彼是私語党論より紛紜を生じ候而ハ第一知事職之罪と成」として、「一同此旨深く相弁静謐ニ朝命遵守可為専要候事」と達していた[35]。流言や浮説を厳重に処分することをたびたび布告しており、藩内の動揺が危ぶまれたようである。そして全国の八四州については、その一州を一政府として太政官がそれを統轄すること、兵権を統一して「天下ノ勢」を制し諸外国に対峙できるようにすべきことを建白している。やはり「朝廷」が藩政改革の「大体」を明示すること、小藩を合併した一州のまとまりをもった施政の実現をはかること、兵権の統一をはかることを求めており、集権的な改革の貫徹と大藩の優位性を生かした

方向での郡県制の徹底が企図されたものと理解できる。

換言すれば、鳥取、徳島、名古屋などの有力藩の廃藩論は、概して藩知事と一部の藩首脳によってすすめられた建議、上書であり、藩政改革が困難をきわめたなかで、「朝廷」と一体となることで改革の進捗をはかったものといえる。そこでは万国対峙と富国強兵のために兵制、財政の一元化を急務とみなし、政府が統一的な改革方針を打ち出すことを求め、その徹底のために藩の廃止あるいは藩知事の辞職を掲げるようになっている。また、郡県制を実現するなかで、従来の大藩の持っていた優位性を継承させようとする意向も存在した。そして徳島・熊本両藩は広沢に接近し、鳥取・名古屋両藩は岩倉らの政府首脳と頻繁に接触を保ち、さらにそれらは後述のような高知・米沢両藩などの改革派諸藩とも連携する動きを示すようになったのである。

註

(1)『鳥取県史』第三巻（鳥取県、昭和五十四年）六九五—七〇二頁。

(2)「池田中納言慶徳」（『公文録』版籍奉還一）。
池田慶徳は、上表を提出した翌二十四日、世子池田三知麿（輝知）に対し、「藩籍返上之儀」を「不容易大事件」として、「一応其許三末家、且柱石之重臣之申聞可及出願儀にも可有之」であったが、「無拠情状」で「甚以粗漏ニ渉候得共、不得止之次第有之」と、その重大性とよぎない事情を書き送っている（『贈従一位池田慶徳公御伝記』五〈鳥取県立博物館、平成二年〉四〇頁）。

(3)『鳥取藩史』第一巻、藩士列伝一（鳥取県、昭和四十四年）三一五頁。

(4)「荒尾光就家譜」（鳥取県立博物館所蔵、鳥取藩政資料、八七二五）。

(5)前掲『贈従一位池田慶徳公御伝記』五、四一頁。

(6)前掲『贈従一位池田慶徳公御伝記』五、一六二頁。

(7)同右、二七二—二七三頁。

(8) 前掲『鳥取藩史』第一巻、世家二、一三九頁。
(9) 「池田慶徳上表案文」(鳥取県立博物館所蔵、沖家文書、二二五五)。沖家文書には、明治初年の藩政改革や慶徳の上表文・建白類の草案があり、沖守固がそれらに重要な役割を果していたことがうかがわれる。
(10) 前掲『贈従一位池田慶徳公御伝記』五、三八八頁。
(11) 「政庁日記」明治三年(鳥取県立博物館所蔵、鳥取藩政資料、二八八九)。
(12) 「鳥取藩知事布告」(鳥取県立博物館所蔵、鳥取藩政資料、一三二〇五)
(13) 同右『贈従一位池田慶徳公御伝記』五、六一一―六一三頁。
(14) 「旧幕府ヨリ受封ノ判物差出」「国政改革ノ儀上申」(『公文録』諸侯之部・蜂須賀徳島全、自戊辰正月至己巳六月)。
(15) 同右。
茂韶は明治二年六月二十五日、亀井茲監・池田慶徳の連名で、諸務変革について具体的な実施方法を伺い出た(「本藩外二藩藩制改正取調ノ儀ニ付伺」〈『公文録』徳島藩之部全、自己巳六月至辛未七月)。
(16) 『改訂肥後藩国事史料』第一〇巻(細川家編纂所、国書刊行会、昭和四十九年)五九―六〇頁。
(17) 前掲『改訂肥後藩国事史料』第一〇巻、五〇〇―五〇五頁。
(18) 「岩倉公への書翰」「岩倉公より大久保への書翰」明治三年五月二十日(『大久保利通文書』三、日本史籍協会、四四三・四四六頁)。
(19) 『太政官日誌』明治三年、第三四・三五号。「水竹居日記」(竹治貞夫『庚午事変関係・新居水竹等遺稿要解』、昭和三十七年、徳島県立文書館蔵)。
参議広沢真臣の日記には、五月二十一日の緊急の政府会議が、「徳島藩兵隊之者稲田九郎兵衛旧家来江暴動砲撃又は放火等いたし、死傷も多人数有之不容易次第之段追々彼藩知事当時東京滞府中に而報知之趣届出、彼藩稲田家江対し紛紜之事情有之、先達而以来於朝廷も御内沙汰有之候末、終に乱妨に及ひ不相済次第御評議相成り、尤一先藩庁ゟ段々尽力を以及鎮定之段相聞へ知藩事依願速帰藩及弾台官員出張被仰付候迄に御内決」と記されている(『広沢真臣日記』明治三年五月二十一日、日本史籍協会、三二六頁)。

(20) 前掲『改訂肥後藩国事史料』第一〇巻、五三六―五三七頁。
(21) 『福井県史』通史編五、近現代一（福井県、平成六年）三三―三六頁参照。
(22) 「明治四年茂韶公建言之部」（国文学研究資料館・史料館所蔵、阿波蜂須賀家文書、『史料雑纂』第三四号）。
(23) 「知事廃藩封事」（『公文録』徳島藩之部全）。
(24) 前掲『広沢真臣日記』明治三年十二月十七日～四年正月四日、四〇二―四〇九頁。
(25) 「尺牘広沢真臣」明治三年十二月二十一日（宮内庁書陵部所蔵、木戸家文書、人ノ一五七、）。
(26) 「三世紀事略」六・七（『名古屋叢書』第五巻〈名古屋市教育委員会、昭和三十七年〉三五六―三五七頁）。「青松葉事件関係文書」（名古屋市蓬左文庫蔵）。『名古屋市史』政治編第一巻（名古屋市役所、大正四年）七三三―七四〇頁。水谷盛光『尾張徳川家明治維新内紛秘史考説』（竹田出版、昭和四十六年）参照。
(27) 「三世紀事略」四（前掲『名古屋叢書』第五巻、三二〇頁）。
(28) 「徳川三位中将徳成」（『公文録』版籍奉還之部一）。
(29) 「三世紀事略」五（前掲『名古屋叢書』第五巻、三四六頁）。
(30) 「名古屋藩庁日記」四、明治三年閏十月（愛知県公文書館所蔵）。
(31) 「御触留」四、明治三年閏十月（愛知県公文書館所蔵）。
(32) 「高須藩名古屋藩合併一巻綴」（名古屋市鶴舞中央図書館蔵、名古屋市史資料、市八―一三四）。
(33) 「徳川家譜」尾張名古屋、三（前掲、名古屋市史資料、市一二―五〇）。
(34) 同右。「秋野集」乾（前掲、名古屋市史資料、市三―一―一二）。
(35) 「御触留」三、明治三年正月（愛知県公文書館所蔵）。前掲『名古屋市史』政治編第一巻、七六二・七八八頁参照。

第三節　熊本藩の藩知事辞職論

1　熊本藩論の転換

鳥取・徳島・名古屋藩は藩内事情を背景に政府と一体化した改革の推進、および藩知事の辞職あるいは藩を廃した州県構想などを建議していたが、それとは少し異なる視点から、政府の人材登用を強く求め、藩知事みずからの辞職論を提起した藩として、肥後国五四万石余の熊本(肥後)藩の動向が注目できる。

熊本藩は、王政復古後も藩内で守旧的な学校党が主導権を握り、戊辰戦争の過程でも藩内の一部が奥羽越列藩同盟側との連携を画策するなど、新政府側への参加が必ずしも積極的なものとはいえなかった(1)。それゆえ、新政府発足直後に溝口貞直(孤雲)、津田信弘(山三郎)が徴士参与に任じられ、その後も長岡護美(良之助)、横井小楠(平四郎)らが登用されていたが、鹿児島(薩摩)・山口(長州)両藩を主体とした新政府での同藩の立場は、きわめて微妙であったといえる。

この熊本藩は、版籍奉還の上表において、前述のように三条実美から奉還を勧誘され、藩主細川韶邦と在京首脳の判断で明治二年(一八六九)正月二十八日に願書を提出していた。しかし、それは山口藩などの四藩の上表の動きを知らされた上での「断然急決」であり、土地人民の返上についての藩内の熟議を経たものとはいえない。熊本藩の上表文自体も、「諸侯ノ富ハ素ヨリ天子ノ有ニシテ、私スル所ニアラスト申儀ハ先哲ノ語ニモ有之儀ニテ、兼テ其心得ニ罷在候」(2)という程度で、先行した四藩の建言にともあれ「至極同意」とする文面であった。秋月種樹の郡県論に立った「檄文」が内々で論じられた際、熊本藩内の対応は、「肥後侯上下トモ一致シテ郡県論甚宜カラス、不楽之基皇国動乱之発起ナルヘキ旨ヲ申強ク放ツテ他人ノ言ヲ不待」とある。(3)したがって、二年五月の上局会議での版籍奉還に関する奉答では、藩主韶邦が「封建郡県」の得失を論ずる以前に「措施スル人如何」が重要であるとし、「仮令知藩事ノ名称ヲ下シ賜ルモ、旧来君臣ノ名義ヲ廃セス、藩主陪臣ノ実ハ存シ置レ候方良策至計ト奉存候」と述べている。封建制下の君臣関係を肯定的に評価し、「封建郡県参錯シ、互ニ相維持」する視点である。その上で府藩県一致の「政令大綱」を定め、諸道に都督府を置き、在廷の大官を任じて「朝令」の「伝布」と「下情」の通達をはかるように建策している。(4)また、この韶邦の奉答については、公議所議員の鎌田平十郎が、二年四月ごろの「封建郡県可並用議」のなかで、同じ視点に立った封建擁護論と「都督使」設置を求めていた。(5)同藩出身で民部官の庶務司知事に任じられていた沢村修蔵も、五月二十七日に同様な点を指摘した奉答を行い、「土地人民」をこれまで同様に委任し、「此後天下ノ形勢事情ニ依リ猶御評議」を行うべきであると論じていた。

　したがって、このような熊本藩の対応には、戊辰戦争中から疑惑が向けられ、明治元年十月の「藩治職制」についても、三条・岩倉らの政府首脳からその実施に関する再三の督促をうけていた。(6)長岡帯刀らの同藩重役は、翌二年二月二日に「御国許しらへ之儀御急決有之度」とし、「諸藩ニ後レ御遵奉薄キ様ニ相聞候」という公用人の危惧を熊本へ伝え、家老・中老に藩政刷新を強く要請している。

　このような事態にともない、藩主韶邦の弟で新政府の軍務官副知事に登用された長岡護美は、二月三日の藩治職制実施の告示に際し、御一新の「宏業」を宣揚することが藩主・世子の「尊慮」として、藩内が「姑息偸安之旧習ニ流」れることを強くいましめた。(7) とくに、すべての役人が「御趣意」を遵奉し、「協力同心」して各人の職務に尽力するように求めた「直書」を発している。

また二年四月には、轟木武兵衛(照幡烈之助)らの熊本藩攘夷派の東京での活動が政府から危険視されるようになり、岩倉がそれらの説諭のための尽力を同藩参政の津田信弘(山三郎)に求め、それを知った藩首脳が愕然とする事態が発生した。京都藩邸の田中典儀は、四月二十七日に東京の長岡休焉に宛て、岩倉の危惧するような「肥後藩沸騰之施主共相成居候」の場合は、「全天下中之論共相反し朝廷之御手碍と相成候者必然ニ而、災害之来候も眼前之事」で「縮首寒心之次第」として、参政の津田を攘夷派説得のために急ぎ東京に送っている。(8)

したがって、同藩内では、政府の三条や岩倉らの警告、あるいは政府に出仕した同藩出身者の情報をうけるなかで、しだいに守旧的な攘夷派や学校党を抑えて、米田虎雄(虎之助)・安場保和(一平)らの実学党が藩政を掌握するようになった。そこでは、政府を「要路之諸賢果決機発する事を不得」と批判しながらも、「此上ハ大藩一致皇政を振起いたし候外無之見込」とし、鹿児島・山口両藩などを「皇国之ために尽力」している状況にあると理解するようになっている。(9) 東京の大参事有吉将監(佐々木与太郎)は二年十一月、藩政の方向を確立して「唯々朝廷輔翼之御偉功相顕候」ための藩政一新の必要を国元の重役に書き送った。同藩では、二年九月に藩知事韶邦が、五箇条の誓文の趣旨を奉じた「維新之御宏業」を宣揚する諭告を発し、(10) 十月には職制、職名を一新していたが、佐々木らの要請は、さらに禄制、税制改革を含めた抜本的な改革に向けられている。熊本藩でも、諸藩に遅れないように改革を推進し、その成果を背景に大藩としての地位の確保をはかり、藩論を政府に反映させようとする動きが顕著になっている。長岡護美は明治三年三月二十八日、参議大久保利通に宛て、「庶政一新」のために苦心をかさねてきた経緯を述べ、ようやく世子護久の上京を決議し、「朝旨」のもとに「断然一新之心決」になったとして、「岐度一洗之目的を達し候定意に候間御休襟可被下候」と書き送っていた。[11] 三条・岩倉らの発言、あるいは政府に出仕した改革派の情報をうけるなかで、長岡護美らを中心とした同藩の「万般朝旨」を奉じた改革が着手されるようになったのである。

2 熊本藩知事の辞職建白

熊本藩の「断然一新」への動向は、明治三年(一八七〇)に入って藩知事韶邦の隠退を求める動きとなり、五月八日には護久が家督を継ぎ、同藩は新たな画期を迎えた。護久は六月十一日、藩士を熊本城内に召集してその家督継承と任官を公表し、「天朝」の「藩政一新皇国興隆セヨとの御懇篤之綸言」を背景に、藩政革新の方針を発した。[12] そこでは、「王臣」として「王命」に背くことができない旨を強調し、「因循固僻」で「巷説」や「私見」にまどわされた従来の事態を改め、新たに「御伺取之御趣意」をもって、「人才之黜陟ヲ初メ民政兵制官員禄制等数件之政事」を順次に改正し、「一藩王政」となるように勉励する覚悟を達している。そして、「皇国」への忠誠を求め、「聖王之大道一藩ニ相立四海ニ及不日ニ春風和気之王国ト相成候」と説いた。「王化ニ不服者は決テ此藩ニ在ベカラス」として、すべての「士民」が「愈以皇国之為ニ奮起勉力忠誠ヲ可抽者也」と命じている。

具体的には、七月三日に藩中諸家からの兵員差出しを廃して、陪臣である諸家の家来を本藩の士族、卒に採用し、その上で兵隊の選抜を行うこととした。[13] 同日には、それまでの藩座班式を改め、一門の名号を廃してそれまでの家筋による座席を改正し、士族と卒の二等として、禄高による席順を定めている。また藩士の俸禄の削減に応じて、正税以外の口米、上米、会所並村出米などの付加税の類を廃し、民力休養をはかった。閏十月には禄制改革に着手し、とくに禄制を「朝廷ヘモ窺奉リ適宜酌量」したものとして、「闔藩ノ士族篤斗此意ヲ体認シ天下ノ大勢ヲ弁ヘ、事理ノ所在ヲ審ニシ、各其職分ヲ尽シ候様可致勉励也」と、その貫徹を命じている。(14) この改革は、熊本城廃毀論にまでおよび、同藩は前述のように九月五日、「願クハ天下ノ大体ニ依リ熊本城ヲ廃堕シ、以テ臣民一心ノ徴ヲ致シ、且以テ無用ヲ省キ実備ヲ尽サン」という願書を政府に提出した。(15) 十月四日には藩内の一般に対し、「時勢之変革天下之大体」と「維新之朝旨欽遵之趣意」にもとづき、城郭の廃毀を願い出たことを諭告している。(16) それを公表することにより、民心の一変を推進し、無用をはぶいて「実備」に尽力する同藩の姿勢を強調しようとしたのである。

かくして、熊本藩の藩政一新の動向は、明治四年三月に至って知事みずからの辞職を掲げた左のような建白となった。

「復古之大基礎為建候以来于茲三年、治効未顕宸襟御憂惕被遊候内、各所之民心擾乱、剰へ輦轂之下姦賊暴横大臣ヲ殺害ニ及ヘリ、臣等不肖地方之官其職ヲ不尽、朝威未貫徹セサルノ所致ト震懼戦慄之至ニ不堪、敢テ直ニ参朝謹テ罪ヲ闕下ニ待ツ、伏テ聖詔ヲ聴、天意之在所ヲ知感激奮泣不知所謝候処、竊ニ惟姦賊暴横スルハ、朝憲之不立紀綱不粛之所致ト雖、必竟朝官未其人ヲ不得ニ由リ民心之擾乱スルハ朝威之貫徹セサルニ在ト雖、是亦地方官其人ヲ不得ニヨリ候儀ト奉存候、抑去ル辰三月被仰出候御誓文・宸翰之御趣意ハ、万古不易之御確誼ト奉存候処、竊ニ今日之御政体ヲ仰観仕候得ハ、神祇太政之二官ヲ被置テ祭政二途ニ別レ六省ヲ被建テ御政体区別ニ相成、官員煩冗政事多門、是朝官其人ヲ不得シテ紀綱不粛朝憲ノ所以不立ト奉存候、各藩ノ知事ニ至テハ多クハ門閥ヲ被用、才其職ニ不当候故、大少参事ノ員其数ニ過テ人其責ニ任セス、府県之政事ハ藩治之標準ニモ可相成処、却テ安民之実不相立、神武復古之御政体ニハ何分違戻仕候様ニテ、天下有志之者ハ実ニ憂懼罷在候儀ト奉存候、恭惟聖躬敬神之御誠徳ヲ以テ大殿ニ臨御被為在、愛民明倫之御政教ヲ被為敷候得ハ、別ニ二官ヲ被置ニ不及、大臣納言参議ノ三職玉座之下ニ列シ、聖旨ヲ奉シテ万機之政ヲ施行候得ハ、別ニ六省ヲ被建ニ不及、御政体簡厳ニシテ綱紀凛然、初テ復古之御実体ニ帰シ可申ト奉存候、御政体簡ナル時ハ人才ヲ得易ク、参議之職天下之才ヲ被択、各所長ニ従ッテ六省之政事ヲ管轄被仰付、別ニ顧問之大臣ヲ被置テ宮府之間ニ出入シ、内外トナク聖徳ヲ輔翼シ、万機ニ参与致シ候得ハ、賢能得位方向一定、即チ府藩県ニ人才ヲ得候事ハ、其中ニ在テ姦賊日ヲ期シテ捜索ヲ得ヘク、民心不令シテ安堵スヘク、王化邦内ニ洽ク皇威海外ニ輝ンコト不可疑儀ト奉存候、臣等不肖猶門閥ニ依テ猥ニ知事之職ヲ汚シ候ニ付、速ニ当職ヲ被免退テ士族ニ帰シ屹度賢才ヲ御抜擢被為在度、仰願クハ右之大議宸衷ヨリ被断セ、朝廷粛清皇国安定仕候様被遊度伏而奉懇願候、臣死罪誠恐頓首謹言」(17)

右の護久の建白では、政府が「朝憲」の「紀綱」の確立しない状況にあるとし、その原因を「朝官其人ヲ不得」とみなし、みずからの「知事」の職を免じるように求め、かわりに賢才を抜擢するように願い出ていた。そこでは、諸藩の現状が門閥からの藩知事任用、大参事の員数、責任が不適切であると批判し、同時に府県についても、「藩政之標準」となるような民心安堵を行っていないと糾弾している。さらに二官六省の太政官制のあり方を批判し、「政体」を簡略にして、参議に天下の人才を抜擢するように論じていた。

建白書は、四年二月に上京した護久のもとで米田権大参事や下津休也・安場保和らの側近が会議し、元田永孚に草案の作成を命じていた。元田は「朝旨ノ向フ所」を念頭に置き、「今日ノ建言尋常ノ事ヲ云ハ人後ニ出ッ」として、「第一等ノ論ヲ立ツルニ至テハ先ツ自ラ藩知事ヲ抛ツニ非サレハ誠心貫カス」と考え、建言案を起草したという。元田は案文を事前に安場保和に示し、安場が徹夜で熟読して、さらに護久と藩首脳が検討をかさね、護久が大久保利通に提出していた。(18)

この建白については、胆沢県少参事の野田豁通が明治三年十二月、藩政改革の成果を背景とした藩知事の「御出府之御趣旨」が貫徹されないようであれば、「藩内ノ人民御返上御辞職ノ御覚悟ニテ乍恐御乗出し被為在度事」と、知事辞職の覚悟をも含めた政府改革の推進論を打ち出している。(19) 野田は、民部・大蔵省の府県における聚斂を批判して政府の譴責をうけ、「一県ノ力ニテハ中々大破ト中儀ハ不容易、是非御藩力ヲ以御打破皇国挽回之御実効為国家奉仰候」と、熊本藩重役に書き送っていた。藩力をあげた地方政治の刷新と政府の改革を求めていたのである。この護久の建白に対しては、弟の長岡護美もまた大参事の辞表を提出した。護美も、地方官の「人才登用」が不十分なために、施政の成果があがらないことを指摘し、「実才実能之士御擢用有之度」として、「速ニ当職務被免、退テ士族ニ帰シ」と、みずからの辞職を求めている。(20)

そして、藩知事護久は同年五月、左のような辞表をかさねて政府へ提出した。

「臣護久謹而按スルニ、各所ノ民心擾乱シ、輦轂ノ下姦賊暴行スルハ朝憲ノ立サル朝意ノ貫サルニ在リト雖トモ、畢竟朝官及地方官等未タ其人ヲ得サルニ由レリ、今日ノ御政体神祇・太政ノ二官ヲ置カレ、祭政二途ニ別レ、六省ヲ建ラレ御政体区別ニ相成、官員煩冗政事多門、然シテ朝官其人ヲ得ス、朝憲モ従テ相立ズ、各藩知事ニ至リテハ多クハ門閥ヲ用ヒラレ材其職ニ当ラス、故ニ大少参事其数過テ人其責ニ任セス、府県ノ政事ハ藩治ノ標準ニモ相成ヘキニ、却テ安民ノ実相立ズ、恭惟ルニ聖躬敬神ノ御誠徳ヲ以テ大殿ニ臨御、愛民明倫ノ御政教ヲ敷カセラレ、大臣納言参議ノ三職玉座ノ下ニ列シ、聖旨ヲ奉シテ万機ノ政ヲ施行セハ、別ニ二官六省ヲ置レストモ御政体簡厳ニシテ人材ヲ得易ク、参議ノ職天下ノ賢ヲ択レ、各長スル所ニ随テ六省ノ政事ヲ管轄セシメ、又別ニ顧問ノ大臣ヲ置、聖徳ヲ輔翼セハ、下府藩県ニ至テモ自ラ人材ヲ得姦賊日ヲ期シテ捜索スヘシ、臣等不肖門閥ニ依テ妄ニ知事ノ職ヲ汚ス、速ニ当職ヲ免サレ、退テ士族ニ帰シ屹ト賢才ヲ御抜擢在セラレンコトヲ希望ス、誠惶頓首謹言

　　辛未五月　　　　熊本藩知事　護久」(21)

右の辞表は、三月のそれと基本が変わらない。そして、太政官制を簡略にして参議に人材を集め、顧問の大臣を置く必要を述べ、みずからみだりに「知事ノ職ヲ汚ス」として、速やかにその「当職」を免じて士族とするように求めている。「朝権」の不振と府県政の失政を厳しく批判し、政府の「朝官及地方官」について、「未タ其人ヲ得サル」と論じていた。

同時期、熊本藩では、後述のように安場などが岩倉、大久保にたびたび面会を求め、藩政の刷新と政府改革の推進を訴えるようになっていた。それは、地方官からの政府批判であり、同時に鹿児島・山口両藩を主体とする政府に対し、熊本藩の地位向上、同藩士族の抜擢を強く求める新たな政治闘争といえる運動であった。

註

(1) 木戸孝允は岩倉具視に対して、熊本藩が戊辰戦争中に徳島藩主蜂須賀茂韶の「東下」の阻止を策し、三条実美にも「曖昧両端之言」を上陳しているとして、熊本藩の姿勢を批判し、「長岡左京介東下断然被免度」と上申していた（「阿州御沙汰云々木戸意見」『岩倉具視関係文書』〈国立公文書館内閣文庫〉九一―一〇、北泉社マイクロフィルム版）。

(2) 「細川中将韶邦」（『公文録』版籍奉還之部一）。

(3) 「探索書控」明治二年（熊本大学附属図書館、永青文庫、一三―三―六）。探索方の坂本七太郎の報告書であるが、『改訂肥後藩国事史料』（第九巻、細川家編纂所、国書刊行会、昭和四十九年、六四〇頁）では、この熊本藩内の動向に関する部分が省略されている。

(4) 「復古帳」明治二年（熊本大学附属図書館、永青文庫、一三―三―一九〈前掲『改訂肥後藩国事史料』第九巻、八七七―八七八頁に収録〉）。

(5) 前掲「探索書控」明治二年（『改訂肥後藩国事史料』第九巻、七五九頁に収録）。長岡帯刀や在東京重臣が二年四月十六日に熊本に送った書状には、「封建郡県之両岐此十五日迄ニ公議人ゟ相達候様兼而議長ゟ御達ニ付、去ル十三日ニ議案差出申候間是又差進申候、郡県ニ而者兵力之衰へ日を不待事と被測候得共、既ニ版籍御差上之末ニ付、公議人ゟ専ラ尽力致せ内輪ニ而ハ利害得失三条公江申上、御国家之御維持専要と心懸罷在申候」とある。また、鎌田は「封建郡県可並用議」のなかで、郡県制を「兵ヲ農ニ寓スル法」となって諸侯や藩士の無用論と藩士の紛乱を引き起こすと否定し、封建制の「尾大不掉ノ患」を克服するためには、都督使を置いて集権化をはかるように主張した。そして二年五月には、攘夷論に立った「御国是建議」を作成し、それを十四名の公議所議員の連署で提出していた（前掲『改訂肥後藩国事史料』第九巻、七五三・七六〇・八一四頁）。

(6) 同右『改訂肥後藩国事史料』第九巻、六一九頁。
(7) 同右『改訂肥後藩国事史料』第九巻、六二四頁。
(8) 前掲『改訂肥後藩国事史料』第九巻、七七二―七七三、七七八、七八〇―七八一頁。
(9) 『改訂肥後藩国事史料』第一〇巻（細川家編纂所、国書刊行会、昭和四十九年）二六二頁。
(10) 「詔邦の藩知事就任の布告」（熊本大学附属図書館、永青文庫、一四―二三―甲一―九）。
(11) 「長岡護美書翰」明治三年三月二十八日（『大久保利通関係文書』四、立教大学日本史研究会、昭和四十五年、二六六頁）。
(12) 「熊本藩日誌」明治三年（熊本大学附属図書館、永青文庫、一三―四―一九―二、〈前掲『改訂肥後藩国事史料』第一〇巻、五三〇―五三一頁に収録〉）。
(13) 同右「熊本藩日誌」明治三年（『改訂肥後藩国事史料』第一〇巻、五五四―五五六頁に収録）。
(14) 前掲『改訂肥後藩国事史料』第一〇巻、六六〇・六六四頁。
(15) 『太政官日誌』明治三年、第三八号。
(16) 前掲「熊本藩日誌」明治三年（『改訂肥後藩国事史料』第一〇巻、六二三頁）。
(17) 前掲『改訂肥後藩国事史料』第一〇巻、八三五―八三六頁。
(18) 「還暦之記」（『元田永孚文書』第一巻、元田竹彦・海後宗臣編、元田文書研究会、昭和四十四年、一一八―一一九頁）。
元田永孚は明治二年六月、東京の安場保和に対して、「太政官之御基本御大丈夫ニさえ被為在候得者、皇国一州終ニ一新不仕候事ハ決而無之」と政府の強化とそれにともなう藩政改革の必要を述べ、「世子（護久）君近日之御模様ハ益御宜敷、虎殿（筆者＝米田）薩行後段々言上も有之、一層之御発揮ニ被為在実ニ奉恐悦候」と、熊本藩の変化を書き送っている（前掲『改訂肥後藩国事史料』第九巻、八九三―八九四頁）。

(19) 同右『改訂肥後藩国事史料』第一〇巻、七二九頁。
(20) 同右『改訂肥後藩国事史料』第一〇巻、八三八頁。
(21) 同右『改訂肥後藩国事史料』第一〇巻、八六三―八六四頁。

第四節　高知藩の「人民平均」論

1　高知藩の藩政改革と積極策

鳥取、徳島、名古屋、熊本などの大藩の廃藩論や知事辞職論を明らかにしたが、鹿児島・山口両藩につぐ位置にあった高知藩も、明治三年（一八七〇）以降に諸藩の標的となるような藩政改革を断行し、同時に改革派との提携に積極的であったことから、その動向が注目される。

すなわち、高知藩は、政府の「藩治職制」にそった藩政改革を明治二年三月に断行したが、それは版籍奉還上表にともなう改革を先き取りして実施した性格をあわせもった。それまでの家老を改めた執政に板垣退助らの改革派を登用し、有力藩士の地方知行を廃して蔵米支給に改め、陪臣の「士格」を直臣に組み入れていた。(1) 二年五月には旧家老を二〇〇〇石以下、旧中老を四〇〇石以下、旧平士を二〇〇石以下などとする削禄を断行している。(2) 十一月には従来の格式を廃して、士族を一等から五等に分け、卒もまた三等に分けた等級を制定し、それに準じた服制を定めていた。(3)

このような高知藩は、刑法掛参政で二年三月に軍事掛となった谷干城らが中心となって兵制改革をすすめ、明治二年九月に静岡藩士、三年閏十月にフランス砲兵少尉を招聘して、軍備の強化をはかった。歩兵八大隊、砲兵一大隊、工兵一中隊、騎兵一中隊をととのえ、常備兵六六〇〇人、非常兵二四〇〇人で、合計九〇〇〇人を擁するようになっている。(4)また同藩は、四国一三藩を集めた四国会議を主催していた。同会は板垣・谷らが企図し、二年四月に第一回を丸亀で開催している。同会の目的は、一三藩が「動静」を相通じて議論を深め、「協心戮力」をはかって「天朝ニ奉」ずること、外患を防ぐこととされた。(5)谷干城自身はそのような四国会議に対しても、左のような期待を込めていたという。

「先達御国論なる主意を発表し、先つ四国の諸藩に遊説し、四国会なる者を琴平に起し、四国の諸藩より公議人を出し、互に親睦を結ひ、共に各地の情況を通報し、緩急相援くるの制を定めし、発議者の主意は全く一種の企望あり、窃に謀るに天下の事朝令暮改人心未た服せす、朝政は浮浪徒の占むる所となり動揺常なし、其の勢不遠又乱るゝは避く可からす、此の時に当て薩、長は必す両立せす、相争は必然なり、我土佐若し長曾我部の轍倣ひ四国に兵を用ひは、仮令勝算あるも天下の時機に後れ四国を一歩も出つる能はす、是れ愚の至りなり、仍て此の会を設け一致して親睦し、事あるに当ては土佐は後顧の憂なきを以、数艘の汽船を以全国の兵を挙け、直に摂海に入り錦旗を擁し王室を保護せは、東北不平の藩は固より、畿内の諸侯必す風靡せんと、此れ意中に含む所の大主意なりし、数年来種々事故あり長とは事を共にし難き事情あれは、時宜より薩と共にするの必要を認めたれは、薩の情況を窺ひ且親睦を結ふの主意を以知事公、薩公を御訪問のことは起りたり」(6)

谷は、四国諸藩の親睦と「情況の通報」を標榜しながらも、有事の際の高知藩の軍事的進出を容易にしようと企図していた。政府の混乱や鹿児島・山口両藩の衝突を予想し、四国会を開催することで天下の時機に遅れず、「王室」

の保護の主力となることを期待している。

右の第一回四国会議では、春秋二回の大会議、毎月十の日の通常会が予定され、第二回以降を琴平で開催すること、同地に各藩の公議人を駐在させることが約された。二年十月の第二回大会議では、高知藩から四国会議規則が提案され、「朝権」を強化して国政の維持をはかること、「議事の模様に寄り、天朝へ伺等すべて月幹番にて天裁を受け、然る後ち御各藩へ通達のこと」「藩々の政事の大体に関係する事はなるだけ、会議所へ持出し公議を取ること」などが定められている。(7) 海賊の取締・防禦、「稲田騒動」にともなう徳島藩への支援なども決議された。(8) もっとも同会議については三年八月に政府から高知・徳島両藩にその廃止が命じられ、九月の第四回大会議が最後となっている。高知藩を中心とした四国諸藩の提携は、政府にとってもその動向が危惧される事態であったとうかがえる。

また、高知藩は明治三年二月、鹿児島・山口・高知三藩の盟約を企図し、藩知事山内豊範が鹿児島を訪問した。豊範は大参事の小南五郎（五郎右衛門）、少参事谷干城（守部）らと土佐藩の軍艦で鹿児島にわたり、二十七日に島津忠義に会して、左の三策を提示している。

「一、大ニ朝権ヲ張テ、天下ヲシテ威服セシメ、假令大国強藩ト雖、其議ノ出ル処ヲ不知ガ如ナラシメン、是策ノ上也、

一、天下内外ノ病日ヲ追テ不可救ノ勢アリ、外ニ不破時ハ必内ニ破ルベシ、輔相ノ識見ヲ以テ、寧外ニ破リ内ヲ整ルニ不若ノ大決断ヲ行ハン、是策ノ中也

一、薩長土三藩、国約ヲ堅シ、私ヲ去リ、公ニ就キ、朝廷ヲ輔翼シ、国脈ヲ維持ス、是策ノ下也、」(9)

同藩は、「今日ノ勢其下策ニ出候外有御坐間敷哉」としながらも、「自今更ニ御同盟仕、天朝ヲ奉輔翼、上策之地位ニ相運度意中ニ御座候」と、提案した。三藩が盟約を結んで「朝廷ヲ輔翼」し、国家を維持するという方策である。

鹿児島藩の側は、高知藩知事の来航の真意をはかりかねたようであるが、「下策」に掲げられた政府を「輔翼」する提携には異存がなく、「皇国之御為ニ御互ニ戮力斡旋可仕候」として、「隔意」のない交際を約している。高知藩にとって、同藩が鹿児島・山口両藩と提携し、両藩とともに朝廷を「輔翼」・維持する立場に位置することの確認が重要であったとうかがえる。(10)

2　「人民平均之理」の提起

高知藩では、明治三年（一八七〇）九月の「藩制」公布後、閏十月に板垣退助が大参事となり、谷干城が排除され、急進的な改革が推進された。佐々木高行によれば、谷や片岡健吉らは、兵制整備の立場から節倹を主張し、板垣や後藤の「驕奢」な「財政ノ不取締」に批判的であったが、谷もまた「儒者流」の「固陋ノ弊ナキニ非ス」で、結果として板垣が藩政を掌握することになったという。(11)そして高知藩は十一月三日、「人民平均」を掲げた六か条の伺書を政府に提出した。そこでは、「士族文武ノ常職」を解くこととし、官員、兵隊を士族、卒、平民から抜擢することを提起している。(12)士族の禄制改革については、「禄券」の給与とその「家産」化を明記した。士族の「世禄」の削減を掲げ、藩庁を「一藩ノ民政司」と位置づけ、国民一般の「戸籍ノ法」を定めるように提起している。これらの六か条を「天下一般御布行ニ可相成儀件ニ御座候」とし、政府の指令をまって同藩で実施したいと願い出たのであった。

もっとも、このような改革は、前述の「藩制」の議論において、同藩が海軍費の上納と一門以下を士族と卒の二等級に限定することに反発し、その打開策を模索した結果であった。佐々木は、板垣らが高知藩の「階級ノ論」を掲げて、(13)三年九月に「士族席」を上下に分けるように政府に歎願したが、政府から「等級等無之同一般ノ取扱ニテ坐順可相定候事」と命じられ、結果として「色々困リタル上ニテ、大ニ階級ヲ破」った一大改革をよぎなくされたと評している。(14)同藩は藩財政の窮乏に直面し、「万事天下一般に大規則、朝廷より御切付可然様」でなければ、「藩政も誠に難扱」という事態が存在した。(15)士族の等級、禄制についても、政府の郡県論にそった方向への転換、「朝廷」の意向を背景とした思いきった改革が残された方策であり、政府の指令を求めたものといえる。

この点、政府は高知藩の六か条の伺いに対し、「天下一般御布行之儀ハ、尚廟議ヲ可被尽候得共、其藩施行之儀ハ伺之通」(16)と、同藩に達した。それゆえ、高知藩は明治三年十二月、藩内に「人民平均之理」を掲げた左のような布告を発している。

「藩政改革ニ付、朝廷御沙汰ノ趣有之、第一士族等級ヲ廃スベキ旨被仰出候処、猶又於藩庁評議之上、士民一般平均ノ政令相立候様、更ニ朝議ヲ奉伺施行可致旨被仰出候条件、如左ニ候事

一、人民平均之理ヲ主トシ、士族文武ノ常職ヲ解キ、同一人民中之族類ニ帰スベキ事

一、官員・兵隊ハ士族・平民ヨリ撰擢シ、更ニ官禄ヲ給スベキ事

一、士族ノ家禄ヲ変ジ、更ニ禄券ヲ給シ家産ト做シ、又其券ヲ割キ売買スルヲ許ス、且漸年政府ヘ其券ヲ買上ベキ事

一、士族ノ常職ヲ解キ、別ニ文武官員ヲ立ルニ依リ、従来家禄ノ三分一ヲ削リ、且大禄ハ更ニ削減ヲ加ヘ、官給ニ充ツル事

一、卒ハ一代ノ者トス、華士平民ノ間ニ於テ族称ヲ立テ難シ、依テ更ニ卒ノ一類ヲ除キ平民ト做シ、禄アル者ハ士族ノ法ニ准シ禄券ヲ給スベキ事

一、士族・平民其族類ヲ分ツノミ、農工商ハ人民ノ活計業ニ帰シ、族称ニ関セズ、唯士族ハ賤業ヲ禁ズベキ事

一、藩庁ヲ視テ一般ノ民政司ト倣シ、士族・平民一般戸籍ノ法ヲ立ツヘキ事

右件々士族・平民共厚相心得、且禄制戸籍之次第ハ委細取調之上可申聞ニ付、此旨可心得事

明治三年午十二月

」[17]

右の布告は、人民平均を掲げ、士族のそれまでの「文武ノ常職」を解き、官員や兵隊は士族、平民のいずれからも選抜し、任用された者には「官禄」を支給すると定めている。士族の家禄は、前述のように「禄券」をあたえて「家産」化をはかり、一般は三分の一、大禄者はそれ以上を削減することとした。士族の賤業を除く農工商への従事を自由とし、藩庁を民政司とみなして、士族、平民一般の「戸籍ノ法」を立てることとしている。それまでの「世禄三分ノ一」を削って「兵士」に給付し、残りの三分二を「禄券」としてあたえ、「家産」とする方法である。[18]「禄券」は売買を許し、「向後漸次ニ此禄券ヲ政府買上ケ消没セシメ」として、士族と卒が平民と同様に田地山林などの「恒産」を入手できることを目的としている。

同時に、高知藩では、階級を否定して「人間」が「貴重ノ霊物」であることを知らせ、各自の知識技能を「淬励」し、「自主自由ノ権」をあたえて「悉皆其志願」を成就できるようにするという趣旨を藩内に諭告した。[19]そこでは、「王政一新、宇内ノ変革」によって「郡県ノ政体」を確立する時期になったとし、「朝旨ヲ遵奉」して「王政ノ一端」を具体化する方針を明記している。そして、「皇国」が「万国」に対抗して「強富ノ大業」を興すためには、「人民平均ノ制度」を創立し、人民がそれぞれ「報国ノ責」を持つようにさせるのが最良であると論じている。この点、祖先以来の特権的な家禄をあたえられていた武士は、戊辰戦争を通じて兵士としての「武職」の限界を露呈し、まさに「士族ノ常識」を主張できる存在ではなくなっていた。[20]また政府は、「有才ノ者」を「貢士」として選挙・抜擢したのをはじめ、「士族」に対する能力主義的再編をすすめていた。大久保利通が門閥を否定し、草莽といえども登庸して、

「十年之後ハ華族・士族之差別なきほどにいたり不申候而者、宇内各国ニ対し皇威を輝し候事ハ夢々出来不申」と記した方向である。公議所においても、「是迄士列ニアリト雖ドモ、士ノ任ニ堪ザル者ハ、其分ニ応シ産業ノ手当ヲ賜リ、農工商ニ帰スルヲ許スベキ事」が議題の一つとなっていた。それゆえ同藩の企図は、「士族常職ノ責」を解いて人民一般にひろげ、「各互ニ協力戮力、富強ノ道ヲ助ケシムル」こととし、同藩が「朝廷御沙汰ノ趣」とその富国策を先き取りして藩政改革に着手すること、およびその先見性と積極的な姿勢を強調するものであった。

以上のような高知藩の改革は、同藩が鹿児島・山口両藩にならぶ有力藩であり、同時にその改革が郡県論の内容を先き取りした急進的なものであっただけに、周囲の諸藩にあたえた影響が大きかったといえる。日向国延岡藩では明治三年十一月、四民が「束縛を脱し、自由自主天地間に卓立」することを許し、天下は「持合」であって知事も勅語を奉じた「世話役」にすぎないと説く「諭書」を発していた。[21] 譜代藩であった同藩は、鳥羽・伏見戦争にともなう謹慎の解除後、政府の改革に積極的に対応し、「藩制」にもとづく改革で、藩債の四〇年賦償却、現米二〇石以上の者の家禄をすべて二〇石均一とする急進的な改革を推進していく。また、越前国福井藩知事の松平茂昭も、「一昨巳年以来藩制彼是及釐正候処、闔藩ノ人心追々覚悟罷在候」とし、「郡県ノ御趣意」にもとづいた六か条の伺書を政府に提出していた。[22] そこでは、高知藩の改革にならって「四民混同ノ趣意」を表し、士族の「文武ノ常職」を解いて「人民平均不羈自由ノ権」をあたえ、それぞれの知識を開き、「材能」を伸ばすことが推奨されている。士族や卒の禄制については、「文武ノ常職ヲ解キ候ニ付テハ今一層改正、大禄ハ更ニ減削ヲ加ヘ、総テ禄券ヲ給シ、或ハ之ヲ売買シ、或ハ子弟ニ分与スル」とし、「農商ノ持高家産」と異なることがない旨を規定した。士族・卒が農工商の職業につくこと、廃刀を勝手に許すことなども明記されている。そして同藩は、このような改革案を政府に呈して許可を得るとともに、「越前国ノ如キ僅ニ掌大ノ地ニシテ五藩一県並立」し、支配地が「犬牙入交」って冗官・冗費も多いとして、その統合を近隣の丸岡、大野、勝山、鯖江の四藩と本保県へ持ちかけた。(23) そこでは、「先当国ノ藩県御廃止、新ニ便宜ノ地ニ一県庁ヲ設ケラレ、官員御選挙、闔州ノ民事取扱候様相成候ハヾ、自ラ治法一途ニ帰シ、従テ民心モ束縛ヲ脱シ、開化ノ域ニ進ムノ基トモ相成ヘク奉存候」と論じている。藩の常備兵は解隊し、武器、弾薬は兵部省へ還納することを予定した。郡県制の徹底を急務として、越前国内の藩県を廃して福井を核とした一県庁を創設し、「人民平均」と「自由ノ権」を掲げた開化政策を推進するように提起している。福井藩あるいは後述の米沢藩などは、高知藩にならった藩政改革を推進し、同藩を盟主とした改革派諸藩の連携を強め、政府改革に参画する動きを示すようになったのである。

註

（1）『保古飛呂比』佐々木高行日記〈四〉東京大学史料編纂所、一九七三年、三三三―三三四頁。

（2）同右『保古飛呂比』〈四〉六五―六六、八二―八八頁。
山内豊範は明治二年六月二日、「朝廷御制度ニ准シ、大変革申付、政府万緒除旧習、一新非常之事業可相立」とし、それまでの「法度」を改正した十三か条を発した。

（3）同右『保古飛呂比』〈四〉二〇七―二〇九頁。
高知藩では明治二年七月に士族・卒をそれぞれ三等に区別したいこと、および「徒士」の処遇に関する伺いを政府に申し出て、「其ノ藩ノ見込次第区別相立、来ル十月中迄ニ可差出事」、さらに「徒士之義、其ノ藩ニ於テ従来士分ニ候ハヽ、士族へ組入可然事」との指令を受けている（前掲『保古飛呂比』〈四〉一四三―一四四頁）。

（4）同右『保古飛呂比』〈四〉二二一―二二三頁。平尾道雄著『子爵谷干城伝』（富山房、昭和十年）二七八頁参照。

（5）同右『保古飛呂比』〈四〉一六九―一七〇頁。

（6）『谷干城遺稿』一（続日本史籍協会、昭和五十年）二〇九頁。

（7）『香川県史』第五巻、通史編近代Ⅰ（香川県、昭和六十二年）四五―四七頁参照。

(8) 同右、『香川県史』第五巻、四七―四八頁参照。
(9) 前掲『保古飛呂比』〈四〉二六五―二六六頁。『鹿児島県史料』忠義公史料、第六巻、鹿児島県維新史料編さん所、昭和五十四年、五三二―五三三頁。
山内豊範は明治二年十月、朝廷が独立不羈の権を持つこと、天下人心の方向を明らかにすることなどの「朝権振興策」を建議した（『明治天皇紀』第二、宮内庁、昭和四十四年、二二一頁）。
(10) 前掲『鹿児島県史料』第六巻、五三三―五三四頁。
(11) 前掲『保古飛呂比』〈四〉三九七頁。
谷干城は、「東京に冗官頗る多く冗費従て多し、是れ内外の官吏を減し、俸給も亦減少し、財政の基礎を堅くせんとの議」を掲げ、三年六月に上京して要路を説得し、七月の帰藩後に大改革の綱領一八か条を提出して、政府出仕者の削減や郷兵四大隊の解隊を強行した（前掲『谷干城遺稿』一、二二一―二二〇・三一五―三三九頁）。
(12) 『太政官日誌』明治三年、第五三号。
(13) 前掲『保古飛呂比』〈四〉三四六―三四九頁。
(14) 同右『保古飛呂比』〈四〉四三七・四七五頁。
(15) 同右『保古飛呂比』〈四〉四六五頁。
(16) 『太政官日誌』明治三年、第五三号。
(17) 前掲『保古飛呂比』〈四〉五〇四―五〇五頁。
(18) 『改訂肥後藩国事史料』第一〇巻（細川家編纂所、国書刊行会、昭和四十九年）六八〇―六八一頁。
(19) 前掲『保古飛呂比』〈四〉五〇三―五〇四頁。
(20) 園田英弘「郡県の武士―武士身分解体に関する一考察―」（林屋辰三郎編『文明開化の研究』岩波書店、一九七九年）参照。
(21) 『宮崎県史』史料編、近世2（宮崎県、一九九七年）一一九三頁。同、近代別冊編解題。
(22) 「藩制更ニ改革ノ儀伺」（『公文録』福井藩之部、自己巳六月至辛未七月）
(23) 「藩政改革ニ於ケル高知藩諭告並ニ諸藩上書」（『中御門家文書』下巻、早稲田大学社会科学研究所、昭和四十年、二一六―二一八頁）。

第五節　米沢藩の急進的改革

1　米沢藩の版籍奉還と郡県論

「人民平均之理」を掲げた高知藩に対し、その急進的な改革論を取り入れ、あわせて同藩を盟主とした改革派諸藩の連携に尽力した有力藩として、羽前国一四万石の米沢藩の存在が注目できる。米沢藩は、戊辰戦争で仙台藩とともに奥羽越列藩同盟側の中心となり、いわゆる「朝敵藩」と位置づけられ、明治元年（一八六八）十二月十一日の処分では、藩主上杉斉憲の隠居と嫡子式部（茂憲）への家督相続、および四万石の削封をうけていた。寛大な処分となった結果については、早期に降伏してその後に新政府側の先鋒となって庄内に出兵したこと、そして高知藩による新政府要路への各般の働きかけが功を奏したようである。[1] 戦後は遠戚の間柄にあった高知藩を通じて、藩政の立て直しを行っていた。

この米沢藩は、明治二年春の版籍奉還において、前述のように藩主茂憲の帰藩と藩内での審議をかさねた結果、同年三月十四日に版籍奉還の願書を提出していた。この願書の作成、提出の背景については、有力藩に盲目的に追随するのではなく、同藩の外交方の宮島誠一郎（吉久）らが収集した情報の成果であった。[2] その宮島は二月七日、高知藩の西野彦四郎から版籍奉還の情報を聞かされ、国元に左のような西野の見解を書き送っていた。

「献国之大旨ハ、御一新之砌、朝廷に生殺与奪之権無之、諸侯強大にし而尾大不悼之患有之、朝廷亦漸く諸侯之力を借て被為立候得者、自然諸侯之気先を被兼候勢不可免、（中略）弊藩ハ素より献国之決議ニ候得共、諸藩一般之処ハ仮令献国致候とも如何御裁定相成候哉、結局朝廷之御見込ハ諸侯之封禄を平等に被遊、其減高を以而朝廷御用途に供し、朝廷直に兵馬之権を掌握被成、天子親敷御賞罰被成候様に相成ハ、献国之大旨ニ有之候、今日之憂ハ惣而大藩之勢に被制候而、諸藩より被徴候官人も強藩より出てたる人にハ威権も帰し、小藩之人ニ候得者賢能之人に候而も其言貫徹不致、皆是封建之弊ニ候得ハ、是非郡県之制度を以御国体御立直し無之而ハ、外夷之陵侮ハ決而禦候へからす、昨年東北御征討之如きハ、其藩ニより一大隊宛も出兵ニ相成り、兵制ハ英仏蘭混同之軍法にて隊伍号令ハ同一ならす、混乱実に収拾すへからす、国内之戦争ハ互ニ拙劣ゆへ早速片付候得共、若シ皇威を海外ニ輝し、外国と競争いたし、御大業御進め被成候時ハ、是非ニ兵制を一定し、賢明之諸侯を選み、海軍陸軍之兵隊を都督管轄無之而ハ、外夷駕御之道不相立、然らハ此国内平治之今日、小康に安んせす鎖国之陋習を一変致し、万国並立之聖詔御実蹟被為在候より大目的より献国致候得者、貴藩も此処江深々御勘考被成度候」(3)

西野は宮島に対し、版籍奉還の目的が大藩の「威権」を抑えて、財政と兵馬や賞罰の権を政府に集める方策であることを語っている。郡県制が人材登用につながり、軍備の統一が実現でき、列強諸国に対峙するための良策であることを説明した。宮島は西野から、陋習の一新と「万国並立」の大目的にそった「献国」を説得され、米沢藩の協力をうながされたのである。

版籍奉還の「献国論」を聞かされた宮島は、薩摩・長州・土佐・肥前四藩の上表や大垣藩の建白書を入手するとともに、高鍋藩世子秋月種樹の「檄文」を書き写していた(4)。秋月の「檄文」は、「諸侯」が土地や人民を領有する現状を批判し、「封土ヲ奉還シ郡県之制度に復す」こと、「諸侯之名号」を廃して貴族と称し「采邑幾許」をあたえること、

「藩臣」の名目を改めて「朝臣」と称することの三策を掲げている。そして宮島は明治二年二月十五日、やはり高知藩の武藤騏からかさねて郡県・封建論の得失を聞かされ、急ぎ「藩籍返上郡県論」を書き上げ、版籍奉還の督促のために米沢へ出発する奉行の中條豊前と御中之間年寄の木滑要人にそれらを手渡した。(5)宮島は、二月十八日にも武藤から米沢藩の利害を越えた国家的視点の必要を聞かされている。武藤は、米沢藩が戊辰戦争で没収された四万石の長井領繰り替えを画策していることに対し、その要求が説得力のないことを指摘し、「高大之処」に着目した「建言」が求められていることを宮島に助言した。武藤は「時々刻々其日其事に当り機会に後れず、国事を相運ぶは急務なり」とし、「貴藩も之ニ倣ひ封土を献する歟、又ハ蝦夷地開拓候其辺江大着眼被致候」であれば、「無策に陥候義ハ決而有之間敷と被存候」(6)と諭している。それは、「機会」に後れずに「国事」に参加することを急務とする視点で、版籍奉還の即時実行さらには蝦夷地開拓の建言をうながすものであった。

この宮島は翌十九日、京都から到着した和歌山（紀州）、金沢（加州）、熊本（肥後）藩などの版籍奉還の建白を入手し、改めて「藩籍封還《ママ》之建議」(7)を作成して米沢に送った。そこでは、「海外文明之邦、頻に往来し交際之道日々開け月々盛ん、皇国之勢到此燠然大に変す、是れ諸藩献国之論ある所以なり」とし、政府も「昼夜鞅掌無遑」い状況にあるとして、米沢藩が奥羽諸藩の先導役なって「献国之議」を決定し、「勤王之御実蹟」を立てるように建議している。米沢藩が「旧習」に「固滞」して英断を下さなければ、「時機」を失って取り返しがつかなくなるとし、東北諸藩を「先導」することの必要を強調した。そして、西野や武藤の助言をふまえ、改めて列強諸国と並立するために、版籍奉還を急務と論じている。この点、すでに宮島自身も、藩が「国力を惜」んで政府に協力しなければ、「遂には外夷之有と為り、我身も国と共に斃るべし」との認識を持つようになっていた。「献国之議」を決して勤王の実績をかさねることの急務を述べ、「御削地ニ顧慮」するような事情ではない「天下大勢」を強調したのであった。

このような米沢藩では、宮島らの尽力を背景に版籍奉還願書を提出した後、藩主上杉茂憲が政府の諸侯伯会同の召集に応じ、四月十日に上京した。そして茂憲は、国是確立に関する政府の諮詢に対し、五月三日に「曰信義ヲ内外ニ明ニス、曰郡県ノ議ヲ定ム、曰当国強兵ノ策ヲ講スル、此三者ハ実ニ御立国ノ御基礎御新政ノ根本タルヘシ」とする奉答書を提出している。(8)「信義」を内外に明らかにすべきとしては、「朝廷」が五箇条の誓文をはじめとする「法令」を確実に実践するように求めていた。そこでは、「撰士撫民ノ法ハ愛憎彼我ノ偏ナク、奉職議政ノ道ハ争権攘利ノ私ナキヲ務メシメ玉ヒ、外国交際ノ如キハ尤其信ヲ践履シ其辞ヲ明徴ニシ、海外ニ至ルマテ朝廷ノ約束ヲ信スル事金石ノ如クナラシメ玉フヘシ」と論じている。第二の版籍奉還については、「国体事権ヲ一ニシ万国ト並立シ玉フノ要ハ、封建ヲ廃シテ郡県ニ改ムルニ在ルコト元ヨリ智者ヲ待タス」とみなしていた。「朝廷」が断固とした決定を示さなければ、「領主」が民政に専念できないと述べ、すみやかに「郡県ノ議」を定めるように求めている。海外の諸国と並立するためにも、封建を廃して郡県に改めなければならないと主張していた。そして第三の富国強兵については、全国の力をあわせて海外の長所を取り入れ、諸外国と並立することの必要を論じていた。まさに「信義」にもとづく政府の実践を求め、同時に郡県制による富国強兵を建議したのである。

もっとも、このような米沢藩の郡県論も、「朝廷」への「忠勤」とともに、五箇条の誓文に象徴される公明正大な政府への期待が示され、それが同藩の郡県論の前提となっていた点が見逃せない。そこでは、「朝廷」への「忠勤」の姿勢を表明することで、戊辰戦争以来の失地回復をはかりたいという同藩の思惑が存在し、また政府がそれに配慮することへの期待が秘められていたようである。それゆえ米沢藩は、版籍奉還を建白する一方で、戊辰戦争処分で上地とされた小国地方などの復領運動を行っていた。上地に指定された置賜郡の小国・下長井・西郷地方など四万石の八六か村に対し、それを慶応二年（一八六六）に幕府から同藩に加封された屋代郷三万七〇〇〇石とかえる画策である。米沢藩は下長井領の繰替えについて、輔相三条実美の側近や同藩出身の弾正台の大巡察長沼良之助（重述）、あるいは遠戚の高知藩に働きかけ、民部官副知事の広沢真臣らに歎願をかさねていた。(9)そして明治二年（一八六九）六月十七日、改めて「上地村替願書」や「国情書」を政府の民部官に提出し、後に、繰替えが許される成果となっている。(10)

しかし、米沢藩のこのような失地回復の企図も、政府がすすめる「天下之大勢」に合致する枠内に限定されたことはいうまでもない。蝦夷地開拓を求められた同藩では、負担の大きい出願にあたって、下長井領のかわりに上地された屋代郷の「租米」確保を条件とすることを企図したが、同藩の姑息な対応については、三条の側近の森寺邦之助（常徳）から「大不同意」の忠告を受けている。(11)米沢藩の対応については、武藤から前述のように国家的視点の必要を聞かされており、同藩の利害を重視した画策は、政府側の不信を買う結果になったといえる。それゆえ、森寺から忠告を受けた宮島は、藩重役に対して、「寸時」も早い「藩力適当」の開拓出願の必要を建言している。そして米沢藩当局は、屋代郷の「租米」確保を企図した画策を撤回し、九月八日に蝦夷地の開拓を政府に願い出ていた。同藩では、「御大業」のために「国力相当」の地所を「御割渡」されたいと願い出て、後志国磯谷郡の後別川西の支配を命じられたのであった。(12)

2　高知藩との提携

「朝廷」への「忠勤」を掲げて郡県論に立った米沢藩では、政府の諸務変革や職員令に対応した藩政改革が課題となり、同藩重役や宮島らが、三条や大久保らの政府関係者、あるいは土佐藩の毛利恭助・谷干城（守部）らを頻繁に訪ね、情報収集に全力をあげた。[13]同藩では、版籍奉還にともなって知藩事に任じられた茂憲が帰藩し、明治二年（一八六九）八月三日には、「藩政一新」の推進を表明して、公論にもとづく人材登用を達している。米沢藩改革派の甘糟継成（備後）は、八月二十二日に土佐藩の板垣退助、後藤象二郎らと会談し、甘糟が米沢に帰藩する当日にも、宮島と人材登用などの藩政改革の評議をかさねた。それらは、十月七日に至って大参事に毛利業広（上総）、本庄昌長（大和）、新保朝綱（左馬之助）を任じ、同月十日に少参事に庄田秀苗（総五郎）、黒井繁邦（小源太）、小川忠弘（源太郎）、堀尾重興（保助）を登用する人事改革の断行となっている。[14]また、政府首脳と接触をかさねる過程では、七月十九日に甘粕継成が待詔下院出士、八月四日には斉藤篤信（主計）も同役に登用された。[15]

しかし、宮島らはこのような同藩の人材登用も、「因循」で不十分とし、「天下ニ対し面目なし」と評した。[16]宮島は、九月十二日に参議大久保利通に面会を求め、大参事や権大参事の適切な人数と諸藩の動向を問い合せ、二十六日には書状で人事に関するかさねての指導を求めている。十月六日にも右大臣の三条実美を訪問し、藩政改革への指導を受けた。そして、米沢藩の改革派は、この三条らの政府首脳の意向を背景に、藩政改革を強く推進している。十月二十四日に隠居上杉斉憲が三条を訪問し、斉憲が改革の困難を口に洩らすや、宮島らの改革派はそれに対する三条の危惧を藩当局に伝え、改革への「憤発」を督促した。三条側近の森寺の「諸藩ニ不後断然御改革藩政一新」を求めた助言も、国元へ書き送っている。[17]東京藩邸からは、三潴清蔵さらには権大参事の木滑政愿がかさねて帰藩し、藩政改革の推進にあたった。

このような米沢藩では十一月二十一日、上士を四〇俵と二〇俵、下士を一四俵と一二俵、卒を九俵と七俵に均一化する禄制改革を断行した。[18]そこでは、朝廷の「御趣意」に従うことを大義名分とし、政府の「諸務変革」で達せられた「十分之一御家禄之内」を削減の目安としている。版籍奉還後の「秩禄」を「朝廷之賜ニ有之候」と位置づけ、削禄に関する藩内の不満に対しては、政府の「御趣意」への「遵奉」を掲げ、藩内における改革の徹底をはかったのである。さらに同藩の人選についても、木滑の帰藩後に再度の改革をすすめ、十一月二十九日には改革派の千坂高雅(嘉遯斎)の大参事宣下の願いを政府に提出し、その後に大参事、権大参事の削減を願い出ている。(19)この削減は、旧来の家老三人を大参事、中老三人を権大参事とした十月の人事に対し、「役職之冗員相省き専ら人才其職ニ相適様可仕」として、もっぱら守旧派の排除と改革派の千坂の抜擢を企図したものと看取できる。

また米沢藩では、明治三年に入ると、藩知事茂憲や藩当局が宮島らを通じて政府首脳との接触を強め、同時に高知藩にならった積極的な改革を実施するようになった。宮島は、とくに三年九月の「藩制」公布後、三条・大久保らと頻繁に接触している。権大参事新保朝綱、権少参事山吉盛典(新八)らは、十月に大久保や三条を数次にわたって訪問し、宮島から内情を聞かされていた三条より改革の推進をうながされた。(20)そして、藩知事上杉茂憲が藩首脳と米沢ですすめていた「藩制」に関する評議も、新保権大参事が東京から改革案を持参し、「満座大正義」で「東京御評議通り十ニ八九ハ落着」したという。(21)十月二十五日には、旧習を廃して簡易質実をはかる「御趣意」にもとづき、藩制規則、諸局規則、職司録などが発表され、さらに藩庁人員の刷新、削減が行われた。(22)この藩政改革については、米沢藩では茂憲が閏十月十八日に上京し、政府に上書を提出している。その米沢藩の上書は、諸職員六〇〇余名から二八〇余名への削減や大幅な禄制改革など、一六か条の改革を明記していた。(23)そして藩内の士民一統に対しては、十一月二十五日に藩政改革の心得方を達し、「朝廷」の「御布告之条件」を守ること、「皇国一致」の制度にしたがって「一藩限之風習」をなくすことを命じている。(24)

さらに米沢藩では、明治四年以降、「人民平均之理」を掲げた高知藩との連携を強め、藩知事上杉茂憲と隠居斉憲が東京藩邸に大・少参事を集めて、「三民平均論」についての「評議」を行った。(25)茂憲は前年十一月に、高知藩の板垣退助や毛利恭助、鹿児島藩の吉井友実らを東京藩邸に招いて対談していたが、四月三日には改めて藩邸に板垣を招き、茂憲や大・少参事が列席して、その改革論を学んでいる。また宮島は、高知藩と同様な改革に着手した福井藩の「建言書」を入手し、それについての助言を板垣に仰いだ。福井藩の四年四月の建白は、「郡県ノ御趣意」を掲げ、士族・卒の「文武の常職」を解いて禄券を給与する方向である。[26] そして、米沢藩も茂憲のもとで「禄券」に関する検討に着手し、高知・福井両藩の改革を高く評価して、四月十二日には「我藩も深く傚而奮励可致なり」となった。[27] 茂憲も上京直後の三月二十九日に三条右大臣を訪問し、四月五日・八日に大久保参議、十五日に福井藩邸を訪ねている。米沢藩は、四月二十八日に「四民平均ノ理」にそった改革を評議し、翌日には茂憲と隠居斉憲が大・少参事を前に「御改革」を「決評」していた。[28] そして五月十四日付で、左のような四か条の伺書を政府に提出している。

「　闔藩士民自主自由ノ権ヲ得セシムル伺

今般人民平均之理ニ基キ闔藩士民ヲシテ同シク人道ノ責ヲ任セシメ、各其自主自由ノ権ヲ得テ智識ヲ開キ才能ヲ長セシムル様致度、左ニ奉伺候

一、士族卒文武之常職ヲ解カシムル事

一、禄制之儀更ニ禄券ヲ給シ家産ト視做シ数年之後可買上事

一、官員士族並ニ平民中従来帯刀致来候者廃刀勝手ニ差許候事、但礼服着用之節ハ従前之通ニ候事

一、諸民各其所欲ニ従ヒ活業ヲ営セシムル事

右件々施行仕度奉伺候此段宜御執奏可被下候以上

辛未五月十四日　　　　米沢藩知事　上杉茂憲」[29]

これらの米沢藩の改革は、いずれも前述のような高知藩にならった改革プランである。米沢藩は「自主自由ノ権」

をあたえて智識や才能を伸ばせるようにしたいとし、士族や卒の「文武之常職」を解き、「禄券」を発行して「家産」とみなし、それを数年後に買い上げる方策を伺い出ている。さらに「廃刀」を許可し、諸民の望みに応じて「活業」を許すことなどを願い出て、政府の許可を得たのであった。

3　「朝廷民政」の出張所

米沢藩が高知藩にならって急進的な改革をすすめた背景には、戊辰戦争後の削封で、士族・卒の給養が困難となり、「皇国一致」を掲げた藩政改革が避けられなくなっていた事情が存在する。同藩では、士族が一万五八〇一人、卒が二万二四三八人で、実に藩内総人口一二万八八五七人の約二九・六パーセントを占めていた。[30] 藩の借財は、明治四年（一八七一）十一月の調べで四六万六五九八円とある。その内で棄捐が許されなくなっている弘化元年（一八四四）以降に限っても、幕末の旧債六万二一八一円と明治に入ってからの新債七万一八一七円など合計一五万五一一二円にのぼっていた。[31] 明治二年十一月の藩収入のおおよその見積は、米五万四三九八石余、金三万三四五九両余、銀七四七貫余、銭四万二三八七貫とある。支出の内の年賦返済の元利は二万三〇五〇両に上り、同年の京都・東京費用六三〇〇円の三・六倍になったのである。[32]

それゆえ、米沢藩は六月十八日、前述の「士民自主自由ノ権」に関する伺書を藩内に布告するとともに、とくに士族・卒に左のような告諭文を発した。

「　　藩中士族卒へ告諭文

封土を奉還せし上は、聊私有の心あらざるは固より其理に候得共、累世君臣之契有之より猶故の習気一掃せず、空敷今日を打過候は誠ニ以奉対朝廷恐入候次第なり、今日之御制度に相成候上、猶我等の如き其儘重き知事の職掌を御委任被遊候は誠以難有御趣意にて、深く藩内の情を御斟酌被遊候御事と奉感佩候、因ては深く其御趣意を奉体し早く郡県一途の御制度相立候様日夜苦慮する所なり、然るに郡県の制度なれはとて徒らに士族卒をして文武の業を廃し、汙下に沈め候事に無之、昨冬高知藩ニ而人民平均の制を施行せしに止り可申候、殊ニ朝廷之御目途も此所ニ被為決候御事ニ付、此度断然決意致候事ニ候、斯る改正は心に不快思ふものも可有之候へ共、畢竟封建の旧習を脱し兼、いつ迄も従前の如く致置度心底よりの事と存候、且又従前封建之節一藩之規則を立置候処、一旦封土を奉還し我等か家は既に東京府貫属と為り、我が使令に供し候家令家扶も尽く朝廷へ奉願召使候事にて、聊か我自由に不相成儀に候得ハ、当時此職を辱しむれはこそ地方へ出張致候事にて、此米沢藩は朝廷民政の出張所と申ものに候間、深く此理を辨へ藩を私有するの姿を絶ち可申事候、御維新の時に当り聊も君臣の旧情を去り兼候ては、我等重き御役を辱かしめ候甲斐もなく、実に恐懼に不堪呉々も衷情を表し候間、皆皆深く此理を辨へ可く候事

明治四年

辛未六月

米沢藩知事

」(33)

この告諭文については、宮島が五月二十一日に「芹沢ゟ諭告文ヲ促来ル」「藩邸江参リ斉藤カ処ニ而諭告文潤色致候」と記していた。宮島や斉藤の手によって仕上げられたといえる(34)。そこでは茂憲が、「封土」の奉還後の「郡県一途」の実現を米沢藩の急務と論じている。郡県制が士族・卒を「汙下に沈め候事」ではなく、高知藩の「人民平均の制」が基準で「朝廷之御目途」になっているとし、旧習を脱した改革の断行を表明していた。茂憲みずからが東京府貫属となり、米沢藩を「朝廷民政」の出張所と位置づけ、「一藩之規則」を廃して封建の旧習をなくすことが必要な

旨を告諭したのであった。
また、米沢藩は藩内人民に対しても、士族と平民に「異同」のないことを説き、ひとしく「皇民」であることを強調した左のような告諭を発した。

「　　　告諭
夫れ斯民の生れ立つ始めを紃ぬれハ、皆天地霊妙の性を具へ、天祖天孫の大仁を以テ生々を遂しめ玉ふものにて、元貴賤上下の等なく、士農工商の別あるにあらす、所謂万物の霊にて均く皇民なり。（中略）王政維新宇内の形勢を察せられ、封建の弊を一洗し郡県の制度を立玉ふ秋なれハ、深く朝廷の御趣意を奉体して此大革制を発令セリ、第一士の常職を解き自主自由の権を与へ文武の業を広く民庶に推亙セリ、士たる者既ニ常職を解きたれハ固より定禄あるの理なし、但年来其禄に生活して他に産業なし、今俄に之を廃セハ各飢渇の患を免るへからす、因て定禄に換るに禄券を以てせり。（中略）只管平民を揚けて士権を抑ゆるにあらす、士ハ素より貴重の民にして平民の標準なり、若し安逸を偸ミ才能を養はずは汗下に陥らん、士として安逸を偸ミ汗下に陥るハ恥つべきの至りならす哉、各深く此意を体認し、志業を励まし、長く皇国の用をなさん事緊要なり、平民も亦才能あれハ必登用せらるゝなり、今より発憤勉励して学問を研窮し従前の陋習を去り、速に士分の度に進ミ国事を与に共にせん事を期すへし、各本意の有る所を誤り認むる事勿れ、藩内を挙け心を同ふし、力を戮せて皇国を維持せハ富国強兵万国並立の勢を為す事必せり、是今般大改革を行ふ所以なり(35)」

「常職」を解いた士族の「定禄」を廃して禄券を給付することをおおやけにし、士族を「貴重の民」と位置づけるとともに、「志業」に励むように命じている。平民に対しては、発憤勉励して学問を研究し、士族とともに国事に参加するように求めた。宇内の形勢にしたがって郡県制に移った以上は、封建の弊を一洗し、「皇民」として「富国強兵万国並立」に尽力することが必要とされている。そして、六月以後、士族・平民以外の族称の廃止、さらには衣食住に関する「制禁」を解くなど、各般の布達を発したのであった。

すなわち米沢藩は、藩を「朝廷民政」の出張所と位置づけ、まさに高知藩にならった「人民平均之理」を掲げた改革を一途に推進している。同藩はこれらの改革を背景として、政府首脳と緊密な関係を維持するとともに、後述のような高知藩を盟主とした改革派諸藩の中核となり、各般の運動を展開したのである。

註

(1) 拙稿「明治維新の政局と米沢藩政」(『近世日本の政治と外交』藤野保先生還暦記念会、雄山閣出版、一九九三年)。

(2) 拙稿「版籍奉還の政治的動向と米沢藩」(『中央大学文学部紀要』第四三号、一九九八年)。
宮島誠一郎は、鳥羽・伏見戦争直後の京都に入って情報収集にあたり、また奥羽越列藩同盟結成の際には、新政府に宛てた建白書の作成に参画し、その提出を試みて京都に潜入した。その後も勝海舟をはじめとする幅広い人脈を評価され、明治二年三月に米沢藩の公議人添役に任じられた。この宮島は、版籍奉還問題で新政府首脳や諸藩の公議人らとの接触をかさねたが、しだいに「朝廷」を優先する意識を強め、藩内でもそれらを背景とした改革派の推進役となっている。

(3) 「養浩堂日記、己巳二月在東京」明治二年二月七日(国立国会図書館憲政資料室蔵、宮島誠一郎文書、マイクロフィルムNo. 1)。
宮島は藩主茂憲の諮問に対し、「今度薩長俄に国を天朝に奉還致候得ハ、名実共に正しく相成り、更に姦賊之跡も不相見」とし、米沢藩が「国力を惜み実効を奏せすハ、遂にハ外夷之擅恣を来し、遂にハ外夷之有と為り我身も国と共に斃るべし」として、「薩長独り権を専にし候様に万人指目候得共決而不然」で、「其外患を不顧僅に一縷安危之繋る太政官を以而、早く破裂すれは愉快なりと思ふハ即ち実に嘆息之事にて」「実に唯々王政を頼む斗りの日本に相成候得ハ、於是勤王之御実効実に御急務之御場合与奉存候」と答えている(前掲「養浩堂日記、己巳二月在東京」明治二年二月四日)。

(4) 前掲「養浩堂日記、己巳二月在東京」明治二年二月九日。

(5) 同右、明治二年二月十五日。

(6) 同右、明治二年二月十八日。
(7) 同右、明治二年二月十九日。
(8) 「茂憲公御年譜」巻二十、明治二年五月三日（『上杉家御年譜』十九、米沢温故会、昭和五十九年）。
(9) 「下長井小国郷削地御繰替之件」（前掲・宮島誠一郎文書、マイクロフィルム No. 1）。
(10) 「茂憲公御年譜」巻二十一、明治二年六月十七日（『上杉家御年譜』二十、米沢温故会、昭和五十九年）。
(11) 「明治二年己巳日記」明治二年九月三日・四日（前掲・宮島誠一郎文書、マイクロフィルム No. 1）。
(12) 「東京御帳」明治二年九月八日（『米沢市史』資料編四、近現代史料一、米沢市史編さん委員会、昭和六十二年）。
(13) 前掲「明治二年己巳日記」二年七月四日・二十一日、八月三日・十日・二十一日。
(14) 前掲、拙稿「明治維新の政局と米沢藩政」。
(15) 前掲「東京御帳」明治二年七月十九日・八月四日。
(16) 前掲「明治二年己巳日記」明治二年十一月一日。
(17) 同右、明治二年十一月九日。
(18) 「茂憲公御年譜」巻二三、明治二年十一月二十一日（前掲『上杉家御年譜』二十）。
(19) 前掲「明治二年己巳日記」明治二年十一月二十九日、十二月四日。
(20) 「明治三年庚午日記」〈自八月二十二日到〉明治三年十月一日・三日（前掲・宮島誠一郎文書、マイクロフィルム No. 1）。
(21) 同右、明治三年十月二十二日。
(22) 「茂憲公御年譜」巻二十五、明治三年十月二十五日（前掲『上杉家御年譜』二十）。
(23) 同右、明治三年閏十月二十二日。
(24) 上杉茂憲は十二月十日まで東京に滞在し、その間、三条右大臣や大久保参議などを訪ねて対談し、ついで高知藩の板垣や毛利、鹿児島藩の吉井友実を東京藩邸に招き、福井(越前)藩の松平春嶽などを訪問している（前掲「茂憲公御年譜」巻二十五、明治三年閏十月二十日、十一月一日・六日・八日・二十一日・二十三日、十二月四日・五日。「明治三年九月ヨリ十二月ニ至ル」三年十一月二十三日、十二月五日、前掲・宮島誠一郎文書、マイクロフィルム No. 1）。
(25) 「明治四年日誌」明治四年四月二日（前掲・宮島誠一郎文書、マイクロフィルム No. 1）。

(26) 「藩制更ニ改革ノ儀伺」(『公文録』福井藩之部全、自己巳六月至辛未七月)。福井藩は、版籍奉還を王土王民論の具体化とみなし、「太政官ノ御政体ヲ目的トシ旧規ヲ廃」するとともに、陪臣の武生本多家二万石などの直轄地化をすすめた(吉田叡「明治初年における福井藩民政組織について」〈『福井県地域史研究』第九号、一九八二年〉参照)。
(27) 前掲「明治四年日誌」四年四月十日・十二日。
(28) 同右、明治四年四月二十九日。
(29) 「士民同権順次処分伺」(『公文録』米沢藩之部全、自己巳六月至辛未七月)。「米沢藩知事施政伺・他」(『上杉文書』一四二四、マイクロフィルム No. 117)。
「米沢藩知事施政伺・他」所収の五月十三日付伺書は、全文五条で、第二条に卒に関する「卒従来世襲之分士族に編入いたし一代抱之分ハ平民族へ帰候事」があり、かわりに第一条が「士族文武之常職を解かしむる事」とある。宮島の日記と「茂憲公御年譜」の両者には、五月十三日に五条の伺書を提出したことが明記されているので、伺書は翌十四日に修正し、再提出されたようである。(「世襲卒士族へ編入伺」〈『公文録』米沢藩之部全〉)。また同時期に米沢藩では、「四民平均ノ事」「禄券ノ事」「廃刀ノ事」を具体的に論じた「革政大意」を作成している。宮島の手元にその草案が残されており、宮島が「革政大意」の作成に関係したことをうかがわせる。
(30) 前掲「東京御帳」明治三年七月二十九日。
(31) 「藩債輯録」(『明治前期財政経済史料集成』第九巻、大内兵衛・土屋喬雄編、昭和八年)。
(32) 「御日帳」明治二年十一月二十四日(『米沢市史』資料編四、近現代史料一、米沢市史編さん委員会、昭和六十二年)。
(33) 「茂憲公御年譜」巻二十六、明治四年六月十八日(前掲『上杉家御年譜』二十)。
原口清「廃藩置県政治過程の一考察」(『名城商学』人文科学特集、第二九巻、一九八〇年)は、「一藩内の権力集中と全国的な権力集中とは直線的に結びつくものではないであろう」と記すが、万国並立と勤王遵奉を掲げた藩政改革のなかから藩庁を「朝廷民政の出張所」とする意識が生れていた点は見逃せない。
(34) 前掲「明治四年日誌」四年五月二十一日・二十二日。
(35) 前掲「米沢藩知事施政伺・他」。前掲「茂憲公御年譜」巻二十六、明治四年六月十八日。

羽賀祥二「領知権の解体と『民政』」（『日本史研究』第二八九号、一九八六年）参照。

第六節　廃藩論の形成と『新聞雑誌』

1　反政府士族の暗躍

明治三年（一八七〇）末から有力大藩において廃藩論が顕在化した事態に対し、同時期には不平士族を中心とした反政府運動が拡大し、政府を震撼とさせる事態が発生していた。不平士族や脱籍浮浪者は、すでに明治二年以降、政府の開化政策や官員の専横に対する反発を強め、前述のような政府高官の暗殺事件を引き起こしていた。二年正月の横井小楠暗殺事件、同年九月の大村永敏暗殺事件がそれである。それらの反政府運動は、翌三年正月には脱隊騒動のような大規模な騒乱、あるいは諸潮流と結びついた広範囲な政府打倒の「陰謀」に発展していた。

米沢藩出身の雲井竜雄が首謀者となった「陰謀」事件の場合、政府は明治三年三月五日にその摘発に乗り出した。雲井は、政府を牛耳る鹿児島・山口両藩などに批判的で、集議院寄宿生となった後も、封建制度を最良とする立場から政府の郡県政策に反発していた。東京芝の二本榎の上行寺や円真寺に「帰順部曲点検所」を設け、浮浪の徒を救済するとしてそれらの組織化をすすめている。政府は、五月に雲井を米沢藩預けとしたが、八月に挙兵の「陰謀」が明白になったとして、同藩に東京への護送を命じている。十二月には雲井をはじめとする一一人を梟首・斬罪、一九人を准流その他に処したのであった(1)。

また、明治三年十一月には、九州の日田で百姓一揆が激発し、年貢半減や雑税・郷兵廃止を掲げ、村役人や郷兵の居宅を襲撃した(2)。同時期には、山口藩脱隊兵士が豊後に上陸して日田県庁襲撃を企図し、周防国大島郡を襲うなど、九州を拠点に反政府運動が拡大している。この三年十一月には松代、翌四年二月には福島でも一揆・暴動が激化し、政府を震撼とさせた。それらは、主に新政批判を原因とする農民の蜂起であったが、とくに日田や松代では、政府を批判する不平士族、脱籍浮浪者が出没し、政府側は両者の提携を危険視するようになっている。外務大輔の寺島宗則が、四年正月十八日のイギリス公使パークスとの会談で、攘夷派と農民一揆との合体、および反政府分子の全国的な連携の危惧を語ったことがそれを示す(3)。

この反政府士族の活動については、九州の場合、熊本藩の飛地の鶴崎を拠点とした河上彦斎（高田源兵衛）が中心となり、久留米・柳川両藩がその活動に荷担していた(4)。久留米藩士の古松簡二は、河上を山口藩に派遣して奇兵隊を蹶起させ、反政府感情の強い西郷らと連携した軍事行動を起こす機会を期待したようである(5)。久留米藩は、山口の脱隊騒動を指導した大楽源太郎が九州に逃れるや、同藩の応変隊長の小河真文らが大楽を庇護し、政府打倒の陰謀を画策した。大参事水野正名、権大参事吉田博文も荷担し、藩知事有馬頼咸もそれに関与している。

さらに、東西の両京では、華族の外山光輔、愛宕通旭らが政府転覆の盟主にかつがれ、そのもとに反政府分子が結集した(6)。光輔は、攘夷論の立場から新政を批判し、家臣の高田修は、高野山での挙兵を企図して同志をつのり、華族の旧臣や脱藩士卒の横断的な連携をはかっている。元参与・神祇官判事の愛宕通旭は、やはり攘夷論者であり、免官後に政府の施政や旧公家の処遇に対する不満を強めていた。家臣の比喜多源二や安木劉太郎は、政体一変を企図して通旭がその盟主となるようにうながし、弾正大巡察の柳河藩古賀十郎や秋田藩士中村恕助らと党を結び、さらに秋田藩権大参事の初岡敬治らと連携している。反政府派は、通旭を東京勤学と称して上京させ、久留米・秋田両藩邸を拠点として蜂起の準備をすすめた。在京の攘夷派の政府官員とも連携を保ち、兵力を上京させた鹿児島藩や西郷らの挙兵を期待していたという。外務権大丞の丸山作楽も、政府の樺太・朝鮮問題などの対外政策を批判し、外務卿沢宣嘉を擁立して征韓強行と政府内の粛清を画策するようになっている。(7)

このような反政府分子の陰謀は、明治四年正月九日に参議兼東京府御用掛である広沢真臣の暗殺事件を引き起こした。広沢は脱籍浮浪者が暗躍する東京府の取締りの中心人物であり、その遭難の報は、政府首脳を震撼とさせた。木戸は、大村に続いて同じ山口藩出身の広沢を失い、みずからも脱隊騒動を体験したことから、両京の反政府分子の活動を危惧し、大楽らの九州における暗躍を憂慮している。とくに「長州之脱賊」が、「種々之疑説」をもって「人民之方向」を乱すとし、「朝廷上之御取締は一向相立不申、終に如此之事体に至り申候」として、山口藩が単独出兵して鎮圧することを願い出た。(8)大蔵大輔井上馨も、兵力を十分に用いることの必要を木戸に進言し、木戸みずからも反政府分子に対する徹底した鎮圧を主張したのである。(9)

この反政府勢力への鎮圧は、三月に入って一斉に着手された。鎮圧の中心となったのは大久保で、兵部少輔山県有朋や刑部少輔宍戸璣・東京府大参事北島秀朝らと連携し、一網打盡の捕縛をすすめている。(10)三月七日には京都で外山光輔が拘留され、十四日には東京で愛宕通旭が逮捕された。外山、愛宕の側近連中もあいついで逮捕され、府下に潜伏していた反政府士族・草莽の捕縛は三〇余名にのぼる。丸山作楽、矢野玄道、山田信道（十郎）などの政府内の不平官員も一掃された。(11)

九州に対しては、政府は三年十一月に豊津、秋月、熊本などの藩兵を出動させて農民騒動を鎮圧し、弾正少忠の河野敏鎌を日田県に出張させた。さらに陸軍少将四条隆謌を巡察使として、兵部省直属の二箇中隊の兵員を十二月に派遣している。大久保は、日田県下の騒擾を「実ニ可悪奴等ニ候」とし、「陽発して却而仕合、此機会ヲ以討滅致候ハ、平愈可仕候」と述べている。(12) 政府はその鎮圧の不十分さが指摘されると、四年二月にふたたび同巡察使を九州に派遣し、鹿児島・熊本・山口三藩に各一大隊を出兵させ、久留米藩関係者を逮捕した。久留米では、同藩にかくまわれていた大楽が陰謀の露顕を恐れた藩士のために殺され、四条巡察使配下の熊本藩兵が三月十三日に城下に入り、水野、小河らを拘引している。東京の久留米藩邸でも、三月十日に有馬頼咸知事や吉田権大参事が召喚された。(13) 四年三月の愛宕や外山らの反政府勢力に対しては、大久保が徹夜で鎮圧の陣頭指揮を取り、九州での騒擾に対しても政府が消極的な鹿児島藩などを督責し、ともあれ鹿児島・山口・熊本藩兵の出兵にこぎつけている。政府首脳が反政府運動の拡大を危惧し、その鎮圧に全力を集中したことが知られるのである。

2　木戸孝允と『新聞雑誌』

反政府運動の激化あるいは尾大の弊が憂慮される事態に対し、山口藩出身の木戸孝允は、かねてから真成郡県への動きを全国諸藩に浸透させることを重視していた。封建体制の解体に熱心であった木戸も、版籍奉還後は兵制改革や政府の集権化が思うようにすすまない事態に直面し、苦悩を深めていた。集権化政策の中核となっていた民部・大蔵省が明治三年（一八七〇）七月に分離された際には、失意の木戸は三条実美に対して、今後は「優柔自重」し、十年から二十年の長期的な展望を持ち、府県政の充実をはかり、「旧弊旧習」を打破することの必要を説いている。(14) 三年十月に具体化した鹿児島・山口両藩の藩力を結集した改革案については、「下策」と考えながらもそれを容認していた。(15) 藩力に依存して政府改革を行えば、政府が藩力を否定できなくなると危惧しながらも、諸藩の力を無視できない

表8 『新聞雑誌』主要記事一覧（明治4年5月～7月）

号数	記事大要	行数
1号（5月）	輸出生糸が粗製・不正で価格下落，富岡製糸場の建設	15
	赤穂藩士の復讎事件	15
	クリミヤ戦争後のロシアの海陸軍備の増強	12
	膳所藩が列藩にさきがけて士族帰農を実施	11
2号（5月）	朝鮮と米国船の砲撃戦の新報	60
	山口藩の士族・卒を合併するの告諭書略	19
	陸中国磐井郡中川村の百姓が父の敵討ち	15
	米国の経済家がシャモ類の大鶏の繁育を奨励	14
	当世流行の髪型・衣服・履き物	12
3号（6月）	米国から石油精製の機械を輸入，越後で着工を企図	28
	熊本藩知事が辞職を願って上書，門閥廃止と人材登用を建言	19
	武蔵国入間郡所沢村の百姓，眼病の父に孝養を尽くし旌表をうける	18
	台風で神戸が壊滅，死者約600人発生	15
	米国人が日本の牧牛の改良を提言	12
4号（6月）	東京の音羽で士族木村歓二郎が妖怪と戦う	26
	輸入を減じて百工物産を興した富国建設の提言	20
	津和野藩知事が辞職を願って建言，列藩を廃して県治の推進を主張	19
5号（6月）	西京における中小学校の盛況	28
	朝鮮と米国軍艦の砲戦に関する上海の報道	28
	名古屋藩知事が廃藩に向けた建白，護国の大体の議定を主張	20
	3月中の東京府下の私塾数と生徒数	11
	プロシャ船を探索中の商船が朝鮮で遭難，英国人2名他が逮捕される	10
6号（7月）	(附録) 封建・郡県制度の利害を論じた「新封建論」	340
	太政官の改革にともなう官員の任免を列記	35
	官員給与を米給から金給へ変更することの提言	16
	5月中の大学南校の教師・生徒数と洋行の人員	13
	鉄漿などの陋習を慨歎	11
	重原藩知事が解兵による資金を用いた帰田を上書	10
	桑名藩士が藩政不振を慨歎し，6か条を建白して自尽	10
7号（7月）	旧山口藩の命で米国雀糞肥料を調査した林勇蔵の報告	19
	高知藩の星野権三郎が荒野開拓を建白	14
	両足切断の俳優沢村田之助の気魂	13
	弁官の廃止にともなう官員の任免	12
	プロシャから医官ミュウレル，ホフマンの招聘	12
	太政官改革による主要官員の任免	11
	廃藩置県の詔書の写	10

（註） 拙稿「明治初年『新聞雑誌』の廃藩論」（『中央史学』第19号）参照。

ことから、それをよぎないものと判断したのである。

それゆえ木戸は同時期、日本全体の開化を企図し、『新聞雑誌』の刊行を推進した。[16] そのことは、木戸が三年十二月に渡欧中の品川弥二郎に宛て、「皇国開化之進歩も中々其運び六つケ敷、十に二、三も如思には参り不申」と報じ、「愚案に一之新聞局を相開かせ度」と新聞発行の企図を伝えたことに知られる。[17] 木戸は、政府内でも妥協をかさね、「誘導」しなければ「諸事合点に入不申」と、開化へ向けた苦心を品川に書き送っている。そして、「内国」はもとより外国のことまでも「人民之心得に相成候様」として、必要なことはすべて掲載し、あらゆる辺境にいたるまで流布するようにすれば、「自然と人民誘導之一端とも相成可申候」と論じていた。

その木戸は、明治四年（一八七一）二月十六日に山口藩出身の山県篤蔵と杉山孝敏などを集めて資金を提供し、「此度新聞局開局の主意」を伝えた。[18] また、木戸は京都府大参事の槙村正直に対し、東京の新聞が京都で流布するように「御世話」を依頼している。木戸は、書店と事前に「約定」を交わした大量の販売を企図し、さらに大阪方面での販売についても、槙村の支援を要請したのであった。[19]

このようにして『新聞雑誌』は四年五月、両国若松町の日新堂から第一号が出版された。[20] 当初は毎月二回の発行で、明治四年前半の記事を分析すると、「耳目」を新たにする方針のもとに、諸藩の動向に関する紹介の多いことが知られる。一〇行以上の主要記事を一覧にしたのが表8である。そこでは、第一号の「膳所藩士族帰農ノ事」をはじめ、第二号の「山口藩士卒ヲ合併スルノ告諭書略」、第三号の「熊本藩知事其職ヲ辞センコトヲ請フ上書ノ略」、第四号の「亀井津和野藩知事辞職ヲ請フ建言書ノ略」、第五号の「徳川名古屋藩知事建白書ノ写」などが主要記事となっている。

ちなみに、第三号に掲載された熊本藩知事辞職の上書は、前述のように藩知事細川護久が、「朝憲」を確立するために門閥からの藩知事任用の不適当を論じたものであった。また第五号の「徳川名古屋藩知事建白書ノ写」も、先に述べた藩知事徳川慶勝が、士族の解体が進行しているなかで、「朝廷」が前途の目的を明示するように求めた建白である。第三号の膳所藩士族の帰農や第四号の津和野藩知事辞職の記事も、士族の解体あるいは藩知事の辞職願、廃藩の動向に関する記事といえる。

さらに右のような記事の傾向は、表8に掲げられなかった小さな情報にも数多く見られる。第一号では久留米藩知事の弾正台での糾弾、華族愛宕通旭の逮捕、丸亀藩の廃藩と帰農の記事が報じられた。第二号には細川熊本藩知事の辞職上書の速報、第三号には徳島藩の帰農申請などが掲載されている。

換言すれば、『新聞雑誌』の記事は、政治・経済・文化・諸外国の各般におよぶが、なかでも士族の解体あるいは藩知事の辞職などの記事の掲載を特色とする。この『新聞雑誌』の特色は、当時の一般に流布していた『横浜毎日新聞』などと相違し、また政府や諸藩の動きを公表した『太政官日誌』とも異なる。『太政官日誌』には、「丸亀藩ヲ廃シ県ヲ置ク事」や「津和野藩廃止ノ事」として、藩知事の「上書」「御沙汰書」が掲載されているが、熊本・名古屋両藩のような有力藩の政治的運動、あるいは意見書類はおおやけにされていない。『新聞雑誌』の有力藩の動向を伝える記事は、同時期の諸藩の貴重な情報源となり、士族や諸藩の動向の紹介が、はば広い「廃藩」論に向けた人民誘導の場になったと考えられる。(21)

3　「新封建論」と廃藩論議

人民誘導を企図した『新聞雑誌』は、明治四年（一八七一）七月の第六号附録で、封建制度の再考をうながす「新封建論」を掲載した。「新封建論」は、封建制度について、それが国内を治めるために適切な制度と位置づけ、一方で「外ヲ御スルノ大勢ニ非ズ」として、外敵に対応できない課題を論じている。そこでは、外敵の憂いがない時は「封建ノ治」を適当としながらも、外圧に対抗して国威を確立するためには、封建制度では天下が維持できないと評した。そして鹿児島・山口・高知・佐賀四藩をさきがけとする版籍奉還で諸侯を知事とし、それまでの府県とあわせて三治一致としたが、なお実態の遊離していることを批判した。その批判は、「三百藩ノ財ハ皆三百藩ノ用ニ供シテ、朝廷其一分ヲ供スルコト能ハズ」という視点である。封建制が「諸藩其官ヲ世襲シ、其士民ヲ私シ、其貨財ヲ私シ、其兵力ヲ私シ、其政令ヲ私シ、其制度ヲ私ス」であって、版籍奉還後も「朝廷ノ権」のおよぶ範囲が府県に限られ、藩の現状が「自主自治ノ侯国」となっている状況を批判したのである。

それゆえ、「新封建論」は、朝廷の兵制を整備するに際しても、七〇〇万石の所領の租税だけでは困難であるとし、天下の力をあわせて「一体」とすることができなければ、国家を維持することが困難と論じた。府県の貢租だけでは国権の維持が不可能とし、統一、集権化の強化を論じた視点は、参議大隈重信の「全国一致之論議」、あるいは三年十二月の大蔵省改正掛の「画一ノ政体ヲ立定」建議と共通している。(22) そして盛岡・長岡・鞠山藩などの廃藩の動向を記し、高知藩が禄券法によって士族の解体をはかっていることを積極的に評価していた。その論述の核心は、あくまでも「封建ノ害タル所ト郡県ノ利タル所トヲ熟知シ、天下ノ力ヲ一ニシ、天下ノ財ヲ一」にするという点にある。そして身体や家を投げすて、「偏固ノ心」をなくし、「日本政府」を樹立して、「以テ自主自治ノ威ヲ全フスルヲ謀」ることが必要という。そこでは、「朝廷ノ至急」の課題として、「天下ノ人、人々其力ニ食ミ、遊食ノ徒ナク、無用ノ事ナク、兵精ク財足リ、物産日ニ多ク、機工日ニ新ニ、学術日ニ進ミ、知識日ニ開ケ、以テ皇化ヲ助ケテ之ヲ万世ニ派シ、之ヲ海外ニ輝サンコト」と位置づけた。それが「日本ノ急務ナリ、是固ヨリ日本人ノ義ナリ、是固ヨリ日本ノ国体ナリ」という。まさに「新封建論」という注目を集める表題を附しながらも、中国の歴史を事例にあげ、封建制度の弊害をときあかし、その再考をうながす論説と看取できる。郡県制度への転換が万国対峙の状況下の急務であるとして、そのもとでの開化と富国強兵を論じたのであった。

　このような「新封建論」の著者は、「静妙子」と記されているが、豊後国日田の出身で、幕末の奇兵隊に参加し、木戸に近かった長炗（三洲）と思われる。[23]その理由についてはすでに別論に記したが、長みずからも履歴書の補遺に、「新封建論」の執筆について、「明治三年冬、新封建論一巻を著」[24]と書いていた。そこでは、「廃藩置県の政を稗補す、後廃藩に及んで木戸公云う、新封建論の力居多」と付記している。この「新封建論」出版の背後に木戸の存在があったことは、イギリス公使館日本語書記官のアーネスト・サトウが、伊藤博文から「新封建論は木戸が吹き込んだ」という情報を教えられていたことにも裏づけられる。[25]原口清「廃藩置県政治過程の一考察」[26]は、廃藩置県直前までの政府側の姿勢を、「基本的には藩体制を維持したままで中央集権化と領有制の解体を促進する方針」であったとされるが、「新封建論」の論調と『新聞雑誌』の企図はそれにとどまらない。国際的圧力と有力藩側の廃藩論、さらには『新聞雑誌』の発行と「新封建論」を考えると、木戸や広沢などにおいても、「藩体制を維持したまま」のような構想を越えた「真成郡県」の徹底、さらには状況に応じた廃藩をも企図するようになっていたことが知られる。

　ところで、このような廃藩論や諸藩の改革の動向を掲載した『新聞雑誌』、とりわけ封建制度の弊害を指摘して郡県制度の貫徹を論じた「新封建論」が、その後の諸藩の改革や廃藩論の展開にあたえた影響は少なくない。鹿児島藩では『新聞雑誌』の記事が有力な情報となっていたようで、「新封建論」や「山口藩士卒ヲ合併スルコトノ告諭書略」を具体的にとりあげ、それに反発した意見も生じている。[27]また『新聞雑誌』の発刊は、同様な情報・啓蒙新聞が新たに刊行される契機となり、慶応四年の『中外新聞』や『江湖新聞』『内外新報』などの発行とならぶ、新たな新聞ブームを作り出した。イギリス公使館のサトウは、『新聞雑誌』の影響に注目している。サトウは廃藩置県断行を知る直前の箱根の山中で、偶然に出会った一商人に『新聞雑誌』が読まれ、その意識に多大な影響をあたえていることを知らされた。サトウは、四年七月に代理公使のフランシス・アダムズや来日中のオーストリア貴族のアレクサンダー・ヒューブナーに同行して箱根を旅行しており、出会った商人たちから世界情勢についてのはば広い知識を聞かされ、かれらの知識の源泉が『新聞雑誌』であろうことを知って、その影響の大きさに驚いたのであった[28]。

また、七月初旬刊行の『新聞雑誌』第六号に掲載された「新封建論」が、廃藩置県断行の伏線、ないしは後述のような同月十四日の断行後に、それが不可避な結果であったことを一般に納得させる意義を持った。この「新封建論」は、維新政権の動向を注視していた外国側にとって、廃藩置県に向かう潮流、さらにはその改革の真意を理解するための恰好の材料となっている。横浜で刊行されていた週刊版の英字誌『ジャパン・ウイークリー・メール』は、四年九月二十七日（一八七一年十月十四日）、「新封建論」の英訳文とあわせて、「日本における封建制度の廃止（The abolition of the feudal system in Japan)」と題する左のような記事を掲載している。

「The writer then proceeds to demonstrate the fallacies underlying his opponents' arguments and appeals to Chinese history in support of his positions. Into this it is impossible to follow him, but he naturally and wisely refers to it to show how the advance from the feudal to the monarchical condition in China was followed by increased dignity and prosperity to the state, and argues from it that by the unification of Japan alone can the present evils which afflict it be cured[29]」

この『ジャパン・ウイークリー・メール』の記事は、「新封建論」の筆者が封建制度の克服を企図し、中国の歴史を事例にあげて、その実地教育を行っていると報じている。この新聞に掲載された「新封建論」の英訳文は、やはりアーネスト・サトウが著したものである。[30]「新封建論」は廃藩断行の伏線、ないしはそれが不可避であったことの説明とされている。サトウは「新封建論」について、賢明な方法で日本の統一をはかり、国家の繁栄と威厳の強化をうながした論説であるとし、それを高く評価していたのである。

註

(1)「米沢藩士雲井龍雄外十六名糺問口書」(『公文録』雲井龍雄陰謀始末一)。『改訂肥後藩国事史料』第一〇巻(細川家編纂所、国書刊行会、昭和四十九年)七四一―七四五頁。『保古飛呂比』佐々木高行日記〈四〉東京大学史料編纂所、一九七三年、三一三―三一四、三八一―三八二頁。判沢弘「宮島誠一郎と雲井竜雄―米沢藩の場合―」(『共同研究明治維新』思想の科学研究会、徳間書店、一九六七年)参照。

(2)前掲『改訂肥後藩国事史料』第一〇巻、六九六―七〇〇頁。前掲『保古飛呂比』〈四〉四八四―四八六頁。
佐藤誠朗氏は、日田県庁襲撃などを企図した不平士族の反政府運動と農民闘争を区別し、両者の連携についてもそれを否定している(「明治三年日田騒擾と天皇政府」〈『新潟大学人文科学研究』第六四輯、一九八三年〉、佐藤誠朗『近代天皇制形成期の研究』〈三一書房、一九八七年〉に所収)参照。

(3) F. O. 46/138, No. 38. 25 March, 1871. Memorandum of conversation with Terashima, Vice Minister for Foreign Affairs, at the British Legation, Yedo, on 8 March, 1871. F. O. 46/138, No. 31. 17 March, 1871. Memorandum on the stete of affairs in the Kagoshima Han.(イギリス国立公文書館所蔵)。
反政府士族の全国的な連携については、石井孝・宮地正人氏がそれを重視し、とくに石井氏は反政府士族と農民のあいだの指導=同盟の成立を想定した。宮地氏は、この時期の人物や集団の分析に際し、嘉永六年以来の「個々の思想、独自な政治的人的関係、おのおのの地域に根ざした政治的経験・諸伝説をそれぞれ肉体化」したその「刻印」に着目する必要を指摘している(石井孝「廃藩の過程における政局の動向」〈『東北大学文学部研究年報』第一九号、一九六九年〉、宮地正人「廃藩置県の政治過程―維新政府の崩壊と藩閥権力の成立―」〈『日本近代史における転換期の研究』山川出版社、一九八五年、二五頁参照〉)。

(4)「日田県動揺探索記」「山口藩届書」(『大日本維新史料稿本』明治三年十一月十四日)。前掲『改訂肥後藩国事史料』第一〇巻、七一三—七一九、七三一—七三五頁。

(5) F. O. 46/141, No. 76. 18 Sep. 1871. Encl. 3: Declaration of Horinouchi Seinoshin, a run away samurai of the Kochi clan.(イギリス国立公文書館所蔵)。

(6) 同右、F. O. 46/141, No. 76. 18 Sep. 1871. Encl. 3.
佐藤誠朗「明治四年外山・愛宕事件の序論的考察」〈『新潟大学人文科学研究』第六七輯、一九八五年〉、前掲『近代天皇制形成期の研究』に所収)参照。

(7) 前掲・宮地正人「廃藩置県の政治過程—維新政府の崩壊と藩閥権力の成立—」六二—六八、一〇四—一〇七頁参照。

(8)「三条実美宛書翰」明治四年正月二十三日(『木戸孝允文書』四、日本史籍協会、一七七—一七八頁)。

(9)「尺牘井上馨」明治四年正月三日(宮内庁書陵部所蔵、木戸家文書、人ノ四四)。

(10)『大久保利通日記』二、明治四年三月八日・十日・十二日・十四日、日本史籍協会、一五七—一五八頁。「岩倉公への書翰」明治四年三月十四日(『大久保利通文書』四、日本史籍協会、二三一頁)。

(11) 前掲『改訂肥後藩国事史料』第一〇巻、八〇三—八〇九、八二六—八三一頁。

(12)「巡察使西下日記」「延岡藩知事内藤政挙届書」「熊本藩士覚書」(『大日本維新史料稿本』四一六一号・四一二四号、明治四年三月十二日)。「庚午山口藩隊卒騒擾始末」一・二(『公文録』)。「木戸孝允への書翰」明治三年十二月一日(前掲『大久保利通文書』四、一三六頁)。佐藤誠朗「『攘夷党』と天皇政府の対応」(『日本歴史』第四二九号、昭和五十九年、前掲『近代天皇制形成期の研究』に所収)参照。

(13) 前掲『改訂肥後藩国事史料』第一〇巻、八一五—八二四頁。佐藤誠朗「『攘夷党』と天皇政府の攻勢」(『大分県地方史』第一一四号、一九八四年)・同「明治四年久留米藩処分と天皇政府」(『福岡県地域史研究』第四号、一九八五年)参照。

(14)「三条実美宛書翰」明治三年八月二十日(前掲『木戸孝允文書』四、一〇四頁)。

(15)「伊藤博文宛書翰」明治四年二月十八日(前掲『木戸孝允文書』四、一九二—一九四頁)。

(16) 木戸は三年七月、イギリスから帰国した森寺常徳より「西洋の新聞」を聞かされている(『木戸孝允日記』第一、明治三年七月十日、日本史籍協会、三七三頁)。木戸と新聞の関係については、小野秀雄「木戸孝允と新聞」(『新旧時代』第一年第九冊、一九二五年）参照。

(17)「品川弥二郎宛書翰」明治三年十二月八日（前掲『木戸孝允文書』第四、一六一―一六三頁）。

(18) 前掲『木戸孝允日記』一、明治四年二月十六日、四五七頁。

木戸は資金として、山県に一〇〇〇両をあたえたという（前掲小野秀雄「木戸孝允と新聞」、『松菊餘影』参照）。

(19)「槇村正直宛書翰」明治四年六月十三日（前掲『木戸孝允文書』第四、二四〇頁）。

(20) 拙稿「明治初年『新聞雑誌』の廃藩論」（『中央史学』第一九号、一九九六年）。

『新聞雑誌』は、第一号を約一万三四〇〇部、第三号を三万部発行したという（妻木忠太『木戸松菊略伝』一九二五年、二五一頁参照）。

(21) 前掲・拙稿「明治初年『新聞雑誌』の廃藩論」。

(22) それは、大蔵省を中心とした大隈重信、伊藤博文、渋沢栄一の共通の認識になっていたものと思われる（「大蔵省沿革志」本省〈『明治前期財政経済史料集成』第二巻、大内兵衛・土屋喬雄編、昭和三十七年、一二六―一二七頁〉）。

(23) 前掲・拙稿「明治初年『新聞雑誌』の廃藩論」。

長炗（三洲）は、天保四年九月に豊後国日田郡で生れた。広瀬淡窓のもとで学び、長州藩の尊王攘夷運動に参加し、新政府の発足後、明治四年五月八日に大学少丞・制度局兼勤などを歴任した（中島三夫『長三洲』〈昭和五十四年、佐伯印刷株式会社〉）。「静妙子」が長炗を指していることは、小野秀雄『日本新聞発達史』（一九二二年、大阪毎日本新聞社連盟）などで指摘されてきたが、その論証は不十分であった。

(24) 前掲・中島三夫『長三洲』三〇九頁、前掲拙稿「明治初年『新聞雑誌』の廃藩論」参照。

(25) P. R. O. 30/33, 15/4（イギリス国立公文書館・Satow Papers; diaries）31 Oct. 1871.

(26) 原口清「廃藩置県政治過程の一考察」（『名城商学』人文科学特集、第二九巻、一九八〇年）参照。

(27)「旧邦秘録」（『鹿児島県史料』忠義公史料、第七巻、鹿児島県維新史料編さん所、昭和五十五年、二二三―二二七頁）。

(28) 前掲、P. R. O. 30/33, 15/4. 29 Aug. 1871.

萩原延壽「遠い崖」第一〇四二（『朝日新聞』一九八四年十一月一日）。

(29) *The Japan Weekly Mail*, VOL. II No. 41, 14 Oct. 1871.

この英訳文「新封建論」と同じ時期、横浜から発信され、一八七一年十月十七日の『ニューヨーク・タイムズ』に掲載された記事には、廃藩置県の詔書とそれが発布された経緯、その結果が紹介されている（『外国新聞に見る日本』一〈国際ニュース事典出版委員会、一九八九年〉五四一頁）。

（30） 前掲 P. R. O. 30/33, 15/4. 30 Sep. 1871. 前掲・拙稿「明治初年『新聞雑誌』の廃藩論」。

第四章　廃藩置県の断行

第一節　三藩親兵の結集

1　鹿児島・山口・高知三藩親兵への合意

鹿児島（薩摩）・山口（長州）・高知（土佐）三藩の協力と藩兵上京が合意された後、大久保利通、西郷隆盛、木戸孝允らは、明治四年（一八七一）二月二日に東京に到着した。また、三田尻から船で神戸に向い、京都から東海道を陸行した勅使の大納言岩倉具視は、同月六日に帰京した。岩倉は同日午後に参内し、勅使の復命を行っている。勅使の奏聞書は、島津久光と毛利敬親が奉命書を差し出したこと、および両者の上京が病で遅れること、鹿児島藩大参事西郷隆盛の上京を上奏するものであった。(1)ついで、岩倉は大久保や右大臣三条実美と協議をかさね、三藩協力と藩兵上京に向けた政府会議の段取りを決めている。(2)そして二月八日には、三条の屋敷において西郷と高知藩の板垣退助大参事、山口藩の杉孫七郎・野村靖両大参事、および三条、岩倉、大久保、木戸による会議が開催された。(3)

会議は、三藩兵の上京にともなう財政や兵制の調整を課題とし、「兵隊取抜之事」にしぼって合意がはかられている。[4] すでに西郷は、政府会議開催が遅れていることにしびれをきらしており、大久保に宛て「時日を移候ては当地の風習にて皆々遷延成安く御座候」、「いまた気合の抜けさる内」に決定するように督促していた。[5] 三条も三藩の協力体制には大賛成で、親兵化に四、五万石を支出することもいとわないとの見解を岩倉に示していた。[6] それゆえ会議は、遅延による破綻を恐れ、「断然決定」と藩兵を上京させるための西郷らの帰藩を確認したのである。[7] そして翌九日、三条右大臣と岩倉・嵯峨両大納言、副島・佐々木参議らの三職会議でも、三藩兵上京と親兵化が提案され、十日に三藩の兵を徴して親兵とすることが決定された。[8] 三条右大臣は二月二十八日、鹿児島藩知事島津忠義の上京を求め、同藩に対して左のように命じている。

「方今之形勢被為在御苦慮、其三藩へ御沙汰之趣有之候処、叡旨之通奉命各不日上京、皇国之為メ同心尽力可有之段言上、深御満足、殊ニ汝等一同速ニ出府大儀ニ思召候、就テハ段々建言之趣尤ニ被聞食、先三藩兵隊御取抜被仰出候間、早々取調可差出候事、

右勅語之趣右大臣伝宣」[9]

忠義に対し、その上京と建言に先き立って、藩兵を選抜して差し出すように命じたのである。二十二日には兵部省に対しても、鹿児島藩の歩兵四大隊、砲兵四隊、山口藩の歩兵三大隊、高知藩の歩兵二大隊、騎兵二小隊、砲兵二隊を「御親兵被召出」とし、同省の管轄が達せられている。[10]

この三藩兵を親兵とする決定にともない、西郷は二月十四日に、木戸、杉、野村は同月二十四日に東京を発って帰藩した。一方、政府内では、三藩兵を親兵とするための財源確保が検討されている。この点、すでに岩倉勅使に随行した山県有朋が鹿児島で西郷と会談した折、西郷から藩兵上京にともなう兵部省予算の不足が指摘され、山県が兵員養成のための新たな費用を「藩力平均ノ配当」とする腹案を示していた。その具体化については、前述のように山県

が西郷に流血の事態を生じた場合の覚悟と尽力を求め、西郷が同意した経緯があったという[11]。そして大久保は二月二十五日、みずからの賞典禄一五〇〇石を軍事費に提出したい旨を上表し、政府は「願出之趣神妙」として、同年分の「奉納」を許可している[12]。また三月二日には、三条、岩倉、大久保、大隈の三職と兵部少輔山県有朋、大蔵少輔井上馨らによって親兵費用の醵出が評議され、「禄税御取建之事」が内定している[13]。さらには、宮内省費から一〇万両を分けて兵部省費用とすることを決した。

ところで、この親兵取立ての合意とその実現に向けた同時期の西郷の積極的な姿勢は、いかなるものであったのか。二月二十六日に鹿児島に帰着した西郷は、藩庁で知事忠義や藩重役と会談し、手厳しい政府批判を語っていた。西郷は、東京での政府官員について、三条・岩倉の「邸内之尊大成事実ニ可驚計也」とし、官員が「奢侈花美」で、大久保も「尊大ニ構江家令ヲ置、凡四五十人召遣居」で、「賄賂之沙汰専行ハるゝ事眼前也」と批判したという[14]。

しかし、その西郷もすでに三藩の協力に同意したのであり、忠義の上京についての「勅諚」を受けた以上は、「御出府不被為在候而者朝廷江被為済間敷」となっている。西郷は岩倉に対し、「諸藩強大之国より精兵壱万余人其家族共朝廷ニ献ぜしめ、永く朝廷の名籍ニ連ね禁衛の兵」とし、「不直之者」が出た場合には、その兵をもって征伐するように建白していた。三藩兵を親兵とする政府の決定は、結果として西郷の建白を受け入れたものとなっている[15]。西郷はその建白書のなかで、「会計出入之大体制限を定むる事」「開国の道ハ早く立たき事なれとも、外国の盛大を羨み財力を省ミす漫ニ事を起しなバ、終ニ本体を疲らし立行へからざるに至らん、此涯蒸気仕掛の大業鉄道作の類一切廃止し根本を固くし兵勢を充実する道を勤むへし」と、政府の改革の必要を論じていた。「上下官員」はいったん免職にした後に選抜し、なるべく削減して「易簡」とするように建白しており、それは鹿児島藩側の政府への要求を背景としたものだったといえる。

西郷自身は、鹿児島の力を背景にしてこれらの改革の実現を考えたようで、三藩協力の協議の折、西郷は高知藩の板垣と山口藩の杉にその提携を呼びかけたという。(16)それは後述の政府改革に際して、大久保が西郷の意をうけて、岩倉に「西郷・板垣ハ是非兵部江御登庸ノ方可然」と書き送り、西郷も「不肖ナカラ陸軍ノ事ニテモ任シ可申」と、岩倉に答えたことからもうかがえる。(17)西郷の藩力による政府改革をめざした提案は、板垣らによって藩の立場の変化を無視したまったくの時代遅れと反対され、(18)西郷も「如何程皇国之御為御尽力被為在候」ても「其機会未不至」と悲観的な感慨を持っていたが、それでも西郷は政府内の刷新を期待し、知事忠義と兵力の上京についてはそれを推進している。(19)三藩の協力を約し、また藩兵を親兵とすることに政府が合意した以上、西郷みずからも逃げ出すことができなくなっていたのであった。

2　三藩親兵上京と鎮台創設

三藩親兵についての三職会議の合意後、鹿児島藩に対して、兵部省から旅費手当支給の指令が出され、市ケ谷の旧名古屋藩邸を親兵屯所とすることが命じられた。同藩では明治四年（一八七一）三月十一日・十二日、藩船で大隊長種田政明のひきいる五小隊を東上させている。三月二十九日には藩知事忠義の上京にともなって、左のような心得が布達された。

「戊辰以来朝廷之御基礎不致確定候処、此節厚キ恩召を以、従三位様被為蒙勅命候得共、いまた御平快不被為在候付、従四位様被為代闕下江拝趨被遊候、就ては御両殿様兼て之御赤心相貫、皇国興隆之大端可開立機会ニも立至り、不容易御場合ニ候間、御供方は勿論一同右之御趣意奉体し、尽至誠可致勉励旨御沙汰被為在候付、各奉得其

意無緩怠可相勤候、此旨家令江申渡、向々江も可申渡候

辛未三月　　知政所[20]」

忠義の上京が「朝廷」の基礎を確定する機会になるとし、「皇国興隆」のために「御供方」などが「至誠」に尽くすように命じている。米国船で鹿児島を出発した四番大隊が四月十五日に到着し、同藩の親兵としての出兵数は、歩兵四大隊と四砲隊で、兵員数は三一七四人となった[21]。その出兵上京は、「朝政ヲ改革シ先途ノ大策ヲ決スルノ声言ニテ、兵員等ニ至テハ殆ント戦備ノ決意ヲ以テ発途セシメタリ」であって、附属者に対しても同様な決心をうながすものであったという[22]。

　しかし、このような鹿児島藩の出兵に対し、木戸が帰藩した山口藩側の兵力動員は遅延した。山口藩では、木戸が三藩の藩力動員にもとづく政府強化を「下策」と評していたが、その木戸は、西郷が上京後も政府批判を口にすることに警戒・反発を強めていた。西郷が「天下諸藩之人材」を集めた政府改革を主張したのに対して、これまで政府を維持してきた立場から、それを聞いて「不知時機」と慨歎し、逆に「今日西郷氏等之驥尾に随ひ犬駑之力を尽す得は、何ぞ如此之患害をのこさむ」と、痛烈な批判を投げかえしている[23]。鹿児島藩側とみずからが交わることを拒否し、その後の鹿児島藩との対応を山県有朋に託する旨を岩倉に書き送っていた。

　そして、木戸をはじめとする山口藩側は、日田、久留米の反政府運動に対する鎮圧問題を通じて、鹿児島藩側との対立をさらに強めた。山口藩は木戸の主張を背景として、すでに同年正月二十八日、反政府士族の取締りの不十分なことが広沢真臣暗殺事件になった点を指摘し、山口藩兵をもって「脱隊ノ賊」や「朝政ヲ誹謗シ御国是ヲ妨害候者」を鎮圧し、「大義名分」を明らかにしたいと、九州出兵を出願していた[24]。政府はこの山口藩の出願に対し、前述のように四条隆謌巡察使を再度九州に派遣して、山口・鹿児島・熊本三藩による共同出兵を命じたが、鹿児島藩側の対応

が消極的であり、両藩のあいだの反目が増していた。鹿児島藩の日田への出兵が遅れ、さらに久留米藩に同情的な鹿児島藩側の大山綱良が解兵を強く主張して巡察使の帰京となったことから、山口藩がそれに強く反発したのである。解兵の報を知った木戸は、「又々鹿児島藩ニ売ラレタリ」で、「先途ノ目的ナシ」とし、山口藩から政府に出仕している官員の総引上げの意向を、三条に伝えるようになっている。(25) さらに山口藩では、後述のように前知事敬親が重病となり、四月二十八日に薨去したことから、敬親に代わって上京を命じられた知事元徳も、その出発が困難になった。(26) 帰藩中の木戸も同様である。これらの事態のなかで、山口藩からの藩兵の上京は中断し、三藩協力が破綻の危機に直面したのであった。

このような山口藩の反発に直面し、政府内では、参議大久保利通が兵部大丞の西郷従道をともなって山口へ出張した。贋札発行が顕在化した福岡藩の処分についても、知事免職を断行するように主張する山口藩と、知事の上京を命じた上での処分を是とする鹿児島藩の見解が相違し、その対立の激化が危惧されたことによる。五月三日に東京を出発した大久保は、十二日に山口で木戸と面談し、「東西の情甚齟齬」を語り、鹿児島藩の日田出兵が遅れたことを謝し、木戸の東上を求めた。大久保の同日の日記には、「日田表大山云々齟齬之事一謝ニ及、知事公者勿論木戸子井上子速ニ上京相成候様演説す」(27) とある。結果として、木戸は大久保の求めに応じて上京を諾し、両者は五月十三日に山口を出発した。大久保は二十七日、木戸は二十八日に帰京し、山口藩知事毛利元徳も六月十二日に着京している。同藩からは、徴兵として東京に駐在していた一大隊のほか、大阪駐在の一大隊、および五月二十六日に山口を出発した一大隊をあわせた三大隊が親兵とされた。(28) また高知藩も、まず五月十八日に一大隊を入京させ、その後の出兵者を加えて歩兵二大隊、騎兵二小隊、砲兵二隊が親兵とされている。(29)

この三藩兵の上京にともない、政府は四月二十三日、東山、西海二道に鎮台を設置した。鎮台については、山県が四月十五日、「鎮台東北に設候儀治国之緊要」とする願いを弁官に提出しており、親兵の設置が具体化したことで、全国的な軍事基盤の強化が推進されるようになったといえる。[30]東山道鎮台は、本営を石巻とし、分営が福島、盛岡とされた。西海道鎮台は本営を小倉とし、分営を博多、日田としている。そして、熊本・佐賀両藩の各一大隊を博多に派遣し、豊津藩兵一大隊を日田に送った。三藩親兵の上京にともない、鎮台を諸道の兵務を総轄する機関とし、「全国ヲ保護」する要と位置づけたのであった。[31]

註

(1)「勅使奏聞書案」明治四年正月十一日（『大久保利通文書』四、日本史籍協会、一九〇―一九三頁）。
(2)「岩倉具視書翰」明治四年二月七日（『岩倉具視関係文書』五、日本史籍協会、一五一―一六頁）。
(3)『大久保利通日記』二、明治四年二月八日、日本史籍協会、一五三頁。『木戸孝允日記』一、明治四年二月八日、日本史籍協会、四五三頁。
(4)「岩倉公への書翰」明治四年二月七日（前掲『大久保利通文書』四、二〇六頁）。
(5)「西郷隆盛より大久保への書翰」明治四年二月五日（前掲『大久保利通文書』四、二〇四頁）。
(6)「岩倉公より大久保への書翰」明治四年二月七日（前掲『大久保利通文書』四、二〇八頁）。
(7)「三条公より岩倉公への書翰」明治四年二月八日（前掲『大久保利通文書』四、二一一頁）。
(8)『嵯峨実愛日記』三、明治四年二月九日・十日、日本史籍協会、三八九頁。
(9)『鹿児島県史料』忠義公史料、第七巻、鹿児島県維新史料編さん所、昭和五十四年、五―六頁。
(10)『太政官日誌』明治四年、第八号。
(11)「徴兵制度及自治制度確立ノ沿革」（『明治憲政経済史論』、国家学会、原書房、大正八年、三八一頁）。
(12)「賞典禄奉還に関する上表」明治四年二月二十五日（前掲『大久保利通文書』四、二三二頁）。
(13)前掲『大久保利通日記』二、明治四年三月二日、一五六頁。
(14)『改訂肥後藩国事史料』第一〇巻（細川家編纂所、国書刊行会、昭和四十九年）八〇一―八〇二頁。

(15)「西郷吉之助建白書」(『大隈文書』A八三、マイクロフィルム版)。

(16) F. O. 46/138, No. 38, Encl. 3, Memo of rumours by J. C. Hall. 23 March. 1871.
石井孝「廃藩の過程における政局の動向」(『東北大学文学部研究年報』第十九号、一九六九年)参照。

(17)「岩倉公に呈せし覚書」明治四年二月(前掲『大久保利通文書』四、二二二頁)。『保古飛呂比』佐々木高行日記〈五〉東京大学史料編纂所、一九七四年、一二七頁。

(18) 前掲、F. O. 46/138, No. 38, Encl. 3.

(19) 前掲『改訂肥後藩国事史料』第一〇巻、八〇二頁。

(20)『鹿児島県史料』忠義公史料、第七巻、一三、三三—三四、四八—四九頁。

(21) 同右、六〇頁。

(22) 同右、四九頁。

(23)「木戸孝允書翰」明治四年二月十日(『岩倉具視関係文書』五、日本史籍協会、一九頁)。

(24)『修訂防長回天史』全(末松謙澄著、柏書房、一九八〇年)一六八六頁。

(25) 前掲『保古飛呂比』〈五〉八二頁。

(26) 拙稿「山口藩知事毛利元徳の辞職『上表』」(『中央大学文学部紀要』第一六八号、一九九七年)。

(27) 前掲『大久保利通日記』二、明治四年五月十二日、一六七頁。

(28) 前掲『修訂防長回天史』全、一六九一頁。

(29) 藩知事山内豊範については、六月十四日に病気を理由とした上京延期願いを出している(前掲『保古飛呂比』〈五〉九六・一二三頁)。

(30)「山県有朋書翰」明治四年四月十五日(『大久保利通関係文書』五、立教大学日本史研究会、昭和四十六年、三一一頁)。

(31)『太政官日誌』明治四年、第二三・二四号。

第二節　「大藩同心意見書」の作成

1　大藩会議の準備と「御下問案」

大納言岩倉具視は、鹿児島・山口・高知三藩兵力の親兵化に尽力するとともに、島津久光・毛利敬親の上京とそれにともなう政府側の対応策を確定することに全力をあげた。この久光・敬親および西郷らの処遇と有力者を組み入れた「強力政府」をどのようにまとめ、当面の懸案をいかに推進するかは、同時期の岩倉の最大の課題となっている。

まず、勅命を奉じて上京する久光・敬親への対応は、前述のように両者を政府顧問あるいは麝香間祗候に任じ、「納言同様之心得」を命じて、「大政ニ参与」させることが予定された(1)。両者が失望し「不楽シテ帰国之様ナル事」では、逆に政府のいっそうの「大害」ともなりかねない。それゆえ両者に期待されたのは、それまでの「紛紜之情」を棄て、「朝廷ト同体之論ニ帰着」することであり、「全国之方向一定不動」に協力することであった。この点、大久保は明治四年（一八七一）二月、岩倉に左のような方途を要請していた。

「知事位階ハ従三位従前之通ニ而、一人御請与申訳ニ至り申ましくとも存候付、父子江御任叙被下候御運に仕度、乍去右之御内評も被為在候ハヽ、此度ハ是非御請無之而ハ不相済趣、西郷を被召閣下ゟに而も御内諭之上ニ御取計有之度、同御取扱ノコトハ先以麝香間国事御諮詢被仰付置、速ニ天顔拝被仰付御懇之勅語被下候辺ニ而、猶又長州・土州相揃候上ニテ参朝、式日御取窮め御評議之席ニ被加候様之コトニ相成候而も可然、乍去是ハ全ク実事ニおひて益無之事候付、月ニ三度位ニ而よろしく候半、其余ハ凡而臨時ニ被召可然、尤多クハ大参事随従ニ而不時之節ハ被召候様仕度(2)」

大久保は岩倉に対し、知事忠義と久光に位階をあたえ、上京した折には麝香間祗候に任じて、国事諮詢を命じるように求めている。天皇みずから親しく勅語をあたえるが、実事が期待できないとして、毎月三度程度の参内をさせるように予定し、それらを知事上京に対する基本政策としたのであった。

そして、岩倉は四年二月に島津久光に対し、勅使下向時の久光の奉命書を朝廷に奏したことを報じ、久光の一日も早い上京と「御輔翼」を要請した(3)。「方今之処皇国之基礎大に可相立機会」とし、鹿児島での取りきめにしたがって三月中の上京を求め、病状に応じて「暫時にても一応御出府在之度」と書き送っている。三藩の「同心合力」を強化する前提として、久光の「御出府成否而已」が最大の懸案であるという考えであった(4)。さらに三条も二月十一日付で久光に対し、「西郷大参事も岩倉随従御差出相成」で、「御趣意之程逐一致承知感佩之至ニ存候」とし、今度が「皇国之基礎可相立大機会と存候」として「何分ニも速ニ御上京渇望仕候」と書き送った(5)。

三条は、岩倉勅使の奏聞によって「主上御満足」なことを久光に伝え、この上は一日も早く久光が上京し、「皇国の基礎確立のために「勉強」するように求めている。これらの三条・岩倉の努力は、政府内で「他藩ト違ヒ格別ノ御取扱ナリ」とし、「兎角機嫌取リ策ニ出ル」との冷やかな視点が存在したが(6)、ともあれ「三藩合力」による政府強化に向けて、久光・敬親らの協力が不可欠となっていたことを示す。

また岩倉は、久光上京への働きかけと同時に、鹿児島・山口・高知三藩や名古屋(尾張)・福井(越前)などの有力大藩の代表を国事諮詢に任じる準備をすすめ、有力大藩を集めた会議を計画した。岩倉は、鹿児島・山口両藩と政府の提携を第一に重視する現実論者であったが、両藩を政府に協力させるためには、有力大藩の合議体のもとで藩論を形成することが欠かせないと考えたようである。この点、すでに前章で紹介したような徳島・鳥取両藩などから「廃藩」へ向けた建言が出され、正月二十七日には徳大寺大納言邸で蜂須賀茂韶や池田慶徳を招請した政府会議が開催されていた。(7) 岩倉は、佐賀藩知事の鍋島直大が「藩は献納」との意向を示していたことも、同藩出身の副島から伝えられていたようである。(8) それゆえ、岩倉はそれまでの諸藩の建言書類を参考にして、政府の「根本見込」を作成し、その上で上京した藩に対する「御下問」を行い、諸藩の答申をうけて「朝権の確立」と郡県制の徹底をはかることを企図している。それは岩倉が三条に宛てた四月二十三日の案文に示され、岩倉が「尾州献言拝見即今返上候、阿州も同段之事ニ而、右は兼而言上候通先列藩献言を以御互始於政府根本見込を建、今度上京藩々江御下問有之度存候」と書き送っていたことが、その証左となる。(9)

右については、岩倉は「政体」の作成に際し、大久保に「取極」を急がせ、大藩の召集にあわせて「御下問」ができるように依頼した。(10) そして、岩倉は大藩会議での「御下問書」の準備に着手している。「御下問案」は、中弁兼制度局御用掛の江藤新平が作成にあたり、三月二十九日付のそれは、左記のような構成であった。

「　　御下問案

一、諸藩ノ内或ハ朝廷ト気脉不通情実相悖リ自然御趣意不相貫事モ有之、因テ御政治折合候迄当分知藩事皆出京之上滞京被仰付、御下知筋ハ勿論一体ノ処モ親シク廟堂之御旨相窺ヒ、以テ支配ノ藩ヘ下知相伝ヘ、藩治ノ処ハ参事ニテ取計ヒ、御趣意一貫致サセ而シテ御政治折合候上ハ、御定通ノ朝集年番相勤可然哉ノ事

一、府藩県管属ノ士卒民トモ、其人ノ好ミ次第地方何レノ地ニ移住シ管属トナル共願出次第可差免、惣テ私ニハ差停等致スマシキ事

一、士卒ノ武職ヲ解キ、家禄ハ禄券ヲ以テ渡シ禄券ハ売買御免可有之事

一、兵隊ハ士卒民ノ内ヨリ其人ノ好ミト其体質才能ノ適スルニ因テ、常備予備合テ凡地方人別百分一ノ積リヲ以テ募ルヘキ事

一、兵隊ニ掛ル武官ノ類ハ、陸軍府相当ノ官ヲ朝廷ヨリ任セラレ、堅ク陸軍省ノ規則ヲ可守事

一、藩政ノ内裁判ニ懸ル事ハ引分ケ専任ノ役員相設ケ民政ト不混様処置可致事

但シ本文ハ他日三等四等ト藩ノ小大ニ因而裁判所ヲ設ル為メ也

一、士卒ハ武職ヲ解キ任官モ士卒民ヲ不問其才能ニヨリテ登用有之、家禄ハ家産ト看做スレバ、只民ヨリ身柄ノ宜シキト云ノミニテ、権義ニ於テハ民ト同一般タルベシ

一、公廨費用ノ目安ハ如旧年々細密ニ取調可差出事」(11)

ここでは、「朝廷」の「御趣意」を貫徹させることを課題として、知事を在京させ、藩政を参事に執行させる方策が提案されている。また、士卒民の移住を「出願」に応じて許可すること、「士卒ノ武職」を解いて家禄を禄券とし、その売買を許すことが掲げられた。士卒民からの兵隊募集、武官の任命とその規則を遵守させること、藩内の裁判を民政と分離すること、士卒の「武職」を解いて才能によって任官させること、公廨費用を年々調査・提出させることなども提起している。右の「御下問案」からは、高知藩などですすめられていた「士族の常職」を解く施策が組み入れられ、司法と民政の区分がはかられるなど、概して中央集権化の推進と封建的な身分制度の解体が企図されていたと看取できる。

2　「大藩同心意見書」の作成

岩倉は、「御下問案」を準備する一方で、それに対する諸藩の側の意見となる案文も用意した。それは、明治四年(一八七一)四月二十三日付の三条に宛てた左の記述からうかがわれる。

「先日来見込書付大基礎大略方法之処極密大隈江示談致候処、同人にも同意段々配慮漸昨日同人持参候、即別紙御廻申入候、扨これを清書之上先山県西郷新吾両人江懇々内談致可試と愚考候、抑列藩の権力を可殺義は今日之急務上々策候得共、諸藩而已力をけつり三藩は尚依然却而加威力候様之訳に立至候而は、佗日之大害ならんか、三藩無承引は不如平均、力を計り漸を以可運勤欤、此処実可注目之第一と存候に付、前件両人江先懇談心得に候」(12)

岩倉は、江藤の「御下問案」に対応するものとして、下問をうけた大藩側の奉答案となる「大基礎」「大略方法」の見込書の作成を大隈に依頼していた。岩倉は、大隈から「見込書付」を二十二日に受領し、山県および鹿児島藩の西郷従道にそれを見せ、「内談」を行うことを予定している。その「見込書付」は、『岩倉具視関係文書』に残された「大藩同心意見書」(13)と思われる。同意見書は、「東京府貫属之事」「朝集ヲ反シテ三年一度管轄地へ出張之事」「各藩知事家禄大蔵江上納シテ東京府ゟ相渡スコト」「藩名ヲ廃シテ州トシ州郡県ノ三ヲ置キ専ラ郡県ノ体裁ヲ明ニスル事」「東京ニ於テ州庁ヲ建テ従来ノ藩庁ヲ合併スル事」「牧民之規制ヲ一定シテ民部ノ総判ニ帰スル事」「理財ノ方法ヲ一致シテ大蔵ノ幹理ニ帰スル事」「兵制ヲ画一ニシテ兵部ノ董轄ニ帰スル事」「刑法ヲ一ニシテ刑部ノ審判ニ帰スヘキ事」「農税ヲ軽クシ商税ヲ興スノ目途及重斂ヲ廃シ新規ノ税法ヲ設クル事」「国家政治ノ費用ハ全国斉一ニ負荷スヘキ事」「内外国債支消之目途ヲ予定スヘキ事」「華族禄制及士族卒帰農商準序及家禄ヲ家産トスル方法之事」「大ニ軍資金ノ目的ヲ立テ兵備益更張ノ予謀ヲ為スヘキ事」「在職ノ官員ハ都テ任所ノ籍ニ編入スヘキ事」「賞典禄ニ年限ヲ設クヘキ事」「八州ヲ以テ畿内トスル事」「鎮台ヲ東西ノ要衢ニ置キ以テ不時ノ警備ヲ厳ニシ漸ク各州切要ノ地ニ屯兵ノ制ヲ設クヘキ事」の十八項目から構成されている。

この「大藩同心意見書」は、大隈の「全国一致之論議」[14]、あるいは明治四年に入って具体化する鎮台設置などの箇条を加えているが、基本的には、「建国策」の素案とされた「国体昭明政体確立意見書」を基礎としている。「国体昭明政体確立意見書」で掲げられていた「在職ノ官員」を「任所ノ籍」とすること、あるいは「八州」を「畿内」とする項目が、その後の三年十月の「建国策」で削除され、今回の「大藩同心意見書」で改めて復活していることがそれを裏づける。[15]「国体昭明政体確立意見書」の「大ニ宣教ノ大意ヲ明ニシ兆民ヲシテ普ク惑イナカラシムヘキ事」、あるいは「建国策」の「建国ノ体ヲ明ラカニス可キ事」「国家経綸ノ根本ヲ定ム可キ事」といった天皇や国体に関する大枠が削除され、最重要課題である藩体制のあり方に限定した奉答案といえる。

「大藩同心意見書」では、まず藩名を廃して州・郡・県の三つを置くこととし、郡県の体裁を重視した。現石一五万石以上の大藩を州に、五万石あるいは七万石以上を郡に、二万石もしくは二万五千石以上を県とし、二万石以下の小藩や県を廃止、合併する方策を掲げている。小藩を廃合する方策は、「国体昭明政体確立意見書」で示された方向である。また、州・郡・県の知事を東京府貫属とし、家禄は大蔵省に上納して東京府から「分給」することとした。知事を在京とし、州・郡・県の施政を大・少参事に委任させ、各知事を三年一度管轄地へ出張させることなどは、岩倉のそれまでの主張を取り入れている。[16]旧藩庁は合併して東京に州庁を建てることとされ、各州に一庁、郡と県は若干ずつをあわせて一庁を置くこととした。さらに、「牧民之規制」「理財ノ方法」や兵制・刑法の統一を論じ、中央集権の強化を企図している。財政確立の視点からは、収税の平均を目途に「農税」に偏重した現状を改め、「商税」や

「新規ノ税法」を興し、国家の政費を全国から公納させ、さらに内外国債を「支消」するための「蓄積法」「分頭税」を設けることを提起した。「永世賞典禄」の支給に年限を設けることとし、また華士族の「家禄」を「家産」とすることを提起して、その具体的な方策や売買を許して後に「支消」する方法を明記している。その他、在職の官員も任所の籍に編入することや、八州を畿内とすること、兵備の更張をはかること、鎮台を東西の要地に設置することなどを提起したのは、前述の通りである。(17)

そして、「大藩同心意見書」では、最後にこれらを「経国ノ要領治体ノ基礎」「皇政煥発百事振興ノ根底」とし、政府は全国一致の政治を拡充・整理する責務を負っていること、諸藩にはその趣旨を理解して実をあげる義務があることを明記していた。そして、その実現に向けた「科目」を設けて「施行ノ方法」を略記したと論じ、政府の上裁を求めている。

右の「大藩同心意見書」について、岩倉はやはり四年四月二十三日、三条に宛て左のように記していた。

「此書は藩制に付、諸藩之献言又小生愚意ケ條書にて極密大隈江談し、同人漸昨日持参に而只一見之儘御廻申候、愚存と相違之廉も有之、又加入致度件々も取落有之候、且此文体大藩を竊に説き同心献言之見込に候得共、小生には諸藩之献言熟覧廟議之根本如此に付、一同遂評議以漸施行可然に付、先御下問候間各無忌憚精密熟議可申出と、此度は御互之内ゟ欤何とか余り厳に不成方に而、実事之御相談に有之度存候、只今之処極密御覧希入候、早々御返し願度速に増減清書可仕候、嵯峨卿たけ内々一覧明日持参之様希候、賢考之趣は其節御申越希候」(18)

すなわち、大隈が関係した「大藩同心意見書」は、岩倉の企図と「相違之廉」も存在したようであるが、諸藩の「献言」や岩倉自身の「愚意ケ条書」をもとにし、さらにはその意向を組み入れて作成されたものといえる。岩倉の四月十九日以降が判明する「応接局日記」からも、岩倉が同月中に大隈・江藤と頻繁に接触していることが知られる。(19)

四月十九日から同月末日までの十二日間において、岩倉が自宅あるいは朝廷で「拝謁」「面会」した人物は、江藤が最も多く、大隈と大久保がそれに次ぐ。江藤は四月十九日、二十一日、二十四日、二十七日の四回、大隈は四月二十二日、二十六日、二十九日の三回である。その間、岩倉は江藤に二十日、二十三日、二十五日、大隈に二十日に書状を書き送り、江藤からは二十日、二十五日に返信を受領している。両者の回数を越える人物は、発送が嵯峨（正親町三条）実愛への五回、受領が嵯峨からの五回、三条からの四回といった旧公卿関係者に限られている。

また、四月十九日から廃藩置県が断行される七月十四日までの約三か月の諸藩関係者との「拝謁」「面会」は、金沢藩知事が五月五日・九日・二十三日、六月四日・二十三日、七月一日の六回、同藩関係者七回、徳島藩知事が四月二十八日、五月十二日、六月一日・十日、七月十日の五回、同藩関係者が六回、熊本藩知事が六月八日・十八日・二十八日、七月十一日の四回、同藩関係者が八回である。金沢藩と徳島・熊本両藩が岩倉と密接な関係を持っていたことが知られる。

徳島（阿波）、熊本（肥後）、名古屋（尾張）などの有力藩知事からは、三年九月の「藩制」公布後、前述のような州・郡制や廃藩論を掲げた建言が出されていた。四年二月の岩倉勅使の帰京以後、岩倉ばかりでなく、岩倉・嵯峨両大納言や大久保も、蜂須賀茂韶や池田慶徳と頻繁に接触をかさねている。[20] 換言すれば、岩倉は有力大藩会議を企図し、会議に向けた「御下問案」を作成するとともに、その奉答案となる「大藩同心意見書」を準備した。岩倉は「大藩同心意見書」の作成過程で、名古屋・徳島両藩の意見書を集め、大隈に案文起草を依頼し、大藩側の合意として取りまとめ、「廟議之根本」とすることを企図したのである。

3　有力大藩会議と廃藩論

岩倉は、有力大藩の会議において、政府強化のためのいかなる合意を獲得し、どのような国家体制の実現を企図したのであろうか。大隈の準備した「大藩同心意見書」が、岩倉と「相違之廉」を残し、その財政重視の箇条のすべてが直ちに実現できるものでないとするなら、岩倉がいかなる方向にリードしようとしていたかが、重要な問題である。

この点、岩倉の有力大藩会議に向けた期待は、明治四年（一八七一）四月二日（陽暦五月二十日）のイギリス公使パークスとの会談の密話に示される。岩倉はパークスに対し、まず鹿児島・山口・高知三藩の兵が親兵として選択された経緯を述べ、これらの三藩の兵が藩籍を完全に離脱して、家族をともなって割り当てられた任地におもむくはずであるとし、陸軍の形成などについては、他の諸藩も同様な考えを実行に移す用意があると語っている。そして有力大藩知事の会議の準備を、左のように語った。

「By the middle of this 4th (Japanese) month, say the beginning of June, all the great Daimios will be in Yedo; the prince of Satsuma and Choshiu by the 10th (Simadzu Saburo, being ill, does not arrive till the 8th month). The others have either come or will be at Yedo by the middle of the month. Owari left home on the 14th of May. Higo, Awa, Hizen, Kishiu etc, are in the capital.[21]」

岩倉はパークスに対し、四月中旬までに、すべての大藩の知事が東京に集まるであろうと語っている。島津久光

（三郎）は病気で遅れるが、鹿児島（薩摩）・山口（長州）両藩知事は四月十日までに到着の予定であるという。他の諸侯はすでに東京に来ているか、あるいは今月中旬までに到着することになっているとし、名古屋・熊本・徳島藩の上京も伝えた。政府は三年十月に諸藩朝集順序を定めていたが、熊本藩知事は朝集期限に先き立って上京を命じられ、二月下旬に着京していたのであった。[22]

つぎに、有力大藩会議の目的について、岩倉はパークスの質問に対し、左のように答えた。

「The objects are; 1,To unite the Empire into a uniform whole, so that, for example, Higo may no longer be Higo, nor Satsuma Satsuma. 2, To abolish the system of paying Samurai in rice.[23]」

目的の一つは、国家を統一的な全体にまとめることであり、たとえば肥後（熊本）はもはや肥後ではなく、薩摩（鹿児島）は薩摩でないような状態とすることであると答えている。もう一つは、士族の扶持米の制度を廃止することであると述べた。この扶持米の廃止については、岩倉はすでに公卿に実施された方策を事例にあげ、「これからは賢い人間だけが何等かの地位につけるだろう。この調整作業は、京都でひそかに進められてきた。なにぶん三百名の華族と、下級公卿や公卿の家来など、さまざまな階層の三千名の人間がいるのである。改革が実施されたのは、わたしが旅行に出ていたこの冬のことである。諸藩のあいだで同様な措置がとられることがのぞましい[24]」と、パークスに向かって論じた。

そして国内に軍管区（鎮台）を設け、常備兵規則にもとづいて、諸藩が一万石につき六〇名の兵員を保有させること、廃刀制度が和歌山（紀州）や高知（土佐）藩で採用されていることを語っている。さらに藩兵の統合について、岩倉は「まず三藩の士官を統合し、つぎに兵を統合するつもりである。そこで、薩摩の士官が土佐の部隊の指揮をしたり、逆に土佐の士官が薩摩の部隊の指揮をしたりすることになるわけである。この三藩の士官と兵の統合ができれば、もはや紛議の心配はない」[25]と述べた。海軍を統合する計画も、その基礎が固まりつつあると断言している。岩倉は有力大藩会議において、郡県制の内実を獲得することに尽力しており、このような大藩同心意見書とパークスに示された方向は、いわゆる府藩県三治一致の徹底といった段階を越えている。藩名を廃して州、郡、県制とするだけでなく、知事を東京府貫属として管轄地に三年一度の出張とし、財政、兵制、刑法の中央集権化をはかること、旧藩兵と士官の統合をすすめることも意図している。岩倉の企図は、有力大藩の合意によるゆるやかな「廃藩」に置かれていたように看取できるのである。

すなわち、岩倉のこのような意図は、「藩制」公布後の諸藩の改革論、あるいは「諸藩ノ大参事モ大ニ進歩シ、日増ニ公論行ハレタル由ニテ、実ニ天下ノ大幸ナリ」という判断を背景にしたように考えられる[26]。岩倉は、参議佐々木高行に対し、「此頃ハ諸藩モ追々進歩シ、迚モ二藩ノミニ心ヲ置キ候テハ、卻ツテ天下人心モ折合申間敷、又両三年間、頻リニ士族・卒等ノ減禄シタル事モ関係ト思フナリ」と語ったという。同時期、米沢・福井藩などは、後述のように高知藩にならって藩政改革をすすめ、「郡県の制」の徹底をはかるとともに、熊本・徳島藩などと連携を強めていた。岩倉はこれらの動向をも背景として、有力大藩会議の開催を推進し、そこでの「精密熟議」を行い、「大藩同心意見書」を基礎とした改革を漸次に具体化させることを意図したように思われる。それは、「実事之御相談」で「余り厳に不成」との妥協の姿勢をともないながらも、久光、敬親らの政府への取り込みを実現し、「同心戮力大になすもの有らん」という成果を企図したのであった[27]。

もっとも、有力大藩会議を中核とした岩倉の政府強化の構想が、その後、直線的に具体化されたわけではない。まず、前述のように三藩親兵の到着が遅れ、とくに山口藩の病状が悪化した毛利敬親、および敬親に代わって上京を命じられた元徳からの猶予願いは、政府側を窮地に追い込んだ。また久光からも、病状回復の遅れを理由とした上京延期願いが出されている。(28) 三条、岩倉はもとより、大久保も敬親らの上京の遅れが「皇国」の将来の成否にかかわるとして、政府は敬親のもとに勅使を派遣し、その死去が伝えられた後は、元徳と木戸の上京をかさねて要請した。(29) 久光に対しては、三条、岩倉が四月十四日、「少々ても快気相成候ハ、勉強出府可有之」と、そのできるだけ早急な上京を懇願している。(30) それゆえ、四月二十一日に忠義が父久光の名代として上京するや、三条は大久保にその処遇を問い合せ、五月十九日の参内に先き立ち、十七日に麝香間祗候に任じていた。(31)

しかし、このような三条、岩倉らの政府首脳の尽力も、大藩に配慮し、有力大藩会議を前提にした施策であり、急進的な改革派からは批判が寄せられた。それは、明治四年六月十一日、木戸孝允が岩倉を訪ねた際の議論にうかがえる。木戸は、鹿児島・山口・高知三藩の提携に協力的であったが、三藩の兵力を親兵とし、「朝廷を保護」して政府の「御基礎之確立」の方向ができたことを、「一致の政体」に向けた好機の到来とみなした。岩倉に対して、三藩も「天下速に一途」を希望していると説得している。(32) 木戸は、政府改革の進展、さらには岩倉の有力大藩会議に向けた画策を十分に把握していなかったようで、版籍奉還を第一段とし、「実を挙け」て「方向をして一定せしむ」る第二段の実現を急務と説いた。「制度一定後已に未天下一般之朝命を不聞、此機を以て諸藩へ同一の命を下し、帰一の実を挙ん」という持論を強調している。それは、後に断行された「廃藩」を明言したわけではないが、民政、財政、兵制についての中央集権化の徹底であり、「廃藩」に向けた「帰一の実」の貫徹を求めた主張であったとうかがわれる。

一方、岩倉が木戸の急進的な主張に対し、鹿児島・山口両藩の対応が明確にならない以上、全面的な賛意を示さなかったことはいうまでもない。そこでは、「列藩の権力」を弱めることを急務とみなしながらも、諸藩のみを削って

「三藩は尚依然却而加威力候様之訳に立至候」ては、他日に大害となるであろうとする岩倉の配慮が存在した。[33]そのために岩倉はみずからが勅使となって久光・敬親の上京を求めてきたのである。それらを取り込みながら「国論」を形成するのが「勅意」であり、その安易な変更は許されない。したがって、岩倉は前述のような「御下問案」の作成、あるいは「大藩同心意見書」の準備に尽力し、大藩実力者の「熟議」による「実事」の改革を、最善の方法と考えたのである。同時にそれが最も現実的な方策であって、その実現を第一とみなす判断であった。そこには、「天下全面論にては、未た軽易に不可論もの有んか、此際万事日々に運候様候へは、弥以同心一体、基礎定り候事不可疑ものと存候」[34]という岩倉の現実的な考えが存在した。

それゆえ、岩倉はその後も、有力大藩の合意を集める方向で尽力している。岩倉は、三藩知事の島津忠義、毛利元徳、山内豊範および松平慶永と名古屋藩知事徳川慶勝を国事諮詢とすることを企図し、木戸・西郷両参議と大久保の同意を得て、七月四日にその発令にこぎつけた。[35]島津忠義に対する国事諮詢の命は、左のようである。

「奉勅速ニ上京苦労ニ被思召候、抑御維新以来綱紀更張、御施設ニ相成候処、方今内外之形勢前途之事業不容易、深ク御配慮被為在、今般一層御釐革被遊候御趣意ニ候、特ニ復古之際大政ヲ賛成致候儀ニ候ヘハ、始終之成功ヲ奏候様被仰出候ニ付テハ、国事御諮詢被為在候間、無忌憚建言宏謨ヲ可奉裨補候事」[36]

忠義に対しては、「二ノ日」を定日とし、一か月に三回参仕することを命じている。さらに岩倉は、国事諮詢を命じた直後の七月四日、「廃藩」や藩知事辞職の建白を呈していた有力大藩にも配慮し、木戸に対して左のように書き送っていた。

「両三藩知事並尾越老卿御評議之通り被仰付候、然ルニ旧冬亦春来因阿両肥其外憤発追々建言等有之、且随而板垣等も窃ニ尽力、米沢ノ如キ大ニ進歩ニ趣候次第彼是存候得者、因阿始メ此儘只々ニ被捨置候も如何カ、今日人撰ノ秋ニ当リ板垣ヲ其儘被差置候事も尤遺憾、旁以而過日一寸御談シ申入置候、何トカ名目ヲ附ラレ藩政ノ一大事大ニ御下問集議被仰付候ハヽ、如何ニ哉、或ハ上ノ待詔江大藩知事丈被召、下待詔江同断大三事被召大ニ御下問、定日ヲ立ラレ月中六ケ度斗リ、真ニ藩政一途ニ出、前途ノ御目的一ニ帰シ候様被命、而シテ決ハ政府ニ而御取被遊候ハヽ、害ト申而モ無之哉、知参事共ニ折角ノ忠精モ貫通可申哉、万々一此儘空敷打過候ハヽ、必々不平心ヲ可生、又進歩之勢もクシケ倦果候様成行不申哉、厚ク御賢考被下度候」[37]

岩倉は、鹿児島・山口・高知の三藩と名古屋・福井藩だけでなく、憤発して建言を行ってきた鳥取・徳島・熊本・佐賀藩などをも「集議」に加えることを画策している。米沢藩の「大ニ進歩」にも注目していた。後述のような米沢・熊本両藩などの改革派諸藩の連携が顕著になっており、それらに配慮した方策であったにちがいない。「上ノ待詔」をそれらの諸藩の知事、「下ノ待詔」を参事の「集議」とし、一か月に六回程度を定日に予定している。大藩の知事、大参事を召集し、政府から「御下問」を行い、その上で藩政の「一途」と「前途御目的」を確定させるように提案したのである。

註

（1）「三条公より岩倉公への書翰」明治三年十一月二十七日（『大久保利通文書』四、日本史籍協会、一四〇頁）。
（2）「岩倉公に呈せし覚書」明治四年二月（前掲『大久保利通文書』四、二二二―二二三頁）。
（3）「岩倉具視書翰」明治四年二月（『岩倉具視関係文書』五、日本史籍協会、二八―二九頁）。久光への沙汰書は、大久保が案文を作成している（「久光への御沙汰書案」明治四年二月〈前掲『大久保利通文書』四、二一三―二一五頁〉）。
（4）「岩倉具視書翰案」明治四年二月十五日（前掲『岩倉具視関係文書』五、二二頁）。
（5）「三条実美書翰」明治四年二月十一日（『大久保利通関係文書』四、立教大学日本史研究会、昭和四十五年、一五四頁）。

(6)『保古飛呂比』佐々木高行日記〈五〉東京大学史料編纂所、一九七四年、三五頁。
(7)『嵯峨実愛日記』三、明治四年正月二十七日、日本史籍協会、三八三頁。
(8)副島から鍋島直大の意向を伝えられた岩倉は「其は誠に善し、されど他藩との均勢もあれば、他の強藩の献ずる日に共に献ずる様せられたしと注意し、因て事は停みたり」であったという（『鍋島直正公伝』第六編、中野礼四郎編、大正四年、五四三頁）。
(9)「岩倉具視書翰」明治四年四月二十三日（前掲『岩倉具視関係文書』五、五五頁）。
(10)「岩倉具視書翰」明治四年三月二十六日（前掲『岩倉具視関係文書』五、三九頁）。
(11)「御下問案」（佐賀県立図書館蔵、江藤家資料、九一一）。
(12)前掲「岩倉具視書翰」明治四年四月二十三日。
(13)「大藩同心意見書」（『岩倉具視関係文書』八、日本史籍協会、一六三―一七五）。
(14)「大隈参議全国一致之論議」（『大隈文書』A一、マイクロフィルム版）。
(15)「国体昭明政体確立意見書」明治三年八月（『岩倉具視関係文書』一、日本史籍協会、三三八―三六二頁）。
(16)「具視建国策ヲ朝議ニ附スル事」（『岩倉公実記』下巻、皇后宮職蔵板、明治三十九年、八二一―八三三頁）。
(17)前掲「大藩同心意見書」。
(18)「岩倉具視書翰」明治四年四月二十三日（前掲『岩倉具視関係文書』五、五六頁）。
(19)「応接局日記」（『岩倉具視関係文書』〈国立公文書館内閣文庫〉五―六、北泉社マイクロフィルム版）。
(20)前掲『嵯峨実愛日記』三、明治四年二月二十七日・二十八日、三月九日、三九六―四〇一頁。『大久保利通日記』二、四年二月三十日、三月八日（日本史籍協会、一五六・一五七頁）。
(21)F. O. 46/139, No. 7, F. O. Adams to Granville. 12 June, 1871. (most confidential) Minusters of Iwakura Dainagon's version of the present state of affairs. 20 May, 1871. 萩原延壽「遠い崖」第一〇二一（『朝日新聞』一九八四年十月二日）。
(22)『太政官日誌』明治三年、第四四号。『改訂肥後藩国事史料』第一〇巻（細川家編纂所、国書刊行会、昭和四十九年）七九六頁。
(23)同右、F. O. 46/139, No. 7.

(24) 同右、F. O. 46/139, No. 7. 前掲「遠い崖」第一〇二三（一九八四年十月四日）。
(25) 同右、F. O. 46/139, No. 7. 前掲「遠い崖」第一〇二四（一九八四年十月十九日）。
(26) 前掲『保古飛呂比』〈五〉八八頁。
(27) 「岩倉具視書翰」明治四年四月二十三日（前掲『岩倉具視関係文書』五、五六頁）。
(28) 『鹿児島県史料』忠義公史料、第七巻、鹿児島県維新史料編さん所、昭和五十四年、五四頁。前掲『大久保利通日記』二、明治四年三月十六日、日本史籍協会、一五八頁。
(29) 「岩倉公への書翰」明治四年四月七日（前掲『大久保利通文書』四、二四九頁）。「岩倉具視書翰」明治四年四月十日・十一日（前掲『岩倉具視関係文書』五、四四―四八頁）。
(30) 「三条実美書翰」明治四年四月十四日（前掲『大久保利通関係文書』四、一五四頁）。
(31) 「三条実美書翰」明治四年四月二十六日（前掲『大久保利通関係文書』四、九九―一〇〇頁）。忠義に対する五月十九日の政府側の懇切な対応は、「於小御所天顔御拝、畢て麝香之間江御通、御内輪御拝顔被為存候上、御懇之被為蒙勅命、御菓子被遊御拝戴」であったという（前掲『鹿児島県史料』第七巻、一一九頁）。
(32) 『木戸孝允日記』二、明治四年六月十一日、日本史籍協会、五一頁。「伊藤博文宛書翰」明治四年二月十八日（『木戸孝允文書』四、一九三頁）。
(33) 「岩倉具視書翰」明治四年四月二十三日（前掲『岩倉具視関係文書』五、五五頁）。
(34) 「岩倉具視書翰」明治四年七月三日（前掲『岩倉具視関係文書』五、八〇頁）。
(35) 「岩倉具視書翰」明治四年七月二日（前掲『岩倉具視関係文書』五、七六頁）。
(36) 前掲『鹿児島県史料』第七巻、一四〇頁。
(37) 「尺牘岩倉具視」明治四年七月六日（宮内庁書陵部所蔵、木戸家文書、人ノ四）。

第三節　政府改革の混乱

1　大久保利通の政府改革構想

明治四年（一八七一）二月の岩倉勅使の帰国後、中央政府の官制改革もまた大きな課題となっていた。前年秋には、藩力動員が政府強化の一環として合意され、同時にそこでは大久保利通が政府強化への決意を表明し、みずからの改革案を三年十月二十七日の三職会議に提起していた(1)。大久保の改革案は、前述のように「朝廷之体裁」を確実にすること、天皇の「輔導」を強化すること、天皇や諸官の「節倹ノ道」を立て「冗官」を削減すること、および参議による諸省の分担、政府による民部・大蔵省権限の掌握、「君側」に参議の配置などを企図したものであった(2)。

この大久保案については、政府会議でその大筋が合意された後に、「諸省冗官之取調等」(3)が中弁の江藤新平と土方久元によって着手された。制度取調専務とされた江藤が大久保のもとで尽力したことは、大久保の閏十月二十二日の日記に、江藤が「大感発至而同心いたし」て「勘考之上見込可申ト之コト也」と記し、さらに岩倉に対して江藤の協力、奮発を書き送っていたことに裏づけられる(4)。江藤みずからも三五項目からなる「政治制度上申案箇条」を作成し、閏十月二十六日に大久保と同伴で三条に提出していた(5)。「政治制度上申案箇条」は、江藤が念願とした国法会議の開催、あるいは司法台や議院の設置などを掲げている。そして、同時に大久保の改革案にそって、「民部ヲ廃シ寮司ヲ以テ処置シ其下知ハ一切大官ニテ御運ノ事」、あるいは兵部省を廃して「海陸軍両局」に分けることなど、政府機構の改廃構想を列記していた。それゆえ、明治四年二月に政府改革がふたたび着手され、制度局御用掛となった中弁の江藤、麝香間祗候で制度取調御用掛の後藤象二郎がその立案に参加したのであった。

この岩倉・大久保の帰京後の政府改革について、大久保はその企図を四年二月の覚書で、親兵の制度化と並行し、「諸省ヲ一々相約メ間隔之弊ヲ一洗スル事」「諸省ノ冗官ヲ減略スル事、政体規則大ニ改革之事」と提起した。(6) 大久保と江藤・後藤を中心とした「政体規則」の検討は、大久保が二月二十八日の日記に、江藤と「制度」の件で種々の談合をかさねたことを書き、三月六日に「条公亭江納言参議制度江東後藤会集、政体規則之御評議有之」と記していることに裏づけられる。(7) 大久保日記の四月二日に「江藤子入来政体規則之コト示談」とあるのが、その証左となる。もっとも、改革案は二通あったようで、大久保は三月二十六日、岩倉に三条から借用した「政体之事」に関する「草案」を「見合中」で、同時に「江東之方も最早相調可申与存候」と書いており、四月六日には岩倉を訪問して「政体基則」の見込みを内々に上申するに至っていた。(8)

「政体規則」については、江藤が上・下二院の創設や州郡制の実施を記した数種の「官制案」を草し、ついで三月二十九日には「官制潤色案」を作成していた。(9) そして、大久保は大臣、准大臣を置き、中務省、海軍省、陸軍省や司法台を新設する意見書を岩倉に呈した。大久保の意見書の主眼は、「左大臣・右大臣一人ツヽ、可置、准大臣人数不定時ニ因テ増減アルヘシ」「大納言廃セラルヘキ事」「参議ヲ廃シ諸卿其職ニ当ル」にある。(10) 全体に官員数の削減を主張しており、それは西郷の意見を背景にしたように思われる。そして岩倉の手元に残された「政府規則」には、左大臣、右大臣、准大臣を置いて、そのもとに中務省、民部省、大蔵省、海軍省、陸軍省、外務省、文部省、工部省、駅逓省を設け、さらに上議院代、下議院代を創設することを明記していた。(11) この「政府規則」は、大久保の意見書や上・下二院と司法台創設構想を記した江藤の「官制潤色案」と文体、内容が合致しており、それらをもとに作成したものといえる。(12)

右の「政府規則」は政府会議に出され、佐々木高行は政府内での評価を「全権大臣アリ、准大臣アリテ、大政ヲ総ヘ、諸省ノ卿ハ入リテ参議トナリ、出テ、卿トナルト申スコトニスレハ、自然意脈貫徹、相互ニ大政ヲ輔佐シテユクトキハ、運ヨロシカルベシトノコトナリ」であったと記している。(13)佐々木はそれを江藤・後藤が調査した案文を「大ニ取捨」したもので、岩倉が「断然右ノ立方可然」と主張し、大久保も岩倉と同論であったと評した。これに対して三条は、「参議諸省ヘ散シテハ、名ハ大政ニ関スト雖モ、其実ハイカニモ覚束ナシ」と危惧を示し、大隈は諸省を小さく分けることには批判的な考えであったようだ。

このような政府内の審議は、「粗一決ス、サレ共大同小異アリテ、確然定マラス」で、大久保が「政体規則潤色速ニ両公ニテ御決定之事」(14)と、三条・岩倉の決断をせまったが、実際にはなかなか進捗していない。同時期、政府内では、九州の反政府運動の鎮圧をめぐって鹿児島・山口両藩のあいだに確執を生じ、木戸からは鹿児島藩に対する厳しい批判が三条らに寄せられていた。また、後述のように毛利敬親の病状が悪化したこともあって、敬親はもとより知事の元徳の上京も困難となり、木戸の帰京も遅れた。それゆえ、「政府規則」の早急な決定に対する消極論が政府内に存在し、三月二十七日に岩倉が大隈に「政体一件」の早期決着を求めているが、それも具体化していない。(15)木戸と密接な関係にあった大隈は、大久保の改革案そのものにも批判的であったことから、政府内での決定に非協力的であったのかもしれない。

この点、岩倉は四月十一日、三条に近日中の会議を求め、二十八日には大納言の嵯峨実愛を通じてその進捗をはかった。(16)大久保の山口行きにともない、「明日にも官制之処云々参議一同御噂に相成候」ことが、大久保から内々に要請されたとし、岩倉は嵯峨に「参議一同江官制丈之義御談に相成候はゝ重疊と存候」と書き送っている。[17]だが、「政府規則」は結果として大久保の出発までに決着とならず、まさに膠着状況となって後述のような政治課題になったのであった。

2 木戸孝允の参議官設置論

政府改革に関する審議の混迷、中断は、木戸孝允がそれまでの改革案を知って批判的な立場を取ることにより、決定的なものとなった。木戸は、九州の反政府運動の鎮圧問題で鹿児島側の姿勢を批判していたが、大久保利通が説得に山口まで出向いたことで上京に同意し、明治四年（一八七一）五月二十八日に着京、二十九日に三条、岩倉、大久保を訪ね、さらに後藤象二郎の屋敷で岩倉、江藤新平と会った。木戸は六月一日には岩倉邸で三条、大久保と「前途御着手の件々を評議」していることから、この段階で岩倉、大久保らの推進する改革案を知ったと思われる。[18]六月三日には、木戸を訪ねてきた江藤と「制度変革一条を談論」し、十六日には江藤から内々に改革案を借用して、井上馨あるいは伊藤博文に回覧している。[19]

この岩倉、大久保らの改革案に対する木戸の批判は、「右ノ立テ方ニテハ、諸省ノ権力強ク、政府立ツマジク、其子細ハ立法・行法・議政ノ権ヲ握ルコトニテ、政府ノ事務ニウトク、迚モ行ハル、目途ナシ」というものであったという。[20]木戸は、諸省の力のある方に「天下ノ人物」が集まるとして、議政官を置いて一〇人または一五人の「皇国中ノ人物」を集めれば、「立法官ノ権力」が強くなると主張した。江藤とともに改革案の作成に関係していた後藤も、後に木戸の考えに賛成するようになっている。

この木戸の「議政官へ数十人挙クル論」は、佐々木の情報によれば、伊藤が木戸に提示したものだという。[21] 米国での会計制度調査から帰国した伊藤は、六月四日に木戸と会っている。同日、木戸は三条を訪ね、「制度変革等」について、みずからの案の趣旨を「巨細」に述べ、翌日には岩倉を訪ねて「従来の弊害を論じ、前途進歩の順序を談」じていた。[22] 伊藤の主張はかなり急進的であったようで、木戸は十一日に伊藤の訪問をうけた後、「彼遠を知て未皇国の有様を詳にせす、故言理に適当すると雖も、実事上におゐて其緩急を図らすんは今日得先未可知」と評している。[23] その木戸は、二十五日に井上に対して、官制改革についての諸意見を集めて一冊にまとめる意向を示し、西郷らと議論する方針を語り、原案が伊藤の作成であることを伏せておくように要請した。[24] そして、木戸は後日に「立法・行政に関する建言書」を作成し、そのなかで大納言、参議を政府の議政官とする左のような見解を展開した。

「納言・参議の職たるや、天子の輔弼となりて万機に参与し、立法・議政の枢機を司とり、凡そ大小の事務未た法制規定に掲示させる所の者は軽重を論せす、此両職の公裁議決を経されは、一令一言と雖も天下に布行す可らさるの権あり、故に行政各官各省の卿輔頼て以て法とし、執て以て行ふ所の制度皆此両職の議に出さるはなし、然則此両職は枢機立法の官にして、外国の政体に比較するとも亦欠く可からさるの重職也」[25]

この「枢機立法の官」の必要については、伊藤がロシアの体裁にならって「参議官ヲ以テ立法ノ主権ヲ専宰セシメ、以テ帝室ノ枢密官」とし、参議官と行政官を両立させることを主張していたようで、木戸の意見書はやはり伊藤の考えを取り入れたものといえる。[26] 木戸は、政府の納言、参議を廃して諸省の卿が参議を兼ねる案に対し、それが立法を廃して行政優位の体裁になっていると批判したのである。そして木戸は、諸省が独立して互に「抗衡」することで、「相掣肘して遂に党与の萠を醸」す弊害を指摘し、その「適正」をはかる官として、大納言、参議の必要を強調した。また大納言、参議の職分を、立法官、枢機官あるいは「立君裁制」の上院にあたると位置づけ、将来に「下院」を開くにあたっても、それを「枉制」する立法官が必要と論じている。[27] 政府の実権が下院に帰すようでは、「立君政体」を維持することができなくなるとし、そのような時に「枢密立法官」が「上院の権」を守れば、「立君政体」の実務が維持できるとの考えである。右の意見書では、「参議官の権理人員の議」「参議附属の官員並定額公費の議」「議政の体裁並職務の制限の議」「政治の実務を釐正し行政の権に制限を設け責任を立るの議」として、参議官の具体的な組織、役割、権限も明記したのである。

このような木戸の反発について、佐々木は前年末より検討されてきた政府改革が、大久保・木戸の不在で中断し、さらに鹿児島・山口・高知三藩知事の上京を待って遷延となり、ようやく到着した木戸が異論を主張したことでまた合意に至らなかったと、その混迷を批判していた。[28] また岩倉は、「此度ハ断然ト官制ヲ立テ申度ノ処、条公ニハ如何存外遷延ナリトテ、条公ノ果断ナキヲ困リタル光景ナリ」[29] であったようだ。「政体改革」をめぐって大久保と木戸に対立を生じ、三藩協力体制成立後の具体的な政府改革が容易に進展せず、有力大藩会議の開催も覚つかない事態に直面していたのである。

3　木戸・西郷の参議就任

「政体規則」をめぐる政府内の対立に直面した参議大久保利通は、明治四年六月一日に木戸孝允・山県有朋を訪ねた後、西郷隆盛と合議をかさね、木戸を参議に擁立することを提起した。「政一途ニ出る者根本一なるニしかす、根本一なる者一人之人を立るニしかす」として、木戸を推し立てて「合力同心」すべきとの示談である。[30] 大久保は、「木戸ニ異存有之候得者、迚モ急ニ運候儀六かしく」という三条の姿勢を、「慨歎ニ甚不申候」であったが、政府内の対立を解消して政府強化を前進させるためには、「是非共根本一ニ帰し候」以外に「良法」がなく、木戸の擁立を企図したのであった。(31)この木戸の擁立については、西郷が尽力して、六月十三日には板垣退助の同意を獲得し、西郷が井上、山県にも「示談」をして、両人ともに異議なく了承している。(32)板垣は、鹿児島藩の「私論」を抑えるために議院開設を主張していたことから、「今木戸一人ニ任スル時ハ、必ス木戸一人ニテ天下ノ大基軸ヲ運ラスノ力ナキ故ニ、議事ヲ起スノ論ヲ唱フヘシ」として、木戸擁立に賛成したようである。(33)木戸説得を依頼された後藤は、困難と考えたようで「確ト受合ハヌトノ旨」であったという。木戸は、山県から西郷らの画策を聞かされ、みずからの心境を六月十七日の日記に左のように書いている。

「今夕山県素狂来話、其主意は今日西郷吉之助山県を訪ふ、此際朝廷上議論紛紜を憂ふ、依て余をして独諸参議の上に立たしめ、以て天下の重きを荷しめんと欲、余平生所誓元より当難不知避、雖然今日の事余諸参議の上に不可立之自ら條理あり、故に心中元より決着然して容易又不相答也」(34)

木戸は、自分一人が参議の重職につくことに反対であり、十七日に西郷、板垣両大参事の提案をうけた三条、岩倉が木戸を説得したが、木戸はそのような申し入れに固辞する姿勢を変えていない。十九日には、三条がかさねて説得を試み、西郷、板垣も木戸の出仕をうながしたが、木戸は不同意で、人事問題は膠着状態となった。(35)そのようななかで、三条、岩倉から打開策の相談をうけた佐々木は、木戸・西郷両者を参議とすべき説を答申したようである。(36)大久保は二十一日に岩倉に対し、木戸説得の尽力を求めていたが、三条は「官制一条」の審議の遷延と「三藩之協和」の瓦解を危惧し、二十三日に岩倉に宛て、「木戸之説」に決定してはどうかと書き送った。(37)三条は木戸の主張する制度改革の実行を前提として、木戸の擁立をはかるように岩倉へ伝えたのである。

このような危機的事態に対し、大久保は二十三日の夕方に西郷を訪ね、木戸と西郷の両人を参議に擁立する方針を打ち出した。西郷に「木戸両人政府の本ニ立、其余諸省ニ下りヤルヨリ外なシ、然れハ木戸ニ於テも異存無之与存し候」(38)と談合し、結果として西郷の同意を取りつけている。西郷は、それまで画策してきた木戸擁立が成功せず、また有力者一同が諸省を担当する方途も「議論沸騰」であったことから、みずから木戸と二人で参議を引き受ける決心をしたようである。その間の事情は国元の桂久武（四郎）に宛てた書状に、左のようにうかがわれる。

「木戸一人を参議に据へ、外々は省に降り、其任を負ひ、勉励可致と相議し土州へ相談候処、至極同意にて御座候間、両藩より篤と長藩え申述候得共木戸決して不肯、然共両卿へ申立懇々御説諭相成候得共、少も承引者不致候に付、不得已此上は都て省々へ降り互に手を引合候て参り候外無之と、策を替談判いたし候処、亦々議論沸騰いたし、既に崩立勢に成立頓と御変革は不出来次第に立至り候処、一夕大久保より篤と相談有之、此上は私気張候はゞ随分御変革之処も受合て可相調との事に付、左候はゞ相はまり可申、此節不相調候はゞ御国元にて隊中と相約候折切断に相究居候間、迚も逃出しは出来不申、山に入候義も相塞り、いづれ地に入候外無之候故承諾仕候」(39)

西郷は、改革が人事問題の膠着で着手できない事態となり、鹿児島の「隊中」と約してきたことも「切断」で、とても「逃出し」ができない事情から、参議への就任を承諾したという。そして大久保は、西郷の承諾後、二十四日には木戸を訪ねて「反覆論談」し、木戸の参議就任の「同意」を取りつけ、三条、岩倉に対し、翌日に参議から諸省の少輔までの廃官と木戸・西郷の参議発令を求めた(40)。もっとも木戸はまだ十分に了承していなかったようで、二十五日にも大久保の説得が続いている。

木戸は、「制度御改正等」の持論に固執したようで、任官を固辞し続けた。これに対して、大隈が木戸にいったんでも「奉命」がない時は「百事弊塞」と語り、木戸も最後は西郷と一緒の参議就任を受諾している。後日に「制度の事」を「公議」して木戸の「主意」をも取り入れるとし、説得したことによる。木戸の同日の日記には、「制度の事は他日卿輔大に公議を尽し、余の主意も亦達するの期ありと、委曲岩卿へ諭し岩卿大久保等皆同意也、依て不得止更に又参議を奉職せり」[41]とある。木戸は、みずからの意向が岩倉、大久保、大隈らのあいだで合意されたとみなし、「暫時」の期間の参議就任に同意したのである。人事問題の審議過程で、西郷が「陸軍ノ事」に意欲を示して「兵権ヲ薩ニテ掌握スル」ことが危ぶまれ、さらに人選の迷走で西郷、板垣らの不満が高まることが危惧され、大隈や木戸にとっても、これ以上の人事問題の混乱が続けられないという状況に追い詰められていたように思われる[42]。

このような二十五日の木戸、西郷の参議就任に際しては、大臣、納言、および樺太出張中の副島を除く参議と諸省の少輔以上が免官となった。二十六日に三条・岩倉と西郷・木戸による会議が開かれ、二十七日に新たな任官が発表されている。右大臣の三条実美が神祇伯・宣教長官を兼任し、大久保利通が大蔵卿、大隈重信が同大輔に任じられ、翌二十八日に後藤象二郎が工部大輔、井上馨が民部少輔に任じられた。

この人選に当って、大久保は二十四日に岩倉に対し、諸省の官員の「邪正黜陟」を行い、それまでの人数の三分一に削減して、「一定之規則取調可申出様被仰付度」と要請し、西郷も「此条不被行候得者、御請難申上与断然申居候」であるとして、冗員の削減と諸省人事の精選を強く求めていた[43]。官制は、これまでと同じ大臣・参議とし、諸省の卿輔を一人ずつと定め、納言の廃止および華族の知事・卿の免職、さらに山県を兵部大輔に任じて兵部省をまかせるように主張している。

しかし、人選は大久保の思う方向にすすまなかったようで、板垣の兵部大輔登用が示されるや、大久保は山県を重視し、「山県も中々六かしき人物にて、迚も板垣上に立而御スルコトハ出来申ましく」と批判した。民部卿を三岡公正として、同省の大木を文部大輔に異動させることについては、「可動を動かさすして、不可動を御動かし、ムチャクチャ之御裁断与感伏不仕候」[44]と反発している。中務省設置が中止となって、従来の宮内省のままとされたことについては、中務省の創設を「寝食を忘れ此事のミ渇望仕」であったとし、「此処さへ確然御居り相付居候」という思いが達成されないことへの忿懣を記した。このような大久保の批判は、岩倉の奔走で大納言の罷免あるいは山県の兵部少輔任用などとなったが、やはり大久保にとって、当初の改革案とかけ離れた不本意なものであったことはいうまでもない。

一方、木戸も二十六日の三条、岩倉、西郷らとの議事について、十に八、九が意のごとくならず、「諸卿実に時勢人情に迂闊」として、二十七日には人事の発表を見合わせるように主張した。そして人事が強行されたことを厳しく批判している。(45) 木戸は、大臣・参議列座の場において、政府改革の進行が、「最前論述奉命せし時の約と大に齟齬」していることを主張し、西郷に「政府の基立確定」の必要を説いた。(46) 木戸は、参議就任の前提に制度問題の審議を掲げており、それまでの約束と異なる人事の進行について「大隈を責る数度」であったが、西郷に対して、政府の「基立」を定めた上で諸省の制限や章程の制定におよぶように「満腹の論議」を行い、ようやく西郷の同意を得ている。木戸は同日、大隈に対して、「満腹之議論流涕吐露」したところ、西郷も「落着」し、結果として、元参議の大久保、大隈、佐々木らを集めた「制度議定之都合」になったと書いている。(47) 木戸は二十八日にも、政府の制度の確立を先行させるように主張し、岩倉の反発を抑えることに苦心していた。(48) 二十九日には、いわゆる制度取調会議の開催を主張し、なんとかそれについての周囲の同意を取りつけている。それは、木戸が三条・西郷の同意を得て、改革の前提となる「官制取調」の実現をはかり、みずからの主張である立法に関する参議官の制定、および政府と諸省の調和を具体化させようとしたものと知られるのである。

註

(1)『大久保利通日記』二、明治三年十月二十七日、日本史籍協会、一三四頁。
(2)同右、明治三年十月十日、一二九―一三一頁。
　この大久保の企図を修正した改革案が、三年十月の「三条公に呈せし覚書」と思われる（『大久保利通文書』四、日本史籍協会、六八―七二頁）。
(3)前掲『大久保利通日記』二、明治三年十月二十九日、一三五頁。
(4)前掲『大久保利通日記』二、明治三年閏十月二十一日、一三七頁。「岩倉公への書翰」明治三年十一月四日（前掲『大久保利通文書』四、一〇三頁）。
(5)「政治制度上申案箇条」（佐賀県立図書館所蔵、江藤家資料、九三〇―一）。江藤新作『南白江藤新平遺稿後集』（明治三十三年）や的野半介著『江藤南白』上巻（大正三年）参照。
(6)「岩倉公に呈せし覚書」明治四年二月（前掲『大久保利通文書』四、二二五頁）。
(7)前掲『大久保利通日記』二、明治四年二月二十八日・三月六日、一五五・一五六頁。
　嵯峨実愛の三月六日の日記には、「向右大臣家、徳大寺・大久保・大隈・佐々木・後藤従四位・江藤中弁等集会、今度官制改革可有之、其儀有評定」とある（『嵯峨実愛日記』三、日本史籍協会、四〇〇頁）。
(8)「岩倉公への書翰」明治四年三月二十六日（前掲『大久保利通文書』四、二三八頁）。前掲『大久保利通日記』二、明治四年四月六日、一六二頁。
(9)「官制案」「官制潤色案」（前掲・江藤家資料、九三一―二・一二）。
(10)「岩倉公に呈せし覚書」明治四年（前掲『大久保利通文書』四、三〇四―三〇五頁）。
(11)「政府規則」（『岩倉具視関係文書』七、日本史籍協会、四〇一―四一〇頁）。
(12)拙稿「明治初年の国法会議」（『日本歴史』第四一二号、一九八二年）。
　この時期の政体・官制問題を中心とした改革構想は、関口栄一「廃藩置県と民蔵合併―留守政府と大蔵省（一）―」（『法学』第四三巻三号、昭和五十四年）が詳しい。
(13)『保古飛呂比』佐々木高行日記〈五〉東京大学史料編纂所、一九七四年、一三〇頁。

(14) 「岩倉公に呈せし覚書」明治四年二月（前掲『大久保利通文書』四、二二三頁）。
(15) 「岩倉具視書翰」明治四年三月二十七日（『大隈重信関係文書』一、日本史籍協会、三七〇頁）。
(16) 「岩倉具視書翰」明治四年四月十一日（『岩倉具視関係文書』五、日本史籍協会、五〇頁）。
(17) 「岩倉具視書翰」明治四年四月二十八日（前掲『岩倉具視関係文書』五、六〇頁）。
(18) 『木戸孝允日記』二、明治四年五月二十八日・二十九日、六月一日、日本史籍協会、四六―四七頁。
(19) 同右『木戸孝允日記』二、明治四年六月三日、四九頁。「井上馨宛書翰」明治四年六月十六日（『木戸孝允文書』四、日本史籍協会、二四一―二四二頁）。
(20) 前掲『保古飛呂比』〈五〉一三〇―一三一頁。
(21) 同右。
(22) 前掲『木戸孝允日記』二、明治四年六月四日・五日、四九頁。
(23) 同右『木戸孝允日記』二、明治四年六月十一日、五二頁。
(24) 「井上馨宛書翰」明治四年六月二十五日（前掲『木戸孝允文書』四、二五〇頁）。
(25) 「立法・行政に関する建言書」明治四年七月（『木戸孝允文書』八、日本史籍協会、五三―七一頁）。
(26) 伊藤は「木戸始め要路者に屢々進言」し、それを改めて意見書にまとめ、七月八日に大隈・井上に提出した（「官制改革意見」明治四年七月八日〈国立国会図書館憲政資料室、井上馨関係文書、六五七―一〇〉）。
(27) 前掲「立法・行政に関する建言書」明治四年七月。
(28) 前掲『保古飛呂比』〈五〉一一七頁。
(29) 同右『保古飛呂比』〈五〉九〇頁。
(30) 前掲『大久保利通日記』二、明治四年六月一日、一七〇頁。
(31) 「岩倉公への書翰」明治四年六月十一日（前掲『大久保利通文書』四、二八七―二八八頁）。
(32) 前掲『大久保利通日記』二、明治四年六月十三日、一七一頁。
(33) 前掲『保古飛呂比』〈五〉一一八頁。
(34) 前掲『木戸孝允日記』二、明治四年六月十三日、五二―五三頁。

(35) 前掲『木戸孝允日記』二、明治四年六月十七日・十九日、五四—五五頁。
(36) 前掲『保古飛呂比』〈五〉一二三頁。
(37) 「三条公より岩倉公への書翰」明治四年六月二十三日（前掲『大久保利通文書』四、三一四頁）。
(38) 前掲『大久保利通日記』二、明治四年六月二十三日、一七三頁。
(39) 「桂四郎（久武）宛」明治四年七月十日（『西郷隆盛文書』日本史籍協会、七〇—七一頁）。
(40) 前掲『大久保利通日記』二、明治四年六月二十四日、一七三頁。
(41) 前掲『木戸孝允日記』二、明治四年六月二十五日、五八—五九頁。
(42) 前掲『保古飛呂比』〈五〉一二六—一二七頁。
同時期の西郷らの「新参組」の参入が木戸の疑惑を深め、その後の政府改革に影響をあたえたことについては、福地惇「西郷・木戸連立体制の成立事情」（『海南史学』第二七号、一九八九年）が強調している。
(43) 「岩倉公への書翰」明治四年六月二十四日（前掲『大久保利通文書』四、三〇八—三〇九頁）。
(44) 「岩倉公への書翰」明治四年六月二十九日（前掲『大久保利通文書』四、三一六—三一九頁）。
(45) 前掲『木戸孝允日記』二、明治四年六月二十六日、六〇頁。
(46) 同右、明治四年六月二十七日（六〇—六一頁）。
(47) 「大隈重信宛書翰」明治四年六月二十七日（前掲『木戸孝允文書』八、三五四頁）。
(48) 前掲『木戸孝允日記』二、明治四年六月二十八日、六一—六二頁。

第四節　改革派諸藩の運動

1　米沢藩と改革派諸藩

米沢藩は、前述のように急進的な藩政改革をすすめたが、改革の模範となった高知藩や福井藩との提携を強め、さらに明治四年（一八七一）春以降は、それらの改革派諸藩と政府改革を企図した運動を推進するようになった。

すなわち、米沢藩では前年秋期に藩知事上杉茂憲が高知藩重役や福井藩の前藩主松平春嶽らと対談し、三条実美、大久保利通らの政府首脳を訪ねていたが、さらに改革の進展を企図した宮島誠一郎らの在京有志の要請を入れ、改めて明治四年三月に茂憲と隠居斉憲が入京した。(1) それは、高知藩にならった改革が諸藩でも推進されるようになったこと、および鹿児島・山口・高知三藩兵の親兵登用とその政府強化策が現実化したことに触発されたものと思われる。宮島が三月九日、高知藩の改革に刺激された秋田・中村両藩大参事の上京を米沢藩邸の毛利安積大参事に伝え、十日に宮島が鹿児島藩出身の川村純義兵部大丞と面会し、川村の国内を五区に分けた「参議各一人御採用」説や地方官知事の勉学論を、みずからの日記に書いていることがそれをうかがわせる。(2) この茂憲と斉憲の上京後、両者と米沢藩重役は「三民平均論」の評議をかさね、板垣らを東京藩邸に招いて改革論を学んだ。それらの検討の結果が、五月十五日の政府への「闔藩士民自主自由ノ権ヲ得セシムル伺」において、士族や卒の「文武之常職」を解き、「禄券」を発行して「家産」とみなし、それを数年後に買い上げるといった前述のような米沢藩知事茂憲の伺書の提出となったのである。

そして、この米沢藩では、同藩内の改革を推進するとともに、東京藩邸の宮島が高知・福井・彦根藩などとの提携強化に尽力した。宮島が三月八日に福井藩大参事小笠原幹と板垣とのあいだを取り持ち、また四月一日に板垣と彦根藩大参事谷退一との会同を主催していることがそれを裏づける。(3) 宮島はその企図を、高知藩の改革を高く評価し、版籍を「一旦奉還之上者是皆朝廷之物にして藩之有ニ有らす」とする同藩の主張に賛同し、朝廷に確固とした「御制度」を立てたいということであったと書いている。「朝権一定之時節」として、高知藩を盟主とした政治的画策、政府への改革要求を企図するようになったのである。(4)

この高知藩を中核としたいわゆる改革派の諸藩が一同に会した集議は、明治四年四月十四日に実施された。高知藩の板垣をはじめ、熊本藩の権大参事米田虎雄、同少参事安場保和、徳島藩の大参事小室信夫、彦根藩の大参事谷退一、福井藩の大参事小笠原幹、三条家の家令森寺常徳(邦之助)に加えて、米沢藩からも権大参事森三郎、同少参事芹沢政温と宮島が出席した。会の当面の目標は、「藩政確立之模範相立候」ための集議とされている。会合の準備は主に宮島が中心となったようで、その経緯は、「積年之愚誠是非一度者貫徹致度微意ゟ国事を憂ひ終ニ、今日迄千辛万苦致居候」とある。成果は「我志を感じ今日有名之人々相集り」であったという。(5)

さらに、四月十五日には、米沢藩知事上杉茂憲が福井藩知事松平茂昭や前藩主の春嶽と対談した。春嶽は茂憲に対し、「頻ニ我藩主を諷シテ士ニ下リ、旧弊ヲ脱セシム」であったという。(6) その後も宮島は、高知藩の板垣や谷を訪ね、二十二日には米沢藩と福井藩重役が会同した。翌二十三日には、福井藩大参事の小笠原から、熊本藩が同藩の人事より地方官の「御新選之御手始」を断行したいと建言したことが伝えられている。(7)「人才公選」を実施しなければ、真の「郡県之制」が確立しないという熊本藩の見解である。板垣や林有造らは二十七日の会議で、今度の改革を貫徹するためには、「高知藩者滅亡ニ相成候而も不苦」とまで主張したようである。(8) 四月二十九日にも、谷・小笠原両人、徳島藩の小室、三条家の森寺、および米沢藩の森、芹沢、宮島らとの会議が開かれたのであった。

2 「朝権一定」と議院開催要求

高知藩を盟主とした改革派諸藩は、郡県論に立った急進的な藩政改革を背景として、政府改革へ参画することを企図するようになった。明治四年（一八七一）五月三日には、福井藩大参事小笠原幹が鹿児島藩出身の吉井友実民部大丞に遊説し、改革派諸藩の議院開催に向けた積極的な意見を伝えている。小笠原が吉井に遊説した結果については、宮島がそれを左のように書きとめている。

「吉井大丞江参り人民平均民政立テ兵制従之之件々、今日諸藩有志相会シ、朝廷之模範相立候様之会相立候上ハ、素ゟ議院御取開無之而者不相成、然ニ薩州之形勢甚タ時態ニ不副、却而障礙ニ相成候云々相談候処、吉井大感動早速西郷ニ示談之趣旨申聞候よし、帰途板垣江立寄小笠原吉井談判之条相談す、其内小室信夫入来、此末依頼云々之義申述、板垣も大ニ感服候事」(9)

小笠原は吉井大丞に対して、「人民平均」を具体化した上で民政と兵制を確立する必要を主張し、諸藩の有志が「朝廷」の模範となる会同を行っている現状を伝え、政府が議院を開くように要請した。鹿児島藩の協力を求められた吉井は、西郷にそれを伝えたようで、その趣旨は早速に宮島から板垣に報告され、四日夜には小倉庵で板垣、小笠原、小室と米沢藩側の会合が開かれている。

ついで、明治四年五月七日には、深川の大黒屋六兵衛の別荘にかさねて板垣、小笠原、谷、森、芹沢、宮島らが集まり、「議院之事件」が相談され、小笠原を通じて鹿児島藩を「説破」することが確認された。(10)同日の会同には、徳島藩知事蜂須賀茂韶も出席している。前述のような廃藩論を建言していた茂韶の参加は、高知藩を盟主とした改革派諸藩の会同が、岩倉のすすめる有力大藩の会同に呼応する運動になっていたことをうかがわせる。徳島藩は、それまでも参議広沢真臣と緊密な接触を保っており、三年十二月十七日に茂韶が広沢の屋敷を訪問したのを初めとして、十二月十八日・二十一日・二十六日、翌四年正月二日・三日・四日と、知事あるいは同藩重臣が広沢と会合をかさねていた。(11)この広沢に対しては、鳥取・熊本両藩知事や関係者もたびたび訪問しており、広沢が暗殺される直前の四年正月三日・四日には、徳島藩に加えて鳥取藩や高鍋藩世子秋月種樹などの改革派の藩知事・関係者が、広沢と会談を行っていた。(12)徳島藩の動向と広沢の見解は、広沢が木戸に宛てた三年十二月二十一日の書状に、左のように書いたことに知られる。

「皇国前途之事勘考仕候テは、兎角真成郡県之外無之、徳島一藩奮発ニテも、所詮難相運、其所以は、藩情を顧慮いたし候而ハ、其時日容易難立至、就而は其始封土奉還之旨趣ニ基き、第一薩長土及ひ徳島藩等有志之大藩七八藩合力同心、断然相運候得は、必す各藩随而相挙リ、真に一致之体裁相立、富国強兵之基礎相定可申、無左而ハ、迚も海外強大国江、真ノ対等は相成リ不申、此件尽力仕候は、知藩事之責如何との確論感銘いたし、急速ニは相運申間敷候得共、必す一両年間ニは、此実効相挙候事江、於御互も尽力仕度、其中先生御滞藩中、責而は御末藩之事丈なり共相進み候得は、重疊之事と奉存候」(13)

広沢は木戸に対して、徳島藩知事の談話を紹介し、各藩がそれまでの相互に「拮抗」する姿勢を改め、「海外強大国」に対峙するようにならなければ、「皇国」の維持ができないと書き、同藩の奮発を「一致之体裁」による「真成郡県」へ向かう積極的な代表例と伝え、山口藩とその支藩との合併をもうながした。

ところで、このような高知、福井、徳島、彦根、米沢などの改革派諸藩会議は、深川の大黒屋別荘で五の日を定日とし、「機密会」として開催された。会の目的は、「今日之形勢者薩之方角決定ト議院御開之両条」とされている。[14]宮島の日記によれば、「機密会」は四年五月十五日・二十五日、六月五日・十五日・二十五日、七月五日に開催され、さらに別途に小倉庵では、六月九日に金沢・広島藩と彦根・米沢藩による会合が開かれた。そして五月十日・十四日には、ふたたび小笠原が吉井に面談し、八日には板垣と西郷隆盛が対談している。この西郷に対しては、彦根藩の谷退一が説得役となった。上杉茂憲も五月十一日に板垣、二十七日に谷干城を訪ねて対談をかさね、六月五日には大久保利通を訪問した。[15]これらの改革派の企図は、宮島の六月十九日の日記によれば、岩倉への「議院云々」を小室が担当し、また三条には森寺らが説得にあたり、「条公ハ議院取開之義ハ御決心候よし」とある。[16]さらに板垣からは、高屋長祥兵部大丞を通じて山県少輔に対し、「民政立然後兵制可立」とし、「此上者木戸参議江申遣候様」との要請が行われたのである。[17]

それゆえ岩倉は、以上のような改革派の運動を念頭に置き、板垣が「公平論」を唱えて「諸藩ノ大参事」も大いに進歩し、「公論」が行われるようになったとして、「天下ノ大幸」と判断していた。[18]岩倉は佐々木に対し、「公平」に「条理」をもって天下に号令する時になったと、その心情を吐露している。佐々木もまた、鹿児島・山口両藩に依存しない「天下一般ノ見込」を重視すべしとし、「皇国中ノ人民平均」がすすまないようでは、海外に「国威」をかがやかすことができないと答えた。佐々木は、諸藩の有志中に藩力の平均化をとなえる主張がさかんになったと評し、鹿児島・山口両藩に片寄らない政府を確立するための好機会が到来したと岩倉に伝えるようになっていたのである。

3　熊本藩の政府改革運動

改革派諸藩の提携と積極的運動に対し、明治四年（一八七一）四月十四日の会議に参加した熊本藩は、その後も、前述のような藩知事辞職論を掲げ、独自の運動を展開した。

すなわち、熊本藩は前年十一月以後、鹿児島・山口両藩への岩倉勅使の下向、および藩力動員による政府強化策がおおやけになると、同藩大参事の長岡護美や十一月に鹿児島を遊説した安場保和などを通じて、鹿児島藩側の情報を収集し、緊密な関係の強化に尽力していた。四年三月の九州における反政府運動の鎮定に際しては、鹿児島・山口両藩と熊本藩の合同で日田・久留米に出兵している。熊本藩は、藩内に河上彦齊らの攘夷派が存在したが、長岡や米田虎雄権大参事らの藩当局は攘夷派を弾圧し、同時に攘夷派の画策に関する全国的な秘密情報を政府側に伝え、反政府運動の取り締まりを通じて政府との緊密な関係を強化している。米田権大参事が三年後半から参議広沢真臣のもとを頻繁に訪ね、広沢が暗殺された後の四年三月から四月にかけては、安場が連日のように大久保を訪問していることがその間の動向をうかがわせる。[19]

またこの熊本藩は、攘夷派の鎮圧を通じて政府に協力的であったが、大隈などのすすめる政府内の急進的な改革には批判的で、日田県知事であった松方正義の民部大丞抜擢などを歓迎していた。安場が三年十一月に東京藩邸の権大参事津田信弘（山三郎）に対し、松方の登用を「近時之御美事」と伝え、同じ熊本藩出身の胆沢県少参事野田豁通が同年十二月、三陸地方の県政の安定のために、松方の同地への出張を期待したことがそれをうかがわせる。[20]そして野田は、大蔵省のすすめる強圧的な施策に対し、「一県ノ力」だけでそれに抵抗することが容易でないとして、「是非御藩力ヲ以御打破皇国挽回之御実効為国家奉仰候」と、熊本藩知事細川護久と藩首脳の上京尽力を求めていた。(21)そこでは、「今度之御出府ハ仮初ナラヌ事ニテ、十分御藩内一致之御処置御施政被為在」とし、藩知事出府の目的が貫徹できない場合には、「藩内ノ人民御返上御辞職ノ御覚悟」とまで要請していたのである。

右のような熊本藩内の姿勢が、四年三月の藩知事辞職建白の背景となっていたことはいうまでもない。同建白書は、前述のように「朝官未其人ヲ不得」、「地方官其人ヲ不得」と政府の人選を批判し、人材登用を求める立場から、熊本藩知事みずからの辞職を願い出たものであった。その主張は、五月にも再度、顧問の大臣を置いて「聖徳ヲ輔翼」し、人材の登用と「姦賊」の捜索をすすめるべきであるとして、政府改革の要求と護久みずからの辞職を求める建白書の提出になっていたのである。

この熊本藩知事の辞職願は、政府改革・人材登用を要求し、さらに藩知事や安場らがその主張を政府首脳に積極的に働きかけたことで、大久保や木戸らの政府当局者に強い影響をあたえた。反政府運動の鎮圧問題で、安場と緊密な関係を保っていた大久保は、三月八日に熊本藩知事や米田・安場から「建白之事其外種々示談」をうけている。(22)四月十三日には政府内で「熊本藩云々」のことが議論された。

そして、大久保は七月四日、安場の訪問に対して、大隈を批判したその人選論などを、「実ニ公平至当間然するなし」とうけとめながらも、「今日之情実ニ於而行ふへからさるもの」として、「若し強而主張候得者却而同藩之為宜からさらん次第も有之」(23)と答えていた。大久保は、大蔵省の施政に批判的な点では熊本藩の主張に共鳴できたが、実際の政策段階では、熊本藩論をそのまま実現できないとして、却下したのである。大久保は熊本藩に対する「返答」の動きを岩倉に報じ、岩倉もまた大久保と連携して、熊本藩側の「説諭」をこころみている。(24)その岩倉に対する熊本藩側の主張は、「今般ノ改革」が十分に行われなければ、帰藩して「支配地ノミ心配」し、逆に「十分改革ナルトキハ、真ニ知事ヲモ辞シ、専一ニ輦下ニテ倒ル、迄尽力」であったという。[25]

一方、木戸は明治四年六月二日に熊本藩知事・大参事の訪問をうけ、同藩側が大隈の大蔵省を批判する点について、伊藤に宛て「大隈登庸之一条紛紜之議論如山、中には大藩なと拒訴候様之ものも有之」とし、それに対抗する必要を書き送った。[26]安場らの熊本藩関係者は、すでに同年正月二十二日、「朝廷の衰絶」を慨嘆して、「天下之振興」を求める同藩の意図を木戸に示していた。[27]そして木戸は、七月二日に熊本藩知事と米田・安場の来訪をうけ、「地方官より猥に在官之人の進退を論す」という批判を体験し、みずからの日記に「善事にあらず、余深く前途の事を痛歎す」と書いたのである。[28]

また、この熊本藩のあからさまな糾弾に対しては、それを知った伊藤博文らが、「肥後安場某大隈を退之論ニ而岩公を揺、終ニ其説朝野ニ布満」と危機感を深めた。大隈の財政政策の功績を掲げるとともに、「陋巷之一書生之ヲ是非スルニ依テ、前日信任スル人物ヲ遽ニ忌悪スルニ至ルハ何事ソ、可笑又可恨」と井上に書き送っている。[29]三条・岩倉らは、前述のように細川熊本藩知事や米田・安場らの訪問で、「大隈・伊藤ナド、今般大蔵省ヲ御退ケナクテハナラヌトノ論ヲ頻ニ申立ツル[30]」との突き上げをうけている。岩倉らは、同藩の運動を抑える一方で、安場の登用を大久保にはかるようになった。[31]伊藤の批判は、そのような岩倉の動向に対する警戒ともなっていたように思われる。

すなわち、木戸や伊藤は大隈を擁護し、熊本藩の大隈糾弾と大蔵省批判に対して、鋭く反発している。藩力を背景とした過度の圧力に対しては、木戸はかねてから「朝廷主裁之未一定もあり、今藩々の建言を以て所事上策にあらす[32]」とみなしていた。それは、大藩が政府の人事まで批判することへの反発である。大久保にも見られた「今日之情実ニ於而行ふへからさるものなり」という姿勢は、政府運営に対する有力藩の批判に対し、鹿児島・山口両藩を主軸としたそれまでの政府運営を正当化しようとする政府側からの反撃であったといえよう。

註

（1）拙稿「明治維新の政局と米沢藩政」（『近世日本の政治と外交』藤野保先生還暦記念会、雄山閣出版、一九九三年）。

（2）「明治四年日誌」四年三月十日（国立国会図書館憲政資料室蔵、宮島誠一郎文書、マイクロフィルムNo.1）。

（3）同右「明治四年日誌」四年三月八日・四月一日。

（4）同右「明治四年日誌」四年四月九日・十二日。

（5）同右「明治四年日誌」四年四月十四日。

（6）同右「明治四年日誌」四年四月十五日。

（7）同右「明治四年日誌」四年四月二十五日。

（8）同右「明治四年日誌」四年四月二十七日。

（9）同右「明治四年日誌」四年五月四日。

（10）同右「明治四年日誌」四年五月七日。

（11）『広沢真臣日記』明治三年十二月十八日・二十一日・二十六日、四年正月二日・三日・四日、日本史籍協会、四〇二―四〇九頁。

（12）同右『広沢真臣日記』四年正月三日・四日、四〇九頁。

（13）「尺牘広沢真臣」明治三年十二月二十一日（宮内庁書陵部所蔵、木戸家文書、人ノ一五七）。

（14）前掲「明治四年日誌」四年五月八日。

（15）「茂憲公御年譜」巻二十六、明治四年五月十一日・二十七日の条（『上杉家御年譜』二十、米沢温故会、昭和五十九年）。

（16）前掲「明治四年日誌」四年六月十九日。

（17）同右「明治四年日誌」四年六月七日。

（18）『保古飛呂比』佐々木高行日記〈五〉東京大学史料編纂所、一九七四年、八八―八九頁。

（19）『広沢真臣日記』によれば、米田虎雄熊本藩権大参事の広沢宅訪問は、九月十四日、十月十六日、閏十月九日、十二月一日・四日・十七日・二十三日にのぼり、十二月十六日には広沢が米田を訪ねている。『大久保利通日記』に記された限りでも、米田や安場少参事らの熊本藩関係者が大久保を訪問したのは、三月八日・十二日・十六日・十八日・二十三日・二十五日・二十八日、四月十四日・十五日・二十二日・二十四日で、三月十日は大久保が熊本藩邸の米田・安場を訪ねて「探索云々」を談じている。

(20)『改訂肥後藩国事史料』第一〇巻（細川家編纂所、国書刊行会、昭和四十九年）六九一頁。
(21)同右『改訂肥後藩国事史料』第一〇巻、七二九頁。
(22)『大久保利通日記』二、明治四年三月八日、日本史籍協会、一五七頁。
(23)同右、明治四年七月四日、一七六頁。
(24)「岩倉具視書翰」明治四年七月五日（『大久保利通関係文書』一、立教大学日本史研究室、昭和四十年、二九二頁）。
(25)前掲『保古飛呂比』〈五〉一四六頁。
(26)「伊藤博文宛書翰」明治四年六月十一日『木戸孝允文書』四、日本史籍協会、二三八頁。
(27)『木戸孝允日記』一、明治四年正月二十二日、日本史籍協会、四四六頁。
(28)『木戸孝允日記』二、明治四年七月二日、日本史籍協会、六三頁。
(29)「伊藤博文書翰」明治四年七月十四日（『大隈重信関係文書』一、日本史籍協会、三八七―三八八頁）。
(30)前掲『保古飛呂比』〈五〉一四六頁。
(31)「岩倉具視書翰」明治四年七月十一日（前掲『大久保利通関係文書』一、二九四頁）。
(32)前掲『木戸孝允日記』一、明治四年二月十五日、四五六頁。

第五節　山口藩知事の辞職上表

1　毛利敬親の「遺表」

藩体制の解体に急進的な木戸孝允が、日本全体の「開化」と「人民誘導」を企図し、その有力な手段として、新聞の発刊を推進したことはすでに前章で述べた。木戸は、明治四年（一八七一）二月に山県篤蔵、杉山孝敏、長炗（三洲）らを集めて、『新聞雑誌』の編集・発行を指示し、五月に発行された同誌は、第一号の「膳所藩士族帰農ノ事」をはじめ、諸藩の改革あるいは封建体制の解体の動向を掲載している。(1)

この木戸は、「人民誘導」による「皇国開化」をはかるとともに、山口藩内の士族、卒の整理を支援し、本藩と支藩の合併に尽力した。木戸は帰藩中の四年三月五日・六日、山口藩権少参事の宮城時亮と面談し、陪臣、卒などを廃して「士族一統」とする改革案に賛意を表明している。(2) その宮城は、同年一月に木戸とともに高知藩に出張し、同藩の「士族の常職」を解く改革を実見していた。(3) 木戸は三月二十四日、杉孫七郎権大参事に面会して、「士族誘導」のために「布令懸」を設けることの必要を述べている。(4)「士族の常職」を解くことが内定した二十七日には、木戸はみずからの建言にもとづく「仕法」が永続することを願い、「確乎此仕法相立しときは必十数年を不出士族の始抹相片付候事」と、その心境を日記に書いている。

この点、山口藩ではすでに明治三年四月、士族身分を士族と准士族に限り、五月に「卒族一統」に苗字を称することを許し、「卒族支配所」を軍事局内に設置していた。六月十八日には、百石以下で生計の困難な士族に貸米を許し、士族・卒の隠居または病身者で帰農・帰商を請うものに対しては、その事情を調査した上で願いを許すこともあるとしている。(5) 同時期、高知藩などの改革が「大ニ改革ノ実ヲ挙ケ兵ヲ四民ニ取リ、士ノ常職ヲ解ニ至レリ」という段階で、それらを時勢の流れとする認識が示されていた。(6) このため山口藩も、明治四年三月には「士族卒混淆」の兵制を編成するに際して、従来の士族と卒を区分した身分制度の克服が課題となった。(7) それゆえ、山口藩は四年三月十二日、卒を廃して士族に合併することを藩内の士族一般に告諭している。(8) そこでは、「四民労逸ヲ均シク」して、はじめて「国力ヲ扶定」と「万国ニ対峙」することが可能になると論じていた。士族を抑制して卒を上げる措置ではないこと、士族の「食禄」が「世襲不易」でないことを強調している。そして十五日には元陪臣医、郷士などを士族とし、また士族を希望しない者の帰農、帰商を随意として、帰農商者に対する士族の「常職」を免じるとともに、給禄の五分の三を永久家産とした禄券を下付することを達したのであった。(9)

このような山口藩の改革の推進役となった木戸は、支藩の徳山藩を山口藩に合併することを企図し、四年四月八日に徳山藩の権大参事遠藤蕃衛(貞一郎)らを呼びだし、「本末併合之事を論」じていた。(10) 結果として徳山藩は、「隣境相接犬牙混淆」している山口藩との合併を五月十五日に願い出ている。(11) 徳山藩知事毛利元蕃が政府へ提出した願書には、四万石の小藩では知藩事の任を尽くせないという廃止の理由が掲げられた。そして徳山藩の合併は、六月十九日に裁可され、七月十三日に藩内に布告されたのであった。

また、木戸は明治四年三月二十八日に前藩主毛利敬親が死去するや、その「遺表」の作成に尽力した。(12) 敬親について、政府は前述のように四年正月に岩倉勅使を山口へ派遣し、敬親に「戮力皇業ヲ賛成」して上京するように命じていた。敬親もまた、正月十日に「闕下ニ罷出猶又奉伺御旨趣、聊臣下之職分可相尽ト奉存候」という奉答書を提出している。[13]

この敬親の死去後に公表された「遺表」については、『防長回天史』が作成日を三月二十六日とし、「老公病漸ク篤ク自ラ捐館ノ日ノ遠カラザルヲ覚」り、「平生ノ所懐ヲ公ニ口授」したと記述している。[14] しかし、「家職日載」によれば、敬親は三月初旬から「起座御困難」となり、十九日の夜中に「御暴吐瀉」した後は、「全体御昏睡之御状」とある。[15] そして「御保養不被為叶」のままに二十八日の明け方に死去したという。また、翌二十九日の『木戸孝允日記』には、木戸が十時に出庁して、諸氏と「御遺意を綴り認め」たと記されている。それゆえ「遺表」は、そのすべてが敬親の「口授」と考えるには困難が多く、木戸とその周辺が参画した成果と思われる。そして四月三日、「御棺前」で「御遺志の御書面」が知事から大参事に手渡されたのであった。「遺表」作成の努力は、木戸の行動を容認していた敬親が死去したことから、敬親の意志をその後も藩内に継承させること、さらには「天下之方向一定」への願いを、敬親の「遺表」として政府に提出することにあったように看取できる。

ちなみに、三月二十六日付で政府へ提出された敬親の「遺表」は、左のようである。

「臣敬親年来不才之身ヲ以テ叨ニ浩恩ヲ蒙リ、報効之実更ニ無之、日夜恐懼罷在候、猶先般勅使岩倉大納言下向、賜宸翰且厚大之勅諭ヲ蒙リ、不当之重責ヲ荷ヒ、重畳不堪慙懼之至、速ニ闕下拝趨可仕之処、不図疾病ニ罹リ候ニ付、無余儀知事元徳敬親ニ代リ罷登候儀御願仕置候次第ニ御座候、病気軽快ニ及候得ハ、当秋ハ強テ上京仕縷々微衷言上、区々之駑力ヲ相尽度奉存候処、其後病勢益相募リ、自知其不可治、再ヒ得近玉座候事亦難計、遥拝九重独リ不堪悲咽候、臣謹テ今日之形勢ヲ考、前途之光景ヲ察シ、実ニ不容易事ト奉存候、乍恐宸誓之実跡未尽挙、封建之余習未全脱、動スレハ朝威下ニ移リ尾大不掉之患有之候、抑七百年後大勢一変百事初興之秋ニ候得ハ、輿論紛紜衆庶方向ニ迷ヒ、随テ官員議論多端御政礎確立ニ不至ヨリ起候事ト奉存候、伏願ハ本根ニ被就御手必竟御誓約之旨ヲ以目的トシ、諸官其当ヲ得命令一ニ出候様有之度、左候得ハ天下之方向一定内治外接之実相挙リ、独立不羈之基可相立ト奉存候、臨終別ニ申上候儀無御座候、誠恐誠惶泣血拝表

辛未三月二十六日[16]」

敬親の「遺表」は、封建制の余弊が残って「尾大不掉之患」となっている現状の課題を指摘していた。その原因を、「輿論」がばらばらで「衆庶方向」が定まらないこと、および政府内の議論が一定しない政治基礎の不確立なことにあるとみなしている。そして政府の命令が貫徹して「朝威」が確立し、天下の方向が一定することを急務に掲げ、臨終の願いとしている。元徳もまた敬親の「遺表」にあわせて、敬親の「微衷之程通暢仕候ハヽ、地下ニテ瞑目可仕ト奉存候」とする「副書」を提出したのであった。敬親の「遺表」は、「封建之余習」を棄て、天下の方向を一定にすることの願いを遺言に掲げ、まさにそれを藩の基本方針に位置づけるものであったのである。

2　山口藩知事毛利元徳の辞職上表

山口藩政の改革と敬親の「遺表」作成にかかわった木戸は、明治四年（一八七一）五月二十八日に東京に戻った。そして木戸は、六月五日に岩倉具視に面談し、「前途進歩の順序」を論じて政府の思いきった決断を求めている。[17]十一日には岩倉に対し、親兵の設置を契機として、三藩においても、「天下速に一途に帰し諸藩の方向弥一定する之尽力あらんことを望む」であろうと伝えた。[18]前述した版籍奉還を第一段とし、「此度聊其実を挙け方向をして一定せしむるを第二段とする」ための尽力を求めた主張である。

一方、山口藩知事毛利元徳は、敬親の「遺表」提出後、六月十二日に東京に入った。敬親の「遺表」と元徳の「副書」に対して朝廷から侍従の堀河康隆が派遣され、元徳に三十日後の「除服出仕」を命じたことによる。勅使は、敬親に従一位を追贈し、元徳に対して早急な出京をうながしていた。[19]

上京後の元徳は、木戸とたびたび神田の山口藩邸で会っている。木戸の日記からも、六月十二日・十四日・二十五日、七月二日・七日に、木戸が藩邸の元徳を訪ねたことが知られる。そして元徳は、知事辞職を願い出た上表を作成し、木戸に見せた。木戸は、七月八日に「知事公に謁す、時勢に付種々御議論あり、過日当職御辞表御建白書等拝見し不覚感涙、実に知事公の御進歩難有事」[20]と記している。元徳の「御進歩」は、藩内の「士族統一」や支藩の併合に対する理解、さらには郡県制の徹底に向けた元徳の積極的な姿勢であったと思われる。元徳が三条右大臣に七月十二日に提出した上表は、左の通りである。

「臣元徳謹テ惟ルニ、大政一新聖明英断ヲ以テ封建ノ宿弊ヲ改革シ、粗郡県ノ制度ニ復セリ、随テ会計兵備等目的相立ニ至レリ、就中其名已ニ備テ其実未タ挙ラサル事アリ、臣夙ニ闕下拝趨ノ命ヲ蒙リ、区々ノ微衷ヲ吐露セント欲ス、然ルニ名古屋・徳島其他上表陳述スル所、能ク前途ノ形勢内外ノ事情ヲ洞観シ、一々事理当然ナリ、速ニ採択挙行アランコトヲ仰ク、蓋シ此際ニ当リ、門閥世襲ニ安シ身家ヲ顧慮スル所アレハ、人才輩出スヘカラサル必然ナリ、因テ断然華士卒ノ名唱ヲ廃シ、均ク平民トナシ、其家禄ハ悉ク大蔵省ニ収入シ、公議ノ上相当ノ禄ヲ賜リ、更ニ一国一府ヲ置キ、天下ノ人才ヲ網羅シ、其長官ニ任スルニ至ラハ、乃チ郡県ノ名実相副ヒ、全国一治ノ大本自ラ立ツコトヲ得ン、臣資性庸劣ニシテ素ヨリ重任ニ堪カタシ、頓ニ辞職セントス、然レトモ管内ノ人心偏固ノ風習一洗セス、日夜駑力ヲ尽シ聊カ藩政ヲ改ム、爾後人心ノ方向稍定レリ、然ルニ己巳ノ冬ニ至リ、朝旨ニ基キ常備兵ヲ編制シ、国家ノ用ニ供セントセシニ、豈料ランヤ兵隊中不良ノ徒、一時ノ紛紜ニ乗シ、衆人ヲ煽動シ、朝憲ヲ憚カラス終ニ暴挙ヲナスニ至レリ、是他ナシ、臣ノ才劣リ識薄ク叡旨ヲ貫徹スル能ハス、且所謂門閥ヲ脱セサルニ因ル、深ク恐悚ノ至ニ堪ス、故ニ其職ニ在ル一日モ安セス、仰キ願クハ即今臣カ職務ヲ免セヨ、然レハ退テ平民ニ帰シ、日夜激励シテ智識ヲ磨キ、他日鴻恩ノ万一ニ報シ、従一位遺表ノ意ヲ通暢セントス、英明宜シク臣カ微衷ヲ憐察シテ之ヲ採用センコトヲ期ス、臣元徳誠恐誠惶昧死敬白[21]」

元徳はこの上表のなかで、版籍奉還によって郡県の制度となったにもかかわらず、その成果が十分にあがっていないことを指摘している。そこでは華族、士族、卒の名称を廃して平民に統一すること、家禄をすべて大蔵省に集めること、一国に一府を置いて天下の人材を配置することの必要を建言した。そして門閥世襲の弊害を論じ、とくに山口藩については、前述の「脱隊騒動」と藩政改革の不徹底の責任を指摘して、藩知事を免じられるように願い出たのであった。もっともこの元徳に対しては、天皇が四月十七日に左のような宸翰をあたえていた。

「更始一新之際、敬親翼戴ノ功最大ナリ、而シテ綱紀未タ全ク挙ラス中道ニシテ薨ス、朕痛ク之ヲ悼ム、臨終献言殊ニ忠誠ヲ極ム、朕深ク之ヲ善ス、将ニ大臣ト議シテ之ヲ採用セン、汝又父之遺志ヲ継以テ朕ヲ裨補セヨ[22]」

敬親の「遺表」を忠誠の証と表し、元徳に対しても、敬親の「遺志」を継いで天皇を「裨補」するように命じている。この点、元徳は前述の辞職上表で、「従一位遺表ノ意ヲ通暢セン」と記している。元徳の上表は、木戸がすすめてきた山口藩の「天下速ニ一途」の改革への理解、そして「天下之方向一定」を訴えた敬親「遺表」の影響が存在したといえる。

また、元徳の上表提出については、藩内での十分な審議がないままの提出であり、同時期の有力藩の「廃藩」に向けた運動との関係が無視できない。上表のなかの「名古屋・徳島其他上表陳述スル所、能ク前途ノ形勢内外ノ事情ヲ洞観し、一々事理当然ナリ」という記述が、それをうかがわせる[23]。前述のように鳥取・徳島・名古屋藩などの有力藩が、知事辞職あるいは廃藩論の建白書を提出し、明治四年春期にはその動向が政府内外で注目されていた。(24)名古屋藩知事徳川慶勝が四年四月と六月に「一州ニ一知事」とするように建白し、徳島藩知事蜂須賀茂韶が四年正月に郡県制の貫徹を求めた上表を行ったことの影響は小さくない。そして、このような有力藩の建言は、高知藩を盟主に立てた米沢・福井・彦根・熊本藩などの新たな改革運動に発展し、熊本藩知事細川護久が二度にわたって藩知事辞職を建白して、政府改革、人材登用を求めていた。高知藩は明治三年九月の「藩制」以降に「人民平均ノ理」などの急進的な改革をすすめ、米沢・福井両藩などの改革派諸藩は、高知藩にならって藩政改革を推進し、提携して政府改革への参画を企図するようになっていたのである。

この高知藩や米沢・熊本・徳島・福井諸藩の改革派の動向が、前述の元徳の辞職上表にあたえた影響は、元徳が上京後にこれらの動向の把握に積極的であったことに裏づけられる。元徳は、六月十二日の上京後、十四日に岡山藩前藩主池田茂政の訪問を受け、二十五日には細川護久が来訪して「緩談」していた。(25)六月十五日に来邸した鹿児島藩知事島津忠義に対しては、六月十九日・七月十一日にみずから訪問し、十二日にはやはり蜂須賀茂韶をたずねて「緩談」している。(26)そして、元徳は七月四日、島津忠義・山内豊範らとともに国事諮詢として、毎月「二の日」を定日とする参内を命じられていた。(27)そこでは、「一層御釐革被遊候御趣意」にもとづき、「始終ノ成功ヲ奏シ候」ことが求められていた。「忌憚」ない「建言」をもって「裨補」することが命じられ、元徳みずからの尽力が問われていたのである。

すなわち、この毛利元徳の上表は、以上のような鳥取・徳島・熊本・名古屋藩の知事辞表や廃藩論が顕著となった事態のなかで、版籍奉還のさきがけとなった山口藩として、郡県制を採用したその目的の貫徹を改めて論じたものといえる。藩内で「士卒統一」や支藩の併合をすすめるとともに、木戸や広沢が推進した「真成郡県」の貫徹が時流の大勢となり、有力藩の藩知事辞職や「廃藩願」が現実化していたことから、山口藩においても改めて知事辞職と郡県制の徹底を打ち出すことが必要となったのである。元徳もまた政府改革への「裨補」を求められ、それゆえ「天下之方向」の一定を掲げた敬親の「遺表」を徹底するものとして、改めて版籍奉還の原則に立った知事辞職の上表を作成するに至ったものと看取できるのである。

註

(1) 拙稿「明治初年『新聞雑誌』の廃藩論」(『中央史学』第一九号、一九九六年)。
(2) 『木戸孝允日記』二、明治四年三月五日・六日、日本史籍協会、二・三頁。
(3) 『木戸孝允日記』一、明治四年正月十八日、日本史籍協会、四四三—四四四頁。
(4) 前掲『木戸孝允日記』二、明治四年三月二十四日、一〇頁。
(5) 『修訂防長回天史』全(末松謙澄著、柏書房、一九八〇年)一六七一—一六七二頁。
(6) 「諸触達控」明治四年三月十二日(山口県文書館所蔵『忠愛公伝』第八編五章)。
(7) 「卒級廃止士族へ合併届」(『公文録』山口藩之部二、自己巳六月至辛未七月)。
(8) 前掲「諸触達控」。
(9) 前掲『修訂防長回天史』全、一七〇三頁。
(10) 前掲『木戸孝允日記』二、明治四年四月三日・八日、一六—一八頁。
(11) 「山口藩へ合併願」(『公文録』富山・徳山藩之部、自己巳六月至辛未七月)。
(12) 拙稿「山口藩知事毛利元徳の辞職『上表』」(『中央大学文学部紀要』第一六八号、一九九七年)。
(13) 「華族家記・毛利元徳」二(国立公文書館所蔵)。
(14) 前掲『修訂防長回天史』全、一七〇四頁。
(15) 「家職日載」三の一(山口県文書館所蔵、毛利家文庫、十九、日記五一。
政府の弁官に宛てた元徳の報告にも、「敬親病症眩暈相加ハリ頭部血液欝積動スレハ昏睡之状有之」と記されている(「敬親

上京御猶予嫡子元徳名代トシテ上京願並敬親病気危篤看護ニ付元徳上京御猶予願」〈前掲『公文録』山口藩之部二〉。
(16) 「敬親臨終献言」(前掲『公文録』山口藩之部二)。
(17) 前掲『木戸孝允日記』二、明治四年六月五日、四九頁。
(18) 同右『木戸孝允日記』二、明治四年六月十一日、五一頁。
木戸は、五月二十二日の津和野藩の廃藩願いについて、「朝廷」の将来を考えた「至誠」にもとづく行動と高く評価、歓迎した。木戸は津和野藩知事から「至情」を詳しく知らされ、同藩有力者の福羽美静とも緊密な連携を保っていた。木戸は同藩の廃藩願いが、多くの中小藩のような藩財政の窮乏によるのではないとし、同藩の「忠情」が「百般御誘導之一端」になるであろうと、その表彰の発令を求めている(「岩倉具視宛書翰」明治四年六月二十二日〈『木戸孝允文書』四、日本史籍協会、二四四頁〉。前掲『木戸孝允日記』二、明治四年六月二十二日、五七頁)。
(19) 前掲『修訂防長回天史』全、一六九一頁。
(20) 前掲『木戸孝允日記』二、明治四年七月八日、六六頁。
(21) 「毛利元徳上表」(国立国会図書館憲政資料室所蔵、三条家文書、書類の部、四〇―二〇)。
毛利元徳の「上表」は、『防長回天史』第六編下(末松謙澄著、東京国文社、大正九年、四二六―四二七頁)、村田峰次郎『品川子爵伝』(大日本図書株式会社、明治四十三年、三〇三―三〇四頁)、徳富猪一郎『近世日本国民史』第八二巻(近世日本国民史刊行会、昭和三十六年、二四六―二四九頁)にも掲載されている。それらに掲載された「上表」の文面には脱落があり、また特別の考察が附されているわけではない。『防長回天史』の場合、掲載の「建言書」は三条実美のもとに残された「上表」に比較して、「従一位遺表ノ意ヲ通暢セントス」という箇所が脱落している。脱文の原因は判然としないが、結果として元徳の意向を強調し、敬親の「遺表」の役割を削除したようになっている。『防長回天史』の注釈も、元徳の「自己ノ肺肝ヨリ出」たということを強調している。この点、木戸は、元徳が敬親の「御宿志」を継承したと記している。「上表」は、その作成が元徳の「肺肝ヨリ出」たものであったとしても、背景には木戸らによる「天下速ニ一途」の改革の推進、さらには敬親の「遺表」が存在したといえる(前掲拙稿「山口藩知事毛利元徳の辞職『上表』」参照。元徳の辞職については、高橋秀直「廃藩置県における権力と社会―開化への競合―」〈山本四郎『近代日本の政党と官僚』東京創元社、一九九一年〉が注目、考察している)。

(22) 前掲「敬親臨終献言」。
(23) 前掲「毛利元徳上表」(前掲・三条家文書、書類の部、四〇—二〇)。
(24) 拙著『廃藩置県—近代統一国家への苦悶—』(中央公論社、昭和六十一年) 一四二—一四九頁。拙稿「廃藩置県の政治的潮流—廃藩論の形成と展開—」(『歴史学研究』五九六号、一九八九年)。
(25) 前掲『忠愛公伝』第八編第五章。
(26) 前掲「家職日載」三の二。前掲『忠愛公伝』第八編第六・七章。
(27) 「知事上京ニ付御達」(『公文録』山口藩之部二、自己巳六月至辛未七月)。
国事諮詢が重視されたと思われる点としては、毛利元徳・島津忠義らが四年九月二日、中山忠能と大原重徳の功労を強調し、国事諮詢に加えるように建言したことが指摘できる(山口県文書館所蔵『両公伝編年史料』明治四年八月・九月)。

第六節　制度取調会議と「書生論」

1　制度取調会議の混迷

明治四年(一八七一)六月二十五日に参議に就任した木戸孝允は、その後の人選の進行に反発し「政府之基則」を定めた後に「諸省之変革」に着手するように強く主張した。(1) 参議就任の際の前提とした合意を持ち出し、「政府ノ基本立タヌウチニ、早ヤ諸省ニ及ブト申ス事ハ迚モ行ハレズ」(2) という論である。二十八日には、三条実美と岩倉具視が大久保利通、佐々木高行、大隈重信の意見を徴し、大久保が「人心モ大ニ疑惑ヲ生シ居ル事」として、「早ク弁官ヨリ諸省ノ官制ヲ御キメアリテ施行」するように求めたが、木戸は妥協していない。木戸は二十八日・二十九日の両日にわたって岩倉と激論をかわし、みずからが主張する制度取調会議の開設にこぎつけている。(3)参議の西郷隆盛に対しては、前述のように「満腹之議論流涕吐露」し、前参議の大久保、佐々木などを選出して、「制度議定之都合ニ決論」したい旨を説き、その同意を得た。(4)二十九日の木戸日記に「大に岩卿と大論し、又条公に機を誤らんことを責め、又西郷へ重て制度の主意を論し、今日二字に至り漸御決定なり」「制度の大主意を論せし二冊を西郷へ相示せり」とあるのがそれを示す。

そして、制度取調専務には、木戸、西郷の両参議のもとで、六月二十九日に大蔵卿の大久保利通、同大輔大隈重信、外務大輔寺島宗則、従四位佐々木高行、神祇少副福羽美静、兵部少輔山県有朋、民部少輔井上馨が任じられた。七月二日には工部大輔後藤象二郎、東京府御用掛大木喬任、中弁江藤新平、宮内大丞吉井友実が就任した。御用掛には、従五位宍戸璣、大蔵権大丞渋沢栄一、駅逓正兼地理権正杉浦譲が任じられている。

この制度取調会議は、四年七月五日からはじまり、まず木戸・西郷が議長となって議事規則が定められた。(5)三条実美右大臣、嵯峨実愛大納言らの臨席が求められ、翌六日には大臣・納言の会議で議員の権限が定められ、宸裁をへて委任状が議員にさずけられている。制度議員の権限は強く、「議員商定セシ事件、連署シテ制可ヲ請フ時ハ、速ニ奏聞シテ允准アルヘシ」、「若シ允准アラサルトキハ其理由ヲ説明スヘシ、議員其説明ヲ不当トスルトキハ、覆案スルコトヲ得ヘシ」とある。(6)可否の決議を三日以内に行うように限定し、制可されたことの「実際ニ挙行」を規定した。人選の過程および制度取調議員を一種の「参議官」として位置づけている点などは、いずれも木戸の制度構想に則ったことが知られる。

会議では、「国体」を定めるために、まず各国の体裁を参考にして審議をすすめることが合意された。「国体」については、「会議定律」「定律中独裁ノ旨ヲ有スルモノ」「独裁中定律ノ旨ナルモノ」の三案が出され、議論となっている。(7) だが、この制度取調会議は、まさに「泥縄」で空転を続けた。西郷は大久保に宛て、七月六日に「余程優長の風景に御座候、長にても段々議論も起り候わん」と伝えている。(8) 当初は会議期間を四、五日と予定したようであるが、その木戸も八日の会議について、「政体論不至一定」と書いた。(9) 三条は岩倉に宛て、「制度取調之義も段々洪大之事に相成、国法迄も溯り評議仕候」(10) とし、評議も「所詮至急には六ヶ敷」と書き送っている。「国体」の問題から君権のあり方までが問われるようになり、議論がしだいに洪大となって意見がまとまらなくなったようである。九日には議員の不参が多く、西郷も欠席で会議は流会となった。

政府の運転に苦慮する岩倉は、制度取調会議の空転と実力者大久保の欠席を危惧し、佐々木、江藤らに協力を命じて、官制案の準備をすすめていた。(11) 岩倉は木戸に、「此儘時日ヲ移し候而ハ百官方向ヲ失シ候」と申し入れ、大久保に対しても早急に「成功之様大隈江も御談シ被下度候」と書き送っている。(12) 佐々木は、有力者を集めた「公議」を重視する木戸の論について、「畢竟木戸モ西郷ト両人ニテハ、迚モ大事ヲ引廻ス力足ラヌ事ヲ知ル故ナルヘシ」と評し、大臣や納言に力量がないので、議政官に有力者が集ると「自然ニ朋党ノ如キ形」となって、とても馭すことができなくなるであろうと、冷めた見方をしていた。(13) 制度の確定と人物の登用は、並行して早急に決定すべきとし、制度のことに限って「大勢集リ議論シテモ埒明キ申間敷」と評している。木戸の理想も実際に具体化してみると、かんたんにはすすまなかったのである。井上や渋沢も後年の回顧談で、制度取調会議が空転したことを語っており、その混迷ぶりを裏づける。(14) それは、明治三年末の国法会議の議事のくりかえしのような課題を生じたのであった。

2 野村靖・鳥尾小弥太の「書生論」

西郷、木戸の参議就任後、諸省の人選をめぐる確執と制度取調会議の空転が続いたなかで、明治四年（一八七一）七月初旬には、中堅官僚層から廃藩を断行すべしとするいわゆる「書生論」の突き上げが出現した。

この廃藩断行論の直接のきっかけは、麴町の兵部少輔山県有朋の屋敷における野村靖と鳥尾小弥太の会話であった。野村は、山口藩の兵制改革の中心となっていた。鳥尾も同じ山口藩出身の兵部省出仕で、外遊の希望を述べるために山県のもとを訪れていた。二人は、天下の「大勢」を論じているうちに、「どうしても是ではいかぬ、封建を廃し、郡県の治を布かなければならぬ」(15)という議論になったという。鳥尾は明治二年に健武隊の参謀として東京に出張し、「廃藩論を主持」して伊藤博文らの改革派と親交を深め、守旧派の反発をうけて山口に帰藩・蟄居させられたが、同年十一月には大阪に出て陸奥宗光のもとに寄寓、その後に和歌山藩の兵制改革に参加していた。和歌山藩の兵制については、陸奥と提携した津田出（又太郎）が同藩の執政兼軍務局知事となり、プロシヤ式を採用して徴兵制度を実施したことが良く知られている。そこでは、陸軍士官カール・カッペンの指導のもとに、常備戍兵三大隊と二〇歳以上の士農工商から選抜した交代兵二大隊を組織し、さらに士官養成を目的とした兵学寮を設けたが、鳥尾はその戍営副都督兼兵学寮長に就任し、近代兵制の育成に尽力していた(16)。

同時期の兵部省関係者の議論では、「郡県或ハ共和政治之説ヲ主張スル者多シ」(17)であったようだ。兵部大丞川村純義も、兵部省を陸軍と海軍に分省して「実事御拡張」を打ち立てるように主張し、さらに「朝命を以而廃刀為致候」と発言していた(18)。三藩親兵の結集にともなう兵部省の国内鎮撫に向けた奮起は、「是非共此挙ニシテ威令厳格ノ御処分無之候」であれば、「死士ヲ募リ縦令王命ニ坑シ候トモ、目途丈ハ相貫キ可申勢ニ有之」[19]と伝えられている。兵制の強化・確立を指向する兵部省は、「今日ノ制度ヲ以テ国用ヲ計リ、今ノ定額ヲ以テ兵ヲ養ソト欲セハ、数千ノ兵卒モ已ニ養フ能ス」とし、「冗官ヲツユル也、戦功賞典ヲ収ムル也、恩典ノ禄ヲ絶ツ也、公卿・知藩事ノ家禄ヲ減スル也」といった「制度・法令」の変革を建言するに至っていた。[20]そして、兵部省は「数万ノ兵卒ヲ差配スル処故、政府ノ大基本立タヌヨリ、何事モ不運トテ、以下々迄モ議論アル光景」であったようで、これらの動向が鳥尾・野村の発言に結びついたと思われる。[21]

野村と鳥尾から廃藩断行論を聞かされた山県自身も、以前から兵制の統一を急務とみなし、政府の姿勢についても断固とした力の行使を求めていた。木戸に対しては、「当今之形勢熟思仕候ニ、厳緩之目的位ニ而ハ百事瓦解、只可学秦始皇也、外ニ好手段ハ無之、暴断暴行ト唱、全国之人心一時戦慄仕候様無之而ハ、大有為之目途ニハ達不申候」[22]と書き送っている。前述の高知・米沢両藩などの改革派諸藩も、兵部大丞の高屋長祥を通じて山県に対し、「民政立然後兵制可立」との積極的な運動を伝えていた。[23]また岩倉は、いったんは「政府上ニ斃ル、ノ決心」となった西郷が、制度取調会議の遅延にともない、「此機会ニ人撰モ出来ヌ様ニナリタルトキハ、最早再ヒ好機会ハアルマジト、大ニ退屈ノ光景」[24]であったことを危惧しており、岩倉とともに西郷の上京を推進した山県も、兵制確立に向けた断固とした政府改革を急務としていたと思われる。

それゆえ、野村と鳥尾から廃藩断行論を聞かされた山県は、両者の意見にその場で同意した。山県は両者に向かって、参議の木戸に廃藩断行をせまり、つぎに同じ参議の西郷隆盛にもちかける段取りを提示している。そして、まず第一に井上馨に話し、井上から木戸を説得させるようにすすめたのである。[25]

野村と鳥尾は翌日の夕方、井上の帰宅をまって日本橋兜町の屋敷を訪ねた。井上の回想によれば、野村と鳥尾の訪問をうけた井上は、夕食をすましていなかったために、二人に食事をすすめたという(26)。だが、気のせく野村と鳥尾は、もはや食事をすましてきたと断わり、そのうえ「今夜吾々の話は真面目な話だから其覚悟で聴いて貰はにやならぬ」とせきたてたようだ。

二人は、井上に対して、「若も君が聴かぬと云へば、已を得ぬから刺違へるか首を貰ふか何方かする」と口火を切った。はげしい剣幕に井上が驚き、ふだんから派手なふるまいで物議をかもすことの多かった井上は、自分の素行を取りあげているのかと聞きかえした。鳥尾と野村の返事は、私行のことではない、「国家の大事」の発言であるというので、そこで井上は「廃藩立県の事より外にあるまい」と言いあてたという。野村と鳥尾は井上の推理に驚いたが、井上はいぶかしがる二人に対し、国家の大事に関係してなおかつ首を切る決心というほどなら、廃藩の問題であることは明白だと、その言いあてた理由を語っている。

右の記述は、井上の回想談で多分に鼓張もあると考えられるが、その井上が財政、経済上の課題を克服するために、廃藩が不可避と考えていたことは、大蔵省で急進的な改革をすすめていた井上だけに、当然の視点と思われる。井上は後年の回想で、廃藩置県は理論でなく、藩札処分などの財政政策を行う過程で、実際の問題から急務となったと語っている。左の井上の談話がそれである。

「有名無実の版籍奉還ぢゃ、収入を取ることも、何もまだ出来はしない。何でもあの頃、八百万石とよく言ひ居った。さうした所で組立は大きくなった。八百万石にした所が四成さネ、一石と云ふのは、四斗しか無いのだ。だから米が三百二十万石。米の値段は三円もしたか知らぬが、それを米で皆東京、大阪の方へ引取る。船と云っても昔の千石船とか云ふ日本船ぢゃが、其中には難船して顚覆するのもある。そんな様な事があって、如何しても国家を賄ふて行きやうが無いのぢゃ、とても行けぬ。それで私共も、版籍奉還は宜いが、是は有名無実ぢゃからに、是非廃藩立県をやらにゃならぬと云ふことが、頭に浮んで来た」[27]

この井上に対して、野村と鳥尾は、山県の屋敷で練った筋書通り木戸を説得することを依頼している。井上はそれを妙案として、木戸の説得を約した。同時に、鹿児島藩側の西郷と大久保の動向を訪ね、西郷と相談するようにうながしている。井上は、なによりも鹿児島藩を同意させることが必要であり、そのためには西郷説得が不可欠と考えたのである。

野村と鳥尾の方では、井上について、慎重に配慮をめぐらす木戸と二重写しに見ていた。政府の兵力や財政の危うい現状を思うと、井上もまた廃藩断行に躊躇するのではないかと考えていたようである。鳥尾は、「万一之に反対するようであったら、「墨田川の舟遊に誘ひて、水葬に附するも已むを得ぬ」と放言していたという。[28]兵制の確立を急務とする野村、鳥尾らの廃藩断行を求める書生論が、山県や井上に対する突き上げとなり、廃藩置県を当然とみなした山県、井上によって、まさに政府内での具体化がはかられるようになったのである。

3　西郷隆盛の廃藩置県同意

井上馨の回答は、さっそく山県有朋に伝えられた。そこで山県は、井上の助言にしたがって西郷隆盛の説得を決意し、七月六日に西郷の屋敷に向かっている。『防長回天史』はその日を七月二日と記しているが、山県は西郷の屋敷に向かう途中の九段坂で木戸に出会い、木戸から「制度取調委員会に出ぬがどうしたのか」と詰問されたと回想している。[29]制度取調会議の第一回の開催は七月五日であり、それを考慮すると、山県が西郷を訪ねたのは、やはり五日以降と思われる。六日には、西郷が大久保に対し、山県が五日の制度取調会議を中座したこと、六日の会議が「優長の風景」[30]と書き送っているが、その文中に切迫した廃藩論議の記述がない。山県が廃藩置県を語るために西郷邸を訪ねたのはこの六日で、西郷は書状を書いた後に大久保のもとに向かったようだ。

山県が訪ねた当時の西郷の屋敷は、蠣殻町にあった。西郷はたまたま来客中で、山県は別室に通され、煙草盆と鹿児島名産のカルカンが出され、数分してから西郷が出てきたという。山県は西郷に対し、来客中のようだが、自分は少し意見を申しあげたいので、もし都合が悪いなら今夕か明朝でも改めて参上したいと切りだした[31]。

ところが西郷は、今すぐでも差しつかえないという答えである。これに対して山県は、みずからひざをすすめ、「今日までの兵制改革を見ると、どうしても制度改革の上は封建を打破して郡県の治を布かなければいかぬだろう」と述べたという。このまま大藩の割拠した存在に手をつけずに政治をすすめていくのはむずかしいとし、「廃藩置県に着手されてはどうだろうか」と話した。西郷の答えは、意外にも「実にさうじゃ、夫れは宜しかろうが、木戸の意見はどうか」であったという。山県は、まず「貴下」の御意見をうかがった上で、木戸に相談する手はずになっているとたたみかけた。これに対しても、西郷の返答は、「夫れは宜しい」のひとことであったようだ。

あまりに拍子抜けするような答えだったので、山県は政府が課題としている問題を種々語った。「今日の問題は実に重大な事件であるから、どうしても是れは血が出ますが、其の覚悟をせねばなるまい」と繰り返したようだ。それに対しても、西郷の答えはやはり「吾輩の方は宜しい」とのひとことであった。同じような興味ぶかい逸話は、山県や大山巌らの関係者の直話として、大久保利通の次男の牧野伸顕著『回顧録』[32]にも収録されている。

このような西郷の即座に同意する姿勢は、いかなる判断であったのであろうか。西郷は、後日、鹿児島の桂久武（四郎）に宛て、みずからのおおよその心境をつぎのように書き送っている。

「天下之形勢余程進歩いたし、是迄因循之藩々却て奮励いたし、尾張を始、阿州・因州等之五六藩及建言、大同小異ハ有之候得共、大体郡県之趣意、日々御催促申上候位、殊ニ中国辺より以東ハ、大体郡県之体裁ニ倣候模様ニ成立、既ニ長州侯は知事職を被辞、庶人と可被為成思食ニて、御草稿迄も出来居候由御座候、封土返献天下ニ魁たる四藩、其実蹟不相挙候てハ大ニ天下の嘲哢を蒙り候而已ならす、全奉欺朝廷候場合ニ成立、天下一般帰着する所を不知、有志之者ハ紛紜議論相起候上、外国人よりも天子之威権ハ不相立国柄ニて、政府と云ふもの国々四方ニ有之抔と申触し、頓と国体不相立旨申述候由、当時は万国ニ対立し、気運開立候てハ、迚も勢ひ難防次第ニ御座候間、断然公議を以、郡県之制度ニ被復候事ニ相成、命令を被下候時機ニて、御互ニ数百年来之御鴻恩、私情ニおひて難忍事御座候得共、天下一般如此世運と相成、如何しても十年ハ防かれ申間敷、此運転ハ人力之不及処と奉存候」(33)

西郷は、桂に対して、天下の形勢が急速な進歩に向い、これまで因循であった藩も奮発するようになったと書いている。名古屋、徳島、鳥取などの諸藩が郡県論を建言し、日々その実行を政府に催促しており、とくに中国地方より東の地域ではだいたい郡県の体裁を取り入れていると述べた。山口藩では知事が辞職して一般庶民となることの上申が準備され、その草稿までができているようだと伝えている。版籍奉還を最初に上表した四藩が、他にさきがけて郡県論をとらなければ、天下の嘲笑をまねき、朝廷をあざむいたことになり、議論紛々の事態では外国からもあなどられてしまうと記している。私情においては忍びがたいが、廃藩は「天下一般」の帰着するところであるという。郡県断行の勢いをくいとめることは、とても人力のおよぶものでないとの見解であった(34)。

旧藩側を説得するような文面とはいえ、西郷の真意を吐露した書翰といえる。この時期、西郷は桂に対し、熊本藩知事の辞職願、丸亀藩知事の建言書、兵部省の建言書など、郡県貫徹論に立った各般の意見書を送っていた(35)。それは西郷自身が、先に述べたような鹿児島藩の藩政改革、とりわけ兵制改革をめぐって封建領有体制の限界をさとっていた点にあるように思われる。新政府のもとでの藩政改革には限界があり、いかなる鹿児島藩の改革においても、とうてい膨大な数の士卒を扶助し、その要求を抑えることには限界が存在した。西郷みずからも、三藩提携を約して上京し、三藩兵力を親兵とすることを推進してきた以上、容易にあともどりができない事態となっている。西郷にしたがう鹿児島藩兵を親兵として政府の直轄下に置いたとき、親兵のための負担は政府に転嫁されている。それらの維持のためには、諸藩のあり方に対する思い切った変革も避けられないとの判断であったと思われる。

註

(1)『大久保利通日記』二、明治四年六月二十八日、日本史籍協会、一七五頁。
(2)『保古飛呂比』佐々木高行日記〈五〉東京大学史料編纂所、一九七四年、一三四頁。
(3)同右『保古飛呂比』〈五〉一三五―一三六頁。『木戸孝允日記』二、明治四年六月二十八日・二十九日、日本史籍協会、六一―六二頁。
(4)「木戸孝允書翰」明治四年六月二十七日(『大隈重信関係文書』一、三八六頁)。
(5)『世外井上公伝』第一巻(井上馨侯伝記編纂会、原書房、昭和四十三年)五〇一―五〇四頁。同書によれば、七月五日の会議で、議事規則一七箇条が定められたという。
(6)「制度議員ノ権限ヲ定ムル事」(『岩倉公実記』下巻、皇后宮職蔵板、明治三十九年、九一一―九一二頁)。
(7)前掲『世外井上公伝』第一巻、五〇二―五〇三頁。
(8)「西郷隆盛より大久保への書翰」明治四年七月六日(『大久保利通文書』四、日本史籍協会、三三四頁)。
(9)「岩倉具視書翰」明治四年七月二日(『岩倉具視関係文書』五、日本史籍協会、七六頁)。前掲『木戸孝允日記』二、四年七月八日、六六頁。
(10)「三条実美書翰」明治四年七月上旬(前掲『岩倉具視関係文書』五、八五頁)。
(11)前掲『保古飛呂比』〈五〉一四五―一五三頁。「佐々木高行書翰」明治四年七月三日、「岩倉具視書翰」明治四年七月五日(前掲『岩倉具視関係文書』五、八一―八四頁)。

(12)「岩倉具視書翰」明治四年七月八日（『大久保利通関係文書』一、立教大学日本史研究室、昭和四十年、二九三頁）。
(13)前掲『保古飛呂比』〈五〉一三六頁。
(14)沢田章編『世外侯事歴維新財政談』中巻（大正十年）二二八―二三〇頁。
(15)『公爵山県有朋伝』中巻（徳富猪一郎編、昭和八年）一二六頁。
(16)島尾得庵著『得庵全書』（明治四十四年）五六三、一一一四―一一一六頁。小田康徳「和歌山藩交代兵制度の成立と崩壊―近代兵制確立過程における和歌山藩藩政改革の意義」（『和歌山地方史研究』第五号、一九八二年〈同著『近代和歌山の歴史的研究』清文堂、一九九九年に収録〉）。『和歌山県史』近現代一（和歌山県、平成元年）二一―二六頁参照。
(17)「丹村六兵衛意見書」（『中御門家文書』下巻、早稲田大学社会科学研究所編、昭和四〇年、六一頁）。
(18)「川村純義書翰」明治四年二月二十九日（『大久保利通関係文書』二、立教大学日本史研究会、昭和四十一年、三五二頁）。「明治四年日誌」四年六月七日（国立国会図書館憲政資料室蔵、宮島誠一郎文書、マイクロフィルム No. 1）。
(19)「伊藤宛の大隈・井上書翰」明治四年四月一日（『明治財政史』第一三巻、明治財政史編纂会、明治三八年、二二一頁）。
(20)『鹿児島県史料』忠義公史料、第七巻（鹿児島県維新史料編さん所、昭和五十四年）一五八―一六〇頁。
(21)前掲『保古飛呂比』〈五〉一二五頁。
(22)前掲『松菊木戸公伝』下巻（木戸公伝記編纂所、昭和二年）一四一四頁参照。
(23)前掲「明治四年日誌」四年六月七日。
(24)前掲『保古飛呂比』〈五〉一四五頁。
(25)前掲『公爵山県有朋伝』中巻、一二六頁。
(26)前掲『世外侯事歴維新財政談』中巻二二〇―二二一頁。
(27)同右、二一九―二二〇頁。
井上と大隈は渡米中の伊藤に宛て、三藩親兵の結集を機会とした改革の方向を、明治四年四月一日に「尚更一層ヲ進メ無用ノ冗員ヲ打払致シ、官省ノ体裁モ整然釐革ニ帰セシメ、其外家禄ニ収税法ヲ興シ、藩々ノ会計ヲ改革シ、貢納ノ制ヲ設ケ、府県貫属士卒ノ秩禄支給ノ限界ヲ相設及賞典禄之弊制ヲ更正シ、普通画一ノ制度相立、地租田租ノ改正、分頭税ノ施設印紙税ノ方法、駅逓郵便之処置民法郡村制法海関事務等、凡百ノ要件順序ヲ追テ整頓ニ帰シ候様致度ト百方刻苦勉励」と、書き送っていた（前掲『明治財政史』第一三巻、二二頁）。

(28) 前掲『公爵山県有朋伝』中巻、一二四頁。

(29) 同右、『公爵山県有朋伝』中巻、一二七頁。『修訂防長回天史』全（末松謙澄著、柏書房、一九八〇年）一七二一頁。

(30) 前掲「西郷隆盛より大久保への書翰」明治四年七月六日（三三三―三三四頁）。

(31) 前掲『公爵山県有朋伝』中巻、一二七―一二八頁。
山県は訪問した先を蠣殻町と記しているが、前掲『修訂防長回天史』（一七一九頁）では薩摩藩邸が浜町と神田橋にあり、当時の西郷は浜町に居住していたとある。

(32) 牧野伸顕『回顧録』上（中央公論社、昭和五十二年）二〇頁参照。

(33) 前掲『鹿児島県史料』忠義公史料、第七巻、一四五―一四六頁。

(34) 同右、一四五―一四六頁。

(35) 同右、一五五―一六〇頁。

第七節　廃藩置県の密議と鹿児島・山口藩

1　木戸孝允の心境

参議木戸孝允は、明治四年（一八七一）七月六日に民部少輔井上馨の訪問をうけ、廃藩へ向けた急転回の状況を聞かされた。木戸の日記には、「今日井上世外と前途の事を議す、西郷の在所向、依て今日山県狂西郷へ至る」とある。(1)

木戸はまだ西郷隆盛の動向に確信がもてなかったようであるが、廃藩断行が木戸の望むところであったことはいうまでもない。

すでに木戸は、先に記した『新聞雑誌』を通じて、郡県制への移行を強調していた。木戸の側近の長炗が、第六号に「静妙子」の名で「新封建論」を発表し、郡県制の利点を論じていたことがそれをうかがわせる。「尾大の弊」を指摘し続けた木戸は、藩力が政府の障害とならないようにすることを念頭に置き、一方で三藩の協力のもとに最終的に廃藩の方向にすすめようとしていた。木戸は、前述のように六月十一日の夜に岩倉を訪問し、三藩兵約一万を親兵として朝廷を保護する体制が整ったことを述べ、「三藩も亦屹度此御主意を奉戴し、天下速に一途に帰し諸藩の方向弥一定する之尽力あらんことを望む」と語っている(2)。「版籍返上を以第一段とし、此度聊其実を挙け、方向をして一定せしむるを第二段とするの尽力なくんはあるへからす」との主張である。「天下一般之朝命」を強調し、「諸藩へ同一の命」を下し、「帰一の実」をあげることを求めていた。これは、後に実現されたいわゆる全般的廃藩断行の直接の契機となった意見ではないが、兵力を背景にした三治一致の徹底を強く進言したもので、それは段階的に廃藩へ向かうことを求めた主張と看取できる。

しかし、そのような木戸も、全般的廃藩の断行については、なお諸藩の反発を危惧していた。木戸が廃藩断行を直ちに提起しなかったのは、鹿児島藩の不穏な動向とみずからの慎重な心配性に起因する。政府を実質的に運営していかなければならない参議としての立場もあったように思われる。六月十一日に伊藤博文が来訪して急進論を語った時も、木戸は日記に「実事上におゐて其緩急を図らすんは、今日の得先未可知(3)」と、その危惧を記している。したがって、懸念された鹿児島藩側とりわけ西郷の同意が得られるのであれば、木戸はみずからが念願とする廃藩断行を大歓迎したのであった。

それゆえ、七月七日に井上から、西郷が山県の説得で廃藩に同意したことを知らされた時、木戸の喜びは格別であった。その日記に「井上世外今日余を訪ふ、西郷断然同意之返答を聴、大に為国家に賀し、且前途の進歩も亦於于此一層するを楽めり」(4)と書いている。木戸は、新政府の前途をその鋭い政治感覚をもって展望しながらも、その理想が貫徹できない現実に悩み、鬱鬱とすることが多かった。版籍奉還を推進した際には、全国あるいは同藩中から非難され、生命の危機すらたびたびであったという。それも今日に至っては、「先年非するものも亦是となる、敵たるものも為援」ようになったとして、「時勢の進遷」を喜び、まさに会心の笑みをもらしたのである。

一方、大久保利通も七月六日に西郷の訪問をうけ、事態の急変を聞かされた。大久保の六日の日記に「西郷子ヨリ山県子云々示談之趣有之候」、と記されているのがそれを裏づける。(5)西郷が、山県と対談したその日にうちに、大久保へ廃藩論を伝えたことが知られる。

そして西郷は、八日に制度取調会議に出席し、その後に木戸と廃藩問題について直々に話し合った。木戸の日記には、「西郷と対談大改革の事件数条を議定す」(6)とある。西郷は、その日も大久保と会合をかさねた。西郷の見解や木戸の考えを伝えたようで、大久保の八日の日記に、五時からの西郷の来訪を記し、「山県より大英断云々示談之趣、木戸ニおひても同意」とあるのが、それをうかがわせる。(7)大久保は、西郷さえ賛成ならば異存はなく、同日には西郷従道が大久保のもとを訪れ、その後の手順を相談している。

この時期、大久保も井上から、全国の財政収入を統一することの必要を説得されていた。大久保はそれに反対ではなかったが、やはり鹿児島の動きに対する不安がその足かせになっていたようである。木戸や大久保の廃藩置県に対する心境については、井上が後年に、「やりたいと云ふ心は皆有るけれども、やって是が遂げらるゝや否やといふ事が、非常に苦心であった」(8)と評していた。大久保は西郷の同意、および鹿児島・山口両藩の足並みがそろうのであれば、廃藩断行に別段の異論はなかったのである。

2　薩長実力者の密議

七月九日の夕刻、九段の木戸孝允の屋敷に鹿児島・山口両藩の実力者が集まった。前夜は大暴風雨で、夕方には小雨に変わっていたが、昼の制度取調会議は欠席者が多く、流会となっていた。(9)夕刻五時からの木戸邸の密議には、鹿児島藩側からは西郷、大久保と西郷従道、大山巌、山口藩側からは木戸、井上馨、山県有朋が参加している。(10)木戸と西郷・大久保が主役で、大山の直話によれば、井上が書記役、大山と西郷従道は勝手の方に控えていたという。(11)山県も別室に待機し、島尾・野村も同様だったのかもしれない。

この日の会談は、大久保の日記によれば、「大御変革之御手順之事、且政体基則之こと種々論談す、凡相決す」(12)とある。木戸もこの日、「廃藩論の順序を論す」と書いている。鹿児島・山口両藩の実力者の密議は深夜にまでおよび、この密議で廃藩置県を断行することについて、おおよその合意に至ったと知られる。

井上は、この七月九日の密議の状況について、公卿や諸侯が相手で、いかなる故障が発生するとも限らないので、その時はどう決心するかが議論となり、結論は、廃藩が断行できないなら、全員がたもとをたばねて辞表を提出するということに落着いたと後年に語っている。廃藩断行の際の障害に対しては、軍事力の行使をいとわないことも決定した。(13)兵員は西郷が、資金については井上が担当することになっている。廃藩の発表については、知事を上京させてから実施する計画もあったようであるが、結果は、迅速にいっせいに発令する方針となった。それぞれの管轄地にいる知事に対しては、廃藩の発令後に上京を命じることに決定している。木戸が「今日迅速相発、期限を立三百藩の知事を東京登る之令を下すに如かずと、然るときは不伏ものは自ら断然の所致あり、天下諸藩形情を見るに足る」と主張し、「諸氏同意談論及十二字」と、みずからの日記に書いているのがそれを裏づける。[14] 諸藩の側の反応をはかり、上京が遅れたり、不服な姿勢をみせた藩に対しては、断固たる処置を予定したのであった。

そして、この七月九日以降、廃藩置県を前提とした政府改革が極秘に検討されていく。翌十日には、木戸はすでに着手されていた制度取調会議について、「此度改革の事件一決の上は、制度も其上にて調ふるに如かず」と考え、江藤に木戸自身がしばらく欠席する旨を伝えている。[15] 十日には廃藩断行の日取りが十四日と決まったようであるが、両藩実力者の密議も各般の対立を生じている。主に廃藩後の政体のあり方、および板垣退助と大隈重信を参議に登用することが論議となった。大久保の七月十日の日記に、「木戸子政体之事猶又巨細を談す、小子見込異なり種々論破す、猶勘考之上云々申置く」[16] とあるのがそれをうかがわせる。木戸は同日、大久保の屋敷に出かけて西郷を交えた三者で、「大改革一条に付、人選等の事を稍相議す」と書いている。[17] 木戸はこの日、西郷と二人の参議では「力足ラス」として、大隈の登用を求め、西郷も板垣の抜擢を提示したのであった。[18] これに対して、大久保は制度論で木戸とのあいだに相違があり、また人事でも大隈を参議に登用することに反対であった。十日の三者会議は合意に至らず、大久保は木戸の帰った後、西郷従道を山県のもとへ送り、自説にそった説得をすすめている。[19] だが、山県を通した説得は成功せず、翌十一日に西郷の屋敷に大久保と西郷従道が集まり、大久保から「直談」を求められた木戸は、みずからの代わりに山県を西郷のもとに送った。[20] 木戸、大久保の人事をめぐる確執は続き、この十一日には大久保の参議再任論も出たが、大久保は固辞し続けたようである。そして大久保は、十二日に至って、異論があってもそれを論ずれば大事の進展をさまたげると妥協した。「今日ノマ、ニシテ瓦解せんよりは、寧ロ大英断ニ出而瓦解いたしたらん」[21] との心境であったようだ。大事の成功を目的とし、小事は問はずに同意し、不満をいだきながらも、大事を成就させるために合意したのである。木戸もまた、「西郷・大久保と弥着手の都合を密談、互に雖有異論如此大事件十分如意なる事甚難し、依て先其大略を定め相決す、細目は尚後日を待て欲議[22]」との判断であったという。

もっとも、この間の密議は鹿児島・山口両藩出身者に限られ、三藩提携を約した高知藩には知らされていない。三藩提携の力点が政府強化のための親兵結集にあったとはいえ、廃藩置県の密議の折に、政府強化の一翼をになっていた高知藩が除外された事実は無視することができない。このことは、前年十二月の岩倉勅使西下にあわせて三藩提携が約された際、廃藩断行が計画されていなかったことを裏づける。この点、原口清「廃藩置県政治過程の一考察[23]」は、三藩提携の際に全般的廃藩が構想されていなかったことを主張しているが、私もほぼ同論である。廃藩実行が約された上で三藩の上京が推進されたのであれば、先に指摘したように少なくとも廃藩の密議の席に高知藩が排除されることがなかったはずである。仮に三藩の合意が存在していれば、高知藩の板垣に伝えないままに、廃藩置県を断行することはできなかったように思う。

それにしても、鹿児島・山口両藩の密議から高知藩が排除されたことは、同藩が前述のように福井・米沢などの有力藩と提携し、「朝権一定」を画策していたことが無視できないように思われる。下山三郎『近代天皇制研究序説』が指摘するような政府がすべての藩と等距離に立とうとしたことは原則であるが[24]、実際には、やはり鹿児島・山口両藩の提携が優先されている。この鹿児島・山口両藩については、とくに岩倉が、鹿児島・山口両藩が決断することで、政府内のすべての改革が成功につながるとの考えが強かった[25]。それは版籍奉還の際、木戸がまず鹿児島との調整を第一とし、鹿児島藩から口火を切るように画策していた点に象徴される。勅使の派遣も鹿児島・山口両藩に限られており、西郷・木戸の意識にも、やはり鹿児島・山口両藩の優先を重視することがあったと理解できる。

3　三条・岩倉の同意

鹿児島・山口両藩実力者の密議の内容は、七月十二日に至って三条と岩倉に伝えられた。廃藩断行の企図は、「大略」が定まった十二日の段階で、はじめて両者に知らせることになり、木戸と西郷・大久保が三条に言上したのである。この点、廃藩に独自な見解を持っていた岩倉に対しては、連絡を遅らせようとする意見が存在した。まず三条に言上して廃藩断行への同意を引き出し、上奏宸裁を得てその後に岩倉に知らせてはどうかという考えである。しかし、木戸は岩倉が発足以来の政府の中心であったことから、事前に知らせないのは忍びないと主張し、十二日に木戸と大久保が岩倉を訪ねて廃藩を断行する決意を伝えたのであった。木戸の日記に、「元来岩卿には前に不告之論あり、然るに卿も亦御一新来関係大事件故に今日不忍不告、依て余其情実を論し、終に与大久保此因を告[26]」とあるのがそれを示す。

これに対して、岩倉の反応は「恭悦と申迄もなく候得共狼狽」であった[27]。大久保は、「急に夫々手筈申合候」ために三条のもとへ向かうという岩倉に対して、みずからが王政復古クーデターにのぞんだ時と同様な決死の心境にあることを強調し、左のような不退転の決意を伝えている。

「　　献置急

御書謹読仕候、今日四字頃より参昇可仕含に罷在候処、大変革一条ニ付條公江御談之趣御尤ニ奉存候、実ニ不容易事件ニ候得共、此度は断然御果決無御座候而ハ相済不申、子細は今日之姿ニ而区々と相過候而者、不可言之事体ニ陥り候ハ顕然たる事に御座候、仍而小臣等ニ於而ハ、丁卯冬大御発表之時に処し候同様と心決仕居候、必御

狐疑なく御裁断被為在候様、呉々千禱万祈仕候、拝復而已如此匆々謹言

七月十二日

大久保は、岩倉に対していわゆる王政復古クーデターの「丁卯冬大御発表」の心境を伝えている。三条や岩倉の動揺を抑え、疑念をいだくことなく、必ず廃藩断行の「裁断」を下されるようにと釘をさしたのである。

岩倉は、前述のように鹿児島・山口両藩をはじめとする諸藩の合意を企図し、有力藩の一大会議の開催を準備し、「大藩同心意見書」の作成などに尽力していた。毛利元徳、島津忠義、山内容堂、松平春嶽らを麝香間祇候に任じ、七月に入って国事諮詢を命じてきたのも、その一環であった。岩倉は、三藩の提携と知事あるいは大参事の上京が行われたことで、「追々御下問御内評之処、兼て思召之御旨趣貫通ハ無申」と理解し、その上、木戸と西郷が参議に就任して「奉職勉励」となったことから、「衆庶之心も大ニ定リ」とみなしていた(29)。その岩倉が、前年七月に民蔵分離騒動を引き起こした急進的な大隈らの登用に対し、西郷らとの対立を再燃させることを危ぶんだのは当然といえる。それゆえ大久保は、岩倉の疑義を理解できることとし、「小子ニ於而内々木戸江異論」としながらも、「大を取而小を去ル之趣意ニ而差置候事ニ而、若し内情を打出し申上候ハヽ、心動き可申候得共、夫ニ而ハ大事之御運付兼候」と、岩倉を説得したのであった(30)。

もとより、廃藩そのものに反対でなかった岩倉は、大久保の説得をうけて「御安心有之」であったことはいうまでもない。岩倉にとって、制度取調会議の空転のなかで、熊本藩の画策や西郷の不満が危倶される事態であった。そして岩倉は、みずから佐々木や江藤を通じて、密かにその打開策に苦心をかさねていた。それゆえ、鹿児島藩を牛耳る西郷の同意が得られた上での廃藩であれば、その断行に別段の異論はない。したがって、その後の岩倉は、詔書発表の手順など、みずから廃藩置県断行に向けた政府内の諸準備に尽力したのであった。

註

(1)『木戸孝允日記』二、明治四年七月六日、日本史籍協会、六五頁。
(2)同右『木戸孝允日記』二、明治四年七月十一日、五一頁。
(3)同右『木戸孝允日記』二、明治四年六月十一日、五二頁。
(4)同右『木戸孝允日記』二、明治四年七月七日、六五頁。
(5)『大久保利通日記』二、明治四年七月六日、日本史籍協会、一七六頁。
(6)前掲『木戸孝允日記』二、明治四年七月八日、六六頁。
(7)前掲『大久保利通日記』二、明治四年七月八日、一七七頁。
(8)沢田章編『世外侯事歴維新財政談』中巻(大正十年)二二六頁。
(9)前掲『木戸孝允日記』二、明治四年七月九日、六七頁。
(10)前掲『大久保利通日記』二、明治四年七月九日、一七七頁。
(11)牧野伸顕『回顧録』上(中央公論社、昭和五十二年)一九―二〇頁参照。『修訂防長回天史』全(末松謙澄著、柏書房、一九八〇年)一七二三頁。
(12)前掲『大久保利通日記』二、明治四年七月九日、一七七頁。前掲『木戸孝允日記』二、明治四年七月九日、六七頁。
(13)前掲『修訂防長回天史』全、一七二一頁。前掲『世外侯事歴維新財政談』中巻、二二三頁。
(14)前掲『木戸孝允日記』二、明治四年七月九日、六七頁。
(15)同右『木戸孝允日記』二、明治四年七月十日、六七頁。
(16)前掲『大久保利通日記』二、明治四年七月十日、一七七頁。
(17)前掲『木戸孝允日記』二、明治四年七月十一日、六八頁。
(18)『保古飛呂比』佐々木高行日記〈五〉東京大学史料編纂所、一九七四年、一六四頁。
(19)前掲『大久保利通日記』二、明治四年七月十日、一七七頁。
(20)同右『大久保利通日記』二、明治四年七月十一日、一七七頁。前掲『木戸孝允日記』二、明治四年七月十一日、六八頁。
(21)同右『大久保利通日記』二、明治四年七月十二日、一七八頁。

(22) 前掲『木戸孝允日記』二、明治四年七月十二日、六八頁。
(23) 原口清「廃藩置県政治過程の一考察」(『名城商学』第二九巻、人文科学特集、一九八〇年)参照。
(24) 下山三郎『近代天皇制研究序説』(岩波書店、一九七六年)一三一―一七〇頁参照。
(25) 「岩倉具視書翰」明治三年十一月十三日(『岩倉具視関係文書』四、日本史籍協会、四七〇―四七一頁)。
(26) 前掲『木戸孝允日記』二、明治四年七月十二日、六九頁。
(27) 「岩倉具視書翰」明治四年七月十二日(『岩倉具視関係文書』五、日本史籍協会、八七頁)。
(28) 「岩倉公への書翰」明治四年七月十四日(『大久保利通文書』四、日本史籍協会、三三七頁)。
(29) 「岩倉具視書翰」明治四年七月一日(『中御門家文書』上巻、早稲田大学社会科学研究所、昭和三十九年、三〇三頁)。
(30) 前掲『大久保利通日記』二、明治四年七月十三日、一七八頁。

第八節　廃藩置県の断行

1　廃藩置県の詔書

明治四年(一八七一)七月十四日の朝、深夜に雷鳴をとどろかせた豪雨は去り、小雨に変わった。嵯峨実愛の日記には、「陰雲西南行時々小雨灑蒸暑」(1)とある。嵯峨は、十日に徳大寺実則とともに大納言の辞表を提出していたが、十三日夕刻に至って翌十四日に礼服着用で出仕すべしとの連絡をうけ、衣冠をととのえて参朝した。この日の朝、やはり鹿児島藩知事島津忠義、山口藩知事毛利元徳、佐賀藩知事鍋島直大、そして高知藩知事山内豊範の代理板垣退助

は、礼服にて参朝した。いずれも前日に朝廷から急な呼びだしがあったことによる。(2)

午前十時には、天皇が小御所代に出御し、忠義ら四人を召見して、右大臣三条実美が左の勅語を宣した。

「汝等曩ニ大義ノ不明ヲ慨キ、名分ノ不正ヲ憂ヘ、首ニ版籍奉還ノ議ヲ建ツ、朕深ク之ヲ嘉ミシ、新ニ知事ノ職ヲ命シ各其事ニ従ハシム、今ヤ更始ノ時ニ際シ益々以テ大義ヲ明ニシ、名分ヲ正シ内以テ億兆ヲ保安シ、外以テ万国ト対峙セントス、因テ今藩ヲ廃シ県ト為シ、務テ冗ヲ去リ簡ニ就キ有名無実ノ弊ヲ除キ、更ニ綱紀ヲ張リ政令一ニ帰シ、天下ヲシテ其向フ所ヲ知ラシム、汝等其レ能朕カ意ヲ体シ、翼賛スル所アレ」(3)

勅語では、先に版籍奉還を首唱した四藩の行為が嘉尚され、さらに新たに藩を廃して県を置くことになったので、天下の大勢を察して勅意をくみ、翼賛するように命じていた。ついで、名古屋藩知事徳川慶勝、熊本藩知事細川護久、鳥取藩知事池田慶徳、徳島藩知事蜂須賀茂韶が同様に召見され、やはり勅語が宣せられた。勅語では、慶勝などがさきに郡県樹立を建議していたことに対し、それを「遠ク将来ノ猷謀ヲ画」した「衷誠」の「所致」とし、嘉尚している。(4)

午後二時、天皇が大広間に出御し、今度は午前中の島津忠義、毛利元徳らをはじめ、在京中のすべての藩知事が呼び出されていた。藩知事五六人を前にして、三条は詔書を宣した。

「朕惟フニ更始ノ時ニ際シ、内以テ億兆ヲ保安シ、外以テ万国ト対峙セント欲セハ、宜ク名実相副ヒ政令一ニ帰セシムヘシ、朕曩ニ諸藩版籍奉還ノ議ヲ聴納シ、新ニ知藩事ヲ命シ各其職ヲ奉セシム、然ルニ数百年因襲ノ久キ、或ハ其名アリテ其実挙ラサル者アリ、何ヲ以テ億兆ヲ保安シ万国ト対峙スルヲ得ンヤ、朕深ク之ヲ慨ス、仍テ今更ニ藩ヲ廃シ県ト為ス、是務テ冗ヲ去リ簡ニ就キ、有名無実ノ弊ヲ除キ、政令多岐ノ憂無ラシメントス、汝群臣其レ朕カ意ヲ体セヨ」(5)

詔書では、万民を保全して万国に対峙することを、国家的な課題として強調している。そのために王土王民の貫徹と大義名分を整えることを急務とし、新たに廃藩を断行することによって、有名無実や政令多岐の弊害をなくすことが可能になると位置づけている。そして廃藩置県を断行する詔書が下され、それまでの藩がいっせいに廃されたのである。天皇の「入御」の後、五六藩知事には、それぞれ免官の辞令が授けられた。

この廃藩置県が断行された当日、木戸孝允は参議として詔書を読み上げる三条右大臣の側に座していた。木戸は前日、廃藩置県の「発令之次第取調らへ」に苦心し、諸官員の退出後に坊城俊政大弁や田中不二麿・土方久元両中弁、岩谷修大史らと、その準備にあたっていた。(6) 一夜が明けた十四日、大広間に座している五六藩知事中に旧主毛利元徳をかいま見て、木戸はその感慨を左のように記している。

「今日於大広間主上出御、玉座の下にて大臣公勅詔を敬読被成、余等又其側に侍座す、五十六藩の知事平伏拝聴勅詔す、余不覚九年前三条卿京師を避けられ、西山口筑紫の間に漂歴被成しに、今日此盛事を補翼せられ、又顧るに山口知事公には、五十六藩中に在て斉く平伏拝聴、実に我海岳も不及高恩を蒙しか君也、感情塞胸不知下涕涙、世間知事と雖も不知大勢不悟、今日一藩中の有志甚苦心するもの不少、然るに知事公能く忠正公の御宿志を告せられ補佐朝廷、天下を保安するの御志甚厚く、頃日も為其上書等も有之、実に允等も亦不可有不尽と、今日の事尤務て微力を尽せり(7)」

毛利元徳は前述のように知事辞職を上表していたが、木戸はこの日、廃藩の詔を「平伏拝聴」する元徳を見て、改めて胸をつまらせている。天下の大勢を理解できないままに不満を抱く華・士族の存在を考えると、みずからの藩知事の抵抗に苦しめられずにこの日を迎えることができたのは、まさに感激の極みであったといえる。

そして、木戸はさらに当日の日記に、七百年来の旧弊をようやく改めることができ、「世界万国と対峙」する基礎を定めることができたと、深い感動をこめて廃藩置県の意義を書いた。版籍奉還を主張して以来の苦心を振り返り、かって木戸を敵視した者が、今日に至って協力する側になったとし、「不知々々宿志の達する期に至る」として、「人世之事不可期」と感無量の思いを記したのであった。

2　廃藩断行の舞台裏

廃藩置県の詔書が宣せられた明治四年（一八七一）七月十四日、藩知事に免官の辞令が発せられ、政府は旧藩の大参事などの重役に対し、追って指令のあるまでの間は「是迄通事務取扱可致事」と命じた。(8) 東京を離れて管轄地にいた旧藩知事に対しては、九月中に「帰京」するように命じている。(9) この「帰京」については、西丸の槍剣の稽古場に畳を敷いて、機密の書類を作成した折、最初に旧藩知事に上京を命じる原案が木戸参議、土方中弁に「是認」されたが、田中中弁が「帰京を命ずとした方が好い、東京が基にならなければならぬ」と主張し、「帰京を仰付けらる」との発表になったという。(10) 藩知事については、すでに版籍奉還断行の直後に藩政と家政の分離を命じ、四年七月以前に廃藩を願い出た旧藩知事に対しては、旧藩現石高の一〇分の一を家禄として保証していた。さらに政府は、諸藩で流通していた各種の藩札に対し、それを不都合として、廃藩置県当日の七月十四日の相場で後日に引き換えることを達している。(11) 政府の金札と交換する方針を伝え、将来は、全国統一的な新貨幣を発行することを表明した。それらは、諸藩領での混乱を回避するための措置にほかならない。

このような廃藩置県断行の次第については、概して岩倉が作成した左の案文にならった。

「　　廃藩御発表ノ次第

一、二官諸省卿輔等被召於御前御沙汰ノ事
　此御沙汰案如何
一、尾「越」薩長板垣等同断於御前御沙汰ノ事
　此御沙汰案如何越如何
　五藩ノ所自今ノ心得御達シノ事
一、熊本始メ建言藩々知事於御前御沙汰ノ事
　此御沙汰振如何
一、知事一同参朝大広間ニ出御ノ上廃藩思召ノ次第御沙汰書ヲ以而為読聞ノ事
　但シ在国並病気ノ輩ハ大小三事ノ内名代
一、知藩事一同免官ノ事
一、廃藩凡テ県ト被称ノ義御布告ノ事
一、大参事以下江追而何分ノ御沙汰被仰出候迄県庁事務都而是迄ノ通可取計之事
一、民蔵兵司
　右等別段御沙汰如何口達
一、在藩知事召ノ事
　但シ九月中ノ事」(12)

岩倉は、前述のように鹿児島、山口両藩実力者による廃藩密議の場から外されていたが、七月十二日にその断行に同意し、以後はみずからも政府会議の肝煎となった。岩倉は廃藩の次第で、名古屋、福井、鹿児島、山口、高知藩を

廃藩断行の特別な藩に位置づけたが、実際は、まず最初に鹿児島、山口、高知、佐賀四藩に勅語が下されている。つぎに重視された「熊本始メ建言藩々」への勅語は、名古屋、福井、鳥取、熊本藩とされた。岩倉にとっては、有力大藩会議構想に協力し、またその後に国事諮詢に任じられた名古屋、福井両藩を重視していたが、それは鹿児島、山口両藩の主導とそれに次ぐ高知、佐賀両藩、そして名古屋、福井藩という順に改められ、版籍奉還の際の体制に引きもどされたことが知られる。鹿児島、山口両藩実力者の考えと岩倉の思惑の相違といえる。そこでは、「封土返献天下ニ魁たる四藩」を重視し、四藩のそれまでの実績を強調することで、「天下一般帰着する所」を確然とさせようとする西郷らの主張が貫徹されたように思われる。[13] 人事面では、大納言嵯峨実愛と徳大寺実則の辞表が受理されて麝香間祗候に任じられ、高知藩出身の板垣退助と佐賀藩出身の大隈重信が参議に登用されたのであった。

そして、翌十五日には、知事が帰藩中の二〇〇余の旧藩に対しても、その代理として大参事などが招集された。天皇が大広間出御し、やはり三条が前日の五六藩と同様に廃藩置県の詔書を宣している。廃藩置県が二六一のすべての藩に宣せられ、開拓使が設置されていた北海道と後述のような鹿児島藩支配下にあった琉球を除き、それまで設置されていた県とあわせて全国が三府三〇二県とされたのである。

また、この十五日には、廃藩置県の処置をめぐる政府会議が紛糾したが、最後は西郷の威力が論客を圧倒した。皇居内の「御舞台」で開かれた大臣、大納言、参議や各省の卿・大輔会議の様相は、佐々木高行の『保古飛呂比』に、左のように記されている。

「翌日、大臣・納言・参議・諸省長次官等、皇城中御舞台旧幕府ノ時ニ舞台ノ由ニ集会ス、各自議論紛紜如何ニ処置スベキト、孰レモ声高ニ成リ居タル場合、遅刻ニテ参議西郷隆盛参ス、西郷各自ノ議論ヲ黠シテ聞キタルカ、大声ニテ、此ノ上若シ各藩ニテ異議等起リ候ハヽ、兵ヲ以テ撃チ潰シマスノ外アリマセント、此一言ニテ忽チ議論止ム、実ニ西郷ノ権力、サシモ議論家ノ面々モ一言ナシ、非凡ナル事他ナシ」[14]

西郷のひと声が、それまでの議論紛紜を打ち潰してしまったという。廃藩を既定の事実として周囲の不安を一蹴し、そのもとでの集権体制を推進することが合意されたのであった。

註

(1) 『嵯峨実愛日記』三、明治四年七月十日・十二日・十三日、日本史籍協会、四四六—四四九頁。
(2) 『修訂防長回天史』全（末松謙澄著、柏書房、一九八〇年）一六九九頁。
同書には、山内豊範が病いで上京猶予中であり、鍋島直大は父閑叟の服喪中で代人が出席したと記されている。また極秘にすすめられた廃藩置県については、「当時其ノ議ニ参与セル者、皆能ク機密ヲ厳守シ、隆盛ノ如キハ、之カ計画ノ中途ニシテ、藩主ノ感知スル所ト為ルヲ虞レ、以為ラク、事若シ泄ルルアラハ、薩藩ノ中ニ於テモ、反対スル者出テ、之ヲ阻止スルニ至ラムト、是ヲ以テ廃藩令下ルノ前夜ハ、薩邸ニ帰ラスシテ、弟従道ノ宅ニ宿シタリ」であったようだ（「徴兵制度及自治制度確立ノ沿革」〈『明治憲政経済史論』、国家学会、原書房、大正八年、三八五—三八六頁〉）。
(3) 『太政官日誌』明治四年、第四五号。
(4) 同右。
(5) 同右。
(6) 『木戸孝允日記』二、明治四年七月十三日、日本史籍協会、六九頁。
(7) 同右『木戸孝允日記』二、明治四年七月十四日、七二頁。
(8) 『太政官日誌』明治四年、第四五号。
(9) 同右。
(10) 菴原鉚次郎『土方伯』大正二年、四一七—四一八頁。前掲『修訂防長回天史』全、一七二三頁。
(11) 前掲『太政官日誌』第四五号。
(12) 「廃藩御発表ノ次第」（『岩倉具視関係文書・岩倉公旧蹟保存会対岳文庫所蔵』七—二三—二、北泉社マイクロフィルム版）。

(13)『鹿児島県史料』忠義公史料、第七巻、鹿児島県維新史料編さん所、昭和五十四年、一四五頁。
(14)『保古飛呂比』佐々木高行日記〈五〉東京大学史料編纂所、一九七四年、一六〇―一六一頁。

第五章　廃藩置県の衝撃

第一節　廃藩置県と旧勢力

1　青天の霹靂

廃藩置県の突然の断行は、多くの華族や士族にとって、寝耳に水の驚きであった。例えば右大臣の三条実美につぐ地位にあった華族の嵯峨実愛と徳大寺実則は、「卓越ノ人材」登用を求めてともに大納言の辞表を提出した直後で、廃藩の断行はまったく聞かされていなかった。(1) 嵯峨は明治四年（一八七一）七月十二日に夏期休暇を十四日から十六日とする旨の連絡を受けていた。そして翌十三日の夕刻に、改めて十四日の二時に礼服着用で参朝すべしとの指令が届き、その十四日に辞表が許されて大納言を免じられた。新たに麝香間祗候に任じられ、国事諮詢として毎月三回の参内を命じられている。嵯峨は、廃藩置県の断行とすべての藩知事の免職を知り、その日記に「可謂英断果決欤、人心洶々頗不穏、上下所驚愕也(2)」と書いた。みずからが大納言の「重職日夜」から解放されたことについては、安堵を洩らし、一緒に麝香間祗候に任じられた徳大寺実則や徳川慶勝と「相互心添之事」を申し合わせ、帰宅後は家内の人員削減などを周囲に伝えている。重職から解放された安堵とともに、混乱と前途の不安な事態に直面し、複雑な心境であったことはいうまでもない。

一方、多くの士族は迅雷掩耳の廃藩置県に直面し、呆然自失の感を受けたようである。下総国一万国の生実藩の場合は、権大参事の市原正義が藩知事森川俊方の代理として参朝し、廃藩置県の詔書と知事免官の辞令を受け取った。市原は国元に対し、「今般之事件実以奉恐入、唯々血涙ニ顔面ヲ洗候而已」(3)と、書き送っている。同藩は、大政奉還直後の朝廷の諸侯召集に対しては、菊之間詰諸藩のなかで徳川家擁護に積極的な姿勢を取っていた(4)。鳥羽・伏見戦争後は、新政府に恭順・協力的な姿勢に転じたが、明治二年五月の公議所の会議では封建制の存続論に立っている。そのような同藩では、版籍奉還後も藩内の急激な変動はなく、「是迄日々朝となく夕ト無奉得拝顔候」で、「内外公私之別者御座候得共、先々従前之心得ニ御座候」であった(5)。それゆえ、君臣間の断絶をよぎなくされる廃藩置県に直面し、また憤慨・歎息の外にどうしようもなく、「血涙顔面ヲ洗候」という思いだったのである。

このような青天の霹靂の衝撃と憤然としたいきどおりは、改革派の有力藩にもみられた。福井藩三二万石については、城下町福井に滞在していたアメリカ人のウイリアム・エリオット・グリフィスが、著書『皇国』(6)に、その状況を左のように記している。

「まさに青天の霹靂！　政治の大変動が地震のように日本を中心から揺り動かした。その影響はこの福井でもよく観察できた。今日、町の武士の家には激しい興奮が渦巻いている。武士のなかには三岡（八郎）を殺すとおどしている者がいるという。というのは三岡は一八六八年の功績で収入を得、また福井で長い間、改革と国家の進歩の中心人物であったからである。

今朝十時に、東京からの使者が藩庁に着く。にわかに学校で騒動が起きた。日本人教師と役人が全員、学監室に呼び出された。数分後に会うと、その人たちの大方は顔が青ざめ、興奮していた。中には大股で玄関へ出て、刀を帯に差し、下駄をはき、ゆるやかにたれた着物と絹羽織の裾を後ろへぱたぱたさせて急いで出て行く者がいた。その様子は全く芝居じみていて、日本の書物にある絵によく似ていた。

たった今とどいた天皇の声明によると、武士の世襲の所得を減らし、名目だけで任務のない役所を廃止し、それに付けた給金は天皇の国庫に渡すよう命じている。役人の数は最小限まで減らす、藩の財産は天皇の政府のものになる。福井藩は中央政府の一県に変る。そして役人はすべて東京から直接に任命されることになる。」

五年後に出版されたこの『皇国』の記述は、廃藩置県が伝えられた七月十四日と、その一か月半前に布告された藩政改革の衝撃が混同して描かれているようだが、(7)それにしても同時期の福井での一連の騒動は、まさに天地の逆転するものだった。グリフィスの目には、役人たちの大多数の顔が青ざめ、興奮したように映っている。同藩の改革派で新政府に登用された由利公正（三岡八郎）を、守旧派が怒りのやり場に困って殺そうとしたうわさも耳にした。士族の住む屋敷町で興奮が渦巻き、翌日も心配で気が狂いそうな老人がいること、さらには少数の乱暴者が、「三岡らの天皇支持者」に対し、「こんな状態にしたのはお前らだ、殺してやる」と語っていることも、グリフィスは聞かされている。

しかし、藩校明新館のお雇い外国人教師であったグリフィスは、福井の廃藩置県を感動を持って目撃し、旧弊を改める最良の機会が来たと歓迎した。明新館では翌日から学監室が無人となり、教場でも目障りな役人の邪魔が入らないようになった。福井の役人が五〇〇人から七〇人に減らされると聞き、働かない役人とごくつぶしが多いことを日本の最大の弊害とみなしていたグリフィスは、その削減に両手をあげて歓迎している。そのことを、「まさにシンドバットが海の老人を振り落した」と表現し、「新生日本万歳」と記したのであった。(8)

そして、福井では、士族を仰天させたこの廃藩置県の衝撃が、結局、武力を用いた反抗となってあらわれることはなく、多くの人々の衝撃も急速に鎮静化に向かったようである。福井でも、「ちゃんとした武士や有力者」は、「異口同音に天皇の命令を褒め」、「それは福井のためでなく、国のために必要なことで、国状の変化と時代の要求だ」と語ったという。グリフィスに対し、日本の将来を意気揚々と論じる者があり、かれらは「これからの日本は、あなたの国やイギリスのような国々の仲間入りができる」と話すようになっていたのである。

2　天下の大勢

廃藩置県は、鹿児島・山口両藩実力者によって極秘にすすめられたことから、何も知らされていなかった一部の有力者には釈然としない思いを生じていたが、政府の官員やその周辺では、廃藩置県そのものを時代の流れとして受けとめる方向が大勢であった。

高知藩の佐々木高行の場合、制度取調会議に参加して政府の動向にも通じており、岩倉とも密接な関係にあったがゆえに、廃藩置県への思いを左のように記した。

「廃藩立県ニ付、高行思フニ、素ヨリ廃藩トナリ、郡県ノ体裁不相立中ハ、百事挙ラヌ事ナレハ、孰レ断然タル御処置ハ当然ナリ、併ナカラ少シ早過キタルヘシ、如何トナレハ、此頃迄ニ諸藩ニテモ追々知事職ヲ辞退スル向モアリ、何分是迄ノ藩政ヲ立派ニ掃除シテ、其後知事辞退致度論モ多シ、其掃除スルモ、畢竟藩債モ多ク、士卒ノ落着モ行届候様ニ致シ不申而ハ、藩知事ノ恥辱ト申ス光景ニ向ヒタルコトナレバ、今暫ク其筋ヘ朝廷ヨリ導クトキハ、知事ノ家禄ヲ入レ、士卒ノ憤発ニテ家禄モ打込ミ、其上朝廷ヨリ無理ヲ見セズ、程能ク取扱度事ナリ、既ニ福岡藩モ贋札一件ニテ、藩知事免職トナリタレバ、実ニ恥辱ト諸藩思フ気也、其他藩債ノ多キ処、殊ニ外国債抔ノアル向ハ、一途ニ消却ノ処分ヲ附ケル折柄ナレバ、当年カ又ハ明年計、朝廷ヨリ督責シテ、藩々ニテ士卒ノ処、藩債ノ消却ノ目途ヲ附ケサスル時ハ、却テ藩々ノ居合ヨク、第一朝廷ト御無理ナキ形ニテ、他日何事モ被成能クアルヘシ、然シ是ハ頗ル因循論不而已、チト上手仕事ナレハ、猥リニハ申述ベガタシ」[9]

佐々木は、郡県制の確立を重視する立場から廃藩置県の断行を当然のことと理解したが、一方で少し早過ぎた処置であると評した。そこには、諸藩の藩政改革が進展して、藩知事辞職願いが出されるようになっていた動向が存在する。士族・卒の将来や藩債の処理に目途がつくのを待った上で廃藩置県を断行したのであれば、諸藩の折り合いもよく、無理のない形で後日のためにも適切であっただろうとみなす判断である。

また、同じ高知藩出身の板垣退助は、率然と廃藩の詔書を下さずとも、諸藩がすでに廃藩を求める方向に到達していたとの見解であった。みずからが監修者となった『自由党史』に、「今日廃藩の挙の如きも既に天下の輿論となり、各藩国の自から之を奏請せしに由るが故に、直ちに之を断行するの不可なるを見ずと雖も、事の順序よりせば、之を断行するに方り、宜しく先づ集議院を再興して、其討議に附し、以て輿論の裁決を採る可かりしなり」[10]とあるのが、それをうかがわせる。後年の編纂物の記述であるが、廃藩断行を天下の大勢であったとし、鹿児島・山口両藩の専断によらずとも、集議院の討議にかけて、世論の裁決を取るべきとの主張であったようだ。板垣は、高知藩の中心となって藩兵の上京と親兵化を進め、鹿児島・山口両藩とともに政府強化に協力してきた。そして、米沢・彦根両藩の有力者と連携して、「朝権一定」と議院開設を求めた運動を展開していた。[11]それゆえ、板垣自身が参議に抜擢されたとはいえ、廃藩置県が寝耳に水だっただけに、なお不満が残されたのである。

もっとも、このような釈然としない不満も、それが廃藩置県断行の大勢を覆すものでなかったことはいうまでもない。廃藩への流れは天下の大勢であった。西郷が桂久武に書き送ったように、廃藩は「天下一般帰着する所」である。[12]「天下之形勢」の進展は急速で、「是迄因循之藩々却て奮励」し、名古屋、徳島、鳥取などの諸藩が「大体郡県之趣意」で、「日々御催促申上候」と伝えられていた。それゆえ、前述のように佐々木は、みずからの釈然としない思いを表明すれば、それが因循論のように誤解されてしまうので、みだりに口に出すことができない旨を書いている。高知藩の郡県制批判論者であった谷干城も、兵部大丞に登用されて四年六月に上京した後は、政府批判の姿勢を改め、廃藩置県の断行にとくに反対を主張することはなかったのである。[13]

3 「朝旨遵奉」と大義名分

廃藩置県を天下の大勢と理解する有力藩の動向は、前述のような改革派諸藩会議の中心となった米沢藩の場合にも指摘できる。同藩の外交方をリードしていた宮島誠一郎は、彦根・高知・福井藩などの改革派諸藩との提携を策していたことから、鹿児島・山口両藩出身者が極秘にすすめた廃藩置県については、「朝廷之御処置未タ三藩之鼻息ヲ仰キ面目なし」と批判した。だが、その宮島も廃藩置県そのものについては、同日の日記で「先此一挙アッテ一層之進歩ナリ」と肯定している。[14]

廃藩置県断行時、同藩では藩知事上杉茂憲が帰藩のために東京を出発した後で、七月十五日に在京の権大参事高山政康が知事の名代となって参朝し、詔書と知事免官の辞令を受け取った。詔書と辞令は、大属の上与七郎によって二十日の深夜に米沢に到着している。[15]米沢では、茂憲が東京から帰着した直後であったが、茂憲と隠居斉憲は、二十三日に大参事以下の旧藩重役を召集し、左のような告諭を発した。

「今般藩ヲ御廃し県と御改め、二百余名之知藩知事一統免官被仰出、随而我等ニ於而も同様免職被仰付難有奉存候、右ニ付而是迄数百年来君臣之契を結ひ我等も各方を子之如く存込各方も我等に相尽し呉候義不浅、膠漆水魚之交際有之末ニ候得ハ嘸々快からす可存無余儀訳と察入候得共、我等在職中屢諭告ニ及置候通り、皇国御大事之此際ニ臨ミ一藩限之小情ニ拘り候場合ニ無之、畢竟此辺御洞観非常之宸断被為在候御事ニ而、誠以而御尤至極之御儀ニ奉存候、左候上ハ各方ニ於而も右御趣意ニ奉副此末猶更奮発為朝廷忠節相勤候様希望此事ニ候、万一紛紜を生し趣意貫徹不致候而ハ、我等数年の忠節ハ水之泡ニ相成恐懼之次第ニ候、此上累世之交情を考呉候て前顕之通各協力して朝廷江忠節を尽し候こそ、我等是迄の宿志茂相立誠ニ以大慶の事ニ存候、此辺の理合は各方飽迄相心得居候末、今更贅言茂耻入候得共、是迄交情ニ甘ひ無腹臓遂相談候事」(16)

茂憲は廃藩置県に際し、上杉家の長年の「君臣之契」にふれながらも、「皇国御大事」として、一藩のみの「小情」にこだわることの不可を論じている。そこでは、新政府の強化に協力してきた戊辰戦争後の同藩として、今度の「非常之宸断」を当然なこととし、「紛紜」を生じては同藩の実績が無になると、藩内の慰撫につとめた。朝廷の「御趣意」にしたがって忠節を尽くすことが、それまでの米沢藩の運動、宿志の達成につながるものと諭したのである。

もっとも、同藩の士族・卒が全く平静であったわけではなく、大属の池田成章は、「霹靂一声」の廃藩を「士民の驚愕一方ならず、恰も暗夜に燈火を失ふものゝ如し」と評していた。(17)「旧君を懐ふの情」が強かった池田は、「再び他に仕ふべきにあらず」と思い、新政府への仕官の勧誘を辞退したという。

そして、茂憲の東京移住に際しては、米沢の一六町の年寄を中心に、知事の留任と救助を求めた左のような愁訴の動きがみられた。

「昨年朝廷王政御復古御改革に付而は、土地人民御返上ニ相成如何成行候哉と易き心も無御座候処、一大幸とも可申哉、矢張米沢知事様被為蒙仰候に付、当知事様御代に難有御政教に奉浴候事と始めて安堵罷在候処、思之外此度天下一統藩を御廃し県と被遊藩々之知事様総御罷免に被為成、御殿様には近々御登京被遊候義十方に暮申候次第に御座候、右ニ付篤と熟意仕候ニ此上何れの難有知事様下りにも難計候へ共、前条申上候数十年難有御恩徳を奉蒙候御殿様御別れ仕候条迚も忍兼、何国迄も当御殿様御一代御国へ御止りに而御撫育、町家之者共生業を安し候様御救助被成下度偏奉歎願候」(18)

このような知事の留任と町民の生業安堵を求める歎願に対しても、茂憲は九月八日、改めて「皇国御大事」を説き、茂憲および旧藩首脳が廃藩置県を当然の帰結とみなす考えをかさねて示すことで、混乱の鎮静化をはかっている。廃藩断行をまことに「至極」のこととし、知事の留任に固執して歎願することは、上杉家の「数年の勤王」が水泡に帰す行為になると諭したのであった。

また、米沢藩と同様に改革派諸藩会議に参加し、藩知事みずからが明治四年（一八七一）三月と五月に辞表を呈していた熊本藩では、廃藩置県後の八月に新たに陸軍少将に任じられた細川護久が、左のような直書を発した。

「今般大政更ニ御改正廃藩置県知事一統免職被仰付候処、間茂無ク不肖儀海軍少将拝命誠ニ感恩之至ニ候、然処不肖重大之任其職ニ難堪真情ヲ陳シ奉固辞候処、更ニ陸軍少将被仰付誠ニ以難有仕合ニテ、右再応之厳命此上奉辞候而者深ク奉恐入乍不肖涯分ヲ尽シ勉励之悟覚ニ候、就而者一統之情誼彼是深察致シ候処、版籍奉還当春猶知事免職之儀奉願候末者、天下之大勢朝廷之御目途豫メ承知之前ニ可有之候得共、一旦不肖旧郷ヲ離レ候実際ニ臨ミ候而者、是迄数百年之藩情ヨリ遺憾無聊之意思ヲ生シ、万一愚僻之巷議ヲ唱ヘ心得違之族モ有之候而者大義名分決而難相済候、今日御新政之始一層御趣意ヲ奉体シ、四海一家王土王臣之義ヲ明ニシテ各其職分ヲ尽シ、其業ニ安シ其土ヲ楽ミ、宇内並立之実効ヲ奏シテ永世皇恩ヲ報シ奉リ候得者、山海懸隔郷土ヲ異ニシ候共、同胞之情誼

ニ於テ聊無間隔不肖平素之志願ニ候条、此旨一統熟復心得違無之様深ク頼入候也

辛未八月　　細川護久[19]」

護久は、同年三月と五月に知事免職を願い出た経緯をふまえて天下の大勢を強調し、「万一愚僻之巷議」を主張する「心得違之族」があっては、大義名分に反すると慰撫している。そして、陸軍少将に任じられたことを報じ、みずからも勉励する覚悟を表明し、「四海一家王土王臣」のもとで、それぞれが「職分」を尽くすように諭していた。

やはり前述の改革派諸藩の会議に藩知事みずからが参加し、七月十四日の勅語でその建議を嘉尚された蜂須賀茂韶は、左の告諭を発していた。

「今般朝政大ニ御釐正被遊万古不朽郡県ノ大基礎被為建候ニ付、茂韶前日奉職無状ヲ御罰責ヲモ不被遊而已ナラス、勿体ナクモ御褒賞ノ綸旨ヲ蒙リ、本官被免候段盛徳ノ至ニ不甚ナリ、抑前年既版籍ヲ奉還シ朝廷新ニ藩ヲ被為建候砌、茂韶ノ不肖ヲ以藩知事ノ命ヲ辱ナフスルコト天覆ノ御仁徳ト謂ツヘシ、然ニ知事ノ四民ヲ視ル四民知事ヲ視ル、兎角ニ世襲ノ旧習ヲ存シ、有名無実ノ弊蓋職トシテ之レ此ニ因ス、故ニ速ニ藩ヲ廃シ郡県ノ実ヲ挙サセラレンコト建言セリ、今ヤ前途御目的ヲ確定シ、内ハ億兆保安シ外ハ以万国ト対峙センカ為、世襲ノ知事ヲ免シ大ニ人材ヲ四方ニ求メ玉フコトハ固ヨリ当然ノ理ナレハ、四民等能此大義ヲ弁シ名分ヲ明ニシ、第一朝旨ヲ遵奉シ勉メテ従来ノ旧習ヲ去リ私心ヲ除クハ、即茂韶ニ対シ是迄之恩報スル何以テカ之ニ加ヘン、然ニ若説諭ヲ不用朝旨ニ背キ旧習ニ泥ミ聊ニテモ心得違アラハ、則茂韶之罪天地ノ間ニ容レラレサラントス、願ハ四民一同能茂韶カ衷情ヲ察シ、恬然トシテ朝旨ヲ奉センコトヲ懇祈スルノミ

辛未七月　　従二位　茂韶

徳島藩四民中[20]」

郡県制の確立を急務とみなしていた茂韶は、藩知事としてみずから廃藩を建議してきたそれまでの経緯を述べ、世襲知事の免職と人材登用を当然のことと論じ、四民が大義名分を明らかにし、「朝旨を遵奉」して旧習を脱するように説諭している。

そして、同じような建言を嘉尚されていた前鳥取藩知事池田慶徳も、左のような木版刷りの告諭を七月十七日付で発していた。

「慶徳謹テ鳥取県管下之四民ニ諭シテ云、朝廷今般前途之御目的ヲ被為立、一層御釐革被遊候御趣意ニ付テハ、天下之御政体御一変、自今日シテ万目一新セシメ、御国内ノ四民ヲシテ弥其方向ヲ定メシメ、内ハ以テ億兆ヲ保安シ、外ハ以テ万国ト並立シ、数百年ノ陋習ヲ去リ、因襲ノ弊風ヲ改メ、真ニ郡県ノ御基礎ヲ被為立、不朽ノ御確法ヲ被為挙候付テハ、慶徳、前日奉職不勝ノ罪ヲ不被為責、辱クモ蒙褒勅、且以御懇之詔書、被免本官候段、慶徳ノ大幸不可過之、（中略）政令一ニ帰シタマフニハ、藩アリ県アリ区々ノ御政体ニテハ、仮令数年ヲ待ツトモ郡県ノ制度立ツヘカラス、故ニ今藩ヲ廃シ県トシ、世襲ノ知事ヲ免シテ、四方ニ人材ヲ求メ、大ニ方向ヲ定メタマフハ至理ナリ、仍テ汝等能ク朝旨ヲ奉シ、庁令ヲ体シ、大義ヲ守リ、私信ヲ去リ、謹テ御趣意ヲ遵奉シ、聊モ動揺セス、一意各其職ヲ奉シ、官員ハ益勉励シテ奉裨補県政、兵士ハ緩急奉守護朝廷、士族卒其県禄ヲ食スル者ハ、匹夫匹婦ヲ諭シテ県令ニ従シメ、是ヲ以テ前日君臣ノ恩ニ報セハ、慶徳、今日ノ祈望此他ニ出ス、汝四民、能ク慶徳カ愚衷ヲ体セヨ、若心得違ヒ、説諭ニ不従、一時狐疑ヲ抱ヒテ、朝命ニ背キ県令ニ戻レハ、則、慶徳、今日ノ大罪寧ロ身ヲイルヽノ地ナシ、汝四民、猶慶徳ノ為メニ鎮静シテ奉命セン事ヲ懇望ス

東京貫属華族

従二位　池田慶徳

鳥取県管下

四民中

慶徳は、蜂須賀茂韶などと同様に、廃藩置県が知事の世襲を無くして人材登用の契機になるとし、因習の弊風を改めて国内の四民の方向を定めることに結びつくと論じている。慶徳の意向を汲み取って、「庁令ヲ体シ、大義ヲ守リ」、狐疑を捨てて新政にしたがうように諭していた。[21]

さらに、先に述べた福井藩においても、八月十二日に旧藩知事松平茂昭が、左のように演説した。

「吾惟ミルニ我家受封以来幾ント三百年、各ノ祖先ト共ニ講武修文以テ藩屏ノ任ヲ効ス、向キニ版籍返上ノ時ニ在テモ不肖茂昭ノ如キ尚知事ノ命ヲ拝ス、天恩ノ大ヒナル所ニシテ感戴ニ堪ヘサル所ナリ、今ヤ詔ヲ下サレ藩ヲ廃シ県ヲ置キ、前日ノ知事ヲ免シ、冗ヲ去リ簡ニ就キ、政令帰一名実相副之御趣意、恐レナカラ数百年之積弊ヲ御一掃アッテ、大ヒニ皇国ノ興隆ヲ謀ラセラル丶所以、深ク拝祝ノ至ナラスヤ、各厚ク朝旨ヲ奉戴シ、職ヲ尽シ業ヲ励ミ以テ天恩ニ報ヒ奉ランコトヲ惟祈ル、茂昭命ヲ奉シ上途近キニ在リ感情更ニ深シ、故ニ聊愚意ヲ示スコト爾リ

辛未八月」[22]

十二日の当日、松平茂昭は宇都宮勢、毛受洪、小笠原幹、村田氏寿などの重臣を招き、別離の酒をかわすとともに、硯墨、刀剣などの記念の品をあたえている。[23] 茂昭はその席の演説で、廃藩置県を「皇国」の発展のための施策として「拝祝」するとともに、旧藩士族・卒が「厚ク朝旨ヲ奉戴」するように求めたのであった。茂昭は翌十三日に新県庁と学校、十四日に練兵所を訪れている。そして先のような茂昭の「挨拶」が、福井を出発して東京へ向かう前日にも、福井城での告別の席で重臣から読み上げられた。その場に招かれた明新館のお雇い外国人教師のグリフィスは、茂昭が「家来全員にその忠誠をすっかり天皇と皇室に移すように頼んだ。それから落着いた適切な言葉で、家来の新しい

関係、家来自身、その家族、財産の成功と繁栄を祈って」、厳粛な別れを告げたと書いている。[24] 旧藩士族の側からも、別離の辞がなされ、茂昭に対して「優しい言葉」が贈られ、そして「皇室の忠実な臣民」となる決意が宣言されたという。

グリフィスは八月十八日、福井の町の通りが晴着姿の人であふれ、近くの町や村から数千人が集まり、茂昭の出発に多くの老人や女・子供が泣いているのを目撃している。茂昭には「千人の連隊」が武生まで護衛し、東京には「忠実な家臣三、四人」と侍医・従僕が付いていくことを知らされた。グリフィスは、「今日のこれと似た場面が、おそらく今月いっぱい日本の多くの城下町でまのあたりに見られたことであろう」と、ある種の感動をこめて書き留めている。

もっとも、これらの旧藩での厳粛な別れの背景には、前述のように政府が諸藩の混乱を回避すべく、旧藩の大参事に当分のあいだの事務処理の継続を命じていた点が指摘できる。旧藩知事の家禄は旧藩現石高の一〇分一とされ、生計と華族の地位が保証されていた。旧藩知事の多くは、廃藩置県を天下の大勢とうけとめ、混乱を回避すべく告諭を発している。廃藩置県後の新県、とりわけ士族の不穏な動きが危ぶまれた鳥取、名古屋などでは、県が改めて布告を発し、徒党がましい行動を厳しく禁じていた。[25] そして政府は、前述のような廃藩と同じ日、諸藩で発行していた各種の藩札に対して、廃藩同日の相場で政府の金札と引き替えることを明らかにしている。旧藩の藩債についても、十二月十日に「追テ一般之御処分可被仰出ニ付」として、それを政府が肩代わりする方針を示し、負債本帳と証書の写本を大蔵省へ提出するように命じた。[26] さらに同月、「金主共聊危疑ヲ不抱様」と、各地方にそのことを改めて告諭するように指示していたのである。[27]

この時期の諸藩の動向については、廃藩置県を推進した木戸が、その感慨を西欧に留学中の河北俊弼に対し、左のように書き送っていた。

「爾来大勢も大に進歩し、当春夏に至り候而は、大中小藩の内廃藩合県或は一州一県等種々建言候藩も不少、今般終に今一改正に至り、総而廃藩之発令被仰出候処、格別驚き候ものも無之、版籍奉還を謀りし時に比すれは人心の動揺意外に御座候、必竟人智の進遷如此、昔日怨怒いたせしものも今日は却而大に活眼、今日を助けしものも不少、畢竟皇国の大幸と竊に喜悦仕候」(28)

木戸は、周囲の「怨怒」を一身に受けた版籍奉還に比較して、その後の「大勢」が進歩し、諸藩からも「廃藩合県」などの建言が出され、廃藩の発令についても人心が思いのほか平静であったと伝えている。在英中の南貞助に対しては、廃藩置県の「御沙汰一発」で旧藩知事がすべて免職となったが、それでも怪しむ者が少なかったと記し、品川弥二郎にも、「今日之形勢に而は、前日之敵も見方と相成候」(29)であったと書き送った。木戸は、開化にともなう「人情友誼」の軽簿を指摘し、「将来之処又一掃の苦按を増し申候」と危ぶんでいたが、概して廃藩置県断行への反発が思いの外少なかったことを安堵し、その成功を「皇国の大幸」と評したのであった(30)。

4　鹿児島の反発

疾風迅雷のような廃藩置県の断行に対しても、諸藩の多くがそれを天下の大勢として直接の反発を示すことはなかったが、その例外も存在した。例外となった代表的な存在が、旧鹿児島藩知事島津忠義の実父久光である。久光は、政府へ出仕した大久保利通・西郷隆盛らから「疎外」されがちなことに不満を強め、「当初、余が三州薩隅日を犠牲とし、一身を顧みず、断して天下に殉へたるを忘失せし乎、思はざるも亦太甚しと謂ふべし」(31)と、政府当局者に反感をつのらせていた。前述の明治四年（一八七一）春の岩倉勅使下向の折、久光は上京する旨を奉答していたが、その後は病と称して鹿児島を動かず、同年三月に忠義を代わりに上京させていた。四月に西郷隆盛が上京するに際しては、久光は廃藩論の風潮を危ぶみ、その動きに加担しないように命じたというが、それはみごとに無視されている。それゆえ、廃藩置県に対しては、「往年以来の積憤重りて、不満に堪へられず」で、「発令の報、鹿児島に達せし夜陰は、公子侍臣に命し、邸中に花火を揚けしめ、墳気を漏されたり」であった。(32) この久光の「墳気」は、その後も側近の医師や女中たちにも当たり散らし、重役の出仕も「御差止ニ相成」となっている。(33)

鹿児島の中心となっていた桂久武は、西郷に宛てた四年八月十七日の書状でその間の内情を報じ、伊地知正治を上京させた。桂の書状によれば、久光は、廃藩置県断行を抵抗もせずに受け入れた鹿児島出身の政府当局者に対して、「廃藩之議論相起候ハヽ、藩ニ対し其論ハ藩ニ関係之訳を以迯ニ可然、さすれハ廃藩之場ニハ決而不至」として、「随分尽し様も可有之抔」と、その「無策」ぶりを厳しく批判し、激怒している。(34) 久光の怒りに直面した桂は、久光の動向を報知するとともに、鹿児島固有の兵制と学制を改められては、同地の安定・保持が不可能なことを大久保に書き送っていた。

このような久光の反発と伊地知の上京に対し、在京の大久保・西郷らは、宮内大丞の吉井友実と兵部大丞の西郷従道を帰県させることに決した。大久保は、八月二十二日と二十三日に西郷と会議をかさね、吉井や従道と面談している。(35) その間の事情は、二十三日に岩倉へ送った左の書翰にうかがえる。

「伊地知正治より小臣迄一封参如此之御英断ニ出候上ハ、何く迄も其実挙り候処肝要ニ候処、鹿児島之儀余に比例も無之琉球南島余多有之、殊に士族莫大にて右辺之始末ハ勿論、何れ九月頃ニハ従朝廷御処分も可被仰出候付甚当惑之事候間、是非小臣等之内急ニ御暇下向致呉候様云々申参候、伊地知にして如此ニ而余之住人ハ実ニ茫然たる様子ニ被察候、仍而西郷与申談右両人御暇申上候処ニ決着仕、今朝早天より山県なと江奔走仕候次第に御座候、政府ハ西郷ゟ尽力之賦御座候間、多分御許容相成候事与奉存候、昨年来行懸彼是一応形行申上置度、過刻参上之処未御退出不被為在与之事にて外務省迄参仕仕候得共、はや御退出後与承其まゝ引取申候、此段尊酬且右形行不顧恐惜上にて如此御座候、不悪御汲取被下度奉願候」(36)

大久保は岩倉に対し、みずからの帰県が要請される緊急な事態、後述のような「琉球南島」にかかわる特段の課題、それらをふまえた廃藩置県後の鹿児島における各般の「処分」を考慮して、急ぎ吉井と西郷従道を帰県させることの了承を求めた。吉井らは、八月二十四日に東京を出発し、十月十八日まで鹿児島に滞在して、県内の鎮静方と県庁の城外移転などの改革推進に尽力している。(37)

また、島津久光の反発に苦慮する大久保は、久光を分家させ、島津家の戊辰戦争賞典禄一〇万石から、五万石を久光に分与させるように岩倉に要請していた。大久保は八月二十九日の朝、上京した伊地知らと、西郷のもとで会同して「鹿児島云々」を談じており、この日に久光らの旧藩側の反発を慰撫する具体的な画策が、鹿児島藩出身の実力者のあいだで合意されたものと思われる。(38) さらに西郷が大久保に対して、鹿児島へ天皇の親臨を求めており、それらについても検討したようである。(39) もっともこの島津久光の分家と賞典禄の分与については、政府内で板垣などから異論を生じ、三条実美は岩倉に宛て、それを左のように報じていた。

「御安全奉賀候、然は島津分家御取立ニ付家禄之儀御賞典半高配分ニ相成候而ハ、戦功之賞典ハ全父子両人ニ止リ藩士ニハ不及様ニ相成如何可有之哉、尤封土返上已前之事故島津家江被賞事ニハ候得共、他家何れも主人と藩士ニ分与致候訳之処、全父子ニ相分チ候而は他藩之御賞典にも差響候間、蹤ハ三分一ニ分チ二ツハ本来両家ニ配分、一ヲ以藩士ニ与候様ニ相成候方可然候半歟、右は板垣之心付尤ニも相聞候間、内々御談申候書面ニて御分りニも

不相成候ハヽ明朝参上可申陳候、先荒増以文書拝啓如此候、仍草々大乱書高恕可給候也

実美[40]」

岩倉殿

政府内では、旧鹿児島藩が賞典禄を藩士へ配分していないことを問題とし、賞典禄を島津忠義、久光および藩士で三分割して給付すべきとする意見が出されたようである。天皇の鹿児島・山口などへの親臨についても、三条は岩倉に対し、「真之叡慮ニて御発しニ相成候ハヽ、決して御留申上候義ニハ無之」としながらも、「臨幸」については、「少シ疑惑仕候意味」があるとして、積極的な同意ができないと疑義を表明し、この件での面談を求めていた[41]。

大久保はこのような政府内の異論に対し、旧鹿児島藩が「士族戦功之賞は行不申候」で、それに対する士族の不満はないと反論しながらも、「外響合ニも相成」と語り、三万石に減じた額であっても分与されるようにその実行を岩倉に求めた[42]。結果は、政府は特旨をもって九月十日、久光に対して別に一家を立てること、および旧鹿児島藩賞典禄一〇万石から五万石分を家禄とすることを許している。十三日には、「先般従二位宣下再三固辞、無余儀被聞食候処、今般更ニ思食ヲ以テ従二位宣下被仰出候事[43]」と、久光を従二位、その子の前知事忠義を従三位に叙した。

岩倉も、みずからが明治四年春に下向した際の勅命が達成されてないことから、側近の山本復一を鹿児島に派遣した。大久保に文案作成を依頼して、久光へ宛てた左のような書状を山本に持参させている。

「秋冷之砌弥御安全欣然併兼而御持病如何ニ哉尚承り度存候、然者去冬巨細之聖旨申進候通にて今更喋々不待論、皇国前途之興廃安危ハ則薩長土之三力を御依頼被遊候中、於閣下ハ故薩摩守殿之御遺志御紹述、天下ニ先チ大義ヲ唱ヘ身ヲ以テ難ニ当リ、東西奔走終ニ復古之典を被挙候御勲労、誰カ其右ニ出る事を得ンヤ、故ニ于今頻ニ御欣慕被為在候処之御誠意、随而三条小生等カ請求する衷情も豈ニ閣下ニ私すると言んや、兼而当秋迄御猶予期限之事ニ候ヘ者、果して一言之重を御表信且前条不容易天意ニ被為対御出京之御報知三秋之憶ニ候処、今ニ御様子

不相分僕ニ於てハ蒙命之任も有之、今日ニ相成候而者実ニ茫然之仕合ニ候、自然此度ハ御出京之事トハ存候得共、前件御汲量有之暫時なり共是非御拝趨有之度千祈万禱仕候、追々御承知之通朝廷上之御模様大ニ御変革、殊ニ廃藩之令なとハ五年十年を期したる事ニ候処、時運之機循還する所以カ一体之勢よりして意外之御運歩ト相成候、私情を以て論すれハ何とか御挨拶可申様も可有之候得共、即今日新開化之世態ニ推及候上ハ、結局此に至らすしてハ不相済事にて皇国之為にハ可賀之至ニ候、是畢竟封土返上等其基を御開き有之候御至忠よりして、実蹟今日ニ挙り候訳にて、天下始て公平なるを知り耳目も一新致候勢ニ候、僕等ニ於ても益御精忠之程感佩仕候事ニ候、尚細敷ハ従家扶可申入と存候、仍早々如此候也

九月十三日　　具視

島津従二位殿

追而何分旧冬奉勅出頭之末、小生ニハ実ニ苦心罷在候次第、何卒彼此御遠察呉々ニも速ニ御出京之処懇願此事ニ候早々以上」(44)

岩倉にとって、天皇が鹿児島を親臨する計画案は、四年春のみずからの勅使としての成果が改めて問われる事態であり、それゆえ内心は臨幸に反対であったと思われる。大久保の強い要請に応じて親臨を具体化するにあたっては、強引な鹿児島臨幸が政府内外での反発に結びつくことを危ぶみ、少なくとも事前に久光の奉勅上京を実現したいと岩倉は願ったようである。廃藩置県断行で岩倉の企図した有力大藩会議構想が画餅に帰し、それについての岩倉は、廃藩置県が「意外」な進展で、「私情」をもってすれば「御挨拶」の言葉に窮するが、結局は避けることができなかったと久光に弁明している。そして久光が「奉勅」に従って「暫時」にても上京することを要請したのであった。この点、三条もまた九月十四日付で、新政権樹立に果した鹿児島藩の勲功を讃え、「自今前途之事ニ於而も深御依頼被遊

候」として、久光の上京を「屈指渇望」している旨を書き送っている。(45)

しかし、久光の反発は、このような特典や直書に対しても、容易に解消されるものではなかったようである。九月晦日には忠義の従三位昇進の「御祝儀」が行われたが、従二位の宣下をうけた久光自身は、「我等病身何ノ功労モ無之候付、ヶ様之官位被叙候儀モ無之、諸侯一統当分格別之事候付、何分御受難致」とし、西郷・大久保などの昇進を「自儘之事」として、「余程嫌立被居候」であったという。(46)久光は、岩倉が派遣した山本復一に対しても、面会を謝絶し、全癒を待って上京する旨を答えている。(47)翌五年正月には忠義を通じて、改めて従二位拝受の猶予を願い出、分家と五万石賜禄についても、みずからは「御礼」の参観をせず、三男の島津忠欽を代行させた。(48)まさにその不満は、「冠は泥にまみれて位山、のぼるといふも名のみなりけり」「日の本の道は神代にかへすめり、心やいかに横走るらむ」(49)という久光自身の歌に象徴されるのである。

一方、廃藩置県に対する批判は、久光の反発だけでなく、西郷とともに上京した親兵にとっても同様だったようである。「一々出ルコト意表ニシテ、万民驚愕ナラスト謂フコトナシ」の事態に直面し、旧鹿児島藩出身の親兵は、やはり廃藩置県直後に多数が帰県している。(50)英式兵制をとっていた鹿児島藩兵は、政府の親兵が仏式であったことに不満で、また参議となった西郷の姿勢に失望し、「上下紛擾シテ、兵隊ノ内ニモ稍沸騰」であった。「忠義公史料」からは、三度にわけて親兵の帰県者を生じ、兵員五〇〇余人、夫卒一〇〇〇余人にのぼったことが知られる。(51)

また、久光や鹿児島の反発の背景には、郡県制論に対する同地の士族・卒の根強い批判が存在した。批判の一例としては、明治四年八月の『新聞雑誌』に掲載された郡県論に対する直後の鹿児島士族の強い反発がある。この『新聞雑誌』の郡県論は、前述の「新封建論」で、筆者「静妙子」は木戸の側近であった長炗（三洲）とされる。「新封建論」に反発した論説は、「旧邦秘録」に掲載され、そこでは郡県論の「静妙子」を、「人倫ノ逆賊」と糾弾していた。(52)

故なく土地・社稷をすてて版籍奉還を行うことは、始皇帝の郡県専断を髣髴させると批判している。批判者は、むしろ封建制を厳重にして士農工商の職掌を守らせ、質素倹約をすすめて四民を安堵させれば、朝廷の「恩徳」を感じるようになり、海外に対して富国強兵を保つことができるであろうと論じている。「静妙子」の郡県論については、みずからが土地を得ることを欲したもので、郡県論を利用して他者の土地に踏み入り、国家の「政事」を恣にしようとする奸謀にちがいないと糾弾した。このような郡県制批判は、同じ『新聞雑誌』に掲載された「山口藩士卒合併」論に対しても加えられている。封建を廃して士族を農民とするようでは、兵威を振起することができないとし、「小人」を政府内から排除して真の王政に復し、士族はむしろ身分を引き上げ、農工商にも帯刀を許すようにすべきであると論じていた(53)。

この「旧邦秘録」の論説で、「新封建論」と「山口藩士卒合併」論を批判した筆者は、幕末以来の長州藩の姿勢を批判し、農本主義的な封建論を展開している。「旧邦秘録」の命名は久光自身であり、筆者が鹿児島県士族あるいはその関係者であることは間違いない。廃藩置県への反発および親兵の帰県の動向とあわせて、鹿児島県士族の郡県制に対する忿懣の強さがうかがわれる。久光の反発とこのような鹿児島県士族の新政批判が、廃藩置県後に政府のすすめる中央集権政策の重大な課題となり、その後も政府を内外から揺さぶり続けたのである。

註

（1）『嵯峨実愛日記』三、明治四年七月十日、日本史籍協会、四四六—四四七頁。
（2）同右『嵯峨実愛日記』三、明治四年七月十二日・十四日、四四八—四五二頁。
（3）「(生実藩知事免職状受取につき書状)」(千葉県立中央図書館所蔵、生実藩主森川家旧蔵史料、一九六)。
（4）「(大政奉還後幕臣の朝召辞退か)」(前掲、生実藩主森川家旧蔵史料、一六〇)。

（5） 拙稿「下総国生実藩の明治維新」（『日本歴史』第五三三号、一九九一年）。

（6） William Elliot Griffis, *"The Mikado's Empire"* Book II（『皇国』第二部）, Personal Experiences, Observations, and Studies in Japan 1870-1874. 同書は、グリフィス著・山下英一訳『明治日本体験記』（平凡社、東洋文庫、一九八四年）として出版された。

（7） 廃藩置県の衝撃的な思いを述べた引用の記述は、『明治日本体験記』およびその原本である『皇国』の陽暦七月十八日（陰暦六月一日）の項に記され、前者には「廃藩置県」と注記が付されている。しかし、廃藩置県断行は陰暦七月十四日（陽暦八月二十九日）で、それより一月半ほど後である。『皇国』のもととなったグリフィスの「日記」の陽暦七月十八日（陰暦六月一日）には、「Proclamation from Imperial Gov. dispencing with officers and reducing incomes-excitement among thousands of families all over Japan.」と記されているが、この日は福井藩の藩政改革が布告された翌日である。グリフィスは、陽暦七月十八日の「日記」に政府の許可を得て布告されたこの藩政改革の衝撃を記したが、五年後に『皇国』をまとめる際、陽暦七月十八日を廃藩置県断行の陰暦七月十四日と混同し、陽暦七月十八日の項に廃藩置県の衝撃的な思い出を書き込んだのではなかろうか。なお、グリフィスの「日記（Journals of William Elliot Griffis）」は、山下英一著『グリフィスと福井』（福井県郷土誌懇談会、昭和五十四年）に収載されている。

（8） 前掲『明治日本体験記』二三二―二三三頁。

（9） 『保古飛呂比』佐々木高行日記〈五〉東京大学史料編纂所、一九七四年、一六一頁。

（10） 『自由党史』上巻（板垣退助監修、宇田友猪・和田三郎編、五車楼発行、明治四十三年）三六頁。

（11） 「明治四年日誌」四年五月四日・七日・八日（国立国会図書館憲政資料室蔵、宮島誠一郎文書マイクロフィルムNo1）。

（12） 『鹿児島県史料』忠義公史料、第七巻、鹿児島県維新史料編さん所、昭和五十五年、一四五―一四六頁。

（13） 「隈山詒謀録」（『谷干城遺稿』一、続日本史籍協会、東大出版会、二二七頁）。

（14） 前掲「明治四年日誌」四年七月十五日。

（15） 「茂憲公御年譜」巻二十六、明治四年七月十一日・十五日・二十日・二十一日の条（『上杉家御年譜』二十、米沢温故会、昭和五十九年）。

（16） 同右「茂憲公御年譜」巻二十六、明治四年七月二十三日の条。

(17)「過越方の記」上（『米沢市史』資料篇四、近現代史料Ⅰ、米沢市史編さん委員会編、昭和六十二年、五〇四―五〇五頁）。
(18)「茂憲公御年譜」巻二十七、明治四年九月八日の条（『上杉家御年譜』二十、米沢温故会、昭和五十九年）。
(19)『改訂肥後藩国事史料』第一〇巻（細川家編纂所、昭和四十九年）明治四年八月、八八三頁。
(20)「史籍編纂料調査書・淡路之部」（国文学研究資料館・史料館所蔵、阿波蜂須賀家文書『史料雑纂』一）。
(21)『贈従一位池田慶徳公御伝記』五（鳥取県立博物館、平成二年）六一五―六一六頁。
右については、木版刷りの「告諭」（鳥取県立博物館所蔵、沖家文書二六九）が作製された。加筆、附箋があり、一般向けに数次の修正が行われたようである。
(22)「家譜」茂昭公、二三五（福井市立郷土歴史博物館蔵、越葵文庫）。『福井県史』資料編一〇、近現代一（福井県、昭和五十八年）七五頁。
(23)同右「家譜」茂昭公、二三五。
(24)前掲『明治日本体験記』二四二―二四三頁。
(25)『米子市史』（米子市役所、昭和十七年）七一四―七一七頁参照。「御触留」四、明治三年十月（愛知県公文書館所蔵）。
(26)『太政官日誌』明治四年、第一一〇号。
(27)『太政官日誌』明治四年、第一一三号。
(28)「河北俊弼宛書翰」明治四年九月一日（『木戸孝允文書』四、日本史籍協会、二七八頁）。
(29)「品川弥二郎宛書翰」明治四年八月十三日、「南貞助宛書翰」明治四年九月十二日（前掲『木戸孝允文書』四、二六七・二八五頁）。
(30)「河北俊弼宛書翰」明治四年九月一日（前掲『木戸孝允文書』四、二七八頁）。
(31)『維新前後実歴史伝』三（続日本史籍協会、昭和五十五年覆刻）二二二頁。
(32)『鹿児島県史料』忠義公史料、第七巻、鹿児島県維新史料編さん所、昭和五十五年、九八七頁。
(33)「桂四郎書翰」明治四年八月十七日（『大久保利通関係文書』二、立教大学日本史研究室、昭和四十一年、二六九頁）。
(34)同右。
(35)『大久保利通日記』二、明治四年八月二十二日・二十三日、日本史籍協会、一八五―一八六頁。

(36)「岩倉公への書翰」明治四年八月二十三日（『大久保利通文書』四、日本史籍協会、三五一・三五二頁）。

(37) 吉井友実「三峰日記」（宮内庁書陵部所蔵）。前掲『鹿児島県史料』第七巻、一七八・二三一頁。

(38) 前掲『大久保利通日記』二、明治四年八月二十九日、一八七頁。

(39)「西郷隆盛より大久保への書翰」明治四年九月十四日（前掲『大久保利通文書』四、三七七頁）。

(40)「三条実美書翰」（『大久保利通関係文書』四、立教大学日本史研究会、昭和四十五年、一五七頁）。

(41)「岩倉公への書翰」明治四年九月六日の解説（前掲『大久保利通文書』四、三七二頁）。

(42)「岩倉公への書翰」明治四年九月七日（前掲『大久保利通文書』四、三七三頁）。

(43) 前掲『鹿児島県史料』第七巻、二二三―二二五頁。

(44)「岩倉公より久光公への書翰」明治四年九月十三日（前掲『大久保利通文書』四、三六九―三七一頁）。「岩倉具視書翰」明治四年九月十三日（『岩倉具視関係文書』五、日本史籍協会、九一―九三頁）。

(45)「三条実美書翰」明治四年九月十四日（前掲『大久保利通関係文書』四、一五五頁）。

(46) 前掲『鹿児島県史料』第七巻、二三二頁。

(47)『明治天皇紀』第二（宮内庁、吉川弘文館発行、昭和四十四年）五三八頁。

(48) 前掲『鹿児島県史料』第七巻、三二一・三四〇頁。

(49) 高島弥之助『島津久光公』（昭和十二年）三〇七頁。筑波常治「島津久光論―革命における旧支配層開明派の役割」（思想の科学研究会『共同研究・明治維新』一九六七年）参照。樫山和民「有司専制政権と島津久光」（『書陵部紀要』第二三号、昭和四十六年）参照。

(50) 前掲『鹿児島県史料』第七巻、一六二頁。

(51) 前掲『鹿児島県史料』第七巻、一六二―一七二頁。

(52)「旧邦秘録」（前掲『鹿児島県史料』第七巻、二二三頁）。

(53)「旧邦秘録」（前掲『鹿児島県史料』第七巻、二二二―二二七頁）。

第二節　廃藩置県と英国公使館

1　廃藩置県に対する驚嘆と懐疑

明治四年（一八七一）七月十四日の廃藩置県断行は、当時の最大の貿易相手国で、列国外交団の中心であったイギリスにとっても、寝耳に水のできごとであった。同国公使ハリー・パークスは、先にふれた四年四月二日の岩倉具視との会談で、鹿児島・山口・高知三藩兵の上京を聞かされ、それらにともなう藩体制の重大な変更、中央集権国家構想の企図を伝えられていたが、廃藩置県はそのパークスのイギリス帰国中に断行された。慶応元年（一八六五）閏五月に着任したパークスは、滞日六年目の休暇を得て、明治四年四月二日に本国へ向けて横浜を発っていたのである。

また、代理公使のフランシス・アダムスと日本語書記官アーネスト・サトウも、廃藩断行の当日は、来日中のオーストリー人のアレクサンダー・ヒューブナー男爵とともに箱根旅行中であった[1]。サトウは七月十六日に江の島を出発し、午後六時に東京に帰着して、廃藩置県の情報を左のように耳にした。

「Arrived in Yedo about to great changes have take place in our absence. All the han have been turned into Ken, Sawa has been replaced at the F. O by Iwakura. Okuma has been reappointed Sangi and Itagaki of Tosa added to the member. Inouye Bunta made Minbu Taiyu. Other changes are in prospect no doubt. The whole of the Daimios remissed from the office of Chiji of han, the Daisanji and others remain as they were, for the present.」[2]

サトウは、「江戸を留守にしているあいだに、大変な変革が行われていた。すなわち、すべての藩が県になった。外務卿は沢から岩倉に交代した。大隈はふたたび参議に返り咲き、土佐の板垣が新たに参議になった。井上聞多(馨)は民部大輔になった。今後も改革がつづくことはまちがいない。すべての旧大名が藩知事を罷めさせられた。大参事などは、いまのところ、以前のままだそうである」と記している。サトウは、外務省の宮本小一を通じて、藩が廃されて県となったこと、政府改革が行われて旧藩知事が罷免されたこと、岩倉が外務卿に就任したことを聞かされた。小藩が大きな県に吸収され、外務卿の沢宣嘉が県知事になるであろうことも知らされている。

鎌倉を見物した代理公使アダムズは、サトウより一日遅れて東京に帰着したが、外務卿を免職となった沢が七月十九日に公使館を訪れ、翌二十日には岩倉の訪問をうけている。新任外務卿の岩倉は、アダムズに対して廃藩置県断行の経緯を説明し、政府が直面したもっとも困難な問題が、「大名」をいかに処置するかという点であったと語った。[3]新政府の基礎を固めるためには、ほとんど独立国に近い「大名」の権力を打破し、中央集権の実をあげる必要があり、そこでは何よりもまず王政復古にもっとも力を尽くした鹿児島・山口・高知三藩から、同意と協力を取りつけることが不可欠であったと語っている。そして岩倉は、みずからが勅使となって鹿児島と山口に下向したことにふれ、その結果、三藩の兵を親兵とすることができ、この廃藩置県の実施が可能になったと説明した。

つぎに岩倉は、廃藩置県後の措置について、アダムズに左のように語った。

「All the ci-devant Daimios now in Yedo were consequently released from their duties as Chihanji, or Governors of "Han" and the remainder would soon be similarly relieved of their functions. It was intended that they should all leave their old residences and live with their wives and families, permanently in Yedo, just as the Court hobles formerly resided at Kioto. Those among them who were capable would, however be employed in the public service, but men of talent, of whatever rank, must henceforth be selected as far as possible to fill important posts. There would thus be a grandual cocentration of the Government, and the power of each Department would extend throughout the Empire. It was a comprehensive scheme.[4]」

岩倉は、現在「江戸」に参集しているすべての「旧大名」は、知藩事の職務を免じられ、同様に残りのすべての「旧大名」も、まもなくその職務を解かれるであろうと述べている。かれらはすべてそれまでの居城をあとにし、夫人や家族とともに「江戸」に永住することが期待され、これはちょうどかって京都に住んだ公卿の場合と同じであるという。岩倉は「旧大名」のうち、有能な者は政府の役職に就けるであろうが、これからは出身階級の如何を問わず、できるだけ才能のある人物を選び、これらの人物を重要な地位に据えなければならないと述べた。このようにしてはじめて、政府の中央集権化がしだいに実現し、各省の権力が全国に行きわたるようになるのであり、これは実に包括的な計画であると語っている。

これに対してアダムスは、発足したばかりの新政府が、わずか数年でこのような急進的な改革をどうして遂行できたのかという驚きを、かくしきれないようであった。拙著『廃藩置県』でも紹介したが、まずアダムスは、岩倉の計画をきわめて包括的であると評しながらも、旧藩が発行した藩札の回収の困難な点についての危惧を述べた(5)。つぎに、廃藩後の改革が騒動や流血を見ることなしに実施できないのではないかとして、農民と宗教の問題に関する二点の疑問を岩倉に投げかけている。農民の問題は、画一的な徴税が農民にとって過酷なものとなり、農民の不満の感情が困窮と失意にある下級士族に利用され、一揆の拡大につながるのではないかという危惧であった。宗教については、仏教の廃棄と神道を復活させる上からの強制が、旧来の仏教信仰にもとづく生活や祭礼を破壊し、それに対する強い反発を引き起こすのではないかという疑問である(6)。

このアダムズの危惧に対して、岩倉は廃藩置県が突然に決定されたものでなかったと主張し、「時間をかけて準備され、しだいに成熟してきたものである」と答えている。そして、農民の負担を軽減し、これまで課税を免れてきた商人階級から徴税することを検討中であると語った。仏教の廃棄を布告したのではなく、仏教と神道の混合を否定して、神道を純化しようとしたに過ぎないと弁明している。アダムズの不安感を解消させるための強弁を含んでいたとはいえ、岩倉はアダムズに対して、政府が農民対策と宗教問題を適切に処理し、騒動や流血に至らないように解決する自信があることを述べ、そのための十分な力を政府が所持していると語ったのである(7)。

岩倉は、七月二十七日にもアダムズとサトウ、およびヒューブナー男爵を自邸に招き、廃藩置県断行の背景とその後の計画を率直に話した。岩倉は廃藩置県を可能にしたのが、日本人のいだく「大義名分」という考えによることを説明している(8)。鹿児島・山口・高知三藩の知事が、それぞれの県知事に任命されたという噂を耳にしたというアダムズの発言に対しても、それが事実ではなく、「今後もかれらが県知事に任命されることはない」と答えている。

同時期、アダムズは鹿児島の病院長となっていたウイリアム・ウイルスから、鹿児島の特異な情勢を伝えられていた。旧鹿児島藩が軍事的・地域的に割拠し、島津久光が鹿児島に残り続け、東京に出た西郷隆盛が旧藩の利益を代表しようとしているとの情報である。アダムズは、二十七日の岩倉の説明についての感想を、本国のグランビル外相に宛て、「雄藩の大名のうちのだれもが、歴史的に由緒ある旧領地の知事に任命されることなく、その大部分が公的生活から隠退し、なんの官職もあたえられずに余生を江戸ですごすことになるとしたら、これはまさしく大変革と呼ぶほかない(9)」と、書き送っている。廃藩置県の不安を記し、それを断行した改革派の成功が、「ひとつは数百年にわたって権威に従うことに慣らされてきた従順で卑屈な農民の服従心であり、もうひとつは神聖な御門の発する命令を無条件で受け入れる士族階級の忠誠心(10)」にあったと報じた。

もっとも、休暇帰国中であった公使パークスは、後日にアダムズから廃藩置県の報をうけ、強固な政府による新しい施政への努力の一環とそれを前向きに評価したようである。パークスは版籍奉還の折にも、中央集権化に向けた明白な第一歩とみなし、知藩事を政府から任命された地方官と評し、それゆえ、有名無実な知藩事の引退を当然の処置と考え、廃藩置県を「諸外国の間に伍して君主国としての地歩をとる」ために必要であったと理解していた(11)。

だが、代理公使のアダムズは、後日に客観的な判断を下したパークスと異なり、廃藩置県の現場で対処しなければならない当事者であって、目前に展開された日本の変革に対する驚きと懐疑の思いが強かったようである。パークスやサトウに比較して日本での経験が少ないだけに、アダムスのその思いはなおさらであったのかもしれない。イギリス側とくに代理公使のアダムズは、廃藩置県の「大変革」に「驚嘆の念」を示すとともに、岩倉の再三の説明に対しても、その後の成り行きについての危惧が消えなかったのであった。

2 「穏健な改革派」への期待

明治四年（一八七一）八月二日、皇居の吹上御苑で来日中のヒューブナー男爵と天皇の謁見が行われ、代理公使アダムズと日本語書記官のサトウも同席した。謁見に先立って、ヒューブナーらは、三条・岩倉はじめ参議の木戸孝允、大隈重信、板垣退助の出迎えをうけた。ヒューブナーは、当日に出席していた木戸・大隈らについて、その印象を左のように記している。

「彼らはなかなか味のある人物ばかりで、貴族出身の同僚たちよりよっぽど魅力がある。知性もあれば大胆さもあり、ついていると思えば一か八か賭けてみるといった博徒の豪気さも持っているのだ。たしかに彼らは爪を手入れしていないし、振舞いも少々荒っぽく無器用で、高位の日本人なら見せる呑気な優雅さも欠いているのだが、それでも現在の状況を左右しているのは彼らなのである」[12]

ヒューブナーは、木戸・大隈らについて、貴族的な優雅さや高官らしい態度が欠けているとしたが、その容貌に知性と大胆さを感じ、博徒の確信のようなものが刻み付けられていると評している。かれらを「日本の改革者とも破壊者ともいえるような人物」と記し、諸改革にともなう「暗闘を最終的に解決させるのも大いに彼らの双肩にかかっているのだ」と評した。

翌八月三日、木戸がイギリス公使館に来訪し、アダムズとサトウそしてヒューブナーは、木戸と廃藩置県後の政府改革についての議論を交わした。木戸の日記には、「今日英公使と有約、彼の館に至る、澳国公使も同宿也、外にサトー別に二名あり、同食相語る、帰家する時已に十二字」[13]とある。議論のなかで、木戸はアダムズに対し、廃藩置県直後の禄制改革と藩札処理の方法を具体的に説明し、府県の施政も「参事の監督」で滞りなく遂行されていると語っている。本国へ送ったアダムズの報告書およびそれに同封されたサトウの覚書によれば、この日の木戸は家禄の整理を約十年で終え、藩札を政府の金札に引き替えるための費用を三〇〇〇万両とし、あまり驚くほどの金額でないと、強気な発言を行ったようだ。廃藩置県後の「旧大名」の処遇については、左のように論じたという。

「Kido expressed an opinion that none of the ex-Daimios would offer any opposition to the carrying out of the decree by which han have just been transformed into Ken. They voluntarily conceded the peinciple two years back, When they conceded all their seigniorial rights to the Mikado two years ago; anyone who should refuse to abide by the surrender then made would find himself without supporters and deserted by public opinion. As for the Samurai of the clans, their rights are fully taken into consideration in the plan above-mentioned of issuing government bonds; there is no opposition to be the expected from them.[14]」

木戸は、廃藩置県の措置を実行することに対して、反対する旧大名がいないと思うとし、旧大名は二年前（明治二年）に版籍奉還を申し出たとき、廃藩置県を原則的に、且つ自発的に承認したと述べている。この二年前の奉還の約束を拒む者は、だれも支持されず、世論から見放されるであろうと語った。旧藩の士族については、前述の政府公債の発行計画において、かれらの権利が十分に考慮されていると述べ、木戸は旧藩士族からの反対があるとは思えないと語っている。木戸は、明治二年の版籍奉還で土地と人民の奉還が行われており、それが二年後の廃藩置県に反対できない理由につながったと語り、その後の士族の家禄整理でも、権利が考慮されているのであれば、士族の反対があるとは思えないと断言したのである。アダムズが、島津久光「支配下」の鹿児島について、他藩出身者を知事（県令）を送りこむことができないのではないかと尋ねたことに対しても、木戸はさほど困難なことではないと答えたという。ヒューブナーはかれの『世界周遊記』に、この時の木戸の発言を、左のように記している。

「我々は西国諸藩をまったく信頼しきっているわけではありません。九州の薩摩藩に対しても同じです。九州には反対派が存在するかもしれません。が、ともかく彼らも結局は譲歩することでしょう。私自身は、最終的に成功することを疑ってはいません。我々の大計画の一つは、いくつかの小藩を一つに統合し、あまりにも大きすぎる藩をまず最初に、それからあまりにも強大な藩を次に、それぞれ分割することなのです。[15]」

木戸は、すべての「世襲の権利」を一掃し、国民の習慣を改め、その考え方を変えるのに三年があれば十分であると明言した。だがそれはヒューブナーらを驚かせ、新たな改革の先行きに対する懐疑を深めさせたようである。このような外国側の疑念は、七月二十九日に発行された『ニューヨークタイムズ』が、廃藩置県を高く評価してそれを妨げるような動向がないと記しながらも、「諸侯の家臣」たちへの対処についての危惧を示していたことに相い通じる。[16]同紙は、「南部」からの兵士の集結や指導的人物の動きから、「重要な政治的変化が起こるという噂が全く根拠がないわけではないと信じるようになっていた」が、廃藩置県の断行は噂をはるかに上回っていたとし、今度ばかりは、「噂の女神」が諸外国や国民全体を驚愕させたと記していた。そして、士族の処置についての疑問、それに対する士族側の姿勢に関する懐疑、「革命的ゲリラ団となって国内を略奪し、破壊して回わるのだろうか」という疑いを提示していた。

木戸の明晰さをもってすれば、旧藩の力があなどりがたいもので、家禄整理が後述のような政府内の紛議を引き起こすことは、予想できたように思われる。木戸は、廃藩置県が思いのほか平穏に断行できたこともあって、廃藩置県とその後の改革に対する諸外国側の危惧を払拭するためにも、「新しい日本」の船出を強調すべく、「前途に対する揺るぎない自信」を表現してみせたものと思われる。

それゆえ、木戸はその後、アダムズの意をうけたサトウが訪ねてきた八月二十二日、廃藩置県後の中央政府の見通しを率直に語っている。木戸は、七月二十九日の太政官三院制の設置が、ヨーロッパの代議機関を模倣しようとした慶応四年閏四月の政体書、および明治二年七月の古式な職員令の失敗を経験し、それらをふまえた改革であると語った。(17) そして木戸は、左院について、それまでの議会（集議院）に代わって設置された諮問機関と位置づけた。左院の構成員が天皇と太政官の指名する人物で、天皇が「自らの意志にもとづいて、この機関の決定を無効にする権力を保持している」と、その漸進的な諮問機関の役割を説明している。右院については、太政官と同格であった神祇官を神祇省と改めて行政部門の諸省の一つにしたこと、大学を昇格させて文部省としたことなどを語っている。新たな正院がそれまで太政官と呼ばれていたものと同じあり、太政大臣・左大臣・右大臣・参議で構成され、文字どおり「御門の内閣」に当たると説明したのである。

サトウは、それまで木戸を「革命の首謀者」「熱烈な改革派」とみなしていたが、この木戸との対談を通じて、「穏健な改革派」と評するようになっている。アダムズもこのサトウの対談報告書を読み、「日本で責任ある地位にいる人物たち」の「穏健」な姿勢を知り、安堵の喜びを示している。西欧の制度の安易な模倣によって、日本国内の統合を確実にすることは出来ないと悟ったようであると、歓迎の意を表明したのである。(18)

メッテルニッヒの薫陶をうけて駐仏大使などを歴任してきたヒューブナーは、世界周遊中の比較的自由な視点、およびヨーロッパの「宮廷外交」を体験してきた老政治家として、アダムズ以上に日本の急進的な改革に対し、強い危惧を示していた。明治政府の実力者たちの急進的な改革に対し、「改革事業はまず人心を摑むことから始めるべきだ」[19]として、その事業を成就させるために、まず最初に周囲の協力を得る努力が必要なことを強調している。ヒューブナーは、天皇の謁見式の八月二日、三条実美から意見を披瀝するよう求められた折にも、日本がみずからの風俗や思想に注目し、急激な変化は避けて、「慎重の上にも慎重に行動」すべきであると発言していた。[20]このヒューブナーの見解は、廃藩置県の改革を危惧するアダムズにとっても共感できるものであり、それゆえサトウから木戸との談話を聞かされていたアダムズは、木戸らの「穏健な改革派」の台頭をより強く期待したのである。アダムズ自身も、岩倉と夕食を伴にした十月十四日、岩倉遣外使節団派遣と天皇の横浜行幸計画を話題にして、その改革が性急すぎること、とくに横浜行幸によって天皇の威厳を損なう恐れがあることを論じた。天皇を平民の地位まで引き下げようとしている一部の指導者についての風聞、天皇がアメリカ軍艦を訪問する計画などについての危惧を指摘したのである。[21]

アダムズのこのような考えが、日本のイギリス公使館側の中心的な見解となっていたことは、アダムズが本国のハモンド外務次官に宛て、「たしかにかっては日本人を強制し、その鎖国主義を放棄させ、かれらを文明と進歩の軌道に連れ出すことが正しい政策であったが、現在ではかれらを引き留め、一か八かの遣り方をする政治家たちの熱気を冷ましてやることが、外国代表の義務だと確信している」と書き送ったことに裏づけられる。そしてアダムズは、明治政府の急進的・熱狂的な開化政策を漸進主義に切り換えることが、サトウを含めた駐日イギリス公使館側の考えであるとして、本国政府の承認を求めていた。[22]アダムズの見解の背景には、天皇の「大統領化」がアメリカの影響で計画されているといった風聞に対し、イギリス側が強い危惧を持つようになっていたこともあったようである。アダムズは、廃藩置県の断行を理解するための資料として、前述した「新封建論」の英訳文を本国のグランビル外相に送り、日本は外国との関係で封建制度を廃止しなければならなくなったと書いた。[23]「新封建論」を英訳したのがアーネスト・サトウであり、それが『ジャパン・ウイークリー・メール』に掲載されたことはすでに述べた。[24]アダムズみずからも、この「新封建論」によって、日本が万国対峙を課題とし、そのために中央集権国家の樹立を指向したことが若干なりとも理解できたのかもしれない。ともあれ、条約上のイギリス国民の権利と財産の安定的な確保のためにも、廃藩置県後の日本の改革が、漸進的であることが期待されている。日本の天皇の権威が保たれ、「穏健な改革派」による近代国家の形成がなされることを、イギリス側が強く望むようになっていたものと看取できるのである。

註

（1）アレクサンダー・F・V・ヒューブナーは、オーストリア＝ハンガリー帝国の外交官で、フランスやローマ教皇庁駐在のオーストリア大使をつとめた。一八六七年に引退した後に世界一周旅行をこころざして、一八七一年五月にアイルランドを発って大西洋を横断し、ニューヨークから鉄路を通ってサンフランシスコに至り、チャイナ丸で太平洋を越えて明治四年六月七日（一八七一年七月二十四日）に横浜に上陸した。メッテルニッヒの腹心で皇帝フランツ・ヨゼフ一世の側近であったヒューブナーは、滞日中の七一日間、イギリス公使館から各般の世話を受け、明治天皇と会見し、岩倉・木戸と率直な意見交換を行った（A・F・V・ヒューブナー著、市川慎一・松本雅弘訳『オーストリア外交官の明治維新』〈新人物往来社、昭和六三年〉参照）。

（2）P. R. O. 30/33, 15/4, Satow Papers; Diaries. 31 Aug. 1871（イギリス国立公文書館所蔵）。萩原延壽「遠い崖」第一〇四四（『朝日新聞』一九八四年十一月五日）参照。

（3）F. O. 46/141, No. 63. 8 Sep. 1871.（confidential）〔Despatches from Francis O. Adams to the Foreign Office, Sept. 1871〕。前掲「遠い崖」第一〇四五（一九八四年十一月六日）。

（4）同右。

（5）前掲、F. O. 46/141, No. 63. 8 Sep. 1871. 前掲「遠い崖」第一〇四六（一九八四年十一月七日）。

（6）同右。

（7）同右。前掲「遠い崖」第一〇四六・一〇四七（一九八四年十一月七日・八日）。

(8) 前掲、P. R. O. 30/33, 15/4. 11 Sep. 1871.
(9) 前掲、F. O. 46/141, No. 73. 15 Sep. 1871. 前掲「遠い崖」第一〇五一（一九八四年十一月十四日）。
(10) 前掲、F. O. 46/141, No. 72. 14 Sep. 1871. 前掲「遠い崖」第一〇五〇（一九八四年十一月十三日）。
(11) 前掲、F. O. 46/142, No. 101. 27 Oct. 1871. H. Parks to Granville, Ryde, 3 Nov. 1871.
石井孝「廃藩の過程における政局の動向」（『東北大学文学部研究年報』第一九号、一九六九年）参照。
(12) 前掲『オーストリア外交官の明治維新』一三一頁。
原本は、Alexander F. V. Hübner「*Promenade autour du Monde*」（『世界周遊記』）の第二部。
(13) 『木戸孝允日記』二、明治四年八月三日、日本史籍協会、八三頁。
(14) F. O. 46/141, No. 80. 18 Sep. 1871. (confidential)〔Despatches from Francis O. Adams to the Foreign Office, Sep. 1871〕。
前掲「遠い崖」第一〇五七（一九八四年十一月二十四日）。
(15) 前掲『オーストリア外交官の明治維新』一三五頁。
(16) 『外国新聞に見る日本』一（国際ニュース事典出版委員会、一九八九年）五四一頁。
(17) F. O. 46/142, No. 92. 7 Oct. 1871. (confidential) Encl: Memorandum by Ernest Satow.
前掲「遠い崖」第一〇六二（一九八四年十一月三十日）。
(18) 同右。前掲「遠い崖」第一〇六三（一九八四年十二月三日）。
(19) 前掲『オーストリア外交官の明治維新』二五九頁。
(20) 同右、一三四頁。
(21) 前掲「遠い崖」第一〇七三・一〇七四（一九八四年十二月十七日・十八日）。
(22) 同右。
(23) F. O. 46/142, No. 101. 27 Oct. 1871. Encl: Supplement to No. 6. of the Budget of news.〔Despatches from Francis O. Adams and Sir. Harry Parkes to the Foreign Office, Oct-Nov. 1871〕（イギリス国立公文書館所蔵）。
(24) 拙稿「明治初年『新聞雑誌』の廃藩論」（『中央史学』第一九号、一九九六年）。

第六章　府県制の成立と士族問題

第一節　太政官三院制の創設

1　太政官三院の設置

廃藩置県後の明治四年（一八七一）七月二十九日、それまでの太政官、神祇官と民部、大蔵、兵部、刑部、宮内、外務、工部の七省からなる太政官制が廃され、新たに正院、左院、右院を置くいわゆる太政官三院制が設けられた。太政官職制によれば、正院には太政大臣、納言、参議、枢密大史、大史その他が置かれ、監部課や式部、舎人、雅楽の三局が設置された。太政大臣は「天皇ヲ補翼シ、庶政ヲ総判シ、祭祀外交宣戦講和立約ノ権、海陸軍ノ事ヲ統知ス」とされ、納言の職掌は、大臣を補佐して代理になるとされ、参議は「大政ニ参与シ官事ヲ議判シ、大臣・納言ヲ補佐シ、庶政ヲ賛成スルヲ掌ル」とされている。(1) 事務章程によれば、正院は天皇が「臨御」して「万機ヲ総判」し、大臣・納言が輔弼、参議が参与して「庶政ヲ奨督」するとされ、立法、行法、司法の最高決定権を持つと規定されたのである。

また、左院は議長と一等、二等、三等の各議員が置かれ、「諸立法ノ事ヲ議スルヲ掌ル」とされた。右院は諸省長官・次官で構成され、「当務ノ法案ヲ草シ諸省ノ議事ヲ審調スルヲ掌ル」とされている。正院は立法、行法、司法の事務を、左院、右院の事務章程に則って審議、上達させ、それを正院が「裁制」することと定めたのであった(2)。

右のような太政官制の改定は、すでに四年六月以降の政府改革のなかで検討されていた。そこでは前述のように大久保利通と木戸孝允の政府改革案が対立し、六月二十五日に木戸と西郷隆盛の参議任官、二十七日の大久保の大蔵卿就任などが決まっている。そして、七月九日には刑部省と弾正台が廃されて司法省が創設されていた。同時期、制度取調会議が組織されたが、そこでは「国体」の問題から「君権」のあり方までが問われるようになって議論が空転し、七月十四日には廃藩置県断行に至っている。その後の制度改革では、十八日に大学が廃されて文部省が新設された。そして、二十九日に正院、左院、右院の三院が設置されたのである。それまでの制度取調会議の審議をふまえ、同時に廃藩置県断行による中央集権体制の整備を課題として、新たな政治機構が定められたものといえる。

このような太政官三院制創設の経緯は、佐々木高行の日記から、左のようにうかがわれる。

「同四日頃ヨリ、制度調ニカヽリタレ共、議論多々ニテ兎角纏リ兼タリ、ソノ中漸ク論モ落合タリ、サレ共二議ニナリタリ、其一ハ、大臣・納言・参議ヲ正院ニ置キ、諸省長官局・議事局ハ、諸議ヲ起シ、立法官ノ体トシ、長官局ハ、施政ノ事務ノ可否ヲ論議シテ、正院ノ議決ヲ乞フトノコトニテ、則正院ニ数人員ヲ備フルヲ便トノ論也、高行ハ、先入主トナリタルコトニテ、何分諸省長官ヲ宰相トシテ施政ノ方ニアラハ、大臣ハ多キ方ヨロシカラズト思フコトナリ、是レハ、矢張リ、集メテ参議トナリ、散シテ諸省ノ卿トナルノ説ニ基クコトナリ、然ルニ、遂ニ大臣・納言・参議ヲ正院ニ置クニ決定シタリ(3)」

制度取調会議において議論が紛糾し、大臣・納言・参議の正院および「諸省長官局」「議事局」を設けようとする説と、佐々木のような参議と諸省の卿を兼任させようとする主張が対立して、ついに前者に決したという。前者は木戸の構想であり、後者は佐々木や大久保の考えであった。「諸省長官局」が右院で、「議事局」が左院であったことはいうまでもない。

この太政官三院制は、先に述べたように木戸の「立法・行政に関する建言書」を基本にしている。木戸の「大納言・参議を一体と為し、之を帝室の枢機官とし、以て立法を司らしめ、行政と両立して政治をなす」(4)との主張である。大納言・参議を「枢機官」および「参議官」とする企図は、その立法官としての機能を拡充して行政諸省の弊害を抑制すること、および将来の民選議会の「下院」に対抗すること予定していた。とくに前者については、大蔵省を中心とする諸省の過度の自己主張と独立性・権限逸脱、それらと太政官三職や地方官とのあいだの確執に対し、その克服を目的としている。この点、木戸の「参議官の権利・人員の議」は、大納言を廃して参議に統一し、参議の定員を一〇名前後と予定している。「枢密立法官」である参議すなわち「参議官」は、行政諸省から定例の報告をうけ、これを審査して可否を決定する権限を持つとし、採択したものは上奏・裁可を仰いだ上で、大臣が調印し、国璽を捺して国法とすることとした。「参議官」の権限を補強する方策として、行政や官員に対する調査権を付与するように主張している。(5)その企図は、後日に「正院耳目ノ官ニシテ、諸官省各局各地方官員奉職ノ怠惰処務ノ奸詐ヲ行走探索スル」という監部課が、正院内に置かれることになった。(6)これらの「参議官」構想が、伊藤博文の意見書を背景にしていたことは前述の通りである。立法を「専宰」する「参議官」を置いて「帝室ノ枢密機官」とし、行政官と両立させること、参議による「密使」派遣することの必要は、いずれも伊藤が指摘していた点であった。(7)

一方、木戸は諸省の卿について、卿が省内の全責任を負うものとし、その権限は定法をもって規定することを構想した。また、人事にまで関与するようになっていた弁官については、その権限削減・廃止を主張していた。これらは、大久保・岩倉らの大納言・参議を廃して大臣・准大臣に権力を一元化させる方策、あるいは参議に諸省卿を兼任させる方向と、責任の所在を明確にして実務権限を強化させようとする点では共通している。その共通認識にそって、大納言の廃止、弁官の廃止などが政府内で合意され、具体化されたものと思われる。

もっとも、木戸の見解は、諸省の行政権限強化をはかり、同時に「参議官」の立法官的側面を強調するもので、それは参議の省卿兼任という大久保・岩倉らの単純な権力集中の方策と、大きく異なっていた。諸省の権限強化にともなう弊害、とりわけ諸省の割拠や権限逸脱の傾向に対しては、諮問機関としての左院、および諸省の連絡、調整の場としての右院の役割が期待されている。したがって、木戸は廃藩置県の密議のなかで、まずはじめに参議の力量不足を強調し、「大隈ヲ参議トシ我ヲ助ケシムル」を主張して、大隈重信、板垣退助を参議に増員した。(8) 木戸が大隈の登用を主張したのに対して、西郷もそれへの対抗として板垣を抜擢し、木戸、西郷、大隈、板垣の四参議となったのである。西郷は、四年春に高知で面談した折に板垣に提携を持ちかけて以来、板垣との協力関係に期待したようであるが、板垣はむしろ山口藩などの改革派に近い位置にあり、結果として、木戸を主導とする政府構成の強化になったようである。(9)

しかし、このような太政官三院制も、廃藩置県後の急速な変革をせまられる事態において、その対応は不十分であった。その第一は、廃藩後に諸省の集権的、統一的な施策が急務となってその役割が増大し、政府全体としての統一、調整が困難になったことである。諸省の卿の権限は、天皇から「其委任ヲ受ル宰臣」とされ、「総テ部事」を自己の責任として、「縦ヒ失錯アルモ己レ其譴ヲ受テ聖明ノ累トナス可ラサル事」、「卿ハ専ラ其部事ヲ総判スル全権ヲ有ス、敢テ他部ノ権ヲ干犯スルコトヲ許サス」(10) とあった。行政諸省の連絡・調整の場となるはずの右院も、現実にはその機能をはたすことができず、概して右院は開店休業の事態となっている。佐々木の左の述懐がそれを示している。

「右院ハ、隔日朝九字ヨリ諸省長次官出仕会議スル規則ナレ共、各省ノ事務多事トテ、卿大少輔モ規則ノ通出ルハ稀ニテ、一事件モ運ハヌ也、高行ハ、省中ノ事務モ細事ハ大小《ママ》輔又ハ丞ニ任セ置キ、何分隔日ニ各省ノ長官ハ出仕シテ、集議シ、兎角各省一弾丸トナリテ、相互ニ公平心ヲ以テ事ノ緩急ヲ相計リ、事務ヲ執行スル事可然迚、其節屢申立テタレ共、大蔵省・兵部省等ハ、迚モ事務多事ニ付、隔日出仕モ出来ヌトノ論也、夫レ故遂ニ大事件アル時々、各省長次官右院ニ集議スヘシトノ御沙汰出テタリ」(11)

諸省とりわけ大蔵省や兵部省の事務が忙しく、隔日の右院会議に規則通り出席ができず、右院を開催しても審議がすすまず、ついには大事件を生じた時に限って集議を行うように改められたのである。右院については、四年九月十五日に右院規則が制定されたこと、陸海軍省分置、全権委任状下付、改暦問題などで右院が開催されたことが明らかであるが(12)、やはり「当務ノ法案ヲ草シ諸省ノ議事ヲ審調ス」といった行政実際の利害に対応するには十分でなかったようである。六年五月二日の太政官潤飾では、「各当務実際ノ可否ヲ議スル」で「勅命ヲ以テ臨時之ヲ開ク」とされたのであった(13)。

また、正院では、太政大臣三条実美と木戸、西郷、大隈、板垣の四参議が、諸省のすすめる行政を統轄する力量に不足していた点が指摘できる。右院の設置や正院内に監部付置が行われたが、その機能が十分ではなく、正院はやはり諸省から浮き上がり、「参議官」も立法官としての力を発揮できなかったことが知られる。結果として、「今日ノ勢ニテハ、各省独立シテ、右院ハ有名無実、正院ハ事務ニ日々遠サカリ」で、「遂ニ各省同士権力相争ト申スニ至ル時ハ、今般ノ改革モ無益ニ帰宿ス」(14)という事態に直面したのであった。

八月十日には、「太政官是ヲ本官トシ、諸省是ヲ分官トス、寮司ハ官省ノ支官タリ」とし、また太政大臣、左右大臣、参議の三職を「天皇ヲ輔翼スルノ重官ニシテ、諸省長官ノ上タリ」と改めて、三職の地位を高めたが、事態はあまり変わっていない。[15]結局は、制度的未熟さを人選でカバーするか、あるいは諸省の改革を抑制する以外に打開策がなかったようである。それが、大蔵省に対する十月二十三日の西郷参議の御用掛兼任であり、また遣外使節団が出発する際の約定書作成になったものと看取できるのである。

2 大蔵省の強権

廃藩置県に前後する政府改革において、大蔵省の人事および同省と民部省の合併が重要な政治的課題となり、それらは集権政策の推進、さらには太政官三院制の確立に大きく関係した。

まず大蔵省の人事問題は、政府改革をめぐる議論のなかで、木戸孝允、西郷隆盛の参議就任が決定するとともに、大久保利通を大蔵卿に擁立する動きが具体化している。政府改革の課題の一つが、太政官三職が諸省とりわけ大蔵省をどのように掌握するかという点であり、大久保はそれまで大蔵省を抑制・統御することを重視していた。明治三年（一八七〇）七月の民部・大蔵省の分離後、大蔵省の力は弱められ、岩倉・大久保らの大蔵省への介入が強まり、同年末の人事改革などで、それまで同省を掌握してきた大隈重信・井上馨らが危惧する事態を生じていた。[16]このような大蔵省の危機に対し、大隈・井上らは、大久保に財行政の実態を理解させることの必要を論じ、そのことで財政問題を政府内の全体的課題とさせることを企図するようになっている。そして明治四年春、熊本藩から大蔵省を牛耳る大隈への批判が噴出したことで、改めて大久保を大蔵卿に擁立する動きが強まったのであった。大隈への批判については、伊藤博文が井上に対して、前述のように熊本藩の安場の画策を指摘し、「大隈ノ進退ハ邦家の盛衰ニ係リ」とする危機感を書き送っていたことがそれを裏づける。[17]

これに対し、大久保は岩倉に宛て、「極内々大蔵云々之事拝承仕候得共、是のミハ真に目的相立兼候付、何卒御憐察ヲ蒙リ外に御任し被下度」[18]と内願していた。だが、大久保の辞退にもかかわらず、大久保を大蔵卿に擁立する動きは変わらない。大久保は天皇の輔導と国体の確立を重視して、中務省の新設とその大輔への就任を内願していたが、政府改革の早急な着手と木戸の参議就任を強引に求めてきたこともあって、みずからにかかわる人事問題で、新たな混乱を引き起こすことができなかったようである。

この結果、明治四年六月二十七日に大久保が大蔵卿、大隈が大蔵大輔に任じられ、大蔵少輔の井上が民部少輔に転じた。右については、岩倉もまた外務卿に就任したことから、大久保と岩倉が「政府本軸」から離れることを「案外ニ候」とする見解も存在したが、大久保の大蔵卿就任を歓迎する地方官も少なくなかったようである。[19]鹿児島出身の奈良県知事海江田信義は、それまでの大蔵省に対する批判から、新たな大蔵卿になった大久保の手腕に期待を寄せている。[20]岩倉も大久保に対し、大蔵卿就任を「恭悦」とし、「天下億兆ノ注目スル処此一省ニ止リ候」として、「ヨロシク御担当断然御着手是祈」と、その期待を書き送った。[21]

大蔵卿に就任した大久保は、廃藩置県断行後、翌七月十五日に大隈と「藩札引替ノ事」を協議し、十六日に吉田清成と大蔵省章程の検討を行っている。[22]同時期の大蔵省では、十四日に大蔵権大丞の渋沢栄一が民部大輔になった井上馨に対し、伊藤博文がアメリカを視察した際の「大蔵省創立之手続草案」の借用を願い出ていた。[23]「諸官省事務章程も追々相立候様可被成事」と、その改革が急務になっていたことへの対応である。しかし、大久保は同時期、改めて大蔵卿の辞任を願い出ていた。大久保の辞意は、二十二日に「条公江参上、小子転任之事猶又歎願切迫言上いたし置候、参朝尤岩公江細々言上」[24]とある。辞意については、廃藩置県にともなう大蔵省の難問山積、およびそれを処理する省内の人事が、大久保の思うように進展しなかったことのようである。大隈が大蔵大輔から参議となった一方で、大蔵省内に残留した伊藤は、大隈・井上が離れた大蔵省では「蒸気力を起し之を運転するの頭脳ある人物なくては、大蔵省の改制も六ケ敷」とし、みずからも大阪の造幣局に転じたい旨を井上に申し出ていた。[25]

このような廃藩置県後の大蔵省の混乱のなかで、井上が大久保に対し、七月二十三日に民部省と大蔵省の合併を提示した。大久保の二十三日の日記には「今日井上より民蔵合省之談を承ル、小子決心之趣有之内願いたし居候得共、猶勘考可致与相答置き候」とある。井上は、財政統一の視点からそれまでも民部省と大蔵省の合併を自論としてきたが、廃藩置県断行の新事態にともない、そのことを改めて主張したという。井上は後述談で、「何んでも廃藩立県の前あたりで、私は民部大輔か何かで居て、民部省から豫て大蔵省へ建議をして居った。どうしても廃藩立県をやると云ふと、此始末が容易ならぬ事だから、幾つも関係者が多くてはいかぬと云ふので、民部省を廃して、大蔵省へ皆それを統一して、其間に始末をした」[26]と、回想している。

そして、民部・大蔵両省の合併に対する大久保の同意が得られると判断した井上は、この二十三日に早速、参議木戸孝允の了承を取りつけていた。木戸は、三年七月に分離となった民部・大蔵省をふたたび合併する点については、「世間」に反発が生じる懸念を示したが、それ以外は「格別異論ハ無之」と答えたようだ。井上は大久保に対し、両者が充分に合意することを求める木戸の意向を伝え、大久保が西郷を説得するように要請した。そして井上は大久保に宛て、廃藩置県断行を機に両省が合併して「前途事務運転」することをなによりの上策と記し、「是迄之国情と今日之処分ハ自ら異」なるとして、諸省や地方官などから「催促ト厭倒」をうける以前に、急ぎ合併の発令を行うように求めたのである。[27]

しかし大久保は、省務になお自信が持てなかったようで、七月二十四日には大蔵卿の辞意と両者の合併反対を改めて表明した。井上はみずからの退職の決意を示し、「手足」となって尽力する旨を語り、大久保が大蔵省にとどまるように求めている。[28] そして、人事・改革のいずれについても大久保の主張通りに実行することを請け合って、民部・大蔵省の合併にこぎつけた。二十五日の大久保の日記には、「井上入来云々之談有之見込十分可承との事ニ候付、小子愚存丈ケ無伏臓申入、尤人選等云々改革云々申候処一々異論無之、左様ならハ此通相運候後ハ奉職いたし候ヤトノことニ付、固よりト答へ請合候」[29]とある。大久保は井上から再三の説得をうけたことで、前向きに考慮する姿勢を示し、人事と組織の改革を条件に決断していた。そして二十五日に井上をともなって木戸を訪ね、二十七日の発表を決定したのである。

民部省が廃されて大蔵省に合併された七月二十七日、井上は民部大輔大木喬任の頭越しに合併を画策したこともあって、その当日は出省をさしひかえ、大久保に対して「人選之事ハ更ニ異論ハ無御座候」とし、急速に発令するように依頼していた。[30] 大久保は早速、井上に左のように返信している。

「今朝ハ尊楮拝読仕候、然者今日民部省被廃止駅逓戸籍勧業三司を大蔵省江被置候との御達有之候、明日ハ夫々御用召相成候由、過日来御内談仕候人撰之内、吉井・安藤之処猶又勘考仕候処、先吉井ハ権正、安藤ハ権助にて可然与存候付、今日御談之上申立之含ニ候処、御不参ニ而差懸無致方独断を以右通申立置候付不悪御聞取置可被下候、渋沢之処木戸君大隈江申立置候、今日之処ハ先従前之通ニ而是非取抜之様子ニ被伺候、是ハ尚明日御談可申上候、○和歌山藩浜口権大参事ハ段々承繕候処、至而人物ヨロシク民部之方ニ的任之由、仍而戸籍之方或ハ駅逓之正にてもヨロシク候半歟ト存候、○統計司之人物無之困却ニ候、紙幣同断猶又御勘考被成置可被下候、民部地理ニ出候緒方是ハ兼而承る人物ニ候如何ニ候ヤ、洋学も随分出来候由、右両司之内ニ宜舗ハ有之ましくや、兵部赤松ハ今日川村江示談大蔵省江取候筋ニ決置候、是も御勘考可被下置候、○田中少丞ハ今日山県君より承候趣有之、尚老台江御談ノ上与申置候、兵部官員江転任候処今日丈御延引願置候、愚存ニハ兵部も御大事ニ候付一人位ハ可然ト相考候、是も御考置可被下候、〇大変革ニ就而ハ機会を失し候ト何も無詮候付是非一挙して運を付申度、明日ハ一同へ八字より出省達置候、尤大少丞ハ廃官なしニ明日直ニ転任之筈ニ候、老台ニも自ら御用召ト存候付、何卒七字より御参朝有之様いたし度、彼是御示談筋有之候付分而御願申上候、参昇之上形行御咄申上度処来人等有之不得止以紙上如此、何も明日拝眉ニ可申上候早々頓首

七月二十七日

大久保利通[31]」

尚々租税司を被廃寮を被置、監督司・用度司ハ被廃候、仍而営繕・出納丈残リ候付、両司ハ権正以上凡而今日免官相成候也

井上大輔殿

閣下

大久保は、井上の持ち込んだ民部・大蔵両省の合併に同意した後は、それを「大変革」の好機と考えて、「一挙」の改革に着手している。結果は、民部省にあった駅逓、戸籍、勧業の三司を大蔵省に合併した。大蔵省は、監督、用度の二司が廃され、租税司が租税寮とされ、それまでの造幣寮と出納、営繕の二司、および新設の紙幣、統計の二司が残った[32]。合併後の大蔵省は二寮七司となっている。

また、大蔵省の人事は、二十七日と二十八日の段階で大蔵大輔に井上馨、少輔に和歌山藩での改革を高く評価された津田出、大丞に谷鉄臣・安場保和、権大丞に松方正義、少丞に林友幸が就任し、租税頭に伊藤博文、出納正に得能通生（良介）、戸籍正に田中光顕、駅逓正に浜口成則（儀兵衛）、統計正に中村清行、営繕正に岡本義方（健三郎）、勧業正に福原俊孝が任じられた。大久保は、地方官からの反発が強かった監督司を廃するとともに、大隈に批判的な安場をはじめ谷・得能・浜口らを登用し、逆に伊藤・渋沢らの急進官僚層を中枢から排除している。

だが、このような大蔵省は、早くも八月十日に一一寮と正算司に組織を改めた。造幣、租税の一等寮、戸籍、営繕、紙幣、出納、統計、検査の二等寮、記録、駅逓、勧業の三等寮および正算司を設け、二寮七司から一一寮一司に寮を増やして格上げし、諸省に比較して卓越・強大な機構としている。(33) 大蔵省については、八月二日に伊藤が大隈・井上・渋沢らに対し、慌ただしい民部・大蔵両省の合併、先に提出したみずからの改革案に逆行した監督司の廃止、計算司に代わる統計司の設置などを批判する意見書を送っていた。(34) 十日の検査寮の新設は、監督司、計算司廃止に関する伊藤の批判をうけ、それに代わる復活的な措置であったと思われる。

そして、八月十九日には大蔵省職制が改められ、大蔵卿の職掌が、本省および各寮司のいっさいの事務を総判して諸官員を統率し、全国の民事、財政の適正化をはかることとされた。(35) 事務章程に則って「制可ヲ乞フ」ことと、専任されて「便宜処分スルノ権」を持つことが明記され、「掌管ノ事務」については、正院に出向いて「其当否ヲ論弁スルヲ得ル」ことが掲げられている。「各地方ノ官員奏任以上ノ進退黜陟ノ事ニ関与ス」ることも明記され、大蔵卿の権限はかってなく強大になった。

このような大蔵省の強大化は、概して廃藩置県後の財行政を円滑に遂行するために不可避とされたが、同時にそれは省務に通暁した官僚層の結集を必然化する。七月二十八日に租税頭に任じられた伊藤は、さらに八月五日に造幣頭兼勤とされ、七月二十九日に枢密権大史とされていた渋沢は八月十三日に大蔵大丞に昇格、復帰している。(36) 逆に大蔵少輔の津田出は、八月十二日に四等出仕とされ、さらに翌五年二月十三日にはそれも退任した。大蔵大丞の谷は八月十二日に左院少議官に移され、やはり大蔵大丞であった安場は十月十八日に租税権頭とされ、欧米視察から帰国した五年五月二十五日に免じられている。駅逓正であった浜口成則も八月十七日に和歌山県大参事に移されており、大久保が抜擢した人物の多くが、短期間に大蔵省から排除されたことが知られる。大蔵省の強大化は、「他日必ス正院ニテ駁シ兼ヌルニ至ルベシ[37]」と予想されていた。それらの課題を克服すべき同省内の人事についても、省務に通暁した官僚層の台頭が顕著となり、当初の大久保の企図が形骸化する事態となっていたのである。

3　諸省の開化政策

明治四年（一八七一）七月二十九日の太政官三院制では、大蔵省とともに外務、兵部、司法、文部、工部、宮内の七省が設置された。宮内、司法、文部省については、六月末からの政府改革論議のなかで、すでにその設置が検討され、主要官職の任命がすすんでいたが、廃藩置県後の太政官三院制創設にともない、改めて集権体制の具体化をふまえた省務の整備が行われ、人選がすすめられている。

まず、宮内省については、当初は大久保利通らによって同省を廃して中務省の新設が企図されたが、木戸・西郷の参議就任に前後してその設置が取り止めとなり、宮内省を存続させることが決まった。この中務省については、大久保が天皇を頂いた国家意志の定立と内廷諸務の掌握を企図したもので、二年七月の「献替指画可竭力」とされた待詔院出仕就任に相通じる点を持ったように思われる[38]。それゆえ、中務省設置が取り止めとなって宮内省の存続が決ると、岩倉は大久保に対して宮内省を「中務同様ノ事」と約し、大久保も同省の強力な改革を指向した[39]。その第一歩は、吉井友実の同省への任用である。

この宮内省改革へ向けた尽力の背景には、公卿や諸侯出身の華族が、概して優柔不断で政治的資質に欠け、一方で士族を蔑視する姿勢が課題となっていたことが存在する。大久保は、華族と士族の差別を無くすことを急務とし、一〇年後にはそれが達成できないようでは、「皇威」を海外にかがやかすことができないであろうと語っていた[40]。だが、政府は明治三年末に宮・旧堂上華族や旧官人などの削禄処分を実施したが、女官の整理などの宮内省改革は懸案として残されていた。とくに参議に就任した西郷隆盛は、「要路の人々ハ質撲ニ行、驕奢の風あるへからす」とし、大納言以上の要職を華族が独占していることを批判している(41)。大久保も四年六月、「華族知事或は長官等之処ハ姑息を御離れ、断然免職不相成候而者相済申ましく」と、政府の主な官職から華族を切り離すように岩倉に求めていた(42)。それゆえ、廃藩置県とその後の政府強化は、天皇の周囲から華族を取り除き、維新官僚を天皇に直結させるための恰好の契機となったのである。

したがって、七月七日に宮内大丞に就任した吉井は、その直後から宮内省の改革に着手した。七月二十日には、「省中大少丞悉皆免官、世古権大丞ニ被任、徳大寺出仕被仰付但大輔准席、今夜徳公ト岩公へ参上、御身辺ノ事件深密評議ニ及フ」とある。前大納言の徳大寺実則を宮内省出仕に任じ、二十五日にはさらに宮内省官制・官位を定め、侍従に旧熊本藩出身の米田虎雄、旧高知藩出身の高屋長祥をはじめ、島義勇、高島鞆之助などの士族を登用している(43)。八月には、旧鹿児島藩出身の村田経満（新八）を宮内大丞に、世古延世（格太郎）を宮内権大丞に任じ、宮中の刷新をはかった。また、八月一日にはすべての女官を罷免し、新たな人選を行った。吉井はその荒療治ぶりを、左のように記している。

「八月朔日、今朝於御学問所省中奏任官以上拝賀、次ニ小御所へ出御、諸官員並非役華族拝賀、今朝女官総免職、昼過皇后宮陛下御小座敷へ御出、大輔万里小路殿御取次ニテ典侍以下拝命、中ニハ等ヲ下ケラレタル人モアリ、（中略）右畢テ皇后陛下入御、判任官命婦・権命婦へハ、余御書附ヲ渡ス、是迄女房の奉書なと、諸大名へ出せし数百年来の女権、唯一日に打消し、愉快極まりなし、弥皇運隆興の時節到来歟と、密に不堪恐悦なり(44)」

吉井は、長年にわたって宮廷内を支配してきた「女権」を打破し、「皇運隆興」の時節が到来したと喜んでいる。

大久保の推挙で五月三十日に宮内省出仕に登用された元田永孚は、九月五日に七等出仕に昇格し、吉井も十一月七日には宮内少輔に昇進した。元田は、宮内省での士族の登用とそれにともなう「侍従ノ風」の一変、「女官」の「古態ヲ固守」する「風儀」の改革などが、いずれも吉井を推進役にして執行されたと評している。(45) 西郷もまたこの宮内省の改革を、叔父の椎原与三次に宛て、十一月十一日に左のように書き送った。

「色々御変革相成候内、可喜可貴義は主上の御身辺の御事に御座候、是迄は華族の人ならでは御前へ罷出候義も不相調、適宮内省の官員迚も士族等は不罷出候処、都而右等の弊習被相改、侍従たりとも士族より被召入、公家武家華族並士族同様官へ被召仕、特に士族より被召出候侍従は御寵愛にて実に壮なる御事に御座候、後宮え被為在候義至て御嫌にて、朝より晩迄始終御表に出御被為在、和漢洋の御学問次に侍従中にて御会読も被為在、御寸暇不被為在御修行而已に被為在候次第にて、中々是迄の大名抔よりは一段御軽装の御事にて、中入よりも御修行等の御勉励は格別に御座候、然る処昔日之主上にては今日不被為在、余程御振替被遊候段三条・岩倉の両卿さへ申し居せられ候仕合に御座候、一体英邁の御質にて至極御壮健の主上と公卿方被申居候次第に御座候、御馬は天気さへ能候得は毎日御乗り被遊候御賦に御座候、是よりは隔日の御調練と申御極りに御座候、是非大隊を御自親に御率被遊大元帥は自ら被遊との御沙汰に相成、何共恐入候次第難有御事に御座候、追々政府へも出御被為在、諸省へも臨幸被為在候て毎々私共えも御前へ被召出同処にて食事を賜候儀も有之、是よりは一ケ月に三度も御前にて、政府は勿論諸省の長官被召出候て御政事の得失等討論し、且研究も可被遊段御内定に相成申候、大体右等之次第にて変革中の一大好事は此御身辺の御事に御座候、全く尊大の風習は更に散し、君臣水魚の交りに立至り可申事と奉存候」(46)

西郷は、天皇が士族から出仕した侍従を寵愛して、「後宮」を嫌って朝から晩まで「御表に出御」し、「和漢洋の御学問」に精励して、侍従と「御会読」を行うなど寸暇を惜しんだ勉学・修行で、これまでにない壮挙と報じている。天皇が乗馬を好み、隔日の調練で親兵の大隊を率い、みずから「大元帥」を自認するようになっているという。そして、太政官三職や諸省の卿が、天皇の前で一か月に三回ずつ「御政事の得失等討論」する方向が内定したことを、椎原に書き送った。

吉井は明治五年五月十七日、宮内省改革の成果を渡米中の岩倉に宛て、一層の変革がすすんで典侍など三六人が減少となり、「後宮向は皇后御一手に相成候」とし、「禁中之女房」の排除は「百年之害」を除くことになって「恐悦安心」と報じている。変革後は、皇后みずからが奮発して「御上之御服等迄御手自御始末被遊候」とし、「追々御二方様御一緒吹上江被為成、誠に難有次第御座候」と書いた。「宮内丈は何も御懸念被下間敷」とその成果を自負している。(47)

まさに、廃藩置県後の改革のなかで、政府の中枢や宮中から華族勢力を排除し、同時に天皇を名君となるように輔導して、国家権威の中核とすることが強く推進されたのである。維新政権の頂点に立つ天皇の絶対君主としてのあり方が、維新官僚に強く意識されていたと理解してよい。大久保・木戸らは、絶対君主としての天皇の神権的権威を活用し、みずからの正当性と専制的支配の強化を企図したものといえる。

また、明治四年七月九日に新設された司法省の場合、旧来の弾正台と形部省を廃し、それに代わる機構であった。そこでは、対立が顕著であった行政監察的な弾正台と一般司法を管掌する形部省とを合併し、同時に府県知事が持っていた裁判権を中央に集中することが着手されている。(48)そして廃藩置県後の司法省は、四年八月十八日に東京府の聴訟断獄の事務を引き継ぎ、九月十四日には大蔵省が握っていた聴訟事務を吸収した。(49)それまでは、旧来の府県あるいは藩が独自に裁判権を持ち、死刑などの重罪に限ってのみ刑部省に裁可を仰ぐように定めていたが、(50)廃藩置県を契機に行政から司法を分離すること、統一的な裁判を実施することが企図されたのである。

さらに、この司法省のもとでは、条約改正あるいは国家富強を実現するために、その前提となる司法制度の確立が急がれた。とくに、明治五年四月二十七日に江藤新平が司法卿に就任するや、鹿児島・山口両藩出身者に対抗する意識もあって急進的な改革をすすめ、法典編纂や裁判所の創設をはかっている。八月三日には、「司法職務定制」を定めて司法省が「全国法憲ヲ司リ各裁判所ヲ統括ス」とし、司法省臨時裁判所、司法省裁判所、出張裁判所、府県裁判所、各区裁判所を設置することとした(51)。同月に神奈川、埼玉、入間の三県に県裁判所を設けたのを手始めに、三か月以内に二府十三県に県、区裁判所を設置している。この府県裁判所と区裁判所の実体がともなうのは、八年四月の大審院設置後であるが、ともあれ江藤司法卿の積極的な姿勢のもとで、近代の法治国家としての法律・制度の整備が強力に推進されたのである(52)。

一方、明治四年七月十八日に設置された文部省も、旧来の藩校、寺子屋、私塾などに換えて、全国統一の国家的な教育制度の創設を推進するようになった。十八日には文部大輔に江藤新平が任用され、二十八日には大木喬任が文部卿に就任して、翌五年正月に学制の大綱を作成している。八月二日の太政官布告にもとづいて文部省が三日に布達した学制は一〇九章からなり、第一章で文部省が全国の「学政」を統轄することを明記した(53)。第二章以下では、中央集権的な学区制を定め、全国を八大学区に分けてその下に三二中学区、二一〇小学区を置いている。欧米先進国の制度を模範したはば広い小学校教育の普及を第一の目的とし、国民的規模による「開明化」をはかることで、近代国家の基盤形成を企図したのである。

さらに兵部省は、全国の旧藩兵を再編し、明治四年四月に設置した東山、西海両道の鎮台を、八月二十日には東京、大阪、鎮西、東北の四鎮台に増やした(54)。この兵部省も、五年二月二十八日に陸軍省と海軍省の分離が断行されている。

兵部省は、二年七月の創設直後から「海陸混雑」が課題で、三年二月に省内に海軍掛と陸軍掛を設けていたが、四年三月には川村純義から大久保に宛て、分省の実施とそれを機とした「一新之御規則相定度」という要望が出されていた。[55]この点、廃藩置県は全国統一な兵制創設の契機となり、同時にその形成過程で両省の分離が不可避になったものといえる。そして、五年二月の両省分離、十二月の「徴兵の詔」「徴兵告諭」、および六年一月七日の徴兵令制定に向けた兵制の刷新が推進されたのである。

また、外務省は条約改正について、明治五年五月がその期限であることから、三年末に「条約改正掛」を設け、四年三月に参議大隈重信と大蔵省出仕の吉田清成を各国条約改定御用掛に任じ、四月に「擬新定条約草本」を作成していた。[56]廃藩置県後、岩倉が外務卿に就任し、改めて国家的課題として条約改正が急がれ、それが廃藩置県から四か月もたたない段階での岩倉遣外使節団の派遣につながったことはよく知られている。同使節団の目的には、条約改正の準備交渉とあわせて、聘問の礼を行うこと、欧米諸国の制度や文物を調査・見学することがあげられている。[57]制度・文物の調査や見学が目的とされるなかで、使節団が岩倉大使と木戸孝允、大久保利通、伊藤博文、山口尚芳の四副使、各省の理事官などの大規模な人数となったことは、廃藩置県断行という新たな展開にともなって、国家的規模での新政策の推進が急務になっていたことを示している。

そして、明治四年十月二十二日には、華族に対しても、「国民中貴重ノ地位」で「衆庶ノ属目スル所」であるがゆえに、率先して知識を吸収し、開化の形勢についての「有用ノ業」を修め、外国へ留学して「実地」に学ぶことを「期望」する勅諭が出された。[58]「開化ノ域ニ進ミ富強ノ基」を確立することが、廃藩置県後の国家的課題となっていたことは明らかである。理事官を派出した諸省も、廃藩置県後の「内地之政務純一」[59]、および中央集権的な国家体制の確立を課題とするなかで、前述のような積極的な改革が急務となっていたのである。

4　留守政府の危機

太政官三院制創設後の行政諸省における改革は、廃藩置県後の集権体制整備に対応させる目的を持っただけに、それまでの諸省のあり方に対し、抜本的な変革をせまるものであった。そして、条約改正問題を契機とした岩倉遣外使節団の派遣が決まり、大久保・木戸らの実力者の参加が内定すると、廃藩置県後の諸省の改革をいかに政府内で統一的、調和的に実施するかが課題となった。

この点、財政面を担当する大蔵省は、改革を推進する諸省と脆弱な財政基盤のあいだに立って、その舵取りの責任が重大であった。それゆえ大蔵省では、大輔として省務の中心となった井上馨が、実力者の大久保を大蔵卿に据えることで、廃藩置県後の大蔵省に対する周囲の批判を抑えてきただけに、大久保の洋行に強く反発している。井上は、大蔵省の強権が諸省から反発を受けて政府内の紛議となることを危惧し、みずからの辞意を示して大久保の残留を求めている(60)。この井上の危惧に対し、大久保は岩倉に宛て、政府の施政が「廃藩立県之始末丈之事」とし、「何事も手を引き、大蔵省ニおひても人撰等之権ハ凡而正院ニ御握り、左院ハ閉局同様ニいたし度」と記して、政府の責任で新政の抑制と大蔵省の財政政策が貫徹されるように要請した(61)。井上は、日本に残る留守政府の改革の範囲、諸官員の担当事務を明記した約定の作成を求め、一方で洋行予定の山口尚芳少輔を残留させること、さらには安場保和大丞を租税権頭へ転任させることなど、大蔵省人事の改正を提示している(62)。井上は、その後も大蔵省への出省を拒否し、木戸・大隈を通じて約定の箇条の調整を画策した(63)。大久保に対しては、渋沢栄一、上野景範らの尽力があってもなお大蔵省の「難船」が危ぶまれるとし、西郷隆盛の協力、三条を会主とした毎月二、三回の太政官集会の開催などの約定を要請している。(64)そして井上は、西郷の大蔵省御用掛就任を求め、それは十月二十三日に実現された。大蔵省に批判的であった西郷を御用掛とすることで、正院内における大蔵省批判を封じ込めようとしたもくろみにほかならない。(65)

井上の強い求めをうけて作成された約定書は、遣外使節団と留守政府のあいだの「内外照応」「気脈貫通」をはかることを目的とし、「国事ヲ誤リ国辱ヲ醸ス」ことの回避を課題に掲げた。(66)第三款では使節団帰国後に新たな理事官を交代派遣することを約している。第四款では使節帰国後に各国を参考にした施策を実行することを掲げ、第六款で使節団帰国までのあいだは、「内地ノ事務」の「新規ノ改正」を抑えることとし、改正の場合には岩倉大使に照会すると定め、留守政府の新規改革を抑制している。それは第七款の「廃藩置県ノ処置ハ、内地政務ノ純一ニ帰セシムヘキ基ナレハ、条理ヲ逐テ順次其実効ヲ挙ケ、改正ノ地歩ヲナサシムヘシ」、および第八款の「諸官省長官ノ缺員ナルハ別ニ任セス、参議之ヲ分任シ、其規模目的ヲ変革セス」にも通じる。その他、官員・外国人雇い入れの増員禁止、右院の定日会議休会などの原則を定め、三条太政大臣や参議、諸省使の代表が署名したのであった。

しかし、この約定書がその通りに守られなかったことはよく知られている。前述のように兵部省が明治五年二月二十八日に陸軍と海軍の二省に分けられ、神祇省が五年三月十四日に教部省と改められた。同年十月二十五日には、その教部省が文部省に合併されている。参議も六年四月十九日に後藤象二郎、大木喬任、江藤新平が新任され、五年七月十九日には参議の西郷が陸軍元帥と近衛都督を兼任した。

また、留守政府は諸省の施政についても、「大使帰朝セサル中ニ大進歩ヲ見セン」として、「約定書」の範囲を越えた各般の大改革に着手した。(67)この諸省の急進的な改革の背景に、岩倉遣外使節団への対抗意識、あるいは留守政府内の権限争いが存在したことは明らかである。司法省の場合、前述のような府県裁判所の開設に急進的で、明治六年には司法卿江藤新平が、同省の企図を「一年三百七十万両余の金子を以て実地施行致候はゞ、三府七十二県数年を出でずして各民の位置各国同等にも相到らせ可申と奉存候」[68]と語っていた。そこには、「一昨年来ハ、非常ニ司法省モ進歩セリ、百事非常ニ出ル勢ニテ、刑律モ一種単行律ヲ施行スルコトニナリタリ」[69]と自負する急進的な開化論が存在する。そして江藤は、西郷・板垣などの大蔵省への批判的な姿勢を利用して、司法省の力を伸ばし、同省を反大蔵省の牙城にしていたという。[70]

だが、それにしても廃藩置県後の諸省の改革については、統一的、集権的な施策が求められ、たんなる微調整で処理できる状況になかったといえる。大蔵省に対しては、陸軍省が一〇〇〇万円、文部省が三〇〇万円、司法省が九六万円、工部省が五〇二万円の予算要求を行っていた。[71]大蔵省の歳入見込四〇〇〇万円に対し、歳出見込は五二〇〇万円を超えている。諸省の過大な予算要求は、廃藩置県後の統一的な施策が急がれるなかで、前述のような司法制度あるいは教育制度の国家的課題の克服が重視され、内政面の諸改革を延期できなくなっていたことに起因する。

司法省をはじめとする諸省の要求に対し、大蔵省はそれを厳しく却下した。大蔵省は、歳入歳出予算に際して、支出・負債を、「一年ノ経費」の推計が約五〇〇〇万円、「維新以来国用」で「毎歳負フ所ノ用途」が一〇〇〇万円、さらに「官省旧藩ノ楮幣及ヒ中外ノ負債」が一億二〇〇〇万円としている。[72]全国の歳入総額は四〇〇〇万円で、差し引きの負債は、一億四〇〇〇万円になるという。それゆえ、経費を節減して歳出を歳入に応じた金額に限定し、「院省使寮司ヨリ府県ニ至ルマテ其施設ノ順序ヲ考量シ之カ額ヲ確定」しようとした。さらに「負債紙幣」についても、「無用ノ費ヲ減シ、不急ノ禄ヲ省イテ、支消兌換漸ヲ以テスルノ法ニ供シ事其序ヲ逐ハサレハ進マス」と主張した。

しかし、「政府ニ抗論シ之ヲ挽回矯正スル其功亦大ナリ」であった井上は、「位其地ヲ履マス、権其任ニ当ラス」で、「議論過激殆ト僭越ノ姿ナキ能ハス」であったようだ。[73]井上は、「事業」を始めてから後に「会計」を考える政府の姿勢に不服で、井上が必死に「其実を論」じると「大蔵の威権強大之説」を生じ、「今日其職に当り黙止すれは其任に負き、其職を尽せは人情に悖戾し進退維谷涕泣[74]」であったという。政府内では井上に対し、ともすれば異議が続出し、「各省独リ大蔵省ヲ敵視スルニ至ル」であった[75]。井上は「飛鳥」も落とす勢いで、「其所置清盛に似タリ」とも評され、井上の強権に対する反発が存在したものと思われる[76]。周囲の反発に対し、井上は五年十一月に引退を内願している。三条や山県らの説得で留意した井上は、その後に地方官を集めた大蔵省会議を企図したが、逆に江藤らによって大蔵省の権限を削減する政府改革がすすめられ、結果として六年五月に大蔵大輔を辞職したのであった。

　このような大蔵省と諸省の対立は、前述のように省卿が「縦ヒ失錯アルモ己レ其譴ヲ受[77]」るとされ、廃藩置県後の改革を急ぐあまり、自省中心、排他主義的な姿勢に終始したことに起因する。諸省は「委任の事務」を専掌し、「行政官の立法を兼務」するようになっていた[78]。三条が岩倉に宛て、諸省の実情が「自然分岐扞格之姿と相成」で、「会計上殆差支候次第」となって、「瓦解」の一歩手前にあると書き送った事態である[79]。また、それは大臣、納言、参議などから構成される正院の左のような課題が存在した。

「吾朝名は君主独裁にして奔競既に其専制の権を嫌ひ、其実貴族合議に類して而して嘗て箝制の義なし。一等の大臣あり、而して実に自ら其政を処するなく、数多の参議あり、而して各々其責に任せず。左右議院あり、言其事を是非して嘗て立法の権なく、各省あり行ひ其権を限って而して位官実に其職務の上に出つ。是皆権衡其平を失ひ当否其度を誤ると云べし。故に政府常に統一するの力に乏しく、議者各々其臆断に出て、甲は乙の論を排し、乙は甲の議を黜そく。是れ其廟謨朝に定て而して夕へに変し、政令西に肯んして東に否む所以なり。[80]」

　大臣、納言、参議などからなる正院の責任性が最大の課題とされ、左院、右院の限界が指摘されている。三条は「君子」と揶揄され、西郷は豪傑なれども「天下ヲ料理スルノ智力ハナシ」とみなされていた。同じ辛口の評価では、板垣は頑固な性格と開化論の同居者、大隈は急進論で「人民圧伏」の「才子」とある[81]。大臣・参議はいずれも正院を切り盛りする力に欠け、「唯空権を握り虚位を頼て其中間に居」という実態だったのである。[82] 行政諸省の調整役を期待された右院が、定日会議を停止してその機能を十分に果していなかったことはすでに述べた。左院は後藤議長、江藤副議長のもとでその権限の拡充をはかったが、諮問機関と位置づけられ、立法機関としての機能は十全ではない。左院は、岩倉遣外使節団の派遣と軌を一つにして視察団を派出し、フランスの国議院にならった機構の整備と権限強化をはかったが、政府内の指導権をめぐる混乱のなかで、その企図は達成されていない。[83] 諸省の改革とそれを統御する正院の有効な機能は、六年五月の太政官制の潤飾、その後の同年十月の参議と諸省卿兼務、および左院の改正をまたねばならなかったのである。

註

(1) 『法令全書』明治四年、太政官第三八六。
(2) 同右。
(3) 『保古飛呂比』佐々木高行日記〈五〉東京大学史料編纂所、一九七四年、一五〇頁。
(4) 「立法・行政に関する建言書」(『木戸孝允文書』八、日本史籍協会、五三―七一頁)。
(5) 同右。
(6) 『法令全書』明治四年、太政官第三八六。
(7) 「官制改革意見」明治四年七月八日(国立国会図書館憲政資料室所蔵、井上馨関係文書、六五七―一〇)。
(8) 前掲『保古飛呂比』〈五〉一六四頁。
(9) 『保古飛呂比』佐々木高行日記〈四〉東京大学史料編纂所、一九七三年、四三五・五一二頁。
(10) 『法令全書』明治四年、太政官第三八七。
(11) 前掲『保古飛呂比』〈五〉一七二―一七三頁。
(12) 中川壽之「太政官三院制下の右院に関する基礎的考察」(『人文研紀要』第三三号、中央大学人文科学研究所、一九九八年)

参照。

(13) 『法規分類大全』第一九巻、官職門（内閣記録局編、原書房発行、昭和五十三年、三〇—三一頁）。
(14) 前掲『保古飛呂比』〈五〉一七三頁。
(15) 『法令全書』明治四年、太政官第四〇〇。
(16) 「井上馨等書翰」明治四年一月二日（『大隈重信関係文書』一、日本史籍協会、三四九頁）。
(17) 「伊藤博文書翰」明治四年七月十四日（前掲『大隈重信関係文書』一、三八七頁）。
(18) 「岩倉公への書翰」明治四年六月二十四日（『大久保利通文書』四、日本史籍協会、三二〇頁）。
(19) 「新納嘉藤二書翰」明治四年七月二十三日（『大久保利通関係文書』五、立教大学日本史研究会、昭和四十六年、一〇六頁）。
(20) 「海江田信義書翰」明治四年七月十日（『大久保利通関係文書』二、立教大学日本史研究室、昭和四十一年、二三五頁）。
(21) 「岩倉公より大久保への書翰」明治四年六月二十九日（前掲『大久保利通文書』四、三三二頁）。
(22) 『大久保利通日記』二、明治四年七月十五日・十六日、日本史籍協会、一七九頁。
(23) 「渋沢栄一書翰」明治四年七月十四日（前掲、井上馨関係文書、書翰の部）。
(24) 前掲『大久保利通日記』二、明治四年七月二十二日、一八〇頁。
(25) 『伊藤博文伝』上巻（春畝公追頌会編、昭和十五年）五七三頁。
(26) 沢田章編『世外侯事歴維新財政談』中巻（大正十年）二三三—二三四頁。
(27) 「井上馨書翰」明治四年七月二十三日（『大久保利通関係文書』一、立教大学日本史研究室、昭和四十年、一八八—一八九頁）。
(28) 前掲『大久保利通日記』二、明治四年七月二十四日、一八〇—一八一頁。
(29) 同右『大久保利通日記』二、明治四年七月二十五日、一八一頁。
(30) 「井上馨より大久保への書翰」明治四年七月二十七日（前掲『大久保利通文書』四、三四七頁）。
(31) 「井上馨への書翰」明治四年七月二十七日（前掲『大久保利通文書』四、三四三—三四五頁）。
(32) 『法規分類大全』第一二巻、官職門（内閣記録局編、原書房発行、昭和五十三年、二四頁）。
(33) 『法令全書』明治四年、太政官第四〇一。

(34)「伊藤博文書翰」明治四年八月二日（前掲、井上馨関係文書、書翰の部）。大蔵省改革を批判した伊藤は、木戸に対して、みずからが企図した大蔵省改正案が無に帰した忿懣を記し、租税頭任用の辞令の請書を直ちに提出していない（前掲『伊藤博文伝』上巻、五八六―五八八頁、「伊藤博文宛書翰」明治四年八月十五日・九月六日『木戸孝允文書』四、日本史籍協会、二七一頁・二八一頁）。
(35)『法令全書』明治四年、太政官第四二三。
(36)『百官履歴』二、日本史籍協会、一四〇―一四一頁。
(37) 前掲『保古飛呂比』〈五〉、一七一頁。
高橋秀直「廃藩政府論―クーデターから使節団へ―」は、「廃藩政府」のなかでの大蔵省の強大化を、木戸派の優位の帰結と論じている（『日本史研究』第三五六号、一九九二年）。
(38) 前掲『百官履歴』一、三九頁。
(39)「岩倉公への書翰」明治四年六月二十九日、「岩倉公より大久保への書翰」明治四年七月三日（前掲『大久保利通文書』四、三一七・三三一頁）。
(40)「新納立夫への書翰」明治二年十月二十九日（『大久保利通文書』三、日本史籍協会、三一三頁）。
(41)「西郷吉之助建白書」（『大隈文書』A八三、マイクロフィルム版）。『鹿児島県史料』忠義公史料、第七巻、鹿児島県維新史料編さん所、昭和五十五年、一八六頁。
(42)「岩倉公への書翰」明治四年六月二十四日（前掲『大久保利通文書』四、三〇九）。
(43)『法令全書』明治四年、太政官第三六九・三七〇。
(44) 吉井友実「三峰日記」一（宮内庁書陵部所蔵）、勝田孫弥『大久保利通伝』中巻（同文館、明治四十三年）八七一―八七二頁。
(45) 前掲・勝田孫弥『大久保利通伝』中巻、八七二頁参照。
(46)「椎原与三次宛」（『西郷隆盛文書』日本史籍協会、七五―七七頁）。
(47)「吉井友実書翰」明治四年五月十七日（『岩倉具視関係文書』五、日本史籍協会、一四〇―一四一頁）。
(48) 前掲『保古飛呂比』〈五〉一五三―一五四、一五七―一五八頁。

(49)『法令全書』明治四年、太政官第四二〇・四七一。
(50)政府は三年九月の「藩制」において、「一切ノ死刑等ハ朝裁ヲ請可シ、一時ノ賞並ニ流以下ノ刑ハ収録シテ年末ニ可差出事」と達している（『太政官日誌』明治三年、第三八号）。
(51)『法規分類大全』第一四巻、官職門（内閣記録局編、原書房発行、昭和五十三年、一〇六―一〇八頁）。
(52)手塚豊「明治初年の民法編纂」（『司法資料』別冊第二一号、昭和十九年）、石井良助『民法典の編纂』（創文社、昭和五十四年）一八三―一九六頁参照。
(53)『明治以降教育制度発達史』第一巻（教育史編纂会、昭和十三年）二七五―三九七頁。『法規分類大全』五八、学政門（内閣記録局編、原書房、昭和五十六年、一八―三五頁）。
(54)『法令全書』明治四年、太政官第二〇〇、兵部省第七三。
(55)「川村純義書翰」明治四年三月八日（前掲『大久保利通関係文書』二、三五二頁）。
(56)『大日本外交文書』第四巻（外務省調査部編、外務省蔵版、昭和十三年、四八―五三頁）。稲生典太郎「明治四年の『擬新定条約草本』について」（『中央大学文学部紀要』史学科、第六号、昭和三十五年〈後に同『條約改正論の歴史的展開』小峯書店、昭和五十一年に収録〉）参照。
(57)大久保利謙『岩倉使節の研究』（宗高書房、昭和五十一年）九三―一〇〇頁参照。
(58)『法令全書』明治四年、太政官第五五一。
(59)「三条実美宛書翰」明治四年十一月十日（『木戸孝允文書』四、日本史籍協会、三一六頁）。
(60)「井上馨宛書翰」明治四年十月十五日（前掲『木戸孝允文書』四、二九九頁）。
(61)「岩倉公への書翰」明治四年九月十二日（前掲『大久保利通文書』四、三八一）。
(62)「井上馨書翰」明治四年十月九日（前掲『大久保利通関係文書』一、一九二―一九三頁）。
(63)「木戸孝允書翰」明治四年十月九日・「井上馨書翰」明治四年十月十日（前掲『大隈重信関係文書』一、四〇六・四一四頁）。「井上馨書翰」明治四年十一月十一日（前掲『大久保利通関係文書』一、一九三頁）。
(64)「井上馨より大久保への書翰」明治四年十月十八日（前掲『大久保利通文書』四、四〇七―四〇八頁）。
(65)前掲『保古飛呂比』〈五〉二四〇頁。

(66)「諸官員盟約書」明治四年十一月（前掲『大隈重信関係文書』一、四〇八—四一三頁）。
(67)前掲『保古飛呂比』〈五〉二三八頁。
(68)「江藤新平辞表」（『大隈重信関係文書』二、日本史籍協会、一二三頁）。
(69)前掲『保古飛呂比』〈五〉三八〇頁。
(70)同右『保古飛呂比』〈五〉三八九—三九〇頁。
(71)井上馨は、歳出総額を四六〇〇万円に抑えようと尽力している（関口栄一「明治六年定額問題—留守政府と大蔵省四—」〈『法学』第四四巻第四号、昭和五十五年〉参照）。
(72)「井上馨・渋沢栄一財政上の建議」明治六年五月七日（前掲『大隈重信関係文書』二、七九—八三頁）。
(73)「陸奥宗光建言書」明治六年九月二日（前掲『大隈重信関係文書』二、一六七頁）。
(74)「井上馨書翰」明治五年六月十日（『伊藤博文関係文書』九、伊藤博文関係文書研究会、一九八一年、二六頁）。
(75)前掲「陸奥宗光建言書」。
(76)「五代友厚書翰」明治四年十月中旬（前掲『大隈重信関係文書』一、四一九頁）。
(77)『法令全書』明治四年、太政官第三八七。
(78)「渋沢栄一書翰」明治六年一月十五日（『伊藤博文関係文書』五、伊藤博文関係文書研究会、一九七七年、二六四頁）。
(79)「三条実美書翰」明治六年五月（前掲『岩倉具視関係文書』五、二九三頁）。
(80)「野村靖書翰」明治六年（『伊藤博文関係文書』六、伊藤博文関係文書研究会、一九七八年、三三九頁）。
(81)同右『保古飛呂比』〈五〉二九六—二九七頁。
(82)前掲「渋沢栄一書翰」明治六年一月十五日、二六五頁。
(83)拙稿「明治初期太政官制度と左院」（『中央史学』第四号、昭和五十六年）、同「明治初年における左院の西欧視察団」（『国際政治』第八一号、昭和六十一年）。

第二節　三府七二県の設置

1　府県の統廃合

明治四年（一八七一）七月十四日の廃藩置県断行の結果、藩が廃されて県が置かれ、それまでの政府直轄地に設置されていた府県をあわせて三府三〇二県が設置された。前述のように旧藩知事は解職されて九月中の帰京が命じられ、新たな県の事務は、大参事以下の旧藩職員に委任されている。

この三府三〇二県については、当初から統廃合が課題となっていた。すでに版籍奉還の議論の際に小藩の統合が検討され、明治三年秋の「国体昭明政体確立意見書」のなかでは、藩を廃して二、三国をあわせた州を設置し、そのもとに五万石以下の郡、二万石以下の県を置き、中・小藩域を統合する方針が掲げられた。(1) そして木戸孝允は、廃藩置県後の四年八月八日の政府会議で、「元大藩の県を割て或は二県或は三県となすの議」を発している。木戸は事前にこの提案を西郷隆盛に語っており、西郷も大いに同意であったという。(2) 木戸は八月十三日の品川弥二郎に宛てた書状で、「此上は大藩を分ち、薩は三つ、長は二つ、加州は三つと申よふに県庁を立、小藩は相合し、大略小百之県庁位にて相済せ度と内もくろみ仕居申候」(3) と、書き送っていた。九月一日には同様な趣旨を留学中の河北俊弼にも書き送り、「詮議之上御発令の都合に御座候」と伝えている。(4)

それゆえ、大蔵省は九月初旬、三府三〇二県を一挙に三府七三県とする府県区画案を作成した。(5)この大蔵省の府県区画案は、概して旧大藩中心の区画である。鹿児島、熊本、和歌山、広島などの旧大藩、とりわけ「国持大名」と称された地域はほとんど変更がなく、近隣の中・小藩を吸収する程度で県域が形成された。例外は、旧山口藩領などを三田尻県と豊浦県に分け、旧高知藩領を高知・中村両県に分割している点である。また、この府県域の形成に際しては、古代からの国制が参考にされたようで、大和が奈良県、遠江が浜松県、駿河が静岡県とされた。筑前、筑後、豊前、甲斐、美濃、佐渡、加賀、出雲、石見、播磨、美作、備前、紀伊、讃岐、阿波なども、一国の規模をそのまま県域に予定している。(6)逆に国制が府県域にあまり活用されなかった事例は関東地方に多く、武蔵国の東京府と岩槻・川越両県、武蔵・相模両国にまたがった神奈川県、伊豆・相模両国の小田原県、安房・上総両国の久留里県、常陸・下総両国の土浦県、上野南東部と下野西部があわさった栃木県などがそれである。

この大蔵省の府県区画案については、各般の意見が出されたようで、大蔵卿大久保利通は、大蔵大丞安場保和の問い合わせに対し、「地割之一条も今一応右院之評議を経候而御決着相成候賦之由、迚も急ニ相運候模様に無御座候」と答えている。(7)左院からは、とくに東北地方の七国を、同地方に設置する十一県にあわせて十一州に改めるように求めた意見書が出されていた。(8)それらの修正の結果は、旧高崎藩など八藩を併合した十月二十八日の群馬県の設置を手始めとして、順次に発表された。(9)十一月二日に東北と畿内の一部、同月十四日には関東と伊豆、西海道の諸府県が発表されている。翌十五日には山陽、山陰、四国と駿河、遠江、三河、二十日に北陸道と飛驒、信濃、甲斐、二十二日には畿内の残りの府県の統廃合が布告された。開拓使の置かれていた北海道および琉球は例外とされている。

新たな三府七二県の区画については、表9に示したが、旧山口藩領を三田尻県と豊浦県に分けた大蔵省の原案が修正され、結局は統一した山口県が設置された。旧高知藩領を高知・中村両県とする分割案は、やはりそれを改めて高

府県名	石高	旧国名	旧県名（廃藩置県時の県庁）
福井県	54万石	越前	福井，大野，丸岡，勝山，本保
敦賀県	23万石	若狭，越前	小浜，鯖江
大津県	45万石	近江	大津，膳所，水口，西大路
長浜県	40万石	近江	彦根，山上，宮川，朝日山
度会県	34万石	伊勢，志摩，紀伊	度会，久居，鳥羽
安濃津県	53万石	伊勢，伊賀	津，神戸，菰野，長島，亀山，桑名
和歌山県	40万石	紀伊	和歌山，田辺，新宮
京都府	38万石	山城，丹波	京都府，淀，亀岡，綾部，山家，園部
豊岡県	46万石	但馬，丹波，丹後	豊岡，出石，村岡，福知山，篠山，柏原，宮津，久美浜，生野，舞鶴，峰山
飾磨県	65万石	播磨	姫路，明石，竜野，林田，赤穂，山崎，安志，三日月，三草，小野
兵庫県	16万石	摂津	兵庫，三田，尼崎
大阪府	25万石	摂津	大阪府，高槻，麻田
堺県	46万石	和泉，河内	堺，伯太，岸和田，吉見，丹南
奈良県	50万石	大和	奈良，五条，郡山，小泉，柳生，田原本，高取，柳本，柴村，櫛羅
鳥取県	40万石	伯耆，因幡	鳥取
島根県	28万石	出雲，隠岐	松江，広瀬，母里
浜田県	18万石	石見	浜田
山口県	89万石	周防，長門	山口，岩国，清末，豊浦
北条県	26万石	美作	津山，鶴田，真島
岡山県	42万石	備前	岡山
深津県	51万石	備中，備後	倉敷，鴨方，岡田，足守，庭瀬，新見，高梁，成羽，浅尾，生板，福山
広島県	49万石	安芸，備後	広島
松山県	24万石	伊予	松山，西条，小松，今治
宇和島県	22万石	伊予	宇和島，吉田，大洲，新谷
香川県	30万石	讃岐	高松，丸亀
名東県	44万石	阿波，淡路	徳島
高知県	49万石	土佐	高知
熊本県	48万石	肥後	熊本
八代県	36万石	肥後	人吉
長崎県	29万石	肥前，壱岐	長崎，島原，大村，福江，平戸
伊万里県	49万石	肥前，対馬	佐賀，唐津，小城，蓮池，鹿島，厳島
三瀦県	53万石	筑後	久留米，三池，柳川
福岡県	65万石	筑前	福岡，秋月
小倉県	36万石	豊前	豊津，千束，中津
大分県	43万石	豊後	府内，佐伯，臼杵，森，岡，日出，杵築，日田
美々津県	14万石	日向	高鍋，延岡，佐土原
都城県	43万石	日向，大隅	飫肥
鹿児島県	32万石	薩摩，大隅，琉球	鹿児島

（註）『地方沿革略譜』（内務省図書局蔵版）より作成。

大島美津子「大久保支配体制下の府県統治」（『近代日本政治における中央と地方』，1985年），拙著『廃藩置県』（中央公論社，1986年）参照。

表9　明治4年末の府県一覧

府県名	石高	旧国名	旧県名（廃藩置県時の県庁）
青森県	38万石	陸奥，松前	弘前，黒石，八戸，七戸，斗南，館
盛岡県	24万石	陸中	盛岡
一関県	42万石	陸中，陸前	一関，胆沢，江刺
仙台県	55万石	陸前，磐城	仙台，登米，角田
磐前県	42万石	磐城	磐城平，湯長谷，泉，三春，棚倉，中村
福島県	47万石	岩代	福島，二本松，白河
若松県	34万石	岩代	若松
秋田県	43万石	羽後	秋田，岩崎，本荘，矢島，亀田
酒田県	23万石	羽前，羽後	大泉，松嶺
山形県	45万石	羽前	山形，天童，新庄，上山
置賜県	28万石	羽前	米沢
茨城県	51万石	常陸	水戸，宍戸，笠間，下館，下妻，松岡
新治県	61万石	常陸，下総	土浦，若森，竜崎，松川，石岡，志筑，牛久，麻生，多古，小見川，高岡
印旛県	46万石	下総	佐倉，結城，葛飾，曾我野，関宿，古河，生実
木更津県	52万石	上総，安房	宮谷，鶴舞，松尾，小久保，桜井，菊間，鶴牧，大多喜，久留里，佐貫，一宮，飯野，長尾，花房，館山，加治山
宇都宮県	41万石	下野	宇都宮，茂木，大田原，黒羽，烏山
栃木県	52万石	下野，上野	日光，壬生，吹上，佐野，足利，館林
群馬県	44万石	上野	高崎，七日市，小幡，伊勢崎，安中，沼田，前橋，岩鼻
入間県	40万石	武蔵	川越
埼玉県	48万石	武蔵	浦和，岩槻，忍
東京府	15万石	武蔵	東京府，品川，小菅
神奈川県	33万石	武蔵	神奈川，六浦
足柄県	26万石	相模，伊豆	小田原，韮山，荻野山中
静岡県	25万石	駿河	静岡
浜松県	37万石	遠江	堀江，（静岡）
山梨県	31万石	甲斐	甲斐
長野県	45万石	信濃	長野，上田，小諸，岩村田，飯山，須坂，松代
筑摩県	38万石	信濃，飛騨	松本，伊那，飯田，高遠，高島，高山
岐阜県	73万石	美濃	笠松，大垣，野村，今尾，高富，郡上，岩村，苗木，加納
名古屋県	66万石	尾張	名古屋，犬山
額田県	56万石	三河，尾張	岡崎，田原，挙母，西尾，西端，刈谷，西大平，豊橋，半原，重原
新潟県	60万石	越後	新潟，新発田，黒川，三日市，松村，峰岡，村上
柏崎県	54万石	越後	柏崎，高田，清崎，与板，椎谷
相川県	13万石	佐渡	佐渡
新川県	68万石	越中	富山
七尾県	46万石	能登	七尾
金沢県	46万石	加賀	金沢，大聖寺

知一県としている。逆に旧彦根藩領を県とした彦根県案は、大津・長浜の二県に分割された。参議木戸孝允が旧鹿児島藩領を三分、旧山口藩領を二分という企図は、木戸みずからの出身藩でも実施できていない。最終決定の場である正院の参議は、西郷、木戸、板垣、大隈の四人で、それぞれ鹿児島・山口・高知・佐賀藩出身であり、もとより旧藩の利害を抑えることが困難であったのはいうまでもない。この点、大蔵省原案の旧山口藩や旧高知藩領分割案は、時代の流れを予想させるさきがけ的な企画、あるいは他の旧藩領の分割・統合をうながす布石とされたようにも考えられる。そして、三田尻・豊浦両県案を取り止めた実際の山口県は、旧山口藩域を中核に末家・支藩の岩国・豊浦・清末藩域をあわせて形成され、全国最大の八九万石の大県となっている。[10] それらは、木戸や大蔵省などの中央集権化をすすめようとする企図と、地方での力を温存しようとする旧藩勢力との確執を反映した結果であった。廃藩置県の「疾風迅雷」の断行も、府県創設の段階では妥協をよぎなくされたといえる。

したがって、大蔵省原案の三府七三県にみられた大藩中心主義は、新たな三府七二県の区画においてより露骨な形で具体化された。そして、三府七二県の石高は、大は八九万石の山口県から小は一三万石の相川県までとなったが、四〇万石台が二〇県、三〇万石台が一六県で、三〇〜四〇万石が中心となっている（表9参照）。「藩制」の際の大藩が三〇万石とされ、その後の廃藩論でも大藩を独立した「一州」とみなす考えが中心であったことから、三〇万石程度が共通の理解であったものと思われる。大藩を中核とすること、および古代の国制を参考にした「一国一県」とすることが指標とされたが、石高の基準を目安とすることをも勘案し、それらに合致する範囲の「一国一県」が適用されたものと知られる。

また、府県名は、旧大藩名を転用した大蔵省原案の一八県名が取り消され、かわって郡名などが県の名称に用いられた。旧高崎藩領を中心とした県域を高崎県とする原案に対し、のちに群馬県と変更したのがそれである。[11] 旧松江藩を松江県とする原案も、のちに島根県と改められた。旧川越藩の川越県案は入間県、旧小田原藩域の小田原県案は足柄県と改められている。

十一月の新県設置後は、旧藩名をそのまま用いた福井県や仙台県などの地方官からも、県名の変更を求める願いがあいついだ。福井県は「人目一新ノ折柄福井県名足羽県ト致改唱度」として十一月に足羽県に、仙台県については、「仙台ノ旧称被用候ニ付兎角人心旧習ヲ難脱情実モ有之候間、郡名ヲ取テ宮城県ト御改称相成度」として明治五年一月に宮城県と改められている。(12) 県名の変更は、旧藩の影響力をできるだけ排除しようとする政府の企図であり、同時に諸事一新を推進しようとする地方官の願いを反映したものであったと看取できる。

2 府県長官の人選

政府は廃藩置県の断行後、旧藩の大参事にそれまでの施政の継続を命じたが、それは当初の混乱回避が目的であり、明治四年（一八七一）七月十五日には有栖川宮熾仁親王の福岡県知事、二十日に元弾正大忠の渡辺昇の盛岡県知事、二十二日に由利公正の東京府知事などの任命が続いた。廃藩置県後の府県の統廃合が企図されており、その統廃合を予定した上での人選であったことはいうまでもない。大蔵大輔の井上馨が大久保大蔵卿に対し、「山形県之義ハ知事坊城ハ其儘にて岩村元民部権大丞を大参ニ御命シ有之候様御申立可被下候、実ハ過日天童迄山形江早々合併不仕而は至急迫立候事ニ御座候間、早々相運候様御含置可被成下」(13) と、山形県域の拡大とあわせて、人選をすすめていたことがそれを裏づける。旧天童藩領を合併した新たな山形県域形成を予定して、前山形県知事坊城俊章をそのまま知事に任命し、元民部権大丞の岩村定高を大参事に急ぎ任用するように要請したのである。

この早い段階の任命は、東京、京都、大阪、神奈川などの廃藩置県以前から政府の直轄地、他県との合併あるいは分割の計画がない旧大藩の県、および新たな県域形成や緊急の改革が必要となっていた山形・福岡・厳原県などである。旧来の中小藩を合併した県、合併・分割がさらに予想される県などは、長官の任命が慎重である。廃藩置県断行直後から三府七二県に統廃合される十月末までの任免は、表10のようである。同表によれば、地方官の人選が、鹿児島、高知、和歌山、名古屋などの有力大藩の地域を例外として、ほぼ他地域からの出身者を知事、大参事に任用していることが知られる。中央集権的な府県政を徹底するために、旧藩に影響されない地方官の人選を推進したものと看

県名	職名	長官名（出身）	在任期間
長浜県	権令	神山郡廉（高知）	4.11.25—5.2.27
度会県	権令	橋本実梁（京都）	4.11.22—5.2.17
安濃津県	参事	丹羽　賢（名古屋）	4.11.22—5.3.17
和歌山県	参事	津田正臣（和歌山）	4.11.29—5.正.25
京都府	知事	長谷信篤（京都）	4.11.22—8.7.2
豊岡県	権令	小松　彰（松本）	4.11.10—5.10.2
飾磨県	権令	中島錫胤（徳島）	4.12.18—5.8.27
兵庫県	県令	神田孝平（静岡）	4.11.20—9.9.3
大阪府	権知事	渡辺　昇（大村）	4.11.22—13.5.4
堺　県	県令	税所　篤（鹿児島）	4.11.22—14.2.7
奈良県	県令	四條隆平（京都）	4.11.29—6.11.2
鳥取県	権令	河田景与（鳥取）	4.11.15—5.7.20
島根県	参事	寺田剛実（高知）	4.11.5—5.3.30
浜田県	権令	佐藤信寛（山口）	4.11.15—9.4.18
山口県	参事	中野梧一（静岡）	4.11.15—8.12.9
北条県	参事	淵辺高照（鹿児島）	4.11.15—6.5.29
岡山県	参事	新荘厚信（岡山）	4.11.15—6.11.2
深津県	権令	矢野光儀（佐伯）	4.11.15—5.6.7
広島県	権参事	千本久信（福井）	4.11.15—4.11.-
松山県	参事	本山茂任（高知）	4.11.15—5.2.9
宇和島県	参事	平岡　準（静岡）	4.11.15—4.11.23
香川県	参事	林　茂平（高知）	4.12.15—5.10.17
名東県	参事	井上高格（名東）	4.11.15—5.9.18
高知県	参事	林　有造（高知）	4.11.15—5.11.27
熊本県	参事	山田武甫（熊本）	4.11.14—5.6.14
八代県	参事	太田黒惟信（熊本）	4.11.14—6.11.15
長崎県	権令	宮川房之（熊本）	4.11.14—9.5.15
伊万里県	参事	古賀定雄（佐賀）	4.11.28—5.5.29
三潴県	参事	水原久雄（岡山）	4.11.14—6.7.23
福岡県	県令	有栖川宮（京都）	4.11.15—5.4.5
小倉県	参事	伊東武重（伊万里）	4.11.14—6.2.10
大分県	参事	森下景端（岡山）	4.11.14—9.6.7
美々津県	参事	橋口兼三（鹿児島）	4.11.14—4.12.17
都城県	参事	桂　久武（鹿児島）	4.11.14—6.1.15
鹿児島県	参事	大山綱良（鹿児島）	4.11.14—10.3.17

（註）『明治史料顕要職務補任録』より作成。

職名はそれぞれの府県の県令・権令・参事・権参事に任官した最初を記した。在任年月日は当該府県に在職していた期間である。

取できる。

表10　三府七二県設置時の長官一覧

県名	職名	長官名（出身）	在任期間
青森県	権令	菱田重禧（大垣）	4. 11. 2—8. 20
盛岡県	参事	島　惟精（大分）	4. 11. 2—5. 正 . 8
一関県	参事	増田繁幸（仙台）	4. 11. 2—4. 12. 13
仙台県	参事	塩谷良幹（栃木）	4. 11. 2—5. 正 . 8
磐前県	県令	武井守正（姫路）	4. 11. 29—4. 12. 26
福島県	県令	清岡公張（高知）	4. 11. 14—5. 2. 12
若松県	権令	鷲尾隆聚（京都）	4. 11. 2—6. 5. 30
秋田県	参事	村上光雄（黒羽）	4. 11. 2—4. 12. 26
酒田県	参事	松平親懐（酒田）	4. 11. 2—7. 12. 3
山形県	参事	岩村定高（佐賀）	4. 11. 2—5. 9. 18
置賜県	参事	高崎五六（鹿児島）	4. 11. 2—5. 4. 9
茨城県	参事	山岡高歩（静岡）	4. 11. 13—4. 12. 9
新治県	権令	池田種徳（広島）	4. 11. 13—5. 正 . 20
印旛県	県令	河瀬秀治（宮津）	4. 11. 13—6. 2. 7
木更津県	権令	柴原　和（龍野）	4. 11. 13—6. 6. 15
宇都宮県	参事	三吉周亮（山口）	4. 11. 13—4. 11. 25
栃木県	県令	鍋島　幹（佐賀）	4. 11. 13—13. 10. 29
群馬県	権令	青山　貞（福井）	4. 11. 2—5. 11. 2
入間県	参事	小笠原幹（福井）	4. 11. 13—5. 9. 2
埼玉県	県令	野村盛秀（鹿児島）	4. 11. 13—6. 5. 21
東京府	知事	由利公正（福井）	4. 11. 14—5. 7. 19
神奈川県	県令	陸奥宗光（和歌山）	4. 11. 13—5. 6. 18
足柄県	参事	柏木忠俊（足柄）	4. 11. 13—9. 4. 18
静岡県	参事	大久保一翁（静岡）	4. 11. 15—4. 12. 9
浜松県	権令	多久茂族（佐賀）	4. 11. 15—5. 5. 2
山梨県	県令	土肥実匡（鳥取）	4. 11. 20—6. 1. 22
長野県	権令	立木兼善（淡路）	4. 11. 20—6. 6. 27
筑摩県	参事	永山盛輝（鹿児島）	4. 11. 20—8. 11. 7
岐阜県	県令	長谷部恕連（福井）	4. 11. 22—6. 11. 17
名古屋県	参事	間島冬道（名古屋）	4. 11. 22—4. 12. 8
額田県	権令	林　厚徳（名東）	4. 11. 15—5. 11. 27
新潟県	県令	平松時厚（京都）	4. 11. 20—5. 5. 24
柏崎県	参事	南部広矛（敦賀）	4. 11. 20—5. 9. 18
相川県	権令	新　貞老（鳥取）	4. 11. 20—4. 12. 8
新川県	参事	坂田　莠（高鍋）	4. 11. 20—4. 12. -
七尾県	参事	三島為嗣（長崎）	4. 11. 20—5. 9. 25
金沢県	参事	内田政風（鹿児島）	4. 11. 20—5. 2. 2
福井県	参事	村田氏寿（福井）	4. 12. 20—4. 12. 20
敦賀県	参事	熊谷直光（秋田）	4. 11. 20—5. 2. 29
大津県	県令	松田道之（鳥取）	4. 11. 22—5. 正 . 19

ついで十月に三府七二県の統廃合が断行されると、政府はそれらの新府県に県令あるいは参事をつぎつぎに任じた。大蔵省はこの地方官の人選について、三府七二県の同省区画案を作成した時期、多人数の地方官の一時の「撰択」が困難であるとし、まずはじめに大参事あるいは権大参事を任じ、「廃県ノ官員」に当分の事務を取り扱わせ、その上で「新任大参事等ノ見込ヲモ斟酌ノ上追テ一時ニ致精撰候仕度」という方針を太政官に提示していた。(14) まず、大参事か権大参事を選んで新府県に赴任させ、混乱を生じないように旧府県官員に事務を継承させ、その後に一挙に府県官

員を入れ替える方策である。そして、新任の大参事・少参事についても、最初は大蔵省の七等出仕に任用する方針をとった。大蔵省は、四年十一月の「新県取計心得」のなかで、「廃県大少参事其外之内才能有之判任官ニ難用モノハ当分ノ内七等出仕」に任じ、「篤ト試験ノ上等級取極登用ノ積可相心得事」とし、「才能」の人物も奏任官においては、七等出仕とするように命じている。(15) 通常は判任官への任用を原則とし、それが無理な場合も七等出仕に任じて、実際の能力を見極めた上で大、少参事に登用する方針である。

右については、大蔵省の中心は大久保大蔵卿、井上大蔵大輔、渋沢大蔵大丞らで、四年八月から九月にかけて七等出仕が数多く任用された。七等出仕は八月十日の河野敏鎌を手始めに、八月に小笠原幹、山田秀典、坂部長照ら七人、九月に中野梧一、沖守固、岡部綱紀ら一〇人が任命されている。それらが大蔵省の実務を体験し、その上で地方官に転じており、その動向は、大蔵省十等出仕だった佐伯惟馨の左の回想にうかがわれる。

「私共も本省に居って伺ひますと、今日も新に五人拝命になる、今日も五人何処からか来られた、あれは何事だ。それから一室へ何でも二十四・五人集って、何やら書いて居る、何を書いて居る。あれは皆県令の候補者ぢやと云ふような事で、其先生が集って、あの県治条令ぢや、何ぢやと云ふものを、斯うしやう、さうしやうと議して、出来たものらしい。それには本省から渋沢さんぢや何ぢやと云ふ者、無論加はれたであろうが、どうもそれらしい様に思はれる。(16)」

さらに、この三府七二県の創設にともなう府県長官について、十一月段階の府知事・県令およびそれにかわる参事名を分析すると、表10のように宮の出身が一名、公家が五名になっている。政体書頒布直後の府県知事に宮・公家出身が多かったことに比較して、廃藩置県以後のそれらの減少が顕著である。旧藩では、鹿児島九名、旧幕府七名、福井、佐賀、高知が各六名、鳥取、が四名となる。人事を取りしきった井上の旧山口藩出身者は二名に抑えられているが、旧鹿児島藩を筆頭に旧大藩の出身者が多い。とりわけ版籍奉還・廃藩置県の断行に参画、あるいは廃藩論建議や改革運動で活躍した旧大藩の出身者が中心となっている。前述の高知・米沢などの改革派諸藩や廃藩建議の諸藩からは、福井藩出身が東京府知事由利(三岡)公正、群馬県権令青山貞、福井県参事村田氏寿、入間県参事小笠原幹、岐阜県令長谷部恕連、鳥取藩出身が相川県権令新貞老、山梨県令土肥実匡、大津県令松田道之、鳥取県権令河田景与、高知藩出身が長浜県権令神山郡廉、福島県令清岡公張、松山県参事本山茂任、高知県参事林有造、徳島藩出身が飾磨県権令中島錫胤、名東県参事井上高格、熊本藩出身の長崎県権令宮川房之、熊本県参事山田武甫などが府県長官に任じられており、廃藩置県後の政治主導をうかがわせる。(17)

そして、新たな県令・権令にその県域の旧藩出身者が任用されている県は、名古屋、静岡、酒田、福井、鳥取、岡山、名東(徳島)、高知、伊万里(佐賀)、熊本、鹿児島である。これらは、旧大藩の地域がそのまま新県に改められるとともに、そのことが長官についても同じ旧藩の出身者の任用に結びついたことを示している。それは、他藩出身者の任用を推進しようとした政府の企図が徹底しなかった限界であり、概して廃藩置県後も有力な旧大藩を改めた県に旧藩の割拠的な動向が残存したことにつながる。それらの府県では、政府のすすめる開化政策とのあいだに各般の軋轢を生じ、その後の集権体制確立過程の最大の課題となったのである。

註

(1) 「国体昭明政体確立意見書」(『岩倉具視関係文書』一、日本史籍協会、三五四—三五五頁)。
(2) 『木戸孝允日記』二、明治四年八月八日、日本史籍協会、八五頁。
(3) 「品川弥二郎宛書翰」明治四年八月十三日(『木戸孝允文書』四、日本史籍協会、二六七頁)。
(4) 「河北俊弼宛書翰」明治四年九月一日(前掲『木戸孝允文書』四、二七九頁)。

（5）大島美津子「大久保支配体制下の府県統治」（『近代日本政治における中央と地方』日本政治学会、一九八五年）参照。
（6）拙著『廃藩置県―近代統国家への苦悶―』（中央公論社、一九八六年）一九八―二〇二頁。
（7）「安場保和への書翰」明治四年九月十七日（『大久保利通文書』四、日本史籍協会、三八九頁）。
（8）「府県廃置ノ議ヲ定ム」（『太政類典』第二編九五巻）。
（9）「府県改置」（『太政類典』第二編九五巻）。
（10）「改置府県概表」（『明治史要』附表、東京大学史料編纂所、昭和四十一年覆刻、八六頁）。
（11）前掲「府県改置」。
（12）「福井県ヲ足羽県ト改ム」「仙台県ヲ宮城県盛岡県ヲ岩手県ト改ム」（『太政類典』第二編九五巻）。
（13）「井上馨書翰」明治四年八月十日（『大久保利通関係文書』一、立教大学日本史研究室、昭和四十年、一九〇頁）。
（14）前掲「府県廃置ノ議ヲ定ム」。
（15）『法令全書』明治四年、大蔵省第一一一。
（16）沢田章編『世外侯事歴維新財政談』中巻（大正十年）二三二頁参照。
（17）拙稿「廃藩置県の政治的潮流―廃藩論の形成と展開―」（『歴史学研究』第五九六号、一九八九年）。

第三節　府県制の整備

1　新県掛の設置

廃藩置県断行と同じ明治四年（一八七一）七月十四日、前述のように旧藩大参事に対して従来通りの事務遂行が指令された。この指令の趣旨は、七月十九日に、「今般廃藩被仰出候ニ付テハ追而県治一定御規則可被仰出候得共、差向是迄取扱来候庶務ハ大参事処決可致、尤重大ノ事件ハ伺出可請朝裁事」[1]と、重大事件に「朝裁」が必要なことを追加し、かさねて布達されている。また、廃藩置県当日には、旧藩の藩札に対して、すべて七月十四日の相場で「追テ御引換相成候」との方針が達せられた。この藩札と政府の金札との引き換えについては、大蔵省から「藩鈔換収順序」[2]が出され、藩域に応じた平均時価の算定方法、交換準備金の申請方法などが指示されている。そして、七月二十四日には、諸藩の藩債に関する布告が左のように発せられた。

「今般各藩被廃候ニ付テハ、大蔵省官員出張会計向夫々精密取調可相成候得共、差向キ従来之藩債ヲ始別紙雛形之條々迅速取調、往復日数之外十五日ヲ限リ大蔵省ヘ可差出、尤尋問即答相成候者持参可致事」[3]

大蔵省官員の府県への出張を予告するとともに、その前提として、「士族卒禄高取調帳」「藩債取調帳」「米金取調帳」を大蔵省に持参するように命じている。往復日数に十五日を加えた期限を設定し、説明ができる実務責任者の出張を求めた。さらに新置各県に対しては、民部省から七月二十日付で旧藩時代の官員の人数、分課の条款、官禄俸金の多寡、士卒の禄額などの報告が命じられ、八月三日には、改めて民部省を吸収した大蔵省にそれを提出することが指令されている。[4]

このような新設府県に対する施策は、政府側にとっても「磐根錯節」の大事業となるだけに、大蔵省に府県改革の窓口となる諸務課と新県掛を設置した。[5]民部省を併合した大蔵省による新たな職制・事務章程の整備の一環である。この新県掛は九月十二日、「新置各県ニ関スル事務ヲ釐整スル方規」を左のように伺い出て、承認されていた。

「這般新置ノ県庁多クシテ、其ノ事務ヲ釐整スルノ方規ヲ予設セサレハ、則チ其ノ措置異途ニ出テ或ハ疎漏ノ失有ルヲ恐ル、故ニ本掛奏任官三名其ノ主管ト為リ、録属及ヒ判任出仕ノ員各二名ニ各県ヲ派当シ担任ノ事務ヲ整理セシメン、因テ下項八款ノ方規ヲ立定ス、第一、一名ノ主管員其ノ管轄スル担任員ニ指揮シ一事項ノ整理ヲ完了セハ、他ノ二名ノ主管員ニ商議シ卿輔ニ取決ス、第二、家禄ノ査理ハ先ツ藩債ノ査理ヲ完了スルニ非サレハ、則チ其ノ計度ヲ立ルニ難シ、因テ亦タ属二員ニ特課シテ之カ原簿ヲ編製セシメン、第三、藩債ハ其ノ原由ヲ明ニシテ新旧ヲ区別シ、旧藩ニ於テ既ニ償還方法ヲ計画セシ者ハ更ニ之ヲ審明シテ適宜ノ償還方法ヲ設立ス、但タ其ノ方法ハ各県同一ニ施行スルヲ得ル者ニ非ス、故ニ此等ノ査理ヲ完了シ其ノ方図ヲ按定ス、第四、例ヘハ庚午年ノ収入ヲ以テ辛未年ノ費用ニ供スル等順次此ノ如クスルハ嘗テ裁定セル所ノ者タリ、因テ此ノ旨ヲ推演シテ之ヲ計理ス、第五、藩債ノ過重ニシテ且ツ家禄ヲ改定スル方法ノ疎漏ナル各県ハ、特ニ更ニ家禄ヲ制限スル方図ヲ案定ス、第六、藩鈔ハ之ヲ藩債ト看做ス、第七、藩政ハ各自ニ其ノ規例ヲ異ニス、故ニ一ニ其ノ旧規例ニ沿仍シ以テ将来ノ方図ヲ査理セン、第八、本年十月以後各県ノ庁費ノ支出ハ旧県ノ比例ニ準依シテ一一ニ稟候取決セシムルニ難シ、因テ姑ク前規ニ依テ支出セシメ、毎二月ニ明細計算書ヲ送上セシム、此等ノ外ニ在ル事務ト雖モ総テ本掛之ヲ整理シ、其ノ整理完了セハ直チニ卿輔ニ取決ス、且ツ租税、出納、検査、戸籍等ノ各寮ニ関渉スル事務モ亦タ本掛之ヲ整理シ、卿輔ニ取決シテ各寮ニ致付ス可シ」(6)

この新県掛は、新置の府県事務の改正・整備を企図し、奏任官の「主管」のもとで各寮司の官員を府県に派遣して、担任事務をすすめる方針を掲げている。そこでは、家禄改定に先き立って藩債を「査理」するための原簿を編製すること、藩債の新旧区別を明らかにして適宜の償還方法の見込みを定めること、藩債が過重で家禄改定が実行できない場合は家禄制限の見込みを作成すること、藩札を藩債とみなすことなどの方途を定めていた。旧藩の「規例」にそって将来の「方図」の「査理」をはかることとし、新県掛に毎年二月に各県庁費の支出明細計算書を提出すること、新県掛が租税出納、検査、戸籍などの各寮に関する事務をも整理すること、その上で「卿輔ニ取決」を求めてそれを各寮に「致付」することとしている。

ついで、新県掛は九月十九日、金穀出納表の例式とその送上・稟議の方法を提起し、同日には新県常候所を東京府下に設置することを立案した。(7) 前者は同日に新置各県に頒布された。(8) 後者は各所に散在する新県常候所を大蔵省近傍の一、二か所に集め、新県の参事以下が毎日出勤して事務を執行することを企図したもので、その稟議は太政官の裁可をうけ、十一月には東京常盤橋内の旧福井藩邸に諸県常候所が開設された。(9)

さらに新県掛は十月七日、新置各県の士族・卒の禄制と藩債の処分について、その「一時ニ改正シテ平均ナラシメント」することが困難であるとし、新置各県における従来からの措置方法を「開申」させ、その適切な方法を採択して施行するように提起した。(10) この新県掛の立案は、太政官政府の裁可をうけ、十月七日に「県治一体之御規則追テ可被仰出候得共、元諸藩之分士族卒禄制授産之方法並負債消却之目途等、各地方ニ於テ従来之便宜ニ随ヒ兼テ見込之次第モ可有之候間、詳細取調右方法書相添大蔵省へ可伺出事」(11) という布達となっている。この時期の大蔵省については、渋沢が「短い時間に三百六十余大名の処置をしてしまったから、種々な面倒な事が輻湊して来て、実に弱った」とし、「ちょっとした手紙を読んで見ても、此廻状を彼方へよこせ、誰が見たら何をせいとか、ちょっとした手紙に、三つも四つも書いてある。それで早く運ばないとお小言が出るから、一生懸命になって皆のものが働いたが、それは実にえらかった」(12) と、回想している。新県掛は、小野義真大蔵少丞が主任で、渋沢も立案に参画し、不眠不休で尽力して、それらが廃藩置県後の処分案になって実施されたという。渋沢は、藩札や租税あるいは藩債処理をめぐる伺いが殺到したと語っており、旧藩の藩債の把握、金穀出納様式の統一と貢租収入額の確保、藩債償却のための見込確立が急務とされ、新県掛がその迅速な処置を行う窓口として活用されたことが知られるのである。

このような大蔵省の新県掛は、四年十一月十二日に至って廃された。その趣旨は、「新県ノ事務都テ当課ニテ取扱来候処、追々地方分合ノ儀被仰出、新古県混一ニ相成候、付テハ日々常務願伺御指令等夫々主任ノ寮司ニテ取扱不申候テハ不都合」とある。(13)同掛が担当していた「旧藩債高取調並支消之方法」「旧藩紙幣支消之方法」「士族卒授産之方法」は同省の諸務課へ、「士族卒家禄高取調」は戸籍寮へ、「歳入歳出取調」と「有米金取調」は検査寮に移されている。十月二十八日以降に三府七二県への改組が行われ、府県から大蔵省へ具体的な課題が稟申されるようになったことから、戸籍・検査などの主任の寮司で処理することが適切と判断されたものと思われる。もっとも、主任の寮司が管掌するようになったとはいえ、四年十二月の大蔵省内の大丞・少丞分課では、「新県接待」と戸籍寮・勧農寮・諸務課を渡辺清大蔵大丞と小野義真大蔵少丞が担当した。(14)五年二月には大蔵省内に負債取調掛が設置されて郷純造(滄)大蔵少丞の担当となり、三月には三等出仕で大蔵少輔事務取扱の渋沢栄一が諸務課、負債掛の主任となっているが、「府県接待」には渡辺と小野、諸務課は小野と熊谷直之大蔵少丞が担当に名をつらねている。(15)新県掛担当であった小野が、同掛の廃止後も渋沢・渡辺両大丞のもとで、郷、熊谷らとともに大蔵省内における府県政の対応に携わったことが知られるのである。

2　「県治条例」と「新県取計心得」

政府は廃藩置県後、府県の統廃合にあわせて統一的、集権的な地方統治機構の確立を急務とし、明治四年（一八七一）十月二十八日に「府県官制」を制定した。府県に知事または権知事、および参事、権参事、典事、権典事、大属、権大属などを置き、府知事は勅任の三等官、県知事と府権知事は奏任の四等官、開港場のある知事はとくに勅任官と定めている。(16)県知事は十一月二日に県令、権知事は権令と改められた。

ついで政府は、三府七二県がほぼ確定した十一月二十七日、「県治職制」「県治事務章程」「県治官員並常備金規則」からなる「県治条例」を布達した。(17)「県治職制」では、県令、権令、参事、権参事、七等出仕の奏任官、および典事以下の判任官の職掌を規定している。県令は、県内の人民の教督・保護、条例・布告の遵奉・施行、徴税、賞罰などの権を持った。庁内の判任以下の人事を「専行」し、奏任官以上の任免についても太政官にその当否を具状することができるとしている。非常の際には、鎮台に要請して「便宜ノ処分」ができるとした。県庁内の分課は、「府県官制」の租税、庶務、聴訟の三課を改めて、庶務、聴訟、租税、出納の四課としている。また「県治事務章程」は、県庁の事務について、主務の各省に稟議して処分すべき「上款」を三一条、県令・参事が専任施行できる「下款」を一六条とし、それぞれの内容を規定した。「上款」は、「一切租税ノ章程ヲ増減シ或ハコレヲ変更スル事」「一切賦役ノ章程ヲ立及変更スル事」「凶年饑歳除租減税ヲ定ムル事」「絞以上刑罪人処置ノ事」「奏任以上ノ官員黜陟ノ事」などで、いずれも稟議が必要な事項とされている。県令・参事が専任施行できる「下款」についても、府県で処置したことを関係各省へ達し、大蔵省へは所轄外の事項であっても届け出るように命じた。「県治官員並常備金規則」は、官員の定数、常備金の費目・金額を定めた。二〇万石の県では、判任官を三〇人とし、石高に応じて増減を認めている。常備金も二〇万石の県を具体例にあげて、県庁の諸費および官員巡察費や使部以下の月給にあてる第一常備金を一六〇〇両、堤防・橋梁・道路などの緊急の普請費用にあてる第二常備金を四五〇〇両とし、石高に応じた増額の基準および臨時費用の三分一を「官給」とする方策を定めたのであった。

さらに政府は、府県の末端支配に関して、明治四年四月に戸籍法を布告し、数町村をあわせた戸籍区を設け、戸長・副戸長を置くことを指令した。(18)戸籍区内の戸数・人員・生死・出入などを、身分に関係なく、「住居ノ地」ごとに作成する方法である。(19)同年十一月の国内人口は三二七九万四八九〇人で、総戸数が七〇五万八九六〇戸となっている。そして廃藩置県後の府県における郡村改革は、概してこの戸籍法にもとづく区と戸長制度を活用した。五年四月九日には旧来からの荘屋、名主、年寄が廃され、戸長、副戸長に改められ、大庄屋なども廃されている。(20)ついで、数小区をあわせた大区に区長、数町村規模の小区に戸長を置くことが許され、各府県で大区・小区制が設定された。(21)この大区・小区制のもとでは、戸長が戸籍に限らない民政全般にかかわるようになり、小区に組み入れられた町村では、副戸長あるいは用掛などが置かれている。戸長は人民支配機構の末端に位置した。旧来の町村は、行政区画としての地位を失ったが、実質はなお貢租徴収などの基礎単位とされ、同時に民衆の生活を統轄する重要な根幹とされたのである。(22)

また、「県治条例」と同じ十一月二十七日には、左のような二八か条の「新県取計心得」が新置の県に布達された。

「　　　新県取計心得

一、廃県ノ参事総テ新県ノ場所ヘ呼寄、会合ノ上万端宜敷致照会、将来ノ目途可相立事

一、廃県ノ場所ハ総テ出張所ト見做シ、従前ノ通管轄内事務為取扱可申事

但、事務ハ総テ従前ノ通据置細大トナク為申出不都合ノ廉々ハ釐正ノ見込可相立事、

附、出張所等ハ成丈ケ箇所少ニ引纏候様見込可相立事

一、廃県ノ大少参事奏任以上ハ新任権参事ノ次席タルヘク、判任ノ向ハ総テ新任ノ相当次席ト可心得事

一、新県官員ハ総テ官禄・旅費共相当可相渡、廃県元大参事以下官禄・旅費共総テ従前ノ通可相渡事

一、廃県大少参事其外之内、才能有之判任官ニ難用モノハ、当分ノ内七等出仕ニ申立、其他ハ総テ先判任何等出仕ニ申付、篤ト試験ノ上等級取極登用之積可相心得事

一、廃県ノ官員先従前ノ通可据置トモ、必多人数可有之ニ付、追々減省見込可相立事

一、新県官ノ儀、当分ノ内者多少便宜ニ致所置、追々順序ヲ立官員定限ヲ不越様可致事

一、県庁内可成丈長官目撃之場所ヱ四課之調所ヲ設、事務為取扱可申事

但、四課ノ節目ハ職制ニ掲載候事

一、廃県貢米等総テ新県ヱ可引取旨御達ノ所、右捌方之儀ハ従前之通取扱成丈ケ石代納可取計、且会計扱方之儀ハ毎其県所轄ノ分界紛乱不致様歳出入明了ニ取調、本庁ニテ取纏可致事

一、租税取立方ノ儀、追テ一定ノ規則可被立候得共、先従前ノ振合ヲ以所置可致事

但、諸雑税等モ同様ノ心得ヲ以可取計事

一、廃県ノ分去ル七月廃藩ノ節有米金調出有之所、従前ノ出納計算ノ方法等取調可申立事

一、諸上納諸払等年々九月ヲ限リ候儀ハ、兼テ公布ニ照準可致候事

一、廃県従前ノ旧藩債消却ノ方法取調可相伺事

但、古債ノ分ハ何歩分歟ヲ遣シ消却ノ見込ヲ立、新債ト雖利足等ハ可成丈減省ノ目途ヲ以金主共ヱ精々遂示談支消ノ方法可申立事

一、負債ノ儀ハ旧知事及士族卒家禄ヘモ分賦可致ハ勿論之所、公廨費ヨリモ何歩分歟ヲ差入年賦消却ノ目途成丈ケ取縮メ候様可致事

一、負債ノ儀ハ従前一県毎ニ消却之見込可相立、此県ノ有余ヲ以彼県之不足ヲ補候様之儀ハ不相成事

一、一体消却之方法相立候迄者、元利共新古ノ無差別総テ下戻候儀ハ見合可申事

一、貫（ママ）族士族卒将来授産之方法見込可相立事

一、旧知事及士族卒家禄ノ儀、一体ノ見込相立候迄ハ廃県之場所ニ備置可相渡事

一、紙幣引替予備金等ノ儀ハ早々取調可申出事
一、常備金ノ儀者、当貢米之内ヲ以備置可申事
但、出納寮規則ニ照準可致事
附、常備金之儀本文ノ通候得共、廃県区々ノ会計或出納不相償モ有之、当年ノ租税ヲ昨年ヨリ費用致居候モ有之儀ニ付、実地経験之上見込取調可相伺事
一、東京出張所諸官員ノ儀、合県折合候迄ハ廃県前ノ取調モ有之ニ付、弁務適宜ノ人員取調可申立事
一、管内出張所ヘハ旧官員中ヨリ典事或大属等ニ新任申付、便宜ニ所轄可為致事
一、管内学校ノ儀ハ追々規則モ可被仰出候得共、官費ヲ不仰有志者ヲ募リ設施ノ見込追々可相立事
一、徒刑人等ハ授産第一ニ付、精々注意可有之事
一、入牢人賄方等ノ儀ハ御規則ノ通リ追々改正可致事
一、郡長里正之廃置或給料等モ旧県之振合ニ照準釐正ノ見込追々可申立事
一、京摂其外出張所等有之向ハ取調早々引纏可申事
一、管内ノ形勢毎月両度報告可有之事
」(23)

ここでは、三府七二県とされた新置県において、廃県の場所への出張所設置、県官の人選と待遇、租税の徴収、藩債の消却、士族・卒への家禄支給、常備金の設定、学校の開設などの諸事務の方法が明記された。具体的には、まず廃県のすべての参事を新県に集めて「将来の施設」の規準を定めること、廃県の場所に出張所を設けて、従来の事務を継承あるいは「釐正」することを指示している。県官の人選では、廃県の大、少参事を新置県の官員に任用する場合、前述のように判任官とし、「才能」のある人物であっても奏任官の七等出仕にとどめるように命じた。そして廃

県の官吏については、漸次に減少させるように指示している。また、租税の徴収は、一定の規則を設けることとしながらも、しばらくは従前の「振合」によって処理するように命じた。廃県が負っていた旧藩以来の藩債の消却については、天保以前の「古債」は「何歩分欤ヲ遣シ」て残りを消却し、それ以降の「新債」は利息を減じることなど、地方官が消却方法を取調べるように命じている。旧藩知事や士族・卒の家禄分に賦課、あるいは県庁費を「差入」ることを行っても、「年賦消却」の目的を立てるように指示した。旧藩知事や士族・卒の家禄は、「一体ノ見込」がととのうまで「廃県之場所」に「備置」き、その後に交付すべきことを命じている。

また、この「新県取計心得」については、「管内先以注意可致荒増ノ廉々」として、二五条が付記された。管内の地形や郡村の把握、社寺の朱印地・除地の取扱い、戸籍法の推進、駅逓・道路・堤防・橋梁の把握などが、その注意すべき条目とされている。府県政の着手に際して、留意の必要な点を細かに書き上げ、集権的な支配の貫徹を企図したのであった。(24)

すなわち、「新県取計心得」は、当面の租税を旧貫に従って徴収すること、士族・卒が産業に従事する方図をはかることなどが配慮されたが、家禄支給を抑制して旧藩以来の藩債の急速な消却を命じるなど、全体に旧藩士族・卒の犠牲を前提としながら、県政の整備を急ぐものであったと知られる。管轄事務の「注意稽査」を要する事項も、二五条にわたって「概挙」されている。政府の企図が、統一的基準にそった府県の整備、および集権体制下での新県政の掌握を急務としたものと理解できるのである。

もっとも、このような府県の整備において、沖縄が他と異なる特殊な経緯をへて、明治十二年（一八七九）のいわゆる「琉球処分」に至ったことはよく知られている。沖縄の「琉球王国」は、島津氏の慶長十四年（一六〇九）の琉球出兵後、同氏の支藩と位置づけられ、同時に清国への朝貢関係を保持することで、日本と清国に両属する特殊な関係をもっていた。この「琉球王国」の首里王府は、廃藩置県に直面し、「是迄通薩州江渡船、諸事彼鎮台御差図を以朝廷の御勤御座候方に無御座候て不叶候」と、藩にかわった鹿児島県のもとでの「現状維持」を期待していた。[25]しかし、大蔵大輔の井上馨は明治五年（一八七二）五月二十五日、「琉球王国」の現状に対して、琉球の帰属を日本に一元化させ、内地と同じ施政を推進するように建議していた。政府はこの井上の建議について、左院に諮問したが、結果は井上の建議を漸進的に改めて実施する方向を選んでいく。九月に鹿児島県官の案内で正使伊江王子尚建らの「慶賀使」が上京した際、政府は同月十四日、島津氏の支藩であった「琉球王国」を「琉球藩」に改め、国王尚泰を「藩王」に封じ、華族に列した。「琉球藩」の設置は、首里王府が薩摩藩から認められてきた外交上の特殊性に配慮した措置であったが、それは国内の中央集権化をさまたげるものではなく、また琉球藩に対して政府は外務省出張所を那覇に開設し、その外交権を接収している。

その後、政府は明治七年（一八七四）五月に台湾出兵を実施し、七月に琉球藩事務を外務省から内務省に移した。十月に台湾出兵問題が清国との間で有利に決着した後、政府は翌八年七月に内務大丞の松田道之を琉球藩に派遣し、清国への朝貢廃止、明治年号の使用、藩制改革の実施、福州琉球館の廃止などを口達している。琉球側の各般の抵抗、清国からの批判に対しては、内務大書記官となった松田が十二年三月に警官一六〇余名と熊本鎮台分遣隊四〇〇余名を率いて琉球に出張し、二十七日に首里城で藩王の代人の今帰仁王子に対して、三月十一日付の廃藩置県の達を手渡した。そして政府は、四月四日に琉球廃藩、沖縄県設置を全国に布告し、翌五日には鍋島直彬を初代沖縄県令に任じている。「東京居住」を命じられた旧藩王尚泰は五月二十七日に那覇を出発し、着京後は土地邸宅と金禄公債証書二〇万円が下賜されたのであった。

松田は「琉球処分」について、「外国ノ問題」に関して「只ニ内治ニ止マラサル」の事情があり、「其間種々紛紜ヲ起シ」と復命しているが、そこには「寛猛之ヲ処シ」との断固とした決意、そして軍事力を背景とした強圧的な施策があったことはいうまでもない。(26)沖縄県ではその後も旧藩士族が新政に反対し、清国を頼んだ「脱琉渡清」も行われたが、明治二十七年（一八九四）の日清戦争勃発と翌年の日本勝利後は、それらの反対運動も鎮静化し、沖縄県政が貫徹されるようになっている。

3 新置府県政の展開と課題

三府七二県の時期、「県治条例」や「新県取計心得」のもとで府県に着任した地方官の動向は、小倉県の事例が参議大隈重信に宛てた同県参事伊東武重の報告から判明する。それによると伊東は、明治四年（一八七一）十二月二十二日に赴任先の小倉に入り、すでに到着していた権参事以下のわずかな官員とともに、因循を打破すべく「大張込之都合」で「入湯之暇」もなく新県政に着手した。(27)

まず、旧県（豊津、中津、千束）の重役を呼び出し、小倉県設置の趣旨と県治の目途を伝え、管轄内の旧県の棒杭を抜き取り、新たな境目に標木・高札を設置している。ついで、旧県の事務責任者に対して、「高反別帳」「出納租税負債」の諸帳および「消却授産之方法」などを、三、四名ずつで持参するように命じ、新県政の大意を諭し、旧県の「内情」や「人選之名書」の把握、諸事務の処置に着手した。当面する事務は、東京からつれてきた官員と近隣の日田県から出張してきた官員が、庶務、聴訟、租税、出納の四課に分れて処理している。伊東は、このような旧県からの引継ぎおよび直面している事務処理を迅速にすすめるとともに、県官員の刷新を左のように具体化した。

「管轄内既に二百人余も有之、余り冗官と何れも存当り既ニ減少之目論見之処、廃県ニ付其尽ニ而罷在候旨出浮之大少参事も大ニ恥入候都合ニ而申訳いたし候ニ付、夫者幸之事是迄二百人余之官員追々者一時ニ四十六名之定額ニ相成候半而不相叶、然処一度ニ相減候而者何欤事務沮滞折合相付申間敷ニ付、先以差附有姿ニして官員之半を相減し可申、左候へ者段階相附為折合可被宜、最早廃県之上者難致事情も可有之ニ付、官員之能否見立差出候様其上是ゟ可得差図旨申達候処、何れも尤ニ承知罷帰候事(28)」

旧県重役に対して、小倉県官員の定数が四六名であることを示し、まず旧県官員二〇〇余人を半減させる方針を伝えている。一時の削減が事務の停滞につながることを考慮し、段階を追った削減を企図して、県官の「能否見立」を提出するように旧県重役に命じていた。

さらに伊東は、正月休暇を利用して新県官員の「懇知」をはかるとともに、県内の地方支配の改革に着手した(29)。大隈に宛てた報告によれば、旧県では郷村支配に藩政時代の大庄屋を改めた示談役が設けられ、市中支配に大年寄が設けられていたが、その示談役を廃止して郡長・里正、大年寄を廃止して市長を置き、示談役の有能な人物については、租税係の権少属に任用する方針が示されている。県内の諸出張所も、豊津・中津の二か所に合併することを予定した。このような伊東の小倉県政については、明治五年六月にもその進行が左のように報じられている。

「県庁之義官員モ一ト通満員仕、何レモ昼夜勉励各其職ヲ修メ、旧県ニ事務請取之義モ疾クニ相済ミ旧官員不残免職仕、其内戸籍調之義相整候ニ付郡村釐正之事ニ取懸リ、戸籍編制之法ニ依リ全国ヲ凡百区計ニ分割イタシ、士族平民ニ不拘入札ヲ以テ戸長・副戸長等ヲ選挙シ、其下伍人組ノ長至ル迄定員職掌ヲ定、管内限リ通則ヲ立テ郷社・村社ヲ確定シ、祠官・祠掌ノ撰任是亦士族・社人・平民ニ不拘入札ヲ以テ夫々相済シ、先以人民編束ノ大綱領相立テ候ニ付、傍ラ当春以来大蔵省へ申立候租税改正之義ニ付、今又至急ニ調取懸リ罷在候義モ有之、総テ下方ニテモ日ニ増大分ニ進歩仕、頃日ヨリ商社ノ設ケ或ハ牧場ヲ開ノ或ハ郷学ヲ興スノ抔ト種々願立之義トモ有之候」[30]

旧県の官員をすべて免職とし、戸籍法にもとづく区を設け、入札で戸長・副戸長を選挙して「人民編束ノ大綱」を定め、さらに租税改正にも着手している。まさに伊東は、「英気勃然」で、県内の「当今人情未定ニ乗シ」て新政を急速に推進した。[31]旧藩時代の改革の遅れを指摘し、一方で幕末の戦火によって衰弊した小倉市中の「蘇生之思」を利用して、新政の貫徹をはかったものと知られる。

また、この小倉県のような新県政の展開は、青森県においても例示できる。青森県の場合は、明治四年九月五日に弘前県大参事に任じられた野田豁道が、旧藩を廃して県とした八戸、七戸、斗南、黒石、館の五県を同月九日に弘前県に合併し、さらに二十三日にそれを青森県と改称して、県政の刷新を推進していた。野田は、旧県からの事務引継ぎを県政の第一の課題とし、その後は十二月一日に青森に置かれていた津軽順承の旧屋敷に新庁舎を開設している。[32]この県庁の青森移転については、野田が大蔵省に呈した二一か条の伺書で、左のように建言しており、それが認可されたものといえる。

「六県合併ニ付、管内地形別紙図面之通ニテ、弘前へ県庁被相設候テハ、偏隅ニテ館・八戸・斗南之気脈殆ト隔絶致し、諸事往復モ不便利ニ有之、且ツ旧庁ニ拠リ候テハ、自ラ旧弊ニ拘泥シ御開新之御趣意モ充分貫徹致兼候事情モ可有之、旁以青森へ御移県新庁御開建被為在度奉存候、同所之儀ハ陸羽第一ノ大港ニテ、海運便、陸奥・渡島両国管轄スルニ最上之要地ト奉存候、但青森港ヘハ是迄弘前県出張所モ有之候間、別段庁舎御取建ニハ及ヒ不申候事」[33]

青森が合併六県の中央に位置すること、旧弊に拘泥しない「御開新之御趣意」を示すこと、および東北地方第一の大港に着目する視点から、同地へ県庁を移転することが推進されている。この県域の形成と県庁の移転については、会津二三万石を廃されて三万石の移封とされた斗南藩の少参事広沢安任らが、廃藩置県以前から士族の生計安堵を重視して、八戸藩大参事太田広城らとひそかに弘前、斗南、八戸などの合併を企図しており、それらの画策も影響したように思われる。(34)

また、旧県の事務引継ぎについては、やはり野田の伺書が基調となり、それらが具体化された。弘前県が青森県と改められて青森に県庁が移されたことにともない、弘前、七戸、八戸、黒石、館、斗南の旧六県にはそれぞれ支庁が置かれ、合併後の新たな施政は新県庁舎で、従来の取り扱い事務は旧県の支庁で担当している。野田は十月二十一日に着県し、十一月二日には県政を統轄する機構として民事堂を設け、租税、聴訟、庶諸、出納、営繕の五課を設置した。実地の施政に関しては、とりあえず旧来の府県施政順序や府県奉職規則を「標的」とし、十一か条の「施政事務章程」(35)を定めている。県官員については、十二月に太政官に宛て、「判任以下ハ伺済ノ廉ヲ以本月中旬総免職及達、是迄取扱ノ事務ハ於旧庁明細取調ノ上、闕漏無之様新庁ヘ来月中引渡候様申達候」(36)と上申していた。「差向キ必要ノ官員元六県中且諸県ヨリ登用」して、「新庁事務」を取り扱い、「闕員ノ分ハ追々登用ノ筈」と届け出ている。「総免職」を伺い出た旧県の奏任官については、「着県ノ上内達可致」と実地をふまえた人事を命じられていたが、旧県の「明細取調」の提出や新県政の着手には急進的な姿勢がうかがわれる。(37)

もっとも、このような小倉県や青森県の新政が、すべて円滑に貫徹されたわけではない。小倉県参事の伊東は、大蔵省に対して明治五年六月の天皇巡幸を奉迎した感激と新県政の進展を報じるとともに、県内の藩札引き上げをめぐる課題を進達していた。同省の指令にそって藩札の引き上げを県内に布達したところ、「愚昧之小民御趣意不差分何カト疑惑ヲ生シ、不融通ノ処ゟ何トナク人気ヲ塞キ候次第」で、種々の説諭を行ってようやく「居合」がついたという。(38)藩札の処理をめぐっては、県官員のあいだでも伊東と参事の堀尾重興の対立を生じていたようで、伊東は大隈に対しても、その間の苦心を書き送っている。(39) 県内の豊津、千束の士族についても、慶応二年の戦乱で小倉を追われた後、「未タ住所モ無之向モ有之」で、それらの「困窮」士族を「憤発開墾」させている実情を記している。県政の安定については、なお課題が少なくなかったのである。

また、青森県では四年十一月二日に前福島県令の菱田重禧が権令に任官したが、その強引な施政と権令の行状が県内からの反発をうけたようで、六年五月には菱田を糾弾する報告が大隈参議のもとに寄せられた。(40) 同県の三戸に出張を命じられた遠藤邦蔵らは、菱田権令が県官を一時に免職としたこと、および三戸支庁を廃して八戸に支庁を置き、八戸と三本木に長期滞在したこと、「婦人ヲ携ヘ酒席ニ陪候」といった菱田の私行が県内士族の反発を引き起こしたと伝えている。さらに士族の禄米を安価な現金支給としたことが、「正米渡」を求める士族の反発となり、騒動に発展したのであった。(41) その探索によれば、弘前居住士族が県政に対する八二か条の「不審」を掲げ、二〇〇〇人ほどが集会し、県庁に押しかける動きを示したことから、菱田は県庁を脱出して上京し、旧弘前藩士族も森岡右膳らが大蔵省へ直訴する事態に発展したという。この結果、政府は大蔵省六等出仕の北代正臣を青森に派遣して鎮圧に全力をあげ、鎮圧後の八月二十四日、菱田を罷免して北代を権令に任じたのであった。

県政の課題は、急進的な改革が旧藩士族の反発に直面した青森県の事例に限らず、各地でさまざまな困難が山積していた。とくに熊本、高知、足羽、佐賀、岡山、静岡などの大藩の地に形成された県では、地方官に旧藩からの登用が多いだけに新政が貫徹できない事態を生じていた。後述の置賜県もその一例であるが、かっての討幕派の有力藩や一国規模の大藩であった地域では、なおさら旧藩の体質をぬぐいさる刷新人事が困難だったといえる。

それゆえ、政府は廃藩置県後の太政官制の改革で正院に監部を置き、また太政官三職が直接附属する「秘密ノ偵員」を用いて、地方の状況の把握につとめた。密偵は、「各地ノ事情ヲ洞悉」することを目的とし、三職の指示で

「四方ニ行走セシメ、其事情ヲ繊細詳尽シテ遠邇遁情ナカラシム」[42]とされている。前述の大隈のもとで青森県に派遣された遠藤らがそれである。また大蔵省では四年八月二十七日、五等出仕の林厚徳を金沢県へ、六等出仕の河野敏鎌を広島県へ、大蔵少丞の林友幸を佐賀県へ、いずれも「大参事心得」として出張させている。[43]弾正少忠であった河野は、弾正台の廃止後、まず四年八月十日に大蔵省七等出仕に任じられていた。同十五日に広島県大参事とされたが、同二十三日に免じられて大蔵省六等出仕兼布政使に任じられ、さらに同二十七日には大蔵省六等出仕専任、広島県大参事心得として出張を命じられている。十一月二十七日には広島県参事に任じられ、同県内の鎮静に奔走したのであった。大蔵少丞の林友幸の場合は、伊万里県の元佐賀藩士一〇〇余名が屯集した事件で、士族からの糾弾を受けて進退伺を提出した古賀定雄参事、富岡敬明権参事に代わり、その鎮圧にあたった。[44]士族は四年十一月、県側の「文武ノ常職無之」「給禄奉還」の布告が県官の専断と疑い、「徒党・強訴」を構え、「給禄奉還」が「就産トスルノ禄券歟、方法ヲ立支消スル歟」のいずれにあるのかを問いただしている。これに対して政府は、「参事申達之件々了解難致旨ヲ以多人数申合、彼是闘論ニ及候」ことについて、「朝旨ヲ不敬ニ相当リ不埒之事」とし、首謀者の取調べと報告を県側に厳しく命じた。林は同県参事にかわって士族への説諭をかさね、結果として、首謀者二名を謹慎処分とし、混乱を抑えたのである。

政府は明治五年三月に「新置県外組合」を作り、七等出仕の石井梵出、深沢勝興、坂部長照、渡辺広厚、橋本重賢、林友幸らの巡回を予定している。同年七月にも、大蔵大丞の渡辺清を「士族紛紜の議」があった茨城県へ出張させた。六年にも七等出仕の坂部長照を大分県、大蔵大丞の林友幸を福岡県に派遣している。六年には全国的な地方巡回が行われており、[45]旧藩の体質・意識を残した県政の改革が、その後の新政策の展開過程、とくに政府の集権統治における引き続いた課題となっていたのである。

註

(1)『太政官日誌』明治四年、第四六号

(2)「大蔵省沿革志」本省(『明治前期財政経済史料集成』第二巻、大内兵衛・土屋喬雄編、昭和三十七年、一六四―一六五頁)。この「藩鈔換収順序」については、四年七月十五日に同様な趣旨が大蔵省から全国に発布された(『法令全書』明治四年、大蔵省第一七)。

(3)『太政官日誌』明治四年、第四七号。

(4)「大蔵省沿革志」本省(前掲『明治前期財政経済史料集成』第二巻、一六五頁)。『法令全書』明治四年、大蔵省第二五。

(5)『法規分類大全』第一二巻、官職門三(内閣記録局編、原書房、昭和五十三年覆刻)一一三頁。

(6)「大蔵省沿革志」本省(前掲『明治前期財政経済史料集成』第二巻、一七九頁)。この方規案については、同様な事項が「新県掛事務調査方ヲ定ム」として、『法規分類大全』(第一二巻、官職門三、一一四頁)に収録されている。

(7)「大蔵省沿革志」本省(前掲『明治前期財政経済史料集成』第二巻、一八一頁)。

(8)『法令全書』明治四年、大蔵省第五一。

(9)「大蔵省沿革志」本省(前掲『明治前期財政経済史料集成』第二巻、一九三頁)。『法令全書』(明治四年、大蔵省第一〇六)には、「今般諸県廃合、改メテ三府七十二県被置候ニ付テハ、各県々ノ内ヨリ交番ヲ以テ月々三県宛月番相立、当省へ可相詰候事、但三県ノ内ヨリ一員可相詰事」とある。

(10)「大蔵省沿革志」本省(前掲『明治前期財政経済史料集成』第二巻、一八六頁)。

(11)『太政官日誌』明治四年、第七六号。

(12)沢田章編『世外侯事歴維新財政談』中巻(大正十年)二五九頁。

(13)前掲『法規分類大全』第一二巻、官職門三、一一四頁。

(14)同右『法規分類大全』第一二巻、官職門三、一一八―一二〇頁。

(15)同右『法規分類大全』第一二巻、官職門三、一一九―一二一頁。

(16)『法令全書』明治四年、太政官第五六〇。

(17) 同右、太政官第六二三。
(18) 『太政官日誌』明治四年、第十八号。
(19) 「改置府県概表」(『明治史要』附表、東京大学史料編纂所、昭和四十一年覆刻、八一―八九頁)。
(20) 『法令全書』明治五年、太政官第一一七。
(21) 『法令全書』明治五年、大蔵省第一四六。
(22) 大区・小区制については、亀卦川浩『明治地方自治制度の成立過程』(東京市政調査会、一九五五年)、大島太郎『日本地方行財政史序説』(未来社、一九六八年)の第二章「地方体制統合の特質」、大石嘉一郎『日本地方財行政史序説』(御茶の水書房、一九六一年)の第一章「明治維新と地方制度の改革」、大島美津子『明治国家と地域社会』(岩波書店、一九九四年、七七―八六頁)を参照。
(23) 『法令全書』明治四年、大蔵省第一一一。
「大蔵省沿革志」には、「新県取計心得」の基礎となったと思われる「新県処務須知」が収載されている(「大蔵省沿革志」本省〈前掲『明治前期財政経済史料集成』第二巻、一九八一―一九九頁〉)。
(24) 『法令全書』明治四年、大蔵省第一一一。
(25) 佐藤三郎「琉球藩処分問題の考察」(『山形大学紀要』人文科学、第三巻一号、昭和二十九年)、金城正篤「『琉球処分』と民族統一の問題―琉球処分における明治政府の政策基調の分析を中心に―」(『史林』第五〇巻一号、一九六七年)、我部政男『明治国家と沖縄』(三一書房、一九七九年)二五―九一頁参照。
(26) 松田道之「琉球処分」(下村富士男編『明治文化資料叢書』第四巻・外交編、風間書房、昭和三十七年、二七四―二七五頁)。
(27) 「伊東武重書翰」明治五年正月四日(『大隈重信関係文書』一、日本史籍協会、四三一―四三五頁)。
(28) 同右。
(29) 同右。
(30) 「伊東武重報告書」明治五年六月十三日(前掲『大隈重信関係文書』一、四七九―四八〇頁)。
(31) 前掲「伊東武重書翰」明治五年正月四日。
同時期の地方官の施政については、豊岡県権参事田中光儀が大隈に対し、「黒井鶴牧三田湯長屋等之出張所者断然皆廃し、早く合併之行届候を以目的とし、苛酷過厳之名を取候も不顧毀誉褒貶者度外ニ置、可成丈大蔵之御都合ニ相成候様、新置県以来昼夜従事」と書き送っており、大蔵省の指令にそった上からの改革が推進されている（「田中光儀書翰」明治五年正月七日〈前掲『大隈重信関係文書』一、四三六頁〉）。

(32) 小野久三『青森県政治史』一、明治前期編（東奥日報社出版部、昭和四十八年）一三八―一四四頁。稲葉克夫「近代県政の開始―青森県の誕生―」（『歴史と地理』第二八二号、一九七九年）参照。

(33) 「野田大参事より朝廷に往々伺之写施政事務章程ケ条」（弘前市立図書館所蔵）。「青森県歴史」第一冊、政治之部、県治（『青森県史料』二、国立公文書館）。

(34) 『青森県史』八（青森県編、昭和四十六年）一〇六頁。『地方沿革略譜』（内務省図書局蔵版、明治十五年）一八一―一八五頁。

(35) 「青森県合県後事務取扱方届」（『公文録』諸県之部、辛未自十月至十一月）。

(36) 「青森県々治釐正ノ条件及仮職制章程」（『太政類典』第二編一〇〇巻）。

(37) 同右。

(38) 前掲「伊東武重報告書」明治五年六月十三日。

(39) 「伊東武重書翰」明治五年六月十三日（前掲『大隈重信関係文書』一、四七八頁）。

(40) 「遠藤邦蔵等書翰」明治六年五月（『大隈重信関係文書』二、日本史籍協会、一〇八―一〇九頁）。

(41) 「遠藤邦蔵・青森県情探索書」明治六年七月七日（前掲『大隈重信関係文書』二、一四五―一四六頁）。「青森県歴史」第十五冊、政治之部、騒擾時変（『青森県史料』国立公文書館）。

(42) 「三職附属秘密ノ偵員」（国立国会図書館憲政資料室所蔵、三条実美文書、書類の部、三〇―一二）。

(43) 『百官履歴』二、日本史籍協会、二〇頁。

(44) 「伊万里県貫属家禄之儀ニ付沸騰始末届」（『公文録』諸県之部全、壬申二月至三月）。

(45) 小池ウルスラ「太政官制下の地方監察」（『日本歴史』第五六一号、一九九五年）参照。

第四節　廃藩置県後の士族と農民

1　新政反対一揆の発生

廃藩置県の断行は、抜本的な税制改革を可能にするとともに、封建的支配を廃したことで、士族の禄制についても、その改革を必然化するものであった。前者の税制改革については、明治二年（一八六九）の版籍奉還後、大蔵省の改正掛を中心に郡県制にそった租税制度のあり方が検討されていた。

丹羽邦男『地租改正法の起源』は、改正掛とくに地理権正の杉浦譲が、封建的特権を否定した近代的税制の導入を企図し、四民平等の視点に立った「戸籍法原稿」、あるいは賤民廃止を掲げた「身分解放」布告案の作成に着手していたことを明らかにした(1)。大蔵省内部では、廃藩置県前に具体的な税法改革案の作成には至っていなかったが、廃藩置県断行とともに直ちに税法改革の作業に取りかかれるだけの準備ができていたという。その税法改革の内容は、集議判官の神田孝平が提起した「地券ノ方法」にほぼ方向づけられている。この税法改革と郡県制の関係は、明治三年の「建国策」が、「租税ノ法」の大変革を実施するために「億兆ノ力」を結集する必要があるとし、「施行スルノ順序ヲ論スレハ郡県ノ体ヲ大成スルヲ以テ最大急務トス(2)」と、記していたことにうかがわれる。それゆえ大蔵省は三年十二月、「画一ノ政体ヲ立定シテ之ヲ全国ニ施行」することを建議し、「一致ノ政体」のすみやかな確立を要請していた

のである。(3)

もっとも、廃藩置県直後の政府は、旧藩の多様な税法の改革については、混乱と農民の反発が予想されたことから、明治四年(一八七一)七月二十四日にとりあえず左のような布達を発していた。

「今般藩ヲ廃シ県ヲ被置候ニ付テハ、租税之儀一般之法則ニ可引直之処、因襲之久キ一時ニ引直シ候テハ却テ民情ニ悖リ候儀モ可有之ニ付、当未年ハ悉皆旧貫ニ仍リ可申、尤是迄取扱来リ候方法並雑税之名義区別等詳細取調、来ル申年三月中迄ニ可伺出候事」(4)

廃藩置県にともなって、「一般之法則」の税制改革を企図しながらも、一時の改革が民情に反することもあるとして、明治四年分は旧貫にもとづく徴収とすることを布告したのである。このために廃藩置県は旧藩知事や士族の身分、生計に大きく関係したが、それが一般農民の生活を即座に変革するものとはなっていない。そのことは、多くの農民とりわけ村役人層の日記や書状が、概して戦争や騒動、年貢などの記載が詳細であっても、廃藩置県についての特別な感慨を記録している例が少ないことにうかがわれる。

しかし、このような政府も同年九月以降、後の地租改正の前提ともなる土地制度の改革に着手した。九月三日に田畑勝手作りが許可され、九月に大蔵卿大久保利通、同大輔井上馨の提出した「地所売買放禁分一収税法施設之儀正院伺」が、翌五年二月十五日に裁可され、さらに同月には土地売買の禁が解かれている。(5)それは、後の地租改正実施の中心となった有尾敬重が、廃藩置県後の「旧藩」の土地がさまざまな課税法を取っていて、政府でも「何とか工夫して速かに之を全国一般一律の下にしなければならぬと云ふことに議論が決し」、「小改正」がはじまったと述懐していたことを裏づける。(6)そして、廃藩置県の断行が、旧貫を踏襲した税制あるいは土地制度の「小改正」にはじまったとはいえ、旧藩を廃した統一的な府県が設置された以上、その後の改革が士族に限らない農商民の生活全般にかかわる一大変革に向うことは、当然の帰結であったといえる。

右に関しては、廃藩置県後の諸県で旧藩知事の上京をきっかけとした一揆や打ちこわしが発生し、とくに広島県の一揆を初発に中国、四国地方で多発したことが知られる。谷山正道『近世民衆運動の展開』によれば、明治四年中に旧藩知事の引き留めを求めた一揆が一一件、再任要求をふくむ一揆が五件発生している(7)。

広島県の場合は、元藩知事浅野長訓の上京を阻止しようとする農民一揆が八月四日に発生した。長訓が広島を出発する直前に蜂起した一揆は、県内各地に拡大し、長訓の上京を延期させている。同様な一揆は、伊予松山、備後福山などでも続発した。旧藩知事の復職を要求の一つに掲げる騒擾は、四年十一月に岡山県、十二月に高知県で発生したが、それらは、いずれも所領規模の大きな旧大藩で発生しているのが特色といえる。

また、これらの中国、四国地方で発生した農民騒擾は、旧藩知事の上京阻止を掲げつつも、その要求が各般にわたった場合が多い。租税増徴の反対、寺院廃棄の反対、外国人・蘭方医の追放など、実に多様である。これらの要求については、旧藩主留任要求を掲げながらも、その実は新しい「官治行政」に反対し、同時に貢租公課減免を要求していたのであり、「農民の旧体制への回帰は、決して旧来そのままの状態への復帰ではなかった」という(8)。この視点は適切で、一揆勢はそれまでの積年の不満を噴出させて旧藩権力の末端に位置した豪農・豪商を打ちこわしたが、同時に県の収税役所などを攻撃している。

前述の広島での騒動を検討すると、山県郡有田村の武一を首謀者としたことで「武一騒動」と称され、参加者一〇万人におよぶ大規模な騒動となっていた(9)。旧藩知事の引き留めに関しては、「広島御城ニ天朝菊ノ御紋附之御幕皆々おろし、当国様御印附御幕張替」へ、他領との境界の「建石」を「先規ノ芸州領之建石」に引きもどしている。そして県官を襲撃して、県内全域で豪農・豪商に対する打ちこわしや掠奪、高札の破却を行っていた。一揆の逮捕者は、五七〇余名におよんでいる。また岡山県で発生した強訴は、旧藩知事の例にならって、租税を一〇分の一に減らすように要求していた。義倉の廃止や流言を背景とした「外国人」の「退治」なども掲げている。

そして、これらの一揆・騒擾は、新政に対する風聞・流言などがあって、急速に西南地方の各地に波及した。外国人に関する流言は、「太政官ハ異人カ政事ヲ取扱処ニシテ」、女子や飼牛を「異人へ売渡」す「内密」ができているというたぐいである。旧藩に替わった新政府支配についての不安を外国人に対する危惧と結びつけていることが、多くの騒擾に共通している。(10)高知県内の高岡・吾川・土佐三郡では、十二月中旬に屯集、戸長役宅打ちこわしが発生したが、それも旧知事引き留めと外国人についての浮説、穢多民籍編入への不満を契機とした。(11)それらは、旧藩知事に対する惜別の情、旧藩知事が去ることに象徴される急速な変転に対する不安、および新たに展開された県政に関する批判を示した行動と看取できる。

ところで、右のような農民騒動のなかで、とくに新政に対する批判が顕著であったものとしては、旧姫路藩領や生野県で発生した一揆の行動、要求が具体例となる。旧姫路藩領の一揆は、明治四年(一八七一)八月二十七日のいわゆる賤民廃止令に反発し、播磨国神東郡辻川村の農民が十月十三日に蜂起したのが最初であった。一揆は元大庄屋の戸長宅を放火し、辻川村から今尾村に進出している。神東・神西両郡で五、六〇〇〇人に拡大し、一部は竹槍や鉄砲をたずさえて姫路市内へ侵入しようとして、鎮圧に出動した姫路県(旧姫路藩)の兵隊と衝突した。(12)一揆は「穢多平民同一籍」や「戸籍調」を批判して、旧藩知事の復帰を求め、さらに「旧県貢米」の規則がいずれ改変されるであろうとして、「近ク検地有之候由迚モ爰両三年中ニハ小前ノ者産業相立兼可申」と、新政府のもとでの税制改革に対する批判を掲げていた。一揆勢は、戸長宅や官舎への放火、郷村高帳や高札の破壊、徴税倉庫への焼打ちを行っている。

また、この姫路県下の一揆は、隣接の生野県にも影響をあたえ、政府官員の殺害、鉱山器械の破壊といった大規模な打ちこわしに発展した。近隣の浜田県下ではすでに八月ごろから新政をきらう動向が顕在化し、生野県ではさらに広島・倉敷・高知県などの一揆の風聞が伝わると、県の戸籍調べや検見を批判する動きがたかまっていた。(13) この生野県の一揆は、姫路県に隣接した神東郡屋形村での十月十四日の蜂起に端を発し、鎮撫のために出張した県官員を殺害している。一揆勢は翌十五日に「最寄村々嘯集数万勢相挙」り、生野に乱入して高札場を破壊し、鉱山器械所に放火した。県側は、一揆勢の鎮撫に苦しみ、出張官員が独断でその要求を認め、左のようにその要求項目を書き上げている。

「一、伺中穢多是迄通ノ事
一、御年貢筋三分勘弁ノ取計可有之事
一、百石牛一疋ト一人差出無之事
一、明年ヨリ御廻米御免ノ事
一、検地無之事
一、社寺院良木伐取無之事
一、徒党ノ頭無之様聞届候事
一、異人ノ儀鉱山司へ懸合難儀不相成様取計可遣事」(14)

一揆勢の要求は、風聞などにもとづいて作られた傾向が強く、封建的身分制のもとの差別称廃止や社寺院の良木伐採拒否などの各般にわたる。そして、貢租を減ずるように求め、同時に年貢の廻米や検地の実施をこばむなど、県側のすすめる新政と収奪強化を批判した。そこでは、生野鉱山での御雇外国人の活動を不満とするなど、概して急激な開化政策に対する強い反発を示したことが看取できる。政府は、旧藩知事の帰京阻止や惜別を名目として引き起こされる騒擾が、新政全体に対する批判に結びつくようになったことから、明治四年十月七日には左のような厳しい取締りと懲戒を指示した。

「今般廃藩ニ付各地方ニ於テ奸民共徒党ヲ結ヒ、陽ニ旧知事惜別ヲ名トシ、恣ニ人家ヲ毀焚シ、或ハ財物ヲ掠奪候等ノ暴動ニ及ヒ候モノ往々可有之趣相聞へ、朝旨ヲ蔑視シ国憲ヲ違犯シ候次第其罪不軽候条、管内厳粛ニ取締即決処置懲誡ヲ可加候、万一手余リ候節ハ所在鎮台へ申出臨機ノ措置ニ可及候事」(15)

旧藩知事への惜別を掲げて打ちこわしや掠奪を行う暴動に対して、それを「朝旨」を蔑視して国憲を犯す行為とみなし、厳しく取り締まるように命じ、場合によっては鎮台に申請して臨機の措置を取るように指示している。前述の生野県では、一揆の鎮圧に際して、大阪出張の兵部省に出兵を求める要請を行い、出石、竜野、姫路などから旧藩兵が鎮圧のために動員された(16)。同県は十月十九日、鎮定後の諸村に対して、「妄言」を信じてふたたび動揺する場合には「断然ノ処置」を行う旨を達し、翌二十日には出張官員が認めた「書面」についても、「廃止同様ノ品」として、回収を命じている(17)。そして鎮圧後、生野県にかわって十一月二日に設置された豊岡県は、「知事惜別之名無シト雖モ、無謂及暴候上者即決処置懲戒ヲ可加旨御下知」として、十二名の死刑処分を司法省へ願い出ている。政府の一揆鎮圧の姿勢は、警察力の行使、地方官による死刑をふくむ即決処分の承認、府県と鎮台の連携など、概して強圧的になっている。そして姫路県にかわって設置された飾磨県では、平民は農作に精を出し、年貢米を「朝廷政府」に納めることが、旧藩知事に対するなによりの報恩となる旨を県内に告諭した。告諭書では、天皇の宗教的、伝統的な権威を繰りかえして説き、天皇の存在を旧藩知事をも超越する絶対的な支配者と強調している(18)。

しかし、新政への反発は、府県での急進的な改革が推進されて行くにともない、その後も続発している。廃藩置県直後の新政反対一揆の多くは、旧藩知事の引留めを掲げて旧大藩領の地域に発生し、同時に風聞・流言などを背景とした蜂起であったが、いわゆる賤民廃止令以後はその反対が要求に加わり、さらに徴兵令や地租改正の公布以降には、血税一揆や地租改正反対一揆が発生している。新潟県では、明治三年一月に着工された信濃川の「大河津分水路工事」をめぐり、同年七月に負担金徴収、正人足徴発、村替に反対する騒動が発生していたが、五年二月になって大規模な「分水騒動」が引き起こされた。信濃川・中ノ口川流域の農民など一万数千人が立ちあがり、分水路工事を強行する柏崎県と新潟県庁に強訴を行っている。(19) 柏崎県庁へ向かった一隊は、分水工事負担金の免除、神社・仏閣除地の据置き、年貢・諸上納の据置き、外国交易の差止めなどを掲げた。新潟県庁へ向かった一隊は、元会津藩士も参加し、前述の要求などに加えて徳川家の再興と新政府首脳の征伐を目標に掲げている。一揆勢は中ノ口川流域の庄屋宅を打ちこわし、説諭に出張した県官など二名を殺害したが、新潟駐屯の鎮台分営四小隊が出動することで、ようやく鎮圧されたのであった。

廃藩置県後の中央集権体制のもとで着手される新政に対しては、民衆の反発が決して小さくなかったといえる。後述の旧藩士族の処遇問題とあいまって、民衆支配の貫徹が、府県政の重大な課題となっていたことが知られる。府県における改革の推進と国民統合の形成が、明治国家の内政上の重要な課題となり、明治七年以降、内務省の創設や元老院、大審院、地方官会議の開設、そして漸次立憲政体樹立の詔といった明治国家の枠組みが形成されることとなる。

2　士族解体の議論

廃藩置県の断行は、旧藩士族の給禄を直ちに改変するものではなく、それは後日の課題に残された。だが、廃藩と士族の家禄廃止は、ほぼ共通の問題として掲げられていた。それは、前述のように岩倉具視が、明治四年（一八七一）

四月二日のイギリス公使パークスとの会談で、郡県制の徹底と士族家禄の解体を政府の二大目標に掲げ、「薩摩はもはや薩摩ではない」ような「帝国を統一的な全体にまとめ上げること」、および「もう一つは士族への扶持米の制度を廃止すること」の着手を断言していた点にうかがわれる。(20)そして、この会談の三か月後、政府は廃藩置県を断行して知藩事を解任し、かっての知藩事と士族とのあいだの君臣関係を制度的に廃して、政府が新たな統一的な家禄支給者となった。また政府は、すでに断行していた旧幕臣の帰農・帰商や社寺領の処分についても、廃藩置県後に旧藩士族とあわせてそれを全国的規模で実施するようになっている。旧税制の統一的改革も容易になり、大隈が明治三年（一八七〇）の「全国一致之論議」で主張したような、財政の一致を実現して無用不急の秩禄を削減し、「其会計ヲ公第シ政府ニ供」するという企図が、まさに実行できるようになったといえる。(21)廃藩置県は、それまで諸藩ですすめられていた禄制改革に対して、政府がその統一と徹底をはかる唯一の実施責任者となったことを意味し、同時に全国的規模で士族の禄制改革を実施する出発点となったのである。

丹羽邦男氏は、かって木戸、井上、大久保、大隈、西郷らが、「対外危機感に促がされて廃藩置県に踏みきったのであった」が、かれらにとってそれが、「個別領有権の集中による統一権力樹立を意味するものとして了解されており、だからこそ彼らのあいだでの意見一致がみられたのである」と論じていた。(22)もっぱら廃藩置県の「国際的契機」に注目し、同時に廃藩置県後の一時期、「個別領有権の集中」に限定した「旧来のままの農民支配を政府が継承し、一方諸藩領主階級への家禄」支給も同様に継承した点を強調している。しかし、前述の岩倉の発言を引き合いに出すまでもなく、木戸、井上、大隈らには、たんに個別領有権の集中だけでなく、廃藩置県を領有制の「全国統一的な廃止」とする意識が、存在したものと思われる。丹羽邦男氏も近年は大蔵省改正掛に結集した官僚層の封建体制解体の準備を指摘するようになっており、(23)本書で論じてきた諸藩の郡県論や廃藩論は、結局は士族の帰農などの解体に行きつかざるを得ないものとなっていた。

それゆえ秩禄処分は、廃藩置県の直後から、その具体化が政府実力者のあいだで議論された。参議木戸孝允は、先にも述べたように明治四年八月三日にイギリス公使館を訪問した折、代理公使アダムズに士族階級の特権解消とそれにともなう家禄整理の計画を、左のように語っている。

「To facilitate this the government will give deeds to each family, entitling it to two-thirds of the income in rice which it has hitherto possessed. These deeds will be made transferable, and be bought and sold freely; they will form a sort of public debt or government scrip. The remaining third will be allowed to accumulate, and in ten years a fund will have been formed, with which the government will be able to buy up the scrip, at five years purchase; or if the holders prefer not to sell, the government will be able to pay the interest perpetually. In this way the absorption will be effected in the pace of, say, ten years.」(24)

木戸はアダムズに対し、政府は家禄の三分の二にあたる証書を交付し、これを自由に売買できる「移転可能」なものとするつもりであると述べている。それは、「一種の公債ないし政府発行の仮証券」のようなもので、「家禄の残りの三分の一については、その蓄積を認め、十年後にこれを買い上げる資金が政府に出来たときに、それを政府が五年間で買い上げるか、あるいは政府に売却することを望まない者には、無制限に利息を払いつづけるか、どちらかにするつもり」であるという。このような方法で、「家禄を約十年で整理できると思う」と語った。木戸はアダムズに対し、士族の「保有」している「石高の総額」が米に換算して約八〇〇万石であると打ち明けている。[25] そして木戸は、常備軍を構成していた士族階級の役割を無用なものとし、士族の解体とそれにかわる「徴募」の兵制の形成を、左のように述べた。

「This income has hitherto been enjoyed by them in virtue of their forming the Standing Army of the country, but during the two hundred and fifty odd years that this system has lasted,this class has in a large proportion become unfit for the purpose for which it was originally created owing to the duties it performed having been handed down in certain families from generation to generation. A new army raised and drilled in European fashion is in course of formation which must replace the Samurai. It is time for them to be reabsorbed and to become traders or agriculturists.[26]」

木戸はアダムズに対し、士族に「俸禄が支給されたのは、かれらがこの国の常備軍を構成していたから」であると語っている。しかし、「この制度がつづいた約二百五十余年のあいだに、この階級の大部分は、本来の任務にふさわしくない存在になってしまった」という。そして、「現在、ヨーロッパの流儀にしたがって徴募され、訓練される新しい軍隊が創設されつつあり、これが『さむらい』に取って代わらなければならない」と論じた。士族階級を解消し、かれらを商人ないし農民に生れかわらせる時機が到来したと述べている。

木戸は廃藩置県とその後の改革において、士族が本来の役割を喪失したがゆえに解体が必然となり、士族を農民や商人にきりかえる時機が到来したとみなしている。政府は明治四年八月九日に散髪・脱刀の許可を発令し、木戸はそれに先き立ってみずから断髪を行っていた。(27)政府は廃藩置県後、平民が羽織や袴を着用することを許し、さらに華族から平民にいたるまでの通婚の自由を認めている。

この家禄整理に向けた政府の企図は、岩倉、木戸、大久保らの遣外使節団が米欧諸国に派遣された後、政府をリードした大蔵省によって具体化された。政府は明治四年十二月、在官者を除く華族・士族・卒が農工商の職業を営むことを許している。(28)さらに全国統一の秩禄処分に着手する前提として、政府はすでに東京府で着手され、旧藩でも実施されていた士族や卒の帰農・帰商者に家禄五か年分を支給する制度を廃していた。そして正院は五年二月、三〇〇〇万円の外債募集に依拠した家禄償却案、および「工部ノ事務振興」案、「鉱山鉄道ノ事業」案などの新政策推進を「挙行ノ議ニ一決」している。井上と大蔵少輔吉田清成がアメリカの大久保・伊藤に宛てた書翰によれば、それは華族・士族の家禄全体の三分一を削り、残りの分を六か年のあいだ支給するという方策である。(29)士族にはその六か年分にあたる禄券を支給して売買を許可し、政府は禄券発行後、六か年間に毎年その六分の一ずつ買い上げることとした。総計三〇〇〇万円の外債を予定し、禄券の買い上げ費用を一〇〇〇万円、鉱山・鉄道等振興費用を二〇〇〇万円としたのである。家禄を削減した分を外債の抵当・利子や内国債（旧藩債）の償却にあて、七年目から外債償還を開始し、五年から七年で終了するという方途であった。太政大臣の三条実美も岩倉に対して、「士卒世禄之所置」を放置しておいては、「数百万之国力を耗し候は前途会計之目途も相立不申」とし、廃藩置県断行の「今日之好機会を失候而は不相済」として、外債募集に依拠した禄券償却に着手したことを書き送ったのである。(30)

しかし、この正院で内決された案は、華族・士族に対するきわめて厳しい秩禄処分の方策である。それは、明治四年八月三日に木戸がイギリス代理公使のアダムズに語った見込案に比して、家禄の支給期間を六か年に限定するなどかなり苛酷である。留守政府は正院で内決した後、吉田清成を三〇〇〇万円の外債を募集するために渡米させたが、その吉田は、アメリカで遣外使節団の岩倉や木戸、および駐米少弁務使の森有礼などから強い反対をうけている(31)。

岩倉や木戸は、外債募集に全く反対であったわけではなく、華族・士族の禄制廃止も将来的にやむえないと考えていた。岩倉がパークスとの会談の折に、「士族への扶持米の制度」を廃止することがあると語り(32)、木戸も前述のアダムズやサトウとの会談で、士族の特権を解消して士族にかわる徴募制の軍隊を創設し、常職を失った士族の家禄整理を行う必要を述べていた。だが、留守政府の内決した家禄整理の方策は、あまりにも厳しく性急であり、その点に両者は不満を表明した。岩倉には、「士族はとにかく暮らしてゆけるだけの収入がなければならない。かれらを肩に棒を乗せて荷をはこぶ人夫に変えることはできない」との考えが存在する。木戸は、家禄も世襲されてきたことですでに天下の公認になっていたとし、士族は罪人でなくて「皇国」の民であるとして、家禄処置の方法が適切でない場合は「実に可憐」と論じた(33)。木戸は、アダムズやヒューブナーとの会談において、たびたび性急な改革の危険性を聞かされ、そのことを通じて「穏健な改革派」への歩みを強めていたようである。そして渡米中の木戸や岩倉は、先進国の重厚で高度な文明をまのあたりにすることで、アダムズが日本の急進的な開化政策を危ぶんだのと同じ認識を強めるようになった(34)。とりわけ木戸は、留守政府の家禄整理案が、かってみずからがアダムズに語った見込みに比してもかなり苛酷であっただけに、厳しい処分案を批判したのであった。

このような岩倉や木戸の意見は、たんなる温情主義でかたづけられるものではない。それは、華族・士族の存在が国家を維持するうえに必要であるという見解にもとづいていた。士族が常備兵の役割を喪失したとはいえ、その多くは国家を支える知識と忠誠心を持っており、それを明治国家の「干城」とすることが不可欠である。それゆえに、苛酷な秩禄処分が華・士族を困窮させ、自暴自棄に追いやるようなことは避けねばならない。士族が困窮にきわまって反乱を起こすような事態は、政府を重大な危機に陥らせると危惧したのであった。

3　秩禄処分の断行

留守政府が内決した家禄整理案は、岩倉具視や木戸孝允の反対をうけ、渡米した大蔵少輔吉田清成の外債募集そのものが森有礼少弁務使の反発で難航するなかで、政府内でもいったん内決した整理案に対する修正が行われた。明治五年（一八七二）四月十九日の吉田に宛てた大蔵大輔井上馨の書翰が、その修正を示している。井上は吉田に対し、外債による家禄整理が「未タ内決までにして、公然布告等にハ不相成候」として、その実施を半年ないし一〇か月延期してもさしつかえないことを述べ、微妙な文面で政府の当初の方針が修正されつつあることを伝えている。[35]ついで五年八月、正院は大蔵省の修正案をうけて当初の計画を変更し、三〇〇〇万円の外債募集案を放棄して、募債額を家禄整理に必要な一〇〇〇万円に縮小した。[36]家禄整理そのものについても、井上は吉田に宛て、三分の一を削減して残りを六か年に限って支給するという最初の内決に対し、それとはまったく異なる「年々減却之仕法」と「一時禄券之方法」の採用を伝えている。「家禄渡方之規則」に示された「年々減却之仕法」は、明治六年度分の家禄から支給額をしだいに減らし、一五か年で支給を終える方法である。[37]「願ニ寄禄券渡方ノ規則」による「一時禄券之方法」は、希望者に八か年分の金券を一時にあたえ、金券額の年一割の利子を毎年支給する方法であり、当初の五年二月の方針に比して、華族・士族の生活が安堵するように比較的配慮した方策といえる。この家禄整理案の一大変更について、大蔵省の中心であった井上は、渡米中の吉田や大久保大蔵卿などに対し、当初の家禄整理案を貫徹しても、「其買上方ニ於而不行届之儀も有之候」では士族の反抗が危ぶまれると、「覆案」に決したその理由を書き送った。[38]

急進的な家禄整理案に対する変更については、遣外使節の岩倉、木戸や森少弁務使らの批判、および一時帰国した大久保、伊藤から伝えられた対外情勢の困難な事態に加え、大蔵省主導の家禄整理に対する国内での反発が強まっていたことも無視できない。とりわけ、島津久光をはじめとする旧領主階級の反発が、留守政府正院の「覆案」に少なからず影響をあたえている。この島津久光は、廃藩置県に対する憤怒が強く、旧鹿児島藩の賞典禄から五万石を割ってみずから分家を創設した後も、久光は東京へ居を移さず、鹿児島にとどまり続けていた。明治五年六月には天皇が九州行幸を実施し、久光を東京に引き出すこと、西南地方の士族の不満をやわらげることをはかったが十分な成果をあげていない。久光は、鹿児島に行幸した天皇の行在所に「天機を奉伺」し、宮内卿徳大寺実則に一四か条の政府批判の意見書を提出していた。六年五月に上京した久光は、翌六月にこの意見書についての注釈を提出し、「詳量出納事」については、「外債を償はんとして遂に華・士族の家禄を減損せんとす、嗚呼不学無識の徒、天下務を知らざるの致す処、憂慮せざるべけんや」と、家禄整理に強い反発を示している。[39] 急進的な改革に対する士族の不満は強く、前述したように佐賀県内では明治四年十一月、同県の「給禄奉還」の布告を糾弾する士族の屯集を生じていた。五年十一月には、兵部省に関係した不正をめぐる山城屋和助事件が発生し、近衛兵の一部に不穏な動きを生じている。多くの士族の政府批判は、久光の守旧的な立場をも支持するはば広い動きとなり、政府を内外から揺さぶるようになっていたのである。[40]

だが、このような家禄整理案の後退にもかかわらず、それが政府の避けることができない課題であったことは明らかである。廃藩置県後、旧領主階級への家禄支給が国家財政の大きな負担となり、あらゆる施政の遂行を財政面から圧迫していた。士族・卒の人員は、家族をあわせて一九四万一〇〇〇余人で、全人口三三一一万余人中の六パーセントであったが、明治四年十月から五年十二月までの家禄・賞典禄・社寺禄は合計一六〇七万余円に達し、同期間の通常歳出四二四七万余円中の三七・八パーセントを占めていた。[41] 四年十月から翌五年十二月までの期間は、旧藩からの引きつぎが終わらなかったこともあって、税収入がおおはばに減っており、政府はそのなかから旧領主階級や士族に対する家禄支給を優先的に行わなければならない。この家禄・賞典禄・社寺禄の一六〇七万円余に、旧藩外債、旧藩負債償還などの旧藩から受けついだ支出を加算すると、総計二〇六一万円余となる。それは、歳入総計の五〇四四万円余の四〇・八パーセントで、実質的歳入ともいえる租税総額二四二二万円余に比較すると、実にその九四パーセントが旧領主階級のために支払われていたことが知られる。(42)

また、政府は旧藩がかかえていた多額な藩債を引きついでおり、その負担も少なくない。政府は明治六年二月、旧藩が負っていた天保十四年（一八四三）以前の藩債を棄捐として切り捨て、それから慶応三年（一八六七）までの負債を無利息で五〇年賦、明治元年（一八六八）以降の分を四分利付・二五年賦の公債による処分としたが、それでも藩債中告額七四一三万円の約半分である三四八六万円余が債務として残り、返済を義務づけられていた。(43)そのうえ政府は、三七藩のかかえていた外国債四〇〇万円余も継承している。諸藩の発行した藩札も金札との交換を約しており、その「償却」が課題となっていた。廃藩置県後の軍事・教育・司法などの諸政策推進の財政支出は、前述のような急務の課題であり、したがって家禄支給の縮小および将来的な廃絶が不可避の課題となっていたのである。

それゆえ、明治六年の岩倉・大久保らが帰国した後、政府は征韓論をめぐる政変での西郷隆盛、板垣退助、江藤新平らの下野を経て、大久保のもとに大隈・伊藤らが結集した政権が形成されたが、同政権もまた改めて秩禄処分の遂行に全力をあげた。前述の五年八月の「家禄渡方之規則」と「願ニ寄禄券渡方ノ規則」は、六年五月の井上の下野で頓挫していたが、大久保・大隈らは、同年十二月に華士族家禄税則を布告している。(44)大久保は、士族の没落を危惧する木戸らの異論を抑え、禄制改革を強くすすめた。政府は十二月二十七日、家禄（現石）一〇〇石未満の希望者に奉還を許し、永世禄の六年分、終身禄の四年分を半分は現金で、残り半分は公債証書で一時支給する家禄奉還制度を追加決定している。[45]七年十一月五日には一〇〇石以上の者にも奉還が認められた。

この結果、家禄税が家禄支給分を約一〇パーセント減少させ、家禄奉還制度の導入による約二六パーセントの減少とあわせて、家禄支給総額の約三五パーセントの削減となった。[46]家禄奉還制度では、旧西南雄藩を除く地域での奉還を希望する下級士族が多く、それらは「目前ノ浮利ニ迷ヒ、一跌目的ヲ失シ、忽チ窮乏ニ陥ル者十ノ七八」[47]であったようだが、政府にとっては、財政悪化を抑えるための大きな前進になったといえる。

ついで、政府は明治八年九月七日、家禄・賞典禄の米額の呼称を廃し、各地方での貢納石代相場の三か年平均をもとにした金禄支給に改めた。[48]政府は、すでに五年八月の貢納石代納許可以後に地租金納が一般化し、七年五月に「貢納ノ石代直段ヲ以テ代金渡可取計事」を定めていたが、士族の生活困難、社会不安もあって、同年九月に「家禄・賞典米トモ府県ニ於テ可成丈ケ正米取立、正米渡ニ取計可申候」と達していた。[49]だが、政府は地租収入の減少、正米支給の困難、貢納石代価高騰などによる家禄支出増大の危機が深刻化し、地租改正の実施とあいまって、家禄の定額金禄化が急務となったのである。

そして明治九年三月、大蔵卿の大隈重信は、金禄公債証書発行に関する建議を正院に提出した。[50]そこでは、禄制処分の正当性を主張して、華族・士族の家禄や賞典禄をなくす必要を説き、その削減分と発給される公債をもって国家に有益な事業を振興すべきとしている。結果は、九年八月五日に金禄公債証書発行条例が公布された。[51]同条例では、永世禄の場合、それまで支給されていた金禄(家禄・賞典禄)の五年〜十四年分の価額の金禄公債を発行し、金高に応じて毎年五分、六分、七分の利子を下げ渡し、下賜の年から六か年目以降に、政府の都合にもとづいて抽選で元金を払い渡していくとされている。償還は三〇年間で終えるものと予定した。五分利付公債の受給者である旧藩主層は、金禄時の三五〜四四パーセントに所得が減少し、六分利付公債の受給者である上・中士層の所得は四七〜七四パーセント、下士層である七分利付公債受給者は八八〜九八パーセントになっている。

このような廃藩置県後に推進された秩禄処分は、当初の苛酷な原案を否定して修正をかさねたとはいえ、士族の切りすてを企図したものであったことは明らかである。士族という呼称は残されたとはいえ、かってのような支配者としての特権的身分はすでにない。とくに、五分利付公債受給者は全体の〇・二パーセントの人員で、受給総額の一八パーセントを占めて一人平均が六万五二七円であったのに対し、八三・七パーセントを占める七分利付公債受給者の下級士族の受領額は、全体の六二・三パーセントで一人あたり四一五円にすぎず、下級士族層の窮迫が顕著である。(52)このような秩禄処分は、一部の士族による反政府的な暴動の背景となる。政府は明治九年に熊本の神風連の乱、福岡の秋月の乱、山口の萩の乱に直面し、さらに十年には西郷らの鹿児島県士族が起こした西南戦争との対決をよぎなくされるのである。

註

(1) 丹羽邦男『地租改正法の起源―開明官僚の形成―』(ミネルヴァ書房、一九九五年) 一〇五―一四五、二五三―二七二頁参照。
(2) 「具視建国策ヲ朝議ニ附スル事」(『岩倉公実記』下巻、皇后宮職蔵板、明治三十九年、八二七頁)。
(3) 「大蔵省沿革志」本省 (『明治前期財政経済史料集成』第二巻、大内兵衛・土屋喬雄編、昭和三十七年、一二六―一二七頁)。
(4) 『太政官日誌』明治四年、第四七号。
(5) 「地所売買放禁分一収税法施設之儀正院伺」(『明治前期財政経済史料集成』第七巻、大内兵衛・土屋喬雄編、昭和八年、三〇七―三〇八頁)。
(6) 有尾敬重『本邦地租の沿革』(福島正夫解題、御茶の水書房、一九七七年) 四一頁。
(7) 谷山正道『近世民衆運動の展開』(高科書店、一九九四年) 四二七頁、同「廃藩置県と民衆―西日本における旧藩主引留め『一揆』をめぐって―」(『人文学報』第七一号、京都大学人文科学研究所、一九九二年) 参照。

(8) 後藤靖「士族叛乱と民衆騒擾」(『岩波講座日本歴史』一四・近代I〈岩波書店、一九七五年〉)参照。
(9) 「(尾道町一揆の聞書)」明治四年八月(『広島県史』近現代史料編I、二四七頁)。
(10) 「明治四年世羅郡百姓一揆顚末書」(『日本庶民生活史料集成』第一三巻、六一七—六一八頁)。
(11) 「高知県農民暴動並即決処置人名届」(『公文録』諸県之部、壬申正月)。
(12) 「飾磨県下農民共暴動御届」(『公文録』諸県之部全、辛未十二月)。
(13) 「同上広島県暴動ニ付建言」(『公文録』諸県之部全、辛未自八月・九月)。
(14) 「生野県穢多同籍ニ付村民暴動届並死傷官員手当ノ儀伺」(『公文録』諸県之部全、辛未自十月至十一月)。同史料中に殺害された出張官員の「白洲文吾絶筆書面写」があり、そこでは一揆の要求が、「高免ノ事」「今井村元皮多助左衛門へ御理解相願度事」「検地ノ事」「百姓処替ノ事」「百石ニ付牛二疋人一人差出候様御触ノ事」の五か条と記されている。
(15) 『太政官日誌』明治四年、第七六号。
(16) 前掲「生野県穢多同籍ニ付村民暴動届並死傷官員手宛ノ儀伺」。
(17) 同右。
(18) 前掲「飾磨県下農民共暴動御届」。
(19) 溝口敏麿「明治初年の世直し状況—信濃川分水路問題をめぐって—」(小村弌編『近世越後・佐渡史の研究』名著出版、昭和五十一年)参照。
(20) F. O. 46/139, No. 7. Adams to Granvill. 12 June, 1871 (most confidencial) Ministers of Iwakura Dainagon's version of the present state of affairs. 20, May, 1871.(イギリス国立公文書館所蔵)。
(21) 「大隈参議全国一致之論議」(『大隈文書』A一、マイクロフィルム版)。丹羽邦男氏は大隈参議「全国一致之論議」について、大蔵省改正掛立案の「画一ノ政体ヲ立定シテ之ヲ全国ニ施行」の明治三年十二月建議と、それが類似していることから、「全国一致之論議」も改正掛が作成し、三年十二月に「大隈が自分の名で三条に提出した建議と考えて大過ないであろう」と記している。改正掛がなんらかの形で関与したことは、両者の内容の類似性から考えて妥当であるが、大隈参議の「全国一致之論議」の提出を三年十二月とする点については、なおその時期を断定する史料がなく、今後の検討課題と思われる(前掲・丹羽邦男『地租改正法の起源』二三七頁参照)。

(22) 丹羽邦男『明治維新の土地変革』（御茶の水書房、一九六二年）一六一―一六二頁参照。

(23) 前掲・丹羽邦男『地租改正法の起源』一四二―一四三・一七〇頁。

(24) F. O. 46/141, No. 80. 18 Sep. 1871. Memorandum by E. Satow. Despatches from Francis O. Adams to the Foreign Office, Sep. 1871. 萩原延壽「遠い崖」第一〇五七（『朝日新聞』一九八四年十一月二十四日）。

(25) 同右。前掲「遠い崖」第一〇五六（一九八四年十一月二十一日）。

(26) 同右。

(27) 『太政官日誌』明治四年、第五二号。『木戸孝允日記』二、明治四年八月三日、日本史籍協会、八二頁。

(28) 『法令全書』明治四年、太政官第六五四。

(29) 『明治財政史』第八巻（明治財政史編纂会、丸善株式会社、明治三七年）一六四―一六八頁。深谷博治『華士族秩禄処分の研究』（高山書院、昭和十六年）二七〇―二七二頁参照。

政府は、明治四年五月十日に新貨条例を発して新貨幣の製造を開始しており、廃藩置県後に国立銀行の創設、金札引換公債証書発行などの諸準備に着手している（『法令全書』明治四年、太政官第二六七）。

(30) 「三条実美書翰」明治五年二月十五日（『岩倉具視関係文書』五、日本史籍協会、一〇一頁）。

(31) 「七分利付外国公債発行日記」一（『明治前期財政経済史料集成』第一〇巻、大内兵衛・土屋喬雄編、昭和一〇年、五七―七二頁）。落合弘樹『秩禄処分―明治維新と武士のリストラ―』（中公新書、中央公論社、一九九九年）参照。

(32) F. O. 46/139, No. 7. Adams to Granville. 12 June, 1871 (most confidencial) Ministers of Iwakura Dainagon's version of the present state of affairs. 20 May, 1871. 前掲「遠い崖」第一〇二三（『朝日新聞』一九八四年十月四日）。

(33) 前掲『木戸孝允日記』二、明治五年四月八日、一七四―一七五頁。

(34) 木戸は明治三年七月に民部・大蔵省が分割された後、「優柔自重」と着実な成果の必要を論じるようになり、廃藩置県後は急速な開化と人情の軽薄に批判的となっている（「三条実美宛書翰」明治三年八月二十日、「品川弥二郎宛書翰」明治四年八月十三日〈『木戸孝允文書』四、一〇三・二六八頁〉）。

(35) 「在欧吉田少輔往復書類」一（前掲『明治前期財政経済史料集成』第一〇巻、二七三頁）。

(36) 「在欧吉田少輔往復書類」続ノ一・続ノ二（前掲『明治前期財政経済史料集成』第一〇巻、三一〇―三一五頁）。

(37) 同右。
(38) 同右「在欧吉田少輔往復書類」続ノ一（前掲『明治前期財政経済史料集成』第一〇巻、三一一頁）。
(39) 高島弥之助『島津久光公』（東京印刷、昭和十二年）三一四―三二七頁参照。
(40) 「弘前貫属津軽某等封建論唱道ニ関スル報告」（『大隈文書』A六〇一）、拙稿「明治前期における弘前藩士族の動向―山田登とその一派を中心として―」（『近代日本形成過程の研究』雄山閣、昭和五十三年）。
(41) 『明治天皇紀』第二（宮内庁、吉川弘文館発行、昭和四十四年）六四四頁参照。
(42) 「自明治元年一月至同八年六月歳入歳出決算報告書」下編（『明治前期財政経済史料集成』第四巻、大内兵衛・土屋喬雄編、昭和七年、七四―七七頁）。
(43) 千田稔「藩債処分と商人・農民・旧領主―藩債取捨政策に限定して―」（『社会経済史学』四五―六、昭和五十五年）参照。
(44) 『法令全書』明治六年、太政官第四二四。
(45) 『法令全書』明治六年、太政官第四二五・四二六。
(46) 前掲・丹羽邦男『明治維新の土地変革』一九四頁参照。
(47) 「内務卿より太政官への家禄奉還制中止稟議書」（前掲・丹羽邦男『明治維新の土地変革』一九五頁参照）。
(48) 『法令全書』明治八年第一巻、太政官第一三八。
(49) 『法令全書』明治五年、太政官布告第三三一。明治五年、大蔵省第一四五。
(50) 「家禄賞典禄処分ノ儀ニ付伺」（『大隈文書』A二〇九一）。
(51) 『法令全書』明治九年、太政官第一〇八。
(52) 前掲・丹羽邦男『明治維新の土地変革』二三一―二三三頁参照。

第五節　置賜県政と旧米沢藩士族

1　置賜県の創設

明治四年（一八七一）七月十四日の廃藩置県の結果、羽前国一四万七〇〇〇石の米沢藩は廃されて米沢県となった。廃藩置県断行に際しては、先に述べたように在京の権大参事高山政康が知事の名代となって十五日に参朝し、詔書を受け取っている。詔書は東京藩邸の上与七郎が七月二十日に米沢へ持参し、上杉茂憲は二十三日、大参事以下の旧藩重役を召集し、廃藩置県の詔書について、「誠以而御尤至極之御儀ニ奉存候」という告諭を発した。茂憲は士族に対し、廃藩置県の事態を冷静にとらえ、「皇国御大事」に協力するように諭している。そこでは、同藩が「四民平均之理」を掲げて政府に先き取りした改革を行ってきた経緯を説き、万一でも混乱を生じて「趣意貫徹」しないようでは、「我等数年の忠節ハ水之泡ニ相成」とし、その実績を無に帰さないようにいましめた。(1)

そして、上杉茂憲の東京移住に際しては、米沢の一六町の年寄を中心に、知事の留任と上京延期を求めた愁訴の動きがみられたが、茂憲が改めて「皇国御大事」を説き、混乱の鎮静を求めた。茂憲および旧藩首脳は、廃藩置県を当然の帰結と述べ、「万一其趣意を取違ひ何国迄も歎願抔申張候事ニ而者、畢竟我等是迄之政教不行届」として、「朝廷奉恐入候」と諭している。(2) 藩にかわった米沢県庁もまた、戊辰戦争の戦死者遺族に祭奠料を供する土地をあたえ、さらに旧藩士の借財とされていた洋式銃購入代金を宥免するなど、旧藩士族の活計維持の措置をすすめた。米沢県では旧藩大参事に事務処理が命じられており、その当分の間に旧藩士族の負債宥免をはかったものといえる。茂憲みずからも八月九日、「不時御備別段御備等」から士族一統のそれぞれに金一〇両と籾三俵ずつの「御手当」をあたえ、さらに山林の払い下げなどによる一五、六万両の下付を達し、混乱の鎮静に努めたのである。[3] 茂憲は九月九日に米沢を出発して東京に向かった。家令の登坂右膳ら一五人が茂憲に同行し、大参事以下の見送りの中、「沿道町在ノ者共御通行ノ両側ニ平伏シ声ヲ呑テ御別レヲ惜ミ悲シムノ有様実ニ言語ニ絶セリ」[4]であったと記されている。

一方、政府は府県を三府七二県に統廃合し、明治四年（一八七一）十一月二日に米沢県にかわって置賜県を設置した。この置賜県の創設に至る過程では、旧米沢藩の利害を保持することが旧藩士族の課題であり、政府に対する旧藩関係者の積極的な働きかけが行われた。太政官から「米沢藩庁出仕」に任じられていた宮島誠一郎は、廃藩置県後の同藩の対応を模索し、参議に任官した板垣退助や太政大臣三条実美の家令の森寺常徳を訪ね、高知藩出身の後藤象二郎らとも面談をかさねている。[5] 七月十八日には板垣をはじめ、改革派であった福井県大参事小笠原幹、彦根県大参事谷鉄臣、徳島県大参事小室信夫や森寺らと会合を持って、積極的な情報交換を行っていた。

そして宮島は、七月二十九日に東京を発って米沢にもどり、早速茂憲のもとに参上し、旧藩首脳と廃藩後の処理に尽力した。[6] 宮島は、八月三日に東京の参議板垣退助に宛て、左のような廃藩後の置県に関する周旋を依頼している。

「　八月三日従米沢県庁

拝呈、秋冷日増相催候処、益御壮勝御奉職被遊為国奉欣賀候、小子着県後日々上庁廃藩置県之事務弁理罷在候間、乍慮外御安神被下度奉希望候、扨東京発足之節粗御談話申置候羽前建県之義、着県以来当県之人心を察し尚又深々熟考仕候処頗ル係念有之、為御心得左ニ詳悉仕候、今般新タニ県制御改立之事専ら未曾有之御大業ニ候得

者、豫め其地勢人情ニ仍而県庁之位置を定め、長短広狭程能区画被成度、区画其度を不得ハ接済其宜を不得、然ルニ此際朝廷ニ於而一州ニ一県庁を被置候論有之歟ニ承リ候、全体奥羽者広漠之土地にて中々王化之広く布渉り候ニ者容易之事にあらす、抑維新之後奥羽分割有之候得共、唯七州之定名ある而已に而未タ人民保護撫育治産之御着手ニ無之内、若一州一県庁之論ニ拘泥し而、漫然米沢庄内を廃止し而山形一県ニ合併相成候ハヽ、剰へ廃藩之際士民其方向を失而已ならす人心渙散土崩瓦解収拾すへからさる場合ニ立到る目前相見得候へ者、此処篤と御廟議ニ相成リ所願ハ山形・鶴岡・米沢三県御創立被成下候得者、羽前者吃度治リ可申候、却説今春士民平均之論ハ南海に発し延而東山ニ及候得者、郡県之精神ハ我米沢ニ始リ東方ノ標準ニ相成度、学校兵制租税勧農既ニ悉く着手致候処、其事業未タ成さる内に俄然廃藩知事免職御発令被仰出候得者、垂成之改革も忽ち旧弊ニ復し、振作之条件も悉く画餅ニ属す憂慮之際、尚又重而合県相成候而者到士民平均之目的も如何之結果ニ可相成歟、却而放縦不羈之不良民ニ陥リ可申奉存、是まて米沢之為め御尽誠被下候続、不日旧藩老公出府致候ニ付親シク御聞取被下、為本県御一考之程宜敷奉仰望候頓首

米沢県庁出仕宮島誠一郎

参議板垣退助殿

再伸、小子も九月上旬まてニ者出府と心得ニ御座候也

宮島は、前述のように板垣と改革派諸藩会議を画策して極めて親しい関係にあり、廃藩置県後の府県が「一州ニ一県庁」に統廃合されるとの情報を入手し、地勢や人情を考慮して、旧米沢藩の領域をそのままの一県として存続するように板垣に求めた。広大な奥羽地方は、「七州」の区画だけでは民政が行きとどかないと論じ、羽前国の旧米沢・鶴岡両藩の領域が山形一県に合併されることを阻止しようとしている。そこでは旧米沢藩が、旧高知藩の「士民平

均」論にならって郡県制の改革を推進していたことを記し、その事業が中断しないように、旧米沢藩領を独立した一県とすることを板垣に強く求めていた。宮島は三条実美にも同様な趣旨を歎願したようで、さらに九月十一日に上京した後も、板垣や大蔵卿大久保利通などの政府首脳と緊密な接触を続けている。(8)

このような宮島などの奔走に対し、大蔵省当局が四年九月二日に正院に稟議した府県制置案は、旧米沢藩領を区画とした置賜県の制置を予定した。十二日にそれを知った宮島は、「一笑開眉」で直ちに板垣のもとに駆けつけている。(9)この府県制置については、同時期の左院が、奥羽地方の七国が「今般大蔵省ノ見込ニテハ十一県に分割ニ相成」とし、「七ケ国ヲ十一州ト見做シ秋田県ノ如キハ羽後県ト做シ、其外未タ州名無之処ハ新ニ州名御定メ有之候テ十一県ト致シ候方可然」という意見書を正院へ提出していた。そこでは、奥羽を「七ケ国」だけでなく、旧米沢藩領などがそのままの区画となった「十一州」と改め、その「十一州」を「十一県」として確定するように論じている。(10)旧米沢藩領などの独立を目的とした「州」論を立て、「一州」を「一県」として、置賜県の設置を確定しようとしており、まさに宮島の見解と合致する。(11)宮島は十月五日に左院の大議生に登用されており、板垣や旧改革派の影響力の強い左院の意見書については、その作成に宮島がなんらかの関係を持ったように思われる。(12)この米沢県を三府七二県設置でそのまま置賜県とするにあたっては、宮島が参議の板垣に書状で訴え、さらに大久保大蔵卿らの政府首脳に置賜県制置の働きかけを行った意義は大きく、また左院の意見書もその確定に寄与したものと看取できる。

2　置賜県政と旧藩士族

明治四年（一八七一）十一月二日に設置された置賜県では、その参事に同日付で旧鹿児島藩出身の高崎五六が就任した。この高崎五六の置賜県参事への登用は、参議西郷隆盛が関係している。高崎は任官後、西郷に「置賜ノ情実ヲ得シ義ハ誰ニ依リ可然旨」をうかがい、西郷の指示で板垣を訪ね、さらに板垣参議から「宮島議生ニ遂相談候様」との教示を受けている。(13) 板垣は左院大議生の宮島に対して、「先日高崎入来委託有之」とし、高崎に旧藩の人事や藩情を助言するように依頼して、置賜県設置の際の板垣と宮島の連携が、そのまま高崎の赴任に生かされている。それゆえ、宮島は十一月八日に高崎に面会して、戊辰戦争以来の「藩情百端」と明治二年の改革から四年までの経緯を述べ、各般の助言を行った。高崎は「大ニ感激ニ及ヒ始テ其方法ヲ得トテ唯々拝謝」し、その後も宮島と面談をかさねている。(14) 高崎が翌五年四月九日に左院の中議官に転出した後は、宮島と同じ左院に在職した旧鹿児島藩出身の本田親雄が左院少議官から参事に登用されている。

このような高崎は四年十二月六日、上杉茂憲・斉憲のもとに出向き、その後に東京を出発して二十四日に米沢に着県した。(15) 権参事には十二月十八日付で旧米沢藩少参事の芹沢政温、七等出仕には二十日付で旧藩権大参事の高山政康を任じており、それらは宮島の助言を参考にした人選であったと思われる。そして高崎は、着県二日後の二十六日に早くも八等出仕以下の判任官の任命に着手した。ついで高崎は、置賜県庁の分課を庶務、聴訟、出納、租税の四課とし、翌五年二月七日に旧米沢県から政務を「交収」している。(16) 大蔵省は五年一月に高崎参事、芹沢権参事に宛て、「至急土地人民請取」を行うように達し、旧米沢県の官員について「其府県庁見込ヲ以テ速ニ御用済候ニ付、事務取扱被差免候」と、その切り換えを督促していた。(17) 置賜県では二月七日より事務一般を「新庁」で取り扱うとしていたが、一方で旧県官員に対しては、「追テ事務取扱被差免候迄ハ是迄ノ通可相心得事」とし、そのあいだは「官禄是迄ノ通被成下候事」と達している。(18)

また、置賜県は、藩札の流通がさまざまな「浮説」を生じて「市中不一方動揺」していたのに対し、藩札を四年七月十四日の相場で順次に引き換える旨の太政官告諭を翌五年正月に改めて掲示し、その鎮静化につとめた。[19] 同月には目安箱を設け、「新県相立百事一新之際」として、自由な建白を許している。そして、県内を二九区に分け、二月に士族を管轄下に置いたそれまでの組頭・番頭、および農商を管轄した肝煎・検断を廃して、区毎に里正兼戸長を各一名、小里正兼副戸長を三名ないし四、五名を置いた。[20] 里正兼戸長に対しては、「県治御改正」が、政令を統一して人民を「平均保護」し、「安康ヲ得」て生計を安堵させるためであるとして、新政にともなう動揺をいましめ、「廉耻ヲ励マシ、上令ヲ奉戴シ、其職掌ヲ辱カシムル事勿レ」と告諭している。

さらに高崎は、県政に推進にあたり、官員の不正・不調和の解消や旧弊刷新を課題とし、左のような「県庁規則」を発した。

「一　県庁人ヲ用ヒテ疑ハス、衆モ亦自ラ任シテ疑ハサルヘシ、若過失アラハ同僚互ニ之ヲ諫ムヘシ、二、三ニシテ用ヒサル時ハ之ヲ廃シ之ヲ罰ス可シ、毛ヲ吹キ疵ヲ求メ敢テ小疵ヲ咎ムル事勿レ

一　音信贈答賄賂ノ属ハ固ク禁制ス可シ

　但　使部以下凡ソ職掌アルモノ皆此ノ例ニ照準ス

一　上下ノ官員同心一体ナルヲ要ス

一　凡ソ事ヲ論スルヤ毫モ客気勝心アルヘカラス、虚心平気従容トシテ其得失ヲ論シ事理明白ヲ要ス

一　官員外人ニ対シ事ヲ説クヤ、平常其疑ヲ欠キ、県庁一定ノ説アルヘシ、一己ノ私説私見ヲ立人々異口事情齟齬スル時ハ群下無数ノ嫌疑迷惑ノ憂ヲ生ス、上下ノ官員其之ヲ慎ム可シ」[21]

同時期、新県の官員に対して、「置賜人といふ小着眼ヲ消却」して、「万民保護」に注意することなど、五か条の「官員心得」を定めている。[22] この「県庁規則」と「官員心得」は、いずれも官員の一致協力の必要を強調し、高邁な

理念と倫理意識の確立を求めており、「大恢ノ君子」と評された高崎県政の姿勢を示している。高崎の評価は、「薩摩の人ハ大国の気風を承け、百事大荒目」ともあり、「万機の事務」を芹沢権参事に任せることが多く、「置賜県の政治ハ依然として米沢藩制の姿を存せり」という事態が存在したようである。[23] 旧藩の区画がそのまま受け継がれた置賜県においては、急激な改革が困難で、旧藩の体質を継承せざる得なかったのが実情であったと理解してよい。

以上のような高崎参事のもとで遂行された施政は、旧藩勢力の維持と改革の継承を企図した旧藩首脳にとって、概して歓迎すべきものであったといえる。宮島は、県政についての助言を高崎にあたえていたことから、その施政を、「任官以来誠ヲ推シ信を拡め、属員を撰む其人を得、勉而学校を興し生徒之耳目を一新し、藩知事未施之典を挙曾而未闢之業を起し候為め、県下往々其方向を知之場合と到候」[24]と、高く評価している。宮島は五年三月に三条に宛て、高崎の参事選任を「県民之幸福」とし、旧藩の着手した改革が置賜県に至ってその「実蹟相顕れ候」と書き送り、さらに高崎を県令に昇格させて任期をのばすように歎願した。[25] 旧米沢藩域に一県が創置されるように求めたみずからの建言について、それが具体化されたことを「闔県之幸福」と記すとともに、高崎の施政が旧藩の改革を継承・発展させて「開化之域」に向う実効をあげていると評したのである。

このような置賜県下では、先に述べた旧藩知事から下付された基金をもとに義社が組織され、士族の扶助組織となり、県内に各般の影響力を持つようになった。[26] 上杉茂憲が士族一統に下付した基金は、現金をはじめ「山林払代取立残年賦」「商法方手ロニ有之候諸品勘代積ニ」「商法方ニ有之分」「籾ニ万俵代」「生産方ニ貸付置候分」などの総計一七万一八五九両余と籾一〇万俵におよぶ。[27] 義社は全士族を包含し、旧藩士族の番頭連中の合議で、下付された資金を管理、運用した。義社みずからは、危険性の大きい売買行為は行わず、基金を生産方および商法通幣方に貸し付けている。[28] 生産方(社)は、やはり上杉茂憲の寄付一万両をもとにして、士族の就産を目的に漆器製造・機織業などを行った組織で、商法通幣方は旧米沢藩が富商に勧めて作らせた機関であった。義社の収入については、「商法方利銀取捌之儀、惣高之内弐分通ハ諸雑費或ハ社中給料褒美等ニ充、残利八歩通ハ士族之分と相定候」とあり、士族の取り分の三分の一を予備として元金に繰り込み、残りの三分の二を士族に対する配当分とし、三年毎に戸別分配している。(29)また旧藩知事の上杉家に対する報恩として、前述の一七万円の基金から二万円を除き、その分の収入を上杉神社の維持と祭礼の費目にあてた。

この義社には、元締役員として、総責任者の総括方一名と事務担当の量方二名が置かれ、監査は番頭連中の会同であった。義社の総括方は、後に大社長と改められるが、その初代総括方には元米沢藩少参事の原三右衛門が就任している。義社は、米沢県廃止後も、それに続く置賜県から五年二月、「旧主之遠図全く水泡ニ属し、闔県之士族頓ニ命脈ヲ絶シ候事誠ニ気ノ毒」として、その存続がみとめられた。(30)関ケ原の戦い以来たびたび削封を受けてきた旧米沢藩では、士族の窮状が極度であった。置賜県では、原と旧藩少参事の三潴清蔵を大社長に任じ、「諸事取締為致候間、決して疑惑を懐く事なく益々義社之隆盛を企望」するとし、「子孫永く旧主之恩沢ニ浴し候様致度」として、「旧庁規則書一通相添普く公布」したのである。三府七二県段階の置賜県では、旧藩関係者と緊密な関係を持った高崎参事のもとで、旧藩政を継承した県政が遂行され、旧藩知事の基金にもとづく義社の円滑な運営とその存続がはかられたのであった。(31)

3　県政の刷新と混乱

旧米沢藩の影響を強く残した置賜県は、明治六年（一八七三）五月二十九日に福井藩出身の関義臣が置賜県参事に任官し、それまでの県政が大いに改められる画期を迎えた[32]。初代の高崎五六、二代目の本田親雄と旧鹿児島藩出身の参事が続き、本田にかわった関口隆吉が着任しないままに免官となり、そして旧米沢藩出身の権参事芹沢政温が参事に昇格していた置賜県にとって、この関の任官は、それまでの県政を刷新する人選であった。

明治六年八月八日に置賜県に着任した関は、早速県官の任免に着手し、十三日に典事以下をいったん解任したうえで、職務の継続を命じ、出仕に任じた[33]。そして二十日には出仕身分の官員の整理を断行し、それらのなかから改めて大属以下の任用を行っている。在京中であった前参事の芹沢は、旧米沢藩の「九十余家ノ門閥下屋敷」に地券を発行した際の専断を問われ、関より「書状ヲ以進退伺可差出」とされ、罷免・禁錮に処せられている[34]。旧米沢藩出身者が参事以外をほとんど独占していたそれまでの県官人事についても、権参事に高知藩出身の前島浩を任じるなど、旧米沢藩以外からの登用を積極的に断行した。関の前任地の鳥取県出身の杉山栄蔵・近藤安久などを重用し、つぎつぎに昇格させて県政を掌握している。

また、関の着任後の治安・警察については、旧藩の門閥を任じた邏卒が巡邏に怠惰で、逆に公事訴訟などへの干渉が顕著であったことから、六年八月に邏卒を廃して聴訟課附属員を置き、さらに聴訟課附属員を十月に改めて邏卒に任じ、その後も数度の変更を加えて屯所の設置や巡邏規則の制定を断行した[35]。県庁の事務についても、高崎が定めた「県庁規則」「官員心得」を否定し、九月に新たに四九か条にわたる詳細な「県庁事務大体条例[36]」を制定するなど、それまでの旧体制の刷新につとめている。六年十一月二日に権令に昇格した関は、県庁に区長、戸長を集め、県内の巡回を企図して七年一月に左のように達した。

「区長戸長以下村吏タルモノ何レモ人民ノ長タル職ニシテ、即チ令・参事ト大小差異アル而已ト云フモ可ナリ、其責亦難カラスヤ、上官省ノ御趣意ヲ体シ、下之ヲ人民ニ配達貫徹セシメ、而テ陋習ヲ去リ惰風ヲ警メ、一夫モ其所ヲ得サルナク各自営業ニ勉強シ、其自主ノ権利ヲ保全セシムヘキ様世話可致事」[37]

置賜県内では、六年四月にそれまでの二九区を廃して六大区に改め、さらにそれを総計二八小区に区分し、大区に区長、小区に戸長・副戸長を置いている。関は、大区の区長と小区の戸長に対し、政府の中央集権政策のもとでの県政の治績をあげることを第一として、そのための旧体制・陋習の打破、上からの教化を推進している。旧米沢藩が設立した商社についても、いったん廃止を命じた。[38] 貸座敷や飯盛芸者の横行などの県内の風俗は、「固陋野卑」として、その統制をはかっている。まさに県官が「公廨ヲ猶上杉氏の私有と看做」で、「人民ヲ待ツ亦私有ノ如シ」であったとし、それらの旧弊の打破と開化政策を強行したのである。[39]

さらに、この関県政のもとでは、旧税制の改革が強力に推進された。関は前任の鳥取県参事時代、明治六年（一八七三）四、五月の「地方官会同」で米納にかわる「金税」論の建言を行うなど、税制改革に積極的であった。[40] 関は参議大隈重信や租税権頭陸奥宗光の庇護を受け、陸奥からは「米沢改正」の後に大蔵省への登用を約されていたようで、[41] 大蔵省の指令にそった税制改革に全力をあげている。懸案となっていた地租改正についても、明治七年四月に地租改正掛員を第一大区に派出し、実地検査測量に着手し、同年八月に二九ケ条におよぶ「人民意得書」を布告したのであった。[42]

この関の改革の概略は、明治七年（一八七四）六月に内務卿大久保利通に宛てた、六〇項目にわたる「置賜県務改正始末及県治状況報告書」[43]にうかがわれる。関は、置賜県が大蔵省から明治四年分の諸税上納を督促されたのに対して、「庁内帳簿混乱」の事態を改め、「租税帳」「租税大積明細帳」などを整えて上納を皆済した。同五年分も、旧貫となっていた「半納石代ノ分」を「悉皆金納仕出シ」と改め、一方でそれまでの口米を廃し、地券税帳をはじめとする各種帳簿についても大蔵省の検査を受けている。口米をはじめとする雑税の廃止は、安石代の是正が十分でなかったことで一部にとどまっていたが、改めて大蔵省の許可を確認し、県内で施行したのである。そして明治六年の租税は、安石代を廃止するとともに米納による増税を実施した。(44) 旧藩士族や旧藩知事への家禄についても、石代値段などの査定に厳しい措置をとり、上杉家に対しては明治四、五年の過渡分五八一七円余の返納を指示している。(45) 旧藩士族を優遇した官林貸渡しや地券発行の際の不都合についても、その糾弾と是正を行った。藩札処理の疑惑の解明や県庁の改築も推進している。関はまさに旧藩以来の体質を強引に改め、大蔵省の税制整備にそった改革を急速に断行したのである。

このような関県政の改革については、明治七年（一八七四）三月に置賜県内を巡回した大蔵省五等出仕大江卓の「陸羽巡廻報告書」が、「赴任以来専ラ心ヲ県庁諸規ノ整理ニ用ヒ頃者大ニ新県ノ体裁ニ変セリ」と、関の施政を高く評価した。(46) それまでの同県の官林・官地を「恣ニ人民に授与」するなどの乱脈を改めた点を功績とし、関の尽力を「登庁スル常ニ諸官員ニ先タチ午前八時ヲ過キス、其退クヤ常ニ星ヲ戴クトイヘリ」と記している。大江は、関県政が県庁諸規則の変革に成果をあげ、事務を掌握し、「身ヲ以テ衆ニ先ンシ、力ヲ県政ニ尽ス」ことから、徐々に着手の順序をはかることで「諸事ヲ脩理シ民心暢和ノ期ニ至ル」であろうと期待している。大蔵省のもとでの中央集権的な県政の確立が急務とされた同時期、統治上の大きな障害とならないかぎりは、概して上からの強圧的な県政が高く評価されたものと看取できる。

一方、このような大蔵省と一体となった関県政は、それまでの置賜県官員あるいは旧米沢藩士族を混乱に追いやり、その強い反発を引き起こした。関の県官に対する姿勢は、「己カ所率ノ官員ヲ信用」し、「従来ノ官員ヲ叱咤罵詈シ事々督責」することで、「気概アルモノ踵ヲ継テ辞職セリ」という事態となっている。(47) 明治五年四月に置賜県大属に任じられた池田成章は、同年八月から出納課長となり、六年には租税・出納両課を担当して地券係も管掌していたが、関の着任後、庶務課に左遷された。池田は、旧藩時代の会計帳簿の改正をすすめ、旧来からの安石代を廃する際にも大蔵省の五分八厘増率という当初の方針を五分三厘増に抑えていたが、安石代の廃止が県内の負担増大につながらないように配慮した手腕が、「会計に私」ありとみなされたようである。(48) 関は池田の漸進的な移行措置を撤回しており、池田は関に対し、「頗る苛察を好ミ、其引率する所の僚属に命じて前官の疵瑕を拾ハん事を勉めし」と反発している。この大蔵省の企図に追従して米納を徹底しようとする関に対し、池田は六年十月二日に辞表を提出したのであった。

また、この関権令の「収斂苛酷」に対しては、県内から手厳しい批判が続いた。旧藩士族が書いたと思われる「紀聞禄」には、関の着県以来の施政に対する糾弾が左のように記されている。

「義臣ノ来ルヤ当県ヲ一新セント欲シ告諭文ヲ下ス、其文ハ称スルニ足ルト雖モ其事ハ皆画餅也、却テ民ノ蚕害ニナル者アリ、川水ニテ物ヲ洗フナ路傍ヘ物ヲ置クナ抔、差支モナキ事ヲヤカマシク禁シ、先代禁シ置キ玉フ所ノ娼妓・芸妓ヲ許シ、売淫ノ悪風ヲ弘メ質素律義ノ風俗ヲ乱リ而旧君ノ善政美俗ヲ誘リ、蛮野ノ俗鄙陋ノ風開化ノ蚕賊文明ノ瑕疵ト云フ、己レ何ノ美行アルヤ悪口ヲ極ムト云ヘシ」(49)

県内の一新をはかった開化政策が、生活の細事にまでわたる干渉となり、かえって「民ノ蚕害」になったと批判されている。関権令の私事についての暴露も記されて真偽の判然としない点もあるが、病院や街燈などの強引な設置など、その傲慢な姿勢、急進的な開化政策に対する反発が大きい。政府から派出された監部小原沢重雄の明治七年（一八七四）四月の探索書には、「関義臣入県以来専ラ権勢ヲ以テ頑民ヲ畏服セシメ、成功ヲ一時ニ期セントシ却テ県治適宜ヲ得ス、既ニ怨恨ヲ士民ニ結ヒ目セラル丶ニ酷吏ノ称アリ」(50) と報じられている。関の改革を評価した前述の大江の報告書においても、関の辣腕ぶりについては、「甚タ切ニ事ヲ務ル弥疾シ」と記されていた。関の施政を過激とする県官からの「讒訴」が続出と記され、「人民或ハ不平ヲ抱ク者亦少ナカラズ」と報告されていたのである。

そして、以上のような関権令の県政と旧藩士族の反発、混乱は、旧米沢藩出身の左院少議官宮島誠一郎らが県政へ介入する事態を引き起こした。宮島は明治七年一月、黒田清隆から旧米沢藩士族を「ポリス」に推挙するように依頼され、米沢の千坂高雅らと緊密な連絡を取るようになっていたが(51)、同時に三条太政大臣に対して、置賜県内の「治民ノ情景」を上申している。そこでは、「米沢人民疾苦ノ廉」「義社ノ金義臣注目ノ廉」「山形合併両県合異見ノ廉」などの関県政を批判した。上杉家や千坂と連携するとともに、大久保参議兼内務卿ともたびたび面談し、「救援」を求めている(52)。千坂もまた、三条や大久保と面会し、「米沢士民ノ困窮」を訴えた。

このような周囲の動きに対し、関は三月二十五日に大隈参議に書翰を送り、置賜県での施政に尽力して「大小百事修理」し、「近ク稍整了初テ普通新県之体裁ニ相成候」と、同県での改革の実績を強調するとともに、旧米沢藩出身者の「讒言」に対する反論を記した(53)。旧米沢藩出身者を「人情之狡黠、而テ前官輩等官省要路中ニ散在」とし、東京在留の宮島や芹沢元参事あるいは旧藩知事の画策を「其筋ヘ切リニ讒言構蘖」と批判して、大隈の支援を要請したのである。

しかし、その関は、正院に直属した前述の監部小原沢重雄の探索書にも、「牧民ノ大意ヲ失シ収斂苛酷」「県治適宜ヲ得ス」と糾弾されていた。小原沢の派遣は宮島らの訴えを背景とした探索であり、大久保も上京中の関にたびたび会い、「種々質問」を行っている(54)。このような事態のなかで、関みずからも置賜県からの転出を願うようになり、三月の大隈参議への書翰でも、大隈の「耳目肢体ノ一任ニ充ル」ことを望んでいる(55)。大蔵省で「他ニ顧念ナク其務ル所主一ニシテ益々精力ヲ尽スヲ得ン」ことを希望した。結果として、関は明治七年九月二十日に大蔵省五等出仕に転じ、「旧米沢藩側」は関の排斥に成功したのであった。

4　士族授産と山形県の成立

関義臣の後任となった旧岡山藩出身の権令新庄厚信は、明治七年（一八七四）九月三十日に着県し、県内の融和に配慮して立町の一ケ所を除く邏卒屯所の廃止、小学校の設立などをすすめた。また大蔵省が推進する地租改正については、九月に来県した租税寮九等出仕の加藤忠義らの指示をうけて税制改革の検討をかさね、十一月七日には「県治ノ方向」にかかわる大事として、新庄権令あるいは七等出仕高山政康の上京を願い出た。(56) このような新庄の施政は、明治四年十一月以来七等出仕にあった高山を権参事に昇格させ、旧藩出身者との協調をはかるなど、漸進的な県政であったといえる。

だが、この新庄県政に対しては、明治八年（一八七五）に入ると政府内で置賜・山形両県の合併論が顕在化し、宮島誠一郎らの在京の旧米沢藩出身者の県政への関与が強まった。置賜県の場合は、とくに山形県の屋代郷が旧米沢藩領であったことからその併合が課題とされ、さらに両県が「並存スヘキ地形ニ無之」として、たびたび「二県ヲ合併」する論が主張されていた。(57) 前述の関権令と旧米沢藩士族の対立は、廃藩置県後の旧米沢県をそのまま改めて置賜県とした点に起因しており、県政の刷新を考える上でも、置賜県域を改正する抜本的な変革が避けられない状況になっていた。

右の置賜・山形両県の合併論については、地租改正問題で上京中の高山七等出仕が、八年二月に大蔵省租税頭の松方正義から両県の合併論を聞かされ、それを宮島に伝えている。(58) 宮島は早速、三条太政大臣の側近の森寺常徳に旧米沢藩側の見解を訴え、上杉家や在京の旧米沢藩出身者とも連絡を取り、米沢から千坂高雅の上京をうながした。(59) そして、同年末に山形県令に関口隆吉の転任が決まり、さらにその関口にかわって山口県令中野梧一の山形県令任用が「風評」されると、その阻止を画策した。(60) 関口と中野がともに前大蔵大輔井上馨に登用された旧幕府出身の地方官であることから、その排斥につとめたのである。井上などの企図が「営利」にあるとして、旧米沢藩出身者の「積年来尽力」が「万事水泡」に帰すとし、県内を「浮薄商人之利」に奪われることを危ぶんだのであった。

このような事態のなかで、明治九年一月には、庄内から米沢を経由して福島に至る新道開鑿が企図され、宮島は十九日に鶴岡県令の三島通庸を訪ね、同県参事松平親懐らの同席のもとで、その建設の有益な点を論じた。宮島は、「福島・置賜・山形・鶴岡四県ニテ合議致シ、民費ヲ以テ著手相始メ、余ハ政府ヨリ助成金ヲ仰キ候ハ、此事業必ス可相成」と、その実現の方途を示している。(61) そして宮島は、二月十六日・十九日に内務大丞兼駅逓頭の前島密を訪ね、新道開鑿への支持を求めた。二十一日には、三島県令と同伴で地理頭杉浦譲を訪問し、政府の支援を繰り返し要請している。

この新道開鑿に関しては、改めて県域の調整、拡大が課題となり、二月二十九日に宮島が三島を訪ね、「奥羽諸県合併論モ有之」として、村山郡を置賜県に、楯岡以西の最上郡を鶴岡県とすることを談じている。それによって、「道路開鑿ニハ山形県ヲ申合之手数相省ケ、鶴岡・置賜両県ノミ申合候事済可申」とし、好都合になると論じている。宮島は、羽前国を置賜・鶴岡両県で二分することを企図し、その分割を通じて置賜県の拡大・発展をはかったのである。また宮島は、鶴岡県令の三島を山形県令とすることを企図し、同年五月には吉井を訪ね、「山形江三島ヲ据付候義ヲ依頼、此旨早速ニ大久保ニ申呉候様相託」した。(62) 士族授産事業と県政の発展・強化の推進過程では、まさに旧藩域にとどまらない広範囲な県域の設定、および強力な地方官による県治の振興が不可欠となっていたといえる。

しかし、この時期の政府は、明治九年（一八七六）に入って府県政の再検討に着手し、府県の区画の改定とそれにともなう府県庁の人選を通じて、県治の諸矛盾を一挙に解決しようとしていた。大久保は四月ごろから内務省内で「各県廃合、省中三寮ヲ廃スル等」の検討をはじめて、翌五月に「地方官任免例」を作成している。(63) そしてみずから五月二十三日、東北行幸の先発として東京を出立し、置賜県などの関東・東北諸県を巡視して、七月十九日に帰京した後に実際の諸県統廃合に着手した。(64) 改定の対象となったのは、概して第一に財政的、行政的自立が困難な弱小県、第二は旧藩の影響が強固で中央集権化の障害となっていた「難治県」、第三は地形・風俗などで区域の確定困難な府県とされている。(65) 同年の府県改定では、鶴岡・若松両県はもとより、鳥取、佐賀などの旧藩領を移行したいわゆる「難治県」県の多くが廃止され、置賜県もまたその対象とされた。結果は、明治九年八月に至って、置賜・鶴岡・山形三県が合併されて山形県が設置され、三島通庸が同県令に就任している。宮島らの企図した置賜・鶴岡二県案は内務省の同意が得られなかったようで、県庁は旧藩の影響の少ない山形に置かれた。宮島にとって、三島の山形県令就任は「天幸」となったが、置賜県は廃止となり、山形県創設に至ったのであった。(66)

もっとも、このような宮島をはじめとする旧米沢藩出身者の県政への関与は、廃藩置県後の旧藩士族の没落が進行するなかで、その窮状の打開を企図した振興、とりわけ政府の殖産興業政策と一体となった士族授産へ参画する方向を強めていた。(67) 宮島らの旧米沢藩重役は、廃藩以前の藩政改革で家禄の大幅な削減を断行し、その「正義之改革致候」が廃藩以後に「誠ニ大不幸」につながる結果となったことから、旧藩士族の窮状が放置できなかったといえる。この宮島らの企図は、明治十年九月に旧米沢藩知事・士族の資本によって開業した米沢製糸場に具体化された。

すなわち、この米沢製糸場を設立しようとする画策は、宮島が一等侍講伊地知正治・元老院議官吉井友実らと、九年七月二十四日に群馬県の富岡製糸所を視察し、「器械之精巧、工女之節制、規則方法之厳密」(68) に注目したことによる。宮島は帰京後の八月四日、伊地知や吉井と会って金禄公債証書発行条例が公布されることを聞かされ、旧米沢藩士族の窮状の打開が急務であったことから、製糸事業の着手を決意していた。当日の宮島の心境は、「奮然旧藩同族之困難ヲ救フ、唯此一之製糸器械ヲ新設シテ従前之生糸ヲ改正シ、此窮士民ニ職業ヲ授ル之急務ナルヲ、心竊ニ決誓」であったという。宮島は、関のような旧米沢藩士族を混乱させる急激な改革には否定的であったが、戊辰戦争の際の汚名挽回を願う屈折した意識もあり、政府と一体になった改革、とりわけ殖産興業の推進には旧藩士族の窮状を打開する点からも積極的であったといえる。(69)

宮島は翌五日に実弟の小森沢長政に会い、金禄公債証書発行条例による「禄券之元金」の一部を集めた「士族協議之大製糸場」を創設し、同時に旧藩知事の上杉家の援助を加えて、旧藩士族とのあいだを緊密にするように提起した。(70)そして八月八日に上杉斉憲から金禄公債制度にともなう会計の諮問をうけた際にも、「永久之家産」を維持するための製糸場創設の必要を語り、上杉家と旧藩士族が一体となった製糸事業の着手の必要を説いている。また宮島は、吉井と会談をかさね、天皇の東北巡幸に随行した内務卿大久保利通が、置賜県に立ち寄って米沢の製糸業に注目した旨を吉井から聞かされ、いっそうの自信を得た。宮島は、山形県令三島通庸にもその支援を求め、三島から旧藩士族の義社の備籾の運用を助言されている。(71)八月二十二日に置賜・鶴岡・山形三県を合併した山形県では、その県令に任じられた三島に「特別ノ御下ケ金モ有之義ニ付安心ニテ着手スヘシ」という大久保内務卿の「内旨」が伝えられていた。そして、備籾の売却・運用は、旧藩士族の反発が危ぶまれたことから、八月二十四日に在京旧藩出身者や上杉家との協議が行われ、斉憲を「墓参帰県」させ、「老公親シク説諭」を行うことで、「民心必ス安穏其事必成ルヘシ」という方策が計画された。(72)宮島は、米沢より上京中の浅羽徳太郎に対して、富岡製糸所の視察・研究、内藤新宿試験場での調査を周旋している。九月九日には宮島の主催で在京の旧米沢藩出身有志が会合し、製糸場の設立について、「義社貯金備籾」を資本とし、「永世之事業ヲ米沢表ニ起立シ、人民之鴻益ヲ起シ、士族之薄禄生産之立行難キヲ救助致度」と決議した。宮島をはじめとする在京の有志三七名は、製糸場設立の急務、同事業への大久保内務卿と上杉家の支援、義社の備籾運用の必要などを明記した建議を、旧藩士族を統轄する米沢の区、戸長に送っている。

さらに宮島は、上杉斉憲の米沢行に先き立って、斉憲が大久保内務卿と会談し、大久保の依頼をうけた形をととのえて旧藩士族の説得にあたることが有効であるとして、その会談の用意に尽力した。斉憲は、「今日ハ旧主之声掛モ格別之功能モ有之間敷候」としながらも、区戸長を集めて「説諭」を行うことを引き受けている。九月二十一日には大久保と対談し、大久保から「是非製糸之義ハ御依頼致ス云々」を示された[73]。そして斉憲は、「墓参ノ願立ニテ県地滞留三十日御暇」を願い出て米沢へ出発し、「旧本丸藩祖謙信之遺骸を墓地へ相移候」をすませた後、米沢での「直様士族説諭資本金相募候」に参加している[74]。宮島はその間の経緯を三島に報じ、三島に対しても「老公旧県ニ出張之節ハ乍御苦労是非々々御面会御熟議被下度奉希望候」と、支援を求めている。

もっとも、義社の資金調達は、具体的には士族の一年分の配当と備籾二万俵の売却であり、そのすべてが順調に進行したわけではない。明治十年（一八七七）一月には備籾売却をめぐる旧藩士族の一大騒動が発生している[75]。この騒動は、義社長の庄田総五郎が特定の酒田商人とのあいだで必要以上の総計四万俵の備籾の売却契約を結んだこと、廉価で経理に不正がうかがわれたことなどに端を発した。約三〇〇〇人の旧藩士族が市内の寺院などに結集し、結果は、契約を破談として庄田が社長を辞し、義社は士族の代議士会による運営に移っている。

そして、米沢製糸場の創設については、前述のような上杉斉憲みずからの働きかけ、および上杉家から一万五〇〇〇円の拠金が行われ、旧藩士族からも出金が募集され、十年九月に開業にこぎつけていた[76]。置賜県廃止後は、置賜・鶴岡・山形三県を合併した三島山形県令から、官林用材の払い下げの便宜を受けている。旧米沢藩出身の堀尾重興が総括となり、米沢の館山片町裏に工場を設立し、二本松・富岡などの製糸場の調査を行い、横浜から機械を購入して

開業したのであった。(77)

この米沢製糸場の創設は、まさに大久保・三島らと連携した宮島らの政治的画策、そして政府や旧主上杉家を利用した県地への働きかけが功を奏した結果であったといえる。米沢製糸場は、当初の生糸生産を拡大させ、横浜の外国商人に売却して利益をあげ、上杉家と旧藩士族が協力した士族授産の成功例として、明治十四年の東北巡行における天皇の巡覧先となったのであった。

註

(1) 「茂憲公御年譜」巻二十六、明治四年七月二十三日の条(『上杉家御年譜』二十、米沢温故会、昭和五十九年)。

(2) 「茂憲公御年譜」巻二十七、明治四年九月八日の条(前掲『上杉家御年譜』二十)。

(3) 前掲「茂憲公御年譜」巻二十七、明治四年八月九日の条。「変革録」(市立米沢図書館所蔵、林泉文庫)。

(4) 同右「茂憲公御年譜」巻二十七、明治四年九月九日の条。

(5) 「明治四年日誌」四年六月十二日・七月十六日・十七日・十八日(国立国会図書館憲政資料室所蔵、宮島誠一郎文書マイクロフィルム No. 1)。

(6) 前掲「茂憲公御年譜」巻二十六、明治四年七月二十九日の条。

(7) 「養浩堂私記史料」己巳之部、乙号(前掲、宮島誠一郎文書マイクロフィルム、No. 1)。

(8) 「明治四年辛未八月二十六日より九月二十八日に到る」九月十二日・十四日・十六日・十八日・二十日(前掲、宮島誠一郎文書マイクロフィルム No. 1)。

(9) 「府県廃置ノ議ヲ定ム」(『太政類典』第二編第九五巻)。前掲「明治四年辛未八月二十六日より九月二十八日に到る」九月十二日。大島美津子「大久保支配体制下の府県統治」(『近代日本政治における中央と地方』日本政治学年報、日本政治学会、一九八五年)参照。

(10) 前掲「府県廃置ノ議ヲ定ム」。

(11) 前掲「養浩堂私記史料」。拙稿「府県政の展開と旧藩士族—置賜県を中心にして—」(『中央大学文学部紀要』第一四五号、一九九二年）。

(12) 宮島は戊辰戦争の際に、江戸の米沢藩邸を中心とした情報探索や和平工作を担当した。戦後は同藩の公議人添役となって高知藩などの改革派諸藩との提携に尽力し、明治三年一月に新政府の待詔下院出仕、四年六月に米沢藩庁出仕に登用された。四年十月に左院大議生に任官し、その後に少議官・三等議官・太政官権少内史などに任じられている（拙稿「明治維新の政局と米沢藩政」〈『近世日本の政治と外交』藤野保先生還暦記念会、一九九三年〉、『宮島誠一郎関係文書目録』解題〈宮島誠一郎関係文書研究会、昭和六十年〉参照）。

(13) 「明治四年辛未日誌」十一月八日（前掲、宮島誠一郎文書マイクロフィルム No. 1）。

(14) 同右、十一月八日・十二日・二十九日。

(15) 前掲「茂憲公御年譜」巻二十七、明治四年十二月六日の条。

(16) 「置賜県歴史」〈明治四年ニ起リ同七年ニ至ル〉政治之部、県治・附録（『府県史料』内閣文庫）。『山形県史』資料編一・明治初期上（山形県、昭和三十五年）に所収。

(17) 「続立岩則親記」乾（市立米沢図書館所蔵、林泉文庫）。

(18) 同右。

(19) 同右。

(20) 前掲「置賜県歴史」〈明治四年ニ起リ同七年ニ至ル〉政治之部、県治。同「置賜県歴史」制度之部、職制。

(21) 「置賜県庁規則」（前掲、宮島誠一郎文書、一〇五五―二〇）。

(22) 「置賜県官員心得」（前掲、宮島誠一郎文書、一〇五五―一八）。

(23) 「過越方の記」下（『米沢市史』資料篇四、近現代史料Ⅰ、米沢市史編さん委員会編、昭和六十二年、五一三頁）。廃藩置県の際に米沢藩では貨幣鋳造用の溶解地金約六万両分があり、宮島はその地金を「戊辰以前ノ物ニ付、蔵出入外」とし、大蔵省に納入せずに旧米沢藩士族の「学校ノ入費ニ致度」として、政府の銀貨に引き換えることの周旋を高知藩出身の毛利恭助に依頼し、左院議長後藤象二郎の経営する蓬来社へ預け、運用をはかっている（前掲「明治四年辛未八月二十六日より九月二十八日に到る」九月十五日、「辛未十二月日誌」十二月十五日〈前掲、宮島誠一郎文書マイクロフィルム No. 1〉）。

(24) 前掲「養浩堂私記史料」。

(25) 同右。

(26) 佐藤三郎「米沢士族の義社について―士族結社が無力化していった過程の考察―」（『歴史教育』第九巻第二号、昭和六十一年）参照。前掲・拙稿「府県政の展開と旧藩士族―置賜県を中心にして―」。

(27) 前掲「茂憲公御年譜」巻二十七、明治四年九月五日の条。

(28) 「米沢義社記・全」（市立米沢図書館所蔵、上杉文書、一三七八）、「越の游記」（市立米沢図書館所蔵、林泉文庫）。

(29) 前掲「米沢義社記・全」。

(30) 同右。

(31) 宮島誠一郎は後藤の蓬来社設立に際して、上杉家の加入・出資を画策し、さらに蓬来社と米沢の商社・吾妻社を提携させて財政の強化をはかったが、その後に蓬来社の経営が行き詰り、離脱している（「養浩堂日録明治六年癸酉」二月一日・八日・十二日・二十七日、「明治七年日誌」七年七月十五日〈前掲、宮島誠一郎文書マイクロフィルムNo.1〉。「茂憲公御年譜」巻二十九、明治七年十月十三日の条〈前掲『上杉家御年譜』二十〉。

(32) 関義臣は、明治元年五月に大阪府司農局雇となり、同年十月二十九日に大阪府権判事、翌二年二月に租税局長を兼務、四年十一月二十六日に鳥取県権参事、五年七月十八日に同県参事に任じられた（「関義臣参考書」〈国立国会図書館憲政資料室所蔵、松方正義関係文書、四〇二―ハ〉、滝島功「明治六年『地方官会同』の研究」〈『明治維新の政治と権力』明治維新史学会編、吉川弘文館、平成四年〉参照）。

(33) 前掲「置賜県歴史」〈明治四年ニ起リ同七年ニ至ル〉政治部、県治・付録。

(34) 前掲「養浩堂日録明治六年癸酉」十二月十五日。

(35) 前掲「置賜県歴史」〈明治四年ニ起リ同七年ニ至ル〉政治部、警保。

(36) 同右、制度之部、職制。

(37) 同右、制度之部、禁令。

(38) 「茂憲公御年譜」巻二十八、明治六年九月二十日の条（前掲『上杉家御年譜』二十）。

(39) 「置賜県務改正始末及県治状況報告書」（『大隈文書』A六一九、マイクロフィルム版）。

(40) 前掲・滝島功「明治六年『地方官会同』の研究」参照。

(41)「関義臣書翰」明治七年三月二十五日（『大隈重信関係文書』二、日本史籍協会、二七六―二七八頁）。
(42)前掲「置賜県歴史」〈明治四年ニ起リ同七年ニ至ル〉政治部、県治・付録。『山形県史』第四巻・近現代上（山形県、昭和五十九年）一一八頁。
(43)前掲「置賜県務改正始末及県治状況報告書」。
(44)置賜郡の関村では、安石代の廃止により、明治五年の税額一五六円余が翌六年に六二三円余となり、四六五円余の増税となっている（「置賜県探偵書」置賜県権令関義臣ノ県治探偵書〈『大隈文書』A六一四、マイクロフィルム版〉）。
(45)前掲「茂憲公御年譜」巻二十九、明治七年一月九日・二月十三日・三月二十八日条。
(46)「陸羽巡廻報告書」奥羽地方巡回士族情勢報告書（『大隈文書』A六〇四、マイクロフィルム版）。
(47)前掲「置賜県探偵書」。
(48)前掲「過越方の記」下、五〇九―五一五頁。
(49)「紀聞録」（市立米沢図書館所蔵、林泉文庫）。
(50)前掲「置賜県探偵書」。
(51)「明治七年日誌」〈従一月十四日到八月十七日〉一月二十一日・二十三日・二十四日（前掲、宮島誠一郎文書マイクロフィルム No. 1）。
(52)同右、二月一日・十二日、四月十一日、五月十八日、七月八日。
(53)前掲「関義臣書翰」明治七年三月二十五日、二七五―二七八頁。
(54)『大久保利通日記』二、明治七年六月十五日・二十一日・二十九日、日本史籍協会、二七九―二八三頁。
(55)前掲「関義臣書翰」明治七年三月二十五日、二七八頁。
(56)前掲「置賜県歴史」〈明治四年ニ起リ同七年ニ至ル〉政治部、県治・付録。
(57)前掲「置賜県探偵書」。
関義臣は、「山形・置賜ハ終ニ合県ニ可成モノナリ、左スレハ本県ヲ置賜ニ置ヘキナリ、然ル時ハ屋代郷ヲ先合併サスヘシ」と近隣の併合を主張していた。
(58)「明治八年日誌」〈従一月到十二月〉二月六日・七日（前掲、宮島誠一郎文書マイクロフィルム No. 1）。

(59) 同右「明治八年日誌」〈従一月到十二月〉二月八日、三月九日・十日の条。
(60) 「山形県令更迭始末」（前掲、宮島誠一郎文書、一〇五五—六）。
(61) 「米沢栗子隧道起源」「栗子新道起源」明治九年製糸器械新設起源（前掲、宮島誠一郎文書、一〇五五—一三・一四）。宮島の努力は、栗子山に隧道を掘鑿する刈安新道に具体化している。そして三島は十二月、「人民便宜之套、民費ニ係ラサルヲ得サル」とし、毎戸十一銭余、合計二万九六一八円余の徴収を予定して、工事に着手した。十四年九月に完成した刈安新道の経費は一二万八九四四円余にのぼったが、官費は三万一九四四円にすぎず、その他は協議費・寄付金などのいわゆる民費によった（前掲「米沢栗子隧道起源」「苅安新道開鑿ノ儀ニ付伺」「三島山形県令上申書」「栗子山隧道工事始末記」〈国立国会図書館憲政資料室所蔵、三島通庸関係文書、四八二—六・八・一七〉）。
(62) 同右、「米沢栗子隧道起源」「栗子新道起源」明治九年製糸器械新設起源。
(63) 前掲『大久保利通日記』二、明治九年四月十三日、四八五頁。
(64) 同右、明治九年七月二十九日、八月一日・十七日・十九日、五二六—五二七頁。
(65) 前掲・大島美津子「大久保支配体制下の府県統治」参照。
(66) 「明治九年養浩堂日記」明治九年八月一日・二十二日（前掲、宮島誠一郎文書マイクロフィルムNo. 2）。
(67) 士族授産事業も多くは不振で、漆器・機織などを扱った生産社は六年四月に、新保新らの協救社養豚事業は七年一月に廃社となった（「明治九年製糸場新設書」〈『米沢市史編集資料』二十号、米沢市史編さん委員会、昭和六十二年、三八—四八頁〉）。
(68) 前掲「栗子新道起源」明治九年製糸器械新設起源。
(69) 明治七年二月に佐賀の乱が起きると、旧米沢藩士族五、六〇人が、「戊辰ノ役方向ヲ誤リシハ罪、時勢ヲ知ラサルニ坐ス、故ニ今ヨリ後国家事アル日ニ臨ンテハ、吾輩誓テ之カ先鋒トナリ報國勤王屍ヲ原野ニ暴サン」として、県庁へ押しかけている（前掲「陸羽巡廻報告書」）。
(70) 前掲「栗子新道起源」明治九年製糸器械新設起源。
(71) 同右。
(72) 同右。
(73) 「三島通庸宛宮島誠一郎書翰」明治九年九月二十日（前掲、三島通庸関係文書、一九四—一）。右の書状は、森芳三「山形県

の殖産興業―米沢製糸場と宮嶋誠一郎」が新史料として紹介している（森芳三『山形県地域史研究』第九号、昭和五十八年〈『羽前エキストラ格製糸業の生成』御茶の水書房、一九九八年に収載〉参照）。

(74)「明治十年米沢記事」置賜騒動概略（前掲、宮島誠一郎文書、一〇五五―一二二）。「義社籾払紛擾始末」（市立米沢図書館所蔵）。
士族の代議士には、旧来からの義社のあり方を批判し、備籾の配分と士族各人の自由な合理的運営を主張した清水彦介が選出されている（前掲・佐藤三郎「米沢士族の義社について―士族結社が無力化していった過程の考察―」参照）。

(75) 同右「明治十年米沢記事」米沢製糸場開業ノ祝辞。

(76)「米沢製糸株式会社沿革誌」第二回（『米沢市史編集資料』第二十号、七〇―七三頁）。渡部恵吉「明治初期における置賜の蚕糸業と米沢製糸場」（同上、九―二一頁）参照。

(77) 前掲・拙稿「府県政の展開と旧藩士族―置賜県を中心にして―」。

第六節　山口県創設と士族反乱

1　廃藩置県と毛利元徳

廃藩置県が断行された明治四年（一八七一）七月十四日、山口藩知事毛利元徳は、皇居の大広間において五六藩知事とともに、三条実美が読み上げる廃藩置県の詔書を耳にした。この元徳は、すでに述べたように二日前の七月十二日、知事の免職を求めた辞職上表を提出している。[(1)] 七月四日に国事諮詢に任じられ、「忌憚」のない建言で朝廷を

「裨補」することを命じられていた元徳は、鳥取・熊本両藩などから知事辞職論が出されるようになった同時期、みずから版籍奉還の原則に立った藩知事辞職の上表を提出したのであった。この元徳の辞職願書は、政府内で極秘裡にすすめられていた廃藩置県に直結するものでなかったが、木戸孝允の主張する「天下」を「一途」にする集権化論と軌を一にしている。木戸は、山口藩内での士族・卒の統一や支藩合併の動きを支持し、「朝威」の確立と「天下之方向一定」を掲げた前藩主毛利敬親の「遺表」作成に参画しており、元徳の上表は、それらの木戸の尽力に呼応する性格を持ったのである。

　このような毛利元徳は、辞職上表の提出後、「勤王」の行動を意識し、華・士族の廃止と四民の平均論に強い関心を示している。元徳は七月十二日の上表直後、藩内が自重して前述の敬親の「遺志」を継承するように求めた左の親書を発していた。

「先是皇威之衰替ヲ憂ヒ、身家ヲ抛チ義ヲ辺隅ニ唱エ、千辛万苦終ニ皇威之盛興ヲ仰キ、列藩中我藩ヲ以勤王之首魁トス、是全ク忠正公之誠意貫通スルニ因ル、然ルニ天下之望ヲ荷フ者ハ必其責帰スル所有リ、故ニ一事一動モ悉ク列藩之属目スル所ニシテ、今日之挙措乃チ他人之趣念力ニ拘リ、朝綱之立否ハ翼賛之奈何ニ関ンシテ、前日四境多事之時ト大小軽重同日之論ニ非ス、況ヤ自昔功高ク望重キ物、動モスレハ専横ノ謗ヲ招キ易シ、当今ノ職務実ニ難シトス、只能ク自ラ抑遜シテ一意朝廷輔翼之誠意ヲ拡充シ、内ハ以テ二州之衆士ヲ誘導シ、外ハ以テ天下之諸藩ニ交際セントス、若シ然サレハ常人只管朝廷依頼ノ厚キ海内属望之重キヲ観テ、唯我藩而已有ルヲ知リ、自負之分ヲ抱キ、従而彼ヲ軽侮スルノ弊生スルハ必然ナリ、此時ニ当リ彼レ我ヲ観者必ス功ニ誇リ寵ヲ恃ムト謂ン、此ノ如クナレハ積年之素志廃墜スルノミナラス、遂ニ朝威之隆替ニ係セン、是深ク犯（ママ）憂スル所ナリ、仍テ自今一層意ヲ是ニ注シ、上ハ叡旨ヲ対揚シ、下ハ先公之遺志ヲ継述セント欲ス、嗚呼在官之諸僚篤ク此旨ヲ服膺シテ、予ヲ輔佐セハ何ノ幸ヒカ之ニ苦ン」[2]

元徳は藩内士族に対して、山口藩が「勤王」のさきがけとなってきたことを強調し、周囲から注目されるようにな
った今日において、そのことを「自負」して他者を軽侮することがないようにいましめた。「積年之素志」が失墜す
ることを恐れ、自制して「朝廷」を「輔翼」するという敬親の「遺志」を継承し、在職者が元徳を補佐するように求
めている。

そして元徳は、廃藩置県断行の二日後の七月十六日に木戸のもとを訪ね、大隈参議が同席した場で、「華士族を廃
し人民へ平均の御議論」を行った。[3]元徳の意向は、旧山口藩の「勤王之首魁」を意識して、廃藩置県後の改革にも積
極的な姿勢を示そうとした点にあったようだ。それは、元徳が廃藩置県後に三条太政大臣に宛て、人材登用の急務を
述べ、同時にみずからの位階の奉還を左のように「上書」したことに合致する。

「臣元徳謹テ白ス、過日愚衷上言セシニ、爾後辱クモ詔書ヲ以テ廃藩為県ノ制ヲ令シ、且知藩事ノ職ヲ免ス、数百
年因襲ノ弊於是全ク除キ郡県ノ実効日ヲ逐フテ挙ルヘシ、臣感激ノ至ニ堪ヘス、県庁事務ノ如キハ暫ク参事ニ任
セリ、彼等一旦命ヲ奉ストイヘトモ、措置宜ヲ得サランコトヲ恐ル、廟堂遺算ナシト雖モ、前ニ上表セシ如ク、
防長ノ人心偏固ノ風習急ニ化ス可ラス、是臣カ親シク視ル所ニシテ、参事等ノ深ク苦慮スル所ナリ、故ニ早ク他
ノ賢才ヲ撰ンテ知事トナシ、随テ参事等ヲ黜陟シ、任用其人ヲ得レハ、朝旨下ニ布キ弊習亦一洗セン、臣今官ニ
在ストイヘトモ旧ニ依リ位階ヲ辱フス、然ルトキハ平民同一ノ地ニ至リ難タシ、仍テ位階ヲ奉還センコトヲ請フ、
陛下宜シク垂憐シテ之ヲ採納セヨ、臣元徳誠恐誠惶昧死敬白」[4]

元徳は、廃藩置県を「過日愚衷上言」にそった感激の美事と述べ、廃藩後の山口県における旧藩参事の施政につい
ても、賢才を選んで知事に登用し、旧藩以来の弊習を洗い流すように求めた。みずからも「平民同一ノ地」に降りる

べきとして、位階の奉還を願い出たのである。

しかし、木戸はこのような元徳の急進的な「平均の御議論」に対して、廃藩置県後の政府の方向を念頭に置き、それを前面に標榜することに慎重であったようだ。封建支配の解体に熱心であった木戸も、廃藩置県を達成した後は、その後の動揺に対する危惧が先行している。急進的な改革に対する政府内の対立、あるいは前述のような英国代理公使の助言などが、木戸にあたえた影響も少なくない。木戸は明治四年十一月十日に三条に宛て、「士之常職」を免じた後は、「禄募等之処」に良法を立て、士族を安堵することが急務と論じている。(5) 旧山口藩の支藩であった旧清末藩内では、四年十月に新政反対、旧藩知事引留めの一揆が起こり、同じ旧豊浦（長府）藩内では九月に「人民不穏」の動きがあり、十二月に「会計向其他種々弊風ノ聞」が問題となっていた。(6) 旧山口藩内でも、すでに廃藩置県直後から「御改正に付旧情不安」が報じられ、そのような兆候は、五年七月に秋元左司馬、六年一月に八幡十郎・原田金吾らの両反乱未遂事件に結びつく。(7) この点、木戸は四年七月二十二日、元徳からの「平民帰一の御建言に付御相談」を受けた際、その「御主意」に同意しながらも、「今日の有様」ではかえって「御深意」が貫徹されないとして、「愚案の件々」を上申したのである。(8)

それゆえ、毛利元徳は、明治四年（一八七一）八月に旧山口藩士族に宛てた左のような「諭書」を発していたが、そこでは「平均の御議論」に言及していない。

「我家祖先諸公疇昔天朝忠勤ノ余勲ヲ以テ辱クモ累代防長二州ノ地ヲ領シ、一万有余ノ士ヲ養育シ、寒而衣飢而食スルヲ得ルモノハ偏ニ天恩ノ優渥ニ因ルナリ、汝等祖先亦皆其恩賚ニ与レリ、雖然尸位素餐旧染ノ風習ニ安シ、徒ニ恩ヲ受テ無所酬モノ豈人臣屑トスル所ナランヤ、先考忠正公ニ至リ大ニ此ニ感スル所アリ、抑数百年来政権下ニ移リ皇運ノ衰替日ニ極リ、人民朝廷ノ尊キヲ知ラサルヲ憂ヒ、奮然天下ニ先チ義ヲ辺隅ニ唱エ、艱難ヲ凌キ不逞ヲ払ヒ再ヒ天日ノ光輝ヲ拝スルニ至ル、朝廷屢其偉勲ヲ賞セリ、是皆汝等ノ親ク知ル所ナリ、予不肖ト雖モ亦親ク公ノ教誨ヲ奉シ、日夜勉励其功績ヲ墜サンコトヲ恐ル、曩者朝政維新ノ日ニ当リ宜ク大ニ施設スル所アル可シ、然ルニ中古群雄割拠ノ勢ニ因リ、諸藩各其土地人民ヲ私有シ、朝廷ハ徒ニ空器ヲ擁シ、政令其実ヲ挙ル能ハス、是ニ於テ己巳ノ歳四藩合議シ版籍ヲ奉還シ政令一ニ帰センコトヲ願フ、朝廷之ヲ採用シ、予ヲ待ニ不才ヲ以テセスシテ更ニ知事職ヲ命セリ、爾来励精聊カ藩政ヲ釐正ストイヘトモ、未タ其治績ヲ奏セス、仍テ惟フニ予ノ汝等ニ於ル君臣ノ名義、已ニ藩籍奉還ノ時ニ尽クルト雖モ、依然トシテ旧領地ヲ管スルヲ以テ猶或ハ君臣ノ余習ヲ存シ、随テ藩政亦私情ニ流レ措置其宜キヲ得ルコト能ハス、此等因襲ノ弊今ニ於テ一洗セスンハ、何ヲ以テ政令一ニ帰シ、人民朝廷ノ尊キヲ知ラン、故ニ前日又予カ官ヲ解ンコトヲ願フ、数日ナラスシテ廃藩為県ノ令下リ、且本官ヲ免シ県庁事務ノ如キハ暫ク参事ニ任ス、於是予カ素志始テ貫徹スルヲ得、感激ノ至ニ堪ヘサルナリ、予今ヨリ闕下ニ住シ親シク聖旨ヲ奉承シ日夜奮励知識ヲ磨キ陋習ヲ洗除セントス、此時ニ当リ汝等若旧情ニ拘泥シ疑惑ヲ生スルコトアレハ、其責予カ不職ニ帰シ、朝廷ニ対シ深ク恐悚身ヲ措クニ地ナシ、願クハ汝等能ク祖先諸公及ヒ忠正公忠勤ノ遺意ヲ感戴シ、且時勢ノ変遷ト制度ノ改革トヲ推考シ、公義ヲ取リ私情ヲ舎テ、予カ心事ヲ洞察シ、今春告諭セシ所ノ如ク各其職ヲ勉メ、前途ノ目的ヲ定メ、祖先已来朝廷ノ為メ尽ス所ヲシテ、能ク始アリ又終アラシメハ、唯汝等ノ誠意克ク始終アルノミナラス、汝等祖先亦眉ヲ地下ニ開カン、然レハ則チ只予カ幸ノミナラス祖先諸公在天ノ霊亦其誠意ヲ鑒賞セシ」(9)

明治四年秋　　従三位　元徳

防長士族中」(9)

右の告諭では、「皇運」の回復に尽力した山口藩の「偉勲」を強調するとともに、版籍奉還で知事職を拝命した元徳が、藩政の「釐正」の限界を知り、藩内の「君臣ノ余習」の一洗と「政令一ニ帰」すことを目的としてみずから辞職を願い出た経緯を述べている。そして廃藩置県の断行を、素志の貫徹した感激にたえないこととし、旧藩士族が旧慣に拘泥して疑惑を持たないようにいましめた。とくに前述の「人民平均」論に言及することはなく、旧藩士族が元徳の真意を理解し、時勢の変化と制度の改変を「推考」して、「各其職ヲ勉メ、前途ノ目的ヲ定メ」て「朝廷」のために尽力するように求めている。

この「諭書」については、七月十二日に元徳が知事辞職上表を提出していたこともあって、「尾大の弊」となっていた山口藩で、廃藩直後の士族の動揺をやわらげる効果が小さくなかったことがうかがわれる。木戸は、みずからの感慨とはいえ、廃藩置県で旧藩知事が免官となったのに「一向怪もの少く」、二、三年前に比して「今日之人かく知見之異なるもの歟と存候」(10)といった思いを、留学中の南貞助や品川弥二郎らに書き送ったのであった。

2　山口県の地租改正

三府七二県体制が整えられた明治四年（一八七二）十一月十五日、山口藩を廃して設置された山口県がいったん廃止され、新たに山口、岩国、豊浦、清末の四県をあわせた山口県が設置された。当初の大蔵省案では、岩国藩領が広島県に編入され、また山口藩領も周防国の大部分と長門国阿武郡からなる三田尻県、それ以外の長門国と周防国吉敷郡の一部で構成される豊浦県に分れていた。参議の木戸孝允は大藩の分割を企図しており、木戸および同時期の大蔵省を牛耳っていた井上馨大輔の意向が、当初の大蔵省案に反映されたといえる。

この大蔵省案は、十一月十五日に前述のような四県を合併した山口県設置に改められ、旧幕臣の中野梧一（茅長）が参事に任じられた。県令は闕官とされ、参事の中野は、九月三日に大蔵省七等出仕に任じられ、ついで十一月十五日に山口県参事に任官したのであった(11)。井上はすでに十二月四日、山口在住の吉富簡一に宛て、「此度山口県参事中野と申人、静岡之者ニ候得共、事務も充分出来、且人物も至て宜敷、第一等之参事ニ候と目利之上差遣シ申候(12)」と書き送っている。井上は、同じ書状で権参事となる久保断三について、「大悦び奮発罷在候」と吉富に伝え、「段々と仁政之初政も為行、都合工夫相得申候」と書き送った。久保は任官当日に井上の屋敷を訪ね、その後も中野と久保はたびたび井上のもとに通い、典事以下の県官の人事などをすすめている。井上は中野に対して、山口・湯田の自邸を貸しあたえるなどの厚遇を行っており、実務に通じた中野を抜擢して、山口県政の進展を企図したものと思われる。

この井上や木戸が、廃藩置県後の府県制において、旧藩以来の封建的割拠を打破し、中央集権体制の確立を企図したことはすでに述べた。そこでは、旧藩の独自な税制や士族のあり方を統一的に改め、旧弊の打破と開化の推進が指向されている。しかし、その改革の進展にあたっては、単純な急進論ばかりでなく、政府内部にも士族の動向に配慮した漸進論が存在し、後者については、木戸が毛利元徳の「平民同一」論に慎重であったことにうかがわれる。井上もまた中野参事を通じて山口県政の集権化と税制改革に着手していたが、改革とそれに続く地租改正に際しては、同県独自の形態を模索していた。

この点、山口県は旧租法の不備と農民に対する重い負担が農村崩壊に結びつくことを訴え、中野の山口県赴任と軌を一にして大蔵省から減租の承認を取りつけていた(13)。山口県内の農民の負担については、井上もすでに旧藩時代に「石懸リ物減ズル事第一ナリ」と危ぶみ、旧藩当局にその意見書を提出していた(14)。山口県が大蔵省から承認を取りつけた減租、とりわけ「非常休石（一定期間の年貢削減）」および口米、種籾利米、作飯利米などの「土貢米」の廃止、浮役銀・門役銀などの各種雑税の廃止、未進分の切捨ては、井上の直接的な指導を背景とした特段の措置であったと思われる。[15]

すなわち、井上の抜擢をうけた中野は、翌五年正月に萩、赤間関（最初は豊浦）、岩国の三支庁の設置、それまでの宰判を受け継いだ部署の改革、および前述の休石、雑税廃止の実施などを精力的に推進した。同県では諸制度や減租改革案を検討し、一月二十七日には「各部署より惣百姓名代壱人つ、呼出し」て、権典事の杉民治から「新県ノ御趣意ヲ始、免下取調方等」を説諭することに決している。[16]二十九日には各部署の郡用方、同助役や農民代表を県庁客館に集め、酒宴を開き、その席で中野と木梨信一が県治の方針を演説した。中野は五年六月に部署の長である郡用方にかえて区長を置き、八月にそのもとの大庄屋を戸長、庄屋を副戸長に改めている。十月には部署を区長のもとの部会議所と改め、それを副戸長などの合議機関とした。また、みずから五年二月から三月にかけて県内の実地巡回を行い、副戸長層の掌握につとめている。そして中野は、六月に杉民治とともに上京し、大蔵省に県情を上達して租税を減ずるように求めて、「夫々許可を得」たのであった。[17]

このような中野の尽力に対し、大蔵省はすでに具体化していた壬申地券の交付にあたって、山口県で売買地価を適用することなく、「至当ノ地価」にもとづく「地租改正ノ内諭」をあたえた。この大蔵省の内諭をうけた中野は、権令に昇進して八月に帰県した後、管内各村の「戸長副及ヒ老農」を県庁に集めて、「地券発興並地租改正ノ旨趣」を伝えている。[18]それは、政府の全国的な地租改正に先き立って、壬申地券にもとづく税法改革を実施しようとするもので、中野は元小郡宰判の大庄屋で山口県の租税課改正掛主任となった林勇蔵に対し、「当時出来立の米を目的とし、石別三円替に見積り、其出来高を五公五民の割合にして取調へられ度」[19]と命じたという。これに対して林は、「頭立」った「田地一町持の百姓」であっても五公五民の貢租にたえられない実情を論じ、県の素案に修正を求めた。そして五年九月には、土地所有を法認した地券の発行、地租改正実施の「告諭書」が発布され、「有税地調査例」が布達されて、新地租法の賦税基礎となる地価算定法が示されている。

「有税地調査例」は、「持地」の一筆ごとの反別調査と「土地ノ品位」（地位）の確定を行い、「一歳収穫ノ物品ヲ反別建礼へ書調」べ、官員の調査を受けて利益の一〇倍を地価に定める方策である。丹羽邦男『明治維新の土地変革』の分析によれば、全収益をそのまま必要経費の控除もせずに資本還元する「幼稚かつ不合理な地価計算」であるという。(20)それまでの五公五民制を貨幣形態になおしたに過ぎない方策で、この新租法は旧貢租負担の実質的な継続を強いるものであった。

もっとも、このような「領主的な本質」を持った新租法も、前述の「有税地調査例」には、「上中下稍同量ノ利益アリト雖モ加調ノ差異アルコトナク、地位ニ依リ地価ノ生スル道理ナレハ、上ノ下等、中ノ上等ハ一割ツヽ段落ヲ付、其下等ヨリ谷耕地ニ至ル迄順次五等ツヽ、歩引法ヲ設ケ、地価を算出」するとあり、「歩引法」によって必要経費を控除した地価を算定することが可能である。この「歩引法」の活用は、林らの意図を反映した方策で、農民の取得する剰余部分の多寡によって地価を決定するという地租改正検査例と、形式的には同様な結果を作り出すことを可能にした。(21)中野権令は新租法の貢租が五公五民となるような調査を命じ、「有税地調査例」に示される「領主的な本質」を根幹に置いたが、林勇蔵が「農民代表」の意見を組み入れ、「歩引法」を設定することによって、農民経済の発展が新租法の内容に反映されるように修正したのである。

さらに、この「歩引法」の設定に際しては、実際に地位区分を担当した「戸長副及ヒ老農」層の恣意的な、あるいは主観的な地位決定が可能になった。(22)しかも山口県では、土地の所在・面積に関する調査が旧来の検地帳に依存して行われ、厳密な所在の確定や土地丈量が実施されていない。土地の品位の前提となる収穫高の算定も、それまでの小作料を基準に定めている。山口県の改租方式にあっては、「実収高をぼかして公称収穫高を低く定める」(23)抵抗、「歩引法」の設定が農民側への作徳分の確保を可能とし、作徳部分の大半が「豪農」層にもたらされる結果となっている。関順也『藩政改革と明治維新』は、山口県では「農民層を宥和して士族叛乱と切離していくためには、農民的土地所有を法認し、それを前提として地租改正を実施せざるを得ず、それも農民層の抵抗によって大幅の負担軽減となった」[24]と評した。しかし、この農民層の負担軽減分については、田村貞雄「『農民的・地主的』地価算定方法の再検討」が指摘するように、地主豪農層の利益に結びつくもので、かれらと県側の妥協の産物であったことが無視できないように思われる。[25]

政府とりわけ大蔵省は、この山口県の改組に対し、同県が地租(経租)と民費(緯租)の合計額を地租として、それ以外に村費を徴収すること、および減租額が過大なことに批判的であった。[26]だが大蔵省租税寮七等出仕市川正寧らを現地に派遣して実施した「各郡ニ於テ実際様歩」も、反別再調が一パーセントの面積増大という程度にとどまっている。そして中野は、木戸の協力を仰ぐことで明治七年二月、山口県の地租改正に対する正院の承認を獲得したのであった。[27]木戸が二月十八日の日記に「岩倉家にて会議、地租改正の事を論し漸山口県の改正決定せり、地租改正是を以て第一着とす」と記しているのがそれを示す。[28]換言すれば、中野権令のもとで他県にさきがけて実施された山口県の租法改革は、量的に五公五民程度の確保を前提としたが、県政の安定に地主豪農層の協力を不可欠とし、「歩引法」が導入された結果、減租とりわけ豪農層を主体とした農民側の負担軽減に結びついたといえる。田地では旧反別の二パーセント強の一三〇〇町歩余の増加であったが、税額では二五パーセント弱の二〇万円余の減少となり、畑・宅地の増額を入れても十七万円余の減収となっている。[29]豪農層の発言力強化と農民経済の展開のなかで、「領主的な本質」の後退をよぎなくされ、基本的には他府県の地租改正と同一な方向を歩む結果となったのである。

3　防長協同会社の設立

山口県の租法改革では、漸進論の立場から具体化された施策、なかでも旧藩士族への各般の配慮が存在した。士族について、木戸が明治四年（一八七一）十一月十日に三条太政大臣に対し、禄制の解体が避けられないとしながらも、「御良法」を立て士族を安堵することの急務を訴えていた点はすでに記した。(30) 木戸は士族の急激な解体に批判的で、先に述べたように「士族毎ニ先ッ其禄ヲ三分」し、「一分強」を政府に収め、「二分弱」を「終歳ノ衣食」として士族にあたえ、その禄券の売買を許すように主張している。「領主階級」に配慮した改革案で、政府に蓄積した分で、後日に「三百石ノ士族ニシテ数千石ノ産ヲ得ル」ことを強調していた。また木戸は、「家禄税」賦課の審議においても、「禄税」を課すのであれば「余禄」は士族の所有物と主張し、後になってその給禄を削る「道理」がないと論じたのであった。(31)

それゆえ木戸は、井上とともに山口県の旧藩士族の安堵に尽力し、六年十一月に勧業局、翌七年十一月に協同会社を創設している。この点、山口県では地租改正を早期に終了し、明治六年十一月に同年度分の徴税について、「地券法御施行ノ上ハ、金米半方宛納方約置候処、当年ノ儀ハ前断未タ改正不被仰付以前、且小民ニ至テハ其半方即今金納ハ差閊」として、「当務ノ儀不残米ヲ以引当取立方」と達していた。(32) 米納取立ての理由は、地租改正の認可以前であること、および「俄ニ作米売捌候テハ、姦商ニ謀ラレ自然下直ニ手離シ迷惑ニモ可相成候」として、悪徳商人の市場操作から農民を保護することを掲げている。この地租引当米の米納が、士族を保護する禄米支給の継続に直結していたことは、六年十二月に同県が「石代相場ヲ以テ可相渡之処、慣習之久敷俄ニ米穀不相渡候テハ差湊可有之、依之勧業局へ合金高相渡、彼局ニ於テ人民熟議之上給禄之分ハ米買得夫々割渡候筈」と布達していたことに知られる。(33)米穀支給を停止した場合の士族の混乱を危惧し、勧業局で禄金と米穀の振替を行い、士族に従来通りの「禄米」支給を継続することとしたのである。そのための農民からの徴収方法としては、地価算定規準とされた石代相場が用いられ、一石あたり金三円の割合で米納させた。そして結果は、明治六年度の地租引当米の約六〇パーセントが士族の「禄米」支給に使用され、しかも一石を四円二〇銭の安価とする士族に有利な相場が適用されている。右の勧業局は、明治六年七月に県庁に設けられた勧業掛を受けつぎ、笠井順八を局長にして同年十一月に創設されていた。「従来租税課出納課並ニ授産掛ニ在リシ諸修甫米金」である五〇万円と囲米五万石を資本に設立され、「私設ニ属シ局員ノ給料等皆其資金ノ内ヨリ出ツ」とされている。(34)地租引当米は「禄米」支給に使用され、残りの米穀は勧業局を通じて売却され、政府に金納されたのであった。

そして、山口県では明治七年六月、各区の区長、代議人および士族代表で構成された会議において、勧業局にかわる「防長両国協同ノ一会社」の創立を議決した。山口県内では、廃藩置県後に萩、豊浦、岩国の三支庁とそのもとの一九部制が設置されていたが、五年六月に各部に区長一名、八月に大庄屋を改めた戸長、各村の庄屋を改めた副戸長各一名を置き、さらに七年一月に支庁、部を廃し、二一大区と一二七小区（後に二六六小区）を置いている。この大区に会議所が設けられ、正、副区長を置き、事務を補佐する総戸長、および「会議」に出席する二名の代議人が選らばれていたのである。(35)この議決にもとづいて七年十一月に創設された防長協同会社は、「各大区中土地ヲ所有スル者」を株主として組み入れ、農民から現米を地租引当米として強制的に徴収することを企図していた。社則には「引当米各区戸長ノ処ニ於テ取立ル事ヲ依頼シ、俵ノ製造米ノ仕立等粗悪ナラサル様深ク注意ヲ要ス」とある。区戸長の行政組織に依存した徴収で、実質的には旧貢租の取立てと同様な方式であった。(36)協同会社は、公的な強制をもって地租引当米とされる現米を一手に集め、独占的に県外へ販売し、その代金をもって地租の納入にあてている。(37)しかも現米での徴収にあたっては、米一石あたり三円という低額「米価」とされた。農民にとっては、山口県の改組で地租米金が旧租に比較して減少したにもかかわらず、低額「米価」で現米徴収された結果、現実には地租改正後も旧来と変わらない収奪をうけたといえる。

この協同会社の地租引当米の徴収が、一石三円の低額であったことは、政府へ納入すべき地租金額の貢納石代相場が七年は六円九六銭余、八年は四円六一銭とされたこともあって、本来は農民に還付すべき割戻金を多額に生じた。(38)この割戻金については、六年度分が二〇万円余であったが、七年三月十九日の民会は、不作による貢租不納分に「右割戻金ヲ以テ各大区限リ互ニ相救助スルノ方法ヲ設ケ」ることを議決し、結果として、貢租不納分の穴埋めに使用している。農民は「地券税法」で定められた地租額以上の負担を現米で徴収され、みずから商品化する自由を奪われるとともに、貢租不納分の穴埋めについても連帯して強制的に負担させられたのであった。

そして、右のような協同会社による収奪は、七年度分以降が現米徴収となって継続され、「会議所又ハ戸長手許等ニテ差繰」などによる区戸長層の割戻金運用、および士族家禄に対する正米給与分の確保となって推進された。とくに後者については、七、八年度の引当米二〇万石弱（金額に換算して六〇万円弱）の内、その半ば以上の一一万石が士族の給禄にあてられたという。(39)協同会社副頭取の林勇蔵が「米納ノ制廃セラレシヨリ、士族ノ給禄モ亦金ニ改メラレタルカ、本県ニ在テハ此引当米アリ、受禄者ニ於テモ亦旧慣ニ依リ米ノ配当ヲ希望セルヲ以テ、相互ノ便利ヲ謀リ、金禄公債発令マテ其金ニ代テ此米ヲ配付ス、六年ニ在テモ勧業局ニ於テ取扱タル米ヲ以テ配当セリ」と、回顧していることがそれを示す。(40)七年十月二十八日の民会では、「今後禄制ノ変革有之マテ年々給禄ノ全額平均相場ニテ売却アラン事ヲ士族総代ヨリ農民総代へ依頼セシ処、領承シ約定取換シ、県令ノ面前ニテ銘々調印シ、永ク士民交誼ヲ不失違約ナキ様県令奥書」[41]し、協同会社は徴収引当米をその年の政府で定めた貢納石代相場で士族に売り渡している。士族渡し以外の米穀も、年間三万から五万石が井上馨の先収会社に引き渡され、堂島で販売されたのである。先収会社は、同年五月に大蔵大輔を辞した井上が渋沢栄一とともに設立した商社で、六年末から営業をはじめ、岡田平蔵・吉富簡一・藤田任三郎らの山口県出身者が関係したことがよく知られている。[42]この地租引当米制度は、政治的な価格操作もあって、士族慰撫工作と政商への特権付与、地方財政の安定と区戸長層の支持獲得というまさに一石三鳥の効果をもったといえる。

しかし、このような士族への配慮、とりわけ前述の地租引当米に対して、一般農民層の反発が存在したことはいうまでもない。明治八年には熊毛郡田布施村の農民などから、「地租金引当取建米ヲ心得違、地券証面ニ有之地価百分三金納御申付相成度」という要求が出された。[43]土地の私的所有にもとづく「生産物」の自由な処分、および定額地価にもとづく金納を求めたのである。また割戻金についても、七年分は地租金五九万六八四四円に対して割戻金が四七万七四九六円、八年分が地租金五九万六三七二円にのぼっており、その還付が農民層の不満となっていた。[44]とりわけ金納の要求は、八年三月に「県庁呼出会面ノ通及理解候処承服謹諾セリ」と、県側の圧力で一時的に抑えられたが、その要求は九年に入っても続いている。熊毛郡などの農民経済の先進的地域から、引当米徴収を「束縛」とする訴えが続き、九年七月の民会では、それまでの強制的な引当米徴収を廃止し、「人民各自自由ニ任セ」ざるを得なくなった。したがって明治九年分は、引当米が減少して士族への「売却」分が不足し、士族家禄分の正米支給も困難になっている。九年八月には、地租引当米制度が廃止となり、金納あるいは米納とするかは農民の自由意志とされ、九年度分の米納は二割五分に減少したのである。[45]この山口県士族への有利な価格での正米支給策は、翌十年に秩禄処分が全国的に実施されたこともあって破綻し、引当米徴収も全面的に廃止されている。木戸や井上の指導のもとで実施された山口県士族への配慮も、中野権令の尽力にもかかわらず、明治六、七、八年で挫折し、士族の経済的基盤の確保と有利な立場での就産が不十分な段階で崩壊したのであった。

4　不平士族と萩の乱

山口県下での勧業局や防長協同会社を通じた士族への正米支給策は、士族の利益を配慮した施策であったが、それでも廃藩置県後は多くの士族が生計に苦しみ、新政に対する不満を強めた。この点、すでに旧山口藩の支藩であった旧清末藩内では、廃藩置県後に「御仁政モ無之」「村々ノ者トモ方向難相立」といった不満を背景として、明治四年（一八七一）十月に新政反対、旧藩知事引留めの一揆が発生していた。一揆は、「知事様御帰ノ事」「神仏先地へ御帰ノ事」「異人御近附無之事」「散髪御廃止ノ事」「知事様御帰リ迄ハ御年貢預リ置度候事」の五項目を要求している。[46] 当初は上岡枝・下岡枝両村の穢多、宮番に反対する集会にはじまったが、さらに拡大した一揆は、五項目の要求を掲げ、清末から「山口表又ハ時機ニ寄リ東京迄モ押出」を約した。そして、竹槍や小銃を携え、戸長などの家宅を打ちこわしている。また、旧豊浦（長府）藩内では、前述のように九月に人民の不穏な行動が見られ、十二月に「会計向其他種々弊風」が問題になっていた。旧山口藩内でも、廃藩置県直後から「御改正に付旧情不安」が報じられ、五年七月には元奇兵隊の秋元左司馬、六年一月には八幡十郎らの反乱未遂事件が発覚している。[47] 諸隊の精選によって除隊した帰農・帰商者の反発、あるいは版籍奉還後の上級士族の給領地返上で整理された陪臣層の不満は、[48] 明治三年の脱隊騒動後もなお危惧される事態であった。それゆえ、同県は六年二月、大蔵省に対し、左のように願い出ている。

「方今文明至治ノ世ニ際シ候得共、本県ノ如キハ旧藩脱隊ノ者管下ニ散布シ、猶禍心ヲ包蔵スル者多クシテ、動モスレハ間ニ投シ隙ヲ窺ヒ暴発スル所アラントス、即チ御届仕置候通リ、昨夏十余人ヲ縛シ、今又十余名ヲ擒ニ仕リ、幸ニ皆陰謀中途ニシテ敗露シ害ヲ未萌ニ除キ候得共、近ク大分県ノ覆轍モ有之、不幸ニシテ逆焔滔天ノ勢ニ立至リ候モ未タ測リ知ルヘカラス、（中略）依テ此余万一不化ノ頑民蟻集蜂屯ノ勢有之候節ハ庁内百余ノ吏員有之事ニ付之ヲ以テ兵備ニ充テ、士族所持ノ小銃ヲ取集メ、威懐ノ術ヲ尽シ鎮撫仕候胸算ニ候処、旧藩所蔵之弾薬先般悉皆陸軍省ヘ差出シ、即チ此節武庫司吏員出張ニテ引渡シ候内、装條銃弾薬百箱一先押テ当県ニ預リ置候間、何卒陸軍省ヘ御掛合ノ上其儘当県予備ニ被差置度、偏ニ実地不得止ノ情実御汲量被成下前段御聞届ノ程不堪懇願之至候也」(49)

「旧藩脱隊ノ者」の不穏な動きを報じ、なお他県と結んだ「逆焔滔天ノ勢」も危ぶまれるとして、県庁吏員の小銃のための弾薬の備蓄を願い出たのである。さらに六年七月には、吉敷郡上小鯖村や阿武郡吉部上村で「徴兵血税ノ字ニ疑惑」を生じて数百人が嘯集、豊浦郡小串浦などでも、旧藩札の交換をめぐる浮説で多人数が集まる不穏な事態を生じていた。(50)

このような山口県士族の動向に対して、六年十月には「征韓論」政変が発生して板垣退助、江藤新平らの元参議が下野し、翌年一月に佐賀県士族の不穏な動きが伝わるようになった。山口権令中野梧一は、九州に側近の密偵を派遣して探索を行っていたが、岩倉具視が襲撃されたいわゆる赤坂喰違い坂の変の危機が一月二十一日に伝わり、士族の動向に対する緊張を深めている。そして七年二月には、佐賀県士族の小野組襲撃を機とした江藤新平、島義勇らによる佐賀の乱が発生し、山口県内でもそれに呼応しようとする士族の動きもあって、一触即発の事態となった。(51)

中野権令は、二月七日に密偵から佐賀の乱の発生を聞かされ、県官を急ぎ集めて協議し、みずから翌八日に山口を発して萩に引きこもっていた前参議前原一誠のもとに行き、県内の「鎮静保護」についての助力を求めている。また広島鎮台に兵器の借用と出兵を要請し、県内でも士族兵を募集して下関の吉田へ派遣した。同時に、県内の鎮撫・巡察、旧豊浦・岩国両藩士族の鎮撫、九州の探索、県情と邏卒募集に関する東京への報告など、県官を各地に派出している。[52] 中野権令は、内務省からの邏卒二〇〇名の東京派遣要請、佐賀に出張していた陸軍少将山田顕義から求められた旧藩士族派兵の要請に対し、県内の安定を考えた方途を優先した。とくに派兵要請に対しては、「不慮之変生ス間敷哉難計」として、それに応じなかったことで後日に紛議を生じたが、ともあれ中野の対応は山口県内で蜂起を防ぐことに全力を傾け、成功している。「一士民嘆怨之心なきにあらす」という同県において、佐賀の乱による「紀綱大ニ弛み、之ニ乗し、沸騰にも可及体」[53]という県内への対応を優先したのである。実際に前原の集めた一〇〇〇余人の士族兵が萩で内部対立を起こし、一部は佐賀の乱に呼応する動きを示していた。前述の山田からの派兵要請に対しては、萩の士族兵の「分隊」を予定したが、佐賀の乱の鎮定が早かったことから、その出動には至っていない。吉田に出兵した士族兵の解隊も、平穏に実施できたのであった。

しかし、山口県では、佐賀の乱後も旧藩士族の不穏な動向はなお存続した。それゆえ、中野権令は明治七年四月に上京し、木戸や宮内大丞杉孫七郎らの山口県出身の実力者を訪ね、県政の安定に向けた協力を求めている。木戸に対しては、帰県を要請し、前原との会談を求めたようである。[54] 四月九日の中野との密議について、木戸は「着実天下の人民を欲誘」してきたにもかかわらず、「開化ノ弊」が顕著となり、山口県の士族などがかえって木戸を批判するようになったことを慨歎していた。[55] そして、前原らが「窃に紛紜の説」を主張し、そのために「惑ふもの不少、人多くは不知其是非」という点に憤懣を強めている。その木戸は山口県の情報を引き続いて入手し、台湾出兵問題で参議を辞任した後、みずからの帰県を決意して、六月十四日に伊藤博文に宛て左のように書き送っていた。

「其後山口県よりも逐々僕帰郷に付登京候ものも有之、尚近情を申越し候ものも有之承知仕候処、佐賀騒動以後世間も少々おかしき気合に相成、山口県之士族どもゝ皆大刀を横たへ、髪までも変じ其景色実に可憐奴どもに御座候、乍去今日屹度後日之処致は致し置不申而は多少之厄害を生し候は必然に而、捨置候而は不可然、其上昨日態々中野権令よりも一人差越、中野書状中に『壮士輩種々論説を設け練兵仕度由頻に相迫、乍去近々御帰省相成候故僕之事なり御内意奉伺候上ならでは其筋へ伺も仕兼候と諭し置候、云々』と有之申候、実如此事を容易申立候などゝは不埒至極に而、急度あたまを押へ不申而は、必後々之不都合と相考申候」[56]

木戸は伊藤に対し、壮年の山口県士族が大刀を帯び、練兵の実施を求め、県庁へ各般の強要を行っている状況を伝えている。佐賀の乱以後に、山口県士族の蜂起の気運がより強まったとみなし、その矛先きを抑えることの必要を、伊藤に書き送ったのである。

そして、木戸は伊藤に対し、みずからの帰県に先き立って、明治三年の脱隊騒動で賞典を没収された士族の復給を行うように要請した。脱隊騒動に参加した士族についても、その後は政府に協力して佐賀の乱の鎮撫に参加しようとしたものが少なくないとし、いったん没収した賞典を「大蔵より毛利氏へ御戻し相成候様御配意相願候」と、伊藤の尽力を求めている。[57]この賞典禄復給は、結果として木戸の帰県後、毛利家の賞典禄一〇万石より二五〇〇石分を割く方向で実行された。木戸は七月十三日の日記に、「士民の饑餓を傍観」するようでは元徳の「御徳」にかかわると論じ、「則二州艱難の際は死生を共にせしものなり、依て屢賞典米は何卒士民為に費し、毛利御家の利得に不見様に有之度陳論し、漸聊其端を開けり」であったと書いている。戊辰戦争の賞典禄については、名古屋（尾張）藩を一例にすると、徳川慶勝・徳成に永世高一万五〇〇〇石があたえられていたが、同藩はそれに先き立つ二年二月に軍功士卒に蔵米による終身加増などを行い、その後は明治二、三年分の賞典禄についても現金を分配し、ついで四年九月からは、全体の約八七パーセントにあたる一万二九二〇石を、有功士族や国事尽力者に永世・終身の別を立て分割していたのである。[58]

また、明治七年七月四日に帰県した木戸は、政府を批判する士族との宥和に尽力するとともに、山口で前原一誠と会談し、萩に隠退している前原を県令に赴任させることをはかった。伊藤に宛て「何分前原は県令に而も被仰付候方可然との説多く御座候、於僕も左様相成候はゝ可然と存申候」とし、前原にも「底意」があるようなので、「見込一定」に至った折には適当な配置を依頼したいと、書き送っていたことが木戸の心境を示す。[59]

さらに、木戸は中野権令、木梨信一参事と検討をかさね、それまでの勧業局の授産事業に加えて、新たな士族授産を具体化することに尽力した。萩などでの「世間之事情は少しも不相分饑餓日に迫り候」[60]という深刻な事態が存在し、先に述べたような秩禄処分が進行するなかで、「適宜の産業」を授けることが急務となっていたのである。この士族授産については、中野権令が前原と提携して萩の集議所に属する士族の上京を画策したことから、木戸とのあいだに紛議を生じていたが、木梨・吉田からの連絡をうけた井上馨や吉富簡一が木戸を説得し、士族授産に対する木戸の協力を仰いでいた。[61]井上は、毛利元徳をはじめ奏任官以上の山口県出身者から教育授産の醵金を募り、下関で木戸と会談した。木戸の七年十月八日の日記に、「山口県下士族の誘導授産等の事、従三位公次には奏任已上官員等より若干の金資を出し余に依託せり、昨夜来も当今天下の形勢を想察するに、今日の勢を以停止するところなきときは、兆民の不幸不容易不能就眠、依て愚案の数件を井上世外へも申越せり」とあるのが、その間の経緯をうかがわせる。

そして、この士族授産については、山口県内一万五〇〇〇余人の就産が対象とされ、授産局の創設が企図された。紛議をかさねたが、木戸は「士民の間」に立って尽力することを依頼され、十月二十二日に至って自説が貫徹されることを条件とし、士族授産・協同会社の「主弁」を応諾している。[62]木戸の企図は、「主任等よりして其役配を論し、士民の授産協同を判然二条に分ち担当すること」にあったようだ。中野権令が防長協同会社社長、勝間田稔が頭取、林勇三が副頭取になり、吉田右一が授産局の中心となった。資金は、前述のように勧業局が資本としていた五〇万円と米五万石をあて、その内の二五万円を士族授産局の資本とし、残りの米金を防長協同会社の資本金としている。凶荒用の囲米や済民・福利を目的とした「修甫金」などの儲蓄を、それに流用したのである。(63)

その後、木戸は士族授産について、みずから萩に出張して集議所で教育授産の協議をかさね、十一月二十二日には戸長を萩に招集してやはり授産教育を演説した。(64)二十七日には、それらの戸長を授産係に命じ、授産局章程を作成して前原の意見を徴している。中野権令はその木戸に対し、吉田を通じて左のような士族授産依頼書を送り届けていた。

「方今ノ政体時勢ヲ以テ将来ヲ推考スルニ、士族ノ給禄永ク頼ムヘカラサル姿トナレリ、今ニ当テ人々ヲシテ就業ノ目的ヲ立テ前途ノ方向ヲ定メシメスンハアルヘカラス、依テ今勧業局資本金ノ内二拾五万円ヲ分チ、士族授産ノ本質トナシ、庁内更ニ授産ノ一課ヲ設ケ、特ニ吏員若干ヲ置キ、以テ担当従事セシメントス、然ルニ、授産ノ務タル実ニ難シ、梧一不才譾劣唯其効シアラサルヲ是レ恐ル、抑台下ノ本県ニ於ケル、元父母ノ邦ニ係リ情義恝焉タルニ忍ヒサル処アリ、況ヤ頃日旧知事殿亦年々賞典禄ノ内若干ヲ士族ニ分給シ、就学授産ノ資ニ充テラレ、其処分一ニ台下ニ委托セラル、ヲヤ、今台下位望並高ク、県下人士ノ信憑スル処、且旧知事殿委托ノ厚キ、梧一亦依頼セスンハアルヘカラス、今ヨリ士族授産ノ事務、大小トナク一ニ台下ト謀議計画スヘシ、台下幸ニ示教ヲ惜ムコトナクンハ、独リ梧一ノ幸ノミナラス、実ニ士族ノ大幸ナラン」(65)

木戸はこの依頼書に対しても、懸案となっている旧藩士族の処遇問題で、すでに「東京同志」からも出金をうけて救助策を企図した経緯もあり、結果として応諾している。(66)そこでは「人民一般」の租税を減し、「致富勧業各々自主自由の道理を知らしめ」ること、一人、一村、一郡から「全国の富強」に至る基本を形成し、「久敷誠心」を尽くしたいとの願いも存在したようだ。伊藤にあてた書翰によれば、萩では「実に難物強弱智愚種々無量之もの如山寄せ」

で、「説法」も十分にできないような状態であったが、木戸は「何党ケ党と申様な差別も不致候」と対応したという。(67)

このような木戸の尽力で設立された授産局は、その目的が「授産局章程」に、「授産第一目的トスルハ、困窮無活計ノ士族、盟約ヲ履行スル為メ調印スル人ヲシテ、漸々土着シ桑茶ノ園ヲ開墾シ之ニ附与シ之カ活計ヲ立シメ、終ニ物産増殖ノ大基本ヲ立テントス」(68)と明記された。授産の対象を無職の困窮した士族に限定し、「手足ヲ労シ賤業を不厭シテ其産業ニ従事」する者で盟約を結ばせている。資金の中核は、勧業局を継承した「金二拾五万円ト旧来貸付金」で、それを三分して、銀行への預金、確実な商人への貸付、確かな商人を通じての運用を行うこととした。資金の不足については、「別ニ官有山林何万丁ヲ大政府ニ払ヒ下ケヲ願ヒ、之ヲ年々採用売払ヒ合セテ資本ヱ増加」させることが企図されている。したがって授産局には、開墾課と集成課が設置され、前者には計算掛・山林掛・検査巡廻方・出張方、後者には禄米掛・救助金計算方などが属した。開墾課は、「山林番組売却方、樹木成育ノ方、将来着手スル開墾ノ方法培養順序等、終ニ士着セシムル迄ノ事ヲ専任ス」とされている。集成課は、「士族ヱ渡ス禄米ノ協同会社ヱ年々約定アル分ヲ受取、季節ニ応シ切符ヲ渡シ、幼年子弟学費又ハ従来買揚ケ来リシ物品ノ取扱等ヲ専任ス」とある。士族の土着と桑茶園の開墾、および資本金の貸付・運用、政府から払い下げを受けた山林の材木などの売却が主な事業で、さらに協同会社と提携した禄米の運用と生計確保も企図されていたのである。

しかし、この授産局の設置と木戸の尽力も、明治七年十二月に木戸が山口を離れて上京すると、その活動は容易に進展していない。木戸は井上らの仲介で大阪会議に参加し、大久保・板垣と懇談をかさね、八年三月に参議に復帰し、地方官会議の議長をつとめている。それゆえ木戸は同年七月、「授産局一条」の代理を吉田右一に依頼している。(69)禄米の運用も、前述のような地租引当米制度の廃止で困難に直面した。士族授産局は、九年八月に就産局と改称したが、その成果は十分ではなかったようだ。十一年の「就産所利益金処分問題」では、困窮者が利益金を各士族に分配するように求め、学校設立案を排して十一月の総会で利益金の三分一を積金、残り三分の二を各郡区に分配することを決定している。(70) 明治十七年一月には井上が就産所の総裁となって直接の経営にあたったが、小野田セメント会社、岩国の義済堂、帆船製造・海上輸送を行った覇城会社以外はみるべきものがなかったという。

一方、前原一誠らの旧藩士族に対しては、中野権令らが前原に仕官をうながし、前原も明治八年七月に上京していたが、木戸が元老院議官への任官を説いたのに対し、前原は応諾していない。(71) 前原は、京都・大阪近辺の県令を希望したようで、任官問題が具体化しないまま八月十四日に東京を発ち、山口に帰県した。(72) そして、この前原の帰県後は、八年九月の江華島事件の勃発もあって、「巷説頗る喧囂たり」という事態であり、山口県内の士族の動揺が顕著になった。県属の三浦芳介は十一月七日、木戸に宛て「前原氏帰萩後、萩地人心之動揺モ不少、何乎騒々敷帯刀人モ増繁致シ、随而撃剣等モ一時ハ流行不容易形勢ト被相察候」(73) と書き送っている。翌九年一月にも前原一派の奥平謙輔が、「老人や少年之者」を煽って人心を動揺させ、木戸の「侮譏」や木梨・吉田の不徳を指弾したようである。その動向は「攘夷論ヲ説キ、御政事ヲ罵リ、不平党ヲ扇動シ、刀剣ヲス、メ候様之事致候」と報じられた。(74)

佐賀の乱後から辞職を願い出ていた県令中野梧一は、八年十二月九日に免官となり、後任には前山形県令の関口隆吉が二十七日に任官したが、前原は九年四月に鹿児島からの密偵に対して、不用意に蜂起の計画を語って武器の提供を依頼したことから、その陰謀が明らかになっていく。(75) 木戸は伊藤に対して、四月二十二日に「愚按には何卒此際到底萩城之方向も相定め置候方可然、自然於警保も確たる証跡有之候上は、寛猛は兎も角も不問に差置候モ不宜哉に奉存候」(76) と書き送った。廃藩置県以来の懸案となっていた「兎角騒々敷」い「頑物」と評された山口県内の不平士族に対し、その根幹を打破する絶好の機会が到来したものといえる。(77) 木戸は、前原らの幹部を糾弾することで、山口県士族の「萩城之子弟」から切り離し、騒動が県内全体に波及することを最小限に抑えようとしている。(78)

一方、陰謀が露見した前原は、政府から追及されることを恐れ、九年十月に熊本神風連の乱と秋月の乱が起きると、それに呼応して十月二十八日に萩で挙兵した。前原や山田穎太郎、佐世一世、奥平謙輔、横山俊彦らは須佐に向い、旧徳山藩の士族と合流したが、結果は一六〇余名の蜂起に終わり、前原は七日後の十一月五日に捕縛されている。[79]山口県内では、廃藩置県後の税法改革で農民の負担を軽減し、一方で旧藩士族の家禄分正米支給などの安定がはかられ、就産活動や授産局設置が推進されたが、結果として十月二十八日の萩の乱となり、十二月三日に前原、山田、佐世、奥平、横山ら九名が斬首となったのである。廃藩置県とその後の急激な改革は、旧藩知事の諭告や各般にわたる士族安堵策にもかかわらず萩の乱を惹起し、その士族反乱を鎮定することで、同県内の安定がようやく確立したのであった。

註

(1)「毛利元徳上表」(国立国会図書館憲政資料室所蔵、三条家文書、四〇—二〇)。拙稿「山口藩知事毛利元徳の辞職『上表』」(『中央大学文学部紀要』第一六八号、一九九七年)。

(2) 山口県文書館所蔵『両公伝編年史料』明治四年八・九月。毛利元徳の親書は四年七月に作成され、八月十七日に藩内で公表された。

(3)『木戸孝允日記』二、明治四年七月十六日、日本史籍協会、七三頁。

(4)「毛利元徳上書」(前掲、三条家文書、四〇—二九)。

(5)「三条実美宛書翰」明治四年十一月十日(『木戸孝允文書』四、日本史籍協会、三一六頁)。

(6) 田村貞雄校注『初代山口県令中野梧一日記』(マツノ書店、一九九五年)明治四年十二月二十五日、三七・四二六頁。田村貞雄「明治初年における農民闘争の展開」(『山口県地方史研究』二〇号、一九六八年)、同「地方官としての中野梧一」(『明治維新の人物と思想』明治維新史学会編、一九九五年)参照。

(7) 前掲『木戸孝允日記』二、明治四年九月十二日、九八頁。

前掲・田村貞雄「明治初年における農民闘争の展開」、手塚豊「明治五年・山口県における秋元左司馬反乱未遂事件裁判小考」（『法学研究』第六二巻八号、一九八九年）同「明治六年・山口県における八幡十郎反乱未遂事件裁判小考」（『慶応義塾大学法学部法律学科開設百年記念論文集』一九九〇年）参照。

（8）同右『木戸孝允日記』二、明治四年七月二十二日、七六・七七頁。

（9）「諭書」明治四年（山口県文書館所蔵、毛利家文庫、五、忠愛公八一）。

（10）「南貞助宛書翰」明治四年九月十二日（前掲『木戸孝允文書』第四、二八五頁）。

（11）中野梧一は旧姓斉藤辰吉、御勘定評定所組頭書物方に出仕し、文久二年に外国奉行支配調役、同三年に御勘定評定所留役、慶応三年正月に御勘定組頭格、同年十一月に御勘定頭取格となった。戊辰戦争に参加して箱館で降伏し、明治三年一月に赦免されて二月十七日に静岡藩に引き渡され、従弟の中野誘の附籍となって梧一と改称した。四年九月三日に大蔵省七等出仕に登用されている（田村貞雄「初代山口県令中野梧一の生涯」〈前掲『初代山口県令中野梧一日記』三五七—四〇六頁〉参照）。

（12）『世外井上公伝』第二巻（井上馨侯伝記編纂会、内外書籍、昭和八年）五六〇頁。

（13）「山口宰判田畑租税且作徳目安帳」（国立国会図書館憲政資料室所蔵、井上馨関係文書、六九六—三）。丹羽邦男『明治維新の土地変革』（御茶の水書房、一九六二年）四〇四頁参照。『山口県史』史料編近代Ⅰ（山口県、平成十二年）一九五—一九六頁。

（14）『世外井上公伝』第一巻（井上馨侯伝記編纂会、内外書籍、昭和八年）四〇〇頁。

（15）田村貞雄「山口県における地租改正」（『歴史学研究』第三〇二号、一九六五年）参照。

（16）前掲・田村貞雄「初代山口県令中野梧一の生涯」四二七頁参照。

（17）前掲『初代山口県令中野梧一日記』明治五年七月一日、一八一頁。

（18）「租法改正大略」〈「山口県史料」三十甲・制度之部・租法〉（『府県史料』山口県五、山口県文書館、平成二年、六六—六九頁）。

（19）藤井葆光『大庄屋林勇蔵』。前掲・田村貞雄「山口県における地租改正」参照。

（20）前掲・丹羽邦男『明治維新の土地変革』四〇六—四〇七頁参照。

（21）同右、四一一頁参照。

(22) 同右、四一三・四一五頁参照。
(23) 前掲・関順也『藩政改革と明治維新―藩体制の危機と農民分化―』（有斐閣、昭和三十一年）一六五頁参照。
(24) 同右、関順也『藩政改革と明治維新』一七〇頁参照。
(25) 田村貞雄「『農民的・地主的』地価算定方法の再検討―山口県地租改正の特質―」（『日本歴史論究』東京教育大学昭史会、昭和三十八年）参照。
(26) 前掲・田村貞雄「山口県における地租改正」参照。
丹羽邦男『明治維新の土地変革』は、主要減租地帯が草高一〇万石以上の大藩の旧領、とくに鹿児島・山口・高知・佐賀藩などの西南地方の勤王藩と一致することを指摘している。また田村貞雄「政商資本成立の一過程―先収会社をめぐって―」（『史流』第九号、一九六八年）は、「これらの藩の藩権力の強さが農民収奪の強さにもとづいており、全国的に同一の方法で収税するならば、減租を結果することもまた当然であった」と論じている。
(27) 前掲「租法改正大略」。
(28) 前掲『木戸孝允日記』二、明治七年二月十八日、四九六頁。
(29) 前掲・関順也『藩政改革と明治維新』一六六頁参照。
(30) 「三条実美宛書翰」明治四年十一月十日（『木戸孝允文書』四、日本史籍協会、三一六頁）。
(31) 「岩倉具視宛書翰」明治六年十二月十五日（『木戸孝允文書』五、日本史籍協会、一四七頁）。
(32) 「勧業局ノ設廃・協同会社ノ成立・地租引当米ノ顚末取調書」（国立国会図書館憲政資料室所蔵、井上馨関係文書、七〇〇―一五）。前掲・丹羽邦男『明治維新の土地変革』二一三頁参照。
(33) 明治六年九月二十日の布達は、「家禄賞典米等代金渡ノ節ハ貢納石代平均相場ヲ以テ交代セシム」とある（『山口県布達々書』山口県文書館）。田村貞雄「地租金納化をめぐる山口県民の動向―防長協同会社成立事情の考察―」（『史潮』第九一号、一九六五年）。
(34) 前掲「勧業局ノ設廃・協同会社ノ成立・地租引当米ノ顚末取調書」。
(35) 「区長職務・副戸長心得書」〈「山口県史料」制度之部・職制第一〉（『府県史料』山口県五、山口県文書館、平成二年、八〇―八四頁）。

(36) 前掲・丹羽邦男『明治維新の土地変革』二一三頁参照。
(37) 前掲・田村貞雄「地租金納化をめぐる山口県民の動向」参照。
(38) 前掲・丹羽邦男『明治維新の土地変革』二二五―二二六頁参照。
(39) 同右。
(40) 「林勇蔵の回顧」(前掲、井上馨関係文書)、前掲『山口県布達々書』。
(41) 前掲『山口県布達々書』。丹羽邦男『明治維新の土地変革』二一七頁参照。
(42) 前掲・田村貞雄「政商資本成立の一過程―先収会社をめぐって―」参照。
(43) 前掲『山口県布達々書』八年上。前掲・丹羽邦男『明治維新の土地変革』二一九―二二〇頁参照。
(44) 小林茂『長州藩明治維新史研究』(未来社、一九六八年)三七一―三七三頁。
(45) 前掲・田村貞雄「政商資本成立の一過程―先収会社をめぐって―」参照。
(46) 「山口県史料」六・政治之部・刑罰第一(『府県史料』山口県二、山口県文書館、昭和六十三年、二四―二七頁)。田村貞雄「明治初年における農民闘争の展開―大区小区制との関連において―」(『山口県地方史研究』一九六八年)。
(47) 前掲・手塚豊「明治五年・山口県における秋元左司馬反乱未遂事件裁判小考」、同「明治六年・山口県における八幡十郎反乱未遂事件裁判小考」参照。
(48) 前掲、関順也『藩政改革と明治維新』一四四―一五五頁参照。
(49) 「山口県史料」二十六・政治之部・忠孝節義第一(前掲『府県史料』山口県四、山口県文書館、平成元年、四三四―四三五頁)。
(50) 同右、「山口県史料」二十六・政治之部・忠孝節義第一(『府県史料』山口県四、四三九―四四一頁)。
(51) 前掲『初代山口県令中野梧一日記』明治七年一月十日・十七日・二十一日・二十四日、一九〇・一九六・二〇一・二〇五頁。
(52) 同右『初代山口県令中野梧一日記』明治七年二月七日・八日・九日・十日・十一日、二一七―二二三頁。
(53) 同右『初代山口県令中野梧一日記』明治七年二月二十日、二三八頁。
(54) 同右『初代山口県令中野梧一日記』明治七年四月九日、二三一頁。
(55) 『木戸孝允日記』三、明治七年四月九日、日本史籍協会、一五―一六頁。

(56)「伊藤博文宛書翰」明治七年六月十四日（前掲『木戸孝允文書』五、日本史籍協会、二八二一二八五頁）。
(57)同右。
(58)松平秀治「分与賞典禄の研究―尾張徳川家の場合―」（『学習院史学』第一四号、一九七八年）。
(59)「木戸孝允書翰」明治七年七月（『伊藤博文関係文書』四、伊藤博文関係文書研究会、一九七六年、二四五頁）。
(60)「伊藤博文宛書翰」明治七年八月二十四日（前掲『木戸孝允文書』五、三三五頁）。
(61)「青木周蔵宛書翰」明治七年九月三日（前掲『木戸孝允文書』五、三四〇―三四一頁）。
(62)前掲『木戸孝允日記』三、明治七年十月二十二日、一〇〇頁。
(63)田村貞雄「明治初年における修補・地租引当米をめぐる紛争」（『山口県史研究』第五号、一九九七年）参照。
(64)前掲『木戸孝允日記』三、明治七年十一月二十二日、一一五頁。「前原一誠宛書翰」明治七年十一月三日（前掲『木戸孝允文書』五、四三五頁）。
(65)前掲『木戸孝允日記』三、明治七年十一月十八日、一一四頁。『松菊木戸公伝』下巻（木戸公伝記編纂所、明治書院、昭和二年）一七五一―一七五二頁。
(66)前掲『木戸孝允日記』三、明治七年十一月十八日、一一三―一一四頁。
(67)「伊藤博文宛書翰」明治七年十二月二十五日（前掲『木戸孝允文書』五、四六二頁）。
(68)「授産局章程」（前掲、井上馨関係文書、六九九―一）。
(69)「吉田右一宛書翰」明治八年七月十九日（『木戸孝允文書』六、日本史籍協会、一八四頁）。
(70)前掲・小林茂『長州藩明治維新史研究』三七一―三八三頁。
(71)前掲『木戸孝允日記』三、明治八年七月十二日・八月十六日、二〇八・二二三頁。「伊藤博文宛書翰」明治七年九月十七日（前掲『木戸孝允文書』五、三八〇頁）。
(72)前掲『木戸孝允日記』三、明治八年八月十四日、二二三頁。
(73)前掲『松菊木戸公伝』下巻、一九八〇頁。
(74)前掲『松菊木戸公伝』下巻、一九八五頁。
(75)前掲『木戸孝允日記』三、明治九年三月二十日、三〇六―三〇七頁。

(76)「木戸孝允書翰」明治九年四月二十二日（前掲『伊藤博文関係文書』四、二八二頁）

(77)「伊勢華宛書翰」明治九年三月四日（『木戸孝允文書』六、日本史籍協会、三七三頁）。

(78)「木梨信一宛書翰」明治九年十一月十日（『木戸孝允文書』七、日本史籍協会、一五八頁）。

(79)「山口県下賊徒暴動並鎮静届」（『公文録』明治九年十一月、内務省伺二）。

終章　廃藩置県研究の小括

1　本書の小括

明治二年（一八六九）正月の版籍奉還上表については、前年二月に木戸孝允が副総裁の三条実美と岩倉具視に提出した版籍奉還建言がさきがけとなり、その企図が長州藩主毛利敬親の支持をうけて、維新政府有力者のあいだで密かに準備されたことが従来の定説であった。また、薩摩・長州・土佐・肥前の四藩主名で提出された版籍奉還の上表文には、「与ふ可きは之を与へ、其奪ふ可きはこれを奪ひ」といったトリック的な表現が用いられ、それが諸藩の先を争った盲目的な上表の追随につながったと論じられてきた。これらは『木戸孝允日記』の記述、後年の「版籍奉還建議の自叙」（『木戸孝允文書』八）、大隈重信の『大隈伯昔日譚』などで述べられてきた評価を踏襲したものといえる。

しかし、そのような版籍奉還の評価は、断行に至る経緯を一面的な理解にするとともに、二年後の廃藩置県に向けた版籍奉還の意義、およびその課題についての研究を不十分なものとしてきた。版籍奉還に対しては、これまで指摘されてきた長州藩内の批判ばかりでなく、藩主毛利敬親が上表後に慎重な姿勢を取り、同藩重役も漸進論に立った意見書を木戸に突きつけている。本書で明らかにした敬親が明治二年四月に三条実美に送った書状、および長州藩参政の中村誠一の意見書がそれを裏づける。

このような版籍奉還の困難を克服し、大きく前進させたのが長州藩実力者の木戸孝允の三条・岩倉・大久保らに対する強い働きかけ、および兵庫県知事の伊藤博文の建白と積極的な運動であった。伊藤の建白は姫路藩の版籍奉還建言に関係して提出されたが、版籍奉還の最初が姫路藩であったのか、薩摩・長州などの四藩であったのかが主な議論となってきた。だが、伊藤の建白に示される封建制打破に向けた意志は、慶応四年（一八六八）正月の長州藩豊前・石見両国返還に際して、伊藤が英国公使館のアーネスト・サトウに持論を説明したように、早い段階から積極的に展開されていた。伊藤のこの主張はサトウの日記に裏づけられ、また伊藤の積極的な運動は、これまで知られている戊辰戦争凱旋兵の親兵化論あるいは六か条の「国是綱目」にとどまらない。木戸が秘密裡にすすめた画策とともに、伊藤の積極的な姿勢が政府内の版籍奉還への対応を不可避にしたといえる。

伊藤の版籍奉還断行の建白は、それが「兵庫論」と称されておおやけになったこともあり、岩倉のもとで制度取調の参与福岡孝弟らが建白書の検討を行った。福岡は、「一大会議」開催と「皇国ノ基本」の決定を求めた伊藤の建白に賛意を示し、版籍奉還問題を担当した岩倉もまた、天皇の東京再幸にあわせて「侯伯大会議」の開催を画策している。それゆえ、元年末以降は、この「侯伯大会議」の開催と「国是ノ大基礎」の確定が政府内の中心的課題となり、そこで版籍奉還問題を検討することが企図されたのである。

版籍奉還は、このような木戸・伊藤の建議を契機として推進されたが、薩摩・長州・土佐・肥前四藩主の上表の具体化に際しては、大久保利通・小松清廉らが協調的な姿勢を取った意義が大きい。長州藩側は木戸の苦心がよく知られているが、薩摩藩では大久保が推進役となり、大阪藩邸の小松の協力を得て上表提出にこぎつけている。長州藩側に対応した大久保の役割は重要であった。上表の準備、土佐・肥前両藩の参加、上表提出の実際については、長州藩の広沢真臣が国元に送った報告を通じてその実態を紹介し、本書で詳しく論じた通りである。

また、四藩主の版籍奉還に続く諸藩の上表については、米沢藩を事例に指摘したような慎重な対応の存在が注目できる。これまで、肥後藩の慌ただしい提出経緯から、上表文の借用が行われ、あいまいな理解のもとで在京藩邸が独断的に判断したと指摘されてきたが、実態は必ずしもそれだけではない。肥後藩も版籍奉還の趣旨を理解し、また米沢藩に至っては、藩主上杉茂憲が米沢にもどり、一族や藩重役の検討をかさね、他の東北諸藩の動向を見ながら提出に踏み切っている。土地人民の提出を重要なことと認識し、その上で新政権と同藩の新たな関係を形成するものとして版籍奉還を位置づけたのであった。したがって、版籍奉還の上表からその後の知藩事任命に至る過程で、政府内で封建あるいは郡県の是非が議論され、その断行に五か月近い期間を要する結果となる。上表提出に尽力した大久保は、二年二月に藩政改革のために帰藩し、鹿児島の刷新に苦心した。長州藩側も、藩主毛利敬親が慎重論に転じ、参政の中村誠一も同様の意見書を提出するなど、藩内の合意は困難をきわめた。帰京後の大久保は、政府強化に全力をあげ、岩倉・木戸らと結んで権力の集中をはかっている。大久保は三条実美から上表の処置方法についての見解を求められた際、鹿児島の反発を危ぶみ、在京関係者に限った対応にとどめる方針を主張した。そして大久保は、版籍奉還の断行を決意するとともに、薩摩藩などの有力藩の対応に配慮した現実的な施策を主張している。同時期、薩摩藩側は国元の鹿児島が急進的改革を批判して、公議所をリードした森有礼あるいは中井弘・五代友厚らの罷免を求めており、この点で大久保は版籍奉還が急進的な郡県制貫徹に突きすすむことに批判的であった。

明治二年五月以降の政府内の審議については、岩倉が中心となり、公議所や制度取調関係者の郡県論を背景とした州郡制などを検討している。神奈川県から出された郡県制論、あるいは上局会議の諮問後に政府関係者や諸侯から提出された奉答文からは、郡県制の是非、方法をめぐる活発な論議がうかがわれる。この議論については、「知州事」制などを掲げた「岩倉案」が政府の「確定案」になったとみなされているが、五月十六日の会議でそれらが「確定」

したわけでなく、その後も曲折が続いている。版籍奉還に関する最終段階の政府会議は、急進・漸進などの三派に分れて紛議を生じ、結果は、概して大久保の漸進論が基調になっている。大久保みずからが国元に対し、「藩政向ハ先其藩へ被任候」と、旧来と変わらない方向を書き送っていたことがそれを示す。さらに二年六月の版籍奉還断行後の諸務変革一一か条は、本書で考察したように大久保の原案にそった方向で具体化されたのであった。

一方、版籍奉還の結果は公卿・諸侯を華族とし、藩主を知藩事に任じて諸藩に諸務変革一一か条の改革を命じるものであり、それは不十分ながらも郡県制に転じたものと位置づけられ、以後の藩体制の解体に大きな影響をあたえている。明治二年七月の「職員令」が中央集権的な政治機構を整え、人選・位階などの点で、諸侯や公卿出身者らの旧勢力を後退させたことは繰り返すまでもない。諸藩の知藩事や大、少参事を府県と同じ地方官と位置づけ、大蔵省を中心としたいわゆる維新官僚の開化政策が府県で強力に推進されて行く。版籍奉還の原則に立って、全国徴兵を実施する兵制が企図され、諸藩の預地や社寺領の上地が順次に具体化されている。藩政と知事の家政との分離や禄制改革が求められ、三年九月の「藩制」では、外債・藩債の償却が督責されるものとなった。その間には、狭山藩をはじめとする中小藩から廃藩願いが出され、近隣の県あるいは本藩に併合される事態を生じていたのである。

このような版籍奉還断行後に推進された集権政策と廃藩置県の関係については、従来の研究が必ずしも十分でなかった点で、そのことが二年後の廃藩置県の全体的な把握、および廃藩後の府県政や旧藩士族の問題についての分析に課題を残してきた。右について、原口清「廃藩置県政治過程の一考察」は、版籍奉還後の国家組織を不完全ながらも郡県制とみなし、本書も制度・人事・財政の具体例をあげてその視点を論じた。原口氏は、明治三年秋以降の三藩提携と藩兵の集中・親兵化を廃藩置県の準備とみなす通説的理解に対して、そのような「全般的廃藩構想」がなかったことを主張し、同時期の政府が「基本的には藩体制を維持したまま中央集権化と領有制の解体を促進する方針」であったと論じている。この点、本書は三藩提携の際に「全般的廃藩構想」がなかった点は原口論と同じであるが、同時期にすでに廃藩を推しすすめていこうとする動向が、政府内の急進的な改革派などにおいて存在したことを論じた。政体書で府藩県三治体制が定められ、その三治一致が推進されていたことは事実であるが、本質的に三治一致が困難なことは、二年七月の「職員令」で府県知事と藩知事の職掌が相違していることにもうかがわれる。中央集権制度のもとで兵部省が兵制の統一をすすめても、藩知事が「藩兵」を管する課題の克服は容易でない。それゆえ、本書で論じたような明治三年七月の盛岡藩の廃藩、あるいは松代藩を廃藩に追い込もうとする政府側の画策が存在したのである。「全般的廃藩構想」には至らないまでも、明治三年秋には中小藩などを廃藩に追い込む方向性が政府内で具体化するようになっていたと看取できる。

この版籍奉還から廃藩置県に至る政治過程の考察の欠落は、廃藩置県の主導的動向をあいまいなものにしてきた。近年の諸説の多くは、藩財政の窮迫が藩体制の解体につながったこと、あるいは反政府士族の運動や農民一揆の激化が政府を追いつめたことを論じ、それらを廃藩置県と結びつけて理解している。だが、それらは廃藩置県に至る過程の重要な背景、あるいは客観的条件であったとはいえ、そのことが明治四年七月に政府首脳が極秘に廃藩置県を画策し、急転直下に断行した主導的要因とはならない。廃藩置県断行は、西郷・大久保・木戸・井上らの一部の政府実力者が決断したのであり、高知藩をはじめとする諸藩、あるいは公卿出身の有力者にも知らされなかったのである。

この廃藩置県の政治過程の分析については、明治三年に入って顕著になった急進的な藩政改革、とりわけ三年九月の「藩制」の実現を求められた諸藩の新たな動向が無視できない。郡県論に立った藩政改革のなかで、鳥取・徳島・名古屋などの有力藩から、従来の藩体制を大きく転換するいわゆる廃藩論、藩知事辞職論が生れている。それらは藩政改革の困難に直面し、朝廷と一体化することでその打開をはかっている点が指摘できる。このような有力藩の廃藩論は拙著『廃藩置県』でも指摘した点であるが、藩知事をはじめとする藩首脳が政府と連携する方向を打ち出すことで、藩内士族の反発を抑え、同時に政府内で有力藩としての位置を確保するという新たな施策と理解できる。万国対峙の危機を強く認識し、郡県制の強化を時勢の流れと考え、その方向での改革を推進して、旧来の大藩の利害を残した州郡制へ転換しようとする方策であった。海外列強との並立のためにも国家的な結集が重視され、中・小藩の統合、政治・軍事・財政などでの統一が急務と見なされていた。

原口氏は、諸藩の改革を廃藩に結びつけることに否定的であるが、本書が論じたように米沢藩などで見られた藩政改革が、藩を「朝廷民政の出張所」と位置づけ、政府首脳の指示にそって藩内の刷新、大・少参事の人数・人選を決定するようになっていることの意義は大きい。米沢藩改革派の宮島誠一郎は、すでに版籍奉還上表の際に藩主上杉茂憲に対して、同藩が「国力を惜」んで政府に協力しなければ、「勤皇忠勤」に反し、「外夷之檀恣を来し、遂には外夷之有之と為り、我身も国と共に斃るべし」と上申している。その宮島は、高知藩の側用人の西野彦四郎から、郡県制に立った「御国体」でなければ「外夷之陵侮」を防げないこと、戊辰戦争を経験するなかで兵備の遅れが顕在化したことなどを指摘され、「万国並立」の視点に立って、「大目的から献国致候」ことを勧められていた。熊本藩の藩知事辞職建言、高知・米沢藩などの「人民一定」を掲げた改革論は、明治四年に入って改革派諸藩の連携・運動を作りだしている。本書が取り上げた米沢・高知藩が中心となった新たな政府改革運動、「朝権一定」と議院開催の要求がそれである。

右のような廃藩論や改革派諸藩有志の連携を背景とした政府改革の運動は、岩倉勅使西下以降の政府がすすめていた政府強化の努力に対し、それを足許から突き上げるものであった。政府内では、大久保が藩力の動員を提起し、それが岩倉の鹿児島・山口出張、鹿児島・山口・高知三藩の提携による政府強化に結びついていたが、その政府強化策は官制改革をめぐって大久保と木戸の対立を生じていた。岩倉は有力藩の廃藩論や改革派諸藩の動向に注目し、島津久光・毛利敬親の上京と有力藩実力者を集めた大藩会議開催を企図し、中弁の江藤新平に「御下問案」を作成させ、参議大隈重信に依頼して「大藩同心意見書」を準備していた。だが、このような岩倉の努力は、久光の反発や敬親の病死でその実現が遅れている。三藩親兵化に対しては、その他の諸藩の不満あるいは徴兵制を推進していた兵部省内から反発が示されていた。兵部省関係者は、兵制改革の過程で、郡県論に立った抜本的な改革を求めるようになっている。それらのなかで、四年六月二十五日に木戸・西郷両者が参議に就任したが、その他の人選は容易でなく、新たに設置された制度取調会議も空転を続けていた。

廃藩置県は、このような政府強化の混迷、そして有力諸藩の廃藩論の展開と改革派諸藩の各般の動向が顕在化するなかで、兵部省関係者から廃藩置県が提起され、それが断行に帰結したのである。同時期には、木戸はもとより大久保なども、思いきった郡県制への転換を必要とみなすようになっており、それが政府首脳の秘密裡の審議、かれらの主導による「疾風迅雷」の廃藩置県断行になったといえる。それは、有力諸藩の廃藩論の展開と改革への動きのなかで、西郷が廃藩置県を時の流れとみなし、版籍奉還を実施した鹿児島・山口両藩がそれを放置できない事態になっていたと語ったことに裏づけられる。本書で取りあげた山口藩知事毛利元徳の廃藩置県直前の辞職上表も、徳島・熊本・名古屋などの有力諸藩の動向を背景としている。

廃藩置県断行が木戸・西郷・大久保らの鹿児島・山口出身者の主導で準備・強行されたことは、廃藩置県後の政治指導のあり方を方向づけることとなった。高知藩関係者に知らされなかった廃藩置県断行の経緯は、前年秋の鹿児島・山口・高知三藩の提携の際、原口氏が主張する「全般的廃藩構想」がいまだ計画されていなかったことの証左となる。本書で強調したように廃藩論を展開した鳥取・徳島・名古屋などの有力藩、改革派諸藩の連携と運動を推進した高知・米沢両藩は、いずれも廃藩置県断行を事前に知らされていない。廃藩置県を契機として、鹿児島・山口両藩出身者を中心とし、高知・佐賀出身者が概してそれに次いだ位置を占める政府内の枠組みが形成されたといえる。

2　廃藩置県の国家的課題

鹿児島・山口出身者の主導で「疾風迅雷」に断行された廃藩置県は、各般の課題を残し、それらがその後の集権体制の整備、とりわけ徴兵令・地租改正・秩禄処分といった改革に多大な影響をあたえた。佐々木高行が廃藩置県を当然としながらも「少シ早過キタルヘシ」と評し、徐々に「朝廷ヨリ督促」して「士卒ノ処」と「藩債ノ消却」の目途をすすめておけば、「藩々ノ居合ヨク、第一朝廷ト御無理ナキ形ニテ、他日何事モ被成能クアルヘシ」と語った課題が現実のものとなっていく。明治四年七月の太政官三院制の創設では、大蔵省が民部省を統合し、本書で紹介したような新県掛を新設して廃藩置県直後の混乱に対応したが、中央集権的な統一国家としての政策的合意が形成されないままに、政治的混乱が続いたのであった。

すなわち、急激な転換に不安と反発を示した廃藩置県後のいわゆる新政反対一揆は、その後も血税一揆・地租改正反対一揆と称される事態を引き起こし、政府の根底を揺さぶり続けた。廃藩置県断行のしわよせは、旧藩士族にもっとも苛酷であり、さらに禄税の賦課や金禄公債化の進展で、士族の政府批判が強まっていく。士族問題が府県政に大きく関係したことは、本書で置賜県や山口県の事例をあげてを具体的に分析した。士族問題が両県政に大きな影響をあたえ、府県の開化政策もその反発に直面し、容易に推進できていない。青森・小倉両県などの事例も、士族問題が県政安定の重要な課題になったことを示している。

鹿児島の場合は、廃藩置県断行後、島津久光の反発は強く、政府はその慰撫のために吉井友実・西郷従道を鹿児島に派遣し、久光の分家を許して賞典録から五万石を分与したが、久光は、郡県論を主張した『新聞雑誌』の「新封建論」に対し、それを「皇国固有ノ良制」があることを知らない「大罪人」と極めつけ、その出版を許した政府の姿勢を批判し、「予因循固陋ノ病老夫、善悪ヲ弁ゼズト雖、洋癖ノ妄論切歯扼腕ニ堪ヘズ」と記している。また、鹿児島の反発は、久光だけでなく、親兵に任用された士族も多くが帰県した。鹿児島出身士族の帰県は、明治六年（一八七三）に西郷が下野した際がよく知られているが、廃藩置県直後も本書で指摘したように、兵員五〇〇余人、夫卒一〇〇余人の帰県者を数えることができる。そして、島津久光の反発はその後も続き、明治五年六月の明治天皇の鹿児島巡幸の際には一四か条の建白書、上京後の六年六月に二〇か条の建言書、七年五月には二一か条の建言書を提出していた。久光の建言の基調は、急激な開化政策の排斥、封建的秩序の回復にあったが、諸侯や公卿出身の守旧派あるいは在野の不平士族層のなかに、反政府運動の象徴として久光を押し立てる動きが存在した。征韓論に端を発した西郷隆盛・江藤新平らの下野後は、「彼県士は不及申、従二位殿ニ心をよせ居候者、諸県にも幾許も有之候故、是等之者憤起して変を生し可申」という状況になっている。久光は明治六年十二月に内閣顧問、ついで佐賀の乱に直面した政府の妥協によって七年四月に左大臣に就任し、さらに守旧派の支持を背景に政府首脳の弾劾を企図したが、八年十月には左大臣を免じられていた。この久光の下野は、かれの守旧的・観念的政治論が政府から完全に否定され、同時に久光に依拠した反政府勢力の政治運動を挫折させるものであったことはいうまでもない。

右の廃藩置県後の士族問題、とくに県政のあり方と士族反乱の発生については、旧山口藩領を主とした山口県の事例をあげてその実態を検討した。置賜県では、宮島誠一郎らと緊密な関係を持った鹿児島藩出身の高崎五六が参事となって旧藩政を踏襲した県政が着手されたが、山口県でも大蔵大輔井上馨らの後援をうけた中野梧一が参事となって県政にたずさわり、旧藩士族の給禄米の確保や農民層の減免要求に配慮が行われている。しかし、そのような努力も、農民層の反発と政府の統一的な施策にともなって、破綻をよぎなくされる。木戸孝允らの政府首脳が帰県して士族授産などに着手したが、旧藩士族の生計安堵、さらには前参議の前原一誠らの反政府的動向を解消するには至らなかった。それらの反発が、本論で取りあげた明治九年十月の萩の乱であり、さらによく知られている翌年の西南戦争にむすびつく。この点、いわゆる士族反乱は、明治四年七月の廃藩置県断行のありかたを背景として、その後の集権政策にともなって凝縮された当然の帰結であったと看取できるのである。

あとがき

私が廃藩置県の勉強をしようと考えたのは、中央大学大学院で修士論文に取り組むようになった二年目の春である。当時は、明治二年に設置された三陸磐城両羽按察使の活動を追って関東・東北各地の図書館や資料館あるいは県庁を訪ね、幕末から明治期の史料を調査していた。その折、諸藩の組織的に作成された膨大な藩庁文書が、廃藩置県の前年ぐらいからほとんど姿を消してしまうことに驚いた。逆に廃藩置県後は、府県の行政文書が大量に作成され、秋田や岩手の県庁の書庫にはそれらが床から天井まで棚にぎっしり納められているのに啞然とした。明治四年七月十四日の廃藩置県で全国の藩がなくなったのであるから、府県の文書にかわっていくのはいわば当然であったといえる。だが、私にはそのあまりに見事な変わり方がなんとも感動的であった。

明治新政府が成立した後、とりわけ廃藩置県後の府県の行政文書には、御一新とか開化という表現が頻繁に登場する。士族授産あるいは戸籍や徴兵に関する簿冊が少なくない。廃藩置県前後の簿冊を繰っていると、近世から近代への転換が手に取るように写し出され、時間のたつのを忘れてしまうような思いがした。この時代の転換期にどのようなものが誕生し、何が崩壊し、受け継がれていったのか、いかなる可能性が秘められていたのかを追究してみたいとの思いが募った。なかでも、もっとも重要な問題として取り組みたいと思ったのが廃藩置県であった。

その後、大学院の博士課程に進み、一橋大学の千田稔氏と領有制解体期研究会を作り、佐藤克彦氏の開明書院の二階などを借りて研究会を続けた。千田氏の精力的な研究からは教わることが多く、一九七七年に開明書院から同氏と共著『明治維新研究序説—維新政権の直轄地—』を出版した。一九八〇年に廃藩置県研究会が結成され、第一回大会で原口清「廃藩置県政治過程の一考察」の書評が共通のテーマとなったのも、廃藩置県を勉強したいと考えていた私には大変に刺激的であった。一九八二年の歴史学研究会大会では、近世史部会で報告をする機会があり、「直轄府県政と維新政権」というテーマを立て、藩体制解体と府県形成の問題を取り上げた。そして、一九八六年に佐々木克氏の推輓で『廃藩置県』（中公新書）を上梓した。この『廃藩置県』で廃藩置県と有力藩の動向を結びつけ、明治維新と廃藩置県の全体的考察を行なったのが、その後の勉学の大きな方向となった。

廃藩置県については、有力大藩の動向の分析が重要と考え、以後、米沢・山口両藩をはじめ、鳥取、徳島、福井、名古屋、熊本などの大藩の幕末・明治の動向を追いかけた。また明治国家のあり方、岩倉具視や伊藤博文の役割にも関心を持ち、国立国会図書館憲政資料室や国立公文書館などの諸文書を調査した。それらの過程では、憲政資料室や国立公文書館だけでなく、山口県文書館、徳島県立文書館、愛知県公文書館、福井市立郷土歴史博物館、熊本大学附属図書館、鳥取県立博物館、弘前市立弘前図書館、十和田市立新渡戸記念館、福島県歴史資料館、市立米沢図書館、会津若松市立会津図書館、鹿児島県歴史資料センター黎明館調査史料室あるいは国立史料館（国文学研究資料館史料館）、東京大学史料編纂所、宮内庁書陵部、中央大学図書館など、多くの皆様から御教示いただくことが少なくなかった。そして一九八七年には、東海大学の短期留学制度を利用して英国のパブリック・レコード・オフィス（ＰＲＯ）に主張し、在外史料を用いた勉学に着手することができた。石井孝「廃藩の過程における政局の動向」や萩原延壽「遠い崖」に影響されたものであったが、その刺激は十年後の一九九七年、中央大学の在外研究期間を利用して英国での研究をこころざす思いとなった。

ところで、微力な私がこのような研究を続けることができたのは、多くの先生、先輩、友人たちに叱咤激励された結果である。学部生の時代から御指導たまわった三上昭美先生をはじめ、中央大学文学部でお世話になった稲生典太郎・中田易直両先生には感謝の言葉もない。中島一雄・多仁照廣両氏や多くの先輩、学友のあたたかい友情が、私を支えてくれた。最初の職場となった東海大学では、速水侑先生をはじめ諸先輩、同僚が和気藹藹とした素晴らしい環境を作って下さった。

また、津軽家文書の閲覧に通った文部省史料館（現、国立史料館）では故鎌田永吉先生、地方史研究協議会や歴史学研究会では故津田秀夫先生、そして木村礎、佐々木潤之介、林英夫、宮地正人の諸先生から研究を続ける上での貴重な御教示をいただいた。明治維新史の分野では、原口清、田中彰、毛利敏彦、渡辺隆喜、佐々木克、田村貞雄の諸先生から折々に懇切な御指導と御鞭撻をたまわった。明治維新史の佐々木寛司、高木不二両氏、そして近世史の上野秀治、白川部達夫、高埜利彦、高橋実の諸氏らの畏友からの刺激が、怠惰な私の大きな励みとなったことはいうまでもない。

なお、本書は既発表の論文の集成ではなく、いわゆる書き下ろしである。米沢藩や山口藩の個別分析は先におおやけにした拙稿の一部を活用し、また既刊の『廃藩置県』（一九八六年）、『維新政権』（一九九五年）の繰り返しとなった箇所もあるが、それらもすべて再構成してある。

本書の作成は、一九九七年の英国での在外期間に着手した学位請求論文の執筆にはじまる。英国での半年余の在外研究では、一週間の内、ロンドン大学のアジア・アフリカ研究所（ＳＯＡＳ）に一日、パブリック・レコード・オフィス（ＰＲＯ）に二日を通い、残りの日々を草稿の作成に当てた。日本を出発する前、主な史料や論文のポイントとなるメモを準備しておいたが、それでもいざ草稿に着手するとなかなか筆はすすまない。そのような時、バーン・ヒルから望むウエンブリーの町やハロー教会の遙かな景色が最良の気分転換となった。三人の子供をつれて、家族で出かけたロンドン周辺あるいはスコットランド・ランズエンドの自然は、疲れたからだに新たな活力をあたえてくれた。

顧みれば、英国で書き始めた草稿が、その後の学位論文の出発となり、それがなかったら本書を出版するに至らなかったかもしれない。在外研究の期間をあたえて下さった藤野保先生をはじめとする中央大学文学部の諸先生には改めて感謝申し上げたい。在外研究に際しては、宮崎昭威、長野ひろ子、武山真行、清水紘一、宇佐美毅、佐藤元英の諸先生から貴重な御助言をいただいた。ロンドンでは、ユー・イン・ブラウン女史、ＳＯＡＳのジョン・ブリーン先生にいろいろお世話になった。ＰＲＯの読書室やキューガーデンのパブでは安藤正人・小風秀雅両氏から多くのことを教わった。そして英国でのひとときを伴にした石井正敏、岡地嶺、小川千代子、小澤弘、神立孝一、楠家重敏、水口政次、三谷博の諸氏との素晴らしい交流は、決して忘れることができない。

最後になったが、中央大学の鳥海靖先生、峰岸純夫先生、森安彦先生には学位請求論文を御審査いただいた。改めて感謝申し上げたい。本書は、直接出版費の一部として日本学術振興会平成十二年度科学研究費補助金「研究成果公開促進費」の交付を受けている。関係の各位、出版に御尽力いただいた吉川弘文館に厚く御礼を申し上げる。

本書を上梓するまでに辿りついた過程では、貧乏絵画きであった亡き父と今年七十五歳となる母には随分と心配をかけた。家事に無能な私は、妻有子に家庭内の諸事をすべてまかせきりであった。あとがきの筆を擱にあたって、両親とこれまで頑張ってくれた妻に深い感謝を述べることのお許しをいただきたい。

二〇〇〇年十二月

松尾正人

著者略歴

一九四八年　東京に生れる
一九七六年　中央大学大学院文学研究科博士課程修了
二〇〇〇年　学位取得　博士（史学）
東海大学助教授を経て、
現在　中央大学教授・日本学術会議会員

〔主要著書〕
『廃藩置県』中公新書（中央公論社、一九八六年）
『維新政権』日本歴史叢書（吉川弘文館、一九九五年）
『明治維新研究序説』（千田稔共著、開明書院、一九七七年）
『日本近現代史研究事典』（共編、東京堂出版、一九九九年）

廃藩置県の研究

二〇〇一年（平成十三）一月十日　第一刷発行

著者　松《まつ》尾《お》正《まさ》人《ひと》

発行者　林　英　男

発行所　株式会社　吉川弘文館
郵便番号一一三―〇〇三三
東京都文京区本郷七丁目二番八号
電話〇三―三八一三―九一五一〈代〉
振替口座〇〇一〇〇―五―二四四番

印刷＝理想社　製本＝石毛製本

（装幀＝山崎　登）

索　　引

人　　名

あ行

い行

う行

え行

お行

か行

き行

く行

こ行

さ行

し行

す行

せ行

そ行

た行

ち行

つ行

て行

と行

な行

に行

の行

は行

ひ行

ふ行

ほ行

ま行

み行

む行

め行

も行

や行

ゆ行

よ行

わ行

事　項

あ行

い行

う行

え行

お行

か行

き行

く行

け行

こ行

さ行

し行

せ行

そ行

た行

ち行

つ行

と行

な行

に行

ね行

の行

は行

ひ行

ふ行

ほ行

ま行

み行

め行

も行

や行

ゆ行

よ行

ら行

り行

る行

ろ行

わ行